本书为国务院侨务办公室立项项目

本书获彭磷基外招生人才培养改革基金资助

港澳基本法要论

GANGAO JIBENFA YAOLUN

黄志勇 著

暨南大学出版社
JINAN UNIVERSITY PRESS

中国·广州

图书在版编目（CIP）数据

港澳基本法要论/黄志勇著. —广州：暨南大学出版社，2012.12（2013.7 重印）
ISBN 978 - 7 - 5668 - 0379 - 5

Ⅰ.①港…　Ⅱ.①黄…　Ⅲ.①特别行政区基本法—香港②特别行政区基本法—澳门
Ⅳ.①D921.9

中国版本图书馆 CIP 数据核字(2012)第 254367 号

港澳基本法要论
著　　者：黄志勇

责任编辑：暨　南　张学颖　沈双喜
责任校对：何　力

地　　址：中国广州暨南大学
电　　话：总编室（8620）85221601
　　　　　营销部（8620）85225284　85228291　85228292（邮购）
传　　真：(8620）85221583（办公室）　85223774（营销部）
邮　　编：510630
网　　址：http：//www.jnupress.com　http：//press.jnu.edu.cn
排　　版：广州市广海照排设计中心
印　　刷：佛山市浩文彩色印刷有限公司
开　　本：787mm×1092mm　1/16
印　　张：26.75
字　　数：690 千
版　　次：2012 年 12 月第 1 版
印　　次：2013 年 7 月第 2 次
定　　价：52.00 元

（暨大版图书如有印装质量问题，请与出版社总编室联系调换）

目　录

第一编　导　论

第二编　香港基本法要论

第三编　澳门基本法要论

第一编 导 论

第一章　港澳基本法的基础理论

第一节　"一国两制"的理论

一、"一国两制"形成的背景

（一）"一国两制"的思想理论基础

1978 年 12 月 18 日至 22 日召开的党的十一届三中全会为"一国两制"的方针准备了思想理论基础，全会批评了"两个凡是"的错误思想，高度评价了"实践是检验真理的唯一标准"，确立了解放思想、实事求是的方针，阐述了对港澳台的方针："全会认为随着中美关系正常化，我国神圣领土台湾回到祖国的怀抱，实现统一大业的前景，已经进一步摆在我们的面前，全会欢迎台湾同胞、港澳同胞、海外侨胞，本着爱国一家的精神，共同为祖国统一和祖国建设的事业继续作出积极的贡献。"

正如邓小平同志所说："'一个国家，两种制度'的构想不是今天形成的，是几年以前，主要是在我们党的十一届三中全会以后就形成了……十一届三中全会恢复了毛泽东同志的实事求是的路线，一切从实际出发。尊重事实，尊重实际，就是尊重香港和台湾的实际，我们提出保存香港的资本主义制度，就是实行'一个国家，两种制度'。"① 正是十一届三中全会的胜利召开，重新树立了实事求是的方针，为"一国两制"方针的创立做好了思想理论准备。

（二）"一国两制"的现实依据

1. 内地与港澳台地区经济发展不平衡

改革开放之初，内地经济与港澳台地区经济存在巨大的差距，从 20 世纪 60 年代开始，香港与台湾地区确立了出口导向型战略，重点发展劳动密集型加工产业，实现了经济腾飞，被评为"亚洲四小龙"，香港在 90 年代初期人均本地生产总值达到 10 000 美元。② 而澳门原来是一个消费城市，经济曾长期依赖赌博业，自 60 年代开始，经济结构开始发生改变，70 年代经济发展最快，经过 20 多年的发展，80 年代后澳门形成了一个以出口加工业、旅游博彩业、房地产建筑业、金融业为支柱的多元化发展经济体。而内地在 1978 年开始改革开放，一切百废待兴，与港澳台地区经济存在十分大的差距，内地迫切需要发展经济，缩小与港澳台地区的经济差距，因而需要一个妥善的方式和平地解决香港、澳门、台湾问题，这个方式就是"一国两制"，以"一国两制"方式实现国家的统一事业，既有利于香港、澳门、台湾地区的经济繁荣与发展，又有利于内地增加外贸与外汇的收入，引进资金和技术，了解国际

---

① 邓小平：《建设有中国特色社会主义》（增订本），人民出版社 1987 年版，第 57 页。
② 参见香港政府统计署统计数据。

贸易信息，培训经济管理人才。

2. 香港、澳门、台湾实行的政治制度与内地不同

由于历史的原因，港澳台地区所适用的都是资本主义制度，而内地从中华人民共和国成立以来，一直实行的是社会主义制度，如何解决统一问题，一直是个难题。香港、澳门、台湾继续实行资本主义制度，香港只有710万人口，澳门约有40万人口，台湾约有2 000万人口，这些都是小地区和局部的地区，而作为拥有13亿人口的内地继续坚定不移地实行社会主义制度，在很大主体是社会主义的前提下，可以允许在自己身边，在小地区和局部地区实行资本主义制度，正如小平同志指出的："我们对香港政策长期不变，影响不了大陆社会主义……大陆开放一些城市，允许一些资本主义进入，这是作为社会主义经济发展的补充，有利于社会主义生产力的发展。"① 因而实现"一国两制"能够保证内地与港澳台地区政治体制、经济制度、社会的稳定，是我国内地的人民和港澳台同胞都能接受的。

3. 坚持独立自主、和平共处五项原则的外交政策的需要

实现祖国统一大业，是每个中华儿女不可推卸的责任。主权问题不容商量，如果无法用和平的方式解决香港、澳门、台湾问题，那么只能使用武力方式解决，同室操戈，必然会对我国人民包括香港、澳门、台湾的同胞造成不可磨灭的伤害。而维护世界和平不仅是中国人民的愿望，还是世界各国人民的共同愿望。虽然香港、澳门、台湾是我国领土的一部分，但是实现统一又牵涉与外国的关系，因而必须寻找一个能够让各方都接受的和平的方式，圆满地处理历史遗留问题，和平地处理有争端的问题，以促进世界的和平与发展，为我国实现社会主义现代化创立一个和平的国际环境。

二、"一国两制"形成的过程

（一）开始提出阶段

这一阶段是从1978年开始到1981年8月，这一阶段所提出的内容还比较笼统，主要有党的十一届三中全会开始提出的"解决台湾问题必须从实际出发，考虑现实情况"这一方针，以及1979年1月1日全国人民代表大会发表的《告台湾同胞书》。在这篇《告台湾同胞书》中提出："今天，实现中国的统一，是人心所向，是大势所趋……我们的国家领导人已经表示决心，一定要考虑现实情况，完成祖国统一的大业，在解决统一问题时尊重台湾现状和台湾各界人士的意见，采取合理的政策和办法，不使台湾人民蒙受损失。"并且宣布了"中国政府已经命令人民解放军从今天起停止对金门等岛屿的炮击"，"希望双方尽快实现通航通邮，以利双方同胞直接接触，互通信息，探亲访友，旅游参观，进行学术文化体育工艺观摩"，"发展贸易，互通有无，进行经济交流"。② 这一文件声明从实际出发，考虑台湾的实际情况与台湾各界人士的意见，比十一届三中全会的对台政策更加具体。

（二）"一国两制"方针的具体化阶段

这一阶段大体是从1981年9月到1982年3月，主要是党和国家领导人对"一国两制"方针的内容作出更加详细的阐述，主要表现在1981年9月30日全国人大常委会委员长叶剑

---

① 邓小平：《建设有中国特色社会主义》（增补本），人民出版社1987年版，第49~50页。

② 参见《人民日报》，1979年1月1日。

英向新华社记者发表的"处理台湾问题,实现和平统一问题"的九条方针政策,这九条方针的主要内容是:建议举行共产党与国民党对等谈判;台湾与大陆实现通邮、通商、通航;国家实现统一后,台湾可以作为特别行政区,享有高度自治权,并可保留军权,中央政府不干预台湾事务;台湾现行社会、经济制度不变,生活方式不变,私人财产、房屋、土地、企业所有权、合法继承和外国投资不受侵犯;台湾当局和各界人士代表可担任全国性政治机构的领导职务,参与国家管理;台湾地方财政遇到困难时,可由中央政府酌情补助。"①1981 年 1 月 11 日,邓小平在谈话中指出:"九条方针是以叶副主席的名义提出来的,实际上是'一个国家,两种制度'。这两种制度是可以允许的,他们不要破坏大陆制度,我们也不破坏他那个制度,不只是台湾问题,还有香港问题,大体也是这几条。"这些党领导人的讲话都进一步明确了实行"一国两制"、建立特别行政区的方针政策,并提出了处理中央与特别行政区关系的一些基本原则。

（三）"一国两制"方针的法制化阶段

1982 年 12 月 4 日,第五届全国人大第五次会议修改、通过并颁布了《中华人民共和国宪法》,其中第三十一条明确规定了"国家在必要的时候得设立特别行政区。在特别行政区内实行制度按照具体情况可以由全国人民代表大会以法律规定"。这改变了之前"一国两制"一直以来只是作为党和国家的政策的局面,为香港、澳门、台湾实行与大陆不同的制度提供了可靠而又权威的法律依据,时任宪法修改委员会副主任的彭真在向第五届全国人大第五次会议作宪法修正案报告时就详细说明了宪法第三十一条的立法意图和具体含义,在实现和平统一后,台湾可以作为特别行政区,享有高度的自治权。这种自治权包括台湾现行社会、经济制度不变,生活方式不变,同外国经济、文化关系不变等等。同时彭真同志还指出:在维护国家主权、统一和领土完整的原则方面,我们是决不含糊的,同时在具体政策、措施方面,我们又有很大的灵活性,充分照顾台湾地方的现实情况和台湾人民以及各方面人士的意见。同时彭真同志对"一国两制"方针的主要内容作出了阐述,又指出了处理"这类问题"的立场,"这类问题"就是指包括香港、澳门在内的问题。②

"一国两制"方针通过宪法正式上升为一项基本国策,并且通过数年间不断对该方针完善与发展,极大地丰富了"一国两制"这一伟大的构想,使其成为一个系统的理论,这一方针政策不仅有理论的指导,而且还有法律的依据与政策措施的辅助。

（四）"一国两制"方针的实践阶段

虽然"一国两制"的构想最早是针对台湾与大陆统一的问题而提出的,但是这一方针却最早在解决香港问题时得到运用、发展和完善。③在"一国两制"方针的指导下,我国政府于 1984 年 9 月 26 日同英国政府签署了《中华人民共和国政府和大不列颠及北爱尔兰联合王国政府关于香港问题的联合声明》（以下简称《中英联合声明》）,向全世界郑重宣布:中华人民共和国政府决定于 1997 年 7 月 1 日对香港恢复行使主权,恢复主权后根据《中华人民共和国宪法》第三十一条的规定,设立中华人民共和国香港特别行政区,该行政区直辖于中央人民政府,除了外交和防务须由中央人民政府负责管理外,实行高度自治,享有行政

---

① 参见《人民日报》,1981 年 10 月 1 日。
② 肖蔚云:《论澳门基本法》,北京大学出版社 2003 年版,第 30 页。
③ 黄文放:《中国对香港恢复行使主权的决策历程与执行》,香港浸会大学林思齐东西学术交流研究所 1997 年版,第 28 页。

管理权、立法权、独立司法权和终审权；香港现行的社会、经济制度和生活方式50年不变；原有的法律基本不变；香港特别行政区的行政机关和立法机关由香港永久性居民依照基本法有关规定组成。这一声明全面、准确地体现了"一国两制"方针的思想精髓，这一政策的制定不仅为今后制定香港基本法奠定了坚实的理论基础，也为后来澳门问题的妥善处理与澳门基本法的制定提供了有益的经验与成功的示范。"'一国两制'这一伟大的构想，不仅坚持了国家主权、统一和领土完整，而且照顾了香港、澳门和台湾地区的历史和现实状况，关照了各方面的现实利益，在香港、澳门地区付诸实施的过程中获得了各方面的热烈拥护和支持，显示了强大的生命力。"①

三、"一国两制"的内涵

（一）中国意味着什么——"一国"的含义

坚持国家主权和统一，这是"一国两制"的前提，离开了我们社会主义国家和国家主权，就谈不上实行"两制"。特别行政区虽然享有高度自治权，实行不同的制度，但中央与特别行政区的关系不是平分秋色、平起平坐的关系，不是"中港关系"、"中澳关系"、"中台关系"，而是单一制国家与其他行政区域的关系、中央与地方的关系。② 香港、澳门、台湾都是中华人民共和国不容分割的一部分，中央人民政府对港澳台地区行使国家主权，主权是一个国家对内所具有的最高的最终的排他性的权力，对外可以独立决定国家外交政策的权力。"对'一国'的理解比较容易，那就是'中华人民共和国'，而不是'中华民国'，在国际、国内代表全中国人民的只能是中华人民共和国，中华人民共和国是中国唯一的合法政府。'一国'就是要求在这个统一旗帜下实现港澳台与大陆的统一。"③

小平同志在中英关于香港问题的谈判中指出：主权问题是不容谈判的，我们不会放过一分一毫，更不用说一寸。④ 香港、澳门、台湾的人民都是中国人民的一员，维护祖国的统一、促进国家稳定与发展是全体中国人民不容推卸的责任。因而在《中华人民共和国香港特别行政区基本法》（以下简称《香港基本法》）、《中华人民共和国澳门特别行政区基本法》（以下简称《澳门基本法》）的第一条都分别强调，香港特别行政区、澳门特别行政区是中华人民共和国不可分离的部分。

在处理中央政府与特别行政区之间的关系时必须首先强调维护国家的统一与领土主权的完整，即必须以"一个中国"为前提，否则，若只强调特别行政区的利益与特殊性，只强调"两制"，忽视甚至不要"一国"的话，必然会损害国家统一，损害国家主权与领土完整，"从两部《基本法》的条文来看，有关中央的权限和负责管理的事项都严格限制在体现国家主权和统一所绝对必需的范围之内"⑤。

（二）"马照跑，舞照跳"——"两制"的含义

"两制"的准确含义是指，在统一的中国之内，一些特别的地区可以实行特殊的政策和

① 钟业坤：《中华人民共和国澳门特别行政区基本法论略》，暨南大学出版社1996年版，第50页。
② 肖蔚云：《香港基本法与一国两制的伟大实践》，海天出版社1993年版，第2页。
③ 钱其琛：《早日完成祖国统一大业，实现中华民族伟大复兴——在首都各界纪念江泽民主席对台重要讲话发表6周年座谈会上的讲话》，新华社，2001年1月22日。
④ 《决不接受损害中国主权的任何"建议"》，《人民日报》，1993年1月29日。
⑤ 王凤超：《关于中央和香港特别行政区的关系》，《中共党史研究》1997年第3期。

制度，而这些特殊的政策和制度既可以与大陆的政策和制度完全不同，也可以相互之间十分不同。这就是说，在"一国两制"之下，不是仅仅允许一套这样的特殊的政策和制度存在，而可以是两套或三套，特殊的政策和制度与大陆的主流政策和制度同时存在。①

在我国，"两制"不仅体现在社会经济方面，即大陆实行以公有制为基础的社会主义经济制度，特别行政区实行以私有制为内容的资本主义经济制度，而且在统一的国家内，"两制"还体现在法律、政治、文教等各个制度方面。例如，内地实行社会主义法律体系，而香港是普通法系地区，澳门是大陆法系地区；又如，内地实行人民代表大会制度，而香港、澳门则实行以行政主导为特征的行政长官负责制，等等。② 这样，保留了香港、澳门地区原有的资本主义经济制度与生活方式，并保证50年不变，保存了原有的法律制度、司法体制、行政机关体系，保证了香港、澳门回归后平稳过渡，保证了港澳地区的社会稳定与经济繁荣发展。

"两制"不仅照顾历史遗留下来的体制差异，还容许港澳台在新的宪政条件下继续发展，特别行政区既与中国主体一致，又保留自己的发展特色。例如，香港、澳门、台湾属于WTO成员，形成了"一国四会籍"的特殊格局，这样安排保证了港澳台地区能够分享到全球经济一体化和经济合作的成果。

内地实行的社会主义制度与港澳台地区资本主义制度之间的关系并不是画地为牢，老死不相往来，两种制度之间的关系应该是和而不同，"两制"处于"一国"之内，应该是能够获得一个更加好的发展平台，共同发展，各自发挥优势。例如，澳门地区以赌博作为支柱产业，公安部打击赌博时把国家周边凡是有赌场的口岸都关闭了，唯独留下澳门的拱北与莲花口岸。若各个地区不顾及整个国家的利益，不顾及特别行政区的基本利益，只强调一方的利益，各自为政，采取恶性竞争的话，必然会损害"一国两制"的基本原则。

（三）"一国"与"两制"的关系

小平同志指出："一国两制"要讲两方面。一方面是社会主义国家里允许一些特殊地区搞资本主义，不是搞一段时间，而是几十年，成百年不变。另一方面，也要确定整个国家的主体是社会主义。两制是两个方面，不是"一制"而是"两制"③。这是说，"一国"和"两制"是不可分离的两个方面，不能只重视一个方面而忽视另一个方面，只讲"两制"、不讲"一国"，或者只讲"一国"、不讲"两制"，都是不正确的。只讲高度自治，不讲国家主权、统一和主体是社会主义，那将形成"两国两制"；只强调国家的主权、统一和主体是社会主义，而不讲高度自治，那就成了"一国一制"，都是不正确的。"一国"与"两制"的正确关系应当是在坚持"一国"的前提下允许在它的一些特殊地区存在不同的制度，坚持我国的主体是社会主义。当然说"一国"是前提，只是说明"一国"与"两制"的依存关系，是在"一国前提下两种制度并存，但不能因此否定两制的存在和必要性。如果这样认识和理解一国与两制的关系也是不对的"④。

① 王振民：《中央与特别行政区关系——一种法治结构的解析》，清华大学出版社2002年版，第84页。
② 许崇德：《"一国两制"是我国的基本政治制度》，《法学》2008年第12期。
③ 《关于中华人民共和国香港特别行政区基本法的重要文件》，人民出版社1990年版，第16页。
④ 肖蔚云：《论澳门基本法》，北京大学出版社2003年版，第21页。

第二节 单一制理论

一、国家结构形式概述

（一）国家结构的概念

国家结构形式关系到中央和地方有关一国权力纵向配置的原则、方式等问题，其主要解决的问题就是统治阶级对国家领土如何划分以及如何处理国家整体和组成部分之间的关系，关键在于中央和地方或组成单位之间的权限划分。它"指的是特定国家统治阶级根据什么原则，采取何种形式划分国家内部的组成以及调整国家整体与组成部分之间的相互关系，简言之，它就是指国家整体和部分之间，中央机关和地方机关之间的相互关系"①。

从理论上讲，有了国家就应该有国家结构形式的问题，从国家产生和发展的历史来看，最初国家从氏族组织发展而来，受社会发展水平和社会管理水平所限，国家在其发展的最初阶段，所辖的地域是极为有限的，在面积狭小的国家里，人口较小，行政事务简单，设立一级政府足以进行有效的统治和管理，而没有必要设置地方政府，因而最初的国家结构形式并没有涉及整体与局部、中央与地方的关系问题。当国家发展到一定的阶段，国土不断扩张，统一的国家与地方政府出现，行政级别增加，不但表明国家所管辖的范围更加广泛，也表明国家总体利益将不得不面临地方局部利益的挑战，因而，当国家发展到这一步时，国家内部的整体与局部、中央与地方的关系也就形成了，单纯的国家结构形式也就被由多重因素构成的有机的国家结构形式所代替。②

（二）国家结构形式的分类

作为调整国家整体与其组成部分之间关系的国家结构形式，确立了国家整体与其所属区域的权力关系。"单一制"和"联邦制"是现代国家纵向配置权力的两种模式，也可以说是现代国家结构形式的两种基本类型。

1. 单一制

单一制是指"主要的政府机构即立法、行政和司法机构对该国领土内所有地区和国民行使全权的国家。单一制国家并不排除地方或其他政府机构拥有中央政府委任或授予它某些权力的可能性。但是，这些权力是授予，并不是分享，而且从严格的法律意义上说，所有的权力属于中央政府"③。单一制以普通行政单位或自治单位的形式来划分其国家内部组成。它在形式上是一个统一完整的政治实体，其主要特点是，国家设有统一的立法机关和统一的中央政府，全国只有一部宪法，按行政区域划分行政单位和自治单位。各行政单位和自治单位都受中央的统一领导，没有脱离中央而独立的权力。地方行政单位虽然也设有相应的权力机关或立法机关、行政机关和司法机关，但它们的权限有些是宪法授予，有的则是中央政府直接授予或委托的，地方权力的大小完全取决于宪法的规定或中央授予。在对外关系中，它是一个单一的主体，在它的领土上没有其他任何类似的国家组织存在。

---

① 许崇德、胡锦光主编：《宪法》，中国人民大学出版社2004年版，第124页。
② 张千帆主编：《宪法学》，法律出版社2004年版，第426页。
③ 《牛津法律大辞典》，光明日报出版社1988年版，第905页。

2. 联邦制

联邦制是"一种立法权由中央立法机构和组成该联邦的各州或各地域单位的立法机构分享的立宪体制"[①]。联邦制具有以下特点：第一，存在两套政府，一套是联邦中央政府，一套是联邦各成员政府；第二，中央政府与各个成员政府之间存在着明确联邦的权力（立法权、行政权和司法权）划分；第三，具有一部刚性的联邦成文宪法；第四，联邦政府是一个有限的宪法性政府；第五，联邦中央政府和地方政府都不得逾越宪法中关于它们各自应享有的权力和地位的条款，从而干涉另一方的权力范围；第六，各成员政府可以在联邦宪法所规定的权力范围内，制定适合本成员国的宪法和法律，并自主决定和管理本成员国事务；第七，联邦公民同时也是某一成员国公民；第八，各成员下属的地方政府，实行地方自治，其自治权受法律保护，成员政府不能直接干涉所属地方政府事务。[②]

美国属于典型的联邦制国家，联邦和州政府的权力都由联邦宪法加以规定，两者在各自特定的领域内享有最高权力并可直接行使，州政府的权力并不是联邦政府授予的，并且州政府并不隶属于联邦政府，本源性权力属于各州，联邦政府所拥有的权力是各个州让予的，美国宪法列举的联邦权限有：宣战，交换使节，惩罚海盗及违反国际公法的罪犯；统率和编制海陆空军；监督交通及各州间的通商；制定货币和度量衡制度；保护著作权及专卖权；设置邮政局，建设邮政道路，制定归化规章和破产法；募集国债；征收租税；审判各种联邦诉讼及各州之间的诉讼。而凡是未列举授予联邦的权力，除宪法规定禁止各州使用之外，归各州行使。这就是说：除必须遵守宪法规定的共和政体之外，各州政府可根据具体的情况，建立市政府体制；各州政府除不能征收进口税、出口税及对联邦政府营造物征税外，可以采取正当程序征税；各州得制定民法、刑法、选举法等各种法律，可以制定地方自治法规。[③]

二、我国的国家结构形式是单一制

（一）我国实行单一制的原因

一个国家采取什么国家结构形式主要是从有关国家的具体情况出发，单一制与联邦制并没有先进与落后之分，两种制度都是服务于一个最终的目标——国家的统一。结合我国的实际情况考虑，1949 年 9 月颁布的《共同纲领》明确规定：中华人民共和国是全国各族人民共同缔结的统一的多民族国家。这一规定明确规定了我国是实行单一制的国家。我国采用单一制的一般理由主要有：第一，单一制国家结构形式符合我国的历史传统，我国自秦汉以来一直实行统一的中央集权制度；第二，单一制符合我国的民族状况，我国是以汉族为主体的多民族国家，长期以来各民族形成了大杂居、小聚居的局面，建立了不可分割的社会经济联系，并共同创造了中华民族多元一体的灿烂文化，形成了共同的民族心理素质，这也为实行单一制奠定了基础；第三，建立单一制有利于社会主义建设和各民族共同发展，汉族与少数民族发展存在着一定的差距，建立单一制国家，便于各民族发挥各自的优势，共同发展，共同繁荣；第四，建立单一制国家有利于国家统一，我国幅员辽阔，与十几个国家接壤，而少

---

① 《布莱克维尔大百科全书》，中国政法大学出版社 1992 年版，第 255 页。

② 张千帆主编：《宪法学导论：原理与应用》，法律出版社 2004 年版，第 427 页。

③ 许崇德、胡锦光主编：《宪法》，中国人民大学出版社 2004 年版，第 127 页。

数民族大多居住在边疆地区，建立单一制国家，有利于增强国防力量，维护国家的独立与主权，符合中华民族的根本利益。

朱苏力教授则把中国建立单一制国家的原因归结为两个方面：首先，中国是一个各地区政治经济发展不平衡的国家，它没有统一的市场，甚至在中国经济中占主导地位的仍然是农业经济，工商业基本集中在东部沿海地区的一些大城市，而在广大农村，自给自足的农业经济使得农村可以相对独立于城市，没有经济联系作为纽带，各地之间的联系就相当松弛，如果没有高度的政治上、文化上的统一，就容易发生分裂或割据；其次，近代中国又是一个受帝国主义间接控制的国家，各帝国主义对中国各地有不同程度的影响。①

（二）我国单一制下的中央集权与地方分权

1. 中央集权

单一制国家本身就是一个统一、不可分割的整体，国家权力在理论上基于人民而得以存在，是每个国家公民个人的联合，国家权力起始于完整状态，由唯一的中央政府直接行使该权力。而统一的国家由于幅员辽阔，为了便于管理，将国家领土人为地划分为若干个行政区域，并在每个行政区域内建立一个地方政府，在中央授权范围内行使管理地方事务的权力，因此，各个地方的权力并不是地方政府本身固有的，而是中央政府授予的。虽然单一制国家的中央政府是集权的，但为了更好地体现、反映民意，更好地处理不具有整体性质的局部事务，一般单一制的国家都会不同程度地在中央政府授权的前提和范围内行使相当的自治权，而且中央政府保留对地方政府的监督和控制，其主要的控制方式有制定相关法律法规、发布行政命令、控制人事权以及在财政拨款上影响地方政府。

对于我们这样一个大国大党来讲，处理好中央与地方的关系事关重大，如果处理不好中央与地方的关系，必然会导致分裂。我们处理中央与地方的方针是在中央强有力的统一领导下，充分发挥地方的积极性，扩大地方的自主权。早在1948年8月27日，毛主席出席新政协筹备会常务委员会，在讨论《中央人民政府组织法（草案）》的时候就发表过这样的看法：历来的中央集权、地方分权的问题，只有我们能解释，我们抓紧大的人事、大的政策。我们要有些集中，有些不集中，才能搞好，所以有些地方要交给地方以监督之权。而毛主席在《论十大关系》中再次对中央与地方之间的关系作出阐述：中央与地方的关系是矛盾中的关系，而解决两者矛盾的方式就是在巩固中央统一领导的前提下，扩大一点地方的权力，给地方更多的独立性，让地方办更多的事情，这对我们建设强大的社会主义国家比较有利，我们的国家这样大，人口这样多，情况这样复杂，有中央和地方两个积极性，比只有一个积极性好得多。②

中央如何实现对地方的有效控制和管理，一直是中央政府必须首先面对的问题，我国主要是通过以下四种方式实现对地方政府的控制：

（1）通过立法控制。如《地方组织法》第七条第一款规定，省、自治区、直辖市人民代表大会根据本行政区域的具体情况和实际需要，在不同宪法、法律、行政法规相抵触的前提下，可以制定和颁布地方性法规，报全国人民代表大会和国务院备案。这一规定既保障了

① 朱苏力：《中国宪政探索：中央与地方分权研究，重读〈论十大关系〉第五节》，《欧洲一体化进程中的宪政理论与实践研讨会论文集》，2001年。

② 《毛泽东文集》（第七卷），人民出版社1999年版，第23页。

地方可以根据自己的实际情况制定法律，又保证了中央可以对地方立法进行控制。又如《立法法》第八条规定，只有十个事项能制定法律，限制了地方政府立法的范围。

（2）通过行政控制。在我国，国务院是最高的国家行政机关，《宪法》第一百一十条第二款规定："全国地方各级人民政府都是国务院统一领导下的国家行政机关，都服从国务院。"在实际操作中，省级行政机关由省级人大选举产生，对省级人大负责，是省级国家权力机关的执行机关，同时省级行政机关又是国务院下级行政机关，与国务院是上下隶属关系，在行政机关系统中，中央行政机关和地方行政机关之间存在着领导与指导的关系。

（3）财政控制。1994年后，我国实行分税制改革，建立中央税收和地方税收体系，将维护国家利益和宏观调控税种列入中央税，合理划分中央财政收入和地方财政收入比例，实行中央财政对地方的转移支付制度，这些措施控制了地方的财政，增强了地方对中央的依赖性。①

（4）人事控制。中央控制地方的重要途径是任免地方主要官员，通过人事任免权来实现中央对地方的管理，地方官员权力的合法性来源于上级政府的任免，因而"人事控制方式事实上是当代中国中央控制地方，维系国家统一的最重要、最有效的控制手段"。②

2. 地方分权

我国国土辽阔，各个地区发展存在着差异，如地理位置、自然环境、文化特点、人口构成、民族分布、经济发展及历史状况等多种情况，各地实际情况千差万别，为了有效地管理国家实际情况，各个地区的行政单位在中央和宪法授权的前提下享有根据实际情况管理地区事务的权力。

在我国，一般的行政区主要是指根据宪法设立的省、直辖市。我国目前有23个省，4个直辖市。省、直辖市是我国一级地方行政单位。该类行政单位享有以下权力：第一，在间接选举的基础上成立地方人民代表大会，并设立常委会，行政首长由同级人大选举产生；第二，地方人大和人大常委可以制定地方性法规；第三，地方司法机关由同级人大选举产生，并对同级人大负责；第四，根据1994年实行的分税制，地方有征税和维持地方财政的权力；第五，管理属于地方行政事务的权力。③

三、具有中国特色的民族区域自治

民族区域自治是指在中央政府统一领导下，在各个少数民族聚居地方实行区域自治，设立自治机关，行使自治权。这是我国国情的需要，我国是一个多民族的国家，各个少数民族都有其独特的文化传统和风俗习惯，因而需要在国家统一的基础上，充分尊重各个少数民族依照其民族特点管理本民族事务。《宪法》第四条第三款规定："各少数民族聚居的地方实行区域自治，设立自治机关，行使自治权。各民族自治地方都是中华人民共和国不可分离的部分。"这是中国实行民族区域自治的宪法依据，中国《民族区域自治法》序言宣传："民族区域自治是国家统一领导下，各少数民族聚居的地方实行区域自治，设立自治机关，行使

---

① 任进：《中央与地方监控关系与合作关系比较》，《广东行政学院学报》1996年第2期。
② 熊文钊：《大国地方——中国中央与地方关系宪政研究》，北京大学出版社2005年版，第31页。
③ 郑贤君：《联邦制和单一制下国家整体与部分之间关系之理论比较》，《法学家》1998年第4期。

自治权。实行民族区域自治，体现了国家充分尊重和保障各少数民族管理本民族内部事务权利的精神，体现了国家坚持民族平等、团结和共同繁荣的原则。"我国目前共有155个民族自治地方，其中有5个自治区、30个自治州和120个自治县（旗）。① 民族自治地方行使各项自治权利是民族区域自治制度的中心问题，民族自治权利集中体现在自治机关的自治权上。民族自治地区的自治权主要表现在以下几个方面：

（1）制定自治条例和单行条例的权力。自治条例是民族自治地方的立法机关制定关于本地方实行区域自治基本原则、机构设置、自治机关的自治权事项的综合性规范文件。单行条例是调整民族自治地方某一方面社会关系的规范性文件，自治区制定自治条例和单行条例，需要报全国人大常委批准后生效；自治州、自治县制定自治条例和单行条例，需要报所在省级人大常委会批准后生效。

（2）变通执行国家的法律和政策的权力。民族自治地方若发现国家的法律、政策不适合本民族地方的实际情况与传统风俗，自治机关可以报上级国家机关批准，予以变通执行或者停止执行。

（3）在经济建设和管理方面享有的自治权。自治机关可以结合本地方的特点和需要，制定经济建设的方针、政策和计划，自主安排和管理地方性的经济建设事业。根据本地的财力、物力等情况自主安排地方基础建设项目，合理调整经济结构，开发和保护本地区的自然资源。

（4）享有管理地方财政税收的自治权。自治地方的自治机关可以自主安排使用属于民族自治地方的财政收入。在全国统一的财政体制下，民族自治地方享受上级财政的照顾。对自治地方的财政收入，在某些情况下可以实行减税或者免税。

（5）享有人事管理自治权。自治区主席、自治州州长、自治县县长由实行区域自治的民族的公民担任。自治区、自治州、自治县的人民政府的其他组成人员，应当合理配备实行区域自治的民族和其他少数民族的人员。

（6）享有文化教育等方面的自治权。各民族自治机关自主管理本地方教育、科学、文化、卫生等事业，保护和整理民族文化遗产，发展和繁荣民族文化。自主制订本地区的教育发展规划和科学技术发展规划，发展具有民族特色的文艺事业。可以使用本民族通用的语言文字从事教育、文化活动、公务活动和法律诉讼等。

（7）在地方治安方面，民族自治机关依照国家的军事制度和当地实际需要，经国务院批准，可以组织本地方维护治安的公安部队。

（8）尊重少数民族宗教信仰自由权和保持本民族风俗习惯。中国的少数民族群众大多有宗教信仰，民族自治地方的自治机关根据宪法和法律的规定，尊重和保护少数民族的宗教信仰自由，保障少数民族一切合法的宗教活动。保证少数民族都有按照传统风俗习惯生活、进行社会活动的权利和自由。

四、单一制下的多元化——"一国两制"

（一）特别行政区拥有高度的自治权

特别行政区制度是指在统一的中华人民共和国的主权范围内，在大陆实行社会主义制

---

① 文正邦：《宪法学教程》，法律出版社2005年版，第371页。

度，在香港、澳门、台湾设立特别行政区，实行资本主义制度，享有高度自治权，但不拥有国家主权。[①] 特别行政区制度必须以国家统一作为前提，国家的主权不可分割，特别行政区属于中华人民共和国的一个地方行政区域，是一级地方政府，直接接受中央政府的管辖。特别行政区拥有高度的自治权，尤其是台湾，一旦建立特别行政区后，还可以有自己的军队，大陆不派军队和行政人员驻台。特别行政区实行的资本主义制度与大陆实行的社会主义制度长期并存，共同发展。

按照"一国两制"的方针，特别行政区拥有高度的自治权，胡锦涛同志在十七大的报告中指出："香港同胞、澳门同胞完全有智慧管理好香港、澳门，建设好香港、澳门。"这表明党和国家对港人治港、澳人治澳寄予厚望。[②] 依照香港基本法与澳门基本法的规定，特别行政区的高度自治权主要包括：

（1）行政管理权。《香港基本法》、《澳门基本法》第五条都规定："特别行政区不实行社会主义制度和政策，保持原有的资本主义制度和生活方式，五十年不变。"依照基本法规定，特别行政区基本保留原有的行政架构运作，有自行处理行政事务的权力，除涉及国防、外交、行政长官任免等属于国家主权的权力由中央政府行使外，其余行政管理事务可以自行决定政策和措施，自行处理，包括制定政策的自主权，发布行政命令，金融管理权，以港币（澳币）为法定货币及其发行权，财政税收权（如中央不在特别行政区征税，保持特别行政区财政独立），贸易管理权等十多项权力。

（2）立法权。基本法规定特别行政区的立法拥有相当大的自主权，可以保留原有的属于资本主义类型的法律和法律制度，在特别行政区高度自治权范围内制定和修改法律。中央制定的属于社会主义类型的法律和政策除了在基本法附件里规定适用于特别行政区的之外，一般不在特别行政区内适用，但特别行政区立法仍然属于地方立法，必须严格遵守全国人大所制定的基本法，将其作为立法依据和前提，在立法范围内，只能针对在基本法授予特别行政区高度自治权力范围内所管辖的事务，对国防外交事务，由于其属于中央人民政府所管辖范围内的事务，因而无权立法，它所制定的立法需报全国人大常委会备案。

（3）独立的司法权和终审权。基本法规定，特别行政区法院除继续保持原有的法律制度和原则外，对特别行政区所有案件均有审判权及终审权，不论是回归之前，还是和中国内地其他行政区的司法权相比，中央授予特别行政区的司法权和终审权都大大提高了，而回归前，香港法院除了要按照传统适用于香港之外，还要遵照英国的法律，终审由设在伦敦的英国枢密院司法委员会所掌握。

（4）外事权。中央政府授予特别行政区依照基本法自行处理有关对外事务，香港、澳门具有特殊的国际地位，香港在国际上具有自由港、单独的关税区、世界金融中心、贸易中心、航运中心的特殊地位，而澳门同样在国际上也是较为特殊的地区。为了保持香港和澳门的繁荣与稳定，基本法赋予特别行政区可依照基本法规定自行处理主要有关经济、文化领域的对外事务的广泛权力。例如：特别行政区可以作为中国代表团成员，参加由中央人民政府进行的与特别行政区有直接关系的外交谈判，特别行政区可以在经济、贸易、金融、航运、通讯、旅游、文化、体育领域以"中国香港"或"中国澳门"的名义单独同世界各地区及

　①　苏越主编：《中国宪政问题研究泛论》，天津社会科学院出版社2008年版，第310页。
　②　王振民：《"一国两制"的新发展》，《瞭望》2007年第43期。

有关国家组织保持和发展关系，签订和履行有关协议；特别行政区可以"中国香港"或"中国澳门"的名义参加不以国家为单位的国家组织和国际会议等权力。[①]

（二）中央管理特别行政区事务的权力

虽然香港、澳门特别行政区成立后，拥有高度自治权，丰富了我国的国家结构形式，但是特别行政区并不是独立的政治实体，它是国家的一级行政区域，直辖于中央人民政府，是我国地方制度的一部分，依据基本法，中央国家机关管理特别行政区的权力主要包括以下方面：

（1）驻军权。中央人民政府负责管理特别行政区防务，中央政府在香港、澳门设有人民解放军驻港部队、驻澳部队。但派驻的军队不干预特别行政区的地方性事务，在维持社会治安和救助灾难方面，特别行政区政府认为确有必要的，应由特别行政区向中央人民政府提出请求并经后者批准，驻军才能付诸行动。

（2）外交权。中央人民政府负责管理与特别行政区有关的外交事务，外交大权属于中央人民政府，凡是需要以国家名义进行的外交活动，诸如参加国际会议、缔结条约和参加国际组织等均由中央人民政府负责处理，中央在香港、澳门设有外交部驻港、驻澳特派员公署。另外，中央人民政府驻特别行政区联络办公室主要负责联系工作。

（3）人事任免权。特别行政区行政长官和主要官员只有经过中央的任命，才能正式生效，但是这些官员并非由中央直接选拔，他们都是依据基本法规定产生后，再由中央政府任命。

（4）基本法的修改权、解释权与特别行政区立法控制权。全国人大常委会、国务院有权提出修改基本法的议案，该议案须经特别行政区的全国人大代表三分之二多数以及特别行政区立法会议员三分之二多数通过，行政长官同意后，才可交由特别行政区出席全国人大的代表团，向全国人大提出修改议案，修改议案在列入全国人大议程前，先由特别行政区基本法委员会研究并提出意见，对基本法的任何修改，均不得同中央对特别行政区既定的基本方针政策相抵触；全国人大常委会征询基本法委员会意见后，享有对基本法的解释权，对报送备案的特别行政区立法有发回的权力，被发回的法律立即失效；全国人大常委会在征询基本法委员会和特别行政区政府意见后，可以决定某项有关国防、外交和其他不属于特别行政区自治范围的全国性法律在特别行政区实施。

（5）宣布紧急状态权。全国人大常委会可以在两种情况下决定香港、澳门进入紧张状态：一种是国家进入战争状态，香港、澳门地区作为中华人民共和国的一部分当然随之进入战争状态；另一种是香港、澳门特别行政区发生危及国家统一和安全的动乱而特别行政区对动乱已失去控制，这种情况的性质及危害必须超出特别行政区本身的范围，其程度和规模已为特别行政区无法控制。

（三）"一国两制"是单一制国家的伟大创新

实行"一国两制"，设立香港和澳门特别行政区，为我国原有的单一制国家结构形式注入了新鲜血液，赋予了新的内涵，"一国两制"下的国家结构已不再是传统意义上的单一制，更不是联邦制，而是一种"复合制"。[②] 所谓复合的单一制，是指在单一制国家结构形

---

① 王圣诵：《中国自治法研究》，中国法制出版社 2003 年版，第 106 页。

② 朱国斌：《香江法政纵横——香港基本法学绪论》，法律出版社 2010 年版，第 221 页。

式下，存在着普通的国家结构单位和特殊的国家结构单位的区别，中央与地方存在着两种以上不同的法律关系，如我国单一制的国家结构形式下，既存在普通的国家结构单位的省和直辖市，又有特殊的国家结构单位的民族区域自治区和特别行政区，设置民族区域自治区是为了解决国内民族关系问题，设置特别行政区是为了解决历史遗留问题。① "一国两制" 的特殊性主要体现在：第一，从主权和国家构成来说，"一国两制" 是单一制国家，国家主权已经先于特别行政区而存在，并不是特别行政区和其他地方行政区域的让与，特别行政区的设立和权力范围不是固有的，而是中央政府赋予的；第二，已经具备联邦制的特征，如特别行政区的立法权、独立的法律体系、司法管辖权和终审权等都符合联邦制的特征；第三，特别行政区享有的自治权在某些方面已经超过了联邦制国家，例如财政独立权、一定程度的外事权、货币政策、关税政策等方面，特别行政区享有广泛的权力，这些权力都有 "准主权" 的性质，联邦制国家的成员单位一般都不可能享有。

但是我国单一制的国家结构形式并没有因为 "一国两制" 而发生根本性的变化，主要原因有：第一，在国际法上代表中国政府的只能是中国中央政府，特别行政区并不是一级主权主体。中央政府负责特别行政区的外交事务和国防事务，特别行政区没有独立的外交权，也无权拥有军队（台湾可以保留军队）。第二，中央享有监督特别行政区立法、解释和修改基本法的权力，全国人大常委会有权监督特别行政区行使立法权，审查特别行政区立法机关制定的法律是否符合基本法，基本法的解释权属于全国人大常委会，修改权属于全国人大。第三，特别行政区归中央直辖，特别行政区行政长官和主要官员都由中央任免。所有这些都是单一制国家的明显特征，而联邦制国家一般不具有，尽管特别行政区的自治权很大，但它在法律上只是中国政府设立的一级地方行政机构，可以说 "特别行政区的出现，给中国国家结构形式带来新的变化，'一国两制' 既是单一制，又与单一制有着显著的区别；既具联邦制许多特点，又不是联邦制——现阶段的中国采取的是一种具有联邦制特点的单一制"②。

因而，香港、澳门特别行政区的建立并没有改变我国的单一制国家结构形式，而是丰富了单一制的理论，增添了单一制的民主内容，我国单一制的内涵呈现了多样的特征，既包括一般地方和中央的关系，也包括民族自治地方和中央的关系、特别行政区和中央的关系。我们理解单一制的内涵和处理中央和地方关系时要注意到这一多样性，要注意保护特别行政区的高度自治权，贯彻 "一国两制" 的基本国策。③

第三节　授权理论

2007 年 6 月 6 日全国人大常委会委员长吴邦国在 "纪念香港特别行政区基本法实施十周年座谈会" 上强调：香港特别行政区的高度自治权来源于中央的授予，中央授予香港特别行政区多少权，特别行政区就有多少权，没有明确规定，根据《基本法》第二十条的规

---

① 王禹：《"一国两制" 宪法精神研究》，广东人民出版社 2008 年版，第 61 页。

② 张千帆主编：《宪法》，北京大学出版社 2008 年版，第 498 页。

③ 王磊：《论我国单一制的法的内涵》，《中外法学》1997 年第 6 期。

定，中央还可以授予，不存在所谓的"剩余权力"的问题。① 吴邦国委员长的讲话内容充分说明了特别行政区高度的自治权来源于中央的授权，在授权理论的框架下，特别行政区的权力来源于中央授权并需要接受中央的监督。

一、授权理论的依据

中央对于特别行政区的授权包括两个问题，第一，中央能否授权，其合法性在哪里；第二，中央该如何授权，中央应该授予哪些权力，不授予哪些权力，授予这些权力的理由是什么。② 基本法实施十多年来，大家已经普遍接受中央对特别行政区具有完整管治权力，特别行政区是根据国家管理需要设立的，是直辖于中央人民政府的地方行政区域；中央在保留必不可少的权力的同时，授权特别行政区实行高度自治；基本法是一部授权法。但香港仍有人认为中央与特别行政区之间是分权关系，试图用分权理论来解释中央与特别行政区的权力关系，还有极少人把特别行政区的高度自治与中央的管治权对立起来。③

中央政府一直坚持对香港、澳门特别行政区具有完全的主权，这是香港、澳门特别行政区实行高度自治的前提，中国政府从1997年7月1日开始对香港恢复行使主权，这是中国在中英谈判时一贯坚持的立场。在此前提下，才有中国对香港采取特殊政策的安排，包括设立香港特别行政区、由香港当地中国人管理、现行社会经济制度和生活方式不变等等。从中英谈判的过程看，这一立场贯彻始终。在中英双方第1~4轮的谈判中，英国曾经提出"主权换治权"方案和"共同管治"方案，导致会谈毫无进展。1983年9月会见访华的英国前首相希思时，邓小平明确表示，英国想用主权来换治权是行不通的。在第5、6轮谈判中，英方确认不再坚持英国管治，也不谋求任何形式的共管，并理解中国的计划是建立在1997年后整个香港的主权和管治权应该归还中国这一前提的基础上。至此，中英会谈的主要障碍开始排除。从1983年12月第7轮会谈起，谈判进入以中国政府关于香港问题的基本方针政策为基础进行讨论的轨道。根据中国政府的基本方针政策，未来的香港特别行政区直辖于中央人民政府。除外交和国防事务属中央人民政府管理外，香港特别行政区享有高度的自治权。但是，在谈判过程中，英方仍曾试图以"最大限度的自治"来修改中方主张的"高度自治"的内涵，反对香港特别行政区直辖于中央政府，并曾经要求在香港派驻性质不同于其他国家驻港总领事的"英国专员"代表机构。这些意见最终都遭到中方的坚决反对，未予采纳。④ 由此可见，高度自治一开始就是有限度的自治，是在中央政府认可以及授权前提下的自治。《香港基本法》第一条规定，"香港特别行政区是中华人民共和国不可分离的部分"，这就开章明义地表明，特别行政区并不存在一般殖民地的自决权，即完全自治的权力。

① 吴邦国：《深入实施香港特别行政区基本法 把"一国两制"伟大实践推向前进——在纪念中华人民共和国香港特别行政区基本法实施十周年座谈会上的讲话》。
② 骆伟建：《论"一国两制"下的授权》，杨允中主编：《"一国两制"与宪政发展——庆祝澳门特别行政区成立十周年研讨会论文集》，澳门理工学院一国两制研究中心2009版，第50~60页。
③ 邓平学：《关于特别行政区制度研究若干思考》，《"一国两制"与澳门特区法制建设——大型学术研讨会论文集》，澳门理工学院一国两制研究中心2010年版，第62页。
④ 《邓小平论"一国两制"》，三联书店（香港）有限公司2004年版，第79~81页。

中央政府对特别行政区完整地行使主权（包括治权）这一前提还可以从特别行政区成立前中央政府对特别行政区财产的处置得到证明。1997年6月26日在国务院第59次常务会议上和1999年12月18日，国务院分别发布了《中华人民共和国国务院关于授权香港特别行政区政府接收原香港政府资产的决定》和《中华人民共和国国务院关于授权澳门特别行政区政府接收原澳门政府资产的决定》，授权特别行政区政府接收和负责核对原香港、澳门政府的全部资产和债务，并根据特别行政区有关法律自主地进行管理。这表明，在殖民地政府和特别行政区政府之间不存在私相授受的关系，即使是原政府的资产，也是由中央政府负责接收，然后再交给特别行政区政府。不仅特别行政区的政治权力全部源自中央授权，特别行政区接收赖以经营的全部资产的权力也来自中央政府的授权。

（一）法律依据

全国人大依据宪法设立特别行政区，并通过制定基本法对特别行政区授权。这里包含了两层意思：第一，全国人大是授权的具体主体；第二，授权的形式是通过全国人大制定的法律，即《香港基本法》、《澳门基本法》的形式授予。国家向香港、澳门特别行政区进行授权，其依据是《中华人民共和国宪法》第三十一条的规定：国家在必要时得设立特别行政区，在特别行政区实行的制度按照具体情况由全国人民代表大会以法律规定。而在规定全国人大的职权的第六十二条中的第十三项规定：全国人大有权决定特别行政区的设立及其制度。以上两个条文提到全国人大主动行使权力，"设立"特别行政区，如果没有全国人大设立，特别行政区就无法成立，香港、澳门特别行政区的高度自治权也无从谈起。《香港基本法》和《澳门基本法》序言的第三段指出，根据宪法，全国人民代表大会特制定基本法，规定特别行政区实行的制度，以保障国家对香港和澳门的基本方针政策的实施。《基本法》的第十一条规定：根据宪法第三十一条规定，香港特别行政区和澳门特别行政区的制度和政策，包括社会、经济制度，有关保障居民的基本权利和自由的制度，行政管理、立法和司法方面的制度以及有关政策，均以基本法的规定为依据。而且，《中英联合声明》和《中葡联合声明》都明确指出，根据《宪法》第三十一条，设立香港特别行政区和澳门特别行政区，又指明根据宪法将制定《香港基本法》和《澳门基本法》，这些都充分说明，宪法是全国人大向特别行政区授予高度自治权的法律依据。

（二）政策依据

《中英联合声明》和《中葡联合声明》规定了全国人大应当怎样向特别行政区授权，应当授予哪些权力，这就是授权的政策依据。中国政府在《中英联合声明》和《中葡联合声明》中承诺香港回归和澳门回归以后，建立特别行政区，实行"一国两制"和"港人治港"、"澳人治澳"、高度自治，不在香港和澳门实行社会主义的制度和政策，保持原有的资本主义制度和生活方式50年不变，并制定《香港基本法》和《澳门基本法》予以规定。中国政府在两个联合声明里宣布实行"一国两制"及其具体说明，是中国对国际社会所作的庄严承诺，《中英联合声明》和《中葡联合声明》及其附件一的具体说明，为全国人大向特别行政区授出哪些权力提供了具体的政策依据。这些政策依据为中国顺利起草《香港基本法》和《澳门基本法》起到了重要作用，两个联合声明的基本政策和具体说明都被写入《基本法》。①

---

① 肖蔚云：《论香港基本法》，北京大学出版社2003年版，第51~54页。

香港和澳门的高度自治授权的法律依据是《宪法》，授权的政策依据是《中英联合声明》和《中葡联合声明》及其附件一的具体说明。法律依据和政策依据不能混淆，某些人认为香港和澳门的高度自治权并不是由中央授权，而是由《中英联合声明》与《中葡联合声明》这两份有约束力的国际协议所赋予的，这种意见就混淆了授权的法律依据和政策依据，香港、澳门回归后，已经成为中国不可分离的一部分，然而，由于香港、澳门保持原有的资本主义制度，仍属于资本主义体系的一部分，西方国家希望保持其经济利益和政治影响，继续干涉香港和澳门的内部事务。① 因此必须分清授权的法律依据与政策依据，否则就会认为特别行政区的高度自治权来源于两个"联合声明"，因而特别行政区的自治权也是由中英与中葡共同授予的，港澳地区就会成为一个中英、中葡联合共管的地区，这样就为外国干预港澳地区的事务提供了借口，结果就会损害国家主权，否定"一国"的前提。②

二、授权的形式

（一）通过基本法授予

《香港基本法》和《澳门基本法》第二条都明确指出，全国人大授权香港特别行政区、澳门特别行政区依照本法的规定，实行高度自治，享有行政管理权、立法权、独立的司法权和终审权。条文中明确指出"依照本法的规定"，指明特别行政区的高度自治权主要是依据基本法，基本法的其他条文都具体地规定了特别行政区的各项权力，因而基本法是一份授权的法律文件，是国家向特别行政区授权的主要形式。基本法对特别行政区高度自治的授权可以分为两大类③：

1. 一般性授权

这一类权力是指特别行政区政府能够依照基本法自己处理，无须中央进一步授权的权力。因为特别行政区拥有高度自治权，因而大部分的权力都不需要中央进一步授权，这些权力主要指：①《香港基本法》第十六条规定，香港特别行政区享有行政管理权，依照本法的有关规定自行处理香港特别行政区的行政事务，即除了属于中央政府管理少数几项行政事务外，香港特别行政区可以自行处理本行政区域内的其他行政事务。②《香港基本法》第十七条规定，香港特别行政区享有立法权，除了国防、外交等属于中央政府职权范围内的法律不能自行制定外，香港可以制定民事、刑事、诉讼程序等适用于本行政区域内的法律。③《香港基本法》第十九条规定，香港特别行政区法院除了保持香港原有的法律制度和原则对法院审判权所作的限制外，对香港特别行政区所有的案件均有审判权；特别行政区享有独立的司法权和终审权，特别行政区法院独立进行审判，不受任何干涉。④《香港基本法》第一百五十一条规定，香港特别行政区可以在经济、贸易、金融、航运、通讯、旅游、文化、体育等领域以"中国香港"的名义，单独地同世界各国、各地区及有关国际组织保持和发展关系，签订和履行有关协议。

① 有关西方势力干涉港澳内部事务的具体情况，参见王振民：《中央与特别行政区关系——一种法治结构的解析》，清华大学出版社 2002 年版，第 129~133 页。

② 骆伟建：《论"一国两制"下的授权》，杨允中主编：《"一国两制"与宪政发展——庆祝澳门特别行政区成立十周年研讨会论文集》，澳门理工学院一国两制研究中心 2009 年版，第 50~60 页。

③ 郭天武、陈雪珍：《论中央授权与香港特别行政区高度自治》，《当代港澳研究》2010 年第 2 期。

2. 需要中央具体授权的权力

这些权力原则上特别行政区可以行使，但必须得到中央政府的具体授权。主要有：①《香港基本法》第九十六条规定，在中央政府协助或授权下，香港特别行政区可以与外国就司法互助关系作出适当的安排。②《香港基本法》第一百二十五条规定，香港特别行政区经中央授权进行船舶登记，并根据香港特别行政区的法律以"中国香港"的名义颁发有关证件。③《香港基本法》第一百三十三条和第一百三十四条规定，特别行政区政府经中央政府具体授权，可以签订或修改民用航空运输协议，签发执照、许可证等。④《香港基本法》第一百五十四条规定，中央政府授权香港特别行政区政府依照法律给持有香港特别行政区永久性居民身份证的中国公民签发护照，给其他合法居留者签发旅行证件；第一百五十五条规定，中央政府协助或授权香港特别行政区与各国或各个地区缔结免签证协议。⑤《香港基本法》第一百五十八条规定，全国人大常委会授权香港特别行政区法院在审理案件时对本法关于香港特别行政区自治范围内的条款自行解释。

（二）通过全国人大、全国人大常委会、国务院制定的其他法律文件

《香港基本法》第二十条规定，香港特别行政区可享有全国人大和全国人大常委会及中央政府授予的其他权力，这就明确规定了香港特别行政区可以享有全国人大、全国人大常委会授予的其他权力，这种方式作为中央政府向特别行政区授权的补充。例如2006年，根据《全国人民代表大会常务委员会关于授权香港特别行政区对深圳口岸港方口岸区实施管辖的决定》，全国人大常务委员会授权香港特别行政区自深圳湾口岸启用之日起，对该口岸所设的港方口岸区依照香港特别行政区法律实施管辖；香港特别行政区将对深圳湾口岸区实行禁区式管理，深圳湾口岸港方区的范围由国务院规定；深圳湾口岸港方口岸区土地使用期限由国务院依照有关法律确定。这一方式既说明为了以后特别行政区的管理需要，不排除中央向特别行政区授予其他权力的需要，也充分说明了中央对特别行政区享有所有的主权，特别行政区的一切权力都必须由中央授予。

（三）通过基本法限制授权

基本法在规定对特别行政区授权的同时，还规定了对特别行政区授权的限制。这种限制主要分为以下三种情况：

（1）明确规定某些权力由中央行使，特别行政区不享有这些权力，对国防、外交等国家行为无管辖权。例如，《基本法》第十三、十四条分别规定，中央人民政府负责管理与特别行政区有关的外交事务、负责特别行政区的防务。

（2）规定某种权力中央可以行使，特别行政区也可以行使，但中央具有最后的决定权。例如，《香港基本法》第一百五十八条规定，基本法的解释权属于全国人民代表大会常务委员会。全国人民代表大会常务委员会授权香港特别行政区法院在审理案件时对本法关于香港特别行政区自治范围内的条款自行解释。如全国人民代表大会常务委员会作成解释，特别行政区法院在引用该条款时，应以全国人民代表大会常务委员会的解释为准。但在此之前作出的判决不受影响。

（3）基本法还规定特别行政区在行使某些权力时必须通过一定的法律程序，例如，基本法对特别行政区立法作出程序性的规定，对特别行政区行政长官作出决策要征求行政会议意见等，都属于这一类规定。①

三、"剩余权力"的问题

（一）"剩余权力"问题的提出

在 1986 年《香港基本法》起草阶段，港区代表李柱铭等人提出要求在《香港基本法》里将明文规定由中央行使的权力和特别行政区享有的权力之外的权力（即所谓的"剩余权力"）归香港特别行政区行使，其主要观点为："在即将建立的香港特别行政区制度下，中央行使国防、外交事务的权力。国防、外交以外的其他权力作为'剩余权力'，应该概括地由特别行政区行使。"香港回归后，随着《香港基本法》的实施，在涉及香港政制发展的最终决定权上，关于"剩余权力"的议题再次引起争议，其观点为："既然基本法明确列举了属于中央和属于特别行政区的权力，那么基本法未明确列举的权力，尤其是随着实践发展而产生的权力，香港特别行政区是否可以不经过中央的同意或者授权而直接行使？"②

在以"一国两制"方式解决香港和澳门主权的问题上，虽然中央政府的权力是本源性的权力，基本法为授权法，但在授权过程中，始终会存在着中央政府本源性权力中那些没有授予特别行政区的权力。而我国的宪法学者普遍认为我国是单一制国家，国家主权属于中央政府，不存在联邦制国家才会出现的"剩余权力"的问题，即使非要用"剩余权力"的概念，这种权力也属于中央政府，特别行政区的一切权力都必须由中央政府授权。③

（二）"剩余权力"的概念

在宪法上，剩余权力又称为保留权力，是指立宪者在划分国家机构之间的权力，尤其是在划分全国政府与地方区域政府的权力时，那些没有规定由谁行使的权力。④ 剩余权力首先出现在联邦制的国家，联邦制国家是指"由全国性政府和区域性政府根据宪法分享包括主权权力在内的国家权力行使权，并且不得单方面改变宪法确定权力分享格局的一种国家结构形式类型。"⑤ 当分散的地方政府走向新的联邦国家时，权力向联邦政府方向倾斜，即权力由分散走向整体，联邦成员出于共同利益和目标而愿以主权组建成一个新的联邦制国家，这些联邦成员单位通过制定宪法，列举了联邦政府与联邦成员之间的权力分配，而宪法总会有一些权力没有规定，不论哪一方获得让渡的权力，都存在着权力让渡一方享有"剩余权力"的问题，而所谓"剩余权力"就是没有让渡的权力，这种情况在复合制国家普遍存在。⑥ 规定"剩余权力"归属的主要意义在于，当出现法律没有规定的情形，或者出现没有明确规定该事项由哪个部门管辖的时候，有一个部门能够先出面对这项事务进行管辖，不致造成"立法真空"而使一些突发事件处于无人管理的状态。

世界上联邦制国家的"剩余权力"分配主要有三种方式：①单独列举联邦的事权，而

① 程洁：《中央管治权与特区高度自治——以基本法规定的授权关系为框架》，《法学》2007 年第 8 期。
② 李元起、黄若谷：《论特别行政区制度下的"剩余权力"问题》，《北方法学》2008 年第 2 期。
③ 魏定仁、甘超英、付思明：《宪法学》，北京大学出版社 2001 年版，第 425 页。
④ 王振民：《中央与特别行政区关系——一种法治结构的解析》，清华大学出版社 2002 年版，第 173 页。
⑤ 童之伟：《国家结构形式论》，武汉大学出版社 1997 年版，第 210 页。
⑥ 张定淮、孟东：《是"剩余权力"，还是"保留性的本源权力"？——中央与港、澳特区权力关系中一个值得关注的提法》，《当代中国政治研究报告》2009 年第 7 辑。

未列举联邦成员的权力，概括地规定"剩余权力"归属于联邦成员，如美国宪法第十条修正案规定："本宪法所未授予合众国政府或未禁止各州政府所行使的权力，均由各州或由人民保留之。"②既列举联邦政府的权力，也列举联邦成员单位的权力，避免发生权力混淆，"剩余权力"既没交给联邦政府也没交给联邦成员单位，而是作出特别规定，如若产生冲突，要采用有利于联邦政府的解释，以防止地方权力的扩大。①③同时列举联邦与联邦成员的权力，但强调宪法未作具体划分的"剩余权力"归属联邦政府享有，加拿大政府采用这种做法，"却因美国宪法间不免诱发中央和各邦权限上的冲突，遂于宪法上将中央和各省的事权，俱明白列举。但所列举者终究不能包括一切事权，于是复以未及规定的残余权（剩余权力）归诸中央"。②

（三）特别行政区不存在"剩余权力"问题

（1）根据主权在民的原则，我国由人民选出代表行使权力，全国人民代表大会是国家最高的权力机关，这是毋庸置疑的。《宪法》第二条规定："中华人民共和国的一切权力属于人民。"第六十二条规定的全国人民代表大会的职权，最后一项职权是"应当由最高国家权力机关行使的其他职权"。第六十七条规定全国人大常委会行使的最后一项职权是"全国人民代表大会授予的其他职权"。这充分说明了在我国，人民是一切权力的所有者，当然也包括"剩余权力"。而在地方，包括特别行政区的权力都是由最高的国家权力机关授予的，因而若宪法没有明确授予地方行使的权力，都是由最高的国家权力机关保留的。而两部基本法都在第二条规定，全国人民代表大会授权特别行政区实行高度自治，享有行政管理权、立法权、独立的司法权和终审权。这十分明确地表明，不管特别行政区的权力有多大，都是由中央授予的；而中央所未明确授予特别行政区的"剩余权力"，显然仍由中央即全国人民代表大会及其常设机关保留并决定行使。全国人大副秘书长、港澳基本法委员会主任乔晓阳曾于 2004 年 4 月 6 日作出这样的表述："通过基本法来保证香港实实在在地搞资本主义，这跟联邦制是不一样的，联邦制的权力实际上是各个州授予联邦，把其权力保留下来，没有给联邦的权力，都是在各自的州里面，单一制是反过来，地方没有权力，地方的权力是中央给的，这是一个根本的区别。如果说一定有'剩余权力'，这个也是在中央。"因而中央具有国家的一切权力。

（2）特别行政区虽然享有广泛而高度的自治权，但其本质仍属于中央对地方授予。从"一国两制"的内涵和精神要义看，"一国两制"维护国家统一，捍卫主权和领土完整，"一国"是"两制"的前提和基础，没有"一国"，就没有"两制"，在"一国"的根本前提下，我国只存在一个国家主权，地方（当然包括特别行政区）权力是国家主权附属下规定的，无所谓"剩余之说"。③"单一制国家的地方行政区是中央根据管理的需要划分建立的，地方享有的权力，不是本身固有的，是中央授予的，中央对地方享有完全的主权，对外由中央政府统一代表国家行使主权。"④ 香港特别行政区是我国单一制国家的一个组成部分，英国政府在归还香港时已经把管辖的权力完全交还中国，而不是香港政府，中国对香港恢复行

---

① 林良光主编：《印度政治制度研究》，北京大学出版社 1995 年版，第 210 页。

② 王世杰、钱端升：《比较宪法》，商务印书馆 1999 年版，第 361 页。

③ 黄志勇、柯婧凤：《论基本法框架下中央与特别行政区的权力关系——以"剩余权力说"不成立为视角》，《岭南学刊》2011 年第 4 期。

④ 乔晓阳主编：《立法法讲话》，中国民主法制出版社 2000 年版，第 9 页。

使主权，所以香港特别行政区作为我国单一制国家的一个组成部分，其权力来源于中央，全国人大通过基本法授予特别行政区各项权力，"《基本法》规定特别行政区行使什么权，特别行政区就行使什么权，绝对不能超越法律的规定"。①

（3）宪法是制定基本法与设立特别行政区的依据。《宪法》第三十一条规定，国家在必要时得设立特别行政区，在特别行政区内实行的制度按照具体情况由全国人民代表大会以法律规定。这一条文就规定了全国人大有权确定特别行政区实行的制度，规定授予特别行政区的各项权力，《基本法》对于特别行政区各项权力进行列举式与概括式规定，而且《基本法》第二十条规定，特别行政区可享有全国人民代表大会与全国人民代表大会常务委员会及中央人民政府授予的其他权力。这一条文表明了中央拥有特别行政区的主权，并保留了基本法没有规定授予特别行政区的权力，在今后根据特别行政区治理的需要，中央可能继续向特别行政区授权。正如吴邦国委员长所指出的："香港特别行政区处于国家完全主权之下，中央授予香港特别行政区多少权，特别行政区就有多少权，没有明确规定的，根据《香港基本法》第二十条规定，中央可以授予，不存在所谓的"剩余权力"问题。②

四、授权论的意义

（一）授权论明确了特别行政区高度自治权来源

关于香港和澳门特别行政区的权力来源有两种意见：第一种是香港和澳门本身固有的；第二种是非其本身所固有的。所谓固有，是指这种权力是其本身具有的；所谓非固有，是指这种权力必须来自外部授权。③ 外部授予则包括三种情况：一是中国中央政府授予；二是原来宗主国英国与葡萄牙授予；三是中英、中葡联合授予。而《基本法》第二条明确提出授权的概念，规定香港和澳门的权力授予来自中华人民共和国与全国人大，特别行政区在中央政府的授权下享有高度自治权。《中英联合声明》与《中葡联合声明》已经明确规定特别行政区直辖于中央人民政府，特别行政区与中央政府是一种地方与中央的关系，既然是地方与中央的关系，地方的权力必定来源于中央授予，这是单一制国家中央与地方分权的特征。主权作为国家的法律人格，具有最高性、唯一性、排他性，是不可分割的；地方自治，不论是普通自治还是高度自治，不论是单一制下的自治还是联邦制下的自治，都只是主权国家内部一种权力分配方式。先有国家权力，后有地方权力，先有中央政府，后有地方政府，按照《基本法》的规定，香港特别行政区是直辖于中央政府的一个地方行政区，其高度自治权来源于中央的授权，国家主权是地方自治权的前提和基础。④

（二）"授权论"回答了特别行政区高度自治权的性质

国家在设立特别行政区，并实行"一国两制"的过程中，不仅要回答高度自治权的来源问题，而且要回答高度自治权的性质问题：高度自治是比较而言，是指自治过程高于一般

---

① 许崇德：《对"一国两制"的粗浅认识》。
② 吴邦国：《深入实施香港特别行政区基本法 把"一国两制"伟大实践推向前进》，全国人大常委会香港基本法委员会办公室编：《纪念香港基本法实施十周年文集》，中国民主法制出版社 2007 年版。
③ 李元起：《澳门特别行政区高度自治权性质和特点初探》，全国人大常委会澳门基本法委员会办公室编：《纪念澳门基本法实施十周年研讨会论文集》，2009 年。
④ 李昌道：《"一国两制"是香港基本法的法理核心》，《复旦学报》（社会科学版）2004 年第 6 期。

自治，其性质仍然属于地方自治的范畴。中国政府在提出"一国两制"的过程中，邓小平就曾说过，"特别行政区实行高度自治并不是无限的自治、完全的自治"，"自治不能没有限度，既有限度就不能'完全'。'完全自治'就是'两个中国'，而不是一个中国"①。虽然各方面都承认"一国两制"、"港人治港"、"澳人治澳"、"高度自治"的指导作用，但是对上述原则的理解却各有侧重，尤其涉及中央政府对香港的管治权时：中国政府在与英国政府谈判过程中，英国政府也曾一再以"最大限度的自治"来修改中方提出的高度自治，反对香港政府直辖于中央人民政府；在香港，有一种观点认为在"一国两制"之下，高度自治意味着特别行政区拥有对抗中央政府的权利；甚至有一种观点认为高度自治本质上属于《公民权利与政治权利国际人权公约》所规定的"自决权"。②

国家对香港和澳门恢复行使主权，并根据历史情况和现实情况，承诺香港和澳门回归以后，继续保持原有的资本主义制度和生活方式不变，这就必须做到一方面承认主权的统一，承认单一制国家在香港和澳门至高无上的宪法地位；另一方面让香港和澳门必须享有超越单一制下一般地方的权力，实行高度自治。"授权"的概念解决了这个矛盾，要使香港和澳门享有高度自治权，就必须由中央作出授权，授权将维护国家统一和保障高度自治结合起来，《基本法》第二条指出，特别行政区依照本法的规定实行高度自治，这里就包含了两层意思：第一层含义是特别行政区高度自治权的范围要以基本法的规定为限；第二层含义是高度自治权要以基本法规定的方式行使。③ 这就说明，"高度自治"不是"完全自治"，也不是"最大限度的自治"，高度自治权的性质是有限度的自治权，属于地方自治的范畴，由中央政府授予特别行政区自治权。

（三）"授权论"确认了我国的国家结构形式仍然是单一制国家

中国历来是单一制国家，实行中央集权，然而，自香港与澳门回归后，两个特别行政区实行高度自治，享有行政管理权、立法权、独立的司法权和终审权，大大超过了省、直辖市和民族自治区的权力，甚至在许多方面超过了联邦制国家成员国的权力。④ 但是"授权论"恰恰说明香港和澳门的高度自治并非本身所固有，其权力来源于中央，这就不同于联邦制，在联邦制国家，联邦成员国所享有的权力是其本身所固有的，并非联邦授予而形成的。⑤ 因此，特别行政区的自治程度再高，其权力还是来自中央政府的授予，这是一种中央与地方的关系，不能将联邦理论套用在中央与特别行政区之间，我国单一制的国家结构形式没有因香港和澳门回归而产生本质性的变化。

（四）"授权论"肯定了"一国"与"两制"的关系

"一国"是"两制"的基础和前提，邓小平在论述将来台湾作为特别行政区回归时指出，"在对内政策可以搞自己一套，可以有其他省、市、自治区所没有而为自己所独有的某些权力，条件是不能损害统一的国家的利益。⑥ 这就是说国家统一的利益高于地方利益，特别行政区必须以国家主权利益为重，在"一国"的基础下实行"两制"，授权论正是回答了

---

① 《邓小平文选》（第三卷），人民出版社1993年版，第30页。
② 程洁：《中央管治权与特区高度自治——以基本法规定的授权关系为框架》，《法学》2007年第8期。
③ 国务院发展研究中心港澳研究所编：《香港基本法读本》，商务印书馆2009年版，第40页。
④ 宋小庄：《论"一国两制"下中央与香港特区的关系》，中国人民大学出版社2003年版，第103页。
⑤ 王世杰、钱端升：《比较宪法》，中国政法大学出版社1997年版，第316～317页。
⑥ 《邓小平论"一国两制"》，三联书店（香港）有限公司2004年版，第5页。

"一国"与"两制"怎样结合，根据基本法规定，特别行政区在中央人民政府的领导下才能保持与继续发展原有的资本主义制度和生活方式，"两制"必须在"一国"的前提下才能得到确认和保障，所以，基本法对于中央已授权特别行政区高度自治范围内的事务，如行政管理权、立法权和司法权，根据不同情况都作出了中央保持并在必要时行使某些权力的宪政安排，如特别行政区的财政预算和决算需要报中央备案，特别行政区立法机关制定法律也须报全国人大常务委员会备案，若全国人大常务委员会认为不符合基本法，可将该法律发回，发回的法律立即失效。

既然是授权，就不可能把全部权力都授予，而且授权还要规定必要的条件，中央保留什么权力，授予特别行政区什么权力，特别行政区行使权力必须遵循的程序，这些决定权都在中央，中央既有权授出权力，自然亦有权收回权力，而且中央有权对授出的权力予以监督，在必要时候可以变更授权，甚至可以取消授权，这就回答了"一国"是"两制"的前提和基础的问题。

第二章 港澳基本法的性质、地位及其效力

香港、澳门基本法已分别实施了十五年和十三年，港澳基本法的实施，实现了"一国两制"的伟大构想，促进了国家的和平统一，对港澳的稳定与繁荣发挥了重要作用。学界对港澳基本法给予的理论与学术关注不仅有助于认识和理解港澳基本法，也对港澳基本法的实施产生了积极影响。然而值得注意的是，学界关于港澳基本法的某些观点，如认为港澳基本法是小宪法、宪法的特别法等，无论在理论上还是在实践中都妨碍了对港澳基本法的准确定位，容易引起人们对港澳基本法的误解。

第一节 港澳基本法的性质

一、基本法是特别行政区的宪法性法律文件

在对港澳基本法进行定性之前，有必要对"宪法性法律"这一概念进行相关的阐释，从而对宪法和宪法性法律的区别有所了解。

所谓"宪法性法律"是指包括宪法和起宪法作用的法律，宪法作为一个国家的根本大法，对国家的社会制度、国家制度、国家机关的组织和活动原则以及公民的基本权利和义务都作了全面的规定，除宪法外，凡是明确规定国家制度、社会制度与公民基本权利和义务的法律、法规，都可以称作宪法性法律文件。凯尔森也在宪法的意义上使用"宪法性法律"一词："正是由于实质宪法，所以才有一种宪法性法律的特殊形式或一种宪法形式。如果有一种宪法形式的话，那么就一定要将宪法性法律和普通法律区别开来。两者的区别在于：宪法性法律的创造（意思就是制定、修改、废除）要比普通法律的创造更为困难。[①]"从这个意义上来讲，《香港基本法》就与我国的一些基本法律，比如《中华人民共和国国籍法》、《中华人民共和国人民代表大会组织法》、《中华人民共和国国务院组织法》一样，同属于"宪法性法律文件"。

笔者以为，在我国，宪法性法律是依据宪法（或宪法典）所制定的规范性文件，它在内容上涉及国家根本问题的某一方面，但在形式上又不具备成文宪法的要件。《香港基本法》是香港回归到中华人民共和国这一共同体后，所实施的涉及香港特别行政区的政治、经济、文化等基本制度的规范性文件。它协调了中央人民政府与香港特别行政区之间的关系，具有重要的作用，但由于它的内容只涉及香港特别行政区这一方面，加之形式上又不具备《中华人民共和国宪法》的制定程序，故《香港基本法》属于宪法性法律。

港澳基本法作为宪法性法律的法律依据有如下几点：

---

① 凯尔森著，沈宗灵译：《法与国家的一般理论》，中国大百科全书出版社 1996 年版，第 142 页。

首先，《香港基本法》序言第三段的规定表明，基本法"规定香港特别行政区实行的制度，以保障国家对香港的基本方针政策的实施"。这表明基本法是规定香港特别行政区现行制度的法律文件，是一部宪法性的法律文件。

其次，《香港基本法》第十一条进一步规定："根据中华人民共和国宪法第三十一条，香港特别行政区的制度和政策，包括社会、经济制度，有关保障居民的基本权利和自由的制度，行政管理、立法和司法方面的制度，以及有关政策，均以本法的规定为依据。香港特别行政区立法机关制定的任何法律，均不得同本法相抵触。"这一条实际上是对基本法地位和效力的规定，就是说，香港特别行政区的所有制度、法律、政策都必须以基本法为依据，不得同基本法相抵触。如果说宪法是国家的总章程，那么基本法就是香港特别行政区的总章程，在香港特别行政区法律体系中，具有高于其他法律的地位。

此外，全国人大常委会委员长吴邦国在纪念香港特别行政区基本法实施十周年座谈会上的讲话中指出，"香港特别行政区基本法是全国人民代表大会以宪法为依据、以"一国两制"方针为指导制定的全国性法律，在香港特别行政区具有宪制性地位"①。全国人大常务委员会副秘书长、香港基本法委员会主任乔晓阳，在香港礼宾府主持香港特别行政区基本法图书馆开幕礼上表示："基本法是全国人大通过的一部宪制性法律，它把邓小平先生'一国两制'的伟大构想，以法律形式完整地体现出来和固定下来，并在香港得以成功实践。基本法全面规定了中央与香港特别行政区的关系，香港特别行政区的政治、社会、经济制度，香港居民的基本权利和自由等。基本法具有凌驾于特别行政区法律之上的地位，是香港特别行政区行政、立法、司法的依据和基础。"乔晓阳认为，基本法最核心的内容可概括为三句话：坚持一个国家，保障国家主权；坚持两种制度，保障高度自治；坚持基本不变，保障繁荣稳定。这三句话贯穿于基本法始终。因此，在香港这样一个法治社会里，强调基本法的宪制性地位是至关重要的。

笔者认为，要判断一部法律是否属于宪法性法律，不仅要从该部法律的立法依据和国家政策方针上来考察，还要从该法的制定程序、结构形式、规定的主要内容以及效力等四方面作进一步的判断：

（一）从港澳基本法的制定程序来看

港澳基本法的制定程序采取了和宪法类似的最高规格，为了起草基本法，我国全国人民代表大会通过了决议，成立了基本法起草委员会，起草委员会的成员名单由全国人大常委会决定并公布。作为主要制定基本法的起草委员会，只向全国人民代表大会负责，在全国人大闭会期间向全国人大常委会负责。此外，起草委员会还在港澳成立了基本法咨询委员会，广泛听取港澳同胞的意见，故港澳基本法的起草与制定采取了与宪法类似的程序。

（二）从港澳基本法的内容来看

港澳基本法规定的内容和宪法相似，众所周知，宪法规定的内容一般是国家的权力结构和公民的基本权利，而基本法首先规定了港澳实行与大陆不同的政治制度、社会文化制度、法律制度。此外，基本法还规定了香港、澳门特别行政区居民享有的基本权利和所要承担的义务，所以港澳基本法所规定的内容与宪法的相似性决定了其具有宪法性法律的特征。

---

① 吴邦国：《深入实施香港特别行政区基本法 把"一国两制"伟大实践推向前进》，全国人大常委会香港基本法委员会办公室编：《纪念香港基本法实施十周年文集》，中国民主法制出版社 2007 年版，第 6 页。

（三）从港澳基本法的结构形式来看

基本法的结构由序言、总则、中央和港澳特别行政区的关系、特别行政区居民的基本权利和义务、政治制度、经济与社会文化制度、对外事务及基本法的解释和修改程序等内容构成。反观我国宪法，是由序言以及总纲、公民的基本权利和义务、国家机构和国旗、国歌、国徽、首都四章组成。在此意义上，将基本法与我国宪法对比，我们会发现二者在结构形式上的相似性，因此，基本法具有宪法性法律的特征。

（四）从基本法的效力方面来看

按照《基本法》第十一条的规定，在特别行政区实行的制度和政策，包括社会、经济制度、保障公民的基本权利和自由的制度、行政管理、立法和司法方面的制度以及有关的政策，均以基本法规定为依据，基本法的法律效力在特别行政区具有最高性，这和宪法在国家范围内具有最高法律效力的意义是一样的。

二、基本法是"一国两制"方针的法律化

所谓"一国两制"方针的法律化，是指通过立法形式把我国政府对港澳的基本方针政策上升为法律，使之成为国家意志，具有法律约束力，具有法律的明确性、稳定性和可操作性。

港澳基本法是"一国两制"方针的法律体现。20世纪80年代初，邓小平同志以伟大政治家的智慧和胆略提出了"一个国家，两种制度"的伟大构想。按照这一伟大构想，我国政府制定了对港澳的一系列方针政策，概括地说，就是国家对港澳恢复行使主权时，设立特别行政区，直辖于中央人民政府，除国防、外交由中央负责管理外，港澳特别行政区实行高度自治；在港澳特别行政区不实行社会主义制度和政策，原有的资本主义制度和生活方式不变，法律基本不变。我国是社会主义国家，社会主义制度是我国的根本制度，但为了实现祖国和平统一，在国家主体坚持实行社会主义制度的前提下，香港、澳门等个别地区回归祖国后可以实行原有的社会制度，即资本主义制度。

三、基本法是一部全国性的法律

如果单就基本法调整的内容和范围来看，似乎都是与港澳特别行政区地方性事物有关的制度和政策，而且还规定了"保持原有的资本主义制度和生活方式，五十年不变"。于是有人由此得出结论，认为港澳基本法是地方性法规。当然，这种观点是错误的，虽然基本法在名称上被冠以"香港、澳门"，但我们不能简单地认为港澳基本法只能在特别行政区实施[①]。因为，没有正确地把握和区分全国性法律和地方性法律的标准，是无法正确地判定一部法律的性质的，判定一部法律的全国性或者地方性，应该从制定法律的机关而不是片面地以某些法律条文来判断。

首先，我们应该从港澳基本法的制定机关来看，我国《宪法》第三十一条规定："国家在必要时得设立特别行政区。在特别行政区内实行的制度按照具体情况由全国人民代表大会

① 焦洪昌、姚国建：《港澳基本法概论》，中国政法大学出版社2009年版，第26页。

以法律规定。"由此可以看出，港澳基本法是国家最高立法机关全国人民代表大会根据宪法制定的，在中国法律体系中属于基本法律，是一部全国性法律，所以基本法应该在全国范围内实施，应该在国家主权管辖的全部领域内有法律效力。故而基本法不仅特别行政区要遵守，中央政府及全国其他地方也都要遵守，其法律效力及于全国范围。

其次，基本法所规定的主要内容决定了其必须在全国范围内实施。虽然基本法规定的主要内容是关于特别行政区的高度自治权、独立的立法权与司法权、与大陆迥异的政治制度和社会生活文化制度的，但是基本法同时也规定了诸如中央与特别行政区的关系，特别行政区与其他省、自治区、直辖市的关系等内容，比如《香港基本法》第十三条："中央人民政府负责管理与香港特别行政区有关的外交事务。中华人民共和国外交部在香港设立机构处理外交事务。中央人民政府授权香港特别行政区依照本法自行处理有关的对外事务。"《香港基本法》第十四条第一款："中央人民政府负责管理香港特别行政区的防务。"《香港基本法》第二十二条："中央人民政府所属各部门、各省、自治区、直辖市均不得干预香港特别行政区根据本法自行管理的事务。中央各部门、各省、自治区、直辖市如需在香港特别行政区设立机构，须征得香港特别行政区政府同意并经中央人民政府批准。中央各部门、各省、自治区、直辖市在香港特别行政区设立的一切机构及其人员均须遵守香港特别行政区的法律。中国其他地区的人进入香港特别行政区须办理批准手续，其中进入香港特别行政区定居的人数由中央人民政府主管部门征求香港特别行政区政府的意见后确定。香港特别行政区可在北京设立办事机构。"所以基本法不仅能够约束香港特别行政区，而且可以约束中央政府和内地各省、自治区、直辖市。

此外，香港回归后，中央一再强调要"依法治港"，这个"法"最主要的就是《香港基本法》。同时需要指出的是，强调基本法是全国性法律，并不否定基本法在我国法律体系中的特殊地位。显然，基本法也是特别法，是专门规范与香港特别行政区相关事务的全国性法律，这也是它作为一部全国性法律明显不同于其他基本法律的地方。

四、基本法是一部授权法

谈到授权法这个问题，就不可避免地涉及"剩余权力"这个概念，"剩余权力"是"联邦制"的一个法律理论。美国是联邦制国家，其权力是由各州拿出一部分权力交予联邦的，宪法内没有规定为属于联邦的权力，那就都属于州，这是"剩余权力"。有关香港特别行政区的"剩余权力"的问题牵涉权力来源于谁的问题，有观点认为，权力都是香港自己的。这和我们国家的体制与《宪法》规定是相互矛盾的。我们认为香港特别行政区的权力是中央授予的，那么有关香港特别行政区的"剩余权力"问题究竟是怎样出现的呢？

从形式上看，"剩余权力"问题起源于围绕《香港基本法》的性质而展开的争论，即基本法到底是什么性质的法律，它应当被视为香港特别行政区的宪法，还是中华人民共和国的基本法律，这种争论从基本法的草拟开始就一直存在。肖蔚云于2005年1月在香港一国两制研究中心举办的香港基本法研讨会上发言时指出："起草《香港基本法》时，其中一个比较大的争论，就是'剩余权力'的问题。什么叫'剩余权力'？当时有的委员提出：《香港基本法》规定，属于中央的权力，就由中央行使；属于特别行政区的权力，由特别行政区行使。《香港基本法》未予规定的，剩下来的权力，就都归香港特别行政区。当时我们不太同意这意见，认为这是一个'联邦制'的法律理论。美国是联邦，其权力是由各州拿出一部分权力交予联邦的，宪法内没有规定为属于联邦的权力，那就都属于州，这是'剩余权力'。"①

早在 1986 年《香港基本法》起草阶段，港区代表李柱铭等人就提出要在《香港基本法》里将明文规定除由中央行使的权力和香港特别行政区享有的权力之外的权力（即所谓的"剩余权力"）归香港特别行政区行使②，其主要观点为："在即将建立的香港特别行政区制度下，由中央政府行使国防、外交事务的权力。国防、外交以外的其他权力作为'剩余权力'，应该概括地由特别行政区行使。"③ 香港回归后，随着《基本法》的实施，在涉及香港政治体制发展的最终决定权上，关于"剩余权力"的议题再次引发争议，其观点为："既然基本法明确列举了属于中央和特别行政区的权力，那么基本法未列举的权力，尤其是随着实践发展而产生的权力，香港特别行政区是否可以不经过中央的同意或者授权而直接行使？"④ 笔者认为，香港特别行政区的高度自治权来源于中央的授权。香港特别行政区的高度自治权不是香港固有的，而是由中央授予的，所以香港基本法本质上是一部授权法。

（1）从法理上看，我国自秦朝以来一直是一个单一制国家，而且基本上是一个中央集权型单一制国家，中央与地方一直是一种授权关系，也就是说地方的权力来自中央的授权，中央政府可以根据实际情况赋予地方某些权力，也可以在必要的时候收回其授予地方的权力。虽然 20 世纪后期，我国为了解决国家统一问题提出了"一国两制"政策，并独创了特别行政区制度和民族区域自治制度，使得我国的单一制国家结构中带有某些复合制特征。但不能简单地因此断定香港特别行政区与中央政府的关系超出了单一制的范畴。比如，我国宪法学者王叔文认为："不能单凭二者表面上的相似就断定香港特别行政区同中央的关系超出了单一制结构的范畴，而带有联邦制的特点。"⑤

（2）从《香港基本法》本身来看，《香港基本法》总则第一条开宗明义规定："香港特别行政区是中华人民共和国不可分离的部分。"第二条规定："全国人民代表大会授权香港特别行政区依照本法的规定实行高度自治，享有行政管理权、立法权、独立的司法权和终审权。"《香港基本法》第十二条规定："香港特别行政区是中华人民共和国的一个享有高度自治权的地方行政区域，直辖于中央人民政府。"此外，《香港基本法》第二十条规定："香港特别行政区可享有全国人民代表大会和全国人民代表大会常务委员会及中央人民政府授予的其他权力。"

《香港基本法》第二条规定："全国人民代表大会授权香港特别行政区依照本法的规定实行高度自治，享有行政管理权、立法权、独立的司法权和终审权。"在这里明确宣示了香港特别行政区的高度自治权是中央授予的，而不是其本身固有的；香港特别行政区的"自治"是中央授权下的高度自治，但高度自治不等于完全自治。除第二条外，《香港基本法》的其他许多条文也都规定了中央对特别行政区的授权，有些是一般性授权，有些是具体的授权。从这个角度上讲，中央与特别行政区的关系就是授权与被授权的关系。香港特别行政区

---

① 肖蔚云于 2005 年 1 月在香港一国两制研究中心举办的香港基本法研讨会上的发言。
② 王叔文主编：《香港特别行政区基本法导论》，中共中央党校出版社 1990 年版，第 116 页。
③ 参见李元起、黄若谷：《论特别行政区制度下的"剩余权力"问题》，《北方法学》2008 年第 2 期，第 95 页。
④ 参见李元起、黄若谷：《论特别行政区制度下的"剩余权力"问题》，《北方法学》2008 年第 2 期，第 95 页。
⑤ 王叔文主编：《香港特别行政区基本法导论》，中共中央党校出版社 1990 年版，第 88 页。

的高度自治权是中央以基本法的方式授予的，中央与特别行政区的这种权力关系，是由我国是一个单一制国家的性质决定的。因此，联邦制国家下的"剩余权力"理论不适用于香港。

《香港基本法》中大部分条款都涉及高度自治权，这些条款共同构成了理解高度自治性质和内容的体系。如《香港基本法》第二条是确定基本法高度自治根本属性的条款，该条规定，全国人民代表大会授权香港特别行政区依照本法的规定实行高度自治，享有行政管理权、立法权、独立的司法权和终审权。这意味着，特别行政区的高度自治源于中央政府的授权，以中央政府的授权为依据并以基本法所规定的范围和方式为限度。在第二条的统领下，《香港基本法》对特别行政区高度自治的授权可以分为三大类：第一，一般性授权。这一类授权的特征是特别行政区可以根据基本法的规定直接行使的权力，无须中央作进一步授权。例如《香港基本法》第十六条、十七条、十九条分别规定香港特别行政区享有行政管理权、立法权、独立的司法权和终审权。第一百五十一条规定，香港特别行政区可在经济、贸易、金融、航运、通讯、旅游、文化、体育等领域以中国香港的名义，单独地同世界各国、各地区及有关国际组织保持和发展关系，签订和履行有关协议。这些都是一般性授权的例子。第二，原则规定特别行政区可以行使某一方面权力，同时规定在行使有关权力时还须得到中央的具体授权。例如，《香港基本法》第九十六条规定，在中央人民政府协助或授权下，香港特别行政区政府可与外国就司法互助关系作出适当安排。第一百二十五条规定，香港特别行政区经中央人民政府授权继续进行船舶登记，并根据香港特别行政区的法律以"中国香港"的名义颁发有关证件。又如，第一百三十三条和第一百三十四条规定了特别行政区政府经中央人民政府具体授权可以签订或修改民用航空协议等。第三，《香港基本法》规定了中央政府进一步授权的可能性。《香港基本法》第二十条规定，香港特别行政区可享有全国人民代表大会和全国人民代表大会常务委员会及中央人民政府授予的其他权力。香港回归前后，全国人民代表大会常务委员会已经作出过两项此类授权。一项是在回归之前，1996年关于《中华人民共和国国籍法》在香港特别行政区实施的几个问题的解释中规定，授权特别行政区政府指定其入境事务处为香港特别行政区受理国籍申请的机关，特别行政区入境事务处根据《中华人民共和国国籍法》和以上规定对所有国籍申请事宜作出处理。另外一项是在回归之后，2006年，根据《全国人民代表大会常务委员会关于授权香港特别行政区对深圳湾口岸港方口岸区实施管辖的决定》，授权香港特别行政区自深圳湾口岸启用之日起，对该口岸所设港方口岸区依照香港特别行政区法律实施管辖。根据这一授权，香港特别行政区将对深圳湾口岸港方口岸区实行禁区式管理；深圳湾口岸港方口岸区的范围由国务院规定；深圳湾口岸港方口岸区土地使用期限由国务院依照有关法律确定。基本法在规定对特别行政区授权的同时，还规定了对特别行政区授权的限制。这种限制可以区分为三种情况：一是明确规定某些权力由中央行使，对特别行政区来说，就不享有这方面的权力。例如，《香港基本法》第十三条、十四条分别规定，中央人民政府负责管理与香港有关的外交事务、负责香港特别行政区的防务。《香港基本法》第十九条规定，香港特别行政区法院对国防、外交等国家行为无管辖权。二是规定某种权力中央可以行使，特别行政区也可以行使，但中央具有最后的决定权。如《香港基本法》第一百五十八条规定，基本法的解释权属于全国人民代表大会常务委员会。全国人民代表大会常务委员会授权香港特别行政区法院在审理案件时对本法关于香港特别行政区自治范围内的条款自行解释。如全国人民代表大会常务委员会作出解释，香港特别行政区法院在引用该条款时，应以全国人民代表大会常务委员会的解释为准。但在此以前作出的判决不受影响。三是基本法还规定特别行政区在行使某些权力时必须通过一定的法律程序。例如，基本法对特别行政区立法作出了程序性规定，对特别行政区行政长官作出决策要征求行政会议意见等都属于这一类规定。

上述香港基本法的规定明确了香港特别行政区的法律地位，表明香港特别行政区处于国家的完全主权之下。中央授予香港特别行政区多少权，特别行政区就有多少权，没有明确的，根据《香港基本法》第二十条的规定，中央还可以授予，不存在所谓的"剩余权力"问题。从这个角度讲，《香港基本法》是一部授权法律。

五、基本法是落实中英、中葡联合声明中方承诺的国内法

制定《香港基本法》的政策依据是《中英联合声明》中我国对香港的基本方针政策以及附件一，即《中英联合声明》正文第三条十二项内容和我国政府对香港的基本方针政策的具体说明。中国政府同英国政府签订的解决香港问题的联合声明，是妥善解决历史遗留的香港问题的国际条约。国际条约是国家之间缔结的，变更或终止相互权利、义务关系的协议。按照条约必须遵守的国际法准则，如果一国最高权力机关签订或批准了与外国的国际条约，就表示该国同意承担该条约规定的各项义务，为了更好地履行国际义务，各国的通常做法是制定国内法，以国家强制力保证该国际条约得到执行和遵守。

《中英联合声明》第三条：中华人民共和国政府声明，中华人民共和国对香港的基本方针政策如下[1]：

（1）为了维护国家的统一和领土完整，并考虑到香港的历史和现实情况，中华人民共和国决定在对香港恢复行使主权时，根据《中华人民共和国宪法》第三十一条的规定，设立香港特别行政区。

（2）香港特别行政区直辖于中华人民共和国中央人民政府。除了外交和国防事务属于中央政府管理外，香港特别行政区享有高度的自治权。

（3）香港特别行政区享有行政管理权、立法权、独立的司法权和终审权。

我国政府在《中英联合声明》第三款第十二项中宣布："关于中华人民共和国对香港上述基本方针政策和本联合声明附件一对上述基本方针政策的具体说明，中华人民共和国全国人民代表大会将以《中华人民共和国香港特别行政区基本法》规定之，并在五十年内不变。"

《中英联合声明》，包括全部附件，是一项对中英双方都有约束力的国际协定，中国在《中英联合声明》第三条及附件一中阐明的我国政府对香港的基本方针政策，虽然在性质上仍属于我国政府的政策，但因为写进了国际法律，就具有了向缔约对方作出承诺的含义，承担了履行国际协议的义务。正是为了履行这种国际承诺，我国政府在签订联合声明后，就决定依据《中华人民共和国宪法》来制定香港特别行政区基本法，具体规定在香港特别行政区实行的制度和政策，以保证《中英联合声明》的内容得到履行。

由于《中英联合声明》附件一与正文具有同等的法律效力，《中英联合声明》附件一载明了中国政府对香港的基本方针政策，突出地把中国政府的方针和政策，以条约的形式规定

---

[1] 《关于中华人民共和国香港特别行政区基本法的重要文件》，人民出版社 1990 年版，第 40～41 页。

下来。因此，起草基本法，实际上就是通过制定国内法来贯彻实施以国际条约形式表现出来的中国政府对香港的方针政策，故而在基本法的起草过程中，为了让基本法能更好地体现《中英联合声明》的精神，并在各项规定上与联合声明的规定保持一致，起草委员会参照了《中英联合声明》的规定，采用了其中的很多名词、术语及表达方式，所以说《中华人民共和国香港特别行政区基本法》是落实《中英联合声明》中方承诺的一部国内法。

第二节　港澳基本法在我国法律体系中的地位

研究基本法在我国的法律地位，不仅应该看基本法在我国法律体系中所处的地位，还要弄明白法律体系的内涵和效力层次分类。所谓法律体系，是指"由本国各部门法构成的，具有内在联系的一个整体，即部门法体系"[①]。

一、基本法不是"小宪法"，而是国家的基本法律，其地位仅次于宪法

自基本法制定和实施以来，一直存在着基本法与宪法关系的争论，有学者认为，从基本法的内容和效果来看，基本法实际上取代了以前英国为香港专门制定的宪法性法律，即取代了《英王制诰》和《皇室训令》，这两部法律主要规定了香港地区政治、法律制度的基本架构和原则，被认为是起着香港"宪法"的作用的法律，香港回归后，伴随着我国恢复对香港行使主权，这些法律全部失去效力，由此留下的法律真空由基本法来填补，《香港基本法》第十一条："香港特别行政区的制度和政策，包括社会、经济制度，有关保障居民的基本权利和自由的制度，行政管理、立法和司法方面的制度，以及有关政策，均以本法的规定为依据。香港特别行政区立法机关制定的任何法律，均不得同本法相抵触。"规定了香港的政治、经济、社会制度、公民的基本权利和香港基本法在香港特别行政区的基础性地位，这些规定事实上表明了香港基本法是香港特别行政区的"小宪法"。当然，这一观点是不准确的，也是不严谨的，笔者将从法律依据和学理上进行分析。

（一）从法律依据上分析

我们驳斥"小宪法"这一说法的法律依据，主要是我国《宪法》第三十一条和《香港基本法》第十一条第一款。我国《宪法》第三十一条规定：国家在必要时得设立特别行政区。在特别行政区内实行的制度按照具体情况由全国人民代表大会以法律规定。我们从此处可以看出香港基本法的制定机关和法律依据，那就是只有全国人民代表大会才有权制定香港基本法，而《中华人民共和国宪法》是香港基本法制定的法律依据。《香港基本法》第十一条第一款规定："根据中华人民共和国宪法第三十一条，香港特别行政区的制度和政策，包括社会、经济制度，有关保障居民的基本权利和自由的制度，行政管理、立法和司法方面的制度，以及有关政策，均以本法的规定为依据。"该款明确地阐述了基本法的规定是以《宪法》第三十一条的规定作为前提和基础的，所以香港基本法是"小宪法"一说是不准确的。

① 沈宗灵：《法理学》，北京大学出版社1996年版，第325页。

（二）从法理上分析

鉴于香港特别行政区高度自治的性质，有些学者将香港基本法称为"小宪法"。尽管"小宪法"的本意是想表达香港基本法的重要性和其不同于其他法律的地位，但这种说法有可能在学理上和实践上混淆我国宪法（宪法典）和香港基本法的关系。此外，"小宪法"乃是形容性的词语，它是相对于大宪法而言的，然纵观世界各国是没有"大宪法"这一说法的，故"小宪法"的称谓是缺乏学理上的准确性和严谨性的。香港基本法是"一国两制"方针为宪法所包容的体现，是宪法总纲的一部分。基本法是以宪法为依据而产生，是"一国两制"方针的法律化、制度化，因而必须在宪法的框架下实施。香港基本法以宪法为依据，规定了香港特别行政区实行的社会制度，在某种意义上取代了本应由宪法才能行使的职能，因此在香港特别行政区享有宪制性法律地位，但并不能因此就习惯性地把基本法称为"小宪法"，因为这种说法极不准确，而且在法理上不能成立，在实践中也会带来负面影响。虽然香港特别行政区基本法的内容、功能和名称等与宪法存在一致性。然而，直接地将基本法认定为通常意义上的宪法同样是不妥当的。

第一，在承认中国为单一制国家的前提下，香港特别行政区只是直辖于中央政府的地方行政区域，是中国领土神圣而不可分割的一部分，依单一制国家之逻辑，在《中华人民共和国宪法》之外不可能有另外一部宪法存在并发生效力。单一制国家最重要的特征——一个国家只能有一部宪法，如果说香港基本法是香港的"小宪法"，岂不是与中国是单一制国家的基本事实相违背？所以香港基本法只可能是宪制性法律文件，而不可能是香港地区的"小宪法"。

第二，宪法是主权行为的产物，并不需要也不应该以实在法为其前提，而特别行政区基本法恰是以作为实在法的《中华人民共和国宪法》为其前提和依据的。因此，即便不考虑单一制这一前提，就法理而言，也不能将特别行政区基本法定性为宪法。一般认为，宪法有两种功能：一是确定主权，二是确定制度。在传统的法学理论中二者是合而为一的。"一国两制"打破了这个模式，使一个国家允许两种对立的制度共存，在法学方面则使宪法的第二个功能一分为二，即引申出一个主权之下可以有两部宪法，以确定不同的制度。这一见解于理论上颇具创意，但无法解释既为宪法又何以以实在法为依据，也无法解释特别行政区基本法不发生普遍的和一般的法律效力这一事实。

第三，宪法所具有的是普遍的和一般的法律效力。香港特别行政区基本法并不具有普遍的和一般的法律效力，其实施的范围主要在于香港特别行政区，故而，其法律效力只及于香港特别行政区的具体设立及其制度设计。至此，不妨再退一步，不考虑香港特别行政区基本法以实在法为依据和前提这一事实，法律效力的特殊性也决定了基本法不是且不能是宪法。因此，以基本法为"小宪法"的观点是不正确的。何况，所谓"小宪法"乃是形容性的词语，缺乏学理上的准确性和严谨性。

第四，从香港特别行政区和中央政府的关系和宪法在香港特别行政区的适用上讲，香港特别行政区直辖于中央。香港特别行政区直辖于中央人民政府，直辖于国务院，其权力来源于中央的授予，不是本身固有的。有些人对这点不是十分清晰和明确。《香港基本法》第十二条规定了香港特别行政区的法律地位："香港特别行政区是中华人民共和国的一个享有高度自治权的地方行政区域，直辖于中央人民政府。"这说明了四点：①香港特别行政区享有高度自治权；②它是地方行政区；③它直辖于中央人民政府；④将第十二条和第一条联系，这两条将香港特别行政区的法律地位明确地规定下来。我们的国家是"单一制",不是"联邦制",所以第十二条必须写清楚。有人认为这是"联邦制",但从权力来讲,香港特别行政区享有高度自治权,有些权力甚至连美国联邦的州都没有,譬如发行货币(港币),美国的州都是用美元,不能发行别的货币。但是我们的国家在这样的新情况下,还是"单一制"的国家,香港特别行政区政府还是地方政府。

香港特别行政区是中国领土不可分离的部分,是地方行政区域,隶属于中央政府,所以其必然是处于宪法效力的范围内。虽然"一国两制"方针及基本法允许香港地区实行高度自治,但始终是在一国之内实行不同于内地的制度,"一国"是"两制"的前提和基础,不可能撇开国家宪法去讲"一国"。因此,"一国两制"的方针与宪法并不矛盾,也不构成宪法不能在香港特别行政区适用的理由和障碍。宪法是香港特别行政区成立和制定香港基本法的法律根据,整体上适用于香港地区。但并非宪法的全部条款或每一条款都必须在香港特别行政区适用,在一定意义上可以认为,宪法中凡涉及与香港特别行政区自治范围内事务相关的条款,一般不予适用。这样的做法是合宪的,也不妨碍宪法整体上适用于香港特别行政区。宪法在香港特别行政区的适用,是在全国适用的一种特殊情况,此情况源于《宪法》第三十一条体现的"一国两制"方针。因此,宪法在香港特别行政区的具体适用也有赖于"一国两制"方针的指导,从国家宪政体制的角度认识宪法在香港特别行政区的适用问题,包括确认宪法在香港特别行政区的适用是本身的地位和性质所要求。

最后,从基本法制定的意义来讲,香港基本法也不可能是香港的"小宪法",基本法制定的意义在于维护国家的统一与完整,在于保证平稳过渡,香港特别行政区是作为直辖于中央人民政府的地方行政区域,它仅仅是中华人民共和国的一个地方行政区域,并非独立或者半独立的实体。因此,把香港基本法说成是香港的"小宪法",不但同香港特别行政区的地位不相符合,也容易引起我国宪政体制内部的混淆和冲突。宪法是基本法的上位法,基本法是根据宪法制定的;香港特别行政区的宪政基础,不只是基本法,还有宪法,宪法和基本法共同构成香港特别行政区的宪政基础。

正如全国人民代表大会常务委员会香港基本法委员会委员、北京大学法学院教授饶戈平表示的那样,中国宪法作为国家的根本法,具有最高的法律效力,也是香港特别行政区成立和制定基本法的法律根据,整体上适用于香港特别行政区。宪法具有唯一性、不可取代性,尽管香港基本法是一部全国性法律,但位列宪法之下,受宪法制约,是宪法的下位法,将香港基本法称为特别行政区的宪法,容易导致位阶混淆,也在客观上贬低或否定宪法的国家根本法的地位和职能,所以"小宪法"之说不可取。

根据法理,法律的位阶取决于其制定者,作为根本法,宪法的制定者是人民,而普通法律的制定者是人民的代议机关,根据《宪法》第六十二条的规定,全国人大具有制定和修改刑事、民事、国家机构的和其他的基本法律的职权。因此,基本法是中国的基本法律之一,在中国的法律体系中具有低于宪法、高于普通法律的位阶。尽管基本法在其第八条规定了香港原有法律和香港特别行政区立法机关制定的法律,以及列于附件三中适用于香港特别行政区的全国性法律中处于最高地位,并且,它的结构和内容又类似于宪法,但由于宪法在单一制主权国家的法律体系中具有最高法的地位,因此基本法不是也不能称为宪法。

二、基本法也不是港澳的地方性法规，而是全国性法律，其法律效力不只是在特别行政区，而是遍及全国

香港特别行政区基本法之所以是全国性法律，而非地方性法规是由其制定机关——全国人民代表大会的地位所确定的，我国《宪法》第三十一条规定："国家在必要时得设立特别行政区。在特别行政区内实行的制度按照具体情况由全国人民代表大会以法律规定。"由此可以看出，香港基本法是国家最高立法机关全国人民代表大会根据宪法制定的，在中国法律体系中属于基本法律，作为基本法律，香港基本法的效力层次在行政法规和地方性法规之上，其空间效力及于国家主权所管辖的范围内。尽管香港基本法规定的主要是在香港特别行政区实行的制度，体现的是国家对香港特别行政区的基本方针政策，但基本法是在全国范围内实施，全国都要遵守基本法。从整体上讲，国家机关、企事业单位、社会团体、其他组织以及每个公民，都应当遵守基本法，负有包括维护国家的统一和领土完整、拥护"一国两制"方针的职责。

基本法不仅确定了中央与香港特别行政区的关系，还规定了中央所属各部与香港特别行政区的关系、内地其他行政区域与香港特别行政区的关系等。具体来说，中央行使涉及主权事务的管理权，包括负责管理与香港有关的外交事务和防务、对行政长官的任免权、发布命令将有关全国性法律在香港实施、对基本法的修改权和解释权等。具体体现在《香港基本法》第十三条："中央人民政府负责管理与香港特别行政区有关的外交事务。中华人民共和国外交部在香港设立机构处理外交事务"；第十四条："中央人民政府负责管理香港特别行政区的防务。""驻军人员除须遵守全国性的法律外，还须遵守香港特别行政区的法律"；第十五条："中央人民政府依照本法第四章的规定任命香港特别行政区行政长官和行政机关的主要官员。"

此外，中央还具有对香港特别行政区实行自治的监管权，包括对特别行政区立法会上报备案的法律，如全国人大认为任何法律不符合基本法有关中央管理事务或中央和特别行政区关系条款的规定，有权将有关法律发回等，详见于《香港基本法》第十七条："香港特别行政区的立法机关制定的法律须报全国人民代表大会常务委员会备案。备案不影响该法律的生效。全国人民代表大会常务委员会在征询其所属的香港特别行政区基本法委员会后，如认为香港特别行政区立法机关制定的任何法律不符合本法关于中央管理的事务及中央和香港特别行政区的关系的条款，可将有关法律发回，但不作修改。经全国人民代表大会常务委员会发回的法律立即失效。该法律的失效，除香港特别行政区的法律另有规定外，无溯及力。"

中央所属各部门、各省、自治区、直辖市均不得干预香港特别行政区自行管理的事务，如果需要在香港特别行政区设立机构，必须征得特别行政区政府同意，并经中央政府批准，在香港设立的机构及其人员必须遵守特别行政区法律。中国其他地区的公民进入香港特别行政区必须办理批准手续，其中进入香港特别行政区的人数由中央人民政府主管部门征求香港特别行政区政府的意见后确定。具体表现在《香港基本法》第二十二条。香港特别行政区有关教育、科技、文化、体育等方面的民间团体和宗教组织同内地相应的团体和组织的关系，应遵循互不隶属、互不干涉和相互尊重的基本原则等。

以上由香港特别行政区基本法作出的规定，无一不彰显着《香港基本法》的全国性法律的属性，其效力不仅仅局限于香港特别行政区内，而是及于全国范围内，所以说，《香港基本法》并不是地方性法规，而是全国性法律，其法律效力及于全国，而非局限于香港特别行政区。

三、基本法是特别行政区政府制定一切制度和政策的法律依据

早在《关于成立中华人民共和国香港特别行政区基本法起草委员会的决定（草案）的说明》中规定："《中华人民共和国香港特别行政区基本法》是我国的一项重要法律，是未来香港特别行政区的基本法律。"这一规定说明了香港基本法在香港特别行政区的根本地位。

第七届全国人民代表大会第三次会议《关于〈中华人民共和国香港特别行政区基本法〉的决定》中指出："香港特别行政区设立后实行的制度、政策和法律，以香港特别行政区基本法为依据。"

由于香港特别行政区不实行社会主义制度和政策，所以基本法规定了一系列的制度和政策，与宪法规定的国家基本制度有很大不同，这与宪法的精神是不相抵触的。因为其与《宪法》第三十一条的规定是一致的，也就是符合《宪法》第三十一条的精神，符合"一国两制"方针，因此，香港特别行政区政府的各项制度和政策的制定以及实施都必须以符合香港基本法为前提和基础，否则就会因违反宪法而不具有合宪性。

根据邓小平关于"基本法不宜太细"的指示精神，香港基本法虽然规定了香港特别行政区的特殊制度和政策，但是，总的来说，基本法只作了原则性的规定，事实上发挥着指导性和纲领性的作用。《香港基本法》不但以专章规定了中央与特别行政区的各种关系，而且在其他章节中也都涉及这一问题。因此，《基本法》是处理中央与特别行政区关系的大法，是关于中央与特别行政区职权划分的基本法律文件。然而法律规定本身都是十分简洁的，大量的实际操作问题不可能靠一部法律就可以解决。因此，需要香港特别行政区政府及其立法机关通过日常立法加以具体化，以保证基本法的基本精神、基本原则和具体条文的贯彻实施。《香港基本法》第十一条第一款："根据中华人民共和国宪法第三十一条，香港特别行政区的制度和政策，包括社会、经济制度，有关保障居民的基本权利和自由的制度，行政管理、立法和司法方面的制度，以及有关政策，均以本法的规定为依据。"

综上所述，由于《香港基本法》是根据我国《宪法》制定的，基本法在香港特别行政区和我国《宪法》一起构成香港特别行政区的宪政基础，基本法是香港地区的宪法性法律，在香港特别行政区具有基础性地位，所以香港特别行政区政府制定一切制度和政策都必须以《香港基本法》为其法律依据。

四、基本法是特别行政区立法机关的立法基础和依据

一方面，香港基本法是全国人民代表大会根据宪法制定的基本法律，是全国性的法律，其法律效力仅次于宪法，在我国法律体系中具有较高法律地位；另一方面，香港基本法是香港特别行政区的最高法典，在香港特别行政区的法律体系中具有特殊的法律地位。立法权是香港特别行政区实行高度自治的一个重要内容，而特别行政区立法必须确定其基础和依据。

第七届全国人民代表大会第三次会议《关于〈中华人民共和国香港特别行政区基本法〉

的决定》中指出："香港特别行政区设立后实行的制度、政策和法律，以香港特别行政区基本法为依据。"

《香港基本法》第十一条规定："根据中华人民共和国宪法第三十一条，香港特别行政区的制度和政策，包括社会、经济制度，有关保障居民的基本权利和自由的制度，行政管理、立法和司法方面的制度，以及有关政策，均以本法的规定为依据。香港特别行政区立法机关制定的任何法律，均不得同本法相抵触。"

《香港基本法》第十一条第二款的规定，说明了基本法与香港特别行政区立法机关制定的法律的关系，基本法在香港特别行政区的法律地位。香港基本法是根据宪法制定的，是全国性法律，其地位高于香港特别行政区立法机关制定的法律。

《香港基本法》第十一条实际上是对基本法地位和效力的规定，同时也说明了香港基本法与香港特别行政区立法机关制定的法律的关系以及香港基本法在香港特别行政区的法律地位，因为基本法是根据宪法制定的，符合宪法和"一国两制"的精神，香港基本法是全国性法律，其地位高于香港特别行政区立法机关制定的法律。也就是说，香港特别行政区的所有制度、法律、政策都必须以基本法为依据，不得同基本法相抵触。

《香港基本法》是"一国两制"的法律化，它不但以专章规定了中央与特别行政区的各种关系，而且在其他章节也都涉及这一问题。因此，《基本法》是处理中央与特别行政区关系的大法，是关于中央与特别行政区职权划分的基本法律文件。然而法律规定本身都是十分简洁的，大量的实际操作问题不可能靠一部法律就可以解决。《基本法》就是基本法，而且只能是基本法，不能也不可能代替有关具体立法。总的来说，香港基本法对香港特别行政区的政治、经济、文化等制度以及居民的基本权利和义务等内容只是作原则性的规定，许多方面还需要由香港特别行政区的立法机关以基本法为依据，通过日常立法加以具体化，以保证基本法从基本精神、基本原则到具体条文和细则的贯彻实施。一般来说，符合基本法的规定就是符合宪法和"一国两制"的精神，而与基本法抵触同时也是与宪法和"一国两制"精神相抵触。基本法是香港特别行政区的立法基础和依据，包括两方面的含义①：

（1）《香港基本法》第十一条第二款"香港特别行政区立法机关制定的任何法律，均不得与基本法相抵触"。

（2）香港基本法是香港特别行政区甄别与取舍香港原有法律的依据。

①凡是与香港基本法相一致的原有的法律，可以保留。

②凡是与香港基本法不一致的法律，都必须废除或者修改。

第三节　港澳基本法的效力

一、基本法的时间效力

《香港基本法》序言第一段表明，《中华人民共和国香港特别行政区基本法》1990年4月4日第七届全国人民代表大会第三次会议通过，1990年4月4日中华人民共和国主席令第

---

①　黄志勇：《一国两制与港澳法律制度研究》，中国香港新闻出版社2006年版，第104页。

二十六号公布，自1997年7月1日起施行，也就是说，基本法自1997年7月1日起正式施行，自1997年7月1日开始具备法律效力。

二、基本法的空间效力

香港基本法属于全国性法律，在全国范围内都具有法律效力，各中央机关，各省、自治区、直辖市也要按照其规定处理与香港特别行政区的关系。这一点是毋庸置疑的。但是，由于基本法体现"一国两制"基本方针，是从特别行政区的实际情况出发制定的，所以基本法规定的在特别行政区实行的特殊制度和政策，自然只限于香港特别行政区范围内，而不能在我国的其他地区适用。所以，香港基本法虽然总体上在全国范围内具有法律效力，但就发生作用的实际状况来讲，分别主要调整香港特别行政区区内的社会关系，其发生效力的情况绝大部分也在特别行政区之内。

《香港基本法》第十二条规定："香港特别行政区是中华人民共和国的一个享有高度自治权的地方行政区域，直辖于中央人民政府"；第二十二条规定："中央人民政府所属各部门、各省、自治区、直辖市均不得干预香港特别行政区根据本法自行管理的事务。中央各部门、各省、自治区、直辖市如需在香港特别行政区设立机构，须征得香港特别行政区政府同意并经中央人民政府批准。中央各部门，各省、自治区、直辖市在香港特别行政区设立的一切机构及其人员均须遵守香港特别行政区的法律。中国其他地区的人进入香港特别行政区须办理批准手续，其中进入香港特别行政区定居的人数由中央人民政府主管部门征求香港特别行政区政府的意见后确定。香港特别行政区可在北京设立办事机构。"

从上述香港基本法的内容来看，基本法不仅详细规定了香港特别行政区享有的高度自治权，同时也对中央与特别行政区的关系，特别行政区与其他省、自治区、直辖市的关系等内容也作了具体的规定，同时，基本法还规定了中央人民政府各部门不得干预香港特别行政区根据基本法自行管理的事务等，这些规定为相关机关设定的消极不作为的义务，也应得到遵守。所以，基本法作为全国性的基本法律，其在全国范围内都有效力。

三、基本法对人的效力

按照《中华人民共和国宪法》第五条的规定："一切国家机关和武装力量，各政党和各社会团体、各企业事业组织都必须遵守宪法和法律。"如上所述，由于香港基本法是我国的基本法律，其效力范围及于全国。香港基本法应在全国范围内得到普遍遵守，即从中央到地方的各级国家机关，均应维护基本法的权威，遵守基本法的各项规定。国家有关机关制定与香港特别行政区事务有关的法律法规，均应符合基本法的有关规定，并不得与之抵触。

对人的效力而言，由于香港基本法是全国性法律，所以香港基本法当然适用我国大陆的全体公民和各种社会团体。对中国内地的中国公民个人和各种社会团体而言，他们都有遵守基本法的义务，应当遵守基本法的有关规定，尊重和理解在香港特别行政区实行资本主义制度，不得干预香港特别行政区实行的各种制度和政策，不得干预香港特别行政区依法行使高度自治权。但是，香港基本法所创设的居民的基本权利和义务并不完全适用于他们，只是他们负有不干预、不妨碍基本法创设的各项权利和义务的行使。基本法在特别行政区对人的适用包括两种情形：①对特别行政区居民具有普遍约束力，他们享有基本法规定的特别行政区居民的各项权利和自由，履行基本法规定的义务。②对在特别行政区的其他人也具有约束力，其他国家和地区，包括中国其他地区的居民进入香港特别行政区，均依法享有特别行政区赋予的权利和自由，同时履行基本法规定的遵守特别行政区实行的法律义务。

第四节　港澳基本法与我国宪法的关系

谈及基本法和我国宪法的关系，是要说明基本法在我们国家中的法律地位问题，在实行"一国两制"政策的前提下，如何界定基本法和我国宪法的基本关系就显得至关重要，因为很多人对二者之间的关系问题心存疑惑，尤其是港澳同胞。因此，对基本法与宪法的关系作正确的阐释具有重大的理论和实践意义。本书将从以下几个方面来阐述二者之间的关系。

一、基本法是依据我国宪法制定的

宪法是我国的根本大法，基本法是全国人民代表大会制定的基本法律，它的制定必须以宪法为法律基础和依据，不得同宪法相抵触，因此，宪法和港澳基本法的关系，同宪法和其他法律（如民法、刑法等）的关系一样，是"母法"与"子法"的关系。之所以说宪法是制定基本法的法律依据，具体体现在：

（一）《香港基本法》序言的第三段的规定

《香港基本法》序言的第三段规定："根据中华人民共和国宪法，全国人民代表大会特制定中华人民共和国香港特别行政区基本法，规定香港特别行政区实行的制度，以保障国家对香港的基本方针政策的实施。"

（二）《宪法》第三十一条的规定

我国《宪法》第三十一条规定："国家在必要时得设立特别行政区。在特别行政区内实行的制度按照具体情况由全国人民代表大会以法律规定。"

（三）《宪法》第六十二条第十三款关于全国人大职权的规定

《宪法》第六十二条第十三款关于全国人大职权的规定："决定特别行政区的设立及其制度。"

以上条文的含义有三个方面：一是根据宪法可以设立特别行政区。二是全国人民代表大会负责制定香港基本法及规定香港特别行政区实行的基本制度。由此我们可以看出，没有宪法的基本规定，特别行政区甚至都不能设立，基本法更无从谈起，正是因为有宪法的明确规定，才可能制定出在诸多方面都不同于宪法规定的香港基本法。当然，作为基本法立法依据的不仅仅是《宪法》第三十一条和第六十二条，还有其他有关条文的规定。三是《香港基本法》第十一条第一款的规定是正确的并且合乎法律的。基本法所规定的在香港特别行政区实行的一系列制度和政策，都是根据《宪法》第三十一条关于"一国两制"的方针和香港的具体情况而制定的，是对《宪法》第三十一条关于"一国两制"的方针在法律上的具体化，这里可以看出基本法所规定的制度和政策与宪法的依存关系。

综上所述，无论从宪法的有关规定，还是从基本法的相关规定，都不难看出宪法是基本法的立法依据，所以，基本法是以宪法作为根据制定的法律。

二、基本法是为落实我国《宪法》第三十一条而制定的

我国《宪法》第三十一条规定："国家在必要时得设立特别行政区。在特别行政区内实行的制度按照具体情况由全国人民代表大会以法律规定。"从我国宪法的结构上看，《宪法》第三十一条是处于第一章"总纲"部分，在宪法学中，宪法文本中的总纲部分一般是规定一国的基本国策，具有宏观上的指导意义。

笔者认为，《香港基本法》是依据宪法制定的，法律依据主要表现在《宪法》第三十一条和第六十二条第十三款，即"决定特别行政区的设立及其制度"。而《宪法》第六十一条第二款授权全国人大决定特别行政区的设立及其所实行的制度，则是从《宪法》第三十一条的规定引申出来的，也就是说，《宪法》第三十一条在设立特别行政区以及决定特别行政区所实行的制度方面是原则性的规定，第六十一条的规定只是对第三十一条的进一步阐述。

《香港基本法》是对我国《宪法》第三十一条和第六十一条第十三款的具体化，基本法在其"序言"中宣布："为了维护国家的统一和领土完整，保持香港的繁荣和稳定，并考虑到香港的历史和现实情况，国家决定，在对香港恢复行使主权时，根据中华人民共和国宪法第三十一条的规定，设立香港特别行政区，并按照'一个国家，两种制度'的方针，不在香港实行社会主义的制度和政策。国家对香港的基本方针政策，已由中国政府在中英联合声明中予以阐明。根据中华人民共和国宪法，全国人民代表大会特制定中华人民共和国香港特别行政区基本法，规定香港特别行政区实行的制度，以保障国家对香港的基本方针政策的实施。"而且香港基本法在第一章"总则"部分第十一条规定："根据中华人民共和国宪法第三十一条，香港特别行政区的制度和政策，包括社会、经济制度，有关保障居民的基本权利和自由的制度，行政管理、立法和司法方面的制度，以及有关政策，均以本法的规定为依据。香港特别行政区立法机关制定的任何法律，均不得同本法相抵触。"

三、关于基本法与我国宪法关系的各种观点

关于基本法的性质以及基本法与宪法的关系问题，学界观点不同且争论热烈。有人提出，中国内地的《宪法》是实行社会主义、实行四项"基本原则"的，而香港特别行政区实行的是资本主义制度，那么，以实行社会主义制度的宪法去制定实行资本主义制度的《香港基本法》就没有法律依据了。当然这种观点是不正确的，有学者根据《宪法》第三十一条及全国人民代表大会通过的《决定》论证基本法的合宪性①来驳斥该观点；也有学者认为宪法与香港基本法的关系是母法与子法的关系，香港基本法是属于宪法之下的基本法律，但在我国的基本法律系列中，香港基本法在地位、解释、修改和内容等方面具有独立性和特殊性；亦有学者认为香港基本法在我国法律体系中处于二级大法的地位，但与行政法规和地方性法规有着明显不同；还有学者将香港基本法认定为代议机关的制定法、宪法的下位法，

---

① 参见中国社会科学院法学研究所"一国两制"与香港基本法课题组：《"一国两制"与香港基本法》，《法学研究》1997 年第 4 期，第 9 页。

香港基本法是由全国人民代表大会制定的基本法律，其地位仅次于宪法而高于其他的规范性文件①。李琦撰文否定上述观点，他从基本法的内容、功能和修改权归属等方面论证基本法不是宪法的下位法，而把基本法概括为宪法的特别法。因为基本法符合法理学判断特别法的两项标准，即针对特定事项与特定空间而发生特定的法律效力和其内容的特殊性②。有文章分析了基本法与宪法的一致性而提出基本法为"小宪法"的观点③。另有学者对"小宪法"之说也提出异议的，在单一制国家前提下，宪法之外不可能有另外一部宪法存在并发生效力，且基本法不具有宪法普遍和一般的法律效力，"小宪法"的表述缺乏学理的准确和严谨④。丁焕春对此的观点是，基本法是我国宪法对特别行政区发生法律效力的直接结果，宪法的效力是通过基本法来实现的⑤。有学者则从宪法、宪法典、宪法性法律等之间关系的角度，提出香港基本法是宪法性法律。叶昌富亦认为宪法与香港基本法的关系是宪法与宪法性法律的关系⑥。

　　学者对香港基本法性质的争论实际涉及基本法的法律地位问题，内地和香港学者的看法尚未达成一致。总体而言，香港学者趋向认为基本法是香港的"宪法"、"小宪法"，或起码是"宪法性文件"，而内地学者的主流看法则是基本法是一部全国性"基本法律"，在法律地位上为宪法的下位法，并不具有宪法的地位。

　　综上所述，笔者认为，《香港基本法》是一部宪法性法律，是国家的基本法律、全国性法律，是我国《宪法》的下位法，效力不能与我国《宪法》相提并论，因而其并不是香港的"小宪法"。

　　① 参见许崇德主编：《港澳基本法教程》，中国人民大学出版社1994年版。
　　② 参见李琦：《特别行政区基本法之性质：宪法的特别法》，《厦门大学学报》（哲学社会科学版）2002年第5期，第17～19页。
　　③ 参见郑贤君：《我国宪法解释技术的发展——评全国人大常委会'99《香港特别行政区基本法》释法例》，《中国法学》2000年第4期，第136～139页。
　　④ 参见胡锦光：《中国宪法问题研究》，新华出版社1998年版。
　　⑤ 丁焕春：《论我国宪法对香港特别行政区的法律效力》，《法学评论》1991年第3期，第9页。
　　⑥ 叶昌富：《构建在"一国两制"下的宪法与港澳基本法的关系》，《行政与法》2001年第21期，第27页。

第三章 中央与特别行政区的关系

中央和特别行政区的关系是"一国两制"中的一个关键问题,这个问题处理好了,"一国两制"在该特别行政区就基本能够顺利实践;这个问题处理不好,"一国两制"所牵涉的方方面面的问题也不容易处理好。回顾港澳回归十多年来,"一国两制"在特别行政区得到成功实践,但在实践过程中,在中央和港澳特别行政区的关系上也出现了不少令人关注的问题。处理好中央和港澳特别行政区的关系具有重大的理论和现实意义,有利于顺利实现国家统一,维持特别行政区的繁荣和稳定;同时也是宪法学有关国家结构理论和国家统一模式的发展创新。

第一节 特别行政区的法律地位

特别行政区的法律地位是指特别行政区在国家政权结构中的地位,其核心是中央与特别行政区的关系问题,在法律上则表现为中央人民政府与特别行政区政府在职权上的划分。认真研究特别行政区的法律地位,弄清中央与特别行政区的关系,对于正确认识和理解中华人民共和国特别行政区基本法的内涵和"一国两制"构想的精神实质,具有重要的意义。

《香港基本法》第二章第十二条规定:"香港特别行政区是中华人民共和国的一个享有高度自治权的地方行政区域,直辖于中央人民政府。"基本法的这一规定,明确界定了特别行政区的法律地位。它清楚地表明,特别行政区是中华人民共和国不可分离的地方行政区域,是直辖于中央人民政府的,与我国的省、自治区和直辖市同级别的地方行政区域,同时又是单一制国家结构形式下的一个享有高度自治权的,实行与其他省、直辖市、自治区不同制度和政策的特别行政区域。

根据我们的理解,中央和特别行政区的关系是指中央对特别行政区实行管辖和特别行政区在中央监督下实行高度自治而产生的相互关系。这种关系大体上可以分为三种情况[①]:①属于国家主权和国家整体权益范围的事务,由中央管理,特别行政区必须服从中央的领导。就这一类事务而言,中央和特别行政区是领导和被领导的关系。②特别行政的地方性事务,由特别行政区自己管理,但其中有些事务要受中央监督。就这些事务而言,中央和特别行政区是监督与被监督的关系。③此外的地方性事务,由特别行政区自己管理,中央概不干预。

中央和特别行政区关系的核心是权力关系,也就是说,中央对特别行政区行使哪些权力,特别行政区就被授予哪些权力,中央对特别行政区行使被授予的权力进行监督。只要把中央和香港特别行政区的权力关系搞清楚,中央和特别行政区的一般关系也就容易处理了。

---

① 王叔文主编:《香港特别行政区基本法导论》,中共中央党校出版社 1990 年版,第 81 页。

一、特别行政区的设立

设立特别行政区的设想是在我国实行改革开放政策，统一祖国问题被列入议事日程的大的历史背景下，伴随着"一国两制"的总构想的诞生而诞生的。"特别行政区"的提出最早可追溯至 1981 年。这一年国庆前夕，全国人大常委会委员长叶剑英宣布了我国政府解决台湾问题的九条方针政策。其中第三条的内容是："国家实现统一后，台湾可作为特别行政区，享有高度的自治权，并可保留军队。中央政府不干预台湾地方事务。"第四条接着提到："台湾现行社会、经济制度不变，同外国的经济、文化关系不变。私人财产、房屋、土地、企业所有权、合法继承权和外国投资不受侵犯。"这两条方针政策，对在祖国统一的前提下实行高度自治，保持现行社会、经济制度和生活方式不变的特别行政区勾画出一个轮廓。1982 年修改宪法时，则增加了有关设立特别行政区的新规定，即现行《宪法》第三十一条。1982 年 7 月 16 日，宪法修改委员会副主任委员彭真发表谈话，号召台湾同胞、港澳同胞和海外侨胞参加宪法修改的讨论，曾特别提及《宪法》第三十一条的全文，并说明这是将叶剑英委员长宣布的"九条方针政策的基本内容法律化，为祖国的和平统一确立了法律依据"。而设立特别行政区的设想正如"一国两制"的总构想一样，也是在解决香港问题的过程中最先付诸实践的。在中英两国政府经过谈判于 1984 年 12 月 19 日签署的《中英联合声明》第三条第一款中，中国政府声明："为了维护国家的统一和领土完整，并考虑到香港的历史和现实情况，中华人民共和国决定在对香港恢复行使主权时，根据中华人民共和国宪法第三十一条的规定，设立香港特别行政区。"

二、特别行政区是单一制国家结构形式下的省级地方行政区域

在当今世界上，有两种基本的国家结构形式：一种是单一制，另一种是联邦制。在宪法理论上，单一制是指由若干行政区域构成单一主权国家的结构形式，在单一制的形式下，全国只有一个统一的立法机关，一部宪法，一个中央政府，统一的国籍。在国家内部，各行政区域的地方政府均受中央政府的统一领导；在对外关系中，中央政府是国际法的主体。联邦制是指由几个或更多的成员（如共和国、州、邦）联合组成的统一国家，它是国际交往中的主体。除设有联邦的最高立法机关和联邦政府外，联邦成员各有自己的立法机关和中央政府，有自己的宪法和法律。由联邦行使国家的立法、外交、军事和财政等主要国家权力。成员邦公民同时是联邦公民。

我国是单一制国家。特别行政区是我国单一制国家结构形式的地方行政区域，特别行政区的设立并不会引起我国单一制国家结构形式的任何根本性变化。具体来说：

（1）从香港、澳门的历史发展情况看，港澳自古以来就是中国领土的组成部分。港澳问题是不平等条约造成的，在法律上，香港、澳门并不具有独立的政治实体的地位。我国长期以来是一个统一的国家。因此，香港、澳门不具有先于国家而存在的固有权。

（2）特别行政区所享有的高度自治权是由全国人民代表大会通过法律授予的，其权力具有派生性。在讨论特别行政区的法律地位时，有些学者依据特别行政区所享有的自治权比有些联邦制国家下的州（或者共和国）的权力还要大的现象，就得出由于特别行政区制度

的设置，中国的国家结构形式已变为"半联邦"的结论。我们应该指出，这种看法是没有根据的。如上所述，衡量一个国家的结构形式是联邦制还是单一制，不在于其组成部分的权力的大小，关键是看权力的法律属性究竟是中央授予的还是自己固有的。《中华人民共和国宪法》第三十一条和第六十二条第十三项关于全国人大职权的规定表明：①决定是否设立特别行政区的权限属全国人民代表大会；②特别行政区的制度由全国人民代表大会决定，特别行政区无权自行决定自己的政权组织形式，也就是说，特别行政区在法律上并不享有自主组织权；③特别行政区享有的高度自治权是由全国人民代表大会授予的。

（3）从中华人民共和国特别行政区基本法的性质来看，它是中华人民共和国关于特别行政区的特别授权法，在我国法律体系中属于基本法律的范畴。作为中华人民共和国在香港、澳门恢复行使主权的法律形式——中华人民共和国香港、澳门特别行政区基本法，只能由中华人民共和国的最高国家权力机关制定。由于基本法是由全国人民代表大会制定的，因此，它属于国家法律，而不是地方性法规。它在特别行政区具有高于香港其他法律的效力，因为它是国家在港澳实施的基本法律。

由以上分析可见，特别行政区的政府组织形式将依据全国人民代表大会制定的基本法确定，而不是由特别行政区自行立法决定。特别行政区的设立只是为我国单一制国家结构形式下的大家庭增添了两个新成员。这种国家结构形式决定了特别行政区直辖于中央人民政府的关系及其对中央人民政府的直接从属性。单从这一方面看，特别行政区与中央人民政府之间的关系较之其他省级行政区并无不同。另一方面，特别行政区又有与一般行政区不同的特点，这主要体现在特别行政区从中央政府获得的授权大大高于一般省级行政区，即享有高度自治权。

三、单一制与联邦制下国家整体与部分之间关系之理论比较

在制定特别行政区基本法过程中，围绕着特别行政区的法律地位不断地提出一些新的问题，关键是特别行政区为我国的一个地方行政区域，抑或类似于一个联邦成员？如果它是我国的一个地方行政区域，那么它与我国的普通行政区和民族自治区又有些什么不同？

（一）与联邦成员的区别[①]

特别行政区是我国的一个地方行政区域，不是联邦制国家中的联邦成员，这是由国家结构学说理论分析得出的科学结论。在现代国家结构形式中，单一制与联邦制是其基本形式。

（1）根据国家结构学说的理论，单一制国家划分为各个行政区域，联邦制国家则由各个联邦成员组成。地方行政区域与联邦成员的不同之处在于：地方行政区域是由国家根据需要，按一定原则对国家进行区划的结果，也就是说，国家先于各个行政区域而存在。但是联邦制国家中的成员单位，并非由联邦政府所设置；相反，它是先于联邦国家而存在的。联邦国家就是由两个或两个以上的成员单位组成的一个新的国家。其各个单位成员，不论面积大小、人口多寡，都是成立联邦所依据的条约或联邦宪法的制定者或批准者。我国是传统的单一制国家，依我国《宪法》的规定，全国划分为省、自治区和直辖市。我国《宪法》还规定，国家在必要时得设立特别行政区。香港特别行政区就依此规定，由全国人民代表大会批

① 董立坤：《香港法的理论与实践》，人民出版社1999年版，第59~61页。

准设立。因此，从设立程序这个方面来说，香港特别行政区与我国其他省、自治区和直辖市一样，也是我国设立的一个地方行政区域。

（2）联邦制成员与单一制国家中的地方行政区域最大的区别在于：单一制国家的地方行政区域从来就不是一个政治实体，不具有任何主权特征。但是，联邦成员却不同，在联邦国家成立前，联邦成员是个单独的享有主权的政治实体；在加入联邦之后，它虽然不再有完全独立的主权，必须服从联邦国家的主权，并受联邦的限制。但是，在联邦宪法规定的范围内，联邦成员的主权仍受到法律的保护。具体来说，联邦制国家的联邦成员享有下列主权：①每个联邦成员有权制定和修改本成员邦的宪法，规定自己的内部制度，而无须联邦政府批准。如美国 50 个州都有宪法，各州宪法与联邦宪法都有差异，从 1789 年联邦宪法通过后，到 1983 年止，各州共制定了 135 部州宪法，召开了 230 多次立宪会议，到 1968 年 50 个州总共通过了 5 000 条宪法修正案。②联邦国家的成员在加入联邦之前有自己的区域范围，在加入联邦后，其区域范围未经同意仍然不得改动。如美国《宪法》第四条规定，新州不得建立于其他任何州的管辖区域之内；未经有关州的立法机关及国会的许可，不得合并两个或两个以上的州或州的一部分建立新州。③联邦国家成员有自己的国籍。其公民既有成员单位的国籍，又有联邦国籍。例如，根据苏联《宪法》和《国籍法》的规定，各加盟共和国的公民既拥有其所属的加盟共和国的国籍，同时也都具有苏联国籍。④各联邦成员有加入联邦的权利，也有退出联邦的权利，如苏联《宪法》第七十二条规定：每一个加盟共和国都保留退出苏联的权利。以上那些联邦成员所享有的权利，对于单一制国家的地方行政区域来说，完全是不可想象的。

（3）权力基础和权力来源不同，这是联邦制成员与单一制国家地方行政区的又一个重要区别。在单一制下，中央与地方权力关系的最显著特点，是中央授予地方权力。而在联邦制下，联邦成员单位权力关系的突出点是联邦权力来源于成员权力转让，成员单位的权力是宪法所规定的其保留的权力。这种联邦制成员与单一制国家地方政府的不同权力来源常被作为区别联邦制与单一制国家的重要标准："单一制与联邦制的区别，在于划分权力的方法。在单一制的体制下，地方政府的权力是由中央政府规定的。在联邦制下，地方政府的权力来自宪法。而中央政府本身对宪法是不能加以改变的。"可见，在联邦制国家，中央（联邦）和其成员的权力关系是受让权力和保留权力的关系。在单一制国家，中央和地方的权力关系是授予权力和被授予权力的关系。

（4）中央与地方政府的职权划分是否有宪法保障。在联邦制下，联邦与各邦之间的权力划分往往是通过宪法来界定的，对于这种职权划分，享有宪法保障。无论联邦还是各邦都不得越权，越权属于违宪行为，应予撤销。如欲变更联邦与邦（或者共和国）之间的职权划分，需经修宪程序。在单一制条件下，中央与地方政府的职权划分一般都是通过宪法和法律界定，并且是由中央单方面决定的。无论地方政府享有多大的权力，也无论中央政府在作出分权的决定时是否听取地方政府的意见，在法理上，地方政府对于中央分权的决定的作出无抗衡权。

（二）与我国民族自治区和普通行政区的区别

和民族自治地方自治权相比，特别行政区具有以下几个方面的不同①：

---

① 肖蔚云主编：《一国两制与香港基本法律制度》，北京大学出版社 1990 年版，第 129～132 页。

第一，实行的基本制度不同。民族自治区的自治权带有"民族"的印记，它的建立以民族居住地区为基础，由实行自治的民族的公民担任民族自治区的主要行政和领导职务，一切灵活政策也以照顾民族习惯为依据。但是，特别行政区的建立同民族因素毫无关系，它是基于这样一个事实建立的：港澳长期为外国所占领，已形成较完整的资本主义政治、经济、社会、法律制度和资本主义生活方式，为了维持港澳的繁荣和稳定，不致使社会发生激烈的动荡，同意在我国恢复对港澳行使主权后，保持现行制度 50 年不变。所以特别行政区的自治权是以保存港澳的现行制度为出发点的。但是，民族自治地方则不同，它必须实行社会主义制度。对此，《中华人民共和国民族区域自治法》作了明确规定："民族自治地方的各族人民和全国人民一道，在中国共产党的领导下，在马克思列宁主义、毛泽东思想的指引下，坚持人民民主专政，坚持社会主义道路，集中力量进行社会主义现代化建设，加速民族自治地方经济、文化的发展，建设团结、繁荣的民族自治地方，为各民族的共同繁荣，把祖国建设成为高度文明、高度民主的社会主义国家而努力奋斗。"该法总则中规定："民族自治地方设立自治机关，自治机关是国家的一级地方政权机关。""民族自治地方的自治机关实行民主集中制的原则。""民族自治地方的自治机关必须维护国家的统一，保证宪法和法律在本地方的遵守和执行。""民族自治地方的自治机关领导各族人民集中力量进行社会主义现代化建设。"[①]

第二，自治权的范围不同。根据中英联合声明中中国对香港的基本方针政策，香港特别行政区享有行政管理权、立法权、独立的司法权和终审权，原有法律基本不变。这就是说，特别行政区享有的自治权的范围是非常广泛的，所以称之为高度自治权，而民族自治地方的自治机关并不享有如此广泛的自治权。根据《中华人民共和国宪法》的规定："民族自治地方的人民代表大会有权依照当地民族的政治、经济和文化的特点，制定自治条例和单行条例……"民族自治地方自治机关的自治权是以遵守宪法和法律的原则为界限的，并且，在民族区域自治制度中，民族自治地方的人民检察院和人民法院不属于民族自治地方的自治机关，它们并不享有自治权。对于民族自治地方自治机关的自治权的范围，《中华人民共和国民族区域自治法》作了明确规定："民族自治地方的自治机关行使宪法第三章第一节规定的地方国家机关的职权，同时依照宪法和本法及其他法律规定的权限行使自治权，根据本地方的实际情况贯彻执行国家的法律、政策。"

我们再来比较特别行政区与普通地方行政区域的异同。它们的共同点在于都是单一制国家结构形式下的地方行政区域，都是中华人民共和国领土不可分离的部分。它们的不同之处不仅表现为实行的基本制度不同，享有的权力大小不同，还表现在：

（1）划分标准不同。内地各省、自治区、直辖市一般是根据历史传统、地理环境、人口状况和经济发展水平等因素划分的，并且大部分省是经过数千年历史沿革留下来的。特别行政区的设立主要是以政治经济制度和特殊的历史背景为标准，与内地显然不同。

（2）在一定意义上说，享有的权力性质、范围和程度不同。普通地方行政区域的国家机关依照中华人民共和国宪法和中华人民共和国地方各级人民代表大会和地方各级人民政府组织法的规定享有管理地方性事务的职权，而特别行政区享有的权力则不相同，特别行政区享有的权力是由特别行政区基本法规定的，在性质上表现为高度自治，属自治范畴。在内

地，无论是普通行政区还是民族自治区，尽管在权限大小上不同，有一定的差异，但都不能和特别行政区相比。为了贯彻"一国两制"的方针，国家授权特别行政区实行高度自治。它所享有的行政管理权、立法权、独立的司法权和终审权，以及范围广泛的经济自主权，如财政独立、税制独立、金融独立、关税独立等都是内地省份不能享有或难以相比的。

（3）对参与地方政权机构工作的人员的资格规定和主要官员的产生方式不同。内地各省级地方行政机关的主要负责人，即省长、自治区主席、直辖市市长及其副职，由同级人民代表大会选举产生。而特别行政区的行政长官则通过当地选举或协商产生，由中央人民政府任命，主要官员由行政长官提名，报中央人民政府任命。我国普通地方国家机关在人员的组成上并没有居住地资格的限制，而特别行政区则不同，只能由当地人组成。

（4）与中央人民政府及其各部门之间的相互关系不同。内地省、自治区、直辖市政府必须接受国务院及其各主管部门的领导或业务指导，省级地方行政区域之间也可以根据需要互相设立办事机构，居民不需任何许可便可自由来往。中央人民政府所属各部门、各省、自治区、直辖市不能干预特别行政区根据基本法自行管理的事务。它们如果需要在特别行政区设立机构，须征得特别行政区政府的同意并经中央人民政府批准。我国其他地区的人员进入特别行政区定居的人数则由中央人民政府主管部门征求特别行政区政府的意见后确定。

四、特别行政区是直辖于中央人民政府的一个享有高度自治权的特殊地方行政区域

特别行政区基本法明确规定特别行政区是中华人民共和国的一个享有高度自治权的地方行政区域，直辖于中央人民政府。这就明确界定了特别行政区的行政地位。所谓"直辖"，就是直接管理的意思。"直辖"，表明我国的最高国家权力机关、最高国家行政机关对特别行政区有直接管辖权。

特别行政区直辖于中华人民共和国中央人民政府，还表明特别行政区的权力是中央授予的，而不是与生俱来的，特别行政区只能在中央授权范围内行使权力。它还表明在特别行政区与中央政府之间，没有任何中间层次，特别行政区与我国各省、自治区、直辖市之间，没有隶属与管辖的关系。其与我国各省、自治区、直辖市的关系，应当以互相尊重、互不干预内部事务为原则。特别行政区只受中央人民政府的直接管辖，中央人民政府各部门与特别行政区相应的政府部门也没有领导和被领导、管辖和被管辖的关系，中央人民政府各部门也不得干预特别行政区的内部事务。

根据中华人民共和国宪法和地方组织法，中华人民共和国的地方行政区域分为普通地方行政区域和民族自治地方两类。特别行政区之所以"特别"，就在于特别行政区与这些地方行政区域在法律上有着许多不同之处。在研究特别行政区的性质时，我们一方面要明确特别行政区是单一制国家结构形式下的一个地方行政区域，另一方面又要看到它是不同于中华人民共和国的普通地方行政区域和民族自治地方的特别行政区。

总之，特别行政区是直辖于中央人民政府的一个享有高度自治权的特殊地方行政区域，是一种新型的基于社会制度的不同而设立的特殊的地方建制。它的"特别"之处可以归纳

为以下几个方面①：

第一，特别行政区实行资本主义，而一般地方则实行社会主义。这是特别行政区最为"特别"之处，也是建立特别行政区的主要原因。

第二，特别行政区享有高度的自治权，这种自治权不仅仅大于中国的一般地方政府，而且在某些方面也大于联邦制下各邦享有的权力。

第三，特别行政区与中央的关系要由法律明文规定。

第四，特别行政区的行政区域不可随便更改，既不可扩大也不可缩小，以国务院公布的香港、澳门特别行政区的地图为准。这是由特别行政区与一般地方所实行的社会制度决定的，也是"一国两制"原则的具体体现。

第五，特别行政区的设立及其所实行的制度要由国家最高权力机关即全国人民代表大会决定，既不能由国务院决定，也不能由全国人大常务委员会决定。

第六，在中国有两种区域自治，一种是民族区域自治，这主要是为了解决中国少数民族问题、保证少数民族人民实现当家作主权利而设立的一种地方区域自治制度；另一种就是特别行政区自治，主要是为了实现国家统一而采用的制度，目的是解决社会主义与资本主义如何在一个统一的国家共处的问题。二者有质的不同。

第七，特别行政区的设立具有很强的历史性、目的性，它就是为了实现港澳台地区与大陆的统一，为了保持这些地区的繁荣稳定而专门设立的一种特殊的地方建制。因此，不可以把设立特别行政区的做法随意扩大到内地，在内地设立"特别行政区"。内地的经济特区与特别行政区有质的不同。

第二节　中央与特别行政区关系的确立

《香港基本法》第二章规定了中央与特别行政区的关系。基本法是授权法，即由中央把原本定位应由国家统一行使的、相当大的权力依法授予香港，因此，在涉及中央与特别行政区的关系时，基本法首先要解决或划分的是彼此之间的关系确立。

一、中央的含义

在香港和澳门基本法中，"中央"都不是指内地通常所指的"中共中央"，而是指依据宪法设立的对特别行政区依法行使权力的中央国家机关②，具体包括：国家最高权力机关——全国人民代表大会、全国人民代表大会常务委员会；国家元首——国家主席；国家最高行政机关——国务院即中央人民政府；国家最高军事机关——中央军事委员会。基本法中的"中央"不包括最高人民法院和最高人民检察院，这并不是说最高人民法院和最高人民检察院不是中央国家机关，而是由于特别行政区实行的诉讼经两地的终审法院审理以后即为最终判决，不得向我国的最高人民法院上诉，我国的最高人民检察院也不得对其进行抗诉。

---

① 王振民：《中央与特别行政区关系——一种法治结构的解析》，清华大学出版社2002年版，第103～104页。

② 参见焦洪昌主编：《港澳基本法》，北京大学出版社2007年版，第55～60页。

在基本法框架中，最高人民法院和最高人民检察院不得向特别行政区行使权力，因而它们不是基本法框架中的中央国家机关。

另外需要注意的是，根据高度自治的原则，特别行政区直辖于中央人民政府，而不是直辖于中央人民政府的各部门。正是基于以上理由，基本法规定，国务院各部委不得干预特别行政区政府的内部事务。它们一般不在特别行政区设立机构，如果需要在特别行政区设立正式的办事机构，必须征得特别行政区政府的同意，并报经国务院批准。这些机构设立后，也无权干预特别行政区的事务。如果要与特别行政区政府发生一些业务联系，也只能通过双方协商来进行。这些机构及其人员必须遵守特别行政区的法律，必须尊重特别行政区的高度自治权，并就其行为受到特别行政区司法部门的管辖。

二、特别行政区的含义

特别行政区的概念可以从以下几个方面加以阐释：

第一，特别行政区是国家行政区域设置中的一种新的区域类型。我国现行的行政区域依照《宪法》第三十条的规定划分如下：①全国分为省、自治区、直辖市；②省、自治区分为自治州、县、自治县、市；③县、自治县分为乡、民族乡、镇，直辖市和较大的市分为区、县，自治州分为县、自治县、市，自治区、自治州、自治县都是民族自治地方。特别行政区直辖于中央人民政府，与省、自治区、直辖市处于同等级而又享有高度自治权的一种新的地方行政区域。

第二，特别行政区与其他地方行政区域的根本区别体现在所实行的基本社会制度不同。我国内地普遍实行的是社会主义制度，而香港特别行政区和澳门特别行政区成立后仍将保留其现行的资本主义制度，50年不变。实行"一国两制"，保留其现行的资本主义社会制度也正是国家要设立特别行政区的出发点所在。从这个角度来说，除香港和澳门外，将来还有可能成为特别行政区的便是台湾。

第三，特别行政区享有高度自治权。特别行政区的自治程度较之一般地方包括民族自治地方为高，自治权的范围也远远超出其他地方行政区。这种高度自治权集中体现在享有行政管理权、立法权、独立的司法权和终审权。

第四，特别行政区的设立权和特别行政区内所实行的基本社会制度的决定权属于国家最高权力机关。现行《宪法》第六十二条规定："全国人民代表大会行使下列职权：……（十三）决定特别行政区的设立及其制度。"可见，只有全国人民代表大会才有权决定设立特别行政区，并决定在特别行政区内实行何种制度。

总之，特别行政区这一概念是伴随"一国两制"构想的诞生而产生的，而作为一个正式的法律概念，源于1982年《宪法》第三十一条的规定，并被以后的基本法所完善和具体化，其含义可以界定为：特别行政区是我国为实现国家和平统一而设置的、实行不同于一般地方行政区域的社会经济制度的一种特殊的地方行政区域。这一含义包括以下几个方面的内容：

（1）特别行政区是中华人民共和国不可分离的部分，是国家的一类地方行政区域。我国采用单一制国家结构形式，按行政区划设立的行政单位和自治单位都是国家不可分离的部分，都受中央政府的统一领导。香港和澳门历来是中国的领土，我国政府于1997年7月1

日对香港恢复行使主权，设立特别行政区，它是中央人民政府管辖下的地方行政区域。这一点得到了《宪法》和《香港基本法》的确认。《宪法》第三十一条规定："国家在必要时得设立特别行政区。在特别行政区内实行的制度按照具体情况由全国人民代表大会以法律规定。"基本法规定：香港特别行政区是中华人民共和国不可分离的部分，是一个享有高度自治权的地方行政区域，直辖于中央人民政府。中央人民政府代表国家对特别行政区行使主权。

（2）中央人民政府与特别行政区的关系是中央与地方的关系。特别行政区直辖于中央人民政府，不是独立的政治实体，不能以国家的名义参与国际关系，中央与它们的关系是一个主权国家内部中央与地方的关系，是领导与被领导、监督与被监督、授权与被授权的关系，不是平行的、并列的伙伴关系。特别行政区的权力来源于中央的授权，只能在授权范围内行使权力。

（3）特别行政区是实行高度自治的地方行政区域，这是其与我国其他类型的地方单位的区别。特别行政区享有高度自治权，包括：行政管理权、立法权、独立的司法权和终审权；依法行使中央授予的有关对外事务权；保持财政独立，其财政收入全部用于自身需要，不上缴中央人民政府；中央人民政府授予的其他权力，等等。这些权力明显大于我国一般地方行政区域和民族自治地方，其中有些权力，如司法终审权、货币发行权、出入境管制权、财产独立权等，即使是联邦制国家各州也很少享有，可见特别行政区的自治是一种真正意义上的自治。

（4）特别行政区负有维护国家统一和安全的义务。《香港基本法》第二十三条规定："香港特别行政区应自行立法禁止任何叛国、分裂国家、煽动叛乱、颠覆中央人民政府及窃取国家机密的行为，禁止外国的政治性组织或团体在香港特别行政区进行政治活动，禁止香港特别行政区的政治性组织或团体与外国的政治性组织或团体建立联系。"特别行政区作为我国不可分离的部分，作为地方单位，理应负有维护国家统一和领土完整的义务。世界上任何国家都不允许破坏国家统一和颠覆合法政府的行为。之所以要规定特别行政区要自行立法来落实这一义务，是由于特别行政区实行与内地不同的法律制度，我国《刑法》及相关的维护国家统一和安全的立法不在特别行政区适用，所以特别行政区应自行制定相应的法律，以禁止破坏国家统一和颠覆中央人民政府的行为。

三、中央与特别行政区关系的性质和特点

（一）中央与特别行政区关系概述

中央和香港特别行政区之间到底是一种什么性质的关系？要弄清这个问题，首先必须了解国家结构的形式及我国国家结构形式的特点。

1. 国家结构形式

当今世界，有180多个国家，国家结构形式多种多样。从国家整体与部分之间的相互关系看，主要有两种，一种是单一制国家，另一种是复合制国家。单一制国家是由若干个行政区域组成的统一整体，只有一个国家主权、一部宪法、一个中央政府。地方行政区域是根据管理需要，依照法律程序而设立的行政建制，均受中央政府统一领导。它们享有的权力不是本身所固有的，而是主权国家授予的。国家对地方行政区域享有完全的主权，由中央政府代

表国家对地方行政区域行使。在对外关系上，单一制国家作为一个国际法主体出现。复合制国家是由两个以上的享有独立主权的政治实体（州、邦或共和国）依照共同创制的宪法或者所缔结的协议而组成的国家。复合制国家由于联合方式的不同而有联邦、邦联、君合国、政合国等不同种类。联邦是结合比较紧密也是比较常见的一种复合制国家，联邦的成员都是主权国，在联邦组成时，依照协议，各自将主权的一部分交给联邦行使，其余的权力仍然保留在联邦成员国自己手里。因此，在联邦制下，联邦和各成员国（州或邦）都享有主权，都有自己的中央政府和宪法。联邦和成员国之间的权力划分，由联邦宪法规定，联邦政府无权加以改变。邦联则是结合松散的复合制国家，成员国保留绝大部分主权，其地位同独立国家差不多。由此可见，复合制国家的成员国（州或邦）与单一制国家的地方行政区，在国家中的法律地位、权力来源以及享有权力的多少等，都是大不相同的。复合制国家和成员国（州、邦国）之间的关系与单一制国家中央和地方行政区之间的关系，是两类不同性质的关系。

2. 我国的国家结构形式及其特点

我国是单一制结构的国家，其主要特征表现在①：

（1）我国宪法有明确规定："中华人民共和国是全国各族人民共同缔造的统一的多民族的国家"，"中央和地方的国家机构职权划分，遵循在中央的统一领导下，充分发挥地方的主动性、积极性的原则"。

（2）我国只有一个最高权力机关，即全国人民代表大会（其常设机构是全国人大常务委员会）行使国家立法权。

（3）我国只有一个最高国家机关——国务院，即中央人民政府，它是国家最高权力机关的执行机关。

（4）我国只有一部宪法，即《中华人民共和国宪法》。

（5）我国的省、自治区、直辖市以及将来成立的香港、澳门特别行政区，都是中央人民政府统一领导下的地方行政区域。

（6）我国只有一部统一的国籍法，即《中华人民共和国国籍法》，该法明确规定：中华人民共和国是统一的多民族的国家，各民族的人民都具有中国国籍。但我国不承认双重国籍。

从上述特征看，我国是单一制结构的国家，这是毫无疑义的。但是，我国的国家结构形式与一般的单一制国家又有所不同，具有明显的中国特色。在一般的单一制国家中，地方行政区域实行的政治、经济制度，与整个国家的政治、经济制度是相同或一致的，或者在具体运作上，允许地方行政区域根据实际情况作一些灵活处理。我国的省、自治区、直辖市、特别行政区，都是在中央统一领导下的、直辖于中央人民政府的地方行政区域，都是由中央授予各种权限。但是，它们被授予的权限并不是相等的，或者说，差别是比较大的。

（二）中央与特别行政区关系性质的不同学说

按照香港基本法的规定，香港特别行政区是直辖于中央人民政府的地方行政区域，特别行政区享有高度自治权，但是，中央应当且必须在香港特别行政区行使法定的权力，这与其所处的法律地位是相适应的，所以不能因为香港特别行政区享有高度自治权而否认或排斥中

---

① 钟业坤主编：《中华人民共和国澳门特别行政区基本法论略》，暨南大学出版社1996年版，第94页。

央对香港特别行政区行使权力，更不应当将中央对香港特别行政区行使权力与香港特别行政区的高度自治权割裂开来、对立起来。当然，基本法规定中央享有和行使的权力，都是在"一国两制"方针范围内，体现国家主权并且只能由中央行使的权力，如外交、防务。中央对特别行政区行使权力，是维护国家主权的行为，这无损于特别行政区享有的高度自治权。关于中央与特别行政区关系有几种不同学说，主要观点如下[①]：

（1）"剩余权力说"。这种意见主张与特别行政区的权力在基本法中全部清楚列明，即中央负责有关国家整体利益的事务，包括外交、国防等。特别行政区负责特别行政区内部事务及联合声明所规定的涉外权力；有关港澳与内地之间非政治性的双边关系事务，如双方的经济贸易、社会文化交流、司法互助、两地间的交通运输和人口迁移等，则由两地共同处理。除此之外基本法没有列举的事项，其管辖权属于"剩余权力"，由特别行政区享有。

（2）"灰色地带说"。这种意见认为，在中央权力范围与特别行政区高度自治范围之间存在着一些在性质上不能清楚界定应由哪一方面处理的事务，这个范围内的权力就属于"灰色地带权力"，由此又产生了对"灰色地带"内权力归属的意见之争。

（3）"未界定权力说"。这种意见主要认为，随着时间的推移，将来可能会出现一些在起草基本法时未能预见到的情况，即在起草基本法时未能划分清楚的权力问题，这些尚未出现的权力统称为"未界定权力"。对于这些权力的归属，也有不同意见。

（4）"零总和分配规律说"。这是在中央和香港特别行政区的权力关系问题上出现的又一种论点。它认为，中央政府强调国家主权，使国家主权在中央政府与地方政府的关系上过分扩张，地方自治权就会相对地缩小。因为权力的总和是有一定限量的，一方多了，另一方就必然减少了。持此观点者主张，中央人民政府应将所有能下放的权力全部授予香港特别行政区，而只保留国防与外交两项权力。这样才算是让香港特别行政区实行"高度自治"。[②]这种观点也是错误的。根据主权原则，中央政府在国家机构体系中都处于最高地位。我国虽然由于实行"一国两制"方针，由中央授予特别行政区以高度自治权，中央只行使对特别行政区的外交和国防事务管理权及其他应由中央行使的权力，但这并没有改变特别行政区与中央之间的从属性，无论在什么情况下，中央与地方都是领导与被领导、管辖与被管辖的关系，不可能处于对等的法律地位；即使发生权力上的争议，也不需要由独立的第三方裁决。

（5）"对等地位说"。[③] 有些人认为，在"一国两制"的政策下，中央人民政府只有在外交和国防事务方面才负起中央人民政府的功能，在其他事务上应该同特别行政区政府处于对等的地位。基于这种对等观念，他们认为中央人民政府对香港特别行政区的内部事务完全不能干预，也没有监察特别行政区政府的任何功能。在中央同香港特别行政区之间发生争议时，应将争议交由一个独立的仲裁机构如宪法法庭处理。此法庭由双方派出同等数目成员组成，最好再加上外国法官，双方成员地位平等。法庭作出的裁决，双方均应遵行。我们认为，这种观点是对中央和香港特别行政区关系的极大歪曲。我国宪法规定，中央人民政府是我国最高国家权力机关的执行机关，也是最高国家行政机关。中央人民政府对全国所有地方政府实行行政领导，对香港特别行政区政府也不例外。不同的是，由于香港特别行政区享有

---

① 参见蓝天主编：《"一国两制"法律问题研究》（总卷），法律出版社1997年版，第44~47页。

② 参见香港特别行政区基本法咨询委员会编：《中华人民共和国香港特别行政区基本法（草案）征求意见稿：咨询报告（2）》1989年，第24页。

③ 参见王叔文主编：《香港特别行政区基本法导论》，中共中央党校出版社1990年版，第87~89页。

高度自治权，中央人民政府的领导只限于国防、外交及其他属于国家主权和国家整体利益范围的事务，而将香港特别行政区的地方事务划归该区自己管理，也就是自治。但香港特别行政区是在中央的监管下实行高度自治，如果不是这样理解，香港特别行政区就不是高度自治，而是独立自主了。从以上分析可知，中央人民政府同香港特别行政区政府的关系，是领导和被领导、监督和被监督的关系，而绝不是什么对等关系。

（6）"带有联邦制特点说"。有些人看到香港特别行政区享有的高度自治权类似于联邦国家成员邦享有的权力，在某些方面如成立单独关税区、单独发行货币，甚至超过联邦国家成员邦的权力，于是就认为香港特别行政区同中央的关系已经超出单一制的范畴而带有联邦制的特点。基于这种认识，他们主张把联邦制国家的一些做法如联邦与成员邦分权、剩余权力归成员邦等等，照搬到中央和香港特别行政区的关系上来。这种观点是不正确的。香港特别行政区享有高度自治权，表面上看类似联邦国家成员邦享有的权力，在有些方面也的确比联邦国家成员邦的权力还要大，但是应当看到二者的性质是不同的。香港特别行政区本身没有固有的权力。它享有的高度自治权，是国家为了实行"一国两制"，保持香港的稳定和繁荣，特地授予它的。其性质是一种地方自治权，是由国家主权派生的权力。联邦国家的成员邦本是主权国，在组成或参加联邦时分出一部分主权给联邦，但仍保留一部分主权在自己手里，因此它享有的权力属于主权范畴，与地方自治权是两种不同性质的权力。二者的内容也不尽相同。由于联邦是成员邦自愿联合组成的，因此成员邦保有退出联邦的权力，有些联邦国家把成员邦的此项权力明文规定在宪法里。但是香港特别行政区享有的高度自治权不包含此种权力。《香港基本法》第一条规定："香港特别行政区是中华人民共和国不可分离的部分。"由此可知，香港特别行政区是不能同祖国分离的。既然香港特别行政区享有的高度自治权同联邦国家成员邦享有的权力，是两种不同性质的权力，当然不能单凭二者表面上相似就断定香港特别行政区同中央的关系超出了单一制的范畴，而带有联邦制的特点。我国是单一制国家，在我国所有的地方行政区，包括香港和澳门两个特别行政区，都是国家根据需要，依照法律程序，进行行政区域规划或行政建制的结果，它们享有的权力都是国家赋予的。在单一制国家结构中，不可能有成员邦同联邦那种关系存在的余地。因此，联邦国家处理联邦与成员邦的关系的做法在我国都是不可行的。关于剩余权力的问题，后面我们还要专门论述。

上述观点中，前三种观点的出发点是错误的。它们把中央人民政府和香港特别行政区之间的权力关系，当作是一种分权关系，而不是授权关系；把单一制国家结构形式下的中央政府与地方政府的关系当作联邦制国家中联邦与成员邦的关系，而没有弄清这两种关系的本质区别。在这种错误的立论基础上得出的结论自然也是不正确的。它们实际上是将联邦制国家的权力结构理论移植到我国的中央与特别行政区关系上，认为基本法不能够完全将中央和特别行政区的权力列举完毕，在中央与特别行政区之间尚有一部分归属不明确的权力，而这些权力应该归属于特别行政区。这种理解是错误的。"剩余权力"问题只是联邦制国家的权力结构理论中的问题。在联邦制国家，联邦是由拥有主权的各成员自愿组成的，在参加联邦时，成员国将自己的部分权力让与联邦政府，自己则保留部分权力。联邦中央与成员国之间的权限划分一般由联邦宪法明确规定。有的联邦制国家在宪法中列举联邦的权限，凡宪法未列举的权力（即"剩余权力"）由各成员保留，如美国；而加拿大则是在宪法中将联邦和各省的权限同时列举，并规定未列举权力归联邦。

　　持"对等地位说"的人心目中的香港特别行政区，不是直辖于中央人民政府的地方行政区域，而是独立于中国之外的一个政治实体，或者是一个国中之国。因此，他们主张把通常用来处理国与国之间的关系的一套做法，如不干涉他国内政、将争议交付仲裁解决等，应用到中央和香港特别行政区的关系上来，这些主张当然都是不对的。这种观点把香港特别行政区政府和中央人民政府放在一定范围内完全对等的地位上，把中央人民政府视同一个地方政府，是对国家主权原则的无知和歪曲。我国宪法规定，中央人民政府是我国最高国家权力机关的执行机关，也是最高国家行政机关。中央人民政府对全国所有地方政府实行行政领导，对香港特别行政区政府也不例外。不同的是，由于香港特别行政区享有高度自治权，中央人民政府的领导只限于国防、外交及其他属于国家主权和国家整体利益范围的事务，而将香港特别行政区的地方事务划归该区自己管理，也就是自治。从香港特别行政区的法律地位来说，它仍是直辖于中央人民政府的一个地方行政区域，而不是处于与中央人民政府平起平坐的地位。因此，持"对等地位"说的人主张把处理国与国之间关系的一些原则和做法，如不干涉他国内政、将争议交付第三者裁决等，应用到中央和特别行政区的关系上来，是极不恰当的。

　　我们研究中央和香港特别行政区的关系，一定要以国家宣布的对香港的基本方针政策为指导，以香港特别行政区基本法的有关规定为依据，这样才能得到正确的答案。有些人谈论中央和香港特别行政区的关系，不是依据上述基本方针政策和基本法，而是把它们撇在一边，随心所欲地把某些完全不同的含义硬塞进中央和香港特别行政区的关系；或者不是把上述基本方针政策和基本法看成一个整体，而是从中挑取某些词句断章取义地加以解释，用来论断中央和香港特别行政区的关系。

　　在"一国两制"的方针政策指导下，基本法在对中央与特别行政区权力作出划分时是根据事项的性质来进行的。根据事项本身的性质特点和"一国两制"的精神，应该由中央行使的职权就由中央行使，如外交和防务。具体而言，基本法对职权的划分可以分为以下几种情况：一是有些权力完全由中央直接行使，如防务；二是有些权力归中央行使，但中央在行使这些权力时，充分吸收特别行政区的参与，如对基本法的解释权；三是有些权力归中央，但中央不行使，而授权特别行政区行使，中央监督这些权力的行使，如中央在外交事务上有全权，但授权特别行政区以法定的名义、方式自主处理对外经贸关系，中央对此实施监督；四是有些权力归特别行政区行使，中央只发挥监督作用，如立法权归特别行政区行使，中央只用备案的形式起监督作用；五是有些权力完全归特别行政区行使，如司法权和终审权，管理金融贸易的权力。

　　总之，中央对特别行政区的政策是积极不干预的政策，只在确有必要由中央决定某一事项时，相关权力才归属于中央。中央享有上述权力，就意味着中央要在这些方面对特别行政区充分地负起责任来，不能让特别行政区在这些方面受到损失。同样，特别行政区政府依法享有充分的维持繁荣与稳定所需要的一切权力，同时这也是一种责任，即特别行政区政府必须在自己的职责范围内，上对中央人民政府负责，不得出现损害国家统一和主权的事情；下对特别行政区人民负责，尽力维护特别行政区的持续繁荣和稳定。二者关系的实质是领导与被领导、授权与被授权、监督与被监督的关系。

四、确立中央和特别行政区关系的依据

中央与特别行政区的关系是一种特殊的中央与地方的关系。有鉴于此，中央与特别行政区的关系的确定不同于中央和我国其他地方行政区域的关系，它具有如下几个特点①：①中央和特别行政区的关系是由我国宪法原则上予以肯定的；②中央与特别行政区的关系由《中英联合声明》初步确定；③中央与特别行政区的关系由《中华人民共和国特别行政区基本法》具体界定；④中央与特别行政区的关系的确定体现了"一国两制"的伟大构想。

特别行政区的设立源于《中华人民共和国宪法》第三十一条的规定，这是无疑的。但是在具体决定特别行政区法律地位的历史性文件中，《中英联合声明》、英国议会《香港法令》（*Hong Kong Act* 1985）和《香港基本法》具有特别重要的意义。② 具体而言，香港特别行政区的设立有以下依据：

（一）《中华人民共和国宪法》是确立中央和特别行政区关系的最高依据

宪法是国家的根本大法，它规定了国家的根本制度，具有最高的法律效力，是制定一般法律的基础和依据。任何法律都必须符合宪法的规定及其基本精神，不得与宪法相抵触，否则将失去其法律效力，因此，基本法的制定也必须以宪法为依据。《香港基本法》序言所载"根据中华人民共和国宪法，全国人民代表大会特制定中华人民共和国香港特别行政区基本法，规定香港特别行政区实行的制度，以保障国家对香港的基本方针政策的实施"正说明了这一点。《宪法》第三十一条规定：国家在必要时得设立特别行政区。在特别行政区内实行的制度按照具体情况由全国人民代表大会以法律规定。《宪法》第六十二条第十三款又规定，全国人民代表大会有权决定特别行政区的设立及其制度。这些规定，以及宪法条文中大量关于国家机构的组织和职权的规定，关于国防、外交、国旗、国徽、国歌、首都等的规定，以及关于维护国家主权、统一和领土完整的规定等，正是制定基本法、确立中央与香港特别行政区关系的法律依据。这些规定不仅表明了香港特别行政区的设立是有宪法依据的，而且在原则上确立了中央与香港特别行政区的关系。

（二）《中英联合声明》是确立中央与特别行政区关系的国际法保障

《中英联合声明》是以国际协议的形式决定了香港特别行政区的法律地位。

如前所述，自1842年以来，香港一直为英国所实际统治。新中国成立后，从不承认19世纪中英之间关于香港地位的三个不平等条约，不承认香港为英国的殖民地，坚持整个香港地区都是中国领土，在条件成熟时，经过谈判和平解决香港问题，在未解决之前维持香港现状的立场。但是，不管怎么说，在中英达成解决香港协议之前，香港的地位总是不确定的，国内外总有那么一小部分人，试图将香港从我国的神圣领土中分离出去。随后1984年的《中英联合声明》彻底排除了这种可能，以国际协议的形式，明确宣告：中华人民共和国政府收回香港地区（包括香港岛、九龙和"新界"，以下称香港）是全中国人民的共同愿望，中华人民共和国政府决定于1997年7月1日对香港恢复行使主权。联合王国政府声明："联合王国政府于1997年7月1日将香港交还给中华人民共和国。"从而确立了香港为中华人民

---

① 云冠平、钟业坤主编：《中华人民共和国香港特别行政区基本法概论》，暨南大学出版社1992年版，第139页。

② 董立坤：《香港法的理论与实践》，人民出版社1999年版，第25~30页。

共和国领土一部分的明确的法律地位。

1984 年中英两国政府就解决香港前途问题签署了《中英联合声明》。这是我国政府第一次详细阐明收回香港的政策，说明中央与香港特别行政区的权限划分。经过这一程序，我国政府将其对香港的政策转化为国际法上有约束力的承诺。联合声明的许多内容，后来都为全国人民代表大会所确认，成为基本法的条文。但这里必须指出的是，中国政府在联合声明中所作的声明，只是建立香港特别行政区、规范中央与香港特别行政区关系的国际法保障，而不是立法依据。中央与香港特别行政区关系的确立只能是以我国宪法为法律依据。《中英联合声明》首先通过中国政府的声明和英国政府的声明共同确认了中国恢复对香港行使主权，然后通过中国政府的声明和附件一具体地说明了中国政府对香港的基本方针政策，初步确定了中央与香港特别行政区的关系。在联合声明中我国政府声明：香港特别行政区直辖于中华人民共和国中央人民政府。明确肯定了香港特别行政区作为直辖于中央人民政府的地方行政区域必须接受中央人民政府的领导，香港特别行政区行政长官在当地通过选举或协商产生，由中央人民政府任命；主要官员由其行政长官提名，报中央人民政府任命。这具体地规定了中央与香港特别行政区的领导与被领导关系。在这一基础上，我国政府在联合声明中声明授予香港特别行政区高度自治权，并且具体地划分了中央和香港特别行政区的权限以保障香港特别行政区的高度自治权得以真正实现。

《中英联合声明》及其附件关于香港特别行政区的法律地位包括两个方面：首先，中英双方庄严声明，在 1997 年以后，英国交还香港给我国，我国恢复对香港行使主权，这就在国际上确认了香港是中华人民共和国的一部分，任何国家将无权将香港从我国领土中分离出去。这是 1997 年后香港的基本的法律地位。其次，根据香港的现状，我国保证在香港回归祖国以后，将对其实行特殊的政策，它将作为一个实行资本主义制度的、享有高度自治权的特别行政区而作为我国大家庭之一员。

必须说明，《中英联合声明》及其附件是一份有约束力的国际协议。用比较技术性的法律语言来说，《中英联合声明》及其附件是一份规定和创造中英两国对香港权利和义务的国际条约。这份条约是双方在平等互利基础上，根据《联合国宪章》指明的精神，在没有任何外来压力的条件下，经友好协商自愿达成的。中英两国还根据各自国家的法律规定，经过最庄重的法律程序（谈判、草签、立法机构讨论、正式签字、批准、生效、在联合国登记）使之发生效力。《中英联合声明》及其附件中的一切规定对中英双方都有法律约束力。总之，《中英联合声明》既是规划香港未来的伟大文献，也是保证 1997 年以后香港特别行政区法律地位的最重要的国际法律文件。

（三）英国议会的《香港法令》

根据英国法律，一项由英国政府缔结的国际条约，不能当然在英国适用，发生法律效力，而必须由英国国会根据条约的规定，重新立法，使条约的规定成为英国国内法的一个部分。根据《中英联合声明》，英国应向中国交还香港主权，结束英国对香港的殖民统治，英国国会也必须根据《中英联合声明》的规定，重新立法，修正原来英国有关香港地位的一系列的法律规定。中英两国于 1984 年 9 月 26 日草签《中英联合声明》之后，英国政府即为在英国国会制定这样的法律而行动。

1985 年 1 月 10 日，英国政府向英国国会提交了一份法律草案——《香港法案》。根据英国立法程序，法案须首先在英国下议院进行首读、二读、委员会审议、汇报及三读等程序，通过后转交上议院进行同样程序。经国会上下院同意后，将法案交英皇签署颁布，"法案"才正式成为法律。经过这一系列程序，1985年4月4日英女皇伊丽莎白二世正式签署。根据《中英联合声明》的精神，由英国国会上、下两院通过的《香港法案》，完成了英国在《中英联合声明》中承担的、自1997年7月1日起将香港地区交还给中国的英国国内立法程序。

英国《香港法令》（未批准前为《香港法案》）最重要的内容，就是规定英国政府必须履行中英两国政府于1984年12月19日在北京签署的《中英联合声明》，自1997年7月1日起结束英国对整个香港地区的统治，把香港交还给中华人民共和国。英国国会制定并经女皇签署的法律，在英国法律体系中享有最高的权威。《香港法令》的制定，意味着英国现行统治香港的法律基础将从1997年7月1日起彻底消失。由此英国以国内法的形式确认了香港为中国领土的一部分。

（四）《香港基本法》是确立中央与香港特别行政区关系的现实法律保障

如果说，宪法是确立中央与香港特别行政区关系的最高法律依据，《中英联合声明》解决了香港的主权归属问题，英国议会的《香港法令》是表明英国根据《中英联合声明》完成香港地位变化的英国国内立法，那么，《香港基本法》将是实现我国在《中英联合声明》中的承诺，确立香港特别行政区法律地位的最重要的法律文件。

在《中英联合声明》中，我国政府表明，在我国对香港恢复行使主权以后，香港将成为我国一个直辖于中央人民政府的、实行特殊政策的、享有高度自治权的特别行政区。在《中英联合声明》附件一中，还对我国在《中英联合声明》中的各项基本方针作了具体的说明。《中英联合声明》第三节规定：关于中华人民共和国对香港的各项基本方针政策和本联合声明附件一对"各项基本方针政策的具体说明，中华人民共和国全国人民代表大会将以中华人民共和国香港特别行政区基本法规定之，并在五十年内保持不变"。由此可见，香港特别行政区基本法不但使《中英联合声明》表明的方针政策具体化、法律化，还具体勾画出未来香港特别行政区的蓝图。

香港特别行政区基本法，以仅次于宪法的基本法律的形式明确了香港特别行政区在我国的法律地位，并且具体界定了中央和香港特别行政区的关系。这一做法也是符合我国立法惯例的。根据我国的立法实践，地方行政区域的设置不仅在宪法上有原则性的规定，而且有全国人民代表大会制定的组织法等基本法律具体规定中央和地方的关系。香港特别行政区基本法就是以特别法的形式规定了香港特别行政区作为地方行政区域，享有中央授予的高度自治权，因此，香港特别行政区的法律地位也不同于我国其他地方行政区域。

《香港基本法》是"一国两制"的具体化和法律化，也是设立特别行政区的直接法律依据。基本法以仅次于宪法的基本法律的形式具体划分了中央和香港特别行政区的职权，明确了香港特别行政区的法律地位，从而使中央与香港特别行政区的关系不仅受到国际协议的外部保障，而且以具有普遍约束力的国内法予以确认，获得了国家强制力的保障实施。

五、确立中央与香港特别行政区关系的原则

特别行政区的设立在中国是一个新的事物，其最复杂的问题无疑是如何界定和处理中央与特别行政区的关系。为了确保中央与特别行政区关系的科学性和稳定性，必须确立一些处

理中央与特别行政区关系的基本原则，这些原则既是制定基本法时应遵循的原则，也是实施和解释基本法时所要遵循的原则，还是科学划分中央与香港特别行政区的权限的基础，也是今后依法处理中央与香港特别行政区关系的理论依据。我们认为，处理中央与香港特别行政区之间的关系应遵循以下几项原则：

（一）"一国两制" 原则

根据上述中央与特别行政区关系的性质，在处理中央与特别行政区关系时，双方应遵循的首要原则就是"一国两制"。"一国两制"是中国处理港澳台问题的基本方针和政策，也是处理中央与特别行政区关系的基本指导思想。因此必须真正理解"一国两制"的基本内容和精神实质，掌握其科学含义，才可以据此正确处理中央与特别行政区的关系。本书第一章已经对"一国两制"的产生背景、基本内容及其精神实质作了全面探讨，这里试图把它具体化，探讨一下处理中央与特别行政区关系时应该遵循的一些基本原则。

1. "一国" 原则①

"一国两制"首先要强调维护国家统一与领土主权完整，简而言之即首先要有"一国"。该项原则要求，在处理中央与特别行政区关系时，必须首先把维护国家的统一、维护国家领土及主权的完整放在首位，这是"一国"的基本要求。反之，如果只强调特别行政区的特殊性，只强调"两制"，忽视甚至不要"一国"，在处理中央与特别行政区关系时，必然损害国家统一，损害国家主权乃至领土的完整性，"一国两制"也就没有成功，恢复行使对香港、澳门的主权，实现台湾与大陆的统一也就成为空话，设立特别行政区的意义也就大打折扣。可以说，维护国家统一与领土主权完整，这是"一国"原则的唯一要求，如果做不到这一点，也就不称其为"一国"。同时，没有"一国"的保障，"两制"也将成为不可能。

从《基本法》的条文来看，有关中央的权限和负责管理的事项都严格"限制在体现国家主权和统一所绝对必需的范围之内"，《基本法》并没有在维护国家主权和统一所必需的范围之外赋予中央其他额外的不必要的权力。这其中也包括《基本法》第二十三条要求特别行政区自行立法禁止分裂国家、颠覆中央政府的行为，这都是维护国家统一和主权所必需的。

2. 尊重历史与现实，保持特别行政区的繁荣与稳定原则

这条原则可概括为"两制"原则。在处理中央与特别行政区的关系时，既要维护国家的统一与主权，又要十分注意不要损害这些地区的持续繁荣与稳定。如果恢复对港澳行使主权、成立特别行政区后，港澳地区不再繁荣，社会变得动荡不安、经济萧条、人心浮动，那么中国就没有正确贯彻执行"一国两制"的基本国策。维护国家的统一与主权和维护特别行政区的繁荣稳定是"一国两制"不可分割的两个重要方面，二者缺一不可。

所以在处理中央与特别行政区关系时，一定要充分尊重这些地区的历史和现实，充分尊重《基本法》规定的特别行政区享有的一切自治权，坚决地、不折不扣地维护特别行政区实行的资本主义制度，不允许任何部门、任何地方在《基本法》规定之外干预特别行政区的内部事务，从而使港澳地区在回归中国后更加繁荣、更加稳定。这应该是一项重要原则。

3. "一国"和"两制"的关系

关于"一国"和"两制"的关系，二者相互依存。如果只要"两制"，不要"一国"，

---

① 王振民：《中央与特别行政区关系——一种法治结构的解析》，清华大学出版社 2002 年版，第 113～115 页。

那就是"两国"了，就不是"一国两制"了，这十分危险；同样，只要"一国"，不要"两制"，事事按照内地的做法去做，那就是"一国一制"了，同样违背"一国两制"，这也是十分危险的。所以"一国"和"两制"二者均不可偏废。当然二者在回归前后的侧重点不同，如果说在回归前，做到"一国"比较困难的话，回归后要做到"两制"就需要特别努力。因为不管怎样，港澳回归后，双方生活在"一国"之内，这是政治现实，是改变不了的，而且"两制"总会有意无意地向彼此靠近，因此，要保持"两制"就需要双方特别小心和努力。

　　按照"一国两制"的要求，中央和特别行政区双方要做到互相尊重、互相配合、互不干预。双方要互相尊重对方对自己法定权力的行使，当对方行使《基本法》规定的权力的时候，另一方要提供一定的配合和支持，例如中央对外交和防务权的行使，就需要特别行政区提供合作；同样，特别行政区对自己高度自治权的行使，也需要中央的尊重和支持。

　　至于互不干预，是指双方权力的行使都应该严格限制在法定职权范围内，互不侵犯对方的法定权力，互不干预对方对自己法定事务的处理，中央不干预《基本法》规定的特别行政区对地方事务的处理，特别行政区也不可干预中央对自己事务的处理。这就是井水不犯河水，河水也不应犯井水。香港人不希望中央干预特别行政区的地方事务，担心内地的社会主义"侵蚀"香港的资本主义，把内地的做法推广到香港去；实际上内地的决策者也同样担心香港回归后，香港的资本主义"侵蚀"、影响内地的社会主义，因此也希望香港在回归后不要干预内地的事务，香港不要把自己的制度强行推广到内地。"大陆民主的发扬，是靠大陆人民自己去争取的，不能由外力去做'救世主'，这只能有损香港和香港人的利益。"① 这才是为什么会产生"一国两制"的构想。可见，"一国两制"的准确含义是在"一国"之内，"两制"互不干预，既有内地不干预特别行政区地方事务的意思，也有特别行政区不干预内地事务的意思，内地的社会主义和特别行政区的资本主义在一个国家内和平共处、互不干预、互不影响。

　　（二）维护国家统一、主权与保证香港特别行政区高度自治权兼顾的原则

　　维护国家主权与保障香港特别行政区高度自治权相结合原则是处理中央与香港特别行政区关系的精髓。这一原则具体是指②，香港特别行政区是中华人民共和国领土的不可分割的一部分；在国际交往中，中华人民共和国的主权机关是全国人民代表大会及其常务委员会和中央人民政府即国务院，香港特别行政区并不享有主权；香港特别行政区在维护国家统一的前提下享有高度自治权。

　　为什么在处理中央与香港特别行政区的关系时必须坚持这一原则呢？

　　首先，这是实现中国人民根本利益的要求。实现国家统一是中国历史发展的必然要求。早在公元前221年，秦始皇就建立了统一的国家，从那时到现在已经有2 000多年的历史。在这个漫长的历史长河中，虽然几经分合，但国家的统一是历史发展的主旋律，而国家的分裂则是历史长河中的一个支流。并且，从历史的发展角度看，中国的繁荣昌盛时期都是在国家统一的时期。国家统一有利于中华民族的生存和发展。从这个意义上讲，维护国家统一是人民的根本利益的需要。

---

① 黄文放：《九七之后香港会更好》，《明报》（香港），1997年1月1日。
② 赵秉志主编：《香港法律制度》，中国人民公安大学出版社1997年版。

其次，从中国近代史的发展线索看，国家的统一是中国近代史赋予中国人民的历史职责。自中国在鸦片战争中失败之后，一部中国近代史是帝国主义奴役、侵略中国的历史，也是中国落后、挨打的历史，中国不仅沦为半封建半殖民地的国家，而且人民还遭受着封建割据、军阀混战的痛苦。因此，国家要统一和国家要独立一样，成为中国近代史赋予中国人民的历史使命。香港问题同样如此，它是由外国用不平等条约造成的，收回香港、实现国家统一是中国人民的共同愿望，如果把香港搞成独立的政治实体，是违背中国人民的意愿的。

最后，这是保持香港繁荣和稳定的需要。香港在沦为英国殖民地之后，逐步形成了一套自己的法律制度，并且，作为世界上的自由港，通行着许多国际惯例。在这种情况下，要保持香港的繁荣和稳定，就必须尊重香港的现实，而要尊重香港的现实就必须赋予香港特别行政区以高度自治权。

遵循这一原则处理中央与香港特别行政区之间的关系，就必须科学地处理维护国家统一与保证香港高度自治两者之间的关系。

第一，在认识上必须明确在维护国家统一的前提下，保证香港特别行政区的高度自治这一原则。凡是处理涉及中央与香港特别行政区之间关系的事项一定要做到既有利于国家统一，又有利于保证香港高度自治。必须始终坚持两方面辩证统一的原则，一方面，香港的高度自治是建立在国家统一的基础之上，离开了国家统一这个制约条件，香港特别行政区就谈不上高度自治，谈不上"一国两制"；另一方面，在香港特别行政区，在坚持国家统一的前提下又必须尊重香港的高度自治权，国家统一不得妨碍香港特别行政区的高度自治权的行使。离开了高度自治权的内容，香港也就不可能成为特别行政区了，它就和中华人民共和国的普通地方行政区域没有区别了。因此，凡属国防、外交等集中体现国家主权的事务一定要由中央来处理，并赋予香港特别行政区以维护国家主权和领土完整的任务，如《香港基本法》第二十三条就要求特别行政区自行立法禁止任何叛国、分裂国家、煽动叛乱、颠覆中央人民政府的行为，这是维护国家统一和主权所必需的。在坚持维护主权的同时，也应尊重历史与现实，保持香港特别行政区的繁荣和稳定，这就要坚持"两制"，在特别行政区保留原有的资本主义制度，让其享有高度自治权，实行"港人治港"。

第二，要科学地处理维护国家统一和保证香港高度自治之间的关系，就必须在立法过程中妥善地划定它们之间的界限，兼顾国家和香港特别行政区的利益，主权和自治权兼顾，授权与监督相结合，把二者的利益很好地结合起来。

（三）授权和监督相结合的原则①

授权，就是指未来特别行政区享有的高度自治权是由全国人大授予的。因此，中央人民政府对特别行政区行使自治权的方式是有监督权的，这种监督权主要是确保特别行政区政府依据基本法行使自治权。当然，中央人民政府对特别行政区的监督也须依基本法行事。主要表现为：香港特别行政区立法机关享有立法权，但制定的法律须向全国人大常委会备案，如违反基本法或法定程序，全国人大常委会有权将之发回重议或撤销；香港特别行政区经全国人民代表大会授权享有行政管理权，但其行政长官及主要官员由中央人民政府任命，立法机关弹劾行政机关的弹劾案须报请中央人民政府决定，立法机关通过的财政预算、决算案须向

---

① 云冠平、钟业坤主编：《中华人民共和国香港特别行政区基本法概论》，暨南大学出版社1992年版，第159～160页。

中央人民政府备案；香港特别行政区经授权享有独立的司法权和终审权，但香港特别行政区终审法院的法官和高等法院的首席法官的任命或免职，得向全国人大常委会备案；全国人大常委会有解释基本法的权力，香港法院应用法律时，不能违反这些解释；同时，全国人大常委会授权香港特别行政区法院在审理案件时对基本法关于香港特别行政区自治范围内的条款自行解释。

在划分中央和香港特别行政区的权限范围时应坚持授权和监督的原则，也就是说，中央和香港特别行政区的权限划分并不是中央和地方的分权，并不是权力的"确切转移"，这一点已为香港的历史和现实情况所确定。首先，从香港以往的一些政治改革来看，第二次世界大战以后，香港政府曾经建议成立个大市议会，以承担一些市政事务，作为政制开放的第一步，当时的建议是由立法局通过法例，将有关市政的职权转移给一个以选举和委任产生的市议会。但英国提出质疑，认为"权力的转移"意即市议会成立后将全权拥有这些权力，立法局对这些事务再无任何权力，这种"确切的权力转移"或称"割裂性权力转移"即分权，只有通过修改《英皇制诰》或《皇室训令》这两份宪制性文件，才可以执行。由立法局立例指定市议会职权，也只能算是"授权"。其次，从香港未来的政制看，中国恢复对香港行使主权，成立香港特别行政区，同样也只能以"授权"的方式确定其地位。因为要确定香港特别行政区享有地方分权，享有和中央完全割裂的自治权，缺乏科学的法理基础。一方面，香港本身不是一个主权国，而中国也不是实行联邦制的国家，中央和地方的关系不是转让权力和地方分权的关系；另一方面，从分权的理论出发，势必要修改中华人民共和国宪法，只有宪法才能确定中央和香港的权力分割。可见，香港特别行政区的权力来源只能是依据中国现行宪法，由全国人民代表大会制定香港特别行政区基本法予以具体的授权，与此相适应，中央也就享有对香港特别行政区自治权的监督权。

在中央和香港特别行政区的权限问题上要坚持授权和监督的原则，还必须注意正确处理授权和监督的关系。一方面，香港特别行政区享有的高度自治权是由中央授予的，中央应保障香港高度自治权的实现，不能随意变更，不能随意干预香港特别行政区政府依法管理地方事务的自治权；另一方面，香港特别行政区应在维护国家主权的基础上行使自治权，接受中央的监督和领导。

（四）法治原则

无论是中央行使主权，还是特别行政区行使自治权，都必须坚持法治原则，依法办事，一切以国家法律尤其是以基本法的规定为根据，而不能超越法律的规定。这是因为我们要保持中央与特别行政区关系的稳定性、连续性，这就要求在处理二者关系时必须严格坚持法治原则，使二者的关系法律化、制度化，一切有法可依、有法必依。正如前文所分析的，以前中国不太习惯把中央与地方的关系法律化，往往根据长官意志而经常随意变化。在处理中央与特别行政区关系时，我们不可以采取这种方法，而必须严格遵循法治的原则。"法治"一词有三种含义：

一是指静态意义上的法律制度，即必须以宪法和基本法的法律规定为依据，严格按照法律所授予的权力来确定特别行政区自治权的范围，在法律规定的范围内，中央不干预特别行政区的自治权。也有学者把这点归纳为法制原则，法制原则[①]是指在处理涉及中央与香港特

---

① 肖蔚云主编：《一国两制与香港基本法律制度》，北京大学出版社1990年版，第136页。

别行政区之间的关系时，应当依法办事。参与的主体也应遵循法律的规定，法律没有规定的主体不能参与中央与香港特别行政区之间关系事项的处理。对此，《香港基本法》作了明确的规定：“中央人民政府所属各部门，各省、自治区、直辖市均不得干预香港特别行政区根据本法自行管理的事务。”“中央各部门，各省、自治区、直辖市如需在香港特别行政区设立机构，须征得香港特别行政区政府同意并经中央人民政府批准。”在中央，根据香港基本法的规定，处理中央与香港特别行政区关系的法定机关是全国人民代表大会及其常务委员会和国务院。全国人民代表大会及其常务委员会主要是通过制定、修改香港特别行政区基本法以及建立香港特别行政区第一届政府和立法会等问题处理香港事务。全国人大常委会通过解释《香港基本法》、全国性法律适用等问题处理香港事务。全国人大及其常委会作为最高国家权力机关参与香港事务的处理是中华人民共和国在香港恢复行使主权的体现。香港特别行政区直辖于中央人民政府。国务院作为中央人民政府和最高国家行政机关，则通过任命行政长官、主要官员及其他法定职权，处理香港事务，也同样体现了恢复行使主权的作用。那么，最高人民法院、最高人民检察院是否也作为参与处理中央与香港特别行政区关系的法定主体呢？我们的回答是否定的。因为，根据《香港基本法》的规定，香港特别行政区享有司法权和终审权，并且香港特别行政区基本法的解释权属全国人大常委会。因此，最高人民法院作为最高审判机关，最高人民检察院作为最高法律监督机关，其司法权限并不能及于香港特别行政区。

二是指动态意义的法律活动，从立法、执法、司法，以及法律监督和法律解释，这一系列活动都要遵循法治的原则和法治的精神，在基本法规定不清晰的时候，对其解释也应遵循法治的原则。

三是依法办事的原则，即有法可依、有法必依、执法必严、违法必究的原则，这一原则是新中国成立以来成功经验的总结，也是进一步加强法制建设的中心环节。对于法治原则，不仅中央在处理与特别行政区的关系时要遵循，特别行政区在依法行使自治权时也要遵循，依照基本法的规定协调运作，行使各项职权。

在处理中央与香港特别行政区之间的关系时应遵循法治原则，是因为中央与香港特别行政区的关系在本质上属于依法行使职权的法律关系，为了确保法律调整的有效性，就必须明确法律关系的主体。还因为中央与香港特别行政区之间的关系直接涉及国家统一与香港高度自治权问题，涉及“一国两制”方针和《香港基本法》的贯彻实施问题，处理这些关系必须十分慎重。要依法进行，才能保证处理好中央与香港特别行政区的关系。

王振民提出法治原则的四项主要要求①：

第一，要严格依照《基本法》办事。特别行政区《基本法》是根据《宪法》第三十一条和“一国两制”的方针政策由全国人民代表大会制定的全国性基本法律，是“一国两制”的法律化，是特别行政区的“根本法”，它规定了特别行政区的性质、法律地位、中央与特别行政区的关系，特别行政区居民的基本权利和义务，特别行政区的政治体制、经济体制和教育、科学、文化、宗教等的社会制度、对外事务等，是处理中央与特别行政区关系的基本准则，必须严格加以遵守和执行。在处理中央与特别行政区关系时，对于《基本法》有明文规定的，必须依照《基本法》的规定办事；如果将来出现《基本法》没有明文规定或者

① 王振民：《中央与特别行政区关系——一种法治结构的解析》，清华大学出版社2002年版，第120～122页。

在实际执行过程中发现《基本法》规定得不够明确的事项，也要根据"一国两制"和《基本法》的原则精神去处理，并尽快制定成单行法律，在法律制定出来后要严格依法办事。总之，法治原则的首要要求就是，要尽可能把中央与特别行政区的各种关系、中央与特别行政区的权力划分法律化、制度化，由国家最高权力机关制定成法律，并赋予这些法律极高的权威，不会因人而变，从而使其获得稳定性、连续性。《基本法》是其中最重要的法律，因而首先必须严格遵守执行特别行政区《基本法》。

第二，中央对特别行政区行使的权力要严格限制在法律规定的范围内，即限制在维护国家主权和统一所必需的范围之内。而特别行政区要大胆行使《基本法》所赋予自己的一切权力。尽管在中国单一制体制下，特别行政区的权力是由中央授予的，但是这并不意味着中央可以随便撤销这种权力的授予，因为这种授予是有充分法律保障的，中央和特别行政区都要严格依法办事。

第三，有关中央与特别行政区关系的法律，包括特别行政区《基本法》，其修改程序要十分严格，不可以随便修改。在宪法上，增加一部法律的修改难度，使其修改程序复杂化，就是为了增加这部法律的刚性，使其稳定并具有极大的权威，也可以说是为了增加法律的"威吓"力度，不被后来者小视。如果法律是可以随便修改的，那么法律本身也就失去了其固有的性质。正因为如此，特别行政区《基本法》才为自己规定了严格的修改程序。如《香港基本法》第一百五十九条规定："本法的修改权属于全国人民代表大会。本法的修改提案权属于全国人民代表大会常务委员会、国务院和香港特别行政区。香港特别行政区的修改议案，须经香港特别行政区的全国人民代表大会代表三分之二多数、香港特别行政区立法会全体议员三分之二多数和香港特别行政区行政长官同意后，交由香港特别行政区出席全国人民代表大会的代表团向全国人民代表大会提出。本法的修改议案在列入全国人民代表大会的议程前，先由香港特别行政区基本法委员会研究并提出意见。"

不仅《基本法》的修改提案权十分严格，而且由于《基本法》属于《宪法》规定的"基本法律"，所以其审议通过程序也十分严格，即必须由全国人大审议，全国人大常委会和其他一切机关均无权修改《基本法》。而且修改提案要先由全国人大常委会所属的特别行政区基本法委员会研究，然后才可列入全国人大的议程。列入议程后，还要由全国人民代表大会充分讨论，并由其全体代表的过半数通过，才可以修改《基本法》。

即便这样，也不是说《基本法》的内容可以随便修改。《香港基本法》第一百五十九条最后一款规定："本法的任何修改，均不得同中华人民共和国对香港既定的基本方针政策相抵触。"这就是《基本法》自己规定的禁止修改的条款，也就是说，对《基本法》的任何修改均不得违背《基本法》的原则精神。那么什么是《基本法》的原则精神呢？就是"一国两制"、"港人治港"、"澳人治澳"、"高度自治"，也就是说无论将来如何修改《基本法》，这些基本的原则、灵魂不能改，否则任何修改都将是无效的。

为了更进一步增加特别行政区《基本法》的权威性，在未来确有必要修改《基本法》时，应该采用修正案的形式，而不是"伤筋动骨"地采用"颠覆性"全面修改的形式。这样就能确保《基本法》的原则精神不被修改，其灵魂精髓可以永远保存，而且保证修正案不会违背《基本法》确立的基本原则，从而使《基本法》具有很强的稳定性和连续性。

第四，对于全国性法律，除了涉及国家统一和领土主权完整的之外，均不在特别行政区实施。这是"一国两制"的要求。内地刑事的、民事的、行政的、经济的，包括国家政治体制的法律法规都是社会主义性质的，根据"一国两制"的要求，不在实行资本主义的特别行政区实施。而且，香港特别行政区仍属于英美普通法系，法律语言主要是英文，而中国内地原来是大陆法系，现在虽属于社会主义法系，但是保留了大陆法系的基本特征，所以也不可能把内地的法律推行到香港。

即使涉及国家主权、统一和领土完整的全国性法律需要在特别行政区实施，也要采用明文列举的方式，不可以只笼统地规定这类法律推行于特别行政区，以免在实际中造成不必要的麻烦。《基本法》的附件三明确列举了在特别行政区实施的全国性法律共六件（这六件法律是《关于中华人民共和国国都、纪年、国歌、国旗的决议》，《关于中华人民共和国国庆日的决议》，《中央人民政府公布中华人民共和国国徽的命令》附国徽图案、说明、使用办法，《中华人民共和国政府关于领海的声明》，《中华人民共和国国籍法》，《中华人民共和国外交特权与豁免条例》）。至于在特别行政区的实施方式，《香港基本法》第十八条也规定"由香港特别行政区在当地公布或立法实施"，而不是由中央直接公布，以表示对特别行政区高度自治权的尊重。

如果需要增加附件三所列的施行于特别行政区的全国性法律，也必须"限于有关国防、外交和其他按本法规定不属于香港特别行政区自治范围的法律"（《香港基本法》第十八条第三款），而且要先由全国人大常委会征询其所属的特别行政区基本法委员会和特别行政区政府的意见，不可以随意增加。由于从1990年《香港基本法》通过到1997年香港回归这七年时间，国家最高立法机关又制定了一些涉及国家主权、国防和外交的法律，因此，1997年7月1日第八届全国人民代表大会常务委员会第二十六次会议通过决定，增加《香港基本法》附件三所列的全国性法律，这次共增加了五件新的全国性法律，即《中华人民共和国国旗法》、《中华人民共和国领事特权与豁免条例》、《中华人民共和国国徽法》、《中华人民共和国领海及毗连区法》和《中华人民共和国香港特别行政区驻军法》。同时由于《中华人民共和国国徽法》的通过，《中央人民政府公布中华人民共和国国徽的命令》及其附件"国徽图案、说明、使用办法"也就不再实施。1998年6月26日全国人大常委会通过《中华人民共和国专属经济区和大陆架法》，显然这也是涉及国家领土、防卫、外交和主权的全国性法律，因此1998年11月4日全国人大常委会决定这部法律也适用于香港特别行政区。可见，这些新增加的全国性法律也全部是关于国家主权、国防和外交的，不会对香港特别行政区的法治构成任何威胁或者影响。

《香港基本法》第十八条还规定，当全国人民代表大会常务委员会决定宣布战争状态或因香港特别行政区内发生香港特别行政区政府不能控制的危及国家统一或安全的动乱而决定香港特别行政区进入紧急状态时，中央人民政府可发布命令将有关全国性法律在香港特别行政区内实施。这是维护国家统一和领土主权完整所必需的，是在非常状态下采取的非常措施。当然，即使在这两种情况下，施行于特别行政区的法律也只能是"有关的"，而不是所有的，而且当战争状态或紧急状态结束时，特别行政区的法律秩序应恢复到原来的状态。

最后一个涉及法治原则的问题是，中华人民共和国宪法是否适用于特别行政区。这个问题已经在前面第三章关于香港基本法与我国宪法的关系这一节论述过，这里不再赘述。

此外，还有学者提出发挥特别行政区地方主动性、积极性的原则，原则性和灵活性相结合的原则，分权与制衡相结合的原则等等。①

我们认为，处理中央与特别行政区的关系应该遵循的最基本原则是前文介绍的三个，它们是相辅相成、不可或缺的。"一国两制"原则是根本前提和基础，维护国家统一与领土主权完整及维护特别行政区的繁荣稳定，尊重特别行政区的高度自治权，不在特别行政区实行社会主义，二者不可偏废，必须有机地统一在一起。而处理所有此类问题又都必须严格依法办事，遵循法治的要求。

第三节　中央代表国家对特别行政区行使主权

依据国家学说和法学理论，在单一制国家中，国家主权只能由中央政府代表国家行使，地方政府不能行使这种权力，这一理论也同样适用于"一国两制"下的中国。中央代表国家对香港特别行政区行使主权，包括以下内容：

一、中央负责管理与特别行政区有关的外交事务

外交是主权国家为实现其对外政策而由获得授权的机关和人员进行的活动，外交事务是国家为了促进国际的交往和合作、解决国际的纠纷需要从事或处理的事务，具体而言，外交事务包括国家领导人的互访，外交谈判、交涉，缔结条约或协议、协定，参加国际组织和国际会议等。外交的性质和特点决定了它是主权国家的行为，从事外交活动的主体，必须是主权国家。在通常情况下，国家元首、政府首脑、外交代表机构及外交人员，是法定的从事外交活动的机关或人员。

在英国统治期间，香港所有的对外事务均由英国政府负责，英国外交部向香港派驻官员，担任香港总督的政治顾问，负责处理与香港有关的外交事务。政治顾问负责协调处理外国驻香港代表与香港政府的关系，特别是协助香港总督处理与中国的关系。所以，在英国管制下，港英政府并没有外交权，与香港有关的外交事务均由英国政府全权处理。中国恢复对香港行使主权后，香港基本法规定由中央人民政府负责管理有关的外交事务，这与我国作为主权国家的地位是相称的，也符合香港回归中国，特别行政区作为我国的地方行政区域的地位。

根据我国《宪法》及相关法律，外交部是中央人民政府设立的处理外交事务的政府机关。因此，与香港特别行政区有关的外交事务，就应当由中华人民共和国外交部全权处理。为了方便外交部处理与香港特别行政区有关的外交事务，中华人民共和国外交部将在香港特别行政区设立机构，代表中央人民政府处理与香港有关的外交事务，这一机构被称为"中华人民共和国外交部驻香港特派员公署"。其职责主要有：①处理由中央人民政府负责管理的与香港特别行政区有关的外交事务。②协助香港特别行政区政府依照基本法或经授权自行处理有关对外事务，办理中央人民政府和外交部交办的其他事务。③协调处理香港特别行政区参加有关国际组织和国际会议事宜，协调处理国际组织和机构在香港特别行政区设立办事

---

① 参见宋小庄：《论"一国两制"下中央和香港特区的关系》，中国人民大学出版社 2003 年版。

机构问题，协调处理在香港特别行政区举办政府间国际会议事宜。④处理有关国际公约在香港特别行政区的适用问题，协助办理须由中央人民政府授权香港特别行政区与外国谈判缔结的双边协定的有关事宜。⑤协调处理外国在香港特别行政区设立领事机构或其他官方、半官方机构的有关事宜。⑥承办外国国家航空器和外国军舰访问香港特别行政区等有关事宜。

由外交部派驻香港的代表机构全权处理与香港特别行政区有关的外交事务，这是行使国家主权的行为。为了有利于外交部驻香港、澳门代表机构处理有关的外交事务，香港与澳门特别行政区政府应为中央派出的外交代表机构的工作提供协助、支持和配合。

（一）外交职能与外交事务的专属性①

主权国家为了推行其对外政策，无不坚忍不拔地进行外交活动。《宪法》序言指出："中国坚持独立自主的对外政策，坚持互相尊重主权和领土完整、互不侵犯、互不干涉内政、平等互利、和平共处的五项原则，发展同各国的外交关系和经济、文化的交流；坚持反对帝国主义、霸权主义、殖民主义，加强同世界各国人民的团结，支持被压迫民族和发展中国家争取和维护民族独立、发展民族经济的正义斗争，为维护世界和平和促进人类进步事业而努力。"

国家对外交往的机构具有专属性。根据宪法的有关规定，对外交往的机构分为国内的外交机构和派出国外的外交机构两类。国家派出国外的外交机构为驻外使节。国内处理外交事务的机构除国务院所属外交部外，还有全国人大、全国人大常委会、国家主席和国务院等国家机构。《宪法》第六十二条第十四项规定，全国人大有权决定战争和和平问题；第六十七条第十四项和第十八项规定，全国人大常委会有权决定同外国缔结的条约和重要协定的批准和废除；在全国人大闭会期间，如遇国家遭受武装侵犯或必须履行国际共同防止侵略的条约的情况，它有权决定战争状态的宣布。

（二）经中央许可或批准特别行政区参与的外交事务

1. 军用船只入境

为了行使对领海的主权和对毗连区的管制权，《领海及毗连区法》第六条第二款规定："外国军用船舶进入中华人民共和国领域，须经中华人民共和国政府批准。"《香港基本法》第一百二十六条也规定："除外国军用船只进入香港特别行政区须经中央人民政府特别许可外，其他船舶可根据香港特别行政区法律进出其港口。"因此，外国军用船只入境包括进入香港特别行政区水域必须得到中央政府许可。

2. 外国航空器入境

为了行使对领空的主权，《领海及毗连区法》第十二条规定："外国航空器只有根据该国政府与中华人民共和国政府签订的协定、协议，或者经中华人民共和国政府或者其授权的机关批准或者接受，方可进入中华人民共和国领海上空。"《香港基本法》第一百二十九条第二款也规定："外国国家航空器进入香港特别行政区须经中央人民政府特别许可。"1964年12月7日《国际民用航空公约》第三条第二项指出："用于军事、海关和警察部门的航空器，应认为国家航空器。"第三项又要求："一缔约国的国家航空器，未经特别协定或其他方式的许可并遵照其中的规定，不得在另一缔约国领土上空飞行或在此领土上降落。"外国航空器不仅限于军用航空器，还包括海关和警察部门所使用的航空器，外国航空器的含义

---

① 宋小庄：《论"一国两制"下中央和香港特区的关系》，中国人民大学出版社2003年版，第157～160页。

比军用船只的含义广泛。外国航空器入境包括进入香港特别行政区空域，同样也必须得到中央政府许可。

3. 外国领事馆的设立

《维也纳领事关系公约》第四条第一项规定："领馆须经接受国同意，始得在该国境内设立。"《香港基本法》第一百五十七条作出原则性规定："外国在香港特别行政区设立领事机构或其他官方、半官方机构，须经中央人民政府批准。"不论是新设立的还是保留原已设立的民间机构以外的领事机构、官方机构或半官方机构，原则上均须经中央人民政府批准。但中央政府是否作出批准，《香港基本法》第一百五十七条第二至第四款分三种情况加以考虑：

（1）"已同中华人民共和国建立正式外交关系的国家在香港设立的领事机构和其他官方机构，可予保留。"建立正式外交关系表示已建立正常的国家关系，中央政府必然批准有关国家保留原在香港设立的领事机构和其他官方机构。

（2）"尚未同中华人民共和国建立正式外交关系的国家在香港设立的领事机构和其他官方机构，可根据情况允许保留或改为半官方机构。"这是指已为中国承认但未建立正式外交关系的国家。对此类国家分两种情况处理：保留原机构，但要由中央政府根据情况决定；改为半官方机构，通常要得到中央政府认可。

（3）"尚未为中华人民共和国承认的国家，只能在香港特别行政区设立民间机构。"未被中国承认的国家指该国在法律上并不存在，所以只能设立民间机构，而不能设立官方或半官方的机构。

据1997年7月1日国务院总理李鹏在庆祝香港回归招待会上的讲话表示，中国已同94个国家就保留驻港领事机构达成协议。①

4. 香港特别行政区参与的外交谈判

国际法承认国家是外交谈判的主体。作为地方的国家机构，香港特别行政区政府不能单独与外国进行谈判。此类谈判由中央政府进行。对同香港特别行政区直接有关的外交谈判，《香港基本法》第一百五十条允许香港特别行政区政府委派代表，作为中国政府代表团的成员参加外交谈判。该谈判要由中国政府代表团主导，香港特别行政区政府代表不论是否具有中国公民身份，均要采取与该代表团一致的立场。但对于香港特别行政区政府代表反映或维护香港特别行政区利益的观点，中国政府代表团须予以尊重和考虑。

（三）国际组织、国际会议与国际协议的适用问题

现代国际组织的重要性已为世界各国所认识。1975年3月14日维也纳关于国家在其对国际组织关系上的代表公约序文清楚表示："多边外交在国与国之间的关系上，在联合国、它的专门机构和国际社会内其他普遍性的国际组织所负的责任上，起着越来越大的作用。"任何国际组织明文规定只有国家才能成为其会员。对此类国际组织以及香港基本法未作明示、中央政府也没有授权香港特别行政区参加的国际组织，香港特别行政区无权参加。

现代国际组织名目繁多，成千上万。按组成范围与活动宗旨划分，国际组织的分类标准有：①政府间与非政府间。②普遍性与开放性。③一般性与职能性（或专门性）。④咨询性

---

①   参见香港《文汇报》、《大公报》、《商报》等报章，1997年7月2日。

与技术性。⑤政府间组织与超国家组织。① 香港基本法如按上述分类处理香港特别行政区与国际组织的关系，势必相当烦琐。国际会议的情况也是如此。考虑到现实情况，基本法将中央政府主导下香港特别行政区参与的国际组织、国际会议与国际协议等复杂情况归纳为六种②：

（1）对以国家为单位参加的、同香港特别行政区有关的适当领域的国际组织和国际会议，《香港基本法》第一百五十二条第一款明文规定，香港特别行政区政府可派遣代表作为中华人民共和国代表团的成员或以中央人民政府和上述有关国际组织或国际会议允许的身份参加，并以"中国香港"的名义发表意见。所谓与香港特别行政区有关是指事涉香港特别行政区利益，所谓适当领域是指经济、贸易、金融、航运、通讯、旅游、文化、体育等非政治领域，所谓以"中国香港"的名义发表意见是说可采取与中国代表团不完全相同的立场。此与香港特别行政区政府委派代表作为中国代表团的成员参加同香港特别行政区直接有关的外交谈判，情况有所不同。香港特别行政区既可以"中国香港"的名义发表意见，也可在不损害国家主权的前提下表达独立的、与中国代表团不完全相同的意见。

（2）对不以国家为单位参加的国际组织和国际会议，此属香港特别行政区自治范围内的事务，《香港基本法》第一百五十二条第二款完全允许香港特别行政区以"中国香港"的名义参加。

（3）对中国已参加而香港也以某种形式参加的国际组织，《香港基本法》第一百五十二条第三款明确表示，中央人民政府将采取必要措施使香港特别行政区以适当形式继续保持在这些组织中的地位。本款指的不是以国家为单位的国际组织，由于中国已参加该国际组织，中央政府将使香港特别行政区以"中国香港"的适当形式保持在该组织中的地位，以利于香港继续保持与该组织的经贸往来和科技文化等方面的交流。

（4）对中华人民共和国尚未参加而香港已以某种形式参加的国际组织，《香港基本法》第一百五十二条第四款亦明确表示，中央人民政府将根据需要使香港特别行政区以适当形式继续参加这些组织。由于当时英国让香港参加未必完全符合香港的利益，香港特别行政区对此应有所取舍。所谓根据需要，应以是否有利于香港特别行政区在经济、贸易、金融、航运、旅游、文化、体育等领域的发展为标准。对香港特别行政区有利时，香港特别行政区应积极向中央政府提出看法，要求继续参加；否则可不参加。中央政府可在听取香港特别行政区的意见后作通盘的考虑。

（5）对中国缔结的国际协议是否适用于香港特别行政区，《香港基本法》第一百五十三条第一款明文要求，中央人民政府可根据香港特别行政区的情况和需要，在征询香港特别行政区政府的意见后才作出决定。该等协议因涉及国防、外交和其他不属于香港特别行政区自治范围的事务，其适用权在于中央政府，而不在香港特别行政区。对中国尚未参加但已适用于香港的国际协议，为了避免该协议的中断，本条第二款认为可继续适用，使在香港原有法律下有效的文件、证件、契约和权利义务，在不抵触基本法的前提下继续有效。对其他国际协议，本条第二款要求中央政府根据需要授权或协助香港特别行政区作出安排，使之适用。该等协议如涉及香港特别行政区自治范围内的事务，虽仍要由中央人民政府授权或协助，但

① 参见饶戈平主编：《国际组织法》，北京大学出版社1996年版，第51~52页。
② 宋小庄：《论"一国两制"下中央和香港特区的关系》，中国人民大学出版社2003年版，第160~162页。

香港特别行政区需要承担相应的责任。

（6）对涉及中国其他地区同其他国家和地区的往返并经停香港特别行政区的航班，对涉及香港特别行政区同其他国家和地区的往返并经停中国其他地区的航班等两类航班，由于事关国家的整体利益以及领空等问题，《香港基本法》第一百三十二条第一款不能不强调，有关的民用航空运输协定由中央人民政府签订。但第二、第三款则要求中央政府考虑香港特别行政区的特殊情况和经济利益，并同香港特别行政区政府磋商；在中央政府同外国政府商谈时，香港特别行政区政府代表可作为中国政府代表团成员参加，兼顾国家利益和香港特别行政区的利益。

二、中央负责管理特别行政区的防务

"防务"是指与防止外敌入侵，维护国家主权和疆土完整有关的事务。一国使用武力或以武力相威胁，以及任何其他违反国际法的方法，侵犯他国主权、领土完整和政治独立，干涉他国内政的行为，就是一国对他国的侵略。为了防止外国的侵略、维护本国的主权，主权国家必须享有防务的权力。所以，防务的权力是主权国家维护其独立、主权和领土完整的一项重要权力。

由于"防务"属于主权范围内的事务，作为我国管辖下的地方行政区域，香港特别行政区的防务就只能由中央人民政府负责。这是中央人民政府直接在特别行政区行使的一项重要权力，也是中央对特别行政区管辖的体现。所以，《香港基本法》第十四条规定，中央人民政府负责管理香港特别行政区的防务。我国全部领域的防务都是由中央统一管理，香港特别行政区作为我国领土的一部分也不例外。一般说的防务包括对外防务和对内防务。但是，《香港基本法》第十四条第一款规定的防务仅指对外防务，香港特别行政区的内部社会治安不包括在内。依照《香港基本法》第十四条第二款的规定，香港特别行政区的内部社会治安由香港特别行政区政府负责维持。

香港位于珠江入海口，是我国南疆的门户，历来是我国的海防要地。明清两代在九龙设有巡检司，驻兵防守。英国占领香港后，一直派有英国军队，包括海陆空三个军种，驻扎在香港岛及其他地区。1997年香港回归中国后，中央派解放军进驻香港，负责那里的防务。为了贯彻"一国两制"的方针，《香港基本法》第十四条第三款特地规定："中央人民政府派驻香港特别行政区负责防务的军队不干预香港特别行政区的地方事务。"这是保证香港特别行政区的高度自治权不受干预的有力措施。但是考虑到香港特别行政区政府在某些情况下有可能需要驻军的帮助，同款又规定："香港特别行政区政府在必要时，可向中央人民政府请求驻军协助维持社会治安和救助灾害。"从这条规定可以看出，驻军只有在下述情况下才可出动[1]：①确有出动的必要，即香港特别行政区政府自身的力量不足以应对社会治安上出现的问题或发生的灾害；②由香港特别行政区政府向中央人民政府提出请求并经后者批准。条文规定驻军出动的任务是协助维持社会治安和救助灾害，可见驻军处于协助的地位，仍以香港特别行政区政府为主。

驻军有个遵守什么法律的问题。作为国家的军队，它当然要遵守全国性法律，特别是国

① 王叔文主编：《香港特别行政区基本法导论》，中共中央党校出版社1990年版，第95～97页。

家专门为军队制定的全国性法律。但是，作为驻守在香港特别行政区的军队，它也要遵守当地的法律。在全国性法律的规定与香港特别行政区法律不矛盾的情况下，同时遵守两种法律没有问题。但如果二者的规定不一致，就会产生一个以何者为准的问题。另一个受人们关注的问题是，驻军人员犯了罪，由什么机构依照何种法律处理。由于军人有其特殊身份，世界各国对军人犯罪案件，往往作特殊处理，专门制定有关军人法律责任的法律。香港的英国驻军即有此种法律，它区分三种情况作不同的处理。第一种是军人之间的犯罪案件，如果军人是在执行职务时犯罪，或犯的是侵犯人身罪而受害者也是军人，或犯的是侵犯财产罪而财产属于英国政府或驻军所有，此类案件由驻军自己的司法机构处理，不交香港法院。第二种是军人对平民的犯罪案件，除军人是在执行职务时犯罪的情况外，一般交由香港法院审理。第三种是平民对军人的犯罪案件，均由香港法院审理。① 由于军人犯罪的情况比较复杂，处理的办法也多种多样，不可能在基本法中具体加以规定，所以《香港基本法》第十四条第四款只作了一项总的规定："驻军人员除须遵守全国性的法律外，还须遵守香港特别行政区的法律。"至于驻军人员犯罪案件由什么法院依照什么法律处理的问题，只有由中央今后根据基本法此项规定的精神，参照世界各国的通例和香港的惯例，另行制定单行法解决。

　　《香港基本法》第十四条第五款规定："驻军费用由中央人民政府负担。"英国派驻香港的军队，在 20 世纪 50 年代以前，一直由英国负担其费用。从 50 年代起，英国由于财政困难，开始将部分费用转嫁于香港。此后香港负担的军费数年一增，所占比重日益加大。50年代初为每年支付 100 万英镑，1958 年增至每年支付 150 万英镑，1964 年又增至 250 万英镑，1971 年更增至 4 000 万英镑。从 1981 年起，香港承担全部费用的 75%，英国反而仅负担全部费用的 25%。1985—1986 年度，香港政府的防务支出多达 16.031 亿港元。② 基本法的上述规定，完全免除了香港特别行政区在防务方面的财政负担，对香港特别行政区自然是十分有利的。

　　香港是中国的领土。1997 年回归祖国后，中央派军队进驻香港，这是国家防务的需要，同时也是为了体现国家主权，对此不应有任何怀疑，解放军进驻香港，目的是巩固国家的海防，保护人民免受外部敌对势力的侵害。但是在香港有些人对这一点缺乏认识，在驻军问题上提出一些不正确的主张。有人反对中央在香港驻军。有人说，如果一定要在香港驻军，只可象征性地派驻少量部队，而且不要驻在香港市区，最好是驻在偏远地区与市民不接触的地方。应当指出，这些意见都是企图限制国家对香港特别行政区行使主权，同基本法的规定是不相符的。驻军问题早在中英就香港问题进行谈判时就已得到解决，《中英联合声明》对驻军已有规定，反对驻军实际上是企图修改联合声明，这当然是不能容许的。至于派驻多少军队，驻在什么地方，对驻军如何管理等，这些事情属于中央人民政府负责管理的防务范围，应由中央来定，中央自会根据防务的需要，同时考虑香港特别行政区的实际情况，作出适当的决定。

---

　　① 参见香港特别行政区基本法咨询委员会编：《中央与特别行政区在国防与外交的协调、国防、外交、外事、驻军最后报告》，第 4 页。

　　② 数据来源于焦洪昌主编：《港澳基本法》，北京大学出版社 2007 年版，第 72 页。

三、人事任免权

人事任免权是指中央有关机关依照香港基本法的规定，任免香港特别行政区的负责官员。《香港基本法》第十五条规定："中央人民政府依照本法第四章的规定任命香港特别行政区行政长官和行政机关的主要官员。"

中央对香港特别行政区行使人事任免权，是由中央政府的法律地位决定的。按照《香港基本法》的规定，香港特别行政区直辖于中央人民政府，因此，中央对特别行政区有管辖权，特别行政区行政长官就须依法对中央人民政府负责。此外，行政长官、主要官员的任免，虽不属于外交、防务的范围，但属于主权范围内的事务。

（一）任免权的范围

依照《香港基本法》的规定，有权对香港特别行政区行使任免权的中央机关分别是中央人民政府及全国人民代表大会常务委员会。中央人民政府有权任免香港特别行政区的行政长官及政府或行政机关的主要官员，全国人民代表大会常务委员会有权任免香港特别行政区基本法委员会的委员。

就行政长官及主要官员的任免来看，《香港基本法》第十五条只规定了由中央人民政府任命行政长官及主要官员，第四十八条第五款规定了"香港特别行政区行政长官行使下列职权：……（五）提名并报请中央人民政府任命下列主要官员：各司司长、副司长，各局局长，廉政专员，审计署署长，警务处处长，入境事务处处长，海关关长；建议中央人民政府免除上述官员职务"。建议中央人民政府免除主要官员职务，却没有规定行政长官的免职由谁决定。按照通常的宪制原则，任命或罢免重要官员的权力，通常都由国家元首、政府首脑或议会统一行使。谁有权任命官员，原则上也应有权罢免由其任命的官员。行政长官由中央人民政府任命，也应当由中央人民政府予以免职。香港特别行政区基本法没有规定行政长官的免职问题，完全是立法技术上的原因，并不能由此否定中央人民政府有权决定香港特别行政区行政长官的免职。

（二）人事任免权的性质①

中央人民政府在行使基本法范围内的任免权时，应当是依照基本法规定的程序和要求，根据基本法确定的条件和方式，决定对行政长官等有关人员的任免。这就表明中央人民政府的权力应当是实质性的权力，而不是如有些人所理解的那样仅是一种形式上的权力。

一种观点认为，香港是特别行政区，中央对其实行的政策是"一国两制"、"港人治港"，因此，行政长官的出任者应以当地居民的意愿为准；而行政机关主要官员的提名权属于行政长官，中央人民政府也应以行政长官的意愿为准，否则就是干涉了特别行政区高度自治权中属于行政长官的行政管理权。

这种观点是不正确的。基本法对行政长官及其行政机关的主要官员的资格和产生办法作了规定，中央人民政府在决定是否任命行政长官及其行政机关的主要官员时，首先就会审查候选人是否具备基本法规定的法定条件。其次，还要审查行政长官候选人是否按照基本法附件中的相关规定的办法而产生。第一届行政长官的产生，还需符合全国人民代表大会有关产

---

① 焦洪昌主编：《港澳基本法》，北京大学出版社2007年版，第75页。

生第一届政府、立法会和司法机关的决定。所以，中央人民政府在依法行使任免权时，所享有的权力是实质性的权力，也就是说，中央对于有关的候选人，有权决定是否予以任命。因此，中央有权予以任命，也有权不予任命。而且，香港特别行政区基本法并没有对如何行使任免权作限制性的规定。中央正是通过行使任免权，对香港特别行政区进行管辖。任命是一种事先审查和批准制度。中央政府和全国人大常委会对按法定程序产生的人选，在作出任命前，可以事先对被任命的对象进行了解、调查或考核，作为任命前的考量。

我们认为，任免是一种实质性的批准制度。所谓实质性，是相对于形式性而言的。既属实质性，就有作出任免和不作出任免两种可能性，才符合权力行使的原意。对经选举或协商产生的行政长官人选、被提名的主要法官、被联合提名的基本法委员会香港委员，中央政府或全国人大常委会可以作出任命，也可以不作出任命，还可以部分作出任命，部分不作出任命。香港特别行政区任何组织或个人均无权提出质询。

任免包含或默示着免职权。《香港基本法》第四十八条第五项就包含对主要官员的任命和免职。第四十五条虽然没有提到对行政长官的免职，但第七十三条第九项提到立法会以三分之二多数通过时，可提出对行政长官的弹劾案，报中央政府决定，由中央政府作出是否免职的决定。在法理上，任命权包含着免职权。香港特别行政区的情况则更为明确，《香港基本法》第五十二条具体规定了行政长官必须辞职的三种状况，如行政长官仍不愿意辞职，中央政府可以行使免除行政长官职务的权力，任命权包含了免职权，这是毫无疑义的。

（三）中央行使任免权的依据

中央对香港特别行政区行使任免权的依据是由中央和特别行政区所处的不同的法律地位决定的。按照香港基本法的规定，香港特别行政区直辖于中央人民政府，因此，中央对特别行政区有管辖权，特别行政区行政长官就须依法对中央人民政府负责。行政长官由中央人民政府任命，就能够使其向中央人民政府负责。此外，行政长官、主要官员的任免，虽不属于外交、防务的范围，但属于主权范围内的事务。由中央人民政府任免行政长官、主要官员等，就体现了中央人民政府对特别行政区的管辖。

总之，全国人民代表大会常务委员会及中央人民政府在行使基本法范围内的任免权时，除了须依照全国人民代表大会常务委员会及国务院的组织运作规则外，最重要的应当是依照基本法规定的程序和要求，根据基本法确定的条件和方式，决定对行政长官等有关人员的任免。

四、对特别行政区立法的审查权

全国人民代表大会及其常务委员会是我国的最高国家权力机关，拥有宪法规定的立法监督权和审查权。全国人民代表大会常务委员会对于上报备案的特别行政区立法机关制定的法律，也有权予以审查。

审查的标准是《香港基本法》的有关规定，第十七条第三款："全国人民代表大会常务委员会在征询其所属的香港特别行政区基本法委员会后，如认为香港特别行政区立法机关制定的任何法律不符合本法关于中央管理的事务及中央和香港特别行政区的关系的条款，可将有关法律发回，但不作修改。经全国人民代表大会常务委员会发回的法律立即失效。该法律的失效，除香港特别行政区的法律另有规定外，无溯及力。"

　　审查的范围和目的主要是审查特别行政区的有关法律在涉及主权范围内的事务时，是否违反基本法的规定和有关中央与特别行政区关系的规定。香港特别行政区的立法只要不涉及基本法中有关中央管理的事务，或中央与特别行政区关系的条款，所制定法律规定的都是高度自治权范围内的事务时，全国人民代表大会常务委员会即使发现上报备案的法律不符合基本法中高度自治权范围内的有关规定，也不会将其发回，完全由特别行政区立法机关自行处理。反之，如果违反了基本法和涉及中央与特别行政区关系的条款，全国人民代表大会常务委员会就有权依法采取相应的措施，一旦发回就立即失效。

　　审查后的处理办法是有权将不符合基本法规定的法律发回，但不作修改。任何法律，一经全国人民代表大会常务委员会发回就立即失效，这就意味着被发回的法律违反基本法的有关规定，原则上无溯及力。根据香港基本法的规定，全国人民代表大会常务委员会有权审查香港特别行政区立法机关制定的法律是否符合基本法的有关规定。全国人民代表大会及其常务委员会是我国的最高国家权力机关，拥有宪法规定的立法监督权和审查权。全国人民代表大会及其常务委员会监督香港特别行政区行使立法权，审查特别行政区制定的法律是否符合基本法的规定，体现了中央对香港特别行政区的管辖。

　　《香港基本法》第十七条第二款规定，香港特别行政区的立法机关制定的法律须报全国人民代表大会常务委员会备案。备案指的是香港特别行政区的立法机关须就其制定、通过的每一部法律，及时向全国人民代表大会常务委员会报告，并附上新制定的法律条文，以便全国人民代表大会常务委员会能及时了解香港特别行政区立法机关的立法情况，并留案备查。该条意在说明香港特别行政区的立法机关必须就其制定、通过的每一个法律，及时向全国人民代表大会常务委员会报告，并附上新制定的法律条文，以便全国人民代表大会常务委员会能及时了解香港特别行政区立法机关的立法情况，并留案备查。备案不是香港特别行政区法律生效的必经程序，它主要是把特别行政区的立法工作，置于中央的监督之下，使全国人民代表大会常务委员会顺利实现对特别行政区立法的审查权。

　　由此可以看出，全国人民代表大会审查上报备案的特别行政区立法机关制定的法律的依据是基本法，范围是基本法中有关中央管理的事务，以及中央和香港特别行政区关系的事项。由于全国人民代表大会授权特别行政区享有高度自治权及立法权，凡是高度自治权范围内的事务，都由特别行政区自行处理，对于这方面的立法，中央是不予审查的，全国人民代表大会常务委员会即使发现上报备案的法律不符合基本法中高度自治权范围内的有关规定，也不会将有关法律发回，而是完全由特别行政区立法机关自行处理。但当特别行政区制定的法律涉及主权问题，即在高度自治权范围之外时，中央必须审查。如果特别行政区的法律剥夺、限制中央按基本法规定应行使的权力，那这样的法律就违反了基本法的规定，全国人民代表大会常务委员会有权依法予以发回。

　　根据基本法的规定，全国人民代表大会常务委员会如认为特别行政区法律违反基本法中的相关条款，也只是将其"发回"，但不作修改，这实际上是将法律交由特别行政区自行修改和处理，是为了尊重和维护特别行政区的高度自治权。当然，全国人民代表大会常务委员会"发回"法律的效力仍是刚性的。基本法规定，任何法律，一经发回就立即失效。但法律的失效原则上无溯及力，除非香港特别行政区的法律另有规定，这仍然表明中央在最大程度上尊重特别行政区的高度自治权。为了表示对特别行政区高度自治权的尊重，基本法还规定全国人民代表大会常务委员会在决定发回上报的法律前，须征询其下属的特别行政区基本法委员会的意见。

五、重大事项的决定权

决定权是中央对香港特别行政区涉及主权范围内的事务作出决定，是中央对香港特别行政区行使的权力之一。依照香港基本法的规定，中央有权对香港特别行政区作出下列决定[①]：

（一）决定全国性法律在特别行政区实施

按照《香港基本法》第十八条规定，有一部分全国性法律在特别行政区实施，这主要是涉及国防、外交及其他主权范围有关的事务，就是列入基本法附件三中的全国性法律。

（二）决定特别行政区进入战争状态和紧急状态

《香港基本法》第十八条规定，全国人民代表大会常务委员会决定宣布战争状态或因香港特别行政区内发生香港特别行政区政府不能控制的危及国家统一或安全的动乱而决定香港特别行政区进入紧急状态时，中央人民政府可发布命令将有关全国性法律在香港特别行政区实施。

（三）决定特别行政区全国人大代表的选举事宜

《香港基本法》第二十一条规定，香港特别行政区居民中的中国公民依法参与国家事务的管理。根据全国人民代表大会确定的名额和代表产生办法，由香港特别行政区居民中的中国公民在香港选出香港特别行政区的全国人民代表大会代表，参加最高国家权力机关的工作。

为了做好在特别行政区选举产生全国人大代表的工作，全国人民代表大会有权决定香港特别行政区产生的全国人民代表大会代表的名额和选举产生办法。

（四）决定宣布香港原有法律是否同基本法相抵触

按照《香港基本法》附则的规定，全国人民代表大会常务委员会在审查原有法律的基础上，有权认定哪些法律符合基本法，哪些法律违反基本法。对于违反基本法的香港原有法律，全国人民代表大会常务委员会有权公开宣布其同基本法相抵触，一经宣布，其将不能予以保留，也不能成为香港特别行政区的法律。

（五）决定某些国际协议是否适用于特别行政区

按照《香港基本法》的规定，与香港特别行政区有关的外交事务，由中央人民政府负责管理。特别行政区在中央人民政府的授权或许可下，可以以适当的名义和方式，参加有关的国际组织，签订有关的国际协议。中华人民共和国缔结的国际协议能否适用于香港特别行政区，须由中央人民政府全权决定。中央人民政府会根据香港特别行政区的实际情况和需要，并在征询了特别行政区政府的意见后作出决定。

（六）决定内地公民定居特别行政区的人数

按照《香港基本法》第二十二条的规定，中国其他地区的人进入香港特别行政区须办理批准手续，其中进入香港特别行政区定居的人数由中央人民政府主管部门征求香港特别行政区政府的意见后确定。内地公民定居特别行政区的人数，指每年准予内地公民进入并定居香港的

---

① 参见杨静辉、李祥琴：《港澳基本法比较研究》，北京大学出版社1997年版，第138～143页。

总人数。内地公民的出入境事务，依法由内地公安机关管理。内地公民申请到香港特别行政区定居，自然也应由有管辖权的国家机关决定。由中央人民政府有关部门决定内地公民定居香港的人数，体现了国家对其公民的管理，也是现行的通常做法。

六、批准权

批准权是中央对香港特别行政区行使的又一项权力，即与香港特别行政区有关的并涉及外交、防务或国家主权范围内的事务，能否施行，须经中央人民政府同意或允许。它是从中央政府与特别行政区有关的外交、防务等国家主权事务中延伸出来的权力，所以也是主权性的权力。具体包括以下内容：

（一）批准外国在特别行政区设立领事机构

《香港基本法》第一百五十七条规定，外国在香港特别行政区设立领事机构或其他官方、半官方机构，须经中央人民政府批准。"领事"是指一国根据协议派驻另一国特定地点执行某些官方职务的政府代表。"领事机构"是领事代表机关的总称，包括总领事馆、领事馆、副领事馆。领事制度是国家关系和国与国之间交往的一项重要制度。在香港特别行政区设立领事机构或其他官方或半官方的机构，属于外交方面的事务，处理此等事务的权限，应归中央人民政府。因此，外国在特别行政区设立领事机构等必须得到中央人民政府的批准。

（二）批准外国军用船只进入特别行政区

《香港基本法》第一百二十九条第二款规定，外国国家航空器进入香港特别行政区须经中央人民政府特别许可。外国军用船只和外国国家航空器进入香港地区，既涉及外交，又事关国防，所以该类事项必须由中央人民政府批准。所谓"外国国家航空器"是指外国政府用于军事、警察、海关等部门的航空器，包括外国国家元首、政府首脑使用的专机等。所谓"特别许可"就是由中央人民政府同意和批准，不过其要求更严格，即分别就个案进行特别批准和同意。

（三）批准各省市在特别行政区设立机构

《香港基本法》第二十二条第二款规定，中央各部门，各省、自治区、直辖市如需在香港特别行政区设立机构，须征得香港特别行政区政府同意并经中央人民政府批准。中央各部门，各省、自治区、直辖市都由中央人民政府管辖，这些部门或地方如需在特别行政区设立官方办事机构，批准决定权应由中央人民政府掌握，因为这是属于主权范围内的事务。

（四）批准行政长官选举办法的变更

《香港基本法》附件一规定，在法定时间内如需改变行政长官的产生办法，须经立法会全体议员三分之二多数通过，行政长官同意，并报全国人民代表大会常务委员会批准。2007年以后各任行政长官的产生办法如需修改，须报全国人大常委会批准。

七、备案权

备案权是指根据基本法的规定，特别行政区在做出某些行为后，要向中央政府相关部门告知，对这些事项中央政府有权知悉其具体情况，以作为中央政府下一步行动的基础。备案是一种事后审查和监督制度。备案一般不影响该备案人士或事项的法律效力，但备案也有给予备案或不予备案两种情况。终审法院首席法官和高等法院首席法官应由在外国无居留权的香港永久性居民中的中国公民担任，如不符合该资格，全国人大常务委员会可不予备案。具体而言，备案权主要体现在以下几个方面：

(一) 中央国家机构的备案权

1. 主要法官的任免报全国人大常务委员会备案

《中英联合声明》附件一第三节要求，主要法官（即最高一级法官）的任命和免职，还须由行政长官征得香港特别行政区立法机关的同意并报全国人大常务委员会备案。《香港基本法》第九十条已将上述主要法官具体规定为香港特别行政区终审法院的法官和高等法院的首席法官，其任命或免职要由行政长官征得立法会同意，报全国人大常务委员会备案。对最主要的法官即终审法院的首席法官和高等法院的首席法官两位法官，还要求由在外国无居留权的香港永久性居民中的中国公民担任，以体现"港人治港"。目前终审法院有常任法官4位，只有首席法官具有中国公民身份，非常任法官名单中绝大多数法官也具有外国国籍。一旦终审法院首席法官缺勤，可能出现5位终审庭法官都是外国人审理案件的情况，不符合"港人治港"的原则。

2. 香港特别行政区驻外经贸机构和有关国际协议的备案

《香港基本法》第一百五十六条规定，香港特别行政区可根据需要在外国设立官方或半官方的经济和贸易机构，报中央人民政府备案。上述驻外办事处，除了负责宣传香港的任务外，还要了解外国经济、外贸和金融的动向，同时也有与中国驻外使节的联络问题。香港特别行政区根据《香港基本法》第一百五十一条的规定在经贸等方面单独签订的有关协议，在法理上也应向中央政府备案，该协议难免有与中央政府签订的有关协议发生关系的问题。香港特别行政区作出有关备案是必要的。

(二) 财政预算、决算的备案

《香港基本法》第一百零六条规定，香港特别行政区保持财政独立。香港特别行政区的财政收入全部用于自身需要，不上缴中央人民政府。中央人民政府不在香港特别行政区征税。但这不能排除香港特别行政区仍需接受中央的财政监督。《香港基本法》第四十八条第三款要求行政长官将财政预算、决算报中央人民政府备案。中央政府可根据《香港基本法》第一百零七条的规定，查核该财政预算是否符合量入为出的原则，是否力求收支平衡，避免赤字，并与本地生产总值的增长率相适应。

(三) 立法会条例及 2007 年后立法会产生办法的备案

《香港基本法》第十七条第二款规定，香港特别行政区的立法机关制定的法律须报全国人民代表大会常务委员会备案。备案不影响该法律的生效。但是也应当指出，根据第三款的规定，全国人民代表大会常务委员会在征询其所属的香港特别行政区基本法委员会后，如认为香港特别行政区立法机关制定的任何法律不符合本法关于中央管理的事务及中央和香港特别行政区的关系的条款，可将有关法律发回，但不作修改。经全国人民代表大会常务委员会发回的法律立即失效。该法律的失效，除香港特别行政区的法律另有规定外，无溯及力。《香港基本法》第六十八条第二款强调："立法会的产生办法根据香港特别行政区的实际情况和循序渐进的原则而规定，最终达至全部议员由普选产生的目标。"2007 年以后，混合选举制度是否需要改为直接选举制度，有关议案的表决程序是否需要作相应调整，须经香港特别行政区立法会三分之二多数通过，行政长官同意，报全国人大常委会备案。

（四）在外国设立官方或半官方经贸机构和有关国际协议的备案

《香港基本法》第一百五十六条规定，香港特别行政区可根据需要在外国设立官方或半官方的经济和贸易机构，报中央人民政府备案。香港特别行政区设立驻外国机构一是要根据需要，二是限于经贸机构。还要考虑所在国是否为中国所承认，是否已与中国建立外交关系，要向中央政府备案。至于在中央政府协助或授权下签订的国际协议，则无疑必须备案。

八、基本法的修改和解释权

依照我国宪法的规定，法律的解释权属于全国人民代表大会常务委员会，法律的修改权属于全国人大和人大常委会。对此，《香港基本法》规定："本法的解释权属于全国人民代表大会常务委员会"，"本法的修改权属于全国人民代表大会"。考虑到香港与大陆实行不同的法律制度，其解释法律的权力在法院而不在立法机关，同时香港特别行政区享有高度的立法权，因此，遵循"一国两制"的原则，《香港基本法》在明确其解释权和修改权分别属于全国人大常委会和全国人大的前提下，又作了符合香港实际情况的特殊规定。在解释权方面，全国人大常委会授权香港特别行政区法院在审理案件时，对《香港基本法》关于香港特别行政区自治范围内的条款自行解释，对基本法的其他条款也可解释。但如香港特别行政区法院在审理案件时，需要对《香港基本法》关于中央人民政府管理的事务或中央和香港特别行政区关系的条款进行解释，而该条款的解释又影响到案件的判决，在对该案件作出不可上诉的终局判决前，应由香港特别行政区终审法院提请全国人大常委会对有关条款作出解释。如全国人大常委会作出解释，香港特别行政区法院在引用该条款时，应以全国人大常委会的解释为准。这样可使香港特别行政区法院在审理案件时，对涉及中央管理的事务或中央和特别行政区关系的条款的理解有所遵循，不致由于不准确而作出错误的判决。但全国人大常委会在作出解释前，应征询其所属的香港特别行政区基本法委员会的意见。

关于《香港基本法》的修改权的规定是：《香港基本法》的修改提案权属于全国人大常委会、国务院和香港特别行政区。全国人大常委会和国务院都可单独提出修改《香港基本法》的议案，但是香港特别行政区的修改议案则须经香港特别行政区的全国人大代表三分之二多数、立法会全体议员三分之二多数和行政长官同意后，交由香港特别行政区出席全国人民代表大会的代表团向全国人民代表大会提出。此外，《香港基本法》的修改议案在列入全国人民代表大会的议程前，应先由香港特别行政区基本法委员会研究并提出意见。

特别要提出的是，无论是《香港基本法》的解释还是修改，都需要征询香港特别行政区基本法委员会的意见。就性质和地位来讲，该委员会是全国人大常委会下设的工作委员会，与全国人大法制工作委员会等地位相同，它们都只是全国人大常委会下设的工作机构，不具有决定权。香港特别行政区基本法委员会的任务是就《香港基本法》第十七条、十八条、一百五十八条和一百五十九条实施中的问题进行研究，并向全国人大常委会提供意见。从法理上讲，香港基本法委员会作为一个工作机构，所提的意见对全国人大常委会来讲只起参考作用，并非一定要接受。因为全国人大常委会是国家权力机关，权力机关下设的工作委员会的意见对其没有约束力。但是，根据《全国人大关于批准香港特别行政区基本法起草委员会关于设立全国人大常委会香港特别行政区基本法委员会的建议的决定》，该基本法委员会由内地和香港人士各六名组成，其中包括法律界人士。香港基本法委员会的人员构成以及设立基本法委员会的目的，就是为了能充分听取香港和内地各界人士的意见。因此我们有理由相信，全国人大常委会在对《香港基本法》的有关条文作出解释及将《香港基本法》的修改议案列入全国人大的议程前，将会充分地重视香港基本法委员会提出的意见。当然，对基本法的任何修改都不得与我国对香港既定的基本方针相抵触。香港基本法委员会的委员由全国人大常委会任命，其中的香港委员须符合三项条件：①在外国无居留权；②香港特别行政区永久性居民中的中国公民；③经香港特别行政区行政长官、立法会主席和终审法院首席法官联合提名。

第四节　特别行政区基于中央的授权、依据基本法行使的高度自治权

特别行政区享有的高度自治权，是特别行政区区别于我国民族区域自治地方和普通地方行政区域的主要标志。那么，对特别行政区享有的自治权的性质、来源、具体内容等问题，需要作进一步探讨。

一、特别行政区高度自治权的权力性质及来源

自治权就其字面的解释是自主管理的权力。从历史上看，自治权是伴随着"地方自治"而提出来的，"地方自治"的观念萌生于古罗马时代。在古罗马时代，意大利人组成一种自治邑，自治邑享有地方自治的权力。最初的那些自治邑都是罗马的同盟者，这种自治邑后来都扩大到被征服的民族。公元前90年至前89年的同盟者战争之后，许多共同体变成了"罗马市民自治邑"。公元前44年以后，这个词用来指任何自我管理的意大利自治城镇。地方自治的观念得以发展则是在英国。英国从盎格鲁—撒克逊时代起，那些经常筑城堡以自卫或有市场的地方，被称作自治市。尽管它仍然在各郡的行政管辖下，但是有自己独特的习惯、特权和法院。诺曼底人入侵以后，国王和其他贵族发出特许状以建立自治市。这些自治市发展了自己的特权，并且经常编辑其独具特色的习惯法。许多新的自治市在12世纪和13世纪得到了迅速发展。从亨利三世开始，自治市的代表被召集参加国王议会。一个区域的或具有特权的法院一直是自治市的一个特色。1835年《市政改革法》将自治市镇机关改为地方当局，并建立警察力量和各种监督委员会。1888年《地方政府法》建立了郡议会，它担负了郡法院的大部分管理事务，同时，还具有其他管理职能，如对公路的管理。某些镇被作为郡自治市。在1894年，建立有地方自治区议会、市区议会和乡村议会。1929年的《地方政府法》使郡议会成为实施地方济贫法和管理公路的机构。从自治权这个概念的历史演变过程来看，自治是指由中央政府授予地方政府进行自主管理的权力。

从《中华人民共和国香港特别行政区基本法》的规定来看，香港特别行政区所享有的高度自治权在性质上也属于地方自治权。

第一，从高度自治权的性质来看，香港特别行政区享有的高度自治权，是从属于国家主权的地方自治权。主权是国家最重要的属性，是每个国家固有的、完全独立地处理其对内对外事务的权力。国家在其主权范围内，有权在其领土上排斥任何外国权力，享有充分的行政管理权、立法权和司法权。在国际交往领域，有权不依附其他任何国家或国家集团，独立自

主地处理其对外事务。地方自治权是在一定的地区范围内，地方政府依照中央政府的授权享有和行使自主管理权。即使这种自主管理权再大，它也属于中央的授权，不属于其固有的权力。任何主权国家在国际法范围内享有独立权、平等权、自卫权。但作为享有高度自治权的特别行政区，其享有和行使的权力再大，在行使权力时，也都要受到国家的限制和制约，受到国家宪法和基本法的约束。特别行政区不能享有分离权，不能因为享有高度自治权就从主权国家中分离出去。特别行政区只能处理自治范围内的事务，只能在中央授权范围内行使权力，这是由特别行政区享有高度自治权的性质决定的。有人依据香港特别行政区享有立法权、行政权、独立的司法权和司法终审权，就认为香港特别行政区享有的权力与联邦制下的成员国享有的权力在性质上相同。这种看法是不对的。从宪法理论上讲，判定地方享有的职权究竟是联邦制下的成员国的权力还是单一制下的地方自治权，关键是看该地区是否拥有国家主权，而不能以享有权力的大小为标准。从香港特别行政区的情况来看，它并不享有国家主权，它所拥有的高度自治权是在维护中华人民共和国主权的前提下的自治权，而不能以它享有权力的大小为标准。因此，它只能属于地方自治权的范畴。

第二，从高度自治权的来源来看，香港特别行政区所享有的高度自治权是中央授予特别行政区的权力，而不是其本身所固有的权力。《香港基本法》第二条规定："全国人民代表大会授权香港特别行政区依照本法的规定实行高度自治，享有行政管理权、立法权、独立的司法权和终审权。"第十三条第三款规定："中央人民政府授权香港特别行政区依照本法自行处理有关的对外事务。"上文清楚地表明香港特别行政区实行高度自治的权力来源于中央的授权。这就是说，从香港特别行政区的权力来源来看，它具有派生性和非本源性的特点。香港特别行政区的高度自治权是中央授予的这一特点说明，香港特别行政区自身不能确定自己权力的范围，也不能确定自己享有权力的内容，它所享有的权力的范围和内容都只能由中央授予，凡是未经中央授予的权力，香港特别行政区不能擅自行使，不能自行突破中央授权的范围。

授权与分权是两个不同的法律概念，表达两种不同的权力关系。授权是指权力主体将原来属于它的权力，授予被授权者行使。分权则是将权力在两个或两个以上的权力主体之间进行分割。在授权的概念下，权力主体对被授权者是否按照授权的规定行使其权力有监督权。在分权的概念下，两个或两个以上权力主体，按照分权的规定各自独立行使其权力。在授权的概念下，被授权者享有的权力以及授予的权力的界限，未授予的权力保留在权力主体手里，因此没有剩余权力归谁的问题。在分权的概念下，除了明文规定分别属于各个权力主体的权力外，还有一个剩余权力归谁的问题需要解决。有些人未能把握授权与分权的区别，从分权的观点来考虑中央和香港特别行政区之间的权力关系，结果得出了一系列错误的推论，例如，香港特别行政区对在其高度自治范围内的事务，可拥有独立及最终的决策权，不受任何外来监察；中央人民政府负责的事务由中央人民政府全权管理，特别行政区负责的事务由特别行政区政府全权管理；中央人民政府同特别行政区之间的争议，应交给一个独立的仲裁机构处理；剩余权力归香港，等等。因此，掌握分权与授权的区别，对于我们正确认识高度自治权，正确处理中央和香港特别行政区的关系，是至关重要的。

第三，香港特别行政区享有的高度自治权是自主地管理香港地区事务的权力。这就是说，香港特别行政区行使的高度自治权的客体是香港地区的事务。同时，就自治权的效力范围而言，也只能及于香港地区，自治权效力的地域性是香港特别行政区所享有的高度自治权的一个特点。这个特点告诉我们，香港特别行政区的自治权不能管理涉及香港地区之外的其他地区的事务。自主性是香港特别行政区的高度自治权的又一重要特点，从法律上讲，自主性具有以下一些内容：①不受干预性。《香港基本法》授予香港特别行政区的高度自治权，是中央权力行使的基本界限，即中央的权力不超越自治权的界限，不干预属于香港特别行政区自治权范围内的事务。在法理上，香港特别行政区的高度自治权是中央自我限制权力的法律标志。②决定效力的终极性。香港特别行政区的高度自治权由行政长官、行政机关、立法机关和法院分别行使，在《香港基本法》规定的范围内，这些机关都有对属于自治权范围内的问题作出终极决定的权力，无须中央批准。一经作出决定，就应具有法律效力。③行使职权手段的可选择性。香港特别行政区可以在《香港基本法》规定的范围内选择自己行使职权的手段。

二、香港特别行政区高度自治权的范围和内容

在理论上，我们探讨了香港特别行政区高度自治权的性质与来源之后，再来研究香港特别行政区的高度自治权的范围和具体内容。根据香港基本法的规定，香港特别行政区享有以下高度自治权。

（一）行政管理权

香港特别行政区的行政权是指香港特别行政区依照《香港基本法》的规定自行处理香港特别行政区的行政事务的权力。具体可以归纳为如下内容[①]：

（1）政策制定权。对在香港特别行政区施行的各种政策，有自主的制定权。

（2）人事任免权。除各司司长、副司长、各局局长，廉政专员，审计署署长，警务处处长，入境事务处处长，海关关长，需报请中央人民政府任命外，其他公务人员以及各级法院法官都由香港特别行政区依照法定程序任免。

（3）发布行政命令权。香港特别行政区行政长官为了执行法律和进行行政管理可以发布行政命令。

（4）社会治安管理权。香港特别行政区政府负责维持香港特别行政区的社会治安。

（5）财政独立权。香港特别行政区保持财政独立。香港特别行政区的财政收入全部用于自身需要，不上缴中央人民政府，中央人民政府不在香港特别行政区征税。香港特别行政区实行独立的税收制度，参照原来在香港实行的低税政策，自行立法规定税种、税率、税收宽免和其他税务事项。

（6）金融管理权。香港特别行政区的货币金融制度由法律规定。香港特别行政区政府自行制定货币金融政策，保障金融企业和金融市场的经营自由，并依法进行管理和监督。香港特别行政区不实行外汇管制政策，港币自由兑换，继续开放外汇、黄金、证券、期货等市场。香港特别行政区政府保障资金的流动和进出自由。香港特别行政区的外汇基金，由香港特别行政区政府管理和支配，主要用于调节港元汇价。

（7）货币发行权。港元作为香港特别行政区的法定货币，继续流通。港币的发行权属于香港特别行政区政府。港币的发行制度和准备金制度，由法律规定，香港特别行政区政府

---

① 肖蔚云主编：《一国两制与香港基本法律制度》，北京大学出版社1990年版，第144～149页。

在确知港币的发行基础健全和发行安排符合保持港币稳定的目的条件下，可授权指定银行根据法定权限发行或继续发行港币。

（8）贸易管理权。香港特别行政区实行自由贸易政策，保障货物、无形财产和资本的流动自由。香港特别行政区保持自由港地位，除法律另有规定外，不征收关税。香港特别行政区为单独的关税地区。香港特别行政区可以"中国香港"的名义参加《关税和贸易总协定》、关于国际纺织品贸易安排等有关国际组织和国际贸易协定，包括优惠贸易安排。香港特别行政区所取得的和以前取得仍继续有效的出口配额、关税优惠和达成的其他类似安排，全由香港特别行政区享有。

（9）签发产地来源证权。香港特别行政区根据当时的产地规则，可对产品签发产地来源证。

（10）制定产业政策权。香港特别行政区政府制定适当政策，促进和协调制造业、商业、旅游业、房地产业、运输业、服务性行业、渔农业等各行业的发展。

（11）土地管理权。香港特别行政区境内的土地和自然资源属于国家所有，由香港特别行政区政府负责管理、使用、开发、出租或批给个人、法人或团体使用或开发，其收入全归香港特别行政区政府支配。

（12）航运管理权。香港特别行政区保持原在香港实行的航运经营和管理体制，包括有关海员的管理制度。香港特别行政区政府自行规定在航运方面的具体职能和责任。香港特别行政区经中央人民政府授权继续进行船舶登记，并根据香港特别行政区的法律，以"中国香港"的名义颁发有关证件。除外国军用船只进入香港特别行政区须经中央人民政府特别许可外，其他船舶可根据香港特别行政区法律进出其港口。香港特别行政区的私营航运及与航运有关的企业和私营集装箱码头，可继续自由经营。

（13）民用航空管理权。香港特别行政区继续实行原在香港实行的民用航空管理制度，并按中央人民政府关于飞机国籍标志和登记标志的规定，设置自己的飞机登记册。香港特别行政区自己负责民用航空的日常业务和技术管理，包括机场管理、在香港特别行政区飞行情报区内提供空中交通服务和履行国际民用航空组织的区域性航行规划程序所规定的其他职责。香港特别行政区政府经中央人民政府具体授权可以：①续签或修改原有的民用航空运输协定和协议；②谈判签订新的民用航空运输协定，为在香港特别行政区注册并以香港为主要营业地的航空公司提供航线，以及过境和技术停降权利；③同没有签订民用航空运输协定的外国或地区谈判签订临时协议。不涉及往返、经停中国内地而只往返、经停香港的定期航班，均由民用航空运输协定或临时协议予以规定。中央人民政府授权香港特别行政区政府：①同其他当局商谈并签订有关执行《香港基本法》第一百三十三条所指民用航空运输协定和临时协议的各项安排；②对在香港特别行政区注册并以香港为主要营业地的航空公司签发执照；③依照《香港基本法》第一百三十三条所指民用航空运输协定和临时协议指定航空公司；④对外国航空公司往返、经停中国内地的航班以外的其他航班签发许可证。

（14）自主的教育管理权。香港特别行政区政府在原有教育制度的基础上，自行制定有关教育的发展和改进的政策，包括教育体制和管理、教学语言、经费分配、考试制度、学位制度和承认学历等政策。

（15）自主的医疗卫生管理权。香港特别行政区自行制定发展中西医药和促进医疗卫生服务的政策。

（16）自主的科技管理权。香港特别行政区政府自行制定科学技术政策，以法律保护科学技术的研究成果、专利和发明创造。香港特别行政区政府自行确定适用于香港的各类学科、技术标准和规格。

（17）自主的文化管理权。香港特别行政区自行制定文化政策，以法律保护作者在文学艺术创作中所获得的成果和合法权益。

（18）自主的专业资格评审权。香港特别行政区政府在保留原有的专业制度的基础上，自行制定有关评审各种专业的执业资格的办法。

（19）自主的体育管理权。香港特别行政区政府自行制定体育政策。

（20）自主的社会福利政策制定权。香港特别行政区政府在原有社会福利制度的基础上，根据经济条件和社会需要，自行制定其发展、改进的政策。

（21）自主的劳工管理权。香港特别行政区政府自行制定有关劳工的法律和政策。

（二）立法权

立法权是指制定和修改法律的权力。就香港特别行政区的立法权而言，它是指制定或修改在香港地区实施的法律的权力。

1.　与港英立法局的比较

在《香港基本法》第二条授予香港特别行政区享有的高度自治权中，立法权是其重要的组成部分。《香港基本法》第六十六条又阐明香港特别行政区立法会是香港特别行政区的立法机关。可见在"一国两制"下，香港特别行政区享有完整的立法权，与港英立法局作为总督的立法咨询机关显然不同。

（1）权力来源。

香港特别行政区立法机关是依据全国人大通过的基本法和专门决定设立的，其立法权是全国人大通过基本法授予的。鉴于《宪法》第二条说明国家的权力来源于全体人民，全国人大授予香港特别行政区的任何权力也来自全国人民。港英立法局的权力则源于《英皇制诰》和《王室训令》这些殖民统治的宪法性文件。

（2）权力性质。

香港特别行政区是单一制国家内的一个特殊的地方行政区域，香港特别行政区享有的立法权是中国主权国家内的地方立法权。由于香港特别行政区在"一国两制"下实行"港人治港"、高度自治，香港特别行政区立法机关具有自主性。在港英当局统治下，香港立法局的权力受英国的制约。长期以来，英国派来的总督兼任立法局主席，总督总揽一切权力，立法局是总督的立法咨询机关，协助总督立法。没有总督的同意，立法局无权立法。即使末届总督到位后不再兼任立法局主席，他仍保留否决立法局通过的法案和解散立法局的权力。港英立法局的权力仍保留依附总督的特性。

（3）立法范围。

根据《香港基本法》第十七条的规定，除了国防、外交和不属于香港特别行政区自治范围内的事务外，香港特别行政区对属于自治范围内的事务均享有立法权。但港英立法局的职权却受到《英皇制诰》、《王室训令》的当然限制。《王室训令》第二十六条限制以下十种法案的提出：领圣洗结婚人士离婚；赠与总督自己土地、金钱、捐献或奖金之法案；影响本殖民地货币或发行货币之法案；设立银行公会、修订银行工会章程权力或特权之法案；征收增值税之法案；包含有违王室承担条约义务之法案；干预英国陆海空三军纪律及控制之法案；危害王室特权、有损在香港以外的英国臣民权利财产以及有损联合王国及其属土贸易航运之重要法案；限制非欧洲出生或非欧洲血统人士，而不限制欧洲出生或欧洲血统人士之法案；包含王室曾拒绝或不批准之条款之法案。比较起来，香港特别行政区立法会却不受上述限制。例如：《香港基本法》第一百一十条规定香港特别行政区政府有货币金融的决策权，可制定有关货币发行方面的法律。这是回归后香港举行第五十二届世界银行年会时外国和香港特别行政区政府所公认的。①

2．与内地省级立法机关的比较

香港特别行政区的立法权，就其性质而言，不属于国家立法权的范畴，而只是属于地方立法权的范畴。根据中华人民共和国宪法和地方组织法的规定，省级人大及其常委会有制定地方性法规的权力。那么，香港特别行政区的立法权与省级人大及其常委会的地方性法规制定权有什么区别呢？②

第一，立法权行使的根据不完全相同。依据《香港基本法》的规定："香港特别行政区的制度和政策，包括社会、经济制度，有关保障居民的基本权利和自由的制度，行政管理、立法和司法方面的制度，以及有关政策，均以本法的规定为依据。""香港特别行政区立法机关制定的任何法律，均不得同本法相抵触。"这就是说，香港特别行政区立法权的行使以香港特别行政区基本法为主要依据。而地方性法规制定权则不同。《中华人民共和国宪法》明确规定："省、直辖市的人民代表大会和它们的常务委员会，在不同宪法、法律、行政法规相抵触的前提下，可以制定地方性法规，报全国人民代表大会常务委员会备案。"这就是说，地方性法规制定权的行使是以宪法、法律和行政法规为依据的。

第二，立法权的范围不同。根据《香港基本法》的规定，香港特别行政区不得制定有关国防、外交和其他按基本法规定不属于香港特别行政区自治范围的法律，包括刑法、民法、商法、诉讼法等法律，内地的法律一般不适用于香港。而地方性法规则不同，它不能制定刑法、民法、诉讼法等内容的法律。

根据宪法的规定，民族自治地方的人民代表大会有权依照当地民族的政治、经济和文化的特点，制定自治条例和单行条例。那么，香港特别行政区的立法权与民族自治地方的人民代表大会的自治条例和单行条例的制定权有什么区别呢？在宪法理论上，自治条例是指民族自治地方的人民代表大会依照宪法和法律制定的本民族自治地方自治机关的组成形式及其职权的规范性文件；单行条例对于国家法律有部分变通执行权，但民族自治地方也不能制定民法、刑法、诉讼法等。可见，香港特别行政区立法的范围比民族自治地方制定地方性法规的范围要广泛得多。

第三，立法的程序也不完全相同。按照《宪法》的规定，全国人大常委会有权撤销省、自治区、直辖市国家权力机关制定的同宪法、法律和行政法相抵触的地方性法规和决议。《香港基本法》规定，全国人大常委会在征询其所属的香港特别行政区基本法委员会后，如认为香港特别行政区立法机关制定的任何法律不符合基本法关于中央管理事务及中央和香港特别行政区关系的条款，可将有关法律发回，但不作修改。经全国人大常委会发回的法律立即失效。可见，省级人大与香港特别行政区的立法程序也不完全相同。

① 参见香港《文汇报》、《大公报》、《商报》等报章，1997年9月23日。
② 肖蔚云主编：《一国两制与香港基本法律制度》，北京大学出版社1990年版，第142～144页。

（三）独立的司法权和终审权

1. 独立的司法权

（1）法官独立审判案件，不受任何干涉，但也不扮演政治角色。

法官独立审判，不受其他任何机构或个人的干预，对法官公正审判案件，正确适用法律，是有积极意义的。《香港基本法》第八十五条也明文规定香港特别行政区法院独立进行审判，不受任何干涉。为此就要求法官和司法人员忠实于法律，只服从于法律，排除干扰，独立审判，依法保障香港居民享有的权利和义务。确如终审法院常任法官和高等法院法官就职宣誓誓词所说，定当拥护中华人民共和国香港特别行政区基本法，效忠中华人民共和国香港特别行政区，尽忠职守、奉公守法、公正廉洁，以无惧、无偏、无私、无欺之精神，维护法制，主持正义，为香港特别行政区服务。但这并不是说任何判决都绝对正确，允许上诉本身就意味着有错误的可能。不论判决正确与否，法官的审判都是独立进行的，不受任何干涉。即使到了终审判决，法院无法改判，《香港基本法》第四十八条第十二项也允许行政长官采取赦免或减轻刑事罪犯的刑罚等措施给予补救。这并不影响司法独立，当然对于非刑事案件的判决，行政长官是无权过问的。

（2）法院作为独立的组织系统，与其他组织系统分离。

全国人大除在《香港基本法》第二条授予香港特别行政区享有独立的司法权和终审权外，第五十七条也要求廉政公署独立工作，第六十三条还强调，律政部门主管的刑事检控工作，不受任何干涉。但这并不意味着司法系统绝对独立于行政和立法系统之外。《香港基本法》第八十三条要求，香港特别行政区各级法院的组织和职权由法律规定。在此，法律主要是指由行政机关草拟、由立法机关通过、经行政长官签署生效的各级法院条例。各级法院法官包括终审法院法官并没有凌驾香港特别行政区法律的权力，更不用说凌驾全国人大或全国人大常委会制定的法律的权力了。此外，根据《香港基本法》第八十八条和第九十一条的规定，法官和司法人员还受到行政长官行使任免权的制约。根据《香港基本法》第九十条第二款的规定，终审法院的法官和高等法院首席法官的任免，还须由行政长官和立法机关对法官进行监督和安排，并不影响司法独立。以美国为例，从1789年到1984年的近两百年间，美国参议院批准了138名联邦法官的任命，但也否决过27名。①

（3）法官享有免责、终身制、高薪制的保障。

《香港基本法》第八十五条规定，司法人员履行审判职责的行为不受法律追究，第九十三条还保障法官和其他司法人员的年资、薪金、津贴、福利待遇和服务条件，但这并不意味着法官可以为所欲为。根据《香港基本法》第八十九条的规定，在法官无力履行职务或行为不检的情况下，行政长官可按法定程序免除其职务，这并不影响司法独立。以美国为例，从1789年至1984年，美国国会曾经弹劾9名联邦最高法院法官，其中4名被免职。

2. 独创的地方终审法院

《香港基本法》第二条授予香港特别行政区享有独立的司法权和终审权，第八十一条和第八十二条还规定香港特别行政区设立终审法院。一个地方行政区域设置终审法院，享有终审权，此举措在中国法制史上前所未有，在外国法制史上亦极不寻常。

回归后，香港特别行政区的司法管辖权和审判权不但没有缩小，反而因为终审法院的建

---

① 参见詹姆斯·M. 伯恩斯等著，谭君久等译：《美国式民主》，中国社会科学出版社1993年版，第38～42页。

立而有所扩大。这是香港特别行政区高度自治权的重要标志，反映了国家在香港特别行政区贯彻"一国两制"、实行"港人治港"、落实高度自治的决心和诚意。

香港特别行政区享有终审权并不妨碍国家对香港恢复行使主权。理由如下①：

（1）根据《香港基本法》第十九条第三款的规定，香港特别行政区法院对国防、外交等国家行为没有管辖权，对有关的事实问题，应取得行政长官就此发出的证明文件。上述文件对法院有约束力。行政长官在发出证明文件前，须取得中央政府的证书。这样足以防范香港特别行政区法院包括终审法院越权情况的发生。在不损害国家主权的前提下，香港特别行政区享有独立的司法权和终审权是被允许的。

（2）根据《香港基本法》第一百五十八条第一款和第三款的规定，基本法的解释权属于全国人大常委会；香港特别行政区法院审理案件时涉及基本法关于中央政府管理事务或中央和香港特别行政区关系的条款，在作出不可上诉的判决前，应由终审法院提请全国人大常委会作出解释，并以此为准。全国人大常委会也可以主动解释，这样可以保障基本法的正当解释和实施，避免香港特别行政区司法机关作有损国家主权的解释必然带来的严重后果。

（3）考虑到香港的历史和现实情况，香港特别行政区设立终审法院也有实际需要。如香港特别行政区终审权属于内地的最高人民法院，在大量的香港原有法律的判例不存在中文版本而内地法院又不允许以英文作出判决情况下，有操作上的不便。目前，《香港基本法》第九条关于中文的使用，尚未完全在司法机关中普及。

（4）香港回归前，每年上诉到英国枢密院司法委员会的终审案件并不多。但英国为彰显其影响力，不愿意将终审权交给当地。为了实现"一国两制"，中国可以将香港特别行政区的终审权交给当地终审法院，这不但保持了香港法制的连续性，而且在司法体制上充分体现了"港人治港"的原则。这一重大决策具有深远的国际意义。

（四）处理对外事务的权力

1. 发展对外经贸文化关系

《香港基本法》第一百五十一条指出，香港特别行政区可在经济、贸易、金融、航运、通讯、旅游、文化、体育等领域以"中国香港"的名义，单独地同世界各国、各地区及有关国际组织保持和发展关系，签订和履行有关协议。香港回归后，香港特别行政区经基本法的授权可自行处理经贸、文化等广泛领域的对外事务，并以"中国香港"的名义继续保持和发展对外关系，签订和履行有关协议，维护香港作为自由港以及国际金融、贸易、航运和信息中心的地位，使这一国际经济大都市保持生机勃勃的发展活力。

香港基本法除原则性规定香港特别行政区自行处理对外事务的范畴外，还对若干容易混淆的事务作了具体规定。在船舶登记方面，《香港基本法》第一百二十五条授权香港特别行政区继续进行船舶登记，并根据本区法律以"中国香港"的名义颁发有关证件。在飞机登记方面，《香港基本法》第一百二十九条第一款要求香港特别行政区按照中央人民政府关于飞机国籍标志和登记标志的规定，设置自己的飞机登记册。在民用航空日常业务和技术管理方面，包括机场管理、在香港特别行政区飞行情报区内提供空中交通服务和履行国际民用航空组织的区域性航行规划程序所规定的其他职责，第一百三十条也明确要求香港特别行政区自行负责。在外国设立官方或半官方经贸机构方面，《香港基本法》第一百五十六条授权香

---

① 宋小庄：《论"一国两制"下中央和香港特区的关系》，中国人民大学出版社 2003 年版，第 185～186 页。

港特别行政区根据需要设立，报中央政府备案。在经贸、文化等广泛领域，香港特别行政区以"中国香港"的名义自行处理的对外事务散见于《香港基本法》第五、六章，由于未能尽列，只能采用"等领域"一词表述。但"等领域"受到两个限制：①在经贸、文化等领域内，不能超越经贸、文化等领域，更不能进入政治、外交和国防等领域；②以"中国香港"的名义，而不能以"香港"的名义或其他名义处理上述对外事务。

2. 参加不以国家为单位的国际组织和国际会议

根据《香港基本法》第一百五十二条第二款的规定，香港特别行政区可以"中国香港"的名义参加不以国家为单位的国际组织和国际会议。基本法将国际组织和国际会议划分为以国家为单位参加和不以国家为单位参加两类是明智的。由于地方政府也是政府，如以政府间和非政府间来划分国际组织和国际会议，可能造成混乱。根据该规定，香港特别行政区作为中国的一个地方行政区域，不得参加以国家为单位的国际组织和国际会议，却可根据实际需要参加不以国家为单位的国际组织和国际会议。

对于香港已以某种形式参加不以国家为单位的国际组织，《香港基本法》将该国际组织分为中国已经参加和中国尚未参加两类。①对于中国已经参加的国际组织，《香港基本法》第一百五十二条第三款表示，中央人民政府将采取必要措施使香港特别行政区以适当形式继续保持在这些组织中的地位。②对于中国尚未参加的国际组织，《香港基本法》第一百五十二条第四款表示，中央人民政府将根据需要使香港特别行政区以适当形式继续参加这些组织。对前者，中央政府将采取必要的措施保持之；对后者，中央政府根据需要作出决定。所谓根据需要，就是是否有利于香港特别行政区在经贸、金融、航运、通讯、旅游、文化、体育等领域的发展。所谓以适当的形式，就是以"中国香港"的名义参加。现代国际组织名目繁多，必然存在中国已经参加而香港未参加或中国、香港皆未参加的国际组织，对于香港可否加入这些国际组织，《香港基本法》未作明文规定。但从法理上可以推断，只要该国际组织不以国家为单位又符合香港特别行政区的总体利益，香港特别行政区经中央政府同意还是可以参加的。

3. 国际协议的适用问题

对于国际协议在香港特别行政区的适用，香港基本法将有关国际协议分为中国已经缔结和中国尚未参加两类。《维也纳条约法公约》第二十九条规定："除条约表示不同意思，或另经确定外，条约对每一当事国之拘束力及于其全部领土。"对中国缔结的国际协议，《香港基本法》第一百五十三条第一款规定，中央人民政府可根据香港特别行政区的情况和需要，在征询香港特别行政区政府的意见后，决定是否适用于香港特别行政区。这是尊重香港特区高度自治权的表现，但其适用的决定权当属中央政府。

对中国尚未参加的国际协议，《香港基本法》将该国际协议又分为已适用于香港和其他国际协议两类。对于前者，《香港基本法》第一百五十三条第二款规定仍可继续适用，以确保有关国际权利和义务的连续性。对于后者，同一个条款还明确，中央人民政府根据需要授权或协助香港特别行政区政府作出适当安排，使其他有关国际协议适用于香港特别行政区。对上述两类国际协议产生的权利和义务的关系有必要顾及中国尚未参加这一基本事实。据1997年7月1日国务院总理李鹏在庆祝香港回归招待会上的讲话透露，有200多项国际公约在香港特别行政区继续适用。

4. 出入境管制

对于出入境管制，《香港基本法》第一百五十四条第二款规定，对世界各国或各地区的人入境、逗留和离境，香港特别行政区政府可实行出入境管制。本款受出入境管制的对象是指世界各国和各地区来港人士，但不包括：①香港永久性居民。《香港基本法》第二十四条第三款规定，该居民在香港特别行政区享有居留权和有资格依照香港特别行政区法律取得载明其居留权的永久性居民身份证。有居留权意味着有不受限制的居住权和出入境权。②香港特别行政区成立后丧失永久性居民身份的人。根据《1997年人民入境（修订）（第3号）条例》第十二条的规定，在香港特别行政区成立后丧失香港居留权的人，仍有香港入境权。他们保留选举权和被选举权以外的香港永久性居民的大部分权利。

此外，受出入境管制的对象也不包括内地来港人士。《香港基本法》第二十二条第四款规定，中国其他地区的人进入香港特别行政区须办理批准手续，其中进入香港特别行政区定居的人数由中央人民政府主管部门征求香港特别行政区政府的意见后确定。内地来港定居或非定居人士属于中央政府管理事务以及中央和香港特别行政区关系的有关事务，与香港特别行政区自行实施的出入境管制不同。对于上述人士应当采取出入境管制以外的其他管理措施。

三、特别行政区不存在"剩余权力"

特别行政区成立十多年来，"一国两制"理论得到成功运用和实践，充分证明了它的科学性和强大生命力。然而，在实践中，中央和特别行政区的权力关系也曾出现过不少具有争议性的问题，"剩余权力说"就是一个典型。早在讨论和起草基本法之际，就有观点认为，特别行政区除了外交和国防属中央管辖外，"剩余权力"归特别行政区所有。时至今日，香港法学界仍有不少人坚持这一观点，认为香港特别行政区的高度自治权带有联邦制色彩，有所谓的"剩余权力"。本书则坚持特别行政区的自治权在本质上具有授权性，我国是单一制国家，包括特别行政区在内的各级地方享有的权力都是中央授予的。特别行政区是中央人民政府直辖的地方行政区域，它本身并不拥有任何固有的权力，其所享有的所有权力都是中央通过基本法及其他法律授予的，特别行政区的权力以基本法及相关法律的授予为限，在中央与特别行政区的关系上不存在"剩余权力"问题。

"剩余权力"（residuals），又称为"保留权力"，指的是立宪者在划分国家机构之间的权力，尤其是中央政府与地方政府之间的权力时，那些没有规定由谁行使的权力。为了避免出现立法上的空白而导致"权力真空"，立宪者往往笼统地规定那些没有列举出来的权力归谁享有。这样就可以避免当法律没有明确规定权力应当由谁行使的时候，出现"权力真空"，使一些突发性紧急事务处于无人管理的状态。从立法上来讲，由于立法者不是万能的，不可能预见到现实中可能发生的一切问题，因此法律往往存在着所谓的"立法上的漏洞"。对于立法上的漏洞的避免和填补有多种方式，运用"兜底条款"就可以避免立法上的漏洞。剩余权力的规定在某种程度上可以算作一种"兜底条款"。此外，剩余权力的归属也是判断一个国家的国家结构形式的重要标准，如果剩余权力归由地方政府行使，那么这个国家一般就是联邦制国家；如果剩余权力归由中央行使，那么这个国家就是单一制国家。

"剩余权力"最早见于美国宪法修正案第十条中，该修正案规定："本宪法所未授予中央或未禁止各州行使的权力，皆由各州或人民保存之。"《瑞士联邦宪法》第三条也规定："各州的主权，未经联邦宪法限制者，都得自主；凡未委任于联邦政府的权利，概由各州行使。"在联邦制国家中，剩余权力一般都归属各邦，美国、瑞士等国都属于这种情况。以美国为例，依宪法规定，原则上联邦权力采取列举主义，即某一项权力是否属于联邦，仅需消极证明宪法未曾禁止各邦行使此权力，此权力即属于各邦。联邦制国家的成员邦本来是国家，当它们联合起来组成联邦时，各自将其所有的权力的一部分交给联邦，由联邦行使，其余的权力仍保留在自己手里，因此联邦制国家的宪法，在规定联邦和成员邦各自享有的权力之后，还规定剩余权力属于成员邦。这种规定当然是合理的，即使不作明文规定，在宪法上的解释也理应如此。

但是在单一制国家，情况就完全不同，不存在"剩余权力"问题，如《菲律宾宪法》第十章"地方政府通则"第十六条规定："本宪法未授予自治区的权力、职能和责任，应属于中央政府。"《西班牙宪法》第一百四十九条第三款规定："本宪法未明确赋予国家的职权，可由自治区根据其章程行使。自治区章程未承担的职权，由国家行使。在发生冲突的情况下，在所有未划为专属自治区职权的问题上，国家高于自治区。在任何情况下，国家的权力均是自治区权力的补充。"

我国《宪法》虽然没有明确规定剩余权力，但在第二条规定"中华人民共和国的一切权力属于人民"，第六十二条规定全国人民代表大会行使的最后一项职权是"应当由最高国家权力机关行使的其他职权"。这充分表明，人民是一切国家权力的最终所有者，当然也包括"剩余权力"，而代表人民的全国人民代表大会则是一切最高国家权力的享有者，它可以授权常设机关以及国务院行使相应的权力，而各地方的权力，包括香港特别行政区的权力都来自于最高国家权力机关的授权。

香港基本法对香港特别行政区的权力多采取列举式规定，但也有概括性的条款。《香港基本法》第二条规定："全国人民代表大会授权香港特别行政区依照本法的规定实行高度自治，享有行政管理权、立法权、独立的司法权和终审权。"这一规定表明香港特别行政区享有的高度自治权来自全国人民代表大会的授权。第二十条规定："香港特别行政区可享有全国人民代表大会和全国人民代表大会常务委员会及中央人民政府授予的其他权力。"这一方面表明了香港特别行政区有接受中央其他授权的权力，另一方面也表明了中央有授予其他权力的权力。这种授予的权力，一般认为是在基本法中没有列明的权力，即除基本法规定香港特别行政区享有的权力以外的权力，也就是属于中央行使的主权范围内的权力。这是一种立法灵活性的表现，其用意在于确立特别行政区所享有的权力可以不以基本法所明文列举的为限，但必须以接受中央对它的授予为前提。这就进一步明确规定了特别行政区所有的权力都来自于中央的授权，特别行政区本身无"剩余权力"。这既表明了中央的授予权，也表明了香港特别行政区接受中央授权的权力。这也就表明了，在我们单一制国家结构形式下，地方行政区享有的权力，不是它本身所固有而是国家授予的，它享有多少权力依授权而定，未授予的权力就不能享有，在这种情况下，哪里还有什么剩余权力！如果一定要说有剩余权力，这个权力也只能属于中央，而不属于地方行政区。

具体而言，香港特别行政区不存在"剩余权力"的理由如下[1]：

---

[1]　董立坤：《香港法的理论与实践》，人民出版社1999年版，第75~76页。

首先，我国是单一制国家，香港是我国的一个地方政府，香港的一切权力都是中央授予的。我们知道，"剩余权力"这一概念产生于联邦与其成员之间的关系，各成员邦在组成联邦之前都是拥有完全主权的政治实体，在组成联邦时，各个成员都让出自己一部分权力给联邦政府，并有联邦宪法予以明文规定，凡联邦宪法未规定给予联邦的权力，也未明文禁止各成员邦行使的权力就是"剩余权力"，意即各成员邦将其权力授予联邦之后还剩有的权力。当然，此"剩余权力"理所当然地归属于原来的权力所有者。我国是一个单一制国家，香港从来就不是一个拥有主权的政治实体，香港特别行政区的一切权力都是中央通过《香港基本法》授予它的，除中央授予它的权力之外没有任何权力，还有什么"剩余权力"呢？

其次，强调地方政府拥有"剩余权力"，在理论和实践上都是有害的。我们知道，联邦国家与单一制国家的国家结构组成形式是完全不同的，在权力运行方向上也截然相反。在联邦制国家，联邦成员为权力主体，各个成员邦通过宪法向联邦政府授权。在单一制国家，中央政府为权力主体，中央政府通过制定专门的法律向地方政府授权。无论是联邦制国家还是单一制国家，凡权力主体未授出去的权力都为其保留（剩余）的权力。如果改变单一制国家"剩余权力"的所有者，将从根本上破坏国家的权力运行方向，颠倒国家的内部关系，引起国家的混乱。

再次，香港特别行政区拥有"剩余权力"的主张是同《中英联合声明》的规定完全相悖的。在《中英联合声明》中，强调自1997年7月1日之后，由我国恢复对香港行使主权，依我国《宪法》规定成立香港特别行政区，并由全国人大制定《香港基本法》，通过《香港基本法》向香港特别行政区授权。"剩余权力"归属香港特别行政区的主张，实际上一方面承认香港特别行政区的权力是由中央授予的；另一方面却认为香港特别行政区可不通过中央授权而自动地拥有权力，这将从根本上违背和否定香港特别行政区的一切权力来源于中央人民政府的事实及《中英联合声明》中关于我国拥有香港全部权力的规定。如果以"剩余权力"归属香港特别行政区的理论来指导和处理中央和香港特别行政区的关系，不仅侵犯了中央的权力，违背了国家主权原则和"一国两制"的精神要义，也将从根本上破坏中央与香港特别行政区的关系。

当然，我们强调"剩余权力"为中央所有，并非香港特别行政区除了《香港基本法》规定的权力外，永远不能再享有其他的权力。事实上，随着形势的发展，香港特别行政区有可能需要中央授予新的权力，全国人大和国务院可随时根据香港特别行政区的请求，依《宪法》和法律规定的程序，向香港特别行政区授权。为了保证香港特别行政区得到这种新的授权，在《香港基本法》中可作出相应的规定。

第五节　特别行政区对国家安全承担的义务和责任

一、《香港基本法》第二十三条立法的含义

《香港基本法》关于中央与特别行政区关系一章的最后一条，也就是第二十三条规定："香港特别行政区应自行立法禁止任何叛国、分裂国家、煽动叛乱、颠覆中央人民政府及窃取国家机密的行为，禁止外国的政治性组织或团体在香港特别行政区进行政治活动，禁止香

港特别行政区的政治性组织或团体与外国的政治性组织或团体建立联系。"从而确立了香港特别行政区对维护国家统一和主权所承担的责任。

从内容上看,《香港基本法》第二十三条的规定主要包括以下几个方面:

第一,针对叛国、分裂国家、煽动叛乱、颠覆中央人民政府及窃取国家机密的行为。这些行为在内地刑法中都是属于危害国家安全罪的一类。与之相对应的是内地刑法的背叛国家罪、分裂国家罪、煽动分裂国家罪、颠覆国家政权罪、武装叛乱暴乱罪、煽动颠覆国家政权罪、间谍罪以及为境外窃取、刺探、收买、非法提供国家秘密、情报罪等。在内地刑法中,危害国家安全罪一章共有 7 个罪名可以判处死刑,但内地刑法并不在特别行政区适用,同时香港特别行政区也要维护国家的统一和主权。而香港特别行政区早已经没有死刑,因此,在对《香港基本法》第二十三条进行立法时一定要考虑到特别行政区的特殊情况。

第二,禁止外国的政治性组织或团体在香港特别行政区进行政治活动。由于香港是国际化都市,同其他国家和地区有着广泛的经济、文化交流。香港基本法禁止外国的政治性组织或团体在特别行政区进行政治活动,这对于维护国家的主权和统一,防止外国势力干涉中国内政是十分必要的,对于维护"港人治港"的基本方针也有着重要意义。

第三,禁止香港特别行政区的政治性组织或团体与外国的政治性组织或团体建立联系。香港特别行政区是一个社团十分发达的地区,这已经成为香港的特色之一。社团是香港社会的重要组成部分,政府施政也离不开社团,因而对于社团的管理和引导就显得尤为重要。香港基本法禁止香港特别行政区的政治性组织或团体与外国的政治性组织或团体建立联系,就是为了保持香港政治性组织和团体的独立性,防止外国势力的渗透和干涉。以上这些行为都与国家的主权密切相关,因而必须有相应的法律予以规范。此外,对外国政治团体在自己国家的领土进行活动,或与自己国家的政治团体建立联系进行活动加以限制,是世界上大多数国家通行的做法,并非香港基本法才有。由于香港社团情况复杂,涉及具体问题的界定,应当由香港特别行政区立法机关根据具体情况进行界定。

目前香港刑法中有叛国罪等规定,中国恢复对其行使主权后,香港居民对英国皇室、英国政府便没有义务,这部分刑法也不适用了。另外,全国人大和人大常委会制定的法律,基本上是不在香港适用的,中国的刑法也不适用于香港。那么,这部分便有了空隙,需要另一法律代替,为此有必要在香港基本法里写上。

二、落实《香港基本法》第二十三条立法的必要性

(一)国家授权特别行政区自行立法是"一国两制"下的特殊安排

《香港基本法》第二十三条的"应自行立法",一方面有坚持国家统一安全、维护国家主权和领土完整、维护国家安全的"一国"的原则的考量;另一方面又体现了充分尊重香港特别行政区高度自治的立法权、充分尊重香港特别行政区不同的社会制度以及生活方式的"两制"的含义。可以说,这种既考量"一国"又体现"两制"的法律规定,在立法和立法学上都是一个伟大的创举,在世界其他国家的立法中完全没有这样的先例。

美国、俄罗斯等一些联邦制国家,中央政府的权力不仅包括国防、外交等涉及国家主权和对外关系的事务,还具体涉及管辖危害国家安全的刑事犯罪。在西方的联邦制国家里,各州、各联邦主体尽管拥有立法权,然而这种立法权是一种与中央政府的立法权有着完全界分

的立法权。例如在美国，根据其宪法的相关规定，中央的刑事立法权包括危害国家安全罪等在内的重罪以及伪造货币和海盗及国际公罪等事项，对于其他事项的刑事立法才是"州立法权"。由此可见，在传统的联邦制国家（如美国），涉及国家安全的立法权都属于中央联邦。因而，在这些联邦制国家完全不存在一个中央政府和地方政府如何"共同维护"其国家安全的问题。

但是在我国目前的情况下，"一国两制"下的中央政府和特别行政区政府的关系和权力完全不同于联邦制国家中联邦和州的关系，即中央政府对香港特别行政区的权力仅仅拥有外交、国防、任免香港特别行政区行政长官和司法官员以及决定香港特别行政区与国外海空航运关系等有限的几项。香港特别行政区政府享有除中央政府权力之外的所有立法、行政、司法及终审权，可见其权力相当大。立法权中也当然地包含了香港特别行政区的国家安全立法权，香港基本法将几种世界各国都公认的危害国家安全的犯罪行为进行立法，具体地表述为香港特别行政区政府"应自行立法"，这也即是将国家安全立法的权力授予香港特别行政区政府。从中外世界各国的法制史来看，由单一制国家的某个地域（特区）进行独立的维护国家安全的立法活动，这在世界上完全是举世无双的。由此可以看出，香港政府以其特别行政区的特殊身份拥有维护国家安全的立法权，这完全和充分地体现了"一国两制"框架下特别行政区的高度自治，同时也体现了中央政府对香港特别行政区政府的充分信任，体现了国家在香港实行"一国两制"和"高度自治"的诚意和决心，是在"一国两制"背景下的特殊安排，更是对香港特别行政区高度自治权的尊重。

（二）自行立法是特别行政区及每位中国公民的神圣责任和法定义务

《香港基本法》序言明确指出："为了维护国家的统一和领土完整，保持香港的繁荣和稳定，并考虑到香港的历史和现实情况，国家决定，在对香港恢复行使主权时，根据中华人民共和国宪法第三十一条的规定，设立香港特别行政区。"

《香港基本法》第一条规定："香港特别行政区是中华人民共和国不可分离的部分。"第十二条规定："香港特别行政区是中华人民共和国的一个享有高度自治权的地方行政区域，直辖于中央人民政府。"这就说明香港特别行政区作为我国单一制国家结构形式下的一个地方行政区域，负有维护国家的独立、主权、统一和安全的义务。

许多联邦制国家，如美国，其各州都拥有自己的法律体系并有权制定刑法典，然而，包括危害国家安全罪在内的重罪以及伪造货币、海盗、国际公罪、禁止奴役等事项均属于联邦的刑事立法权。美国模范刑法典第二编首列"对州之生存及安全之犯罪"，却没有列入"对联邦之生存及安全之犯罪"，该法典的立法理由明确指出："包含谋叛、内乱、谍报活动等在内的此种犯罪，系排除在模范刑法典之外，此等犯罪主要是属于联邦政府之问题。"《美国宪法》第三条第三款本身就明确规定了叛国罪的构成，"只有对合众国发动战争，或投向它的敌人，予敌人以协助及方便者，方构成叛国罪"，并规定了叛国罪的惩治。

维护国家安全，直接涉及国家的独立、主权、统一和领土完整，在性质上，已经超越了高度自治的范围，属于主权的范畴，已经不仅仅是"两制"，而是涉及"一国"方面的内容。

维护国家的主权、统一和领土完整是每一个公民的义务。世界上任何国家都不允许任何叛国、分裂国家、煽动叛乱、颠覆政府及窃取国家机密等行为，在自己的刑法里都有惩罚这些行为的规定。目前香港的《刑事罪条例》中，也有关于禁止危害英国皇室和背叛英国一类行为的规定。1997 年我国对香港恢复行使主权后，这些规定当然不能继续沿用，届时应有相应的法律代替。禁止与外国的政治性组织或团体建立联系，这也是世界各国的通例。

香港的《社团条例》中有这样的规定，总督有权对违反禁令的社团进行制裁，直至将其解散。我国现行刑法也有相应的禁止性和惩罚性规定。但由于香港实行与内地不同的法律制度，《中华人民共和国刑法》将来不在香港特别行政区适用。另外，香港的现行刑法中规定的有关犯罪，如叛国罪等，又是针对香港居民危害英国皇室、英国政府和国家利益的行为，是以把香港居民当作英国女皇的"臣民"管治为前提的。我国对香港恢复行使主权后，这种针对性和前提条件便不复存在。香港居民不再有对英国女皇特别效忠的义务。因此，自行制定相应法律禁止叛国、分裂国家、煽动叛乱、颠覆政府及窃取国家机密一类的行为，便成了香港特别行政区立法机关义不容辞的责任。否则，这方面就会出现"法律真空"。为此，《香港基本法》第二十三条明确规定：香港特别行政区应自行立法禁止任何叛国、分裂国家、煽动叛乱、颠覆中央人民政府及窃取国家机密的行为，禁止外国的政治性组织或团体在香港特别行政区进行政治活动，禁止香港特别行政区的政治性组织或团体与外国的政治性组织或团体建立联系。

回归前在香港适用的刑事法律有上述这方面的规定。以香港为例，依照适用于香港的有关英国法例和香港本地制定的《刑事罪行条例》，凡犯有下列事项之一即构成叛逆罪，须判死刑：①杀害、伤害或囚禁英皇；②意图杀害、伤害或囚禁英皇并以某些公开行为显示该意图；③向英皇发动战争，包括意图罢黜英皇，或强迫英皇改变其政府方针，或恫吓国会或其他同类立法机构；④鼓动外地人士入侵英国领土；⑤协助与英皇作战之敌人；⑥串谋犯上述第①或第③项罪行。对上列叛逆重罪，其他人知情不举，亦属违法。此外，还有稍次一等的叛逆罪，可不判死刑。对于一般香港居民来说，如其以口头表示或书面形式发表文字，表露出意图使他人对英皇、王嗣或继承人及对香港政府仇恨、藐视或激起恶感，也会构成一般煽动罪（Seditious Offences）。关于泄露国家机密方面，规定有"违反《官方机密法案》罪"，包括：错误行近禁区；以妨碍国家安全为目的，不正当地向真正的或可能的敌人传达文件或情报；不正当地将公职人员所得之机密文件或情报传达他人；未能小心保管政府之机密文件；不正当地收取违反此法案而获得之情报；匿藏间谍；不正当地使用制服、冒充某人或作出虚假陈述以图进入禁区。对于发动军队叛变等犯罪，香港现行刑法也作了专门规定。①

禁止外国的政治性组织或团体在香港特别行政区进行政治活动，禁止香港特别行政区的政治性组织或团体与外国的政治性组织或团体建立联系，也是国际上的通例。其目的都是为了保障国家安全。

总之，从法律的角度看，香港特别行政区自行立法落实《香港基本法》第二十三条的规定，是特别行政区及每位中国公民的神圣责任和法定义务，既符合香港的法律传统和法治精神，也符合国际立法通例。不过，自行立法也属于香港自治范围内的事务，一切还需要在尊重历史和现实的基础上，从香港社会的实际情况出发，集思广益，以期在条件成熟时有所作为。

（三）自行立法是香港社会和居民的根本利益所在

自行立法不但是"一国两制"下的特殊安排，也是特别行政区及每位中国公民的神圣

---

① 参见李宗锷：《香港日用法律大全》（第一册），商务印书馆（香港）有限公司 1991 年版，第 627~629 页。

责任和法定义务，还是香港社会和居民的根本利益所在。只有在国家安全立法的保护下，才有可能从根本上保证香港社会的稳定，维护香港居民正常安宁的生活秩序，这是香港居民的根本利益所在。有少数人没看到这个根本性前提，认为《香港基本法》第二十三条立法损害了香港居民的言论自由，违反了国际人权公约，我们认为，这是极其狭隘、有害的观点。

1. 落实《香港基本法》第二十三条并不违反国际人权公约①

《香港基本法》第三十九条规定，《公民权利和政治权利国际公约》、《经济、社会与文化权利的国际公约》和国际劳工公约适用于香港的有关规定继续有效，通过香港特别行政区的法律予以实施。香港居民享有的权利和自由，除依法规定外不得限制，此种限制不得与本条第一款规定抵触。因此，有一种意见认为，落实《香港基本法》第二十三条违反了国际人权公约，这种意见是难以成立的。

《公民权利和政治权利国际公约》和《经济、社会与文化权利的国际公约》的许多条款都明确指出权利和自由要受到必要的限制，这些限制包括国家安全、公共秩序和道德等。试举几例。譬如《经济、社会与文化权利的国际公约》第八条规定"人人有权利组织工会和参加他所选择的工会"和"工会有权自由地进行工作"，但同时指出"对这一权利的行使，不得加以除法律所规定及在民主社会中为了国家安全或公共秩序的利益或为保护他人的权利和自由所需要的限制以外的任何限制"。又如《公民权利和政治权利国际公约》第十二条规定了迁徙自由，并指出要受到"法律所规定并为保护国家安全、公共秩序、公共卫生或道德，或他人的权利和自由所必需且与本公约所承认的其他权利不抵触的限制"。第十四条规定了公开审理原则，并规定了"由于民主社会中的道德的、公共秩序的或国家安全的理由，或当诉讼当事人的私生活的利益有此需要时，或在特殊情况下法庭认为公开审判会损害司法利益因而严格需要的限制下，可不使记者和公众出席全部或部分审判"。第二十一条规定了和平集会的权利："对此项权利的行使不得加以限制，除去按照法律以及在民主社会中为维护国家安全或公共安全、公共秩序，保护公共卫生或道德或他人的权利和自由的需要而加的限制。"第二十二条规定了结社的权利，但受到"法律所规定的限制以及在民主社会中为维护国家安全或公共安全、公共秩序，保护公共卫生或道德，或他人的权利和自由所必需的限制"等等。

2. 落实《香港基本法》第二十三条与保护言论自由并不矛盾

还有一种意见认为，落实《香港基本法》第二十三条立法影响言论自由。这种担心是没有必要的，因为言论自由本身并不是无限制的。《公民权利和政治权利国际公约》第二十条规定明确指出，"任何鼓吹战争的宣传，应以法律加以禁止。任何鼓吹民族、种族或宗教仇恨的主张，构成煽动歧视、敌视或强暴者，应以法律加以禁止"。第十九条规定了"人人都有自由发表意见的权利"，但是必须受到某些限制，"这些限制只应由法律规定并为下列条件所必需：（甲）尊重他人的权利或名誉；（乙）保障国家安全或公共秩序，或公共卫生或道德"。

落实第二十三条立法，打击危害国家安全的犯罪行为，这与正常的言论自由并不相干。再以美国的做法为例。美国1940年《反颠覆法》规定："任何人倡导、鼓动、劝说、教唆以武力和暴力推翻破坏国家、州、地区、特区、政治分区政权的职责、必要性、正当性，或任何人以推翻破坏上述政权为目的，用印刷、出版、汇编、书刊、传播、销售、散布或当众显示任何文字和印刷品，来倡导、鼓动、劝说、教唆以武力和暴力推翻破坏国家任何级别政权的职责、必要性、正当性，或企图如此做，或任何人组织、帮助或企图组织任何社团、小组或集会进行教唆、倡导、鼓动以武力和暴力推翻破坏国家政权，或者在清楚其组织目的情况下加入其组织成为成员或附属成员者，将被按此罪处罚款或处二十年以下徒刑，或罚款与徒刑并罚，并且五年内不准在政府各部门机关任职。如果两个或两个以上人同犯此罪，每个人将被处罚款或处二十年以下徒刑，或罚款与徒刑并罚，并且每个人五年内都不准在政府各部门机关任职。"

第二编　香港基本法要论

第四章　香港基本法的制定

第一节　香港问题的由来及其圆满解决

香港自古以来就是中国的领土，长期以来被英国非法侵占。香港问题，是中英两国之间的历史遗留问题。妥善解决历史遗留下来的香港问题，在 20 世纪内收回香港，恢复我国对香港地区行使主权，实现祖国的统一大业，是中国人民长期以来的共同愿望和神圣责任。一百多年后，香港问题终于得到圆满解决。1997 年 7 月 1 日，香港回归祖国，一个半世纪以来强加给中国人民的民族耻辱终被洗刷。

一、香港自古以来就是中国的领土

香港自古以来就是中国的领土，它是英国在 19 世纪的鸦片战争后，通过与腐败无能、丧权辱国的清政府签订的三个不平等条约，先后强行割让和租借去的。

（1）早在 5 000 年前的新石器时代，香港就已有中国先民生活的遗迹。关于这一点有大量的考古发掘出土的石器和陶器为证，经过考古学专家的研究和比较，香港出土的这些文物与广东省许多地方出土的文物是相同的，属于同一文化系统。因此，香港地区自古以来就是我国先民劳动生息的地方，中华民族在这块土地上繁衍生息了 5 000 年，一直没有间断过，这些考古文物还有力地证明，英国人所说的香港在被英国占领之前是一个"杳无人烟的荒岛"的言论是十分荒谬可笑的。

（2）中国历代王朝对香港的管制。从秦始皇三十三年（公元前214）开始，香港地区就纳入中国版图，处于中国历代王朝所设置的各级地方行政机构（郡、州、府、县等）的管辖之下，逾 2 000 年没有间断。这同样也有力地证明了香港自古以来一直是中国的领土。自秦汉以来，香港历代的建制归属屡有变迁，大致可以分为四个历史时期：

①从秦始皇三十三年至东晋成帝咸和六年，即从公元前 214 年至 331 年，香港属于南海郡番禺县管辖和治理，经历了约 545 年。

②从东晋成帝咸和六年至唐肃宗至德二年，即从 331 年至 757 年，香港属于东莞郡宝安县管辖和治理，经历了约 426 年。

③从唐肃宗至德二年至明朝万历元年，即从 757 年至 1573 年，香港地区属于广州郡东莞县管辖和治理，经历了约 816 年。

④从明神宗万历元年至清道光二十二年，即从 1573 年至 1842 年，香港地区属于广州府新安县管辖和治理，经历了约 269 年。

以上这些历史事实证明，自古以来的 2 000 多年，香港地区一直是在中国政府管辖下的，是中国的神圣领土。

二、英国侵占香港地区的经过

自 1840—1842 年中英鸦片战争后，香港岛、九龙司和"新界"逐步为英国所占领，沦为英国的殖民地，从而改变了香港的法律地位。

（一）第一次鸦片战争：逼签《南京条约》与割占香港岛

17 世纪中叶，英国资本主义迅速发展，先后战胜其对手，成为海上霸主，瞬时将侵略扩张的势头对准中国。英帝国主义对香港早有觊觎，早在 1793 年和 1816 年，英国两次派使来华，要求建立关系，并提出割让海岛以便英国人通商居住的无理要求。当时的乾隆皇帝对此无理要求严词拒绝："天朝国土，俱归版籍。"此后，中英商业贸易在东南沿海城埠和岛屿仍频繁进行。按正常的贸易来看，中国一直是出超国。英国由于对中国贸易存在逆差，而用工业品又无法打开中国市场，于是进行罪恶的鸦片走私贸易，置中国政府的禁令于不顾，大肆掠夺中国的白银，严重毒害着中国人民的身体健康，腐败着中国的政治体制。

1838 年底，清政府钦差大臣林则徐赴广州禁烟，次年 3 月，林则徐令英国等所有外商缴出了鸦片 3 万多箱，在虎门当众销毁。英国政府以此为借口，远征军于 1840 年 6 月抵广州，遂爆发了第一次鸦片战争。清政府屈膝求和，撤林则徐的职，改派琦善与英军谈判。琦善以两广总督身份擅自与英方签订《穿鼻草约》，答应割让香港岛和赔款 600 万元。这个草约事先既未经清政府的授意，事后双方政府也没有批准同意成为条约。但是英国海军却于 1841 年 1 月 26 日悍然在水坑口登陆升旗，举行占领仪式，视香港为英国属地，竟然于是年 6 月按段出售土地给英国移民和商人。尽管如此，英国政府仍嫌《穿鼻条约》获利不足。1841 年 4 月，英国首相巴麦尊收到草约报告后，认为索赔太少，而且清政府按该草约还可以在香港"征收一切税钞"，英国为此甚为恼火，遂解除义律一切职务，另派璞鼎查为全权代表。英国继续扩大侵略战争，1841 年 8 月璞鼎查率军舰沿海北上，攻破吴淞口炮口，溯江而上，直通南京，这使软弱无能的清政府吓破了胆。1842 年 8 月 29 日，清政府在英国武力逼迫下，与英国订立了我国近代历史上第一个不平等条约《南京条约》。《南京条约》共 13 条，除了增加对英国的赔偿，同意对英国开放福州、上海、广州、厦门、宁波五个沿海城市外，在条约第三条重新规定，中国"大皇帝准将香港一岛给予大英君主，暨嗣后世袭主位者，常远据守主掌，任便立法治理"。原《穿鼻条约》中的"大清帝国对香港商业得按黄埔贸易之例，征收一切税钞"也完全取消了，清政府丧失了对香港岛的一切主权。香港岛，这块 75.6 平方公里的祖国宝岛从此沦为了英国的殖民地。

（二）第二次鸦片战争：逼签《北京条约》与九龙司地区的割让

英国占领香港岛后，得陇望蜀，策划阴谋侵占九龙半岛，公然派兵占领南九龙尖沙咀及官涌的"惩膺"、"临冲"两座炮台，并加以拆毁。1856 年 10 月，英国借口"亚罗号"事件，联合法国向中国发动第二次鸦片战争。1858 年，英法联军占领广州，在英国的胁迫下，清朝两广总督劳崇光与英国驻广州总领事巴夏礼签订了租借尖沙咀的协议。根据该协议，北至界限街以南的九龙尖沙咀、旺角地区同昂船州共计 11.1 平方公里的土地永久租借给英国。但是，英国对上述地区的永久租借权并不满意。1860 年 4 月英政府指示英代表额尔金利用一切机会割让九龙半岛。于是，英国利用 1860 年英法联军攻占北京，迫使清政府与其签订《中英北京条约》的机会，正式将上述地区割让给英国。该条约第六款规定："前据广东二月二十八日大清两广总督劳崇光将粤东九龙司地方一区,交与巴夏礼代国立批,永租在案。兹大清皇帝即将该地界付与大英大君主并历后嗣,并归英属界内。"这样,由"租借"变成"割让"给英国。从此九龙半岛界限街以南的中国九龙司地区正式被英国占领。

(三)《中英展拓香港界址专条》与"新界"地区之强行租借

1894 年中日甲午战争之后,西方帝国主义列强竞相在华划分势力范围。英国于 1898 年 6 月强迫清政府同它缔结《中英展拓香港界址专条》,强行租借了深圳河以南,界限街以北,面积达 946.4 平方公里的九龙半岛地区以及该半岛附近的 200 多个岛屿(包括大鹏湾和深圳湾海域),上述地区后成为"新界"地区,总面积为 975.1 平方公里。其租借"以九十九年为期限",也就是说从 1997 年 7 月 1 日起,该地区应该归还给中国。至此,英国占领了包括香港岛、九龙半岛、"新界"在内的整个香港地区。

就这样,英国殖民者凭借自己的船坚炮利,通过三个不平等条约强占了整个香港地区,并使其披上合法外衣,在这里实行殖民地统治长达 100 多年,这就是英国人侵占香港地区的经过,也是使中国人民蒙受了百年耻辱的所谓"香港问题"的由来。对于整个中华民族来讲,香港被侵占的历史充满了悲痛与血腥,洗刷这段不幸的历史是后代中国人民和历届中国政府不懈的追求。

三、中国政府解决香港问题的基本立场和方针

所谓香港问题,就是英国人在 19 世纪,通过鸦片战争用武力逼迫清政府签订三个不平等条约,先后强行割让和租借香港地区所遗留下来的历史问题。

(一)对香港问题的评价

(1)中国人民从来不承认这三个不平等条约,19 世纪中末期,英国政府通过赤裸裸的武力侵略,先后同清政府签订了《南京条约》、《北京条约》、《中英展拓香港界址专条》等三个不平等条约,强行割占和租借香港地区。这三个不平等条约是刺刀下的交易,是完全非法的,中国人民从来不承认这些不平等条约。一个拥有 5 000 年文明的古国,一个世界人口最多的民族,在世界上曾遥遥领先的泱泱大国,无论如何也不会承认这样的奇耻大辱!

(2)世界上主持正义、爱好和平的人民,包括不少正义的英国政治家,也反对当时英国政府的侵略政策。世界上许多有正义感的政治家和爱好和平的人士都曾经说过,香港地区被侵略、占领,是一场不正义的战争的结果,是不光彩的城下之盟,是刺刀下的交易,从公平道义讲,都是无效的,从国际惯例到国际法,都是非法的,迟早是要归还中国的。就连英国国内也同样有不少人反对英国政府发动那场臭名昭著的鸦片战争。据英国的史料记载,在 1840 年 4 月,英国议会讨论是否同意派兵向中国开战时,赞成的有 271 票,反对的有 262 票,仅有 9 票之差。一些主张公理和正义的有志之士,强烈反对英国政府的侵略战争。保守党议员詹姆士·古拉哈姆在议会上慷慨激昂地发言,时间长达三个小时,义正词严地批驳投票支持侵略战争的人。他说:"这样不正义的战争,即使胜利,也不会得到任何光荣。""我从来不知道,也从来没有在哪一本书里读到有这样非正义的战争,这样会成为不名誉的战争。刚才和我不同意见的一位绅士讲道,在广东飘扬着光荣的英国国旗。可是,这国旗是为了保护臭名昭著的走私禁品而飘扬。如果现在要在中国的沿海升起旗帜,我们一看到它就不

能不感到恐怖的战栗。"① 詹姆士·古拉哈姆的发言，不仅代表了投反对票的议员的意见，而且反映了千千万万主持公理和正义的英国人民的意见。历史已经证明，他的意见是完全正确的。

（二）旧中国历届政府对香港问题的态度

自从英国人占领香港后，中国人民为废除不平等条约，收回香港地区的主权进行了不屈不挠的斗争。中国人民从来不承认三个不平等条约，辛亥革命后的历届中国政府也都没有哪一届政府承认三个不平等条约，更没有承认过英国对香港的主权。

但是，在腐败无能的政府统治下，国家不强大、不富裕，收回香港有心无力。辛亥革命后，北洋军阀连年混战，民穷国弱，根本不可能收回香港地区的主权。抗日战争时期，当时的国民党政府曾向英国提出收回香港的问题，并于 1943 年与英方达成协议，在战胜日本后重新考虑"新界"的租借问题。但抗日战争胜利后，国民党忙于内战，无暇顾及此事，协议遂被搁置。

（三）新中国政府（即中华人民共和国）对香港问题的一贯立场

1949 年 10 月 1 日，中华人民共和国成立了，毛泽东主席在天安门城楼向全世界宣布："中国人民从此站起来了！"中国历史掀开了新的一页。中国政府宣布：废除一切不平等条约，取缔所有列强在华特权和不平等势力，把帝国主义从中国的土地上赶出去。朱德总司令命令人民解放军向全国进军，直至解放中国的每一寸土地。1949 年 10 月，广州升起了五星红旗，解放军百万雄师直指粤东，到达现在的深圳，港英政府当局惊慌失措，宣布香港进入"紧急状态"，并且将守军人数增加到 3 万。然而蒋介石当时 800 万人的军队都不是解放军的对手，区区 3 万英军又怎么能抵挡得住当时的百万解放军雄师呢？

毛泽东主席等新中国第一代领导人根据当时的国际国内形势决定，不用武力解决，毛泽东主席说："中国人民并不需要在香港、澳门问题上显示武力，来证明自己反对帝国主义的勇气和坚定性。"（《毛泽东外交文选》第 502 页）毛泽东主席还针对党内有些同志的急躁情绪提出："香港还是暂时不收回来的好，我们不急，目前对我们还有用。"

正是基于以上原因，中国领导人审时度势，作出英明决策，采取"长期打算，充分利用"的八字方针。解放初期也多次阐明了我国政府对香港问题的立场与一贯主张："香港是中国的领土，中国不承认帝国主义给中国人民的三个不平等条约，解决香港问题完全属于中国主权范围内的事情。对于这一历史遗留下来的问题，我国政府一贯主张，在条件成熟时，通过适当的方式和平解决，在未解决之前暂时维持现状。"

（四）以邓小平为核心的中国第二代领导人创造性地提出了"一国两制"构想，香港问题得到圆满解决

"一国两制"的构想首先是针对台湾问题提出来的，1979 年元旦，全国人大常委会发表了《告台湾同胞书》，首先提出了按照"一个国家，两种制度"的政策解决台湾问题的构想。

20 世纪 70 年代末，随着香港新界租期的临近，香港投资出现了波动。英国对新界的统治到 1997 年 6 月 30 日为止，从法律上来说，香港政府无权批出超越 1997 年 6 月 30 日的新界土地契约，也无权对新界进行管理和统治。这个问题如果前途不明朗，得不到妥善解决，

---

① 引自陈舜臣著，卞立强译：《鸦片战争实录》，中国友谊出版公司 1985 年版，第 111 页。

就会严重影响投资者的信心，使投资者裹足不前。为此，英国政府在 70 年代末就多次试探我国政府对香港前途问题的立场和态度，他们首先提出希望中国政府能够同意香港政府批出超越 1997 年的土地契约。中国政府理所当然地拒绝了这个无理要求。英国首相等人先后访华，探寻中国对香港问题的立场，邓小平几次表示：请香港投资者放心，"一国两制"是对台湾提出，我看首先应用于港澳是可能的。1982 年 6 月，邓小平在会见港澳知名人士时，提出了"收回香港，恢复行使主权，保持香港繁荣"的方针。后来邓小平又加上"制度不变，港人治港"，于是形成了一个完整的解决香港问题的方针。同年 9 月，邓小平在会见英国首相撒切尔夫人时明确提出，关于香港问题可以用"一个国家，两种制度"的方案解决，这一切都显示，解决历史遗留下来的香港问题的条件已经成熟，于是，香港问题的解决便先于台湾和澳门问题而被提上我国政府议事日程。

我国政府解决香港问题的基本方针可以概括为两条：一是我国一定要在 1997 年收回香港，恢复行使主权，不能再晚；二是在恢复行使主权的前提下，可以用"一个国家，两种制度"的方案解决，保持香港的繁荣和稳定。

我们之所以要采取这样的方针，首先，因为香港的割让是英国殖民者当局在中华民族健康肌体上划下的第一刀，是西方列强瓜分中国、中国沦为半殖民地半封建社会的开始，这对中国人民的伤害太大太深了。因此，在中国人民的心目中，在所有炎黄子孙的心目中，香港问题历来有着特别沉重的分量。而解决香港问题的关键，正在于中国收回被占领的土地，恢复行使主权。如果在新界租约到期的 1997 年，也就是中华人民共和国成立 48 年后，还不能把香港收回，就像邓小平所讲："任何一个中国领导人和政府都不能向中国人民交代，甚至也不能向世界人民交代。如果不收回，就意味着中国政府是晚清政府，中国领导人是李鸿章！人民就没有理由信任我们，任何中国政府都应该下台，自动退出政治舞台，没有别的选择。"其次，如前所述，今日的香港已经发展为亚洲金融、贸易中心，在我国实行改革开放政策、进行社会主义经济建设中也具有特殊的地位和作用，因此我们不仅要收回香港，还要继续保留这个聚宝盆，继续充分发挥它的窗口作用，这就要求香港继续保持繁荣和稳定。这不仅是香港居民的需要，也是我们实现社会主义强国的需要。

中国政府的一贯立场为英方所接受，双方领导人同意通过外交途径继续进行商谈，从而开始了中英两国政府关于香港问题的外交谈判。

第二节　中英《关于香港问题的联合声明》

一、中英关于香港问题的谈判

（一）谈判经过简介

由于中国政府按照"一国两制"构想解决香港问题，我国政府同英国政府关于香港问题的谈判圆满达成了协议，签署了举世瞩目的《中英联合声明》，香港从此进入回归祖国的过渡时期，开始了一个历史性转折，从而标志着我们伟大祖国的统一大业向前迈进了重要的一步。今天，当我们回顾那场决定香港未来前途和命运的中英谈判过程中的风风雨雨的时候，当然不会忘记作为我国解决香港问题决策者的邓小平所起的特殊作用，特别是他提出的

"一国两制"的构想在整个谈判中所发挥的空前威力。

长达两年之久的中英香港问题谈判，大体上可以分为两个阶段。第一阶段从 1982 年 9 月至 1983 年 6 月，双方主要就一些原则问题进行了商谈，并就会谈议程和其他程序问题达成了协议，约定先谈 1997 年以后对香港的安排，然后再谈过渡期即从现在起到 1997 年的安排。从 1983 年 7 月开始，会谈进入第二阶段，到 1984 年 9 月，两国政府草签联合声明。在此期间，两国政府代表团共进行了 22 轮会谈。

（二）谈判中的较量

谈判的第一个阶段：英国政府错误估计形势，过高估计了香港对中国的经济作用，过低估计了中国政府对主权问题的原则性和坚定性立场，以为中国可以容许英国以某种方式在 1997 年后继续管治香港。因此，1982 年 9 月 22 日，当撒切尔夫人这位被当今世界称为"铁娘子"的英国领导人来北京寻求解决香港问题的方案时，就提出了三个条约继续有效论。她认为关于香港的条约是关于国际法准则生效的，因而是有效的。也就是说香港岛和九龙半岛的割让是有法律依据的，中国不能收回；而英国要与中国谈的仅仅是新界问题，因为新界租期届满，英国政府所期望的是某种安排，使中国延长租借期限 50 年，交换条件是承认中国对整个香港的主权。换言之，英国方面的梦想是：坚持三个条约有效，以主权换治权，即 1997 年后，香港的主权由中国恢复行使，英国则保留对香港的管治权。这种论调一提出就遭到我方的驳斥，指出这是违反主权原则的。因为所谓主权是一个国家独立处理本国对内和对外的最高权力，国家有权对自己领土上的一切人和物进行管辖。因此，主权是包含着治权的，主权是一国领土上的最高统治权。治权是主权管理事物的具体表现，没有治权，主权就无从实现。因而，主权与治权是不可分割的。英方在提出三个条约有效论被驳回后，又提出主权治权可分论，其目的仍然是为保留其在香港的统治寻找理论依据。然而这是我方所坚决不能接受的。在我方的据理力争之下，英方不得不收回这个要求，开始认真地进行谈判。[①]

"香港是中国的领土，我们一定要收回来的！"邓小平斩钉截铁地回绝铁娘子。铁娘子竹篮打水一场空。邓小平说："辛亥革命以后，中国历届政府，包括北洋军阀政府和国民党政府都没有承认这三个条约，看今日中国，谁敢做李鸿章第二！"中英立场，针锋相对。高级会晤，乌云笼罩。难怪有人说铁娘子去北京是带着篮子去装邓小平的礼物，而邓小平给的是水，结果铁娘子竹篮打水一场空。

1982 年 9 月 24 日上午，邓小平在人民大会堂会见了撒切尔夫人。双方开始还满面笑容，大谈饮食之道。可一进入正题，双方的脸色就凝重起来。撒切尔夫人坚持自己的立场，强调三个条约有效，英国要继续遵守这些条约……铁娘子正侃侃而谈，旁边的邓小平再也按捺不住，他把香烟一掐，大手一挥，斩钉截铁地对铁娘子说："香港是中国的领土，我们一定要收回来的！"十七个字震古烁今，大气磅礴，显示了邓小平在原则问题上的坚定立场和他绝不退让的个性。

是的，中国受欺凌、受侮辱的时代一去不复返了。一提起三个条约，哪个中国人不是火从心底里往上冒呢？

谈判的第二个阶段：会谈进行到 1984 年 3 月下旬时，第一项议程即 1997 年以后的安排基本完成。从 1984 年 4 月中旬第 12 轮会谈开始，谈判进入第二项议程，即过渡时期的安排

---

① 许崇德主编：《港澳基本法教程》，中国人民大学出版社 1994 年版，第 32 页。

及有关政权交接的基本设想。1984 年 6 月初,双方派出工作小组共同起草协议文书。在这一年的 4 月和 7 月,英国外交大臣杰弗里·豪应我国政府的邀请两次来北京访问。我国领导人亲自同他会晤,对推动谈判的进展起了很大作用。此后,两国政府代表团又继续就协议的文字措辞进行了反复的磋商,终于在同年 9 月 18 日达成全部协议,随即双方政府代表团团长于 9 月 26 日草签。正是在这一天,1984 年 9 月 26 日,人民大会堂大厅放置着一张铺满墨绿色绒布的长桌,桌子中央插着中英两国国旗。9 时 55 分,中国方面的姬鹏飞、周南、姚广等 25 人步入会场,两分钟后,英国方面的伊文思、尤德等代表也鱼贯而入,双方成员一一握手,接着各就各位。时钟敲响了十下,庄严的时刻到了,周南和伊文思在三份协议书上签字盖章,加上握手及交换文本的时间,整个过程大约只有三分钟。

三分钟结束了一百多年的耻辱。我们依靠"一国两制"的方针,和平收回了香港的主权和治权,同时又保持了香港的繁荣与稳定,使香港问题得到了圆满解决,鱼与熊掌亦可兼得,国际舆论一片赞扬,海内外盛赞邓小平才智超人,香港股市一升再升。当时的联合国秘书长德奎利亚尔发表讲话,高度赞扬中英香港协议,认为这个协议恰恰是当今国际社会最需要的,是解决多边及国际各种问题的楷模。美国、日本、法国、澳大利亚、加拿大等多国政府均发表声明,赞扬这一协议的历史意义,称国际关系中又多了一种解决纠纷和历史遗留问题的最佳方式。

在中英两国代表草签以后,中国、英国和香港的立法机构都召开会议,对协议的内容展开辩论,经过反复的讨论并同意后,1984 年 12 月中旬,英国首相撒切尔夫人亲自访华,12 月 19 日,我国总理赵紫阳和英国首相撒切尔夫人在我国首都北京举行了隆重的《中英联合声明》签署仪式,各自代表本国政府,签署了《中英联合声明》。

二、《中英联合声明》的主要内容

中英关于香港问题的《中英联合声明》除一份声明外,还包括三个附件。三个附件依次为"中华人民共和国政府对香港的基本方针政策的具体说明"、"关于中英联合联络小组"和"关于土地契约"。此外,两国政府还就部分香港居民的国籍问题交换了备忘录。根据《中英联合声明》第七节:"中华人民共和国政府和联合王国政府同意,上述各项声明和本联合声明的附件将付诸实施。"第八节规定:"本联合声明及其附件具有同等约束力。"

《中英联合声明》第三节和附件"中华人民共和国政府对香港的基本方针政策的具体说明",表明在 1997 年 7 月 1 日,我国对香港恢复行使主权后,对香港实行的具体政策,这是为了进一步确立香港在我国国内法中的地位。其基本方针政策主要包括以下四个方面的内容:

(1)中华人民共和国在 1997 年 7 月 1 日恢复对香港行使主权时,香港会成为我国的一个特别行政区,直辖于中央人民政府。由我国人民代表大会根据《宪法》第三十一条制定《中华人民共和国香港特别行政区基本法》,规定香港特别行政区成立后不实行社会主义制度和政策,保持香港原有的资本主义制度和生活方式,50 年不变。这清楚地表明,香港特别行政区是我国一个实行资本主义制度的特别行政区,以此区别于我国其他的地方行政区。

(2)香港特别行政区直辖于中央人民政府,并享有高度的自治权,除外交和国防事务属中央人民政府管理外,香港特别行政区享有行政管理权、立法权、独立的司法权和终审权。香港特别行政区的社会治安也由香港特别行政区政府负责。中央人民政府派驻香港特别行政区负责防务的部队不干预香港特别行政区的内部事务。驻军军费由中央人民政府负担。在规定外交事务属中央人民政府管理原则下，香港特别行政区将享有自行处理某些对外关系的事务，特别是在经济范围内的事务的权力。

（3）香港特别行政区成立后，香港现行的社会制度、经济制度在一个相当长的时期内不变，生活方式不变，法律基本不变。除香港原有法律与《香港基本法》相抵触或香港特别行政区的立法机关作出修改之外，予以保留。香港特别行政区法院可以引用其他普通法适用地区的判例，香港特别行政区可以从其他普通法适用地区延聘法官，香港特别行政区终审法院还可邀请其他普通法适用地区的法官参加审判。

（4）照顾英国和其他国家在香港的经济利益。

可见，《中英联合声明》及其附件关于香港特别行政区的法律地位包括两个方面：首先，中英双方庄严声明，在1997年以后，英国交回香港给我国，我国恢复对香港行使主权，这就在国际上确认了香港是中华人民共和国的一部分，任何国家无权将香港从我国领土中分离出去。这是1997年后香港的基本的法律地位。其次，根据香港的现状，我国保证在香港回归祖国后，对其实行特殊的政策，它会作为一个实行资本主义制度、享有高度自治权的特别行政区而成为我国大家庭之一员。

必须说明的是，《中英联合声明》及其附件是一份有约束力的国际协议，是一份规定和创造中英两国对香港权利和义务的国际条约。这份条约，是双方在平等互利的基础上，根据《联合国宪章》的精神，在没有任何外来压力的条件下，经友好协商自愿达成的协议。中英两国还根据各自国家的法律规定，经过最庄重的法律程序使之发生效力。①

《中英联合声明》的签署，使历史遗留下来的香港问题获得圆满的解决。因此，其公布后立即得到了包括香港各界人士和海外侨胞在内的中国人民以及国际舆论的拥护和赞赏。香港广大同胞都对联合声明表示满意和欢迎。许多国家的政府也纷纷发表声明，赞扬中英谈判的成功。香港问题的圆满解决，是实现祖国和平统一大业的重要步骤，也有利于香港的长期繁荣、稳定和发展，符合包括香港同胞在内的全中国人民的根本利益，并为当今世界以和平方式解决某些国际争端提供了范例。

如今，香港已于1997年7月1日回到了祖国母亲的怀抱。回想一百多年前，异邦的铁蹄，漂洋过海，惊飞了憩息的海鸥，惊散了香港的美梦：软弱的清政府让国人被欺压，让国家遭耻辱。祖国一度被各国列强分割得四分五裂。《南京条约》这个丧权辱国的不平等条约，使香港沦为了英国的殖民地。沉沉的枷锁，使香港失去了自由，坠入了深渊。但是，中国人民争取回归的斗争始终没有停息。

历史不会忘记那一刻，中国人民永远记住那一刻：1997年7月1日零时，中华人民共和国国旗和香港特别行政区区旗在雄壮的国歌声中徐徐升起……经历了百年沧桑的香港终于回到了祖国的怀抱，进入一个崭新的时代。

---

① 董立坤：《香港法的理论与实践》，人民出版社1999年版，第26页。

第三节　香港基本法的制定与颁布

一、制定香港基本法的依据

香港基本法是一部史无前例的法律，具有深远的历史意义和国际意义，那么，制定香港基本法的依据是什么呢？具体来说主要有三个方面：

（一）法律依据

制定香港基本法的法律依据是我国宪法，宪法是我国具有最高法律效力的法律，其他法律的制定都要以宪法为依据，不能同宪法相抵触。香港基本法也是根据宪法制定的，特别是《宪法》第三十一条关于"一国两制"的规定。我国《宪法》第三十一条规定：国家在必要时得设立特别行政区，在特别行政区内实行不同于内地各省、自治区、直辖市的社会、经济制度和政治制度，由全国人大制定法律规定。所以说《宪法》第三十一条是制定基本法的法律依据。当然，不仅仅是第三十一条，从整体上说宪法是制定基本法的法律依据，因为关于中央与特别行政区关系以及国旗、国徽、首都等内容都涉及宪法的其他许多条文，也需要以这些条文为依据。但宪法规定四项基本原则以及许多条文则不能作为制定香港基本法的依据。

有人提出我国《宪法》序言规定坚持四项基本原则，第一条规定坚持社会主义，《宪法》第五条规定维护社会主义法制的统一和尊严。宪法的这些规定与第三十一条相矛盾。因此，根据《宪法》第三十一条制定的基本法也是与宪法相矛盾的。这种看法是不对的，正因为在特别行政区实行资本主义制度，不实行社会主义制度，所以《宪法》第三十一条才专门作了规定，说明在特别行政区实行资本主义制度，就是宪法本身所允许的，是合乎宪法，并且是不矛盾的。宪法通常规定解决一些普遍性的问题，同时又作一些特别的规定以解决特殊矛盾。《宪法》第三十一条与其他条文的关系是特殊性与一般性的关系，如果没有《宪法》第三十一条的规定，在香港设立特别行政区、实行资本主义制度就不合法了。

（二）政策依据

制定香港基本法的政策依据是《中英联合声明》中我国对香港的基本方针政策以及附件一，即《中英联合声明》正文第三条十二项内容和我国政府对香港的基本方针政策的具体说明。《中英联合声明》包括一个正文和三个附件，正文中规定了我国对香港的基本方针政策，附件一是我国政府对香港的基本方针政策的具体说明。因此制定香港基本法的政策依据就是《中英联合声明》正文第三条及附件一。

《中英联合声明》第三条的主要内容和基本精神如下：

（1）根据《中华人民共和国宪法》第三十一条的规定，中华人民共和国对香港恢复行使主权，设立中华人民共和国香港特别行政区。

（2）香港特别行政区直辖于中华人民共和国政府，除外交、国防事务属于中央人民政府负责管理外，享有高度的自治权。

（3）香港特别行政区享有行政管理权、立法权、独立的司法权和终审权。现行的法律基本不变。

（4）香港特别行政区政府和立法机关均由当地人组成。行政长官在当地通过选举或协商产生，由中央人民政府任命。担任主要职务的官员由特别行政区行政长官提名，报中央人民政府任命。原在香港各政府部门任职的中外籍公务、警务人员可以留用。特别行政区各政府部门可以任用或聘用外籍人士担任顾问或某些公职。

（5）香港现行的社会经济制度不变，生活方式不变；特别行政区依法保障居民和其他人的人身、言论、出版、集会、结社、游行、迁徙、通讯、罢工、选择职业、学术研究及宗教信仰等各项权利和自由。私有财产、企业所有权、合法继承权及外来投资均受法律保护。

（6）香港特别行政区将继续作为自由港和单独关税地区进行经济活动，资金进出自由。港元作为特别行政区的法定货币，继续流通和自由兑换。香港特别行政区将保持国际金融中心的地位，继续开放外汇、黄金、证券和期货等市场。

（7）香港特别行政区保持财政独立，中央人民政府不向香港特别行政区征税。

（8）香港特别行政区可以"中国香港"的名义单独同各国、各地区及有关国际组织保持和发展经济、文化关系，并签订有关协定。

（9）香港特别行政区的社会治安，由香港特别行政区政府负责维持。中央人民政府派驻香港特别行政区负责防务的部队不干预特别行政区的内部事务，驻军军费由中央人民政府负担。

（10）香港特别行政区可同英国和其他国家建立互利的经济关系，英国和其他国家在香港的经济利益将得到照顾。

（11）香港特别行政区政府自行制定有关文化、教育和科学技术方面的政策，包括教学语言、学术资格、学位级别制度等方面的政策。

（12）香港特别行政区悬挂中华人民共和国国旗和国徽，还可以使用区旗和区徽。

香港特别行政区的政府机关和法院，除使用中文外，还可以使用英文。

《中英联合声明》的正文中规定了我国对香港的基本方针政策，并且明确指出，关于中国对香港的基本方针政策和《中英联合声明》附件一对基本方针政策的具体说明，中国全国人大将以香港基本法形式规定，50年不变。由此可见，中国对香港的基本方针政策是起草香港基本法的具体政策依据，这不但使香港基本法找到了一个类似于基本方针政策的结构框架，而且使《宪法》第三十一条的规定更加具体化，也使香港基本法的内容更加具体化，这也是香港基本法能够顺利起草的一个原因。香港基本法的制定，既坚持了联合声明的精神，又体现了我国对香港的基本方针政策。

（三）依据香港实际情况

制定香港基本法虽然有了宪法作为法律依据，又有了中国对香港基本方针政策作为政策依据，但是还不够，要制定出一部好的香港基本法还必须依据香港的实际情况，将基本方针政策同香港的实际情况紧密结合起来。

概括起来，香港有如下实际情况：一是在社会经济制度方面，实行资本主义，要保护私有制，实行自由贸易；二是在政治法律制度方面，香港长期以来有一个比较完善的法律制度、司法制度，以及与之相适应的政治制度、公务员制度，对于这些制度需要基本不变或者尽可能不作大的改变；三是在香港特别行政区与中央的关系方面，香港特别行政区既享有高度自治权，又是直辖于中央人民政府的地方行政区域；四是在香港特别行政区立法机关选举方面，既要发展香港的民主，又要从香港长期以来没有实行选举制的情况出发，因此香港民主发展应该循序渐进，并有利于维护香港的繁荣和稳定；五是在对外经济文化交往方面，香港是一个国际金融中心，香港基本法要使香港能够继续保持与发展国际金融中心的地位。

二、香港基本法起草委员会和咨询委员会的成立

1985 年 4 月，我国政府根据第六届全国人大第三次会议审议批准的《中英联合声明》第三款第十二项的规定："关于中华人民共和国对香港的上述基本方针政策和本联合声明附件一对上述基本方针政策的具体说明，中华人民共和国全国人民代表大会将以中华人民共和国香港特别行政区基本法规定之，并在 50 年内不变。"从而决定成立中华人民共和国香港特别行政区基本法起草委员会。同年 12 月 18 日，又成立香港基本法咨询委员会，作为香港各界人士与起草委员会联系、沟通的桥梁和反映对基本法意见的重要渠道。

（一）香港基本法起草委员会

1985 年 4 月 10 日，第六届全国人民代表大会第三次会议通过了关于成立香港基本法起草委员会的决定。香港基本法起草委员会是全国人民代表大会为起草《香港基本法》而设立的临时性工作委员会。同年 6 月 18 日，第六届全国人民代表大会常务委员会第十一次会议通过了香港特别行政区基本法起草委员会名单。

香港基本法起草委员会由 59 人组成，其中内地委员 36 人，香港委员 23 人。1985 年 6 月 8 日，彭冲向第六届全国人大常委会第十一次会议作名单草案说明，指出 59 人中包括有关部门负责人 15 人，各界知名人士 10 人，法律界人士 11 人，还包括香港各方面——工商、文化教育、法律、工会、宗教等 23 人。由于香港工商界对维持香港的稳定繁荣关系重大，所以吸收了香港工业、商业、金融、地产、航运、文教、法律、工会、宗教、传播媒介等各界人士参加。起草委员会人选中还有香港行政、立法两局的议员和香港法院的按察司，他们是以个人的身份参加起草委员会工作的。从其来源看，起草委员会具有广泛的代表性，可以更好地反映香港各界同胞的意见、要求和愿望，使起草出来的香港特别行政区的基本法能够更加符合香港的实际情况，因而起草委员会的构成受到了香港各界的普遍好评。《信报》的评论指出："这份名单说得上极具代表性，它涵盖了大部分利益集团，这等于说大部分香港人的利益都得到眷顾。"除此之外，会议还建议选举主任委员 1 人、副主任委员 8 人、秘书长 1 人、副秘书长 2 人。

（二）香港基本法咨询委员会

1985 年 7 月 5 日，香港基本法起草委员会主任委员姬鹏飞，在香港基本法起草委员会第一次全体会议上的总结发言指出：委员们对在香港成立基本法咨询委员会问题进行了热烈的讨论，基本上取得了一致的意见。委员们认为，成立一个全港性的、有广泛代表性的基本法咨询委员会很有必要，它可以作为香港各界人士与起草委员会联系、沟通的桥梁，以及反映对基本法意见与建议的重要渠道。他又指出，基本法咨询委员会的任务是收集并向起草委员会反映香港各界人士对基本法的意见和建议，以及接受起草委员会的咨询。咨询委员会还可以将收集到的意见进行整理和综合分析，供起草委员会参考。有关基本法咨询委员会成员的组成，姬主任指出，可由基本法起草委员会委托在香港地区的 25 位委员发起筹建，提请在香港的 5 位起草委员会副主任委员担任召集人，并建议由新华社香港分社予以协助。香港基本法咨询委员会是民间性的咨询组织，香港基本法起草委员会是起草基本法的工作机构，

两者性质和职能不同，彼此没有隶属和领导关系，无所谓谁高谁低，目标是共同的，就是为起草基本法积极贡献各自的力量。①

在香港的 25 位起草委员返港后随即成立了香港基本法咨询委员会发起人会议，由在香港的 5 位副主任委员担任召集人，并得到新华社香港分社的协助，展开了筹建工作，历时约半年，于 1985 年 12 月 18 日召开了咨询委员会成立大会。筹建工作大体可分为三个阶段。第一个阶段是起草《咨询委员会章程》，在第一次发起人会议上推选了 6 人小组负责起草章程，1985 年 9 月 7 日在发起人第三次会议上正式通过了章程。第二个阶段是推荐咨询委员会成员，在发起人第三次会议上推选了成员名单筹划小组，这个小组参考香港各类咨询机构的组成方法，经过咨询和协商，提出了《咨询委员会成员产生办法》，建议按界别划分，确定名额。在 1985 年 11 月 23 日的发起人第五次会议上正式通过了 180 人的咨询委员名单。第三个阶段是咨询委员会的成立，在发起人第五次会议上成立了咨询委员会临时召集小组，主要负责咨询委员会的成立工作，1985 年 12 月 18 日咨询委员会正式成立。香港基本法咨询委员会的成员包括了工商、金融、地产、司法、法律、专业、教育、传播媒介、劳工、公务员、政界、学生、社会服务、街坊、社区、宗教界代表人物及少数外籍人士，其代表性是非常广泛的。

香港基本法咨询委员会在其成立的 4 年多时间里，进行了大量的工作，主要有：一是广泛地收集香港各界关于基本法的意见和建议，分类汇编，分期分批向起草委员会反映；二是采取多种形式在香港对基本法进行了广泛的宣传、推广工作；三是划分专责小组，与基本法起草委员会的专题小组进行对口交流，为其提供咨询；四是先后组织 7 批咨询委员会共百余人次到北京同内地起草委员交换意见，先后 4 次邀请内地起草委员到香港听取香港各界人士对基本法的意见，组织咨询委员到北京同内地委员进行交流。总之，在整个香港基本法起草工作中，咨询委员会进行了大量的工作，各个专责小组总共召开了 73 次会议，完成了多份咨询报告，其中相当多的意见已被基本法起草委员会采纳，这些都在征求意见稿和草案的两次修改中被反映出来，修改总共有 130 多次，其中大部分是实质性的修改。香港基本法咨询委员会对基本法的起草工作给予了积极有效的协助，很好地发挥了沟通意见的桥梁作用。

三、香港基本法的通过、颁布及其意义

香港特别行政区基本法起草委员会于 1985 年 7 月 1 日举行第一次全体会议，开始起草香港基本法，到 1990 年 4 月 4 日第七届全国人民代表大会第三次会议通过香港基本法，共经历了 4 年 8 个月的时间。

《中华人民共和国香港特别行政区基本法》于 1990 年 4 月 5 日颁布，于 1997 年 7 月 1 日开始生效。《香港基本法》是"一国两制"方针的规范化、法律化，是世界立法史上的重大创举。《香港基本法》由序言、九章（共 160 条）以及 3 个附件组成。《香港基本法》的制定为香港特别行政区勾画了蓝图，它将"一国两制"这一解决香港问题的总方针，以及中国政府在《中英联合声明》中所阐明的一系列方针政策，以法律的形式固定下来，为香港特别行政区实行"一国两制"、"港人治港"、高度自治奠定了坚实的法律基础。这部前无

---

① 李昌道、龚晓航：《基本法透视》，中华书局 1990 年版，第 49 页。

古人的法律的颁布在国内外引起强烈的反响,这部没有世界先例的、影响深远的法律文件,受到国内外各界人士的高度赞扬。因此,这部香港基本法意义重大。1990 年 2 月 17 日邓小平在会见香港基本法起草委员会全体委员时,对该基本法给予了高度的评价,他说:"你们经过将近 5 年的辛勤劳动,写出了一部具有历史意义和国际意义的法律。说它具有历史意义,不只对过去、现在,而且包括将来;说国际意义,不只对第三世界,而且对全人类都具有长远意义。这是一个具有创造性的杰作。"①

(一)具有重大的历史意义

香港问题是历史遗留问题,这段历史就是英国 1840 年对我国发动鸦片战争并强占香港为其殖民地的历史。它致使中国从此进入半殖民地半封建社会,中国的历史从此翻开了丧权辱国的第一页。香港基本法的诞生从法律上洗刷了一百多年来中国人民所蒙受的耻辱,同时揭开了香港崭新的历史。雪洗国耻、收回主权是中国人民的长期期待。香港基本法的颁布,也标志着香港作为历史遗留问题已经得到圆满的解决,同时也标志着香港进入了主权即将交接、繁荣与稳定得到持续保障的新的历史时期,是继《中英联合声明》后,载入中国史册的又一个辉煌的里程碑。因此,可以说,香港基本法改变了香港的历史,也创造了香港的历史。

(二)具有重要的现实意义

(1)它为实现"一国两制"开创了世界法制史上的先例。"一国两制"是我国为和平统一祖国提出的伟大构想,要在"一国两制"的前提下对香港特别行政区的政治、经济、法律、文教、对外事务等方面的具体方针政策用法律的形式固定下来,是非常复杂的工作。这样的法律文件在世界上是绝无仅有的,因此可以说《香港基本法》是一部史无前例的、具有开创性的法律。

首先,香港基本法在解决不同的法律体系的矛盾方面独树一帜。由于中国内地和香港现行的是两种不同的法律体系,因此香港基本法起草的过程中遇到许多难题和矛盾,比如宪法与基本法的关系、宪法和全国性法律在香港特别行政区的适用问题、基本法的解释权、香港特别行政区立法的审查权以及法院管辖权等问题,起草委员会在贯彻"一国两制"总方针的前提下,坚持高度原则性与高度灵活性相结合的原则,创造性、圆满地解决了这一系列的矛盾和难题。

其次,香港基本法在解决单一制下中央与特别行政区的职权划分上具有独创性。如何处理好中央与地方的关系,历来是世界各国首要关注的问题。制定香港基本法较大的难度之一就是如何确定中央与香港特别行政区的关系,它既不同于联邦制国家中央与地方的关系,也区别于单一制国家中央与地方的关系。但两种关系必须包容于"一国两制"中,这是一种世界上尚无先例可循的新型的特殊关系。香港基本法本着"一国两制"伟大构想的精神,根据《宪法》第三十一条的规定和《中英联合声明》中中国对香港的基本方针政策,坚持主权原则和高度自治原则相结合的办法,从而确定了中央政府与香港特别行政区的关系。这一难题的解决,不仅对中国具有重要的现实意义,而且给世界各国在解决这种特别关系的立法上作出了榜样。

(2)香港基本法的制定,对于保持香港长期稳定繁荣提供了法律上的保障。香港基本

---

① 焦洪昌主编:《港澳基本法》,北京大学出版社 2007 年版,第 18 页。

法以法律形式规定"香港特别行政区保持原有的资本主义制度和生活方式，50年不变"。从而使香港同胞解除了对香港前途的种种忧虑，增强了对香港前途的信心。

（3）对于促进和平统一祖国的进程产生了积极的影响。"一国两制"是我国政府为和平解决祖国统一问题而提出来的伟大构想。香港基本法把这一构想具体化并用法律的形式固定下来，使广大香港、澳门、台湾同胞消除了疑虑，为进一步解决澳门问题和台湾问题奠定了基础。

（三）具有开拓性的理论意义

（1）香港基本法的制定，是对我国社会主义宪法理论的发展。

这主要体现在以下三个方面：①体现了具有高度法律效力的宪法在特殊情况下可具有高度的灵活性。这种灵活性之所以称为"高度"，主要体现在许多问题香港特别行政区可以高度灵活处理；可以不适用宪法部分条文和原则，诸如四项基本原则、人民代表大会制度等；除宪法和极少数国家法律外，全国性法律大部分不适用于香港；享有独立的司法权和终审权；享有部分对外事务和货币发行权，等等。②发展了我国地方政权形式的理论。香港基本法不仅通过对香港特别行政区法律地位的确定，成功地创设了中央与特别行政区的新型关系，而且规定了特别行政区的政权形式，既不是人民代表大会制，也不是三权分立制、议会制，而是既符合"一国两制"方针，又符合香港实际情况的特殊地方政权形式。规定了香港特别行政区的政治体制不能沿袭过去的英国殖民地的政制模式，而只能体现"一国两制"方针和"港人治港"原则的政治体制。这种政治体制的原则是：司法独立，行政机关与立法机关相互制衡、相互配合，从而发展了我国宪法关于政权形式的理论。③发展了宪法关于国家结构形式的理论。我国采取单一制的国家结构形式，在少数民族聚居的地区建立民族自治制度，享有一定的自治权，促进祖国和平统一，我国宪法在坚持单一制下，又规定在必要时得设立特别行政区。依据《宪法》第三十一条、第六十二条，基本明确规定设立香港特别行政区享有高度自治权。这种自治权不仅比我国民族自治区的自治权大，而且比联邦制国家的州的权力还大，突破了联邦制国家的州的权力远远大于单一制国家的省的理论，发展了宪法关于国家结构形式的理论。

（2）香港基本法是对"一国两制"构想理论的发展。

"一国两制"是我们党和政府为和平解决祖国统一问题，于20世纪70年代末期提出来的科学构想，而后逐渐形成一套理论，并确定为和平解决统一问题的总的战略方针。香港基本法的制定与颁布，不仅从内容和措施上把"一国两制"方针进一步具体化、法律化，而且比较圆满地解决了国家在设立香港特别行政区后实施"一国两制"所面临的许多现实的矛盾和问题，极大地丰富和发展了"一国两制"构想的理论。

（四）具有深远的国际意义

香港基本法的制定具有重要的国际意义。香港问题的解决和基本法的制定，首先对中英两国的关系有重要意义。两国通过和平谈判，达成协议，解决了历史遗留问题，消除了在两国关系前进道路上存在的障碍。香港基本法的制定不仅为香港未来的繁荣稳定提供了法律保证，也为中英之间在实现香港政权交接的过渡期间，指明了相互衔接的方向。只要严格遵守《中英联合声明》和《香港基本法》规定的内容，中英两国的关系必将获得进一步的巩固和发展。

香港同世界各国，特别是亚洲各国和地区有着密切的经济和贸易交往，香港问题的解决和香港基本法的通过，既有利于这种经济和贸易关系的保持和发展，又有利于亚洲与世界的安定与和平。当今世界上国与国之间还存在一系列争端，存在着国家领土完整、主权统一的历史遗留问题，都面临着用和平方式还是非和平方式来解决的问题。"一国两制"构想的提出和基本法的制定，为世界各国解决诸类争端提供了一个新的方式和范例。它有力地证明了只要当事国或者有关当局本着实事求是的精神，抱着真诚解决问题的态度，采取互谅互让的合作态度，许多问题和争端是可以通过和平的方式解决的。可以说，基本法是在新时代理智、冷静地处理国际争端最成功的法律典范。所以基本法这种解决问题的方式，不论对第三世界，还是全人类都是可以参考的，具有重要的意义。

四、香港基本法的结构与主要内容

香港基本法包含的内容极其丰富，其问题的展开纵横捭阖，排列有序，层次非常清晰，这都是由于香港基本法具有一个极为科学的体系结构。其体系结构包括以下几个方面内容：

《香港基本法》包括序言、九章，共160条，还有3个附件。

"序言"，分为三段，虽然很短，只有300多字，但内容非常丰富，简述了香港问题的由来及其和平解决，阐明了国家对香港恢复行使主权后将采取的基本方针政策，说明了制定香港基本法的法律依据和目的。

第一章为"总则"，共11条，从政治、经济和法律等方面，规定了香港特别行政区实行的制度和政策的基本原则。

第二章为"中央和特别行政区的关系"，共12条，规定了中央和香港特别行政区的权力划分，确定了香港特别行政区的高度自治的原则。

第三章为"居民的基本权利和义务"，共19条，界定了居民资格，规定了居民所享有的广泛的权利、自由和应尽的义务。

第四章为"政治体制"，共62条，规定了行政长官、行政机关、立法机关、司法机关等的组织和职权以及公务人员。

第五章为"经济"，共31条，规定了财政、金融、贸易和工商业、土地契约、航运、民用航空等方面的基本经济政策。

第六章为"教育、科学、文化、体育、宗教、劳工和社会服务"，共14条，对香港特别行政区的教育、科学、文化等制度加以明确规定。

第七章为"对外事务"，共8条，规定了香港特别行政区所享有的管理外事方面的职权。

第八章为"本法的解释和修改"，共2条，规定了香港特别行政区基本法的解释权和修改权的归属及行使的程序。

第九章为"附则"，仅1条，对关于香港原有法律的有关问题作了规定。

此外，香港基本法还有3个附件，即附件一"香港特别行政区行政长官的产生办法"、附件二"香港特别行政区立法会的产生办法和表决程序"和附件三"在香港特别行政区实施的全国性法律"。[①]

---

① 赵秉志主编：《香港法律制度》，中国人民公安大学出版社1997年版，第65页。

第五章　香港居民的基本权利和义务

第一节　香港特别行政区居民的含义

一、公民与居民

2006年2月3日，北京某报纸在介绍香港歌手张明敏时称其为"香港公民"，此事引起了大众的不满，在《新闻与写作》2006年第4期和第5期连续两期都有人撰文批评某报的这一措辞。其中第5期更是从多方考证了"香港公民"之不当性：最新版本的《现代汉语词典》对"公民"的唯一释义是："具有或取得某国国籍，并根据该国宪法和法律规定享有权利和承担义务的人。"《辞海》对"公民"的释义与《现代汉语词典》基本相同，其主要内容为："具有一国国籍的人。包括未成年人和被剥夺了政治权利的人等在内。我国宪法规定：'凡具有中华人民共和国国籍的人都是中华人民共和国公民。中华人民共和国公民在法律面前一律平等。任何公民都享有宪法和法律规定的权利，同时又必须履行宪法和法律规定的义务。'"①

我国《国籍法》第二条规定："中华人民共和国是统一的多民族国家，各民族的人都具有中国国籍。"第三条还规定不承认我国公民具有双重国籍。如前所述，我国政府1984年给英国政府的备忘录中也指出："所有香港中国同胞不论其是否持有'英国属土公民护照'，都是中国公民。"这些规定在原则上都是一致的，我国政府给英国政府的备忘录是从原则出发，充分考虑香港的实际情况，对国籍问题进行了妥善的解决。

香港居民是一个特殊的法律概念，它不同于国籍，因为香港不是一个国家，在1997年7月1日以前，它作为"英国殖民地"而存在，在1997年7月1日之后，香港成为我国的一个特别行政区、一个地方政府，因此不可以以国籍的概念来界定香港居民的身份。而公民是与国籍相对应的一种个人身份，因此没有香港公民一说。从某种意义上说，香港居民这个概念同住所存在某种联系，"住所就是一个人的经常居住地，是个人与主要居住地之间形成的法律关系，借以表明一个人的民事身份，以及其权利与义务应受管辖的法律"。②

香港是中华人民共和国的一个特别行政区，香港居民是中华人民共和国公民的重要组成部分。在《中英联合声明》附件一第十三节中，首先提出了"香港特别行政区居民"的概念："香港特别行政区依法保障香港特别行政区居民和其他人的权利和自由。"香港特别行政区居民是指持有香港特别行政区居民身份证，依法享有香港赋予的基本权利并承担相应义务的人。它分永久性居民和非永久性居民两大类。这一居民的定义是依照《中英联合声明》

---

① 《新闻与写作》2006年第5期，第43页。
② 《国际司法论》，1988年，第107页。

附件一的规定，参考香港的现实情况，在高度概括香港的复杂人员构成的基础上制定出来的，具有现实意义。

根据香港《人民入境条例》，以下三类人可成为香港的居民：

（1）香港本土人士，即在香港出生的和在香港归化入英籍的人士及其配偶和子女。香港是英国的"殖民地"，在这块土地上的人和加入英国国籍的人当然地成为这块土地的居民。英国称这部分人为"英国属土公民"。

（2）有纯粹或部分中国人血统，并通常在香港连续居住不少于7年的华裔居民。这些人能在香港居留，并取得香港居民的资格，是以血统为本位而非以国籍为本位。根据历史上中、英之间关于香港问题的三个条约，中国人有进出香港的自由，根据中国的传统，凡是有中国血统的人都被认为是中国人，这些华裔人士因此而成为香港居民。

（3）通常在香港连续居住不少于7年的英国公民及联合王国本土人士。这些人之所以能成为香港的居民，是因为香港被认为是英国的"殖民地"。他们也就有理由成为这块土地的"主人"。他们不仅包括英国本土公民，也包括其殖民地的居民。所以香港现在有相当数量的印度、巴基斯坦等原来属于英国殖民地国家的公民。

香港居民主要由以上三部分人构成，第一部分和第二部分主要是土生土长的中国人和有中国血统的华裔人士，他们占香港居民总数的绝大多数。英国和外籍居民的人数很少，但是根据香港的法律，这些外籍人士也是香港的居民，他们的合法利益与特别行政区的其他居民一样受到法律的保护。

依照《香港基本法》第二十四条的规定，香港居民中包括中国公民和外国人，所以香港居民的范围就要比中国公民广，而且无论是香港永久性居民还是非永久性居民中，都有中国公民和外国人。

二、永久性居民

《香港基本法》第二十四条规定了香港居民的含义及其构成："香港特别行政区居民，简称香港居民，包括永久性居民和非永久性居民。"香港特别行政区永久性居民为：

（1）在香港特别行政区成立以前或以后在香港出生的中国公民；

（2）在香港特别行政区成立以前或以后在香港通常居住连续七年以上的中国公民；

（3）第（1）、（2）两项所列居民在香港以外所生的中国籍子女；

（4）在香港特别行政区成立以前或以后持有效旅行证件进入香港、在香港通常居住连续七年以上并以香港为永久居住地的非中国籍的人；

（5）在香港特别行政区成立以前或以后第（4）项所列居民在香港所生的未满21周岁的子女；

（6）第（1）至（5）项所列居民以外在香港特别行政区成立以前只在香港有居留权的人。以上居民在香港特别行政区享有居留权和有资格依照香港特别行政区法律取得载明其居留权的永久性居民身份证。

对于香港永久性居民，其类别不同，享有的居留权也不尽相同。

首先，在香港，凡属于英国属土公民的那部分人士，在香港享有完全的居留权，在任何情况下都免受遣送出境。因为他们在香港土生土长，居住在这块土地上是他们的基本权利。

其次，凡属外来的华裔居民，他们在香港的居留权受到严格的限制。因为他们并不同于上述的英国属土公民，他们愿意在香港居留说明了他们自愿受到香港法律的管辖。因此一旦他们违背了香港的法律，损害了香港的利益，就可能随时被取消其居留权，被遣送或者递解出境。根据香港现行的《递解出境条例》，此类人士在被发现违法，犯有可判不少于两年监禁的罪行，而又罪名成立；或港督会同行政局认为，对此类人递解出境对公众有利时，可被递解出境。但是，在以上两种情况下，需对此类人递解出境时，还同时必须：①根据法院的建议；②考虑过递解离境审裁处的报告后；③经香港总督证明，案件危及香港安全或英国与其他国家的关系。

最后，对于香港居民中的英籍公民和联合王国本土人士那部分人，因他们并非土生土长在香港，因此，对这类人，凡属下列情况，并经港督会同行政局决定，也可被递解出境：①损害公共利益；②危及香港安全；③影响英国政府与其他国家的关系。

三、非永久性居民

《香港基本法》第二十四条第四款规定香港特别行政区非永久性居民为："有资格依照香港特别行政区法律取得香港居民身份证，但没有居留权的人。"

是否享有居留权是永久性居民和非永久性居民的基本区别，而不是说非永久性居民是临时居住在香港的。在香港特别行政区可能有许多外国人在香港居住了很多年，但他们并没有居留权，称其为非永久性居民更为贴切。

四、永久性居民与非永久性居民的区别

（一）是否有居留权

香港特别行政区永久性居民和非永久性居民是根据是否有资格享有在香港的居留权而对香港居民构成所做的一种划分。永久性居民享有居留权，有资格获得载明其居留权的永久性居民身份证；而非永久性居民则不享有居留权，但其亦有资格获得香港居民身份证。那么，什么叫居留权呢？居留权一般是指享有不受阻碍或妨碍而居住和进出该国家或地区，并免受递解或遣送离境的权利。其中，遣送离境是暂时的，有条件的，当条件消失后，当事人可以重新申请入境；而递解离境是永远的，除非当局解除原来的命令。

根据《香港基本法》第二十四条规定的条款内容划分，永久性居民有以下三种：

（1）该条第一、二款规定的中国公民及他们在香港以外所生的中国籍子女，这里所说的中国公民也就是"在香港以外的中国籍子女"。1984年签订《中英联合声明》时我国政府在给香港政府的备忘录中指出："根据中华人民共和国国籍法，所有香港中国同胞，不论其是否持有'英国属土公民护照'，都是中国公民。考虑到香港的历史背景和现实情况，中华人民共和国政府主管部门自1997年7月1日起，允许原被称为'英国属土公民'的香港中国公民使用由联合王国政府签发的旅行证件，上述公民在香港特别行政区和中华人民共和国其他地区不得因其持有上述英国旅行证件而享有英国的领事保护的权利。"同时，英国政府也发表了备忘录，声明在1997年6月30日或之前由于同香港的关系为英国属土公民者，从1997年7月1日起，不再是英国属土公民。

《香港基本法》第二十四条第三款中只规定了第一、二款所列居民在香港以外所生的中国籍子女，而没有规定在香港以外的配偶，这是考虑到香港特别行政区地域不大，人口的承受能力有限。虽然从人道的观点看应该包括配偶，但还是以不作规定为好，《中英联合声明》在建议中也没有作出规定。

（2）该条第四、五款规定的非中国籍人士即外国人及其在香港所生的未满21周岁的子女。第四款中的"持有效旅行证件进入香港"是《中英联合声明》附件一中所没有而为香港特别行政区基本法起草委员会后来增加的。因为这几年越南船民不断进入香港，不但在经济上，而且在人口上增加了香港的负担。因此，为解决此类问题，香港基本法必须作出明确的规定。

（3）香港特别行政区成立以前只在香港有居留权的人，即无国籍的人。因为该条第一、二、三款指的是中国居民，第四、五款指的是外国人，除此之外，只在香港有居留权的人当然只有无国籍的人。

《香港基本法》第二十四条还规定："以上居民在香港特别行政区享有居留权并有资格依照香港特别行政区法律取得载明其居留权的永久性居民身份证。"因为在一般情况下，享有居留权并持有居民身份证，才是永久性居民。但在有的情况下，在香港特别行政区享有居留权与是否持有永久居民身份证并不是一致的。例如：在香港出生并长大的儿童，10岁时他享有居留权，但不到11岁，没有身份证。考虑到现在的这一情况，基本法又规定"有资格依照香港特别行政区法律取得载明其居留权的永久性居民身份证"。也就是说，10岁以下的儿童，享有居留权，有资格获得身份证，但由于年龄未到11岁，而没有取得载明其居留权的永久性居民身份证。

香港基本法将香港居民分为永久性居民和非永久性居民，并对他们的法律地位和享有的权利作了不同的规定，这是符合香港居民的历史和现实情况的。

（二）永久性居民和非永久性居民的法律地位的区别

如前所述，香港特别行政区居民的构成非常复杂，有香港居民和非香港居民，有中国公民和非中国公民等，由于法律和历史的原因，永久性居民和非永久性居民的权利和自由的保障也相应地不同。

香港特别行政区永久性居民和非永久性居民除了是否享有在港居留权不同外，在法律地位上也有一定的差别。根据香港基本法的规定，香港居民中永久性居民和非永久性居民的法律地位主要有以下区别：

（1）香港特别行政区行政机关和立法机关的组成人员必须是香港永久性居民，非永久性居民则不得担任。

（2）香港特别行政区永久性居民享有选举权和被选举权，而非永久性居民则不享有选举权和被选举权。

（3）香港特别行政区行政长官、行政会议的成员、特别行政区的主要官员、立法会主席、终审法院和高等法院的首席法官，均须由香港特别行政区永久性居民担任，非永久性居民不得担任。

（4）香港特别行政区基本法委员会的香港委员亦必须由香港特别行政区永久性居民担任，非永久性居民不能担任香港委员。

（5）在香港特别行政区政府各部门任职的公务人员，除法律规定的例外情况，均必须是香港特别行政区永久性居民，非永久性居民不能任职。

（6）香港特别行政区永久性居民是享有居留权的人，他们享有在任何情况下都免受遣送离境、免受递解的权利。因为香港是他们的故土，居住在香港这块土地上是他们的基本权利，而非永久性居民则不享有居留权。

总的来说，香港特别行政区永久性居民的法律地位高于非永久性居民，其享有的权利较非永久性居民多。

五、香港居民的国籍及相关问题

香港居民中有世代居住在香港的原居民，也有在不同时期从中国内地或其他国家和地区迁入的移民，由于香港的历史情况比较特殊，确定香港居民的国籍就比较复杂。

香港自古以来就是中国的领土。英国占领香港之后一直是以英国的国籍法来确定香港居民的身份。英国1981年修订的国籍法将香港居民的英籍身份分为三类：第一类是"英国公民"，即英国的正式居民，享有与英国本土居民同样的地位，有权在英国留居；第二类是所谓的"英国属土公民"，即与香港有联系的人士，主要是香港的本地人及其后裔，这类人在英国本土无居留权；第三类是"英国海外公民"，即上述两类人士以外的英籍人士。其中香港居民多数属于第二类"英国属土公民"。

国籍是指一个人属于某一个国家的国民或公民的法律资格。国籍问题涉及国家主权，中国政府从来不承认英国通过其本国国籍法强加给香港中国同胞的身份。

1984年12月19日，即《中英联合声明》签署的当天，中英政府交换备忘录。我国政府在备忘录中申明："根据中国国籍法，所有香港中国同胞，不论其是否持有'英国属土公民护照'，都是中国公民。"根据这一立场，自1997年7月1日起，香港特别行政区政府在中央人民政府的授权下，将向香港永久性居民中的中国公民签发"中华人民共和国香港特别行政区护照"。

1985年英国议会通过《1985年香港法》，该法附件第二条关于国籍问题有以下注明："在1997年7月1日之后，不能根据与香港的关系保留或领取英国属土公民护照，根据这种关系而持有英国属土公民国籍的人士可以在1997年7月1日前取得一种名为英国国民（海外）国籍，这种国籍并不能传给子女。"考虑到香港历史情况和香港居民旅行方便，经中国政府同意，港英政府已经从1987年7月1日起向"英国属土公民护照"持有者及其在1997年7月1日前出生的子女换发"英国国民（海外）护照"的旅行证件。这样有利于香港的繁荣与稳定。至此，有关香港居民的国籍问题已经基本得到解决。

但是，英国政府于1989年12月又出其不意地宣布"居英权计划"，授予5万户香港居民在英国的居留权。可获得居留权的人士主要为政府公务员和专业人士。英国政府的这一举动旨在对香港进行人才控制，中国政府对英国政府违反《中英联合声明》的"港人治港"原则，单方面改变大批中国同胞国籍的做法表示强烈不满，并声明保留采取进一步措施的权利。

在这一背景下，香港基本法起草委员会于1990年1月对未来出任香港特别行政区若干重要职位的人士作出"在外国无居留权"的限制，并修改了草案中的相应条款。《香港基本法》第二十一条规定，所有香港特别行政区的中国公民，不论是永久性居民，还是非永久性居民，都有权参与国家事务的管理，可以选举和被选举为国家人大代表，参加国家最高权力机关的工作，讨论和决定国家的大政方针。至于非中国籍人士，不管是非永久性居民，还是永久性居民，都不参加中华人民共和国国家事务的管理。

全国人大常委会于 1996 年 5 月 15 日对《中华人民共和国国籍法》在香港特别行政区实施作出解释，明确规定："所有香港中国同胞，不论其是否持有'英国属土公民护照'或'英国国民（海外）护照'，都是中国公民。自 1997 年 7 月 1 日起，上述中国公民可继续使用英国政府签发的有效旅行证件去其他国家或地区旅行，但在香港和中国其他地区不得因持有上述英国旅行证件而享有英国的领事保护的权利。任何在香港的中国公民，因英国政府的'居英权计划'而获得的英国公民身份，根据《中华人民共和国国籍法》不予承认。这类人仍为中国公民，在香港和中国其他地区不得享有英国的领事保护的权利。"

香港居民，无论是永久性居民，还是非永久性居民，都既包括中国公民，又包括非中国籍人士。也就是说，根据是否有中国国籍，可将香港居民划分为中国公民和非中国籍人士。由于香港特别行政区是中华人民共和国不可分离的部分，是一个高度自治的地方行政区域，因此，香港基本法对中国公民和非中国籍人士的法律地位，作了不同的规定，这从维护一个国家的主权来说，是完全必要的。现根据香港基本法的有关规定，对香港居民中的中国公民和非中国籍人士的法律地位从以下两个方面进行比较：

（一）香港非永久性居民中的中国公民与非中国籍人士享有的权利的区别

有的权利，中国公民，不论是永久性居民还是非永久性居民都能享有。而非中国籍人士，不论是非永久性居民还是永久性居民，都不能享有。这种权利就是参与国家事务管理的权利。根据《香港基本法》第二十一条的规定，所有香港特别行政区的中国公民，不论是永久性居民，还是非永久性居民，都有权参与国家事务的管理，可以选举和被选举为全国人大代表，参加国家最高权力机关的工作，讨论和决定国家的大政方针。至于非中国籍人士，不管是非永久性居民，还是永久性居民，都不参加中华人民共和国国家事务的管理。

（二）香港永久性居民中的中国公民和非中国籍人士享有的权利的区别

根据香港基本法的规定，有些权利，不仅香港居民中的非永久性居民（包括中国公民和非中国籍人士）不能享有，就是香港永久性居民中的非中国籍人士也不能享有。这些权利主要有：

（1）香港特别行政区行政长官、行政会议成员、立法会主席、终审法院和高等法院的首席法官只能由香港特别行政区永久性居民中的中国公民担任，永久性居民中的非中国籍人士不能担任。

（2）香港特别行政区基本委员会中的香港委员必须由香港永久性居民中的中国公民担任，永久性居民中的非中国籍人士则不能担任香港委员。

（3）香港特别行政区永久性居民中的中国公民才能持有中央人民政府授权香港特别行政区政府签发的中华人民共和国香港特别行政区护照。而在香港特别行政区的其他合法居留者，包括永久性居民中的非中国籍人士、非永久性居民中的中国公民和非中国籍人士，都只能持有其他旅游证件，而不能持有中华人民共和国香港特别行政区护照。

香港对担任此类重要职务的人员的国籍作出限制，有利于香港的长期繁荣稳定和中国的统一大计，是非常必要的。

关于香港的国籍冲突，在 1997 年 7 月 1 日之前，主要是英国政府如何防止或减少因香港政权交接而产生无国籍人士；在 1997 年 7 月 1 日之后，则是中国政府如何对待和处理香港中国公民所持外国护照以及与之相关的外交/领事保护问题。通过设立英国国民（海外）身份以及其他方面的国籍安排，英国在形式上履行了它所应承担的条约义务。鉴于在香港的实际情况下，简单地不承认双重国籍政策并不能真正消除双重国籍，而过于严格地处理这一问题于香港无益，中国政府基于国籍法在香港实施的整体安排，采取了灵活、务实、宽松的处理政策。在香港居民外交/领事保护方面，从国内法角度来说，中国不允许外国在中国境内向持有外国护照的香港中国公民提供外交/领事保护，而在中国境外中国政府则会尽力向他们提供外交/领事保护。由于香港居民所持护照或旅行证件的多样性，在未来的具体实践中，相信在国际法层面还会产生种种问题。在这种情况下，利用诸如中美领事协定之类的双边条约解决一些具体、特定的问题不失为一种有效和务实的做法。

第二节　香港居民的权利、自由和义务

一、香港居民的权利和自由的特点

香港居民中的中国公民将成为国家的主人，享有一个主权国家的公民的基本权利和自由。香港居民中的中国公民将不再是别国的"臣民"，不再是没有真正公民权的人，他们有权依法参与祖国的国家事务管理，选举或被选举为香港特别行政区的全国人大代表。香港基本法规定行政长官、主要官员、行政会议成员、立法会主席、终审法院和高等法院的首席法官都要由在外国无居留权的香港永久性居民中的中国公民担任。

只要是香港居民，不论其是永久性居民还是非永久性居民，不论其是中国公民还是非中国籍人士，在法律面前他们的地位是平等的。香港基本法虽然规定了某些职务必须由香港永久性居民中的中国公民担任，但又规定在香港特别行政区境内的香港居民以外的其他人，依法享有《香港基本法》第三章规定的香港居民的权利和自由。

（1）在权利主体上的特点。根据《中华人民共和国宪法》第二章公民的基本权利和义务的规定，只有中华人民共和国公民，才是基本权利义务的主体。而根据香港基本法，在香港居民中，除了中国公民外，还有非中国籍人士；除了香港居民外，还有在香港的其他人。他们都依照香港基本法的规定，享有香港居民的基本权利和自由。

（2）在权利内容上的特点。如在选举权和被选举权方面，《中华人民共和国宪法》规定，年满 18 周岁的公民，除依法被剥夺政治权利的人外，不分民族、种族、性别、职业、家庭出身、宗教信仰、教育程度、财产状况、居住期限，都有选举权和被选举权。而根据香港基本法的规定，只有香港特别行政区永久性居民才依法享有选举权和被选举权；在人身权方面，香港基本法规定，香港居民不受任意或非法逮捕、拘留、监禁；禁止对居民实施酷刑，任意或非法剥夺居民生命。在迁徙自由方面，香港基本法不仅规定居民有迁徙自由，出入境自由，而且还规定，持有有效旅行证件的香港居民，除非受到法律限制，可自由离开香港特别行政区，而无须特别批准。在子女生育方面，我国宪法规定，夫妻双方有实行计划生育的义务；而香港基本法规定，香港居民自愿生育的权利受法律的保护，即不对香港居民作计划生育的限制。香港基本法的上述规定，都是从香港的实际情况出发的。然而随着香港人

口越来越多，人均占地面积越来越少，以及庄丰源案开创的内地孕妇到香港生子带来的香港人口激增问题，如果不对香港居民作计划生育限制，香港土地将会难以负重。

二、香港居民的权利和自由的内容

香港居民的权利与香港自身的法律地位密切相关，居民享有的权利反映了香港作为一个高度自治的特别行政区所享有的高度自治的权力。香港基本法设有专章第三章"居民的基本权利和义务"，集中规定了香港居民的权利和义务。同时，在其他有关章节中，也对香港居民的一些权利和自由作了规定，这些权利和自由概括起来主要有：

1. 平等权

《香港基本法》第二十五条规定："香港居民在法律面前一律平等。"这一规定指的是，只要是香港居民，不论他是永久性居民还是非永久性居民，不论他是中国公民还是非中国籍人士，在法律面前他们的地位是平等的，他们一律平等地享有基本法和其他法律规定的权利。

法律面前平等并不是权力分配上的平均主义。香港居民在法律面前一律平等的原则，是指法律实施上的平等，即司法平等和守法平等，不是指立法的平等。因此，《香港基本法》规定的香港特别行政区的永久性居民和非永久性居民、中国公民和非中国籍人士在权利上的差异并不同这一原则相矛盾。这种差异是建立香港特别行政区、实行"港人治港"所必需的。从根本的意义上说，它是真正实现香港居民在法律面前一律平等的需要。因为法律面前的平等，并不是指权力分配上的平均主义，行政长官的权利和立法会议员的权利肯定不能等同于一般的公民权利。但是他们在遵守法律上，都是一律平等的，不能有任何特权。

平等权是一项十分重要的原则，如果居民在法律上是不平等的，就根本谈不上基本权利和自由的实施及保障。

2. 财产所有权

根据《香港基本法》第六条的规定，香港特别行政区依法保护私有财产权。私有财产权是香港居民的一项重要权利，为进一步保护这一权利，《香港基本法》第一百零五条又对保护财产所有权作了以下三方面的规定：香港特别行政区依法保护私人和法人财产的取得、使用、处置和继承的权利，以及依法征用私人和法人财产时被征用财产的所有人享有得到补偿的权利；征用财产的补偿应相当于该财产当时的实际价值，可自由兑换，不得无故迟延支付；企业所有权和外来投资均受法律保护。

3. 政治权利和自由

政治权利和自由，是指香港居民有权参加本地区和国家的政治生活的民主权利，以及在政治上享有表达个人见解和意愿的自由。主要包括以下几个方面：

（1）选举权和被选举权。《香港基本法》第二十六条规定：香港特别行政区永久性居民依法享有选举权和被选举权。选举权和被选举权是参政权的最基本的一项权利。值得说明的是，香港基本法规定只有香港特别行政区永久性居民才享有选举权和被选举权，因为只有永久性居民才是香港真正的本地人，在香港享受完全一致的权益。所以选举权只能由他们来行使，也只能在他们当中组织香港特别行政区政府和立法机关、司法机关，才能体现"港人治港"的基本方针。至于非永久性居民和在香港的其他人，他们一般在别的地区和国家拥有居留权，随时可能离开香港，因此，香港基本法只把选举权和被选举权赋予永久性居民。此外，根据香港基本法的规定，选举权由香港永久性居民普遍享有，不论是中国籍的，还是非中国籍的外国人，只要他们是香港特别行政区永久性居民，都平等地享有选举权；但是对于被选举权的行使，永久性居民中的中国公民和非中国籍人士尚有一定的差异。《香港基本法》规定：只有年满40周岁，在香港通常居住连续20年并在外国无居留权的香港特别行政区永久性居民中的中国公民才可以被选为行政长官；立法会主席的任职资格与行政长官的任职资格完全相同；香港特别行政区立法会也应该由在外国无居留权的香港特别行政区永久性居民中的中国公民组成，非中国籍的香港特别行政区永久性居民和在外国有居留权的香港永久性居民也可以被选为立法会议员，但其所占比例不得超过立法会全体议员的20%。

（2）言论、新闻、出版、结社、集会、游行、罢工的自由。《香港基本法》第二十七条规定："香港居民享有言论、新闻、出版、结社、集会、游行、示威的自由，组织和参加工会、罢工的权利和自由。"这些都是香港居民表达自己的见解和愿望以及参加政治生活不可缺少的民主自由权利。

言论、新闻、出版自由。就是规定香港居民通过口头或书面以及著作表达自己意见的自由。因此，从广义上讲，新闻、出版乃至著作、绘画、音乐创作等自由都可概括为言论自由，只不过是表现形式不同而已。香港基本法分别列举了言论、新闻、出版，更有利于保护香港居民的这些自由权利。回归后，香港始终坚持资讯来源渠道的多元化，给予大众充分的自由，让其选择自己需要的信息，现今香港的言论自由较之亚洲其他发达国家和地区更加开放。

结社、集会、游行、示威的自由。结社自由，就是指公众为一定的宗旨组成一个团体的自由；集会自由，即公众为一定的目的聚集在一定场所商讨问题或表达意愿的自由；游行自由，是公众采取列队行进方式表达意愿的自由；示威自由，是公众通过集会或游行来表达强烈意愿的自由。这些自由只是表达方式、方法和强度有所差别。

组织和参加工会和罢工的自由。组织和参加工会的权利和自由，是雇员结社的权利和自由的一种。罢工的权利和自由，是拒绝工作的权利，通常是集体性的，也是一种自由权。

4. 人身自由、住宅不受侵犯及通讯自由和通讯秘密受法律保护

（1）人身自由。《香港基本法》第二十八条规定："香港居民的人身自由不受侵犯。香港居民不受任意或非法逮捕、拘留、监禁。禁止任意或非法搜查居民的身体、剥夺或限制居民的人身自由。禁止对居民施行酷刑、任意或非法剥夺居民的生命。"

人身自由不受侵犯，是每一个人最起码、最基本的权利，是参加各种社会活动和享受其他权利的先决条件。香港基本法的规定确认并保障了香港居民的人身自由权利，其内容十分具体。而且，香港基本法中关于刑事诉讼和民事诉讼中的权利规定，如任何人在被合法拘捕后，享有尽早接受司法机关公正审判的权利，犯罪嫌疑人未经司法机关判罪之前均假定无罪（即无罪推定的原则）。根据普通法的基本原则，司法人员执行职责时，完全不受政府的行政机关影响。这些都充分体现了香港基本法对人身自由的切实保障。

（2）住宅不受侵犯。《香港基本法》第二十九条规定："香港居民的住宅和其他房屋不受侵犯。禁止任意或非法搜查、侵入居民的住宅和其他房屋。"居民的住宅不受侵犯同人身自由是紧密相连的，它是人身自由的一项重要内容。

《香港基本法》第二十九条规定，居民的住宅不受侵犯，同时还加上了居民的其他房

屋。这样就包括了办公室和私人工厂等其他房屋。一般来说，它们也包括在住宅的范围内，香港基本法特别列举出，有利于更好地保障居民的这些权利。

（3）通讯自由和通讯秘密受法律保护。《香港基本法》第三十条规定："香港居民的通讯自由和通讯秘密受法律的保护。除因公共安全和追查刑事犯罪的需要，由有关机关依照法律程序对通讯进行检查外，任何部门或个人不得以任何理由侵犯居民的通讯自由和通讯秘密。"

通讯是社会交往的一项正常活动，是公众生活中不可缺少的基本权利。它一般作为人的隐私权而成为人身自由的一项实质内容。香港基本法规定了通讯自由和通讯秘密不受侵犯，并对此项自由权利的行使作了具体的规定。

5．迁徙自由

《香港基本法》第三十一条规定："香港居民有在香港特别行政区境内迁徙的自由，有移民其他国家和地区的自由。香港居民有旅行和出入境的自由。有效旅行证件的持有人，除非受到法律的制止，可自由离开香港特别行政区，无须特别批准。"

迁徙是自由权的一种。《香港基本法》规定了香港居民享有迁徙自由主要是从香港的历史和现实情况而作出的灵活规定。它不仅赋予香港居民在香港特别行政区内迁徙的自由，也允许香港居民有移居其他国家和地区的自由。香港居民享有的迁徙自由是比较充分的。

6．宗教信仰和信仰的自由

《香港基本法》第三十二条规定："香港居民有信仰的自由。香港居民有宗教信仰的自由，有公开传教和举行、参加宗教活动的自由。"

信仰自由和宗教信仰自由都是公民的主要自由权之一。信仰自由是指保持自己喜欢的行为原则以及根据此种原则生活的权利。宗教信仰自由是指有信仰或不信仰宗教，参加或不参加任何公开的宗教仪式的自由。信仰自由和宗教信仰自由紧密相连，但又不完全一样。因为信仰是对行为正确与否的个人信念，有别于宗教信仰。香港是一个国际化的城市，吸引和汇聚了不同国籍和文化背景的人前往，正因如此，容纳不同宗教信仰是体现香港的包容性和国际化所必需的。

7．选择职业的自由，学术自由和从事各种文化活动的自由

（1）选择职业的自由。《香港基本法》第三十三条规定："香港居民有选择职业的自由。"选择职业的自由是公民的主要自由权之一，它与必须继承父业或服从某种权威的指导相反。但是由于存在社会、经济和智力上的压抑因素，使得某些人难以从事某些职业，也让不少人发现自己没有能力或资格从事某些职业。一般来说，法律上不存在任何带有歧视的规定来取消某人从事某种职业或专业的资格。

（2）学术自由和从事各种文化活动的自由。《香港基本法》第三十四条规定："香港居民有进行学术研究、文学艺术创作和其他活动的自由。"学术自由和从事各种文化活动的自由是香港居民在科学文化领域中的一项基本权利。学术自由，根据普通法，其含义是：一切学术研究或教学机构的学者、教师们，在他们的领域内有寻求真理并将其晓之于他人的自由，而无论这可能会给当局、教会或该机构的上级带来多么大的不快，都不必为迎合政府、宗教或其他正统观念而修改研究结果或观点。此外，随着内地和香港的交往日益频繁，两地的学术及文化交流也越来越多、越来越深入。这一切都离不开政府的积极支持和鼓励，也充分体现了香港对学术自由和文化活动自由的重视。

8. 诉讼权利

《香港基本法》第三十五条规定："香港居民有权得到秘密法律咨询、向法院提起诉讼、选择律师及时保护自己的合法权益或在法庭上为其代理和获得司法补救。香港居民有权对行政部门和行政人员的行为向法院提起诉讼。"

诉讼权利，即提起诉讼的权利，也称为诉讼权。诉讼权利表明一个人是否具有向他人要求给予救济或补偿的、可强制执行的权利。香港基本法全面具体地规定了香港居民的诉讼权利。一方面香港居民有权获得律师帮助，可以得到法律咨询，可以选择律师及时保护自己的合法权益，可以向法院提起诉讼。另一方面，诉讼对象不仅可以是一般公民和法人，也可以对行政部门和行政人员的行为提起诉讼，可以获得司法补救，向他人要求强制执行的权利。

9. 社会福利权利

《香港基本法》第三十六条规定："香港居民有依法享受社会福利的权利，劳工的福利待遇和退休保障受法律保护。"

社会福利是旨在保护免除因年老、疾病、死亡或失业而遭受损失。《中英联合声明》没有提及这方面的权利，香港基本法对社会福利的规定主要是对香港居民已有的社会福利从法律上加以保护。对于香港目前尚待改进的社会福利和劳工福利保障制度，则需要随着经济和社会的发展而逐步完善。

10. 婚姻自由和自愿生育的权利

《香港基本法》第三十七条规定：　"香港居民的婚姻自由和自愿生育的权利受法律保护。"

香港基本法的这一规定，一方面保障了居民的婚姻自由和生育自由；另一方面也保障了在香港特别行政区不会强制实行计划生育。

三、香港居民的基本义务

《香港基本法》第三章的标题为"居民的基本权利和义务"，但从内容上看绝大部分是关于居民的基本权利和自由的规定，而关于居民义务的规定只有一条，即第四十二条。根据该条的规定，香港居民有遵守香港特别行政区实行的法律的义务。这与我国《宪法》关于公民基本义务的规定不同。《宪法》在第二章"公民的基本权利和义务"中规定了多项中国公民的义务，如第五十二条维护国家统一和全国各民族团结的义务；第五十三条遵守宪法和法律，保守国家秘密的义务；第五十四条维护祖国的安全、荣誉和利益的义务；第五十五条保卫祖国、抵抗侵略、依法服兵役和参加民兵组织的义务；第五十六条依法纳税的义务，等等。香港基本法没有提及如宪法所规定的各种详尽的义务并不意味着香港居民不用履行义务，之所以这样加以规定，是根据"一国两制"的方针和从香港的实际情况出发的。实际上有关香港居民有遵守香港特别行政区实行的法律义务的规定已包括香港居民应予遵守的法律义务。根据《香港基本法》第十八条的规定，香港居民有义务遵守以下法律：

（1）香港特别行政区基本法。

（2）予以保留的香港原有法律（包括普通法、衡平法、条例、附属立法和习惯法）。

（3）香港特别行政区立法机关制定的法律。

（4）香港特别行政区基本法附件三列举的在香港特别行政区实施的全国性法律。

（5）全国人民代表大会常务委员会宣布战争状态或香港特别行政区进入紧急状态后，中央人民政府发布命令在香港特别行政区实施的有关全国性法律。

《香港基本法》第四十二条规定："香港居民和在香港的其他人有遵守香港特别行政区实行的法律的义务。"香港基本法作出这样的规定，是根据"一国两制"的方针和从香港的实际情况出发的，主要考虑以下几个方面：

（1）由于实行了"一国两制"的方针，宪法虽然从总体上说适用于香港特别行政区，但是宪法有关社会主义制度和政策的规定不适用于香港特别行政区；全国性法律也只限于国防、外交和其他按香港基本法规定不属于香港特别行政区自治范围的法律。因此，不便统一规定香港居民有遵守宪法和法律的义务。

（2）由于香港居民中不但有中国公民，还有非中国籍人士，因此，宪法中有关中国公民的一些基本义务，如中国公民有维护祖国的安全、荣誉和利益的义务，在香港基本法中也不便统一规定为香港居民的基本义务。

（3）香港居民必须拥护国家主权、统一和领土完整，这在其他有关条文中已有体现。如《香港基本法》第二十三条规定，香港特别行政区应自行立法禁止任何叛国、分裂国家、煽动叛乱、颠覆中央人民政府及窃取国家机密的行为。

（4）关于香港居民中的中国公民，既然香港基本法规定他们有依法参与国家事务管理的权利，自然有遵守宪法和法律有关规定的义务，正如李鹏总理在第七届全国人大第三次会议上所作《政府工作报告》中指出的，"港澳同胞作为中国公民的一部分，依法享有参与管理国家事务的权利，但这种参与要尊重内地的社会主义制度，遵守国家的宪法和法律"，这里有一个具体的问题，就是香港居民是否要服兵役的问题，由于香港基本法附件三没有列举《中华人民共和国兵役法》，因此可以认为，香港居民中的中国公民没有服兵役的义务。

公民权利与公民义务是一个硬币的两面，都源于公民基于国籍而与国家发生的固定的法律联系。从广泛的意义上讲，任何公民在享受公民权利的同时，都必须履行公民义务，二者是相辅相成的。至于义务的具体范围，则视乎各国或者各地区的具体法律制度而定。

第三节　对香港新界原居民的合法传统权益的认可和保护

一、香港新界原居民的合法传统权益的由来

1894 年中日甲午战争以后，帝国主义列强掀起了瓜分中国的狂潮，纷纷在中国划分势力范围。英国借机逼迫清政府于 1898 年 6 月签订了《中英展拓香港界址专条》，强行租借了界限街以北至深圳河以南大片土地以及附近 235 个岛屿，租期为 99 年。这些新租地总面积约为 975 平方公里（相当于英国本土面积的四分之一）和大片水域，约占香港总面积的 92%，后被统称为"新界"。原居民的名称来源于 1972 年行政局有关小型屋宇的政策文件，文件把 1898 年 7 月 1 日居住于新界乡村的男性及其后裔称为原居民，自此，原居民名称被合法引用。

香港新界包括深圳河以南、英国九龙割占地界限街以北的大片陆地、大屿山等 235 个岛屿和附近广大水域。新界的陆地面积共 975.1 平方公里，是原香港行政区陆地面积的 11 倍，

其水域面积是原香港行政区水域的 40～50 倍。1898 年以前，中国疆域内根本没有"新界"这个地名，这是 1898 年英国逼迫清政府租借此地后加上的。香港基本法对少数人群体依法享有的传统合法权益作出了专门的规定，所谓的香港少数人群体特指新界原居民。这些居民是中国人，他们的祖父或曾祖父在 1898 年或 1898 年以前就定居在"新界"地域中。香港基本法不仅赋予他们与香港居民相同的权利，还赋予他们其他居民不能享有的某些特殊权利，为他们提供积极的法律保护。

清政府把新界租借给英国前，新界的原居民及土地受中国传统法律与习俗管辖，土地产权属于永久性、无限制用途的类别。1905 年殖民地政府把原居民的契据交换为限制用途、有租期的政府租契。1910 年殖民地政府修订《新界条例》，继续以传统法律与习俗管辖新界土地产权，并及于任何与新界土地有关的事项。新界原居民则与其他香港居民一样受香港法律（即普通法、衡平法、成文法、习惯法）管辖。该条例授权香港法院，在涉及新界土地或有关事项的法律程序中，认可并执行中国习俗或传统权益。而根据传统的法律和习俗，只有直系男性后裔才能继承新界的土地遗产，女性原居民不能继承土地产权——除非"户绝"。这些是清朝以前就已在中国大陆存在的封建传统及习俗。该条例的最终目的，是继续保持男性原居民继承土地产权、享受土地权益的传统。由于这条地区性法规覆盖了所有未曾受该条例第 II 部——主要以传统法律与习俗管辖的新界土地条款——豁免的新界土地，因而造成了土地产权继承或离婚分财产等一系列法律问题。到 20 世纪 90 年代，该条例已经成为政府发展新界住宅的障碍。

二、香港新界原居民的合法传统权益的内容

回归前"新界"原居民在当时的法律下享有一些特定的合法权益，主要包括：

一是依照当时《香港法例》第一千零九十七章《新界乡议局条例》规定，乡议局为政府的合法咨询机构；依照第三百八十五章《区域市政局条例》规定"新界乡议局的正副主席为该局的当然议员"；依照第三百六十六章《区议会条例》规定"新界"27 个乡事委员会的主席为该区议会的当然议员。

二是按照回归前港英政府实施的"新界小型屋宇政策"，新界原居民在其一生中无须受《建筑条例》的限制，可以建造一座乡村屋宇，且可按照《差饷条例》规定无须补偿地价。新界的农地、空旷地、祖堂、物业、村公所、乡议局、乡事会办公所均豁免差饷。同时，按照回归前港英政府实施的"新界受清拆搬村的特惠补偿政策"，凡有屋地的新界原居民在受清拆搬村时，以一分地补偿一间乡村小型屋宇。

三是按照回归前《香港法例》第一百三十二章《公共卫生及市政事物条例》的规定，应当尊重新界原居民及其家属死后安葬于山边的传统习俗。政府清拆山坟时，应给予特惠津贴。

总的来说，新界原居民享有的合法传统权益有如下几点：①收地赔偿。在《中英展拓香港界址专条》中注明：新租之地，以 99 年为限期；在展拓界内，不可将居民迫令迁移，产业入官，若因修建衙署，筑用炮台等官工需用地段，皆应从公给价。1905 年港英政府向认为拥有新界土地的人发出"官批"文件，用作契约内列明的指定用途，更改为其他用途须获得政府批准，并作收地赔偿或更改土地用途补偿。②兴建丁屋。1972 年港英政府立例

提供超过 18 岁的男性原居民，在其村内为自己兴建 1 所指定面积和高度的小型屋宇。③乡议局的合法地位。新界乡议局的前身是农工商业研究总会，于 1923 年由新界各乡村乡绅组成，1959 年通过政府立法，承认它为新界民意咨询制度的最高层结构。④豁免差饷。在 1973 年制定的《差饷条例》规定：凡乡村发展区范围内的乡村屋宇及乡村发展范围外的自住乡村屋宇，可获豁免差饷。对乡村的公共设施和传统公共场所也豁免差饷。⑤遗产继承。新界原居民的遗产一向是依循传统习俗由男丁继承，在无遗嘱的情况下，遗产的继承权是属男丁所有。而按照传统习俗，凡家族、堂、祖等名下的物业，由司理人管理，并只有男丁才有享受权。⑥安葬权利。港英政府尊重新界原居民及其家属安葬于其村落附近山边的传统习俗，并在清拆此等山坟时付给特惠津贴。⑦习俗文化。尊重地方传统习俗，庙宇、神坛、教堂、道观等保留原有状态，醮会、神诞等照常举行。庙产，祖业，慈善机构、教育机构、社会团体的财产物产，只需办理登记手续，仍由原来机构管理。传统性组织，与原居民有关者，如乡议会等，给予保留。新界边境两方居民，保留在习惯上可以在指定关口依照规定时间来往的优待办法。

半个多世纪以来，新界土地继承权的问题不断衍生，如政府为发展新市镇而需将原居民的乡村落搬迁时，须向原居民提供特惠补偿。香港法庭秉持参照新界传统法律和风俗的做法来解决此类问题，尤其是参照《大清律例》来作出裁决，充分体现了对新界原居民传统权益的保护。而新界女原居民现在也可以享有继承新界土地的权利，反映出在尊重传统权益上的与时俱进和"人人平等"原则。

三、香港基本法对香港新界原居民的合法传统权益的认可和保护

"新界"原居民的上述合法权益是由于回归前的特定历史条件形成的，并且受到回归前法律（包括判例）的认可和保护。本着尊重和承认在香港原有法律下"新界"原居民所享有的一些传统权益的原则，《香港基本法》第四十条规定，"新界"原居民的合法传统权益受香港特别行政区的保护。还在第一百二十二条中明确规定："原旧批约地段、乡村屋地、丁屋地和类似的农村土地，如该土地在 1984 年 6 月 30 日的承租人，或在该日以后批出的丁屋地承租人，其父系为 1898 年在香港的原有乡村居民，只要该土地的承租人仍为该人或其合法父系继承人，原定租金维持不变。"以上这些规定明确地表明了回归后对新界原居民合法传统权益的认可和保护，也兑现了中央政府对香港回归后原有生活方式不变，原有法律制度基本不变的承诺。

第四节　国际人权公约和劳工公约在香港的适用

香港基本法中关于人权的国际公约的适用是指《公民权利和政治权利国际公约》、《经济、社会与文化权利的国际公约》和国际劳工公约之适用。

第二次世界大战之后，当代国际法开始重视对人权的国际保护。早在 1948 年 12 月 18 日，联合国大会通过了《世界人权宣言》，该宣言为政治性文件，对各国没有法律约束力。此后，1966 年 12 月 9 日又通过了《公民权利和政治权利国际公约》和《经济、社会与文化

权利的国际公约》，目前，这两个公约已经生效，但我国未加入这两个公约，而英国已经批准这两个公约，但并未将其制定成为国内法。因此这两个公约对英国来说，是在国际上承担义务，对国内并不具有直接的法律效力。这两个公约不直接适用于香港，对香港不具有直接的法律效力。

不仅如此，英国在批准这两个国际公约，声明它们将适用于香港的同时，又对其中的一些条款作了保留。

一、《经济、社会与文化权利的国际公约》在香港的适用

英国在签署和批准《经济、社会与文化权利的国际公约》时，对公约适用于香港的条款作了如下保留：

（1）对公约第八条第一款（b）关于公会有权成立全国联合会或同盟，后者有权阻止或参加国际公会组织，声明在涉及不同行业的公会有权成立联合会或同盟问题上，保留香港不引用该款的权利。

（2）对公约第七条（a）款关于男女工作条件不得有区别，应同工同酬，英国声明同意这项原则，并愿意设法早日全面实施，但由于实行方面的种种问题，保留在香港等地延期实施该款的权利。

（3）对于公约第六条关于确认人人有工作的权利的规定，英国声明保留解释第六条的权利，认为该条并不排除在保障区域或地区的工人就业机会期间，任何区域或地区在就业事项上，可根据出生地或居留资格而施加限制。

二、《公民权利和政治权利国际公约》在香港的适用

英国在签署和批准《公民权利和政治权利国际公约》时对以下条款作了保留。

（1）关于少年被告和少年犯的规定。公约第十条第二款（b）规定，少年被告应与成年被告分别羁押，并应迅速给予判决；第三款规定，少年犯人应与成年犯人分别拘禁，且其待遇应与其年龄即法律身份相称。对此，英国声明，在缺乏适当监狱设施时，或在认为成年与少年共同囚禁对双方均有益处时，联合王国政府保留权利，不引用第十条第二款（b）和第三款有关少年犯与成年犯分别拘禁的条文。

（2）关于迁徙自由的规定。公约第十二条第一款规定，在一国领土内合法居留之人，在该国领土内有迁徙往来之自由及择居之自由，第四款规定，人人进入其本国之权不得无礼……对此，英国声明，联合王国会根据需要继续实施当地《人民入境条例》，保留不在英国及其属土引用该款的权利，并将第十二条第一款有关一国领土的条文，解释为分别适用于每一个构成联合王国及其属土的地区。

（3）对公约第二十五条（b）款关于投票选举的规定"在真正、定期之选举中投票及被选。选举权必须普及而平等，选举应以无记名投票法行之，以保证选民意志之自由表现"；及（c）款，关于不分种族、性别等区别，以平等条件服本国公职，英国声明因涉及在香港等地区的政府聘用女性雇员的法律条文"以一般平等之条件，服本国公职"。保留不在香港引用这两款的权利。

（4）对公约第十三条关于合法拘留之外国人，非经依法判决不得驱逐出境，并有权要求复审和委托代理人申诉，英国声明保留香港不引用该款的权利。

（5）对公约第二十三条第四款关于夫妻婚姻关系方面，双方权利责任平等，英国声明保留不引用该款的权利。

（6）对公约第二十五条（b）款关于实施平等选举权和被选举权，英国声明在香港涉及设立一个经选举产生的行政局或立法局问题上，保留香港不引用该款的权利。

（7）对公约第二十四条第三款关于所有儿童有取得国籍之权，英国声明，认为英国及其属土有权随时制定所需要的国籍法，保留对该款的引用应根据当地国籍法条文规定的权利。

（8）对公约第二十条关于禁止任何鼓励战争之宣传，民族、种族或宗教之仇恨之主张，英国声明，联合王国政府解释第二十条时，认为该条与公约第十九条和第二十一条所赋予的权利是一致的。此外，联合王国政府已就各项与社会秩序（治安）有实际关系的事项制定法例，故保留不再进一步制定法例的权利；联合王国的每一个属土也保留同样的权利。

对于这两个国际公约，《中英联合声明》附件一第十三部分明确规定："《公民权利和政治权利国际公约》、《经济、社会与文化权利的国际公约》适用于香港的规定将继续有效。"《香港基本法》第三十九条进一步规定，两个国际公约适用于香港的规定将继续有效，通过香港特别行政区法律予以实施。这一规定保留了香港目前有关实施这两个国际公约的具体做法，也完全符合《中英联合声明》的有关精神。值得一提的是，在起草香港基本法时，有人主张，这两个国际公约应直接全部适用于香港特别行政区，这一意见不仅不符合《中英联合声明》的规定，而且一旦这样做，将会对香港现行法律制度产生重大冲击，影响香港的稳定繁荣和 1997 年的平稳过渡，因此，在制定香港基本法时没有采纳这种意见。

三、国际劳工公约在香港的适用

除两个国际人权公约外，《香港基本法》第三十九条还规定，国际劳工公约适用于香港的有关规定继续有效。这一规定在《中英联合声明》中没有具体提及，只是在附件一第十一节中规定，中华人民共和国尚未参加但已适用于香港的国际协定仍可继续适用。中央人民政府根据需要授权或协助香港特别行政区政府作出适当安排，使其他有关的国际协定适用于香港特别行政区。鉴于国际劳工公约对香港工人的权益非常重要，因此《香港基本法》第三十九条专门将国际劳工公约单列出来加以规定，表明对香港劳工利益的重视和保护。

《香港基本法》第三十九条提及的国际劳工公约是国际劳工组织制定的一系列公约的总称。国际劳工组织是一个国际性的机构，是在 1919 年为结束第一次世界大战而召开的巴黎会议时诞生的，1946 年该组织成为第一个与联合国联系的专门机构。在联合国各组织里，它是唯一一个包括政府、工人、雇主（或管理一方）三方代表的组织。该组织的主要工作是向各会员国政府颁布国际性的劳工标准。这些标准，通常是以国际劳工公约的形式出现，由国际劳工组织颁布后，再由个别会员国签署承认。时至今日，这些标准对促进各国制定劳工和社会改革政策起着重要作用。

该公约包括了各行业的最低年龄限制、夜间工作限制、工伤及职业病赔偿，以及有关工人自由结社和集体谈判权利的公约。

四、香港基本法的规定与在香港适用的相关国际公约的关系

《香港基本法》第三十九条分为两款，第一款规定："《公民权利和政治权利国际公约》、《经济、社会与文化权利的国际公约》和国际劳工公约适用于香港的有关规定继续有效，通过香港特别行政区的法律予以实施。"第二款规定："香港居民享有的权利和自由，除依法规定外不得限制，此种限制不得与本条第一款规定抵触。"

1. 《香港基本法》第三十九条规定的优点

（1）完全符合《中英联合声明》附件一的规定。附件一规定两个国际公约"适用于香港的有关规定继续有效"，第三十九条第一款的规定与附件一的上述内容是完全一样的，没有任何不一致之处，它是根据《中英联合声明》附件一而写的。

（2）完全符合香港的现状，符合英国对两个国际公约如何适用于香港的情况。如前所述，1976 年英国虽然批准了两个国际公约，两个国际公约将适用于包括香港在内的属地。按照英国的法律，条约必须通过国会立法变成国内法后，才能在英国国内执行。但英国批准两个国际公约以后，在国内并没有这方面的新的立法，也没有这方面的司法判例，所以对两个国际公约，英国只是在国际上承担了义务。1978 年英国在向人权事务委员会报告英国本土及香港等属地执行两个国际公约的规定的情况时说，"无须将公约变成英国法律的一部分"，"英国的法律制度是在符合公约的规定下运行，它透过现有法律来实现公约的义务"。比如《公民权利和政治权利国际公约》第七条"任何人不得加以酷刑或施以残酷的、不人道的或侮辱性的待遇或刑罚"和第九条"人人有权享有人身自由和安全，任何人不得加以任意逮捕和拘禁。除非依照法律所规定的根据和程序，任何人不得被剥夺自由"。这两条分别在香港普通法中都有相应的规定。可见，这两个国际公约是通过英国和香港的法律适用于香港的。《香港基本法》规定，"通过特别行政区的法律予以实施"，是完全符合英国和香港适用两个国际公约的实际情况的。

（3）为了解除一些人士对 1997 年后香港特别行政区的立法将限制两个国际公约规定的权利和自由的担心，《香港基本法》第三十九条第二款还规定，依照法律对居民享有的权利和自由所作的"限制不得与本条第一款规定抵触"。就是说，现在通过香港的法律适用于香港的关于两个国际公约的有关条款，在 1997 年 7 月后香港特别行政区的立法机关不能制定与它相抵触的法律，以保证两个国际公约适用于香港的有关规定在 1997 年 7 月以后在香港特别行政区继续有效。

（4）《香港基本法》第三十九条的规定简明概括，又符合《中英联合声明》附件一和两个国际公约在香港适用的现实情况，比较好地解决了在立法技术上的难题，如果采取别的写法，将使香港基本法的条文变得冗长。第三十九条这样规定不但解决了两个国际公约在 1997 年后如何在香港适用的问题，而且增写了国际劳工公约，也妥善解决了国际劳工公约 1997 年后如何在香港适用的问题。香港一些人士也同意这一规定。

2. 两个国际公约与香港基本法规定的香港居民的基本权利和义务的比较

两个国际公约规定的权利和自由有生命权、禁止酷刑、死刑只能作为最严重的罪行的惩罚、自决权、男女平等、婚姻自由、禁止奴隶制、不得任意逮捕或拘禁、被告的权利、无罪推定、所有的人在法律面前平等、言论自由、集会自由、结社自由、宗教或信仰自由、迁徙

和选择住所自由、选举权、工作与选择职业权、社会保险、享受公正和良好的工作条件、公平的工资和同工同酬、参加和组织国际工会组织与参加工会、罢工权等。这些内容和香港基本法规定的香港居民的基本权利和义务的内容基本上是相同的。

由于具体情况不同，两个国际公约与香港基本法规定的香港居民的基本权利和义务也有一些不同，如香港基本法没有规定自决权，因为香港自古以来即是中国领土的一部分，不存在自决的问题；两个国际公约中没有规定新闻自由，没有规定香港基本法所保护的私有财产权和企业所有权。香港基本法对一些权利和自由规定得比较原则，因为香港基本法主要是对中央与香港特别行政区的关系，香港特别行政区的政治、经济和文化各方面作出原则的规定，不是就一个方面作专门的规定，故对居民的权利和自由不可能规定得很具体、详细，更具体的规定可由 1997 年后的香港特别行政区自行立法。两个国际公约还分别规定，除了法律所规定的限制以及为维护国家安全或公共安全、公共秩序，保护公共卫生或公共道德，或他人的权利和自由所必需的限制外，对言论、集会、结社、罢工等自由不得限制。另外，两个国际公约对行使这些自由的限制条件也是较多的。香港基本法没有作这样的规定。

香港基本法规定的香港居民的基本权利与自由，既与两个国际公约的规定基本相同，又符合香港的实际情况。因此以两个国际公约来代替香港基本法关于香港居民的基本权利和义务的规定或者作为香港基本法的附件，将使基本法变得冗长，而不能使基本法更完善。我国政府一贯信守自己所承认或签订的国际公约、条约或协定，但迄今未将这些文件直接作为国内法的组成部分。香港基本法按照《中英联合声明》附件一的规定和香港目前对两个国际公约适用的实际情况，作出比两个国际公约更为全面扼要和符合实际的规定是妥善的。

第六章　香港特别行政区的政治体制

第一节　香港特别行政区政治体制的概念及原则

一、香港特别行政区政治体制的概念

政治体制通常是指政权组织形式及其活动原则，主要包括行政制度、立法制度、司法制度的建立及其相互关系。从形式上，它具体指与国家根本制度相符合的组织机构、工作制度以及领导制度等；从内容上，它应该是政权组织形式和活动原则的直接体现；从根本上，它应当明确权利的架构，比如权利的归属以及分配问题。

香港特别行政区的政治体制就是关于特别行政区的行政长官与行政机关、立法机关、司法机关的组织、地位、职权、作用以及各方之间的相互关系。这一政治体制是基于对"一国两制"、"港人治港"、高度自治方针的实践。《香港基本法》是香港具有宪法性法律效力的文件，其第四章专门对特别行政区的政治体制作出规定，具体对行政长官、行政机关、立法机关、司法机关、区域组织以及公务人员进行规定。通过对条文直观的感受和细致的分析，我们不难得出：在香港特别行政区的政治体制中，行政长官既是特别行政区的最高首长，又是行政机关的首脑，这一双重身份向我们充分表明了以行政为主导的政治体制是香港的特色。

以行政为主导的政治体制是我国"一国两制"背景下全新的地方政权组织形式，它所蕴含的意义强调，香港特别行政区的行政长官较之于我国其他地方的政府首长有着更高的法律地位和较大的决策权。以行政为主导的政治体制从《中华人民共和国宪法》、《中华人民共和国香港特别行政区基本法》、《中华人民共和国政府和大不列颠及北爱尔兰联合王国政府关于香港问题的联合声明》及其附件一"中国政府对香港的具体政策及其具体说明"等法律文件中都能找到其明确的法律依据。香港特别行政区的政治体制与我国内地地方政府的政治体制有着明显的不同，内地的首长负责制是人民代表大会制的配套制度，行政首长由人大产生、对人大负责并定期对其报告工作，而香港特别行政区的行政长官的产生方式及与立法机关的关系和内地完全不同。行政长官、行政机关和司法机关并不由行使立法权的立法机关产生，而是各自由选举或任命产生。

二、香港特别行政区政治体制建立的原则

自1997年7月1日零时香港回归祖国起，就意味着其长达150多年的殖民统治时代已经结束，而就在那一刻起，《香港基本法》开始施行并发挥其效力。作为该地区具有宪法性效力的法律文件，《香港基本法》中的重要内容就是规定香港特别行政区的政治体制。香港

基本法在设计香港特别行政区的政治体制时遵循了以下几项原则：

（一）"一国两制"的原则

"一国两制"，指的是"一个国家，两种制度"，是中华人民共和国领导人邓小平为了实现中国统一的目标而创造的方针，是我国政府在对台湾问题上的主要方针，亦为在香港及澳门两个特别行政区所采用的制度。"一国两制"政策以一个中国为原则，并强调"中华人民共和国是代表中国的唯一合法政府"，目前中国大陆实行社会主义制度及民主集中制，但是在香港、澳门和台湾，皆实行资本主义制度及议会制度。而且"一国两制"也一直是我国处理香港问题的指导原则，同时也是香港特别行政区政治体制设计的指导方针。我们要充分理解香港的"一国两制"原则，应该从两个方面切入：首先，香港特别行政区是我国地方行政区域的一种类型，并非独立的政治实体；其次，香港因其特殊的历史发展和法律地位，一直实行资本主义的政治制度，而且在其回归祖国后还将继续实行下去。"一国两制"的原则在香港既有效地维护了祖国领土完整与主权，又保障了香港的持续繁荣与稳定，同时还有利于实现其高度的自治。

通过"一国两制"在香港实践的成功，我们对它的认识应该更加深刻，因为其意义和影响远不止解决香港的问题。首先，"一国两制"是解放思想、实事求是思想路线的发展。新中国成立以后，实行了社会主义制度，社会主义是一个全新的事业，史无前例。在社会主义探索阶段，尤其是在文化大革命中，中国人民遇到了前所未有的挫折，在"解放思想、实事求是"的指导思想的指引下，结束了十年文化大革命动乱，中国历史进入改革开放和社会主义现代化建设的新时期。新的历史时期，面临着新问题、新挑战，"一国两制"的构想就是用新思想、新制度、新手段，填补了这个时期解决新矛盾原则的缺失。其次，"一国两制"表现了尊重人权，保障人民利益，是实现了"人性化"原则的典范。"一国两制"保证了香港和澳门的现行社会、经济制度、生活方式、风俗习惯等不变，符合港澳同胞的要求，是尊重人权的典范，更加为祖国的和平统一作出表率。再次，"一国两制"为实现祖国的统一大业作出巨大贡献，促进了经济的发展和文化的交流，维护了祖国的和平与稳定。在"和平统一，一国两制"的基本方针的指引下，香港和澳门相继回归祖国，台湾问题也发生了质的变化，海峡两岸局势逐步走向缓和。最后，"一国两制"是解决部族矛盾和党派纠纷的典范，也是在解决民族问题上实现互惠互利、实现双赢的典范。"一国两制"的实施和发展，体现出强大的生命力，从而充分地说明了资本主义和社会主义并不是水火不容、不共戴天的。在一个国家，社会主义和资本主义能够相安无事、和睦共处，预示着在同一个地球上，资本主义和社会主义长期共存的前景更加广阔。无论是资本主义制度还是社会主义制度，都是人与人或者人与社会的一种活动规则，是人类社会两种不同的尝试，并且这两种规则各有所长、互为补充。"一国两制"是我们认识社会制度的里程碑。

（二）高度自治的原则

高度自治指香港拥有高度的自治权，享有行政管理权、立法权、独立的司法权和终审权。《香港基本法》总则第一条开宗明义地规定："香港特别行政区是中华人民共和国不可分离的部分。"第二条规定："全国人民代表大会授权香港特别行政区依照本法的规定实行高度自治，享有行政管理权、立法权、独立的司法权和终审权。"第十二条规定："香港特别行政区是中华人民共和国的一个享有高度自治权的地方行政区域，直辖于中央人民政府。"这些规定明确了香港特别行政区的法律地位，表明香港特别行政区处于国家的完全主权之下。我们对香港高度自治权的理解应该基于香港基本法所规定的授权关系，即在单一制国家结构下，香港的权力来自全国人大的授权并接受中央政府的监督，中央政府授权后绝不存在分权模式下的"灰色地带"或者"剩余权力"问题，也不存在人权语境下的"对抗权"问题。①

我们对香港特别行政区的高度自治权的理解应该区别于联邦体制下的自治权。实行高度自治的现实条件是特别行政区社会具有特殊性。因此，对特别行政区高度自治的理解必须结合单一制国家的授权理论，而非一般联邦制国家的分权理论。换言之，特别行政区的高度自治有别于国际法上自治地区的自治，实际上是基于中央权力下放而获得自治。而联邦制下的高度自治则与香港的高度自治有着很大的差异。

首先，联邦制是由两个或两个以上的政治实体（共和国、州、邦）结合而成的一种国家结构形式。联邦制国家由各个联邦成员组成，各成员单位先于联邦国家而存在。联邦成员国在联邦国家成立之前，是单独的享有主权的政治实体；加入联邦之后，虽然不再有完全独立的主权，但在联邦宪法规定的范围内，联邦成员的主权仍受到法律的保护，联邦成员有自己的宪法和法律。在组成联邦制国家时，联邦成员单位把各自的部分权力让渡给联邦政府，同时又保留了部分管理内部事务的权力。其次，联邦宪法明确界定了联邦政府统一行使的权力和各成员国的中央政府所保留的权力，即联邦的权力是来源于各成员国的参与。联邦成员有自己独立的立法、行政和司法机构，和联邦国家的最高司法、行政、立法机构不存在隶属关系。联邦国家的主权由联邦和各成员单位分享，联邦政府对外代表国家主权。但是各联邦成员也在联邦宪法允许的范围内享有一定的外交独立性，可以与其他外交主体签订一些协议，有些联邦国家成员单位也可以参加国际组织。联邦宪法未指明属联邦政府（或上级行政区宪制文件未指明属上级行政区政府）之权力，即属地方（或下级行政区）所有，称为"剩余权力"，甚至国民享有联邦和各成员单位的双重国籍。

对比两种自治模式，可以发现它们的区别如下：

（1）单一制国家形式下划分为各个地方行政区划，联邦制国家则由各个联邦成员组成。地方行政区划是国家根据统治需要，按一定原则进行区域划分的结果，国家主权先于各个行政区划存在。而联邦成员国则是各成员单位先于联邦国家存在。

（2）单一制国家的地方行政区从来就不是一个政治实体，不具有任何主权特征。但联邦成员国则不同，在联邦国家成立之前，联邦成员是单独地享有主权的政治实体；在加入联邦之后，虽然不再有完全独立的主权，但在联邦宪法规定的范围内，联邦成员的主权仍受到法律的保护。具体有如下权利可受到保护：①每个联邦成员有权制定和修改本成员单位的宪法，规定自己的内部制度而无须联邦政府的批准；②联邦国家的成员在加入联邦之前有自己的区域范围，在加入联邦后，其区域未经同意仍然不能改动；③联邦国家的成员有自己的国籍；④各联邦成员有加入联邦的权利，也有退出联邦的权利。

（3）单一制和联邦制国家各有其权力来源。联邦成员国在组成联邦国家时，是各自把权力交与联邦政府，同时又保留了一部分管理该成员国内部事务的权力。联邦政府统一行使的权力和各成员国的中央政府所保留的权力都由联邦宪法明确界定。所以，联邦的权力来源于各成员国的参与。而在单一制国家里，国家本身是一个统一的整体，只是为了便于管理，

① 《中央管治权与特区高度自治——以基本法规定的授权关系为框架》，《法学》2007年第8期。

才把领土划分成若干行政区域，并据以建立起地方政权。所以，各地方行使的权力来源于中央授权，并不是地方所固有。在单一制国家里，地方的自主权或自治权是由国家整体通过宪法授予的。

（三）"依法治港"与"港人治港"的原则

香港特别行政区的设立与运作始终坚持"一国两制"、"港人治港"、高度自治的原则。而"依法治港"更是香港发展民主与法治的基石。依法治港是依法治国的重要组成部分，即香港特别行政区的建立与运作的法治基石是宪法与基本法。我国宪法明确规定，国家在必要时得设立特别行政区，在特别行政区内实行的制度由全国人民代表大会以法律规定。香港特别行政区基本法为我国设立的第一个特别行政区设计了一整套崭新的制度和体制。香港基本法一是明确中央和香港特别行政区的关系，既体现国家主权和统一，又赋予香港特别行政区高度的自治权；二是确立香港同胞当家作主的民主权利，保障香港居民广泛的基本权利和自由；三是确定香港特别行政区实行以行政为主导的政治体制，司法独立，行政与立法既互相制衡，又互相配合；四是规定香港特别行政区的经济、教育、科学、文化、体育、宗教、劳工和社会服务等各方面的制度和政策；五是在外交权属于中央的原则下，授予香港特别行政区处理对外事务的权力。① 所以宪法和香港基本法为香港实现"依法治港"提供了法律依据，同时也明确了香港的法律地位。

"依法治港"是香港作为法治社会的指导原则，在我国宪法与香港基本法中都有明确规定。这就要求香港特别行政区的一切活动都必须遵循宪法与香港基本法，特别行政区行政长官和政府依照宪法与香港基本法施政，立法机关与司法机关依照香港基本法履行职责，全体香港居民依照宪法与香港基本法行使权利和履行义务。"依法治港"的原则不光对香港适用，对中央政府同样适用，它要求中央政府坚定不移地贯彻"一国两制"、"港人治港"、高度自治的方针，严格按照香港基本法办事，一如既往地支持香港特别行政区政府依法施政，并与全体香港同胞一起建设香港全新的美好未来。

（四）有利于香港繁荣、稳定的原则

香港是一个非常国际化、市场化的成熟资本主义社会，它是世界主要的航运中心、经济中心之一，在香港回归后怎样继续保持香港的繁荣与稳定，这不仅是《中英联合声明》和《香港基本法》所要达到的共识与目标，更是对中央政府和特别行政区政府的考验。这就要求香港的政治体制设计应当为经济繁荣和社会持续稳定服务，既要做到行政主导下的决策效率和有效管理，促进香港的经济繁荣，又要能顺应民意，保障公平，促进香港民主政治的发展。

香港回归十多年来，中央政府坚定不移地落实"一国两制"、"港人治港"、高度自治的方针，严格按照香港基本法处理有关香港的事物。全力支持特别行政区行政长官和政府依法施政，保持了香港的持续繁荣。香港特别行政区行政长官和政府严格依照香港基本法办事，团结香港各个阶层，克服了金融危机、非典、禽流感等一系列困难和挑战，实现了香港的经济繁荣、民主发展和社会的全面进步。②

---

① 参见吴邦国：《深入实施香港特别行政区基本法　把"一国两制"伟大实践推向前进》，全国人大常委会香港基本法委员会办公室编：《纪念香港基本法实施十周年文集》，中国民主法制出版社 2007 年版。

② 乔耀章：《践行"港人治港"　共建"和谐香港"——为纪念香港回归十周年而作》，《苏州大学学报》（哲学社会科学版）2007 年第 4 期。

（五）保留香港原有政治体制的优点的原则

香港特别行政区政治体制的构建除了严格依照香港基本法，出于维护香港的经济繁荣与社会稳定以及顺利完成过渡的考虑外，还对香港原有政治体制中行之有效的部分予以保留，使其在香港特别行政区的运作中继续发挥作用。港英政府时期的政治制度虽然是为英国在香港的殖民统治服务的，但不能否认其具有一定的优点，比如行政权的主导地位、公务员制度、咨询组织制度等。这些制度在香港成功地实践并证明了其生命力，保证了香港行政管理与服务的高效率，这些制度在香港特别行政区的政治体制中应予以保留。但是，对于原港英政治中的殖民主义内容必须坚决予以摒弃。

（六）循序渐进推进香港民主进程的原则

所谓"循序渐进"就是遵循一定的步骤，有秩序地推进香港的民主政治建设。在殖民时期的香港，在相当长的一段时期内都是毫无民主可言的，香港虽然是资本主义社会，其经济制度和文化制度都相当成熟，但是其长期缺乏资本主义所提倡的自由、民主，虽然在英国统治的后期，港英政府大力推行"民主改革"，但在英国殖民统治下的香港人是没有真正意义上的自主管理、参政议政的权利的。

特区政府的设立与运行遵循"一国两制"、"港人治港"、高度自治的方针，要实现真正的香港人高度自治需要相应的民主制度的支撑与保障。香港民主制度的建立与发展，必须是在保持香港经济繁荣和社会稳定的前提下，"根据香港的实际情况"、"循序渐进地"逐步发展并予以完善。

第二节　香港特别行政区设立前香港的政治体制

一、集权的总督：英皇在香港的全权代表

（一）总督集权的法律依据

根据英国法律规定，英皇是世袭的国家元首、政府首脑、立法机关的组成部分以及全国武装部队的总司令。英皇享有各种权力，当然也包括对殖民地总督的任免权。就香港来说，英皇享有对这一地区的统治权，并任命总督代表其行使职权。但事实上英皇并不直接对这一地区行使治权，总督是由英国政府任命，英皇的任命只是形式上的，而真正奠定香港总督权力基础的宪法性法律文件是《英皇制诰》和《皇室训令》。

总督为了获得香港社会对其的支持，有时也会扮演香港对英国代言人的角色，并反映香港社会的某些要求，维护香港居民的某些具体利益，但就其根本，总督并非香港民意的代表，只是英国在香港实行殖民统治的象征与代表。[①]

（二）总督集权的法律内涵

每当新任总督从英国千里迢迢到达中环皇后码头时，人头攒动、礼乐齐鸣，本地官绅翘首迎候，皇家空军飞行表演队的飞机凌空呼啸而过，军舰上礼炮轰鸣，向新任总督致敬。在军乐团演奏的英国国歌声中，新任总督上主席台接受敬礼，检阅仪仗队。随即进行宣誓就职

---

① 徐克恩：《香港：独特的政制架构》，中国人民大学出版社1994年版，第58~60页。

仪式。由首席按察司庄严宣读英皇任命状后，总督进行"效忠宣誓"、"就任宣誓"、"司法宣誓"，并签署誓章。至此，一届新任总督正式就职。在以后的五年或更长时间里，总督将以英皇和英国政府的全权代表身份以及港英政府的首脑成为香港的最高统治者，"总督的权力仅次于上帝"。乍听之余，似有危言耸听之嫌，令人难以置信，但也并非无稽之谈。第22任总督葛量洪卸任之后，在其撰写的回忆录中记述，在这个英国直辖"殖民地"，总督的权力仅次于上帝，当他抵达每一处时，人人都要起立，在任何情况下，谁都要遵从他的意愿——永远都是"是的，爵士"、"是的，总督阁下"。

总督的职责范围，涉及行政、立法、司法、军事方面。

1. 行政方面

主持行政局并担任主席。港英政府的一切决策都由"总督会同行政局"制定，即总督在咨询行政局后，对行政局讨论的任何事项都享有最后决定权。行政局通常每周举行一次会议，议事日程由总督亲自决定，只有总督1人有决定的资格。至于许多有争议的法例，允许在行政局向总督提出上诉，如果有人反对港英政府的决定，或者正在立法过程中的法律草案都要经过行政局讨论。某些法律允许总督个人处理某些上诉，而无须提交行政局通过。

任免官员。总督有权依法任命法官、太平绅士以及其他官员。除按察司和地方法院法官外，总督如有充分理由，有权将本殖民地官员撤职、停职或予以纪律处分。政府各部门的首长均先由总督提名，再由英国政府任命。事实上总督的提名历来都被接受，英国政府的任命只是法定程序而已。

另外，总督还有批准处置土地的权力。总督代表皇室或以皇室名义决定并履行租让及处置本"殖民地"之官地。

2. 立法方面

香港设立立法局，其成员包括总督、当然官守议员、官守议员、委任议员、民选议员。总督兼任立法局主席，在立法局的立法活动起着决定性的作用。《英皇制诰》第七条第一款明确规定："总督参照立法局之意见及征得该局同意制定法律。"

主持立法局会议。立法局辩论之议案，以多数票决定；总督主持立法局会议并投出普通一票，若票数相符，总督或主持者再投决定性一票。《英皇制诰》第二十一条第一款又规定："总督主持立法局会议。"这说明总督是主要的立法创议者。而总督更是立法权的主体，立法局只是总督立法的咨询机构。

立法权限。总督兼任立法局主席，在立法活动中扮演重要作用。其权力还包括：解散立法局后，他可以行使立法局的立法权；下达行政训令，禁止某些人士进入立法局会议厅旁听，可以在立法局内拘捕任何人士；签发传唤任何人士到立法局接受侦讯作证和提供证据的传票，或允许某些人士豁免作证或提供证据，等等。总之，总督参照立法局之意见及征得该局同意制定法律，以确保本殖民地之和平、秩序及良好管理。

3. 司法方面

总督提出关于按察司与重要官员的名单再由英国任命。总督有赦免罪犯的权力，发生在香港之刑事案或罪行，或犯人在本地受审，总督认为有必要时，可以皇室名义并代表皇室赦免该案之一名共同犯，令其提供证据把首犯或其他犯人绳之以法。再者经过香港任何法院判罪之犯人，总督可将他释放或有条件释放、赦免或减轻刑罚、缓刑及减免应付皇室之罚款或没收物品。总督还拥有把非英籍和非香港出生的不受欢迎人士驱逐出境的权力。

4．军事方面

总督在名义上是香港三军总司令。英军驻港司令应向总督提供部队的兵力和在香港的防务情况。在紧急时，身为三军司令的总督可以亲自下令出动部队协助维持香港的安全而无须事先请示英国。

（三）总督的产生与任期

香港从1841年实际处于英国管治之下，至1997年回归中国前，在英国殖民统治下共156年，期间，共经历了28任总督（另有3任日治时期的总督，是日本人，共计31任）。

总督的任期一般为5年，但时有例外，而且事实上也没有一个十分严格的明确年限。任期最长的是第22任葛量洪和第25任麦理浩，均达10年之久。最短者为第19任郝德杰和第1任朴鼎查，均只有1年左右。

二、港英时期香港政治体制的特点

（一）殖民主义的色彩

香港作为英国的海外殖民地，其政治体制基本上是按照英国海外殖民地的统治架构发展而成的。就殖民地的政治体制而言，存在以下特点：第一，任何殖民地政府的权力都来源于其宗主国的赋予，而赋予权力的程度大小直接决定殖民地政府进行管制的自主程度。无论殖民地政府被赋予多大的权力，宗主国始终都掌握可以进行干预、控制和支配的决定性权力。第二，殖民地政府对殖民地人民实行的统治不需要通过取得民意而获得合法性，宗主国的权力赋予是其权力合法化的唯一基础。第三，殖民地政府的管制往往具有很强的专制性质，英国通过"总督"对香港进行间接统治，总督权力至高无上，不受殖民地内部制度制约。第四，殖民地政府的管制行为不以殖民地人民的统一或者选择为基础。因此，殖民地政府和社会之间的权力关系只是一种自上而下的命令关系，而不存在互相的制约机制。由此可见，港英政府时期的政治体制具有相当强烈的殖民主义色彩。

（二）总督的高度集权

总督的高度集权体现在总督是香港政治体制的核心。总督作为英皇对香港殖民统治的象征。总督由英皇任命产生，无须对香港人民负责，理论上无须考虑香港的民意动向，其同时作为港英政府的首脑，集行政、立法、司法、军事大权于一身，兼任行政、立法两局的主席。行政局、立法局只是总督的咨询机构，辅助总督执政，总督有权任命法官，兼任驻港英军海、陆、空三军总司令，其任期无明确规定。我们可以毫不夸张地说，总督的职权渗透到香港政治生活的每一个角落，处于香港政治金字塔的最顶端。

虽然总督在香港实行高度集权统治，但其权力并非完全不受制约。总督只是代表英皇在香港实行统治，如果需要，英皇可以拒绝授权或者撤销授权，也就意味着总督在香港的统治终止。

（三）缺乏资产阶级民主

香港是资本主义社会，但又不能称作完全意义上的资本主义社会，资产阶级的政治制度，是资产阶级所享有的民主。资产阶级所提出的"主权在民"、"自由平等"、"法律面前人人平等"等主张在香港没有得到很好的体现，究其原因，香港作为英国的殖民地，其专制色彩、殖民氛围让资产阶级本应该体现的民主原则无法实现。其行政、立法不能有效地相互制约，总督权力过大无法制约，不管港英政府怎样强调民主、自由，但香港人作为殖民地居民的地位始终无法与英国本土公民享有同等的地位与权利。比如，香港人对港英政府没有选举权、监督权、罢免权和被选举权，是典型的"英人治港"而非自治。可见，港英政府的政治制度没有真正的民主政治。正如香港《明报》曾指出的："殖民地上，绝无民主，如有民主，非殖民地。"①

（四）建立众多的咨询机构

20世纪60年代香港社会的多元化发展和社会流动的增加要求实现更多的"官民沟通"，社会发展对精英与普通大众之间的整合与沟通提出更高要求。港英政府推行的咨询委员会制度是开放式管理与民主协商的体现，港英政府建立了300多个咨询委员会，几乎所有政府部门都设立了各类咨询组织，吸纳了数千名社会各界精英在其中服务，组成了广泛的咨询网。② 香港政治依靠行政咨询的系统，吸纳政治力量，并取得本地的支持，强化其统治地位和管理效能。殖民政府把"行政咨询"看成是"行政吸纳政治"的过程，即把社会中的精英或者精英集团所代表的政治力量吸收进决策机构。在这一思路的指导下，香港社会中被称为"精英分子"的华人显贵、工商巨贾被吸收进入立法局、行政局，很大程度上使得香港因其历史原因形成的"华洋分治"的二元格局得到改善，进而弥补了社会分化和阶级的对立。

三、港英时期香港政治体制的运作模式

（一）英国中央政府与港英殖民地政府的配合

英国一直把香港作为其直辖的殖民地进行管理，所以香港从来就不是一个独立的政治实体。总督及其港英政府是英皇和英国政府对香港进行殖民统治的工具和象征，英国一直以来直接控制香港的防务、外交和行政机关组织等权力，可见港英政府的一切权力来自英国。作为英国的海外殖民地，香港一方面体现着殖民主义的专制，另一方面却渗透着现代资本主义的法治和管理。香港的文官制度、咨询制度、司法独立制度、行政监察制度都属于英国本土制度在海外的延伸和发展。香港的公务员制度也效仿英国的公务员制度，如公开考试、择优录用、论功行赏，以法律、法规明确公务员的地位、职责、权利和义务。香港的法律司法制度同样来源于英国，香港的法律与司法体现和贯彻了资本主义民主与公正的原则，如司法独立、无罪推定、公平的诉讼程序、陪审制度等。港英政府是英国中央政府进行殖民统治的工具，港英政府既要维护宗主国的利益，又要调控香港各个阶层的普遍利益，这就要求英国中央政府与港英政府密切配合，以求达到其殖民统治的长久和稳定。

（二）总督决策与精英咨询的配合

总督是英皇在香港的全权代表，同时也是港英政府的首脑，集行政、立法大权于一身，并兼有一定的司法权，又是名义上驻港英军海陆空三军总司令，处于港英政府政治金字塔的

---

① 《殖民地上，绝无民主，如有民主，非殖民地》，《明报》，1992年11月20日。

② 刘曼容：《港英政府政治制度论（1841—1985）》，社会科学文献出版社2001年版，第406~407页。

顶端。总督和主要行政官员把大权集于一身，加之数量众多、种类纷繁的咨询机构，构成了香港独有的政治制度。为了避免出现与政府对立的团体或敌对力量，港英政府把社会各界的精英吸纳进入立法局、行政局或其他文官系统或是给他们颁发荣誉（如太平绅士、爵士等）。此外，港英政府的咨询制度也非常完善，整个政府有数百个咨询机构，几乎所有的政府部门都有其专门的咨询机构。

（三）行政主导模式下的行政与立法的配合

港英政府的政治制度最大的特色就是行政主导，通过总督的集权可以体现，在行政主导的模式下，行政与立法的配合也相当密切。立法局和行政局都是总督的咨询机构，行政、立法两局的主席均由总督兼任，两局开会也由总督主持。行政局就各项政策向总督提供意见，行政局的一切政令，均以"港督会同行政局"名义发布，行政局决议一般通过咨询作出，总督拥有最后否定权。立法局是总督的立法咨询机构，提交立法局讨论的案例，均先由行政局考虑，并需得到总督同意。立法局通过的法案，必须获得总督签署方能生效。香港制定的所有法律条例均冠以"香港总督参照立法局之意见并经该局同意而制定"的字样。总督还拥有解散立法局的权力。总之，行政局、立法局是总督的执政咨询机构，两局虽对总督有一定的制约与监督作用，但不能从根本上制衡总督、弹劾总督，不能动摇总督凌驾于两局之上的法律地位。①

第三节　香港特别行政区政治体制的模式、变化及特点

1997 年 7 月 1 日零时起，中华人民共和国对香港恢复行使主权，自此香港结束了长达156 年的殖民统治历史，回归祖国，成为中国主权下的香港特别行政区。特别行政区的成立意味着一种全新的特区政治架构取代了殖民政治架构，这种全新的政治架构在中国乃至世界的历史上都是一种创新和尝试。香港特别行政区政治架构的设计体现了"一国两制"、"港人治港"、高度自治的方针原则。香港特别行政区政治架构一步步从理论到实践，从实践到成功运转，说明了这种制度设计的合理性与生命力，从而形成了一个既不同于中国内地，又有别于殖民政治的具有香港特色的政治体制，有效地回应了国人对香港继续繁荣与稳定的希望，大大丰富了中国国家政体的内涵。②

一、香港基本法规定的特别行政区政治体制模式

"以行政为主导，司法独立，行政与立法既相互制衡，又相互配合。"以行政为主导的政治体制是我国为了顺利解决香港问题，确保香港回归后继续保持繁荣稳定而设计的，既符合"一国两制"、"港人治港"、高度自治的原则，又适应香港实际情况的地方政权组织形式。

---

① 刘曼容：《港英政府政治制度论（1841—1985）》，社会科学文献出版社 2001 年版，第 411～412 页。

② 周平：《香港政治发展 1980—2004》，中国社会科学出版社 2006 年版，第 205 页。

二、香港特别行政区政治体制的主要变化

（一）结束旧的以总督为标志的殖民主义政治体制

香港从受到英国的殖民统治到变成中华人民共和国香港特别行政区，这一巨大而深刻的变革意味着结束了以总督为标志的殖民主义政治。香港本是中国领土的一部分，英国自鸦片战争后强占香港，一直实行以总督为标志的殖民统治，港英政治只是英国实行的殖民政治，从属于英国，其政治权力来源于英皇与英国政府的赋予；是典型的"英人治港"，港英政府运行的责任对象是英皇及英国政府而非香港社会及居民，殖民政治的结束就意味着特区政治的开始。

（二）建立新的符合香港实际情况的政治体制

香港特别行政区政治体制与港英政治体制存在着本质的区别。首先，两种政治体制的政权归属不同，港英时期的政治是英国进行殖民统治的政治，其最高决定权在英国政府；而香港特别行政区的主权属于中华人民共和国政府，中华人民共和国政府对香港政治拥有最终政治决定权。其次，二者的政治授权关系不同，港英政府的政治权力来自于英国政府的授予，而香港特别行政区的政治权力来自于全国人大的授予，是在高度自治权下实行的"港人治港"的政治模式。再次，二者的政治责任模式不同，前者只对英国政府负责而不对香港社会负责，香港特别行政区成立后，实行"一国两制"、"港人治港"、高度自治的方针，香港的高度自治权来自全国人民代表大会的授予，如今的香港是"港人治港"，香港特别行政区政治的责任对象是特别行政区政府和中央政府，包括行政长官在内的公务人员必须向特别行政区负责，向香港人民负责，向中央人民政府负责。

三、香港特别行政区政治体制的特点

（一）以行政为主导

以行政为主导是指与司法权、立法权并立的行政权有着优势地位。行政权起"主导"作用是指行政权是一种主动性权力，其行使应该是积极的而非被动的；其次，行政权的主导地位就是把较大的权力集中在行政方面，特别是行政长官身上，从而使得行政权的行使具有更大的能量，更便于实现自身的意志。所以，以行政为主导就是行政首脑和行政机关相对立法权和司法权处于优势主导地位的政治体制。香港基本法规定香港特别行政区的政治体制以行政为主导是符合香港实际的。它不同于内地的人民代表大会制度，也区别于美国的三权分立模式，更加有别于港英时期的总督制，以行政为主导的政治制度有其独到之处：

第一，它不同于内地的人民代表大会制度。内地人民代表大会制度的内涵是，国家的一切权力属于人民，人民行使国家权力的机关是全国人民代表大会和地方各级人民代表大会，全国人大和地方各级人大都由民主选举产生，对人民负责，受人民监督，国家行政机关、审判机关、检察机关都由人民代表大会产生，对它负责，受它监督。相比较而言，行政主导的政治体制比较强调行政机关与立法机关相互配合又相互制衡，司法机关具有独立的地位，不受其他机关干涉。行政长官、行政机关、立法机关和司法机关的产生办法与人民代表大会制度下也有很大的不同，它们并不是由立法机关产生的而是各自选举或任命。

第二，行政主导的政治模式也不同于美国的三权分立体制。从表面上看，香港特别行政区享有行政管理权、立法权、独立的司法权和终审权，形式上和"三权分立"的模式很像，但不能简单地理解为这两种制度是相同的，美国的分权强调权力之间的相互制约以求达到平衡，香港的以行政为主导的模式虽然行政权与立法权之间有制约，但更加强调配合，较之于美国的三权分立，香港特别行政区行政长官的地位突出，与立法权和司法权相比有着优势的地位，而美国的三权之间地位平等，这是二者之间最为明显的差别。①

行政主导并不意味着集权。当今世界大多数国家和地区的政治体制建立在权力分立的基础之上。香港的行政主导并不意味着行政权吸收了立法权和司法权，以行政为主导的政治体制设计同样是源于三权分立，行政主导并不意味着"行政至上"，因为在香港，行政权与立法权和司法权相比，并不具有无法挑战的绝对优势地位，即便是立法权和司法权对行政权产生矛盾，也必须依照香港基本法的规定来处理，三权之间并非简单意义上的服从或从属关系。

第三，以行政为主导的政治模式更加不同于港英时期的总督制。尽管特别行政区的政治制度对港英时期的很多有效的部分予以保留，构成特别行政区政治制度的一部分，但遵循"一国两制"、"港人治港"、高度自治原则构建的以行政为主导的政治制度和旨在维护殖民统治的总督制之间有着显著的差别。

在香港特别行政区的政治架构中，国家的主权除了体现在国防和外交上，还体现在中央对行政长官的任命上。行政长官在行政主导的体制中处于核心地位，在维护基本法权威的同时，中央政府通过任命行政长官，再通过行政长官实施行政主导，从而保持对香港的最终决定权，即国家主权。值得注意的是，行政主导也是对港英时期香港政治体制中值得吸收部分的有效整合。港英时期，总督作为英皇在香港的代表，总揽行政、立法大权，管理方式的实质是以总督为首的行政机关主导一切事物。总督既是政府首脑又是英皇在香港的全权代表，总督下设辅助执政的五个系统：行政局、立法局为首的决策系统；以布政司为首的行政部门；以首席按察司为首的司法系统；直接受英国国防部指挥的驻港英军系统；以廉政公署为首的行政监察系统，五个系统除了驻港英军外，其他都高度服从于总督。这种以总督为核心的政治体制虽然是殖民统治的工具，但客观上促进了政府的高效施政，使得香港的经济和社会得到相当程度的发展，使香港国际金融中心和国际自由港的地位得到进一步巩固，所以行政主导是港英政治中行之有效的合理部分，为特区政治制度的设计提供了良好的素材。②

（二）司法独立

在实践中，司法很大程度上独立于行政部门，法官可以毫无畏惧、毫无偏袒、平等地运用法律，除法院的独立性以外，律政司可以独立地行使检察官的检控权力，律师依法执业，由陪审团来决定犯罪与否，只要这些组织独立于政治压力之外，行政当局就很难用其自身的利益来支配法律，甚至推翻法治准则。

《香港基本法》第八十条规定："香港特别行政区各级法院是香港特别行政区的司法机关，行使香港特别行政区的审判权。"③ 这是我国在地方司法制度上的一个创新，即便是联

---

① 参见沈宗灵：《比较宪法——对八国宪法的比较研究》，北京大学出版社 2009 年版，第 174 页。

② 参见傅思明：《香港特别行政区行政主导政治体制》，中国民主法制出版社 2010 年版，第 38~40 页。

③ 《中华人民共和国香港特别行政区基本法》第八十条之规定。

邦制国家，作为国家一部分的地方享有司法终审权都是没有先例可循的。香港基本法规定香港继续实行普通法制度，司法机构独立于政府行政机关与立法机关，行使特别行政区的终审权。《香港基本法》第八十五条规定："香港特别行政区法院独立进行审判，不受任何干涉，司法人员履行审判职责的行为不受法律追究。"① 以上条文以法律的形式确定了香港司法机关实行司法独立、审判独立的原则。

香港特别行政区遵循独立审判原则的内容主要有两个方面：其一，法院审理案件不受任何干涉，包括任何机关或者个人，即使上级法院对下级法院的审判也不能过问，只有在案件当事人进行上诉时才能发表意见，作出新的判决。其二，司法人员行使审判权受到法律保护，审判人员履行审判职责时的行为，包括其所发表的言论和采取的措施、决定，享有司法豁免权。除此以外，香港特别行政区法院独立审判的原则，还包括相关法院审理案件独立于内地法院系统，不受最高人民法院的监督。②

除了通过以上实体规定来保障，香港特别行政区的司法系统还通过以下诸如程序的机制来保障司法的独立：①法官任期的保障，对于无论什么层级的法官，除非他们已经没有能力胜任法官的工作，或者是违反了相关的职业道德，他们不得被免职；②高薪养廉，高额的薪俸和丰厚的退休金保障了法官可通过自己的工作获取较高的收入，而不用通过贪污受贿等违法的行为来获取金钱；③任用程序，法官的人选来自经验丰富的律师，他们必须通过司法人员推荐委员会的推荐；④法官的言论自由，法官可以就自己的言论和批评得到免责和豁免；⑤法官可以对任何藐视法庭的行为进行处罚；⑥服饰方面，法官出庭佩戴假发、穿着法袍，显示了法庭的威严，在法庭内，任何人必须尊称"法官大人"，因为法官就是法律的化身。

（三）行政与立法既相互制衡又相互配合

行政与立法既相互制衡又互相配合的关系体现了香港特别行政区行政体制的互动，行政长官的行政管理权和立法会的立法权，在"一国两制"、"港人治港"、高度自治的方针政策下运作，可以有效地防止权力滥用，互相制约，更加重要的是互相配合，这也正是特别行政区政治体制的创新之处。

1. 行政对立法的制衡性

（1）提案方面。

《香港基本法》第四十九条规定：香港特别行政区行政长官如认为立法会通过的法案不符合香港特别行政区的整体利益，可在三个月内将法案发回立法会重议，立法会如以不少于全体议员三分之二多数再次通过原案，行政长官必须在一个月内签署公布或按本法第五十条的规定处理。

批准临时短期拨款。审核、通过政府提出的财政预算案是立法会的职权范围，在立法会未通过政府提出的财政预算案时，行政长官可按上一财政年度的开支标准批准临时短期拨款，这样能有效防止因政府的财政预算被否决而使政府工作瘫痪，同样也是行政长官对立法会的制约。

法案的生效。香港基本法规定，立法会通过的法案、财政预算案，须经行政长官签署、公布，方能生效。

---

① 《中华人民共和国香港特别行政区基本法》第八十五条之规定。

② 参见傅思明：《香港特别行政区行政主导政治体制》，中国民主法制出版社2010年版，第190页。

（2）在法定的条件和程序下，行政长官可以解散立法会。

《香港基本法》第五十条规定：香港特别行政区行政长官如拒绝签署立法会再次通过的法案或立法会拒绝通过政府提出的财政预算案或其他重要法案，协商仍不能取得一致意见，行政长官可解散立法会。行政长官在解散立法会前，须征询行政会议的意见。行政长官在其任期内只能解散立法会一次。

（3）其他方面。

政府人员作证与否由行政长官决定。香港基本法规定，如有需要，立法会可以传召相关人士作证和提供证据，但行政长官有权决定政府官员或其他负责政府公务的人员是否向立法会或其所属的委员会作证和提供证据。

2．立法对行政的制约性

（1）在法定条件和程序下，立法会可以使行政长官辞职。

《香港基本法》第五十二条规定："香港特别行政区行政长官如有下列情况之一者必须辞职：A．因严重疾病或其他原因无力履行职务；B．因两次拒绝签署立法会通过的法案而解散立法会，重选的立法会仍以全体议员三分之二多数通过所争议的原案，而行政长官仍拒绝签署；C．因立法会拒绝通过财政预算案或其他重要法案而解散立法会，重选立法会继续拒绝通过所争议的原案。"

（2）在法定条件和程序下，立法会可以弹劾行政长官。

《香港基本法》第七十三条第九款规定："如立法会全体议员的四分之一联合动议，指控行政长官有严重违法或渎职行为而不辞职，经立法会通过进行调查，立法会可委托终审法院首席法官负责组成独立的调查委员会，并担任主席。委员会负责进行调查，并向立法会提出报告。如该调查委员会认为有足够的证据构成上述指控，立法会以全体议员三分之二多数通过，可提出弹劾案，报请中央人民政府决定。"

（3）行政机关要对立法机关负责。

《香港基本法》第六十四条规定："香港特别行政区政府必须遵守法律，对香港特别行政区立法会负责；执行立法会通过并已生效的法律；定期向立法会作施政报告；答复立法会议员的质询；征税和公共开支必须经立法会批准。"

行政与立法相互配合体现在：行政会议是行政与立法相互配合的表现形式，在香港特别行政区建立一个行政会议，是协助行政长官进行决策的咨询机构。《香港基本法》第五十六条第二款规定，行政长官在作出重要决策、向立法会提交法案、制定附属法规和解散立法会前，须征询行政会议的意见，但人事任免、纪律制裁和紧急情况下采取的措施除外。行政长官如不采纳行政会议多数成员的意见，应将具体理由记录在案。而行政会议的成员由行政长官从政府主要官员、立法会议员和社会人士中委任。

由于行政会议的成员来自行政、立法和社会各方面，能使行政长官在进行决策时，听到来自不同方面的意见，尤其是来自立法机关的意见，而兼任行政会议委员的立法会议员，能够充分了解政府的决策和运作，他们将这种理解融入到立法工作中，使立法机关和行政机关的不同意见能在一起磋商和协调，促进二者之间的相互配合。立法会议员可以利用行政会议这个平台，促进行政与立法双方的沟通，在行政与立法出现重大分歧时，进行调解斡旋，化解可能出现的危机。《香港基本法》所设计的政治体制的特点就是行政主导，行政与立法既相互制约又相互配合。《香港基本法》实施十多年来，这一体制基本得到贯彻，香港政治体制总体上运行良好，政府提出的大部分议案和法案，尽管有些争议很大，但基本上都能得到立法会的支持，得以通过，从而保证了特别行政区政府施政的基本顺畅。香港特别行政区行政长官曾荫权曾表示："整体来说，自香港回归以来，行政机关得到立法机关的支持。"① 以第二届立法会为例，在特别行政区政府向立法会提交的 135 项草案中，其中 125 项在立法会通过，通过率为 92.6% 。政府对这个结果是满意的。除立法草案外，立法会还通过了政府提出的 260 项财务建议条例，800 项附属条例，为政府施政提供了法律和政策基础。政府也对立法会的工作给予了积极配合，行政长官出席立法会的频率有所增加，原来每年 3 次，现增加为 4 次。高官问责制实行后，问责官员更是频繁回复议员口头和书面质询，并对多项议员动议案作出回应。对于这种基于制约与配合关系产生的互动，政府认为，"总体关系良好"。②

　　按照香港基本法的规定，行政长官在其任期内只能解散立法会一次。这样安排的目的是为了维护香港政治体制的稳定运行，同时避免了立法会因存在周期太短而需要重新选举，进而消耗社会资源，同时也破坏了社会的和谐。行政与立法的关系在行政制约的同时更讲求合作，制约旨在强调监督权力的行使，防止权力滥用，而合作才能实现香港的和谐与发展，维护香港的经济繁荣和社会稳定。

　　① 《香港特别行政区行政长官曾荫权先生发言》，全国人大常委会基本法委员会编：《纪念香港基本法实施十周年文集》，中国民主法制出版社 2007 年版，第 18 页。

　　② 郝建臻：《香港特别行政区行政与立法的关系》，法律出版社 2011 年版，第 64～65 页。

第七章　香港特别行政区行政长官

第一节　行政长官的产生

一、行政长官的任职资格与要求

（一）行政长官的任职资格

香港回归后，其已成为中华人民共和国的省级地方行政区域，因此行政长官只能由中国公民来担任，这既是对"一国两制"方针的落实，更是对"港人治港、高度自治"原则的尊重。因此，《香港基本法》第四十四条对行政长官的任职资格作了如下规定："香港特别行政区行政长官由年满四十周岁，在香港通常居住连续满二十年并在外国无居留权的香港特别行政区永久性居民中的中国公民担任。"

（二）行政长官的任职要求

从《香港基本法》第四十四条的规定，我们可以推断出作为香港的行政长官，其任职的几项具体要求：

1. 必须达到法定年龄

《香港基本法》规定行政长官必须年满 40 周岁。这是因为行政长官是一个非常重要的职位，将担当非常重大的责任，因此其必须具有相当的资历、阅历和管理经验。纵观世界各国的宪法或法律，对于高职位官员的任职要求均有年龄的限制。同时，这也从另一个侧面表明，中央人民政府不会插手特别行政区的管理事务，而是交由当地居民通过选举或协商而产生具有充分能力的行政长官去管理。

2. 必须达到一定的居住年限

《香港基本法》规定行政长官必须由在香港特别行政区居住连续满二十年的人担任。这样的规定，一是为了真正实现"港人治港"；二是考虑到有如此长时间居留在香港的人，必定会非常熟悉特别行政区各方面的实际情况，这对行政长官作出正确的且符合港人基本利益的行政决策是非常重要的。

3. 必须是永久性居民中的中国居民

《香港基本法》作此规定，主要是考虑到香港是中国领土的组成部分，它直接由中央人民政府管辖，行政长官不但要对特别行政区负责，更要对中央人民政府负责。因此该职由永久性居民中的中国公民担任不仅是必要的，也是合适的。而且各国通常也都采取这种做法，即对担任最高行政长官的人均有国籍要求。

4. 必须无外国居留权

据《香港基本法》第四十四条的规定，将"在外国无居留权"作为行政长官候选人的前提条件。这也是香港回归祖国后，我国主权在特别行政区的体现。

（三）香港基本法对行政长官的要求

由于行政长官在香港特别行政区具有很高的法律地位，责任重大，因此香港基本法对行政长官又作了一些严格的要求，以保证和监督其履行应尽的职责。① 这些要求是：

1. 廉洁奉公、尽忠职守、申报财产

对于一个公务人员来说，为政清廉、秉公办事、忠于职守，这是必备的条件，也是起码的要求。只有达到这些要求，才有可能成为一个好公务员。对于行政长官来说，这尤为重要。为了从组织上保证和监督行政长官能保持廉洁，《香港基本法》第四十七条第二款又规定："行政长官就任时应向香港特别行政区终审法院首席法官申报财产，记录在案。"在这里对行政长官申报财产、何时申报、向谁申报、如何办理都作了规定。这参考了世界许多国家通常的做法，符合香港广大居民的要求，也符合香港特别行政区的利益。

2. 依法宣誓效忠

《香港基本法》第一百零四条明确规定，行政长官就职宣誓的主要内容是"拥护中华人民共和国香港特别行政区基本法，效忠中华人民共和国香港特别行政区"。

3. 因健康原因而必须辞职

《香港基本法》第五十二条规定，行政长官"因严重疾病或其他原因而无力履行职务"时必须辞职。这种辞职具有强制性。

二、行政长官的产生办法

（一）行政长官的产生程序及办法

行政长官的产生，是香港特别行政区政治体制中最核心的问题之一。作为特别行政区的代表和特别行政区政府的首脑，行政长官在特别行政区具有非常重要的法律地位。所以对这一重要的公职人员的产生，不仅要求其个人符合法定资格和条件，德才兼备，而且其产生的过程必须符合法定程序与民主精神。《香港基本法》在立足本地实际情况的基础上，原则性地规定了行政长官的产生办法。

1. 《香港基本法》规定了行政长官产生的程序

《香港基本法》第四十五条第一款规定："香港特别行政区行政长官在当地通过选举或协商产生，由中央人民政府任命。"这一规定明确表明，行政长官的产生方式要经过两道程序——提名与任命。第一道程序是在当地通过选举或协商产生行政长官的人选；第二道程序则是通过中央人民政府的任命来决定行政长官的人选。对行政长官产生程序的规定，体现了国家对其地方区域进行管辖的主权性，使行政长官对中央人民政府和特别行政区有了实质性的"负责"。

2. 《香港基本法》规定了行政长官产生的办法

《香港基本法》第四十五条第二款规定："行政长官的产生办法根据香港特别行政区的实际情况和循序渐进的原则而规定，最终达至由一个有广泛代表性的提名委员会按民主程序提名后普选产生的目标。"按照这一规定，在《香港基本法》附件一中，详细地规定了行政长官的产生办法。附件一的主要内容如下：

---

① 参见肖蔚云：《香港基本法讲座》，中国广播电视出版社1996年版。

（1）行政长官由一个具有广泛代表性的选举委员会根据本法选出，由中央人民政府任命。

（2）选举委员会委员共 800 人，由下列各界人士组成：工商、金融界 200 人；专业界 200 人；劳工、社会服务、宗教等界 200 人；立法会议员、区域性组织代表、香港地区全国人大代表、香港地区政协委员的代表 200 人。选举委员会每届任期为五年。

（3）各个界别的划分，以及各个界别中何种组织可以产生选举委员会的名额，由香港特别行政区根据民主、开放的原则制定选举法来加以规定。各界别法定团体根据选举法规定的分配名额和选举办法自行选出选举委员会的委员。选举委员以个人身份投票。

（4）不少于 100 名的选举委员可联合提名行政长官候选人。每名委员只可提出一名候选人。

（5）选举委员会根据提名的名单，经过一人一票的无记名投票选出行政长官候选人。具体选举办法由选举法规定。

（6）第一任行政长官按照《全国人民代表大会关于香港特别行政区第一届政府和立法会产生的办法的决定》产生。

（7）2007 年以后各任行政长官的产生办法如需修改，须经立法会全体议员三分之二多数通过，行政长官同意，并报全国人民代表大会常务委员会批准。

全国人大特别作出的香港第一届政府和立法会产生办法的决定，是基于我国国家主权的权威性，以及保证香港在回归后的过渡期能平稳地发展。据此对第一任行政长官的产生办法的规定如下：

第一，在香港成立第一届政府推选委员会。在全国人大的相关决定中，原则性地规定了推选委员会的组成：第一届政府推选委员会由 400 人组成，其中工商、金融界人士，专业界人士，劳工、基层、宗教等界人士，原政界人士、香港地区全国人大代表、香港地区全国政协委员的代表各占 25%，即从这四大界别中，分别产生 100 人，成立行政长官推选委员会，由其协商或协商后提名选举产生行政长官，并报中央人民政府任命。

第二，第一任行政长官由第一届政府推选委员会通过协商或协商后提名选举产生。我国对香港特别行政区实行"高度自治"的原则，因此，即使国家恢复了对它的主权，中央人民政府也不可能在香港直接进行第一任行政长官的选举事宜。因此，在特别行政区的过渡时期，第一任行政长官只能经过该地的第一届政府推选委员会通过协商或协商后提名选举的方式，提出第一任行政长官的人选，报中央人民政府任命。

（二）第二任及以后各任行政长官的产生及改变行政长官产生办法的条件

1. 第二任及以后各任行政长官的产生

《香港基本法》带有三个附件，其中附件一的内容已经在本节中作过具体的介绍。实际上，附件一中规定的正是香港特别行政区第二任及以后各任行政长官产生的办法，即行政长官从第二任起原则上由选举产生，且由间接选举方式产生，即行政长官由一个具有广泛代表性的选举委员会选举产生。

采取这种方法，主要是为了符合香港的实际，以及当地各个社会阶层的利益，循序渐进地推进和发展特区的民主政治。从香港的历史和现状来看，整个社会民主水平与市民的公民意识都表明，香港不适合马上实施直接选举的方式。就现阶段来说，对行政长官这样重要的职位采取间接选举并非是不民主，反而间接选举更有助于保障当地社会各阶层顺利实现参政权以及维护香港的繁荣与稳定。

2. 行政长官产生办法改变的必要条件

《香港基本法》的附件一中，还专门就香港特别行政区第三任行政长官以及以后各任行政长官的产生办法的修改条件作出了规定。其内容为：香港 2007 年以后各任行政长官的产生办法如需修改，须经立法会全体议员三分之二多数通过，行政长官同意，并报全国人民代表大会常务委员会批准。

（三）全国人大常委会对香港特别行政区行政长官产生办法的有关问题的几次解释与决定

香港特别行政区的行政长官的产生办法，一方面必须体现香港的民主发展，另一方面还必须在维护香港特别行政区稳定繁荣的基础上进行。由于特殊的历史文化背景以及特定的现实环境，《香港基本法》附件一规定了行政长官的具体产生办法，即间接选举的办法。当然，民主的路程永远是向前的，所以附件一中亦规定了"2007 年以后各任行政长官的产生办法如需修改，须经立法会全体议员三分之二多数通过，行政长官同意，并报全国人民代表大会常务委员会批准"。这一规定则表明，行政长官的具体产生办法，在头十年实施间接选举以稳定特别行政区发展的基础上，若 2007 年有进行普选的条件，经过附件一第七款的程序，则有望实现行政长官的普选。而在香港回归的十几年中，全国人大常委会对香港基本法的几次解释无不体现出香港人民主意识的不断提高以及对自身权利的积极争取。2007 年 12 月 29 日第十届全国人民代表大会常务委员会第三十一次会议通过了《全国人民代表大会常务委员会关于香港特别行政区 2012 年行政长官和立法会产生办法及有关普选问题的决定》。其中，会议认为，2012 年香港特别行政区第四任行政长官的具体产生办法可以作出适当修改；2017 年香港特别行政区第五任行政长官的选举可以实行由普选产生的办法。可见，香港行政长官普选的实现是指日可待的事情了。

1. 《全国人民代表大会常务委员会关于香港特别行政区 2007 年行政长官产生办法有关问题的决定》（2004 年 4 月 26 日第十届全国人民代表大会常务委员会第九次会议通过）

第十届全国人民代表大会常务委员会第九次会议审议了香港特别行政区行政长官董建华 2004 年 4 月 15 日提交的《关于香港特别行政区 2007 年行政长官和 2008 年立法会产生办法是否需要修改的报告》。经过会议审核及考虑到对香港社会整体运作的影响，尤其是对行政主导体制的影响尚待实践检验，对于 2007 年以后行政长官的产生办法如何确定仍存在较大的分歧，尚未达成广泛的共识。在此情况下，实现《香港基本法》第四十五条规定的行政长官由一个有广泛代表性的提名委员会按民主程序提名后普选产生的条件还不具备，鉴于此，全国人大常委会依据香港基本法的相关规定和《全国人民代表大会常务委员会关于〈中华人民共和国香港特别行政区基本法〉附件一第七条和附件二第三条的解释》，对香港特别行政区 2007 年行政长官和 2008 年立法会的产生办法作出了决定。在这里主要叙述关于行政长官产生办法的具体做法：

第一，该决定确定 2007 年香港特别行政区第三任行政长官的选举，不实行由普选产生的办法。

第二，在不违反第一条的前提下，2007 年香港特别行政区第三任行政长官的具体产生办法可按照《香港基本法》第四十五条的规定以及附件一第七条的规定作出符合循序渐进原则的适当修改。

此次会议认为，按照《香港基本法》的规定，在香港特别行政区根据实际情况，循序渐进地发展民主，是中央坚定不移的一贯立场。随着香港社会各方面的发展和进步，经过香港特别行政区政府和居民的共同努力，香港特别行政区的民主制度一定能够不断向前发展，最终达至香港基本法规定的行政长官由一个有广泛代表性的提名委员会按民主程序提名后普选产生的目标。

2. 就香港特别行政区新的行政长官任期，全国人大常委会作出解释（2005 年 4 月 27 日第十届全国人民代表大会常务委员会第十五次会议）

2005 年 3 月 12 日中央批准了董建华先生辞去香港特别行政区行政长官一职的请求，随后时任政务司司长的曾荫权先生依据《香港基本法》的规定，缺位代理行政长官一职，并于同年 6 月，在香港特区第二任行政长官补选中当选，获得国务院任命，成为香港特区的行政长官。曾荫权先生的"临危受命"却带出了"一个香港基本法的悬案，或揭示了基本法条文的一个令人尴尬之处，那就是继任者是应做完第二届任期即两年，还是应做五年即成为第三届行政长官"①？在香港特别行政区内为这个问题争论不休时，曾荫权先生将这一问题提交全国人民代表大会常务委员会，以期获得其对基本法的解释，使这个问题早日得以解决。

全国人民代表大会常务委员会第十五次会议审议了国务院《关于提请解释〈中华人民共和国香港特别行政区基本法〉第五十三条第二款的议案》，根据宪法第六十七条第四项及《香港基本法》第一百五十八条第一款的规定，并征询全国人民代表大会常务委员会香港特别行政区基本法委员会的意见后，全国人民代表大会常务委员会对《香港基本法》第五十三条第二款的规定作出以下解释：2007 年以前，在行政长官由任期五年的选举委员会选出的制度安排下，如出现行政长官未任满《香港基本法》第四十六条规定的五年任期导致行政长官缺位的情况，新的行政长官的任期应为原行政长官的剩余任期；2007 年以后，如对上述行政长官产生办法作出修改，届时出现行政长官缺位的情况，新的行政长官的任期应根据修改后的行政长官具体产生的办法确定。

3.《全国人民代表大会常务委员会关于香港特别行政区 2012 年行政长官产生办法及有关普选问题的决定》（2007 年 12 月 29 日第十届全国人民代表大会常务委员会第三十一次会议通过）

第十届全国人民代表大会常务委员会第三十一次会议审议了行政长官曾荫权 2007 年 12 月 12 日提交的《关于香港特别行政区政制发展咨询情况及 2012 年行政长官和立法会产生办法是否需要修改的报告》。会议认为，2012 年香港特别行政区第四任行政长官的具体产生办法可以适当地作出修改；2017 年香港特别行政区第五任行政长官的选举可以实行由普选产生的办法。全国人民代表大会常务委员会根据《中华人民共和国香港特别行政区基本法》的有关规定和《全国人民代表大会常务委员会关于〈中华人民共和国香港特别行政区基本法〉附件一第七条和附件二第三条的解释》决定如下：

第一，2012 年香港特别行政区第四任行政长官的选举，不实行由普选产生的办法。2012 年香港特别行政区第四任行政长官的具体产生办法，可按照《香港基本法》第四十五条规定和附件一第七条的规定作出符合循序渐进原则的适当修改。

① 参见朱国斌：《香江法政纵横——香港基本法绪论》，法律出版社 2010 年版。

第二，在香港特别行政区行政长官实行普选前的适当时候，行政长官须按照《香港基本法》的有关规定和《全国人民代表大会常务委员会关于〈中华人民共和国香港特别行政区基本法〉附件一第七条和附件二第三条的解释》，就行政长官产生办法的修改问题向全国人民代表大会常务委员会提出报告，由全国人民代表大会常务委员会确定。修改行政长官产生办法的法案及其修正案，应由香港特别行政区政府向立法会提出，经立法会全体议员三分之二多数通过，行政长官同意，报全国人民代表大会常务委员会批准。

会议认为，根据《香港基本法》第四十五条的规定，在香港特别行政区行政长官实行普选产生的办法时，需组成一个有广泛代表性的提名委员会。提名委员会可参照《香港基本法》附件一有关选举委员会的现行规定组成。提名委员会须按照民主程序提名产生若干名行政长官候选人，由香港特别行政区全体合格选民普选产生行政长官人选，报中央人民政府任命。

会议认为，经过香港特别行政区政府和香港市民的共同努力，香港特别行政区的民主制度一定能够不断向前发展，并按照《香港基本法》和本决定的规定，实现行政长官和立法会全部议员由普选产生的目标。

4. 《全国人大常委会关于批准〈中华人民共和国香港特别行政区基本法附件一香港特别行政区行政长官的产生办法的修正案〉的决定》（2010年8月28日第十一届全国人民代表大会常务委员会第十六次会议通过）

第十一届全国人民代表大会常务委员会第十六次会议决定批准了香港特别行政区提出的《中华人民共和国香港特别行政区基本法附件一香港特别行政区行政长官的产生办法修正案》。该修正案明显扩大了选举委员会的规模，体现了香港民主的进步与民众对民主的诉求。修正案的具体内容有：

第一，2012年选举第四任行政长官人选的选举委员会共1 200人，由以下各界人士组成：工商、金融界300人；专业界300人；劳工、社会服务、宗教等界300人；立法会员、区议会议员的代表、乡议局的代表、香港特别行政区全国人大代表、香港特别行政区全国政协委员的代表300人，且选举委员会每届任期为五年。

第二，不少于150名的选举委员可联合提名行政长官候选人，每名委员只可提出一名候选人。

修正案与之前附件一相比，最大的变化在于选举委员会的人数与范围。之前的选举委员会由各界人士共800人组成，而从2012年开始，选举委员会的人数扩大至1 200人，且在各界的划分上，修正案尤其强调了区议会议员的代表与乡议局的代表，这显然是为扩大间接选举的选民范围，使各个阶层都能有权选举代表自己利益的行政长官。当然，这个修正案是实现香港行政长官普选的一个重大跨越，同时更是普选实现的一个重要的过渡阶段。

三、行政长官的任期和辞职

（一）行政长官的任期

《香港基本法》第四十六条规定："香港特别行政区行政长官任期五年，可连任一次。"行政长官在其任期内可能因为生病、亡故、遭弹劾、辞职等情况而出现缺位。对此，《香港基本法》第五十三条第二款规定："行政长官缺位时，应在六个月内依本法第四十五条的规定产生新的行政长官。"

《香港基本法》的这两条规定都是针对行政长官在其任期内因意外而缺位的补救措施，但是因为立法上的疏忽，却产生了一些争议。2005年时任香港特别行政区行政长官的董建华先生因其自身健康原因辞去了行政长官的职位，曾荫权先生成为唯一的行政长官候选人而接任行政长官一职。此时，关于曾荫权先生的任期问题，根据《香港基本法》第五十三条第二款的规定，将得到两种结果：一是曾荫权先生接任董建华先生，其任期应是董建华先生未能完成的任期，即两年；二是曾荫权先生为新一届的行政长官，其任期应为五年。关于此争议，曾荫权先生最终请全国人大常委会作出解释，最终人大常委会以解释的方式说明补选的行政长官只是完成前任行政长官余下的任期，而不是新一届的行政长官。

（二）行政长官的辞职

根据《香港基本法》第五十二条的规定，行政长官在其任期内如有下列情况之一者必须辞职：

第一，因严重疾病或其他原因无力履行职务；

第二，因两次拒绝签署立法会通过的法案而解散立法会，重选的立法会仍以全体议员三分之二多数通过所争议的原案，而行政长官仍拒绝签署；

第三，因立法会拒绝通过财政预算案或其他重要法案而解散立法会，重选的立法会仍拒绝通过所争议的原案。

（三）行政长官的代理

行政长官在其任期内可能因生病、亡故、遭弹劾、辞职等情况而出现缺位，对此，《香港基本法》第五十三条第二款规定："行政长官缺位时，应在六个月内依本法第四十五条的规定产生新的行政长官。"

《香港基本法》还对行政长官的职务代理事宜作了规定。按照基本法的规定，行政长官的代理分为临时代理和缺位代理两种。[①]

1. 临时代理

所谓临时代理，是指行政长官在任职期内因公（出外访问、参加会议等）、因私（休假、生病等）短期内不能履行职务时，由特别行政区政府各司司长按照法定顺序，临时代理行政长官的职务，支持特别行政区政府的工作。这一规定的目的是为了防止因行政长官短期（一般指一周或更长的时间）不能履行职务而影响正常的工作。对于临时代理行政长官的顺序，《香港基本法》第五十三条第一款规定，由政务司长、财政司长、律政司长依次临时代理行政长官的职务。

2. 缺位代理

所谓缺位代理，是指行政长官在任职期内因亡故或辞职，或被立法会弹劾致行政长官职位发生缺位，在新的行政长官产生之前，同样按照政务司长、财政司长、律政司长的顺序依次代理行政长官职务，直至产生新的行政长官。

---

① 参见焦洪昌、姚国建主编：《港澳基本法概论》，中国政法大学出版社2009年版。

第二节　行政长官的法律地位和职权

一、行政长官的法律地位

根据《香港基本法》的规定，特别行政区是中华人民共和国享有高度自治权的一级地方行政区域，直辖于中央人民政府。为与这一性质相适应，特别行政区的首长也具有特殊的法律地位。《香港基本法》第四十三条规定："香港特别行政区行政长官是香港特别行政区的首长。"第六十条第一款规定："香港特别行政区政府的首长是香港特别行政区行政长官。"此两项规定即确定了行政长官的法律地位，它表明行政长官在特别行政区的政治体制中不但居于主导地位，而且其法律地位也非常特殊。

（一）行政长官代表特别行政区

作为特别行政区的首长，行政长官代表特别行政区管理中央授权的事务，或以特别行政区的名义处理中央授权的对外事务。

（二）行政长官身份的双重性

行政长官既是特别行政区政府的最高长官，也是特别行政区的首长。

（三）行政长官责任的双重性

行政长官既要对中央人民政府负责，因为特别行政区首先是中华人民共和国的一个地方行政区域，也要对特别行政区负责，因为行政长官是由特别行政区通过选举或协商而产生的。行政长官对中央人民政府主要负政治责任，对特别行政区既要负政治责任，也要负行政责任。

由上述特别行政区行政长官的法律地位可以看出，行政长官是一身兼两任的地方首长。这一特征与我国内地的省长、直辖市市长不同，也与原香港的总督不同。首先，根据我国《宪法》第一百零五条及《地方各级人民代表大会和地方各级人民政府组织法》第六十二条的有关规定，我国内地的省长、直辖市市长、自治区主席等地方行政区首长，不是辖区内的最高地方长官。因为他们既要受同级人大及其常委会的监督，向其负责并报告工作，还要接受国务院的领导。其次，香港总督是英国政府派往香港的最高行政首脑，是该地区的全权代表，对香港的各项事务具有绝对的决策权；而行政长官则代表特别行政区，是特别行政区的首长。两者无论从法律地位、权力来源、权力大小、产生方式、负责对象等各方面均不相同。"总督"这个带有殖民主义色彩的称谓已成为过去。

二、行政长官的职权

（一）行政长官的具体职权

《香港基本法》第四十八条规定："香港特别行政区行政长官行使下列职权：（一）领导香港特别行政区政府；（二）负责执行本法和依照本法适用于香港特别行政区的其他法律；（三）签署立法会通过的法案，公布法律；签署立法会通过的财政预算案，将财政预算、决算报中央人民政府备案；（四）决定政府政策和发布行政命令；（五）提名并报请中央人民政府任命下列主要官员：各司司长、副司长，各局局长，廉政专员，审计署署长，警务处处长，入境事务处处长，海关关长；建议中央人民政府免除上述官员职务；（六）依照法定程序任免各级法院法官；（七）依照法定程序任免公职人员；（八）执行中央人民政府就本法规定的有关事务发出的指令；（九）代表香港特别行政区政府处理中央授权的对外事务和其他事务；（十）批准向立法会提出有关财政收入或支出的动议；（十一）根据安全和重大公共利益的考虑，决定政府官员或其他负责政府公务的人员是否向立法会或其属下的委员会作证和提供证据；（十二）赦免或减轻刑事罪犯的刑罚；（十三）处理请愿、申诉事项。"香港基本法共列出了行政长官享有的十三项职权，这些职权是由行政长官的地位和职责决定的，只有赋予他相应的职权才能作出履行责任的保证，只有让他拥有一定的实权，才能协调好各方面的关系，使行政长官在履行其职责时具有更高的效率。这些职权可基本上归纳为以下几种：

第一，行政领导和管理权。这是行政长官对特别行政区进行行政管理和决策的基本权限。主要包括：领导特别行政区政府；制定政府政策和发布行政命令；主持行政会议。可见，行政长官通过独立作出决策，并通过发布行政命令等行政手段实施决策，实现对特别行政区的领导。

第二，执行权。行政长官作为特别行政区首长，负责执行中央人民政府就基本法规定的有关事务，发布指令，并有权处理中央授权处理的对外事务和其他事务。行政长官还负责执行在香港实施的法律，包括《香港基本法》所规定的香港的原有法律、立法会制定的法律以及《香港基本法》附件三所列举的适用于特别行政区的全国性法律。

第三，与立法有关的职权。行政长官有权签署立法会通过的法案公布法律；有权签署立法会通过的财政预算案，将财政预算、决算报中央政府备案，等等。

第四，批准决定权。行政长官有权决定政府的政策；有权批准向立法会提出的有关财政收入或支出的动议；有权根据国家和特别行政区的安全和重大公共利益的需要，决定政府官员和其他负责政府公务的人员是否向立法会或其所属的委员会作证和提供证据。

第五，任免权。主要包括：提名并报请中央人民政府任命特别行政区主要官员，如各司司长、副司长，各局局长，廉政专员，审计署署长，警务处处长，入境事务处处长，海关关长等；建议中央人民政府免除上述官员的职务；委任行政会议成员；根据法定程序任免各级法院法官；依照法定程序任免公职人员。

第六，与司法相关的职权。行政长官行使的与司法有关的职权，主要是指行政长官有权依法赦免或减轻刑事罪犯的刑罚；有权处理当事人向行政长官提起的申诉或请愿事项。

（二）行政长官职权设立的依据

《香港基本法》对特别行政区的行政长官的职权作出这样的规定，既能充分放权给特别行政区政府，又包含了制衡与监督的内容。[①] 作这样的安排主要出于如下考虑：

第一，依据行政长官的法律地位。行政长官具有特别行政区首长和特别行政区行政机关首脑的双重身份，这种双重身份决定了他肩负着重大的政治和行政责任，这就要求具有与其身份相适应的职权作为其履行职权的保证。有相当的行政和决策权，才能保证行政工作的效率和协调各方面的关系。

---

① 参见李昌道、龚晓航：《基本法透视》，中华书局1990年版。

第二，依据在"一国两制"的前提下在香港实行高度自治的方针。香港回归后仍继续实行资本主义制度，享有高度自主权。中央除外交、军事等方面外，不干预香港的内部事务，中央与特别行政区之间的这种架构关系，决定了行政长官必须拥有较大的职权。

第三，考虑到香港的历史和现实。香港长期实行的政治结构的一个显著特点，便是权力高度集中于总督。他既是英国女皇的代表，具有指导香港政务的最高和广泛的权力，又是名义上的驻港英军总司令。香港回归后实行"一国两制"的方针，原有制度基本保持不变，所以总督的职权范围当然是设定特别行政区行政长官职权所要借鉴和参考的。

第四，行政长官要有实权，又应受到一定的监督。根据这项原则，《香港基本法》在第四十八条规定了十三项职权的同时，又在第四十七、四十九、五十及五十二条中规定了对行政长官职权的制衡和监督的内容。

第三节　行政长官的附属机构

一、行政会议

（一）行政会议的性质

《香港基本法》第五十四条规定："香港特别行政区行政会议是协助行政长官决策的机构。"由此可以推知，香港特别行政区的行政会议是协助行政长官作出决策的机构。①

（二）行政会议的组成

《香港基本法》第五十五条规定："香港特别行政区行政会议的成员由行政长官从行政机关的主要官员、立法会议员和社会人士中委任，其任免由行政长官决定。行政会议成员的任期应不超过委任他的行政长官的任期。香港特别行政区行政会议成员由在外国无居留权的香港特别行政区永久性居民中的中国居民担任。行政长官认为必要时可以邀请有关人士列席会议。"

《香港基本法》第五十五条第二款规定，行政会议的成员须由在外国无居留权的香港特别行政区永久性居民中的中国公民担任。这项要求是合理的，因为行政会议的议事内容一般为特别行政区的重大事务，有些可能会涉及特别行政区甚至是中华人民共和国的重大机密，因此，对成员的要求如此严格，既符合"港人治港"的原则，也是我国主权的要求。

（三）行政会议的主要作用

《香港基本法》第五十六条规定："香港特别行政区行政会议由行政长官主持。行政长官作出重要决策、向立法会提交法案、制定附属法规和解散立法会前，须征询行政会议的意见，但人事任免、纪律制裁和紧急情况下采取的措施除外。行政长官如不采纳行政会议多数成员的意见，应将具体理由记录在案。"据此我们可以总结出行政会议有如下主要作用：

第一，协调行政、立法两个机关之间的工作关系，促其相互配合。行政长官在向立法会提交法案、制定附属法规以及行政长官解散立法会前，都需要征询立法会议的意见。这个咨询的过程，便是行政机关与立法机关之间的一个缓冲和协调的过程。因为行政会议的成员中

---

① 参见黄志勇：《一国两制与港澳法律制度研究》，中国香港新闻出版社2006年版。

既有行政机关的成员，也有立法会的成员，双方在充分表达自己意见的基础上，亦能寻得让彼此意见相融的有效途径。这不仅能减少立法机关与行政机关之间的冲突，更能提高行政机关的办事效率。

第二，为行政长官正确慎重地作出决策提供咨询。行政会议本身就是协助行政长官决策的机构，行政会议所能参与咨询的事务范围是非常广泛的，且行政会议的成员来源也非常多元化，这些都将为行政长官作出正确的决策提供最有益、最慎重的建议。

第三，照顾社会各方面的利益和需要。前两点已反复强调过，立法会议的成员的来源是多元的，既有行政机关中的主要官员、立法会议员，也有社会人士。多元化的成员能最大限度地反映各个阶层或者群体的诉求与意见，这显然有利于行政长官的决策覆盖到社会各方面的利益与需要。

二、廉政公署

《香港基本法》对特别行政区的机构设置，主要规定了各司、局、处、署等层级的政府机构，而没有廉政公署和审计署，对这两个机构设置的规定在行政长官的那部分里。因为廉政公署与审计署在特别行政区的政治体制中，其性质与作用不同于政府中的其他部门。它们是政府体制中两个具有特殊地位的独立机构，不受政府部门的管辖和干涉，直接对行政长官负责。

（一）廉政公署简介

1. 名称及成立时间

廉政公署现在的全称为香港特别行政区廉政公署，它成立之初即被称为香港廉政公署；英语全称为 Independent Commission Against Corruption，简称为 ICAC。其成立于 1974 年 2 月 15 日，香港回归后，廉政公署作为反贪污的机构继续保留。

2. 成立的背景

1974 年廉政公署成立以前，香港的贪污状况非常严重。连消防队救火也要给黑钱，否则消防员到火灾现场后也会按兵不动，看着大火吞噬一切。1973 年，涉嫌贪污 420 万港币的香港九龙总警司葛柏在被调查期间成功脱逃出境，引起了香港社会极大的愤慨。已对贪污忍无可忍的香港市民走上街头，展开了声势浩大的"反贪污捉葛柏"大游行。时任香港总督麦理浩认为事态已非常严重，委派高级副按察司百里渠爵士成立委员会对此案进行彻查，百里渠随后发表了著名的《百里渠报告》，他在报告中指出："除非设在香港警队内部的反贪污部能从警方脱离，否则大众永远不会相信政府确实有心扑灭贪污。"该报告得到麦理浩的认同，在其推动之下，1974 年 2 月 15 日立法局通过《香港特派廉政专员公署条例》，宣布成立一个"与政府部门包括警务处没有关系的独立的反贪组织"，即香港廉政公署。所以，廉政公署在其成立之初，便是一个独立于香港政府架构的机构，廉政专员直接向行政长官负责。

廉政公署成立短短数年，香港便跻身全球最清廉的地区之列，目前在"透明国际"180个国家和地区排名中位居第十二位，在亚洲则仅次于新加坡。与之相应，香港廉政公署也走过了从最初被质疑到很快确立强大公信力的过程。在相关的系列民调中，香港公众对廉政公署的信心始终维持在 90% 左右，对廉政公署工作的支持度则超过了 99%。

（二）香港特别行政区廉政公署设立的法律依据

《香港基本法》第五十七条规定："香港特别行政区设立廉政公署，独立工作，对行政长官负责。"廉政公署并不是司法机关，而是直接受行政长官领导的独立工作机构，只对行政长官负责。廉政公署致力于维护香港的公平正义、安定繁荣，与全体市民齐心协力，坚定不移，执法、教育、预防三管齐下，肃贪倡廉。

（三）廉政公署的机构及职能

廉政公署的工作主要分为调查、预防和教育三部分，而这三项任务又分别由三个专责部门负责执行，即执行处、防止贪污处和社区关系处。行政工作则由行政总部负责，截至2010年底，廉政公署编制共设1 325个职位。

1. 执行处

执行处是廉政公署的调查部门，负责接受、审阅和调查与贪污相关的指控。其资料主要源自市民向廉政公署所作的举报。当执行处接到举报后，就会把资料分类并立即立案调查。

2. 防止贪污处

防止贪污处审视各政府部门及公共机构的工作常规及程序，以减少可能出现的贪污情况；另外，该处亦接受私营机构的要求，提供防贪顾问服务。

3. 社区关系处

社区关系处也是一个很重要的部门，它的策略是深入社区，推动各界人士采取预防贪污的措施，提倡如诚实和公平的正确的价值观。

上述"三位一体"的架构，成为廉政公署高效廉洁的组织保证：一方面通过执行处全力肃贪，让腐败分子逢贪必被抓而"不敢贪"；另一方面则将反贪重心前移，通过审核政府部门的法律文件、工作程序等工作堵塞贪污漏洞，使相关人员"不能贪"；同时，通过教育宣传让市民"不想贪"，培养反贪防贪和廉洁自律的公民意识。

（四）廉政公署有效运作的制度保证

廉政公署的独立性是其获得成功的制度性原因。这种独立性具体可概括为机构独立、人事独立、财政独立以及办案独立四个方面。

1. 机构独立

机构独立是指廉政公署不隶属于任何一个政府部门，其最高官员"廉政专员"由香港最高行政长官直接任命，且只对香港行政长官负责。

2. 人事独立

人事独立是指廉政专员有完全的人事权，署内职员采用聘用制，不是公务员，所以其不受公务员录用委员会的管辖。

3. 财政独立

财政独立是指廉政公署的经费是由香港最高行政长官批准后在政府预算中单列拨付，不受其他政府部门的节制。

4. 办案独立

办案独立是指廉政公署由《廉政公署条例》、《防止贿赂条例》、《选举（舞弊及非法行为）条例》等赋予的独立调查权，包括搜查、扣押、拘捕、审讯等，必要时亦可使用武力，且抗拒或妨碍调查属违法行为。

上述四个独立性，使廉政公署从体制到运行上切断了与可能形成掣肘的各部门的联系，从而使反贪肃贪"一查到底"成为可能。

三、审计署

（一）香港特别行政区审计署设立的法律依据

《香港基本法》第五十八条规定："香港特别行政区设立审计署，独立工作，对行政长官负责。"如上文所述，审计署与廉政公署的地位特殊，它们独立于其他的行政部门，直接对行政长官负责。

（二）审计署的性质和地位

1. 审计署的性质

从性质上看，审计署不是行政机关，而是特别行政区负责审计工作的专门机构，其主要职责是审查特别行政区的开支和账目。

2. 审计署的地位

从地位上看，特别行政区审计署不隶属于其他行政机关、立法机关以及司法机关，而是一个完全独立的机构，其活动与工作直接接受行政长官的管辖，对行政长官负责。

根据《香港基本法》的规定，审计长属于特别行政区政府的主要官员，因此审计长的产生须经行政长官提名并报中央政府任命，并应由在香港居住连续满 15 年的永久性居民中的中国公民担任。

第四节　行政长官与立法会的关系

香港特别行政区政制下的行政与立法的关系是香港特别行政区在"一国两制"方针的指导之下设立的，可以称之为"行政长官负责制"，即行政长官代表香港向中央人民政府负责，并向香港特别行政区负责。它的特点主要表现在三方面：行政长官与立法会关系的原则、行政长官与立法会相互制约、行政长官与立法会相互配合。

一、行政长官与立法会关系的原则

（一）行政主导的原则

为了香港的稳定、繁荣与发展，香港必须是强政府，不能是弱政府；必须建树行政权威，以便高效率地处理大量涌现的各种问题，以保护香港人的福祉。[1]

行政主导主要体现在以下几个方面：行政长官处于崇高的法律地位，关于这一点已经在前文论述过；香港基本法中规定了行政参与立法的程序；在香港立法会进行议事时，政府提出的议案应优先列入议程；行政长官有权依法定程序解散立法会。

（二）行政长官与立法会相互制约的原则

为了避免立法会作出不符合香港特别行政区整体利益的决定，行政长官对立法会的制约

---

[1]　参见杨静辉、李祥琴：《港澳基本法比较研究》，北京大学出版社 1997 年版。

是必要的。从另一方面来说，为了防止行政长官的权力专横，立法会对行政长官的制约也是必要的。

（三）行政长官与立法会相互配合的原则

相互配合含有沟通、合作之意，在行政长官与立法会之间构筑和谐的关系，以谋求决策正确、效率提高，从而达到为香港人的根本利益服务的共同目标。

二、行政长官与立法会相互制约

行政长官与立法会互相配合、互相制约，是设计香港特别行政区政治体制所遵循的一条重要的原则，也是特别行政区政治体制实际运作中体现出来的一个特点。行政长官与立法会互相配合，有利于同心协力搞好特别行政区的工作，促进特别行政区的繁荣、稳定和发展。行政与立法相互制约，有利于行政与立法在分工负责、互相配合的前提下，互相予以监督。

在《香港基本法》的规定中，行政与立法的互相制约，主要体现在以下方面：

（一）行政长官对立法会的制约关系

1. 立法会通过的法案，必须经行政长官签署、公布后方能生效

立法会有权制定在特别行政区内实施的法律，如果行政长官认为立法会通过的法案不符合特别行政区的整体利益，那么有权拒绝签署立法会通过的法案。行政长官有权决定将有关的法案在法定期限内（3个月）发回立法会重议。这样，行政长官领导下的政府，对立法会行使立法权就有了一个重要的制约机制。立法会在行使立法权时，就需要注意和顾及政府对有关立法的立场。

2. 行政长官有权宣布解散立法会

《香港基本法》规定，行政长官在两种情况下有权解散立法会。

第一，行政长官拒绝签署立法会再次通过的法案（即行政长官发回立法会后又被立法通过的法案）。

第二，立法会拒绝通过政府提出的财政预算案或行政长官认为关系到特别行政区整体利益的法案，经协商仍不能取得一致意见时。

政府提出的财政预算案是关系到特别行政区整体利益的法案，是维持特别行政区政府运作的必要条件。预算案不能通过，财政无法拨款，政府无法运作，必将影响政府的工作，为此，行政长官应主动与立法会磋商，求同存异。如果协商不果，立法会坚持拒绝通过财政预算案或其他重要法案，行政长官就有权解散立法会，以维护政府的权威及运作。

按照《香港基本法》的规定，特别行政区行政长官在解散立法会前，须征询行政会议的意见。如果行政会议不同意行政长官的决定，可将有关情况记录在案，行政长官仍有权自行作出决定。

《香港基本法》对行政长官解散立法会的权力给予严格的限制，明确规定，行政长官在五年一届的任期中，只能解散立法会一次。这又强调了行政与立法主要应当相互配合，通过协商处理彼此之间发生的矛盾与冲突，而不适宜频繁地采用极端的手段，通过解散立法会来解决冲突。

（二）特别行政区政府在非常情况下的行政主导权

如果立法会拒绝批准政府的财政预算，就无疑给政府的管制带来了难题。为了保持政府

的正常运作，特别行政区政府在财政预算未获批准的情况下，有权依照香港基本法的规定，行使行政主导权，自行批准临时短期拨款。

《香港基本法》第五十一条规定："香港特别行政区立法会如拒绝批准政府提出的财政预算案，行政长官可向立法会申请临时拨款。如果由于立法会已被解散而不能批准拨款，行政长官可在选出新的立法会前的一段时期内，按上一财政年度的开支标准，批准临时短期拨款。"

按《香港基本法》的规定，只有立法会被解散后，行政长官才可按上一财政年度的开支标准，批准临时短期拨款。如果立法会没被解散，行政长官还须向立法会申请临时拨款，在这种情况下，立法会必须批准临时拨款。但立法会按何种标准批准临时拨款，《香港基本法》没有明确规定，对此，香港特别行政区立法会应在其章程或有关的法律中作出明确的规定。从原则上说，应按上一财政年度的开支标准批准临时短期拨款。

（三）立法会对行政长官的制约关系

1. 立法机关有权对政府实施法律监督

按照《香港基本法》的规定，特别行政区政府及行政长官必须遵守法律，对特别行政区立法会负责：执行立法会通过并已生效的法律；定期向立法会作施政报告；答复立法会议员的质询。这就是立法机关对特别行政区政府行使的监督与制约的权力。

2. 立法会可迫使行政长官辞职

（1）按照《香港基本法》的有关规定，如果行政长官两次拒绝签署立法会通过的法案而解散立法会，重选的立法会仍以全体议员三分之二多数通过所争议的原案，行政长官如仍拒绝签署，就应自动辞职。

（2）行政长官因立法会拒绝通过财政预算案或其他重要法案而解散立法会，重选的立法会继续拒绝通过所争议的原案，就应自动辞职。

当出现上述两种情况时，也就是在特别行政区立法会的坚持及压力下，行政长官与立法会的矛盾和冲突已到了无法调和的地步。唯一的解决办法，就是行政长官自动辞去所担任的职务，由此方能化解、消除行政与立法之间的矛盾和冲突。

3. 立法会的职责

立法会有权指控行政长官的违法和渎职行为，有权动议对行政长官进行调查，有权对行政长官提出弹劾。

按照《香港基本法》的规定，立法对行政的制约还体现在立法会议员有权提出动议，指控行政长官有严重违法或渎职行为。因此，特别行政区行政长官在任职期间，特别行政区法院是不能对其进行起诉和审判的。行政长官如有违法犯罪行为，应当自动辞职，然后法院才有权追究。

如果行政长官有违法犯罪行为，或依照《香港基本法》规定该辞职而不辞职，立法会就有权通过动议委托香港终审法院首席法官负责组成独立的调查委员会进行调查。调查委员会如认为有足够证据构成上述指控，立法会以三分之二多数通过，就有权提出弹劾案，弹劾行政长官。值得注意的是，立法会在行使弹劾权时，其权力限于提出和通过弹劾案，行政长官最终是否被弹劾，应由中央人民政府决定。这是由于行政长官并非由立法会选举产生，而是由中央人民政府任命的。

三、行政长官与立法会相互配合

在香港特别行政区，行政长官与立法会之间是分工负责、互相配合的关系。《香港基本法》规定，行政长官及其领导下的政府，行使特别行政区的行政管理权。特别行政区立法机关为立法会，行使立法权。特别行政区政府和立法会，分别依据基本法行使不同的权利，两者互不隶属。由于香港特别行政区政府和立法会共同行使着中央授权的高度自治权，为了有利于特别行政区的繁荣、稳定和发展，以及特别行政区实行高度自治，特别行政区政府与立法会分别行使行政权和立法权时，就有必要互相协调与配合。

行政长官与立法会的相互配合主要体现在以下三个方面：

第一，立法机关制定在香港特别行政区实施的法律，行政机关或政府在特别行政区内执行立法会通过的法律。

第二，立法机关审议、通过法律，政府拟定并向立法会提出法案、议案。一些重要的法案，特别是涉及公共开支、政治体制及政府运作的法案，必须由政府提出。政府提出法案、议案，是总结、升华政府政策的过程；立法会通过法案，是确定和维护政府政策的过程；政府执行立法会制定的法律，实际上是贯彻、推广政府政策的过程。

第三，在香港特别行政区，设有行政长官的决策性咨询机构，即香港的行政会议。行政会议的成员，包括政府的主要官员、立法会议员和社会人士。这就使行政长官在作出决策前能够听取和了解立法会的意见，使行政长官作出的决策能够反映各方的意见，平衡和协调各方的利益。

仅此几点，说明香港特别行政区行政与立法之间存在互相配合的关系。

第八章　香港特别行政区行政机关

第一节　香港特别行政区政府概述

一、政府的概念

政府就是一个国家的统治机构，为维护和实现特定的公共利益，按照区域划分原则组织起来的，以暴力为后盾的政治统治和社会管理组织。政府是国家公共行政权力的象征、承载体和实际行为体。以政府名义发布的行政命令、行政决策、行政法规、行政司法、行政裁决、行政惩处、行政监察等，在不违反宪法和有关法律的范围内，都对所有规定的适用对象产生效力，并以国家武装力量为后盾强制执行。

（一）广义的政府

广义的政府是指国家的立法机关、行政机关和司法机关等公共机关的总合，代表着社会公共权力。

（二）狭义的政府

狭义的政府指国家政权机构中的行政机关，即一个国家政权体系中依法享有行政权力的组织体系。

香港特别行政区政府是香港特别行政区行政部门的总称，可简称为香港特别行政区政府。虽然"政府"一词通常包括立法和司法部门，但根据香港基本法，香港特别行政区政府只是指香港的行政部门。

特别行政区的行政机关是依照基本法法规而设立的管理特别行政区行政事务的机构，即特别行政区政府。从一个主权国家的行政体制来看，特别行政区的行政机关也是我国地方行政机关的组成部分，但它又与我国其他地方行政机关具有本质上的不同。

二、香港特别行政区政府的产生

1990 年 4 月 4 日，第七届全国人大第三次会议通过了《关于设立香港特别行政区的决定》，特别行政区是为了解决我国特殊问题而设立，在特别行政区内所实行的政治体制当然不可能与内地的政治体制一致，而应有其特殊性。最终，经过香港特别行政区基本法起草委员会谨慎周密的设计、多次的讨论和修改，广泛地征求建议和意见，历经三年通过了《香港基本法》，确立了一套适用于香港特别行政区的政治体制模式。

1997 年 7 月 1 日，我国对香港顺利恢复了行使主权。香港特别行政区政府由此产生。

三、香港特别行政区政府的组织及设置

（一）第一级政府架构

除行政长官外，香港政府由三层架构组成：

第一层是司长，即政务司司长、财政司司长和律政司司长。他们均由行政长官委任，负责制定香港政府最主要的政策，并直接向行政长官负责。

第二层是决策局，又称为政策局，负责制定、统筹和监督属下执行部门的工作。所有决策局又共同组成政府总部。

前香港行政长官董建华于 2002 年 7 月 1 日实行问责制之前，所有决策局均只向政务司司长或财政司司长负责；实行问责制后，改为直接向行政长官负责。2005 年 10 月 12 日新任行政长官曾荫权在他首份施政报告中又改为决策局先向政务司司长和财政司司长汇报，二人再向行政长官汇报。

第三层是部门，是政府政策的执行部门，例如卫生署、警务处等，首长皆为香港公务员。

另外，少部分政府部门如廉政公署及审计署直属行政长官。

（二）第二级政府架构

《香港基本法》第五十九条规定："香港特别行政区政府是香港特别行政区行政机关。"第六十条规定："香港特别行政区政府的首长是香港特别行政区的行政长官。香港特别行政区政府设政务司、财政司、律政司和各局、处、署。"可以看出，目前香港特别行政区设立了"三司"作为特别行政区的第一级政府机构，他们分别掌管着政务、财政和律政等政府事务，负责人称为司长。

香港特别行政区的第二级政府机构则是局，如工商局、金融局，负责人称为局长，局是具有拟定政策权力的部门。除局外，还有处和署，如警务处、入境事务处、廉政公署和审计署等，其主要官员称为处长、署长和专员。处主要负责执行行政事务，不拟定政策，署则是一个具有较强的独立性质的政府工作机构，一般不隶属于某个司或局，而是直接接受行政长官的领导。

（三）政府主要官员的任职资格

1．主要官员的范围

在《中英联合声明》中，对香港特别行政区政府主要官员作了原则性界定，根据香港基本法规定，香港特别行政区政府的主要官员包括各司司长、副司长、各局局长、廉政专员、审计署长、警务处长、入京事务处处长和海关关长。

2．任职资格

（1）必须由香港特别行政区永久性居民中的中国公民担任。

（2）必须在香港居住连续满 15 年，不得在外国有居留权。

3．任免程序

主要官员由香港特别行政区长官提名并报请中央人民政府任命，免除主要官员职务也由行政长官向中央人民政府建议。

任期问题香港基本法未作具体规定，但按照基本法精神，一般主要官员的任期与行政长

官任期相同，不能超过行政长官任期。

四、香港特别行政区政府的职权

香港特别行政区政府是在长官的领导下行使行政管理权的行政机关。《香港基本法》第六十二条对职权作了概括性规定。除专门条文的规定外，还在基本法其他部分的内容中，确定了香港特别行政区政府的相关职责，归纳如下：

（一）制定并执行政策

香港基本法规定，香港特别行政区政府为贯彻特别行政区法律、履行法律赋予的职能，有权依法制定各项政策。具体表现为：长官和各司、局都有权制定符合香港基本法和特别行政区法律实施的各项政策，而各厅、处和署负责执行所制定的各项政策。

（二）管理各项行政事务

香港特别行政区政府依法享有行政管理权，依法自行处理特别行政区行政事务，包括特别行政区的财政、货币、土地、社会治安、邮政、旅游、教育、科学、文化、卫生和新闻等方面。如香港特别行政区政府负责管理使用、开发、批准特别行政区境内的土地及自然资源，保障金融业、金融市场和金融机构的自由经营，并依法进行管理；发行港币，管理和支配特别行政区的外汇基金和外汇储备，自行制定教育政策、科技政策、新闻出版政策、社会福利的改进和发展政策等。

香港特别行政区政府有权办理中央授权处理的对外事务。如自行制定在船运方面的各项管理制度，续签或签订民用航空运输协定；以中国香港的名义参加有关的国际组织和国际会议；签发特别行政区护照和旅行证件；可与外国就司法互助关系作出安排等。

（三）编制并提出财政预算、决算

香港特别行政区采用国际通用惯例做法，即预算、决算均由特别行政区政府编制并提交立法会审议通过，立法会及议员个人无权编制、提出财政预算、决算案。

（四）提出议案、法案、附属法规和草拟行政法规

香港特别行政区政府有权就涉及公共开支、政治体制、政府运作等重要事项提出法案、议案，通过行政长官提交立法会审议通过，有权草拟行政法规或附属性法规。

（五）委派官员列席立法会会议

为使政府拟定的法案、议案得到立法会的认同，推行政府的政策，也为便于立法会在审议法案、议案时及时了解政府制定政策的背景情况，香港基本法规定特别行政区政府首脑有权委派政府有关官员列席立法会会议，听取立法会意见，并在需要作出回应时代表政府发言。这也是香港特别行政区行政和立法之间相互配合的具体表现。

第二节　香港特别行政区政府的区域组织

一、香港区域组织的历史发展

市政局、区域市政局、区议会是区域咨询组织，是港英政府的区域咨询制度。但是，关

于市政局、区域市政局、区议会的性质，香港书刊众说纷纭，莫衷一是。有的将市政局列为"地方政府"，认为"市政局是唯一既拥有民选议员，又能行使指挥一个地方政府部门工作的行政的政府机构"。① 有的将区议会列入地方行政中，指出"香港地方行政形成以下三级机构"："第一级结构——区议会"；"第二级机构——分区委员会"；"第三级结构——互助委员会和业主立案法团"。② 港英政府官方特别强调区议会是地方行政，指出：地方行政计划"均以两个机构为骨干。第一个是地区管理委员会。……第二个是区议会"③。

市政局、区域市政局、区议会、乡议局都是非政权性的区域咨询组织，不是地方政府，也不是地方行政机关，市政局、区域市政局、区议会、乡议局具有非政权性区域咨询组织的性质，是由他们的法定职责和权力所决定的。

（一）市政局的历史发展

市政局的前身，最初是1843年4月18日成立的"公众卫生及洁净委员会"，负责处理卫生问题，1883年成立了卫生局取代公众卫生及洁净委员会。1887年为改善香港公共卫生环境，制定了《1887年公共卫生条例》，并增加了卫生局委员的人数，香港总督委派土地总测量官、警察司、总登记官、殖民地医官为官守议员，委任6名非官守议员，其中4名为华人，另两名在陪审团名单中选出。因此，自1887年后，卫生局曾有两名由列入陪审团名单的纳税人选举产生的非官守议员。1935年卫生局改组，易名为市政局，1936年1月1日，市政局正式成立。

1973年，港英政府修改市政局条例。市政局进行重大改革：一是取消全部官守议员席位；二是实行财政独立自主。因之，市政局成为一个全部由非官守议员组成的、财政独立的法人团体。市政总署署长不再出任主席，而变成市政局的首席执行人员。改组后的市政局成员，由总督委任的议员和民选议员各12人共24人组成，主席和副主席由全体议员互选产生。各议员的任期均为四年，但选举和委任则安排在不同的时间进行，每两年选举一次，故12名民选议员中每次均有6名民选议员任期届满，均有6名民选议员当选，轮流交替。④

1983年，市政局进行了一次因配合区议会选举而进行的改组：一是议员议席从24名增加到30名，委任议员和分区直接选举的民选议员各占一半，全部都是非官守议员。二是实行新选举制度，以前的市政局议员并不代表个别选区，而此后议员候选人在分区角逐议席，整个港九市区共分15个选区，每区一个议席，以得票最高者当选。当选的议员自动成为选区所属区议会的成员。三是安排任期与选举的时间相同，三年一任，三年选举一次。

1989年起，市政局议员不再出任区议会当然议员，改由每个市区区议会选出一名成员出任市政局议员，以改善区议会和市政局的联系。1995年，市政局取消委任议席，所有议员全部由地方选区选出。

1997年香港回归时，香港特别行政区政府基于顺利过渡及稳定的原则，决定成立临时区域性组织，即组成临时市政局、区域市政局和区议会，以取代港英政府时代的市政局、区域市政局和区议会，议员全部由行政长官委任，其任期至1999年12月31日。

1999年12月2日，香港特别行政区政府立法会通过《提供市政服务（重组）条例草

---

① 诺曼·J.迈因纳斯著，伍秀珊等译：《香港的政府和政治》，上海翻译出版公司1986年版，第265页。

② 杨奇主编：《香港概论》（下卷），三联书店（香港）有限公司1993年版，第69～70页。

③ 《1981年10月7日立法局会议席上总督麦理浩爵士施政报告》，香港政府新闻处，第43页。

④ 《市政局1982至1983年度年报》，香港政府印务局，第10页。

案》。根据条例，"香港特别行政区政府将于 12 月 31 日临时市政局和临时区域市政局议员任期届满后，撤销两个市政局，从 2000 年 1 月 1 日起在政府内部成立环境事物局、事物环境卫生署和文化及康乐事务署，接管原由两个市政局负责的食物安全、环境卫生和文化康乐工作"。

在 2000 年 1 月 1 日，香港特别行政区政府成立了一局两署——环境食物局、食物环境卫生署、康乐及文化事务署，接管了原由两个市政局负责的工作。从此，市政局和区域市政局成为历史。

（二）区域市政局的历史发展

1984 年 5 月，港英政府宣布在新界成立区域市政局的计划："新的区域议局的工作方针将与市政局相同，新区域议局将于 1986 年正式成立，届时将接管拟于 1985 年成立的临时区域议局的工作。"

20 世纪 80 年代初，港英政府频频推出所谓的"地方行政改革"，既设立区议会与市政局多方面功能重叠于先，又设立区域市政局以与市政局南北并峙于后，内中究竟打什么谜牌？香港时论指出：此"乃英国人在殖民地撤退前的一种惯行手法——分而治之，扩大矛盾"。

1986 年成立之时，区域市政局共有议员 36 人，其构成如下：12 名委任议员由总督委任，3 名当然议员，由新界乡议局三位正副主席出任；12 名民选议员由新界 12 个选区选出；还有 9 名议员由新界区议会选派的代表出任。

1995 年，区域市政局的所有委任议席全部取消，除区议会代表和来自乡议局的当然议员外，议员全部由地方选区选出。在这种制度下，区域市政局共有 39 名议员，其中 27 名由地方选区选出，另有 3 名当然议员和 9 名区议会代表。

区域市政局的取消与前述市政局相同。

（三）区议会的历史发展

区议会是 1982 年依据《区议会条例》① 成立的法定组织。区议会是一种非政权性的区域咨询组织。

区议会是在地区咨询委员会的实验基础上发展演变而来的。为了使市镇管理委员会能对居民的需要和期望作出快速的反应，港英政府决定扩大咨询渠道，于 1976 年在荃湾设立第一个地区咨询委员会。委员会以该区的理民官为主席，由居民及各有关政府部门的代表组成。地区咨询委员会的主要工作，是就本区居民福利、公共设施等问题提出咨询意见，并在区内提倡文娱康乐活动。

进入 20 世纪 80 年代后，港英政府决心启动代议政制，在《香港地方行政白皮书》中宣布，在香港 18 个行政区内，每区设立一个区议会和一个地区管理委员会。随之，在全港范围内普遍推行地区管理委员会和区议会的制度。

在香港回归时，区议会与两个市政局的过渡安排相同，在原有区议会议员的基础上加上 20% 的委任议员，组成临时区议会，临时区议会的任期，于 1999 年 12 月 31 日届满。

（四）乡议局的历史发展

新界乡议局是 20 世纪早期新界乡民不满港英政府的土地政策，筹谋与政府交涉以求自

① "District Boards Ordinance", *Laws of Hong Kong*, Vol. 23, Chapter 366, Hong Kong Government Printer, 1989.

保而自行组成的民间组织，正式成立于 1926 年，1959 年成为政府的法定咨询机构。其职能是就影响新界居民福利的事宜向政府提供意见，以及促进政府与新界居民间的合作和了解，并在新界保留一些优良传统、风俗和习惯。

1925 年 11 月，九龙租界维护民产委员会改名为新界农工商业研究总会，订立章程，请律师代为注册，于是，"新界农工商业研究总会"成立，是新界乡议局的前身。

是年，"省港大罢工"爆发，香港成为"死港"、"臭港"，使港英政府焦头烂额。新任总督金文泰（Cecil Clementi）抵港任职。他亲赴大埔做新界乡绅的工作，通过他们劝说村民把蔬菜、鸡鸭等副食品运到香港其他地方，解决因罢工而出现的供应困难。为了争取新界人士，金文泰下令将"新界农工商业研究总会"改名为新界乡议局，并认可乡议局是港英政府在新界施行政策的一个咨询团体。

1959 年，港英政府制定的《乡议局条例》（香港法例第一千零九十七章）明确指出："鉴于乡议局以往曾就新界事务对政府提供有价值之咨询服务，且成为新界民意的领袖交换意见的论坛之故，兹认为应使乡议局成为法定之咨询机构"。其职责是就新界事务向港英政府提供咨询意见。

二、香港区域组织的功能

（一）市政局的功能

1. 对港九市区文康环卫市政事务提出咨询

香港市政局就港岛及九龙市区的环境卫生、小贩、公共游乐场所的管理和需求等问题提出建议、计划和管理规则，经立法局承认、总督批准后，交由布政司署辖下的市政总署执行。其负责为港九市区提供文化、康乐、环境、卫生服务，包括清洁街道、收集垃圾、管理小贩、签发牌照、管理公共坟场和火葬场等，确保在酒楼、商店、屠场及其他地方所处理和烹调的食物，都符合卫生标准。此外，还管理和建设公共文化体育康乐设施，如游泳池、公园、游乐场、室内及室外运动场、博物馆、公共图书馆，以及大型文化中心和设施。

2. 接受和答复市民的投诉

市政局接见市民计划只能对个案提供协助，而其协助亦仅限于催促政府部门或公共团体，并无进一步干预的法定效力。尽管市政局议员处理申诉的权力极其有限，但是在 20 世纪 80 年代初区议会成立以前，市政局是唯一有民选议员的机构，市民仍对他们寄予厚望，特别是向民选议员陈述了苦衷。据港岛、九龙 10 个区办事处 1973—1980 年的统计，7 年共处理申诉事件 77 385 宗，平均每年 11 055 宗。① 而行政、立法局非官守议员办事处 1970—1979 年度 9 年共处理的案件只有 17 217 宗，平均每年 1 913 宗。②

3. 为港英政府培养了政治精英

"二战"后，港英政府挑选了一些懂英文、受过高等教育，又在华人社会有一定影响力的人士，先委任其担任市政局议员，经过一个时期的观察和训练后，视表现情况再委任其出

---

① 《市政局工作日报》，转见诺曼·J. 迈因纳斯著，伍秀珊等译：《香港的政府和政治》，上海翻译出版公司 1986 年版，第 281 页。

② 《行政局和立法局非官守议员办事处年报》，转见诺曼·J. 迈因纳斯著，伍秀珊等译：《香港的政府和政治》，上海翻译出版公司 1986 年版，第 209 页。

任立法局议员。所有在战后至 1964 年间这样被提拔的华人议员以前均参加过市政局。

（二）区域市政局的功能

1986 年区域市政局成立时，其职权明确规定为：在新界地区"负责一切与环境卫生、公众卫生、洁净服务、酒类牌照及文娱康乐设施有关的事宜"。① 可知，区域市政局的功能与市政局类似，只是辖区不同而已。其具体功能如下：

1. 就地区管理和福利问题向政府提供咨询意见

港英政府官方给区议会的定位是法定组织，目的在于提供一个征询民意的有效途径，以及提供更多机会让居民参与区内事务。区议会主要担当咨询的角色，并在管理地区事务上肩负重大责任。

2. 是扩大草根阶层政治参与权、提高民主意识、沟通官民关系的一种民主渠道

区议会直接选举，既可以将港人参与政治的要求导入地区事务中，循序渐进，又可以使区域基层的意见变得更有分量。

3. 培养了一批人才

区议会议员既联系地方群众，又了解港英政府在地区事务工作方面的运作和政策。从 1985 年起，区议会议员获准组成选举团，推选 10 名议员进入立法局，为立法局输送了一批新鲜血液。

三、香港区域组织的设置

（一）市政局（Urban Council）

市政局是根据香港法例第一百零一章《市政局条例》② 成立的法定组织，是香港局部地区性咨询组织，即区域咨询组织。由港英政府官员出任的官守议员和港英政府委任的非官守议员组成，设有全局常务委员会、事务委员会、市政局秘书处、市政局议员接见市民处。

全局常务委员会是市政局最高机构，由全体议员组成，通常每月召开两次全局常务委员会会议，讨论市政局职权范围内的政策建议和重要事项，通过或修订市政局的附则和规则，议员可就市政局职权范围内的事务提出质询或意见，并省览文件。

事务委员会分工负责专项事务。市政局设有 13 个事务委员会：政务委员会，负责检讨市政局行政事务和公共关系事宜，以及市政总署人员的人事编制和工作情况等；建设工程委员会，统筹策划市政局的建设工程及决定工程进行的先后顺序；文化事务委员会，统办一切文化活动，包括展览、比赛等，以及大会堂、太空馆、高山剧院和香港文化中心之管理事宜。其他委员会依次为娱乐事务委员会、地区关系委员会、环境卫生事务委员会、财务委员会、食物卫生委员会、图书馆委员会、酒牌局、街市及贩商事务委员会、博物馆委员会、康乐事务委员会。③

市政局秘书处负责市政局及各委员会的会议记录，负责安排市政局内各项事务，把市政局的决策交与市政总署执行。

---

① 香港政府新闻处：《香港便览 1986》，香港政府印务局 1986 年版。
② "Urban Council Ordinance", *Laws of Hong Kong*, Vol. 7, Chapter 101, Hong Kong Government Printer, 1989.
③ 参见陈庆祥：《香港公众事务》，香港文风书业出版社有限公司 1986 年版，第 33～34 页。

市政局议员接见市民处：市政局"各议员会于规定时间内前往分区办事处，与市民讨论有关问题和投诉。港九均设有分区接见市民办事处，计港岛9个，九龙及新九龙7个，每年平均处理个案1万宗"①。

在通观市政局组织结构时，应特别注意的是，市政局议员并非专职议员，市政局的日常工作，全部由公务员执行。市政局名义上统辖着两个公务机构：一是市政局秘书处，负责处理市政局内部日常秘书事务；二是市政总署，市政局除内部秘书事务以外的各种事宜全部由其执行，各职员的薪俸也由市政局支付。但实际上，市政总署是一个政府部门，该部门内的组织、人事等行政事务统由港英政府布政司调配。

（二）区域市政局（Regional Council）

区域市政局于1985年4月初创立，当时命名为临时市政议局，1986年4月正式成立，改称区域市政局。

区域市政局是根据《区域市政局条例》②成立的法定组织，享有财政自主权，负责新界区域内的文康环卫市政事务。在名义上，区域市政总署是区域市政局的行政执行部门，负责推行区域市政局的政策。区域市政局的功能和性质与市政局一样，是非政权性的区域咨询组织。区域市政局的成员构成，在1985年成立临时区域议局时是24人，其中12人由总督委任，9人由新界的9个区议会各自推选，另外三名当然议员是乡议局的一名主席和两名副主席。次年区域市政局正式成立时共有议员36名，除原有的上述席位外，又加上12名经由新界各选区直接选举产生的议员。③

1986年时，区域市政局的组织机构是：一个秘书、三个事务委员会④、一个酒牌局和九个地区委员会。

秘书处负责提供区域市政局所需的辅助服务，使该局能更有效地运作和执行任务。

事务委员会负责处理政策事宜。委员会的成员均为区域市政局议员。三个事务委员会分别是财务施政及建设事务委员会，负责财务、行政及工程建设事务；环境卫生事务委员会，负责环境卫生、公众卫生及洁净服务；康乐文化事务委员会，负责康乐、体育及文娱事务，包括管理有关的设施和服务。

酒牌局负责与签发酒牌有关的事宜。

地区委员会是区域市政局为有效处理新界9个区的事宜而设立的。由于新界区域内的新市镇不断发展，而每个新市镇都各有特点，其需要解决的问题亦各异，为了对这些问题作出适当的分析，以及尽快采取有效的响应措施，区域市政局在其辖区内设立了9个地区委员会。每个地区委员会的成员由区域市政局议员、区议会成员以及来自该区其他地方组织的代表组成。地区委员会负责管理区域市政局在该区内的文康市政事务。

在名义上，区域市政局的执行机关是区域市政总署，该署负责执行区域市政局所制定的政策。区域市政总署于1985年4月成立，是由前新界市政署、康乐文化署以及文化署辖下的若干个处理新界地区事务的单位合并而成的。

① 香港政府新闻处：《香港便览1985》，香港政府印务局，1985年版。
② "Regional Council Ordinance", *Laws of Hong Kong*, Vol. 24, Chapter 385, Hong Kong Government Printer, 1989.
③ 参见香港政府新闻处：《香港便览1986》，香港政府印务局1986年版。
④ 后又增加了建设工程事务委员会，负责策划区域市政局的建设工程及决定工程进行的先后顺序。

（三）区议会 （District Boards）

区议会是 1982 年依据香港法例第三百六十六章《区议会条例》成立的法定组织，也是一种非政权性的区域咨询组织。至 1985 年，香港共有 19 个区议会，其中港岛、九龙有 10 个，新界有 9 个。

根据《区议会条例》规定，区议会一般由总督任命的议员和选举产生的议员组成，在具体上是由四类议员组成：民选议员；当然议员（在新界是各乡乡事委员会的现任主席，在港九市区是市政局在该区的民选议员和委任议员）；委任官守议员（即港英政府官员）；委任非官守议员（即非官职议员）。任命议员和民选议员的人数由总督决定，各区的区议会人数可以有所不同。区议员任期三年。

区议会下设各种委员会，通常各区议会均有环境改善小组委员会、交通及运输委员会、文化康乐及体育小组委员会、社会服务小组委员会等。另外，各区又根据各自需要另设委员会，如荃湾是新界工业市镇，故有工业小组委员会。这些委员会负责处理某一方面的问题，如环境改善、交通运输、社区建设、艺术与文化、地区工程计划、社会服务及其他影响区内的事务。委员会的成员除区议会议员之外，还可以包括来自当地社团的增任委员。

区议会还设秘书处。一般来说，区议会秘书处由该区的政务处派出行政主任和文书职员担任。港英政府坚持区议会秘书处由政务处借出人员，而不愿意让区议会设立独立的秘书处。

（四）乡议局 （Heung Yee Kuk）

乡议局是 1924 年初新界乡民不满港英政府的土地政策，筹谋与政府交涉以求自保而自行组成的民间组织。

根据《乡议局条例》①的规定，乡议局由议员大会和执行委员会组成。议员大会的成员分为当然议员和特别议员两类：当然议员包括 27 个乡事委员会的正副主席和新界的非官守太平绅士；特别议员共 21 人，由元朗、大埔、南约 3 个选区从村代表和"社会贤达"中各选出 7 人充任。执行委员会以乡事委员会主席、非官守太平绅士为当然执行委员，另外由议员大会从其成员中选出 15 人为普通执行委员。

乡议局的基层下属组织是乡事委员会和村代表，乡议局高居于这座尖塔式代表制度的顶端。乡议局共辖有 27 个乡、700 多条村落，其中，"被认可为原居民的村落，共有 633 条"。每村由户主选举一个或最多三个村代表，新界共有 900 多个村代表。这 900 多个村代表分别组成 27 个乡事委员会。②

第三节　香港特别行政区公务人员

一、公务人员制度的发展

港英政府公务员制度基本上是英国文官制度的移植和延伸，故此有必要先将西方国家的

---

① "Heung Yee Ordinance", *Laws of Hong Kong*, Vol. 26, Chapter 1097, Hong Kong Government Printer, 1989.

② 《新界乡议局 70 周年纪念（1926—1996）》，香港新界乡议局 1996 年版，第 46 ~ 47 页。

文官及其文官制度的概念作一概述。

文官（Civil Servant），即文职公务员，也称为公务人员，是指那些不受政党选举影响的，通过公开考试录用并有稳定职业保障的政府工作人员。他们担负着政府日常事务性工作或专业性工作，拥有长期稳定职业而不与政府内阁共进退，通过考试选拔或招聘任用而不需经过选举或任命产生，没有过失可以长期任职，也称常任文官，报酬全部直接由议会所通过的款项支付。①

文官制度是西方国家政治制度的重要组成部分，在稳定政局、保持资产阶级统治的连续性和效率方面具有重要的作用。由于受西方国家政党制度和选举制度因素的影响，政府每隔几年就要更换改组，一批政务官必然随着选举的胜负和政党的更迭而进退。这种制度容易使资产阶级的统治失去连贯性、稳定性。文官制度正好弥补了这一缺陷。常任文官的任职不受政府改组的影响，地位非常稳定，长期从事一项工作，熟悉某部门的业务，积累了处理问题的经验，掌握本部门大量机密材料，起草本部门一系列重要议案、法令等文件，影响政府政策的制定等。这就有效地防止了因政府不断更迭而引起的行政效率下降和统治失去连贯性的弊端，保障了政党政治和议会民主制度的顺利进行。政务官和常任文官互相配合，表现为政治生活中的动中有定，定中有动，兼顾了西方国家政府企图达到的民主和效率两个目的。

香港公务员制度的改革不仅大大提高了政府部门的行政效率，而且吸引了大批优秀人才到政府部门工作，有利于香港的繁荣和稳定。据1992年10月1日统计："公务员总人数为183 374名，即约为本港就业人口的6.6%，当中98%以上是本地人员。按工作类别划分，本港公务员共有大约420个职系，按工作职别则约有1 210个职级，分别从事行政、专业、技术及体力劳动工作。"

为了加强对公务员的管理并充分发挥其作用，港英政府十分重视对公务员类别和等级的划分，以便使其各司其职，各尽其责。所谓职位分类，就是将公务员职位分为不同的职系和职级。职系是按业务性质分类，亦称工作类别。如"专业职系及大学学位职系"组别里面，包括建筑师、核数师、工程师、律师、医生、政委主任、行政主任、经济主任等。职级是按责任的轻重、工作繁简、所需资格进行分类，亦称工作级别，如新闻主任分二级助理、一级助理、主任、高级、特级、总主任六个级别。职位、职系、职级的划分，形成了职位分类制度。

二、香港公务人员的种类

根据不同的标准，可以对公务员作如下不同概念的划分。

（一）以薪金类别为标准，可以把公务员分为四类②

（1）首长级公务员，按"首长级薪级表"支薪。薪级点从D1至D8共分为8个薪点，这是港英政府核心阶层的薪级表，首长级职位878个，总人数不到全部公务员的1%。

（2）管理级公务员，主要是行政官，它实际上包括除首长级公务员和体力职位公务员

---

① 参见杨柏华，明轩：《资本主义国家政治制度》，世界知识出版社1984年版，第305～311页。

② 《1983年公务员人事统计》（香港政府布政司署铨叙科油印资料，1983年），转见伊恩·斯科特等主编，陆仁译：《香港公务员——人事政策与实践》，上海翻译出版公司1990年版，第26～27页。

以外的所有职位（即文职人员、技术人员）的公务员。这类公务员共 78 000 多人，接近公务员总人数的一半。他们按"总薪级表"支薪。薪级点共分 51 点。

（3）纪律型公务员，主要包括警务处、消防处、海关总署、人民入境事务处和惩教署这五个部门的公务员，共 38 000 多人，按"纪律人员薪级表"支薪。

（4）体力劳动型公务员，主要是体力劳动工人和技工，共 45 000 多人，按"第一标准薪级表"支薪，共分 22 个薪点，划分为四个类别，即高级技工、技工、一级工人、二级工人。

（二）以是否参与制定政策的标准，一般性职系的中高级公务员可以分为政务官和行政官两个类别

负责、参与制定政策的公务员，称为政务官；负责执行政策、处理大量日常行政工作、参与行政管理的公务员称为行政官。在 1985 年以前，香港没有政党政治、选举政治，故对政务官和行政官的区分，不能照搬西方国家那种是否与内阁共进退或是否经选举产生的标准。

（三）以职务性质为标准，公务员可分为一般性职系和专业性职系两大类

一般性职系包括政务官、行政官、文官和后勤官员等，他们属"通才"型，可以根据需要从一个部门调到另一个部门去工作；专业性公务员（亦称科学技术公务员、职业性公务员），包括警察、教师、医生、建筑师等职业公务员，他们通常都只是在本专业的部门中运用其特殊技能，流动很少。

职位分类一般按照三条原则进行：第一，分类的基础是职务、责任和资历（包括学历）；第二，实行同工同酬；第三，工资差别与工作难易、责任大小和资历深浅成正比。这种把职位高低、工作难易、责任大小和工资差别联系在一起的职位分类的标准化，有助于加强对公务员管理的制度化和控制行政费用，有助于执行按职级付酬和同工同酬的政策，有助于提高行政效率和实行专业对口的用人方针。

（四）政务官

港英政府政务官是一个特殊的阶层，它既具有英国等西方国家文官制度影响的烙印，又不能完全等同于英国等西方国家的政务官或政务类公务员，它兼政务官与常任文官角色于一身。在英国，政务官受选举更替的影响，与内阁共进退。他们提出政治方针，制定政策，充当战略规划的制定者；并向立法机关负责，接受国会议员的质询，为政府的政策及其实施进行解释、辩护，还要负责协调社会上各种利益集团的要求与矛盾，改善政府与民众的关系，充当政治的"综合者"。常任文官主要负责协调、监督政策和计划的执行，并管理所涉及的资源，即对社会进行宏观管理控制，充当管理的控制者。而香港的政务官，不仅是管理的控制者和战略规划的制定者，而且是政治的"综合者"[①]，身兼西方国家的政务官与常任文官的双重角色。港英政府政务官的这种特殊性，是英国对香港实行殖民统治的产物，是在香港没有严格的三权分立体制和代议制政治制度的社会背景下形成的。

香港政务官主要分布在布政司署和各部门的高级管理与决策的职位上。1983 年政务官

---

① 穆迈伦著，杨立信等译：《香港政务官阶层的构成》，上海翻译出版公司 1984 年版，第 7 页。

职系共有 398 人。① 政务官的工作范围，主要是在布政司署的各个政策科和资源科以及政务署工作，在政府各行政部门负责管理和实际推行政策，在两局非官守议员办事处、总督府及"半官方机构"中担任秘书或从事政策研究。可见，政务官阶层，虽然在公务员队伍中是很小的一个组成部分，人数很少，却是港英政府机构中最重要的一个部分，是港英政府实行有效管治的骨干和核心，在整个官僚机构中普遍居于统治地位。布政司署的官员大多数来自政务官的各个阶层，各政府部门中的重要官员也都是政务官。"政务官阶层为港府的政策制定提供了主要的人力来源"，是"政府结构的冠石"②，"政务职级为一级重要之职级，此乃政府机构运行之中心轮轴。若此职级人员失败，则政府之政策亦失败"③。

由于政务官在港英政府机构中具有重要的战略地位，因此港英政府对政务官采用了专门的招聘和训练方式以及特殊的职业模式。政务官的招聘方式大致有四种：一是本地公开招聘，主要对象是在当地或海外获得优等成绩的大学毕业生。二是海外招聘，通过这种方式招聘到的绝大部分是毕业于牛津大学和剑桥大学的英籍人士，以维护英国对香港殖民统治的需要④。三是从港英政府机构中其他阶层的现职官员中调任。四是从其他英属殖民地的政务官中聘请。这些来自其他英属殖民地的富有经验的政务官，无须通过正式考试。他们大都是在其所服务的殖民地获得独立后，即向英外交及联邦事务部提出申请，被港英政府聘任的。另外，英国政府有时还会直接委派官员来港担任政务官。

新政务官一旦被招聘之后，政府机构中便增添了一批被认为很有前途、具有潜在能力、能为更加复杂的文职工作作出贡献的骨干分子。但是，他们马上面临的是极为严格的入职训练。除迎新介绍和入门课程外，从海外招募的人员需要花相当多的时间进行粤语训练，从本地招募的人员还要被派往英国受训一年，主要是到牛津大学或剑桥大学攻读某些学科，包括英国政治、比较政治、国际关系、公共管理和都市化等基础学科，还深入英国家庭访问，参观英国和欧洲其他国家的一些城市，以开阔视野。

入职训练之后，每个新任政务官便要埋头工作，经历三年的试用期，但来自港英政府内部其他职系的政务官只需要两年，试用期内有 10% ~ 15% 的人被淘汰。此后，在漫长的政务官生涯中，他们将要经历纵向和横向的调动。

纵向晋升通常要从最低级开始，逐级进行，不能越级。新任政务官一般要先在新界政务署或港九政务署属下的基层机构工作，以便有机会多接触本地居民并练习粤语。如仕途顺利，一个新的政务官可以在 10 年左右的时间内攀上首长级职位，进入政府的权力中心，最终可晋升为司级政务官。频繁的横向调动是政务官的一个突出特点。他们在布政司署各科和各政府部门之间随时调动以处理各种事务，平均一年半调动一次工作。这种频繁的调动，有利于提高政务官的才干，成为通才型的多面手，具有广泛的管理才能，了解各部门的运作；还有利于各部门的协调，取得更高的工作效率，避免部门内因长期的老上司、老下属关系而盘根错节，官官相护，苟且因循，不思进取。在这种经常性的岗位轮换压力下，政务官必须

① 香港布政司署：《1960—1983 年政府人事统计》（香港政府铨叙科，1983 年），转见依恩·斯科特等主编，陆仁译，上海翻译出版公司 1990 年版，第 93 页。

② 穆迈伦著，杨立信等译：《香港政务官阶层的构成》，上海翻译出版公司 1984 年版，第 2 页。

③ 《香港薪俸调查委员会报告书》，香港政府印务局 1971 年版，第 6 页。

④ 1984 年《中英联合声明》签署后，港英政府对政务官的海外招聘工作作了改变，即从 1985 年起不再聘用非华裔人士为政务官，只招收在香港住满七年的华人（包括持有外国护照者）。

拼命学习新知识，因为前任与后任之间的政绩，人们可以相互比较，判别高下，这也是考核官员、培养人才的一种制度和方法。

（五）行政官和专业性公务员

行政官（亦称行政主任），是指执行政务官制定的政策，从事管理的人员。行政官与政务官一样，在教育上具有良好的正式资格，需要有较高的文化程度和专业知识，也可以被安排在任何政府部门工作，即可以胜任不同部门的管理事务，相当于所谓的"通才"。因此，当公务员概括为一般性和专业性两大类别时，行政官职系与政务官职系统属一般性职系公务员。

行政官即行政主任职系分为五个职级：二级行政主任、一级行政主任、高级行政主任、总行政主任、首席行政主任。职级不同，责任有别，所起的作用也不一样。

行政官的主要职责是协助处理政府各部门一般的日常管理事务，具体如下：配合部门所制定的目标和活动进行行政工作，即保证有效地和高效率地完成特定任务；资源策划和控制，即保证所需资源的获得，并按照组织的目标有效地使用这些资源；人事管理，即监督低级公务员，管理办公室和登记手续；负责所属部门所专有的对内对外事务，与库务署的会计人员合作，负责监督账目和有关工作。行政官履行职责时，须负责制定和推行有关的行政规划和程序，以及可能影响上述活动的政策。

专业性公务员（亦称职业性公务员、科学技术类公务员），通常有一技之长，往往一生只在一个部门内运用其特殊的技能进行工作。如警务、监狱、消防等方面的公务员，还有为政府工作的教师、医生、建筑师、律师等。这类专业性公务员一般都不会升到高于他们部门首长的职位，甚至这种要职并不是在任何情况下都向他们开放。尽管有一些专业性公务员有机会在布政司署任职，而且后来转为行政官或政务官，但为数甚少。

三、香港特别行政区的公务人员制度

香港的公务人员制度是在长期的实践中形成的，该制度为香港广大公务员所熟悉。在香港拥有一支具有高学历、丰富的经验和高素质的公务员队伍，他们在香港各项行政事务中发挥着积极而有效的管理作用，是政府政策的主要执行力量。继续保持香港特别行政区的稳定、繁荣和发展，与香港特别行政区公务人员队伍的稳定具有很大的关系。香港基本法正是考虑这一因素，并根据《中英联合声明》的有关内容，把香港原有政制这种行之有效的公务人员制度基本保留下来。《香港基本法》第一百零三条规定："……香港原有关于公务人员的招聘、雇用、考核、培训和管理的制度，包括负责公务人员的任用、薪金、服务条件的专门机构，除有关给予外籍人员特权待遇的规定外，予以保留。"据此规定，香港特别行政区的公务人员制度包括下列主要内容。

（一）公务人员的资格和范围

《香港基本法》第九十九条规定了香港公务人员的任职资格：在香港特别行政区政府各部门任职的公务人员必须是香港特别行政区永久性居民。这一规定是"由当地人管理香港"原则的直接体现。与此同时，《香港基本法》还充分考虑到香港的实际情况，在第一百零一条规定了两种例外情况：一是原香港公务人员中的或持有香港特别行政区永久性居民身份证的英籍和其他外籍人士担任政府部门的公务人员及聘请外籍顾问；二是法律规定某一职级以下者。前一种例外在《中英联合声明》附件一中已有规定，后一种例外则是香港一些人士的要求，即香港目前的实际情况还需要某些低职级的人员。香港基本法对香港特别行政区公务人员资格与范围的规定，既保留了香港原有公务人员制度的特点，又考虑了香港特别行政区的实际情况。

（二）公务人员的管理制度

公务人员的管理制度，这里主要指香港长期以来所建立并形成的一套对公务人员招聘、雇用、考核、纪律、培训、晋升、人事管理等制度。根据香港基本法的规定，香港原有公务人员的管理制度予以保留。

1. 关于公务人员的招聘与雇用

香港公务员分为长俸公务员、非长俸公务员和合约雇员三大类。长俸公务员是公开招聘的，通过考试、体格检查、保安审查等程序，合格者予以录用，试用期一般为两年至三年，期满后转为长俸公务员。除犯有贪污、盗窃等严重过失外，一般不会被解聘。任何合格的居民都可以自由报考长俸公务员。非长俸公务员是最低层公务员，主要是指体力劳动工人和普通技工。非长俸公务员一般不通过报刊刊登招聘公告，而是由香港"劳工处就业辅导组"登记招聘。一般试用期为三至六个月。合约雇员有本地和海外合约雇员两种。合约期一般为两年至三年，合约期满后可以重新续约。

2. 关于公务人员的任命

香港之所以有一套较完善的公务人员制度，主要是因为其很早就效仿并实施了英国的文官制度，在香港有一套公务人员制度的法律、规则、条例等。按照相关法律和条例的规定，原香港政府中属于司级的公务人员和一些重要部门的负责人，都是由英国外交部与联邦事务部委任；部门首长级官员、一般政务官和警察部门的少数高级职位，由总督委任；较低级职位的任命，则由相关部门的首长行使。香港特别行政区设立以后，对于公职人员的任命，《香港基本法》第四十八条规定：行政长官提名并报请中央人民政府任命各司司长、副司长，各局局长，廉政专员，审计署长，警务处处长，入境事务处处长，海关关长；依照法定程序任免公职人员。

3. 关于公务人员的培训

香港公务人员制度中的培训保证了其公务人员整体较高的素质，公务人员所具有的良好的职业道德和工作能力促进了行政管理工作的质量与效率的提高。长期以来，香港政府在其布政司的铨叙科下设有公务员训练处，专门负责对公务员分批分期进行培训。培训分本地受训和派往海外受训两种，如对公务员举办多项管理、语言、电脑方面的课程，开办高级公务员培训课程；政务官则会在入职一年后，被派往英国的大学修读一年专为公务员而设的政治、公共行政等课程。

4. 关于公务人员的晋升

长俸公务人员在其任职期间可根据其才能和经验等予以晋升。其晋升的条件是行为良好、能力足够、经验丰富、学历相称。低级公务人员一般据其服务年限和工作表现，每年提升一部分。高级公务人员则是在职位有空缺时，提升现职人员来担任。

5. 关于公务人员的纪律

香港公务人员每年都要接受对公务人员行为与表现的考核。为维护和保证公务人员队伍的服务水平，香港制定了各种公务人员的纪律守则。这些纪律守则的内容包括遵守纪律、勤奋工作、服从命令；不得损害公务员声誉，不得贪污受贿；私生活要受一定约束等。公务员违反上述纪律，则会受到不同程度的纪律处罚，如罚款、降级、解雇等。

（三）公务人员的福利待遇

香港公务人员的薪酬和福利待遇比较优厚，除了领取薪金外，还可享受不同的福利，职级越高，福利就越多。人体上公务员享有以下福利：①工作时间和假期。按不同职级，公务员每周的工作时间为44小时至48小时（包括午餐的一个小时在内），享有每周的休息日、每年的公众假日及年假。②房屋福利。按不同职级可入住公务员宿舍。高职级的公务员还可享受各类住房津贴。③医疗福利。公务员患病可按医生所给的假期休息，其本人及其配偶、子女，均有资格在政府诊所以及医院获得免费医疗。公务员住院治疗均减收住院费等。④公务员享受子女教育津贴等。公务员最关心的就是香港回归后其待遇问题，对此《香港基本法》第一百条规定："香港特别行政区成立前在香港政府各部门，包括警察部门任职的公务人员均可留用，其年资予以保留，薪金、津贴、福利待遇和服务条件不低于原来的标准。"

（四）公务人员的退休制度

香港长期以来实行公务员退休制度，一般公务员的退休年龄是55岁。如因移民或健康状况的原因，也可提前申请退休。长俸公务员退休时可根据不同情况分别领取短期服务退休薪金或长俸；非长俸公务员退休的条件与长俸公务员相同，但所领取的是年积金。1986年香港政府实施新的退休制度，其中不仅将正常退休年龄由55周岁提高至60周岁，而且对公务人员退休后领取的长俸或年积金也作了相应的调整。

总的来看，香港政府实施的公务人员的退休制度，对于吸引、稳定公务人员队伍，以及促进公务人员更好地为政府服务起到了积极的作用。与此同时，为保证公务人员忠实于自己的工作，公务人员工作规则还规定公务人员不得成为立法局和各种区域组织的议员；未经许可，公务人员亦不得参加政党，不得在外兼职等。

《香港基本法》对香港原有的上述公务人员退休制度予以保留，其第一百零二条规定："对退休或符合离职的公务人员，包括香港特别行政区成立前退休或符合规定离职的公务人员，不论其所属国籍或居住地点，香港特别行政区政府按不低于原来的标准向他们或其家属支付应得的退休金、酬金、津贴和福利费。"这一规定，解除了公务人员的顾虑，稳定了香港特别行政区公务人员队伍。

（五）公务人员的管理机构

公务人员的管理机构主要是指在香港专门负责公务人员的任用、薪金、服务的专门机构。按照香港有关条例的规定，香港公务人员的管理机构包括下列四类：①公务员铨叙科，成立于1973年，是香港回归前专门的人事行政管理部门，主管负责确保政府各部门获得所需的工作人员、订立有关薪酬及其他服务条件的政策等。②公务员叙用委员会，成立于1950年，主要就高级公务人员的任命向总督提供顾问意见。③公务员薪俸及服务条件常务委员会，成立于1979年，由社会知名人士组成，是一个独立的咨询机构，主要向政府提供意见和建议。④首长级薪俸及服务条件常务委员会，其职能与公务员薪俸及服务常务委员会相同，只是针对的对象为首长级公务员。

上述公务员的管理机构除了带有殖民色彩的规定外，香港基本法对其他内容均予以保留。

（六）对公务人员的留用、聘用和任用

《香港基本法》第四章第六节对"公务人员"的规定中，有几个关键词，即对公务人员的"留用"（如第一百条）、"任用"（如第一百零一条）、"聘请"（如第一百零一条）。这些词看似都是对公务人员的"用"，但其中却表达着不同的含义。

1. 对公务人员的"留用"

首先，"留用"的含义当然是留下来继续使用，即香港特别行政区成立时，以前在编任职的原香港政府的公务人员原则上不辞退，准予继续留下来任职。其次，公务人员能够继续留下任职的工作部门不仅限于政府各部门，也应包括一些自治机构和半官方机构。再次，"留用"的对象方面，按照香港基本法的规定，留用的应该是公务人员中具有永久性居民身份证的中国公民，而不包括英籍和其他外籍人士。可见，香港特别行政区政府对于原英籍和其他外籍的公务人员，不承担一概留用的义务。

2. 对公务人员的"聘用"

聘用公务人员主要是指对某些具有一定专业资格和技术特长的人士，基于其资格、经验和才能，受聘为特别行政区政府部门的顾问及专业技术职务，聘用的公务人员则不受是否是永久性居民的限制。按照香港基本法的规定，聘用外籍人员担任顾问，首先，只能是香港特别行政区政府的各工作部门，而不得以行政长官或特别行政区政府的名义。其次，香港特别行政区政府有关部门聘用外籍人士，只能以个人名义受聘，其工作是对聘用他的政府有关部门负责。

3. 对公务人员的"任用"

由于历史的原因，在香港原政府部门中有许多外籍公务员，香港特别行政区成立后，作为中国主权之下的一级地方行政区域，当然只能由中国公民自己进行管理。那么，对香港原政府中的那些外籍公务人员能否继续留用呢？《香港基本法》考虑了香港的历史和现实状况，考虑到香港未来的利益、安定、繁荣和发展，第一百零一条第一款特别规定，"香港特别行政区政府可任用原香港公务人员中的或持有香港特别行政区永久性居民身份证的英籍和其他外籍人士担任政府部门的各级公务人员"。香港基本法的这一内容实际上是一个例外规定。它也表明，对于香港原政府部门的外籍公务人员，只能由香港特别行政区政府"任用"，所以，"任用"公务人员的对象应是：在香港特别行政区成立前已在香港政府各部门任职的英籍和其他外籍公务人员；凡具有香港永久性居民资格的英籍或其他外籍人士。

根据《香港基本法》第一百零一条的规定，对于特别行政区政府任用外籍人员为公务人员是有限制的，即外籍人士不得担任特别行政区的高级职务，包括香港特别行政区各司司长、副司长，各局局长，廉政专员，审计署署长，警务处处长，入境事务处处长和海关关长。

第四节　宣誓效忠

一、宣誓效忠的概念

在香港特别行政区，所谓宣誓，是指有关官员在担任职务时，依法公开作出的某种表

示。香港官员在就职时依法宣誓。原在香港实施的《英皇制诰》就规定香港总督就任时，须向首席按察司或行政局首席议员进行效忠宣誓。原香港的司法官员、行政局议员、立法局议员也都须在就职时进行效忠宣誓。

二、宣誓效忠的意义

在港英政府时期，通过宣誓，表明公务员遵守法纪，对英皇和港英政府尽忠职守，从而使他们从思想意识上明确自己担任公职的政治、法律责任，便于加强对公务员的管理和监督。

公务员宣誓的法律，规定在《就职宣誓条例》中："凡依本条例规定必要举行宣誓而于举行时拒绝或不遵守各该宣誓者，如已在职，则罢免之，如未就职，则撤销任命。"

三、香港基本法关于宣誓效忠的具体规定

香港基本法鉴于世界各国的通常做法，也对宣誓效忠作了规定。根据《香港基本法》第一百零四条的规定，"香港特别行政区行政长官、主要官员、行政会议成员、立法会议员、各级法院法官和其他司法人员在就职时必须依法宣誓拥护中华人民共和国香港特别行政区基本法，效忠中华人民共和国香港特别行政区"。为此，全国人民代表大会香港特别行政区筹备委员会于1997年5月23日在第九次全体会议上通过以下决定：

一、香港特别行政区行政长官、主要官员、行政会议成员、临时立法会议员以及终审法院常设法官和高等法院法官在1997年7月1日香港特别行政区成立暨就职仪式上宣誓就职。

二、香港特别行政区行政长官和主要官员在宣誓时，由国务院总理或者其他委托的代表监誓；行政会议成员、临时立法会议员和法官宣誓时，由行政长官监誓。

三、参加宣誓就职的有关人员中，凡身兼两项职务者，除香港特别行政区行政长官外，均应分别参加其所担任职务的宣誓。

四、香港特别行政区行政长官、主要官员、行政会议成员、临时立法会议员以及终审法院常设法官和高等法院法官宣誓誓词如下：

1. 行政长官就职宣誓誓词

本人×××（姓名），谨此宣誓：本人就任中华人民共和国香港特别行政区行政长官，定当拥护中华人民共和国香港特别行政区基本法，效忠中华人民共和国香港特别行政区，尽忠职守，遵守法律，廉洁奉公，为香港特别行政区服务，对中华人民共和国中央人民政府和香港特别行政区负责。

2. 主要官员就职宣誓誓词

我谨此宣誓：本人就任中华人民共和国香港特别行政区政府××××（职务），定当拥护中华人民共和国香港特别行政区基本法，效忠中华人民共和国香港特别行政区，尽忠职守，遵守法律，廉洁奉公，为香港特别行政区服务。

宣誓人：×××（姓名）

3. 行政会议成员就职宣誓誓词

我谨此宣誓：本人就任中华人民共和国香港特别行政区行政会议成员，定当拥护中华人民共和国香港特别行政区基本法，效忠中华人民共和国香港特别行政区，尽忠职守，遵守法律，廉洁奉公，为香港特别行政区服务。

宣誓人：×××（姓名）

4. 临时立法会议员就职宣誓誓词

我谨此宣誓：本人就任中华人民共和国香港特别行政区临时立法会议员，定当拥护中华人民共和国香港特别行政区基本法，效忠中华人民共和国香港特别行政区，尽忠职守，遵守法律，廉洁奉公，为香港特别行政区服务。

宣誓人：×××（姓名）

5. 终身法院常设法官和高等法院法官就职宣誓誓词

我谨此宣誓：本人就任中华人民共和国香港特别行政区法院法官，定当拥护中华人民共和国香港特别行政区基本法，效忠中华人民共和国香港特别行政区，尽忠职守，奉公守法，公正廉洁，以无惧、无偏、无私、无欺之精神，维护法制，主持正义，为香港特别行政区服务。

宣誓人：×××（姓名）

第九章 香港特别行政区立法会

第一节 立法会的产生

一、立法机关的概念

立法机关是现代社会中负责制定法律的机构，通常由当地公民按人口比例组成，称为国会、立法院或议会，在香港称为"立法会"。

立法部门除了制定法律外，通常亦负责审批政府（行政部门）的公共开支要求、监督政府运作、同意司法首长的任命等。在议会制中，行政部门亦是由立法部门产生，向立法部门负责。在总统制中，行政首长并不由立法部门产生，而是分开选举。但不论在何种制度中，立法部门都掌握了公共财政的大权，可以说是最根本的权力来源。立法机构的决策方式是按照少数服从多数的原则进行集体决策，为此各国都设有一套自己的仪式和议事程序。

二、第一届立法会的产生

1998 年香港立法会选举在 5 月 24 日正式举行。这是香港特别行政区成立后的首届立法会选举，也为香港特别行政区中的"一国两制"开创了新的一页。首届立法会选举共选出了 60 名议员，分别是由以下三种选举方式产生出来的：五个地方选区（20 名）、选举委员会（10 名）和 28 个功能界别团体（30 名）。

第一届立法会地区选举的投票率为 53.29%（共 1 489 705 人），选举委员会的投票率为 98.75%（共 790 人），而功能界别选举的投票率则为 63.50%（共 77 813 人）。第一届立法会和之后的不同之处是，这届立法会的任期为两年，而之后的都为四年。1998 年 5 月 24 日是香港人政治生活中的一个重要日子。这一天，156 万多香港市民冒雨走向各个投票站，参加了香港特别行政区成立后的第一届立法会选举，第一次真正地以主人翁的身份行使了选举特别行政区立法机关的民主权利。按照香港基本法的规定，香港特别行政区第一届立法会由 60 人组成。其中，分区直接选举产生 20 名议员，功能团体选举产生 30 名议员，由各界人士共 800 人组成的选举委员会选举产生 10 名议员。也就是说，第一届立法会由直接选举和间接选举两种选举办法产生。这是符合香港的实际情况的。香港基本法还按照循序渐进的原则，设计了香港的民主发展进程。从第二届立法会开始，分区直接选举的议员比例将逐步扩大，最终达至全部议员均由普选产生的目标。

三、第二届和以后各届立法会的产生

2000 年的第二届立法会选举，增加地方分区直选议席，减少选举委员会选出的议席，

其中 30 席由功能组别产生，6 席由选举委员会选出，24 席由地方分区直选产生。

2004 年第三届立法会选举，废除由选举委员会选出议席的制度。其中 30 席经地方分区直选产生，其余 30 席经功能组别选举产生。

2004 年香港立法会选举于 9 月 12 日上午 7 时半至晚上 10 时半举行，投票人数达 1 784 131 人，是历届之冠；投票率为 55.64%，打破了 1998 年 53.29% 的纪录。这次四年一度的选举，重选立法会 60 个议席。6 个选举委员会代表议席取消，地区直选则由 6 席增加至 30 席，另外 30 席由功能组别产生。这次立法会选举引起比以往较多的争议。

2008 年第四届立法会选举，由于政制改革的争论没有达成一致，仍然维持同第三届立法会一样的产生办法。

2008 年香港立法会选举是香港特别行政区成立后的第四届立法会选举，于 2008 年 9 月 7 日举行。与上届一样，这次选举重选立法会全数 60 个议席，包括 30 席由地方选区产生之议席，以及 30 席由功能界别产生之议席。泛民主派在地方选区取得 19 席，较上一届地方选区多取 1 席，加上功能界别 4 席，成功保留立法会的三分之一（即 21 席的关键议席数目）以上。

四、关于普选立法会议员的争论与循序渐进推进香港民主进程的安排

《香港基本法》规定，2007 年以后立法会的组成如需修改，须经立法会全体议员三分之二多数通过及行政长官同意。任何修改须报全国人民代表大会常务委员会批准。香港基本法并订明最终的目标是达至全部议员由普选产生。

2004 年，香港为 2008 年立法会是否实行全面普选争论不休，全国人民代表大会常务委员会对《香港基本法》附件一及附件二进行解释，指出香港要改变行政长官及立法会的选举制度，除要香港特别行政区行政长官、三分之二立法会议员同意外，还要得到全国人民代表大会批准，间接否决了 2008 年普选的可能。

2007 年 12 月 29 日，全国人大常委会又以全票通过了《全国人民代表大会常务委员会关于香港特别行政区 2012 年行政长官和立法会产生办法及普选问题的决定》，决定香港可以于 2017 年普选产生行政长官，另外也可以普选产生立法会。第十届全国人民代表大会常务委员会第三十一次会议审议了香港特别行政区行政长官曾荫权于 2007 年 12 月 12 日提交的《关于香港特别行政区政制发展咨询情况及 2012 年行政长官和立法会产生办法是否需要修改的报告》。会议认为，2012 年香港特别行政区第四任行政长官的具体产生办法和第五届立法会的具体产生办法可以作适当修改；2017 年香港特别行政区第五任行政长官的选举可以实行由普选产生的办法；在行政长官由普选产生以后，香港特别行政区立法会的选举可以实行全部议员由普选产生的办法。

第二节　立法会的地位和职权

一、立法会的地位

根据香港基本法，香港特别行政区享有立法权，而立法会是香港特别行政区的立法

机关。

香港基本法详述了香港特别行政区在何种程度上享有自行制定法律的自主权。根据《香港基本法》第十七条，香港特别行政区立法机关制定的法律须报全国人民代表大会常务委员会备案。全国人民代表大会常务委员会在征询其属下的香港特别行政区基本法委员会后，如认为香港特别行政区立法机关制定的任何法律不符合基本法关于中央管理的事务及中央和香港特别行政区的关系的条款，可将有关法律发回，但不作修改。经全国人民代表大会常务委员会发回的法律立即失效，但该法律的失效无追溯效力。

二、立法会的职权

《香港基本法》第七十三条规定，香港特别行政区立法会行使的职权有 10 项：①制定、修改和废除法律；②审核、通过财政预算；③批准税收和公共开支；④听取行政长官的施政报告并进行辩论；⑤对政府的工作提出质询；⑥就任何有关公共利益的问题进行辩论；⑦同意终审法院法官和高等法院首席法官的任免；⑧接受香港居民的申诉并作出处理；⑨在法定条件和程序下，立法会可以对行政长官提出弹劾案，报请中央人民政府决定；⑩在行使法定职权时，如有需要，可传召有关人士出席作证和提供证据。

这 10 项职权大体可以分为以下五个方面：

（一）立法权

立法会有权根据香港基本法的规定并依照法定程序制定、修改和废除自治区范围内的、在特别行政区实施的法律。依据《香港基本法》第一百六十条的规定，立法会如发现原有法律与基本法抵触时，可依照基本法规定的程序对原有法律进行修改或使其停止生效。

（二）财政权

香港特别行政区立法会有权审核、通过政府提出的财政预算案，有权批准和决定香港特别行政区的税收。香港特别行政区立法会有权批准公共开支。但是，香港特别行政区立法会通过的财政预算案、决算案须由行政长官签署并由行政长官报送中央人民政府备案。

（三）监督权

立法会监督行政，主要是通过辩论、质询和弹劾等途径进行的。行政长官每年要向立法会作施政报告，立法会可对施政报告进行辩论，并对政府的工作提出质询。根据《香港基本法》第六十四条规定，行政长官向立法会作施政报告应该是定期的，对于立法会议员的质询应当给予答复。立法会还可就任何公共利益问题进行辩论。

（四）任免权

根据《香港基本法》第八十八条，香港特别行政区的法官，根据当地法官和法律界及其他方面知名人士组成的独立委员会推荐，由行政长官任免，必须征得立法会的同意，还须报全国人大常委会备案。

（五）其他职权

（1）受理公民申诉。香港立法会有权接受香港居民的申诉并作出处理，包括处理市民就政府政策、法例及所关注的其他事项提交的意见书。

（2）传召有关人士出席作证和提供证据。立法会在行使上述各项职权时，如有需要，可以传召有关人士出席作证和提供证据。但是，政府雇员或其他负责政府公务的人员向立法会或其属下的委员会作证或提供证据，要由行政长官决定。

第三节 立法会的组织

一、立法会议员

（一）立法会议员的资格

《香港基本法》第六十七条规定："香港特别行政区立法会由在外国无居留权的香港特别行政区永久性居民中的中国公民组成，但非中国籍的香港特别行政区永久性居民和在外国有居留权的香港特别行政区永久性居民也可以当选为香港特别行政区立法会议员，其所占比例不得超过立法会全体议员的百分之二十。"

《香港基本法》第六十七条主要有以下两层含义：

（1）立法会议员主要由在外国无居留权的香港永久性居民中的中国公民担任，其比例不能少于80%。

（2）不完全排除非中国籍的香港永久性居民和在外国有居留权的香港永久性居民当选为立法会议员的可能，但其比例不能超过20%。

（二）立法会议员的福利及待遇

立法会议员每月均有薪酬，约为6万港元，以支持议员的工作。

第四届立法会（2008年至2012年）起新增了议员约满酬金，指明若议员完成任期，可在任期结束时，取得立法会任期内所得酬金总额的15%，以每名议员近7万港元月薪计算，每名立法会议员可取得近50万港元。立法会有专用的车牌，以"LC"开首，是英语"Legislative Council"的缩写。立法会主席的车牌通常为"LC1"。

（三）议员的权利及议员资格的丧失

1．立法会议员的权利

（1）议员的提案权。

（2）质询权。

（3）议员的豁免权。

2．议员资格的丧失

为了保证立法会的正常运作，维护特别行政区立法机关的良好形象，《香港基本法》第七十九条规定了立法会议员丧失资格的情况：

（1）因严重疾病或其他原因无力履行职务。

（2）担任不宜由立法会议员兼任的职务。这体现了行政与立法分工负责、各司其职的原则。

（3）缺席立法会会议。长期或多次缺席立法会会议是议员工作懈怠、不能尽忠职守的表现。香港基本法规定，未得到立法会主席的同意，连续3个月不出席会议又无合理解释的，就应被宣布丧失其议员资格。

（4）从事违法犯罪活动。香港基本法规定，无论在特别行政区内外，一旦犯有刑事罪行，被判处监禁30日或1个月以上，其议员资格就应当丧失。但是，还须经立法会出席会议的议员三分之二以上通过，才能解除其职务。

（5）行为不检或违反誓言。

（6）《香港基本法》第七十九条第三项和第五项规定，立法会议员丧失或放弃香港特别行政区永久性居民身份的、破产或经法庭裁定偿还债务而不履行的，均应被宣告其丧失议员资格。

二、立法会主席

立法会主席由立法会议员于每届首次会议中选出，由立法会秘书于首次会议前向各议员发出提名邀请，首次会议由未获提名的连续担任议员时间最长者主持。若获提名的议员多于一人，各议员以不记名方式选出。在首轮投票中若一名以上提名议员获得相同的最高票数，则进行次轮投票，在相同最高票数者中选出；若在次轮投票中仍未能出现最高票者，则由主持会议的议员以抽签方式选出。

按香港基本法规定，立法会主席须由年满四十周岁，在香港通常居住连续满二十年，无外国居留权，身为香港永久性居民的中国公民担任。立法会主席负责主持立法会及全体委员会会议，并根据基本法享有下列职权：①主持会议；②决定议程，政府提出的议案须优先列入议程；③决定开会时间；④在休会期间可召开特别会议；⑤应行政长官要求召开紧急会议；⑥立法会议事规则所规定的其他职权。主席无法执行职务或缺席会议时，由代理主席代行其职务。

三、立法会的委员会

（一）内务委员会

立法会设有内务委员会，由立法会主席以外所有议员组成；内务委员会主席及副主席以与立法会主席选举相同的方式选出，并为立法会当然代理主席，于立法会主席无法执行职务或缺席会议时代行其职务。内务委员会负责为立法会会议做准备，审议已提交于立法会的议案，以及在立法会会议席上提交省览或提交立法会批准的附属法例，并可以成立法案委员会研究该等法案，或委任小组委员会对一些附属法例进行更详细的研究。内务委员会亦负责制定立法会内务守则作为议事规则的补充，对立法会及其委员会的会议程序作详细订定。内务委员会亦会就财务委员会、议事规则委员会、政府账目委员会、议员个人利益监察委员会及各事务委员会的组成方法和其正副主席选举订定规则（议事规则已订明者除外）。

（二）常设委员会及议事规则委员会

立法会辖下有 3 个常设委员会，分别是财务委员会、政府账目委员会及议员个人利益监察委员会。另外，亦设有议事规则委员会。

财务委员会为立法会/立法局中历史最悠久的委员会，由除立法会主席以外的全体议员组成。1995 年之前，财政司为当然财务委员会主席；自 1995 年起立法局不再存在官守议员后，主席改由成员互选产生。财务委员会每星期五下午举行会议，负责审议政府提交的所有涉及拨款的法案。财务委员会其中一项工作，是审查财政司司长每年提交立法会的开支预算草案及拨款法案，其中载列政府下一财政年度的全年开支建议。

政府账目委员会负责研究审计署提交的报告，对政府账目进行监察。成员按内务委员会所定的规则选举产生。

议员个人利益监察委员会负责就议员的个人利益进行监察，并制定有关议员个人道德指引。成员按内务委员会所定的规则选举产生。

议事规则委员会负责检讨立法会议事规则和委员会制度，适当时向立法会提出修订建议。成员按内务委员会所定的规则选举产生。

（三）事务委员会

立法会设有18个事务委员会，定期听取政府官员的简报，并监察政府执行政策及措施，议员可视需要加入一个或数个事务委员会。事务委员会工作范围通常对应政府决策局。18个事务委员会包括：司法及法律事务委员会、工商事务委员会、房屋事务委员会、民政事务委员会、政制事务委员会、资讯科技及广播事务委员会、经济事务委员会、人力事务委员会、教育事务委员会、发展事务委员会、环境事务委员会、公务员及资助机构员工事务委员会、财经事务委员会、保安事务委员会、食物安全及环境卫生事务委员会、交通事务委员会、卫生事务委员会、福利事务委员会。

（四）调查委员会及专责委员会

立法会有权引用香港法例第三百八十二章《立法会（权力及特权）条例》，当有议员对某些事件提出质询或对于个别议员提出谴责的议案获得动议，立法会会成立调查委员会就动议作出调查，调查完成后须尽快向立法会汇报。成员按内务委员会所定的规则选举产生。

经立法会决议，可成立一个或多个专责委员会就立法会交付的事宜或法案作深入研究，成员由主席考虑内务委员会的建议后任命。专责委员会对所交付的事宜或法案完成研究后须尽快向立法会提交报告，随后解散。

而根据香港法例第三百八十二章第十条《以传票通知列席》以及第三百八十二章第十二条第（六）项列明，立法会主席有权签署手令并饬令全体/每名警务人员拘捕涉案人员，并于指定时间押解其到立法会作供，故证人/涉案人士必须出席。

（五）行政管理委员会

行政管理委员会是为立法会提供行政支援及服务的法定机构，由立法会主席为当然主席，内务委员会主席为当然副主席，内务委员会副主席为当然委员，另设十名委员；委员会的执行机关为立法会秘书处，首长为立法会秘书长。立法会秘书处下设有三个议会事务部、资料研究及图书馆服务部、翻译及传译部、公共资讯部、申诉部、总务部及法律事务部。

第四节　立法会的运作

一、立法会的会议

立法会活动的主要形式是举行会议，共有例行会议、特别会议和紧急会议三种会议形式。例行会议是按照法律规定定期举行的会议。特别会议是在立法会休会期间为处理和解决某一方面事项而由立法会主席召集的会议。紧急会议是在立法会会期中依照特别程序、为解决紧急事项由立法会主席或应行政长官的要求而召开的会议。

立法会的会议一般是公开的，市民可以旁听。经立法会同意，电视台、电台还可以转播。根据需要，经立法会主席或议员要求，还可以邀请有关人士列席会议。会议过程亦以中英文逐字记录，载于《立法会会议过程正式纪录》内。

二、立法会的任期

香港特别行政区立法会每届任期四年，但第一届立法会任期只有两年。其原因是特别行政区立法会原准备与香港 1995 年产生的最后一届立法局衔接，但原立法局议员并未按照香港基本法关于 1999 年至 2007 年的第二届、第三届立法会的选举办法来产生，即第一届立法会与第二届、第三届立法会的产生办法并不相同，所以第一届的任期定为两年。

另外，立法会如果经行政长官依照香港基本法的规定解散，按照《香港基本法》第七十条的规定，应于三个月内重新选举，选举办法按照《香港基本法》第六十八条的规定。从《香港基本法》的规定来看，重新选举的立法会应视作新的一届立法会，前一届的任期应自其解散之时结束，新一届的任期应自其组成之时计算。

三、立法会的立法程序

根据《香港基本法》附件二的规定："立法会对法案、议案的表决程序：除本法另有规定外，香港特别行政区立法会对法案和议案的表决采取下列程序：政府提出的法案，如获得出席会议的全体议员的过半数票，即为通过。立法会议员个人提出的议案、法案和对政府法案的修正案均须分别经功能团体选举产生的议员和分区直接选举、选举委员会选举产生的议员两部分出席会议议员各过半数通过。"

第十章 香港特别行政区的司法制度

第一节 香港特别行政区的司法制度概述

香港是一个法治社会。1997 年 7 月 1 日，香港成为中华人民共和国的一个特别行政区，中国随之进入"一国两制"时期。"一国两制"时期的"两制"之一，即香港特别行政区仍然实行资本主义制度。这种制度，既包括政治制度，也包括法律制度等。按照《中英联合声明》的规定，香港"现行的法律基本不变"。这里所指的"现行法律"，是指《中英联合声明》签署之前已存在的香港法律。这一规定至少表明了以下两点：其一，现行法律包括现行有关司法机构组织、人员等司法制度方面的法律；其二，"基本不变"并非全部不变。

一、港英时期的司法制度

《中英联合声明》中的"现行的法律基本不变"，表明了香港的司法制度的内容在香港回归后也基本不变。因此，我们介绍香港现行的司法制度，不可避免地需要谈及港英时期的司法制度。

港英司法制度，是英国在占领香港、把它作为直辖"殖民地"以后，依靠政权的强制力逐步移植和发展起来的，经历了一个"依力借法、力先法后、法为力用、力法并用"的漫长过程。至 20 世纪 80 年代，香港终于形成了一个"法律至上"，即健全法制、厉行法治的社会环境。法制健全主要表现在两个方面：一是香港的法律相当完备。在香港，几乎各种企业、行业、机关、团体或各种经济关系和社会关系都有原则性和具体的法律规范，都有法可循，形成了较完整的法律体系。二是有比较健全的司法运作机制。香港的法院体系组织结构健全，司法运作体现了某些民主的、实践证明是现代社会所需要的原则，如司法独立、罪刑法定、无罪推定等原则，以及陪审团制度、法律援助制度等。[①]

香港的司法体系由首席按察司、上诉法庭和高等法院（两者合称为最高法院）按察司、地方法院法官的裁判官组成。而香港当时司法系统的最高领导者为首席按察司，即最高法院的首席法官，由英皇任命。首席按察司以外的法庭实质性职位的任命，均须与司法人员叙用委员会商量后决定，该委员会是由首席按察司、律政司、公务员叙用委员会主席和由总督指定的其他三名成员组成，其中一名可以是由英国国务大臣推荐的高等法院法官。在免职（必须有加盖公章的文据）之前，总督必须任命至少三名现任或前任法官出席的审议庭加以调查，并就此事向总督提出建议。总督接到这样的建议后，必须将此事提交枢密院司法委员

---

① 刘曼容：《港英政治制度与香港社会变迁》，广东人民出版社 2009 年版，第 265 页。

会处理。总督和行政局的其他成员，同样不得干预司法的处理，而且对司法官员的免职要运用特别规定。由此可见，香港是遵循神圣的司法独立之宪法原则的。

但是，从港英政权与法律之间关系的实质来看，不是权力从属于法律，而是法律从属于权力，法律是为了证明权力的神圣性而被创造出来的。在司法制度的运作层面来看：一是适用于香港的英国法占主导统治地位，香港的地方立法以及保留的中国传统法律处于从属地位。二是终审权在英国枢密院司法委员会，香港法院处于从属地位。根据普通法中"遵从先例"的原则，香港各级法院必须遵从英国枢密院的判例，英国其他法院的判例因其审级的区别对香港法院或有约束力或有说服力。三是以英语为法律语言和诉讼语言。英国占领香港后，长期以来以英文为法定语文。因此，香港无论是在法律制定还是法律执行的整个过程中，都是以英文为法律语言和诉讼语言的。

二、香港基本法对司法制度的规定

简单了解了港英时期的司法制度后，我们接着分析一下"现行的法律基本不变"中的另一个含义——基本不变并非全部不变。《香港基本法》对香港特别行政区的司法制度作出的十七条规定里，具有以下两个特点：一是基本保留香港原有的司法体制；二是香港特别行政区法院享有终审权。

首先，我们有必要探讨一下香港特别行政区保留原有的法律制度的原因。这是从香港的实际情况出发，充分考虑到香港与内地法制的差异而决定的。众所周知，香港的法律制度既是资本主义性质的，又是普通法系；而内地实行的则是社会主义性质的法律，又具有大陆法系的特点。这两种制度有着很大的差别：从法律结构上看，内地是制定成文法，基本上没有判例法，而香港主要由判例法组成；从法院组织体系来看，内地法院组织层次分明，而香港法院组织较为复杂；从诉讼程序上看，香港实行原、被告双方对抗制，法院为"消极仲裁人"，而内地的法官则是积极的审判人；此外，内地与香港在法律范畴、概念和专门术语方面的规定也很不一致。因此我们可以想象得到，香港回归后，如果用内地的司法制度去改造或改变香港原有的司法体制，那么可以预见，必然会使香港司法机关的功能陷入混乱，对香港特别行政区的稳定繁荣带来巨大的冲击。

终审权的变化，是香港司法制度的最大变化。英国强占香港后，香港作为"殖民地"，香港法院审理案件没有终审权。在长达一个半世纪的时间里，香港法院的终审权始终在英国枢密院司法委员会手中。如果上诉人不服香港上诉法院的判决，可以再向英国枢密院司法委员会提出上诉。尽管由于香港与伦敦远隔重洋，上诉费用非常昂贵，并且上诉的申请极难获准而在实践中极少向其上诉，但这毕竟是香港司法审判的客观历史写照。

《香港基本法》第八十条规定："香港特别行政区各级法院是香港特别行政区的司法机关，行使香港特别行政区的审判权。"这一规定确立了香港特别行政区司法机关在法律上的地位，与港英时期香港的司法系统的法律地位有根本的区别。香港原有司法系统的设立依据《英皇制诰》，其权力也来自于它，这就决定了香港当时司法系统的殖民地色彩。而香港特别行政区的司法机关依香港基本法而设立，并享有香港基本法所赋予的权力，体现的是"一国两制"和高度自治的精神，在性质和地位上都根本区别于《英皇制诰》。因此，香港特别行政区司法机关的法律地位也就与港英时期香港的司法机关的法律地位完全不同。①

　　香港回归后，香港基本法并未将终审权转而授予内地的最高人民法院，而是授予了香港特别行政区法院。作为单一制下的一个地方行政区域的香港特别行政区法院享有终审权，不能不说是"一国两制"下的创举。香港作为一个地方政区，却享有案件审理的终审权，此举即使在国际司法制度史上也是罕见的。因为即使在联邦制国家，终审权也在联邦法院而不在州法院。这也可以说是香港享有高度"自治权"在司法制度方面的具体体现。

　　根据《香港基本法》的精神，终审权是在现行法院的基础上，设立一个终审法院。终审权由香港特别行政区行使，将有利于香港司法机关组织体系的强化和完善。原来的香港司法制度，虽然也实行四级三审制，但终审法院是英国枢密院司法委员会，由于前述原因，实际上向其上诉的为数较少，因而对香港法院的制约相应就不是很多。终审法院本地化、专门化以后，成为香港特别行政区的最高审级，对下一级上诉法院的制约就会更直接、更及时、更有效。②

　　香港的司法制度基本保持不变，而香港的司法制度一般包括法院制度、检控制度、律师制度、法律援助制度和司法协助等内容。以下将分别加以介绍。

第二节　香港特别行政区的法院制度

　　《香港基本法》第八十条以法律的形式认定，只有各级法院才是法律意义上的"司法机关"，行使香港特别行政区的审判权，审理各类诉讼案件，包括民事、刑事和行政诉讼案件，至于其他执法部门，如警察部门、检察部门、廉政公署等，均不能列入司法机关之列，当然也就不具有审判权。

　　《香港基本法》第八十一条规定："香港特别行政区设立终审法院、高等法院、区域法院、裁判署法庭和其他专门法庭。高等法院设上诉法庭和原诉法庭。"基本法的该项规定体现了香港特别行政区对香港原有的法院名称作了改变。以前香港的法院包括最高法院（上诉法庭和原诉法庭）、地方法院、裁判司署、土地法庭以及儿童法庭、劳资审裁处、小额钱债审裁处等一些专门法庭，其终审机构是英国的枢密院司法委员会。1997年以后，由于实行"一国两制"，香港特别行政区享有终审权，因此必须设立终审法院，而且终审法院就是香港特别行政区的最高法院。这样，原来香港的最高法院就改名为"高等法院"，地方法院改名为"区域法院"，裁判司署改名为"裁判署法庭"，专门法庭则包括原来的土地法庭、儿童法庭、劳资审裁处、小额钱债审裁处等。

一、法院的管辖权

　　香港特别行政区的高度自治权在司法制度中也有所表现，其中一点是香港法院的管辖权。管辖权是指法院受理诉讼案件的权限范围。香港特别行政区法院的管辖权是香港基本法

---

①　李昌道、龚晓航：《基本法透视》，中华书局1990年版，第218页。

②　焦宏昌、周大纲编著：《港澳台法制概论》，中国政法大学出版社1999年版，第112~113页。

中一个重要的问题，它涉及中央与香港特别行政区权限的划分，也是起草香港基本法中一个争论较多的问题，故在这里作一些探讨。

（一）除原有的限制外法院对所有案件有管辖权

《香港基本法》第十九条对香港特别行政区法院的管辖权作了如下规定："香港特别行政区享有独立的司法权和终审权。香港特别行政区法院除继续保持香港原有法律制度和原则对法院审判权所作的限制外，对香港特别行政区所有的案件均有审判权。香港特别行政区法院对国防、外交等国家行为无管辖权。香港特别行政区法院在审理案件中遇有涉及国防、外交等国家行为的事实问题，应取得行政长官就该等问题发出的证明文件，上述文件对法院有约束力。行政长官在发出证明文件前，须取得中央人民政府的证明书。"香港基本法这一条的基本精神是对原有的司法管辖权保持不变，原有法律制度和原则所作的限制也继续保持，没有增加更多的限制。

（二）法院对国防、外交等行为无管辖权

在起草香港基本法过程中引起争议的是对国家行为的管辖权问题。在普通法里，国家行为是指一国在处理与其他国的关系，包括该国与另一国公民的关系中，作为政策所执行的行政行为。在英国，国家行为属于对国王的效忠行为，是君主权依据特权的行使，国内法院不能对其反对和控制，也不得怀疑其效力。由此可见，香港作为普通法地区，法院在审案时会受到普通法内相当多的限制。涉及国防、外交问题，法院会以这些问题不是香港司法机关可以审理的为理由而拒绝受理。《香港基本法》第十九条的规定，只不过是使香港目前的做法条文化，明确法院对国防、外交等国家行为无管辖权，涉及国防、外交等国家行为的事实，要取得行政长官的证明文件。

有人主张，香港特别行政区可对除国防、外交外的其他国家行为都有管辖权。按照《香港基本法》的规定，除国防、外交外的其他国际行为，至少有以下几点：①中央人民政府任命香港特别行政区行政长官和行政机关的主要官员；②全国人大常委会会对《香港基本法》附件三的法律作出增减；③全国人大常委会宣布香港原有法律同《香港基本法》抵触。这些内容虽然不属于国防、外交，但非常明显，这些都是国家行为，都是中央的权力，香港特别行政区法院对此当然无管辖权。[①]

二、法院的设置

按照《香港基本法》第八十一条的规定，香港特别行政区的法院体系，既有按地区设立的，也有按法院的功能设立的。总的来看，由于香港在一百多年的发展中已形成了一套完备的法律和健全的司法制度（见图10 - 1），因而香港特别行政区的法院，是在保留原香港实行的司法制度的基础上予以建立的。根据香港基本法的规定，目前香港特别行政区的法院体系如图10 - 2所示。

---

① 肖蔚云主编：《一国两制与香港基本法律制度》，北京大学出版社1990年版，第323～325页。

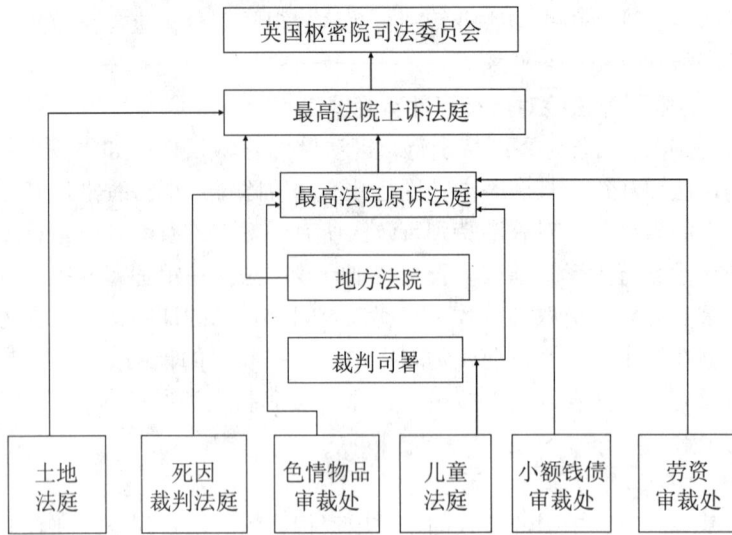

图 10 – 1　香港原有法院体系（表中↑表示向上级法院上诉）①

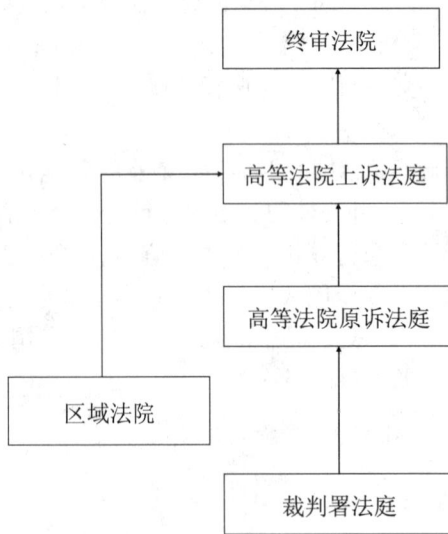

图 10 – 2.　香港特别行政区的法院体系（表中↑表示向上级法院上诉）

（一）终审法院

《香港基本法》的第八十二条明确了香港特别行政区终审法院的性质和法律地位。终审

---

①　不服地方法院和土地法庭的裁判，可上诉于最高法院上诉法庭；不服劳资审裁处、小额钱债审裁处、色情物品审裁处、死因裁判法庭、儿童法庭的裁判，可上诉于最高法院原诉法庭；不服最高法院原诉法庭的裁判，可上诉于最高法院上诉法庭，原诉法庭可将上诉或上诉的任何论点保留由上诉法庭考虑，也可指示在上诉法庭辩论该项上诉或上诉的论点。参见薛刚凌主编：《外国及港澳台行政诉讼制度》，北京大学出版社 2006 年版，第 288 页。

权是香港特别行政区行使高度自治权的一个重要方面。在香港特别行政区的各级法院中，终审法院的性质是最终审判裁决的法院。制定《香港基本法》时，考虑到一个国家只能有一个最高法院，即中华人民共和国最高人民法院，因此对香港法院来说，不宜继续沿用其原有名称，而改称为"终审法院"。从终审法院处理的案件范围来看，它有权自行审理属于特别行政区自治范围内的各种诉讼案件。在香港特别行政区设立终审法院是国家准许香港特别行政区自行处理本区内的诉讼案件，对之作出最终判决，这种判决不能上诉。香港终审法院虽然享有终审权，但它仍然只是地方法院，而非最高法院。

原则上，终审法院法官应由香港特别行政区的法官出任。但从香港的实际情况出发考虑，《香港基本法》第八十二条还规定，终审法院可根据需要邀请其他普通法适用地区的法官参加审判。"普通法适用地区"即普通法系的国家或地区，如英国、美国、澳大利亚、新西兰等。当然，终审法院外籍法官要受到人数的限制，以体现我国的主权。同时，被邀请参加终审法院审判工作的外籍法官，只能以个人身份应邀。

目前，香港特别行政区终审法院除首席法官外，还有 3 位常任法官、11 位非常任香港法官和 6 位来自其他普通法适用地区的非常任法官。在聆讯及裁决上诉时，终审法院会邀请一位非常任香港法官或一位来自其他普通法适用地区的非常任法官参加审判。[1]

（二）高等法院

香港特别行政区的高等法院相当于香港原有的最高法院。它由两部分组成，一为原诉法庭，一为上诉法庭。原诉法庭和上诉法庭有权审理一切民事与刑事案件。

如在民事方面，高等法院设有民事法庭。它除审理金额在 12 万港元以上的索赔案外，还有权审理有关破产案、公司清盘案、领养案、遗嘱认证及精神病案件；受理对劳资审裁处和小额钱债审裁处所判决的上诉案。在刑事方面，它受理一切公诉案件及对裁判司署所判决的上诉案。根据《香港法院条例》的规定，重大刑事案件如谋杀、误杀、强奸、大宗毒品等案件，以及刑期超过 7 年的案件，均须由高等法院作为原审法院。高等法院审理刑事案件，还须有 7 人组成的陪审团参加审理，法官只就法律问题作出决定，被告是否有罪，由陪审团决定。

（三）区域法院

香港特别行政区的区域法院相当于香港原来的地方法院。香港地方法院设立于 1953 年，是按照香港的地域区划而设置。香港共设有 4 座地方法院，即维多利亚地方法院、九龙地方法院、荃湾地方法院、粉岭地方法院。

香港区域法院相当于地方中级法院，在民、刑事方面都只有有限的权力。地方法院的审判权限主要包括：①民事方面，有权受理诉讼金额在 12 万港元以下的民事纠纷，以及金额在 4.5 万港元以下的土地诉讼。②刑事方面，有权受理除谋杀、误杀、强奸等重案以外的其他刑事案件；有权对刑事被告处 7 年以下的刑罚。③有权受理信托、遗产管理、继承、欺诈等方面的案件。④有权对其审理的案件所作出的判决在 7 日内进行重新审理（即复审权）。

（四）裁判署法庭

香港特别行政区的裁判署法庭相当于香港原有的裁判司署，基本上是刑事法院。它主要受理轻微的刑事案件，包括可以提出检控的罪行和可循简易程序治罪的违法行为。

---

① 王巧珑主编：《香港特别行政区基本法辞典》，新香港年鉴有限公司 2001 年版，第 190 页。

由裁判司署治罪的，最高只可判处 2 年监禁，罚款为 1 万港元。根据香港法律规定，所有刑事案件的诉讼程序都开始于裁判司署。对移送到高等法院的案件，必须由裁判司署法庭作出初级侦讯，即聆取证供。裁判司署还有权审理儿童法庭案件，即有权审理对儿童和 16 岁以下青少年所提出的控罪。此外，它还有权吸收一些有司法、法律事务经验，但又不是专职人员的人来协助裁判司署的工作，如让他们专门处理涉及小贩摆卖或轻微的交通违例案件。

现香港特别行政区所设立的裁判署法庭也是作为特别行政区的基层法院。①

（五）各专门法庭

《香港基本法》第八十一条规定香港特别行政区设立其他专门法庭。专门法庭是专门审理某一类案件的法庭。在香港的司法机关中，有以下专门法庭：

（1）土地审裁处。该处依《土地审裁处条例》于 1974 年设立，通常设在各地法院内。其管辖的案件有三类：一是审理政府征购土地而引起的纠纷；二是审理不服差饷物业估价署署长的决定而提出的上诉；三是审理根据《业主与租客（综合）条例》提出的案件。

（2）小额钱债审裁处。该处依《小额钱债审裁处条例》于 1975 年设立，专门处理数额不超过 15 000 港元钱债案件。小额钱债审裁处通常由审裁官一人审理和裁决，审裁官本身是律师或大律师。审裁程序非常简单，审讯不拘形式，可采用中文或英文进行。

（3）劳资审裁处。该处是根据 1974 年《劳资审裁处条例》设立的一个处理劳资纠纷的专门法庭。其目的是为雇主和工人提供"容易达到的、迅速的以及费用低廉的解决纠纷程序"。其特点是：①它不是解决所有劳资纠纷的审裁庭，只是限于解决索赔案件，但对于索赔额不作限制；②以调解纠纷为基本手段，因此不允许双方委托律师出庭；③通常由一名审裁员审理全案，不设陪审团，也没有专门的陪审推事；④对劳资审裁处的上诉规定了限制条件，对事务问题不允许上诉，只有对法律适用和劳资审裁处的审裁权问题可以向最高法院原诉法庭上诉；⑤当事人任何一方对审裁处的裁决可申请审裁处复审其裁决，审裁员也可主动复审自己的案件。

（4）儿童法庭。儿童法庭附设于裁判司署内，专门审理 7 岁到 14 岁儿童和 14 岁到 16 岁的少年犯罪行为。但杀人案件并不包括在内。审理儿童案件时，家长必须到庭旁听。如果儿童的同案犯是成年人，该儿童可与成年同案犯一起到普通法庭受审。

（5）死因裁判法庭。该庭依据《死因裁判官条例》而设立。它专门负责调查监狱服刑犯人或在押嫌疑犯的死亡原因，也就是说，它是一个特设的专门研究因意外、暴力或在可疑情况下突然死亡的人员案件的法庭。

（6）色情物品审裁处。该处成立于 1987 年。其管辖的事项有两类：一是裁定法院或裁判司所交付的物品是否属于色情或不雅（法院或裁判司在某人被控触犯《管制色情及不雅物品条例》时将该物品送交审裁处）；二是对于物品的作者、印刷人、制造商、进口商、批发商或版权所有人送交该处请求评定类别的物品进行评定归类，即第一类为非色情与不雅，第二类为不雅，第三类为色情。②

---

① 焦洪昌主编：《港澳基本法》，北京大学出版社 2007 年版，第 212～216 页。

② 焦宏昌、周大纲编著：《港澳台法制概论》，中国政法大学出版社 1999 年版，第 122～125 页。

三、法官制度

（一）法官的任命

《香港基本法》第八十八条规定："香港特别行政区法院的法官，根据当地法官和法律界及其他方面知名人士组成的独立委员会推荐，由行政长官任命。"

本条关于香港特别行政区各级法院法官任命的规定，参考了香港以前的做法。在香港基本法中，香港特别行政区各级法院的法官一律改称为法官。在原有司法体制下，法官的任用方法是：各级法院都由一个依法设立的推举法官的独立委员会——司法人员叙用委员会（现在已更名为司法人员推荐委员会）负责推荐。根据香港基本法的规定，香港特别行政区的法官由行政长官任命。但是，行政长官必须根据独立委员会的推荐才能任命。独立委员会由三方面的人士组成——法官、法律界及其他方面知名人士。也就是说，法官由行政长官任命是必须的法定程序。此外，《香港基本法》第九十条还规定：香港特别行政区终审法院的法官和高等法院的首席法官的任命，还须由行政长官征得香港特别行政区立法会同意，并报全国人大常委会备案。[①]

（二）法官的罢免

香港法院的法官是终身职务，除到法定年龄退休，一旦被任命，不受任意或非法的罢免。一般法官都是 60 岁退休，最高法院法官的退休年龄为 65 岁。

香港特别行政区法院法官的免职程序规定也非常严格。按照《香港基本法》第八十九条规定：第一，香港特别行政区法院的法官只有在无力履行职责或行为不检的情况下，行政长官才可根据终审法院之首席法官任命的不少于三名当地法官组成的审议庭的建议，予以免职。其中"无力履行职责"主要是指法官个人的身体状况不适宜继续从事所担负的工作，如身患绝症等；"行为不检"即法官个人从事与身份不符的活动，如徇私舞弊、吸毒贩毒等。第二，香港特别行政区终审法院的首席法官只有在无力履行职责或行为不检的情况下，行政长官才可任命不少于五名当地法官组成的审议庭进行审议，并根据其建议，依照本法规定的程序，予以免职。第三，根据《香港基本法》第九十条的规定，对终审法院法官和高等法院首席法官免职，还须得到立法会的同意，并报全国人大常委会备案。[②]

此外，香港法院的罢免程序可分为两种：一种适用于地方法院及最高法院的法官；另一种适用于裁判司人员。

（三）法官的任职资格

法官是专门行使审判权的人员，因此对其法律专业素质和水平的要求都非常高。担任香港终审法院和高级法院的法官，必须具有大律师资格，并至少有 10 年的法律专业经验。担任地方法院的法官，必须有大律师资格，并至少有 5 年的法律专业经验。担任裁判署法庭和各专门法庭的法官，必须是有 5 年以上法律专业经验，年龄不低于 30 岁的法律界人士。[③]

对香港特别行政区法院法官的任职资格，《香港基本法》还作了如下规定：

---

① 王巧珑主编：《香港特别行政区基本法辞典》，新香港年鉴有限公司 2001 年版，第 193 页。

② 焦宏昌、周大纲编著：《港澳台法制概论》，中国政法大学出版社 1999 年版，第 128 页。

③ 王巧珑主编：《香港特别行政区基本法辞典》，新香港年鉴有限公司 2001 年版，第 194 页。

（1）《香港基本法》第九十条规定：香港特别行政区终审法院和高等法院的首席法官，应由在外国无居留权的香港特别行政区永久性居民中的中国公民担任。终审法院首席法官和高等法院的首席法官有着与政府"司级"官员相类似的任职资格，即有资格担任终审法院和高等法院首席法官的人，必须是香港特别行政区永久性居民中的中国公民，且在外国无居留权。这样，非永久性居民、永久性居民中的外籍和无国籍人士、有外国居留权的香港居民，均不能担任终审法院和高等法院的首席法官。

（2）《香港基本法》第九十二条规定："香港特别行政区的法官和其他司法人员，应根据其本人的司法和专业才能选用，并可从其他普通法适用地区聘用。"这里规定香港特别行政区不仅要选用本地法官，考虑到香港的现实和历史情况，还规定可以从其他普通法适用地区聘用。

（四）法官和其他司法人员的留用和待遇

《香港基本法》第九十三条规定："香港特别行政区成立前在香港任职的法官和其他司法人员均可留用，其年资予以保留，薪金、津贴、福利待遇和服务条件不低于原来的标准。对退休或符合规定离职的法官和其他司法人员，包括香港特别行政区成立前已退休或离职者，不论其所属国籍或居住地，香港特别行政区政府按不低于原来的标准，向他们或其家属支付应得的退休金、酬金、津贴和福利费。"这里首先说明，法官和其他司法人员，无论其所属国籍，都可以留用，体现了《中英联合声明》的精神，有利于稳定法官和其他司法人员为香港特别行政区服务。香港基本法不但规定了法官和其他司法人员的留用和待遇，而且对他们的退休和离职也作了规定，以更好地稳定司法人员队伍。

四、法院的审判原则及其运作程序

香港有比较健全的司法运作机制，其中包括法院的运作机制。香港法院的运作机制受到英国法的影响，确立了独立审判、遵循判例、公平的诉讼程序、实行陪审团制度及法定语文诉讼等原则，同时还建立了一些相对应的诉讼运作程序。

（一）法院的审判原则

1. 独立审判原则

《香港基本法》第八十五条规定："香港特别行政区法院独立进行审判，不受任何干涉，司法人员履行审判职责的行为不受法律追究。"在香港特别行政区内，独立审判意味着法院独立行使审判权，意味着法官独立进行审判。法官在审判活动中只服从法律而不听从任何命令或指示，不受任何干涉，只有如此才能真正实现司法公正。要确保香港特别行政区的司法独立，必须做到以下两点：①香港特别行政区享有终审权，对香港特别行政区各级法院的判决，当事人均不能上诉到内地的法院，包括最高法院。任何诉讼案件，从初审到终审，均由香港特别行政区各级法院受理。②香港特别行政区各级法院在审理各类案件时，不受来自当地行政机关、立法机关、社会团体或人士的任何干预。各级法院与香港特别行政区政府、立法会之间也没有领导或隶属的关系。①

为保障法院的独立审判，香港法律还作出了如下规定：

---

① 王巧珑主编：《香港特别行政区基本法辞典》，新香港年鉴有限公司2001年版，第191页。

（1）法院规定任何人干涉司法公正为犯法。

（2）法官采用高薪制、终身制。

（3）法官享有司法豁免权，即各级法院法官在审理案件中如发生错判、误判时，享有不被起诉或免职的权利，也不会对此承担任何个人责任，包括不由个人负责赔偿因发生错案给当事人带来的损失。

2．遵循判例原则

在普通法国家和地区，其法律既有议会的制定法，又包括以判例形式表现出来的普通法、衡平法。普通法和衡平法都是不同法官于不同时期在司法判决中积累起来的司法原则，因此这些原则也成为后来法官在审理案件时所要遵循的原则，即"遵循先例"原则。①

根据《香港基本法》第八条规定，香港的普通法、衡平法等原有法律，只要与基本法不抵触，或未经香港特别行政区立法机关作出修改，均可予以保留。《香港基本法》第八十四条规定："香港特别行政区依照本法第十八条所规定的适用于香港特别行政区的法律审判案件，其他普通法适用地区的司法判例可作参考。"

遵循判例的原则具体体现在：

（1）终审法院的判例对所有下级法院及其自身具有约束力。

（2）区域法院的法官不受本院先前作出的判决的约束，但必须遵循上级法院的判决和自身审理的上诉判决。

（3）裁判署法庭受高等法院和终审法院判例的约束，除此之外，不受任何其他法院包括区域法院判决的约束。

（4）区域法院和裁判署法庭的判决一般不具有判例的约束力。

（5）其他普通法使用地区的司法判例可作为参考。

3．公平的诉讼程序原则

诉讼程序是实施实体法的保障。诉讼程序的公正是保证司法公正的重要条件，甚至是前提条件。所谓的公平的诉讼程序，包括控诉、申诉、上诉、辩护等权利以及公平审判、无罪推定的原则和制度。

《香港基本法》第八十七条规定："香港特别行政区的刑事诉讼和民事诉讼中保留原在香港适用的原则和当事人享有的权利。任何人在被合法拘捕后，享有尽早接受司法机关公正审判的权利，未经司法机关判罪之前均假定无罪。"其具体含义如下：

首先，在刑事诉讼过程中，公民因受嫌疑被捕，在未被判决的拘留期内，他仍得到公平的对待，享有以下权利：被告有权知道自己被逮捕或拘留的理由；被告无须接受警方盘问，无须作口供（可由律师代述），这种与警方不合作的态度，在法律上并不构成任何罪行；被告可保持缄默，这种缄默在法庭上并不引致被告不利之处；当警方盘问嫌疑犯时，其无权刑讯逼供，任何以威胁利诱得来的口供，法庭都拒绝接纳；嫌疑犯必须要有足够的时间准备自己在法庭上的辩护；嫌疑犯可以得到免费的法律援助以作辩护。

其次，在审讯期内，被告享有以下权利：在审讯之中，在任何阶段，被告应得到公平和公正的待遇，并给他机会让他说话；在法庭审讯时，被告在被法庭审判有罪之前，在法律面前他是被假设清白无罪的；被告在审讯中无须证实自己清白，反之控方却要举出证明"无

---

①　焦洪昌主编：《港澳基本法》，北京大学出版社 2007 年版，第 225～226 页。

合理的疑点"的证据来证实被告有罪；在法庭判决控方提出的起诉表面证据成立，辩方应作出答辩；控方一定要证明到没有合理的可疑之处，方可证实被告有罪；被告有权传召为自己作证的证人或提出任何证据，并于法庭上审视控方所呈示的证据；被告以前所犯的罪行并不会影响这次是否有罪。

因此，在上诉诉讼程序中，体现了以下三项诉讼原则：

（1）无罪推定：判决没有发生法律效力以前的被告人，应推定他是无罪的人。

（2）疑罪从无：法官、陪审官不能确定被告是否有罪时，应作出有利于被告人的解释，予以释放。

（3）被告无须证实自己清白：证明被告有罪的责任由控诉一方承担，被告人没有义务提供无罪的证据。①

4．实行陪审制度的原则

《香港基本法》第八十六条规定："原在香港实行的陪审制度的原则予以保留。"香港法律认为陪审是公民的一项基本权利和义务。凡年龄在21岁至60岁，有英语知识的香港公民，可被选为陪审员，但政府公职、军人、医务、教学等17种职业的人员免选。

香港政府每隔几年就要公布一次陪审员名册，法庭从名册中选出的人无正当理由不能拒绝出庭陪审，否则将承担法律责任。陪审团一般由7人组成，陪审团主要参与刑事案件的审判，特别是重罪的审判。在审判过程中，法官负责向陪审团介绍案情的法理与经过及控方和辩方的辩护，当事人是否有罪则由陪审团决定。一般刑事案件由陪审团决定通过的比例是5:2，但死刑案件则必须是陪审团成员一致通过。当然，对法官所作的案情介绍及法理评论，陪审团成员可以接受，也可以不接受，因为那毕竟是法官个人的观点。目前香港的陪审制度在高等法院以上实行。②

陪审制度具有一定的优点：它可以发挥对法官的监督作用，确保司法审判的公正；陪审团成员来自社会不同阶层，普通人也可以参加司法，在一定程度上代表民意；担任陪审员，可使香港居民增强法律意识和社会责任心。但是，陪审制度也存在相应的弊端，如陪审的义务使一些被迫参与的人因正常生活被干扰而感到烦恼，英语语言的要求使能参与的人缺少普遍性。另外，由于知识有限，陪审员对深奥的科学证据和法律论据难以掌握，对某些专业性很强的罪案等因过于复杂而难以理解。③

5．法定语文诉讼原则

在1997年7月1日之前，香港法院审理案件以英文为主要法定语文。其原因有：①香港法律的制定及颁布均以英文为准；②上诉法院（最高法院上诉法庭）、高等法院（最高法院原诉法庭）及地方法院，诉讼均以英文来进行，仅在裁判法院、死因裁判法庭、少年儿童法庭及其他各类专责审裁庭，诉讼才可以以英文或中文进行；③充任陪审员最重要和必需的条件亦是应具有英文知识。1997年7月1日后，情况发生了变化。《香港基本法》第九条规定："香港特别行政区的行政机关、立法机关和司法机关，除使用中文外，还可使用英文，英文也是正式语文。"

① 参见焦宏昌、周大纲编著：《港澳台法制概论》，中国政法大学出版社1999年版，第116页。
② 焦洪昌主编：《港澳基本法》，北京大学出版社2007年版，第212～216页。
③ 刘曼容：《港英政府政治制度论（1841—1985）》，社会科学文献出版社2001年版，第156页。

（二）法院的运作程序

1. 刑事诉讼

普通法制度崇尚个人自由，而刑事诉讼法则提供一套制定程序，使社会或政府可以透过既定制度夺去某个人的自由。普通法深信宁纵毋枉，刑事诉讼程序的设计便处处维护个人自由，避免造成冤狱。崇尚个人自由与宁纵毋枉观念的最具体体现莫过于普通法中的无罪推定。此外，无罪推定更要求控方所提出的证据必须达到无任何合理疑点的标准才可将被告人罪。

（1）提出检控。

由于司法程序成本昂贵，私人调查案件资源缺乏，难以提出达到刑事检控标准的证据，绝大部分的刑事检控均由政府提出，而律政司司长便是掌握政府所有刑事检控的最终决策者。

（2）简易程序审讯。

简易程序审讯在裁判法院进行。刑事检控是以一份法律文件开始的，传票或控罪书是一份非常重要的法律文件，它们开启了刑事检控程序，并同时告诉被告人他将要面对的指控。

刑事案件的被告人第一次出庭应讯的地点一般是裁判法院的第一号法庭，法院一般不会在当天审理这宗案件。而此次应讯主要会发生以下事情：首先，法院会公开宣读被告人被控的罪名及听取被告人的"答辩"，被告人只需答"认罪"或"不认罪"。接着，如果被告人承认控罪，控方会将案情事实摘要呈堂，并由法院宣读。听过被告人的陈词后，法院可以即时判刑，亦可以将案件押后并要求感化官、戒毒所或其他专业人士作出报告后再作出判刑。最后，如果被告人否认控罪，法院便会将案件押后，排期审讯。

在被告人否认控罪的情况下，当法院处理过保释的问题及安排了押后审讯的日期后，检控的第一阶段便告一段落，下一阶段便会是下述正式的审讯。

（3）在裁判法院或区域法院的正式审讯。

裁判法院和区域法院的审讯程序基本相同。在正式审讯当天，法院书记会再一次宣读控罪及就每一项控罪询问被告人是否承认控罪。被告否认控罪后，主控官会作开案陈词，然后逐一传召控方证人出庭作证。证人出庭作证会经过控方的立案询问、辩方的盘问，以及控方的再次覆问。当所有控方证人作证完毕后，主控官会正式表示举证完毕，此时被告人有三个选择：向法院申请被告人无须答辩（适用于控方证据不足的情况）；选择不亲自出庭作证；选择出庭作证，则必须成为第一位辩方证人出庭作供。当所有辩方证人作供完毕后，被告人亦得正式向法院表示辩方举证完毕。接着就是双方的结案陈词，被告人永远享有最后的发言权。法官可以随即宣判或押后宣判。

（4）公诉程序。

公诉程序也是以传票或控罪书开始的，但在公诉程序中，裁判官扮演的是一个转介者的角色，他的责任是确保控方有足够的证据才可在高等法院提出检控。若控方未能提出足够的表面证据支持控罪，裁判官可以撤销控罪及释放被告人。若表面证据成立，裁判官便会将案件交付高等法院原诉法庭审理，故在裁判法院的这部分程序称为"交付审判程序"。

2. 民事诉讼与公平审讯

民法要求的举证标准较刑法低，民事程序的设计主要着眼于保障与讼双方均会有一个公平审讯的机会。香港的民事诉讼程序比刑事诉讼程序复杂，大体上分为以下六个阶段：状书程序、披露文件程序、非正审程序、正式审讯、执行判决和原诉传票。

（1）状书程序。

正如刑事诉讼是以传票或控罪书开始，民事诉讼程序也是以一份法律文件开始，主要有四种不同的法律文件：传讯令状、原诉传票、呈请书和动议书。状书程序要求与讼双方各自以书面列出己方主张的案情事实，以及就对方提出的指称作答辩，并在指定时间内将状书送交对方。

（2）披露文件程序。

在原告人发出答覆抗辩书或被告人发出答覆反诉抗辩书的14天后，状书程序便暂时告一段落，随之而来的是披露文件程序。在这一阶段，与讼双方得向对方提交一份文件清单，列出各自拥有与案件有关的所有文件。在状书阶段结束后的一个月内，原告人便须以传票方式向法院请求给予关于审讯安排的指示，传票的聆讯一般会安排在交换文件清单及查阅文件时进行。

（3）非正审程序。

非正审程序申请可以由原告人或被告人提出，以传票开始，传票列出发出传票一方的要求，并以誓章或誓词的形式提出书面证据，法院不会传召证人。聆讯由司法常务官处理，一般会在内庭进行。不服司法常务官的判决可以向高等法院原诉法庭上诉，由原诉法庭法官审理，接着还可以上诉至上诉法庭甚至终审法院。

（4）正式审讯。

民事审讯程序和刑事审讯程序相类似。但在诽谤诉讼中，与讼双方可要求由陪审团审议，这几乎是唯一一种可以用陪审团审理的民事案件。

（5）执行判决。

判决的执行程序由胜诉一方向法院的登记处作出申请开始，判决中有权获支付款项者及有义务支付款项者分别称为判定债权人及判定债务人。主要的执行方法有扣押债务人动产令、扣押令、第三者债务人扣款令、薪金扣押令、委任接管人、清盘或破产以及禁止离港令等。

（6）原诉传票。

原诉传票是另一种颇为常用的进行民事诉讼的方法，原诉传票只适用于在案情事实方面没有重大争议的案件，双方的分歧主要在法律观点方面。此外，呈请书和动议书只适用于特定类别的案件，这里不加细述。

3．上诉程序

如果被告人对判决不服，可以提出上诉，上诉的方法及途径会因不同级别的法院而有所分别，基本上香港的法制是采取三审终审制。对于裁判官的决定，被告人可以在14天内要求该案重新审核有关的判罪或判刑，这是较简单快捷的途径，也是裁判官特有的权力。对裁判法院、劳资审裁处、小额钱债审裁处的裁决不服的，当事人可在判决后7日内向高等法院原诉法庭上诉，上诉理由必须是一审裁决适用的法律不当或是一审法院无管辖权等。地方法院和高等法院原诉法庭审理的案件，当事人不服判决的也可向高等法院上诉法庭上诉，上诉期一般为判决、指示、决定或命令作出之后的28天内。而且在香港，上诉首先要取得许可，申请上诉许可是上诉程序的必经阶段。对高等法院原诉法庭的判决，只有被告人才可以进行上诉。至于对上诉法庭的判决提出的上诉，被告人没有绝对的上诉权，他必须先获得终审法院的许可才可进行上诉。

4. 司法复核

司法复核程序其实是英美法系里法院行使司法审查权的一种程序。这种程序适用于质疑政府部门或一些公共机构的决定，质疑的理由在行政法中有详细规定。详细的叙述请参见本书第十四章讲述香港的司法审查权一节。

5. 证据法

普通法对证据有极严谨的规定，详细界定什么是可接纳的证据、什么证据可以呈堂以及以什么方法呈堂，从而保证审讯的公正严明。

香港特别行政区的证据法有两个基本原则：第一，所有证据必须在法院内提出，不是在法院内提出的证据，法院一律不能考虑；第二，证据必须由证人提出，而证人在庭上得接受盘问。普通法极度重视证人在庭上所作的口供，这个"口述原则"是普通法审讯的特色。

香港特别行政区的证据大体上分为三类，即口供证据、书面证据和物证。对每一类的证据，法院均须考虑两个问题：一是证据的可接纳性，即法院是否应该聆听或审阅和考虑这些证据；二是当法院决定接纳这些证据后，这些证据的可信性。

香港法院的诉讼程序反映了普通法务实的一面：极为注重执行权利的方法，设计出不同的司法程序以提供执行权利的门径。香港的诉讼程序法虽然繁杂，但体现了"公正"与"公平"的法律精神。中国内地近年来的法制建设中，诉讼程序法是其中一个重点，香港在这方面的经验，或许可以为中国内地法制发展提供一些可借鉴的经验。[①]

第三节　香港特别行政区的检控制度

一、负责检控工作的机构的性质及法律地位

（一）检控机构的性质

检控制度是指关于检控机构的性质、活动原则、组织体系及运作程序的一种司法制度。检控机构是指依法对刑事犯罪案件进行检察和指控的法律部门。

香港特别行政区检控机构虽与香港法院实行"审检分立"，但由于香港的"司法机关"特指法院，即审判机关，因而检控机构不属于司法机关之列。香港所谓"司法独立"也是指法院独立、法官独立、审判独立。香港特别行政区成立后，香港的检控机构仍属于行政机关，原检控机构的体制不变。正如香港基本法中的规定，香港特别行政区律政司主管刑事检控工作。

（二）检控机构的法律地位

香港特别行政区的检控机构尽管属于政府系统，却与司法活动有着密切的关系，在司法制度中占据着特殊地位，具体表现在：①检控是刑事审判活动的必要前提。检控机构是政府的法律部门，它负责调查犯罪案件，并代表政府对可疑犯提出起诉。若无检控机构履行检控职能，刑事诉讼便无从开始，司法机关对于刑事案件的审判也就无从谈起。②检控是刑事辩

---

① 参见陈弘毅、陈文敏等编著：《香港法概论》，三联书店（香港）有限公司1999年版，第41~91页。

护活动的依存条件。在刑事诉讼中，检控与辩护既相互"对抗"，又相互依存。在公诉案件中，若有检控机关的起诉活动，就不存在律师的辩护活动。③香港特别行政区的检控机构隶属于律政司（原称律政司署）。律政司的主要官员是律政司司长。律政司司长是立法会的当然议员，并兼任法律起草委员会主席、司法人员叙用委员会委员，同时还是香港大律师公会的名义首脑。律政司职权的行使，直接影响着司法活动的方向，关系到司法机关人员的选用。①

二、负责检控工作的机构的体系、权限与分工

检控机构的体系是指检控机构的组成和结构。香港不设专门的检控机构，也不存在独立的从事检控职能的检察官。从形式上看，律政司是香港法定的检控机构，但律政司并非专门从事检察职能的机构，也不是唯一实际行使检控权的机构。根据有关法律规定，律政司将部分检控权授予其他部门行使，以案件性质和案情严重程序划分，香港行使检控职能的三大机构分别是：律政司、廉政公署和警察总署。

（一）律政司

律政司不是一个独立的、专门的检控机构，而是香港政府的一个法律职能部门。它的职能并非只有司法检控，还广泛涉及立法、司法行政、民事代理、法律改革和律师等各项法律工作。这一点可从律政司首长职能范围和律政司机构的设置得以佐证。

按照香港基本法的规定，香港特别行政区设律政司，律政司首长为律政司司长。律政司司长经行政长官提名，由中央人民政府任命。律政司司长必须是在香港或其他普通法适用地区获认许为执业律师或大律师，在香港通常居住满15年并在外国无居留权的香港特别行政区永久性居民中的中国公民。律政司司长是特别行政区的首席法律顾问，也是行政会议的成员，除了负责香港刑事案件的检控外，在所有起诉政府的民事案件诉讼中均以被告身份与讼，在法庭上代表政府及公众利益。作为广义上公众利益的守护者，律政司司长可申请司法复核，也有权介入任何涉及重大公众利益的案件，还可以"法庭之友"的身份协助法庭解决问题。作为慈善机构的守护人，在所有为使慈善信托或公众信托得以执行而进行的诉讼中，律政司司长的职责是维护公众的法律权利。②

律政司下设六个科，每个科各由一名律政专员主管，代行律政司的若干权力和职责。

（1）法律草拟科。该科负责起草香港法例。草拟一项法例的程序，包括提出建议、草拟法案、征询意见，并协助筹划把法例提交行政、立法两局审议通过。

（2）民事法律科。该科的主要职责是担任政府部门的法律顾问，向政府提出民事方面的法律意见，负责处理涉及政府的民事诉讼，并代表政府出庭应诉。

（3）刑事检控科。该科实际上是香港的检控部门，负责香港的一切刑事案件的检控工作。

（4）国际法律科。向政府提供有关国际公法的法律意见，负责国际协议的谈判工作或派出法律专业人员在谈判中提供意见，以及处理香港特别行政区与其他司法管辖区之间的司

---

① 焦宏昌、周大纲编著：《港澳台法制概论》，中国政法大学出版社1999年版，第130~131页。

② 徐静琳编著：《演进中的香港法》，上海大学出版社2002年版，第307页。

法合作请求。

（5）法律政策科。就律政司的专业需要提供服务，并就政府工作中的法律问题提供咨询意见，担任政府的法律顾问。该科也对有关司法、人权、宪法及中国法律的事宜提供意见。

（6）政务及发展科。负责律政司各种行政工作。此外，律政司还于1985年3月成立了一个专责事务组，专门负责处理有关履行《中英联合声明》方面的问题，研究香港参与的有关国际条约及其他国际义务。①

在香港特别行政区政府的部门中，律政司承担的重要任务之一就是刑事检控。在刑事检控科任职的律师非常多，目前大约有110名律师。香港在各法院审判的大部分刑事案件，刑事检控科的检察官都要以公诉人的身份或以政府的名义出庭起诉。刑事检控科的程序一般是：先由警方调查，经调查证明，被调查人确有犯罪证据，则由警方拘捕，刑事检控科进一步调查证据，然后向法院起诉。若被调查人不够拘捕条件，也由刑事检控科决定处理办法。

刑事检控科负责香港大部分的刑事上诉案件，包括在终审法院提出的上诉、区域法院及原诉法庭受理的大部分刑事检控案件；当涉及重要法律观点时，刑事检控科的政府律师也会在裁判法院出庭。除代表政府出庭外，该科的政府律师也向警方及其他负责检控罪行的政府部门提供法律意见。刑事检控科是律政司最大的科别，下设若干工作小组，包括：审讯预备组；向警方提供意见及法庭检控主任组；管理及训练组；法庭专家组；基本法、人权法案、投诉警察、处理色情和不雅刊物及赌博组；上诉及毒品政策统筹组；条约及引渡组；研究一般法律意见及入境事务组；讼辩及劳工组；商业罪案组；廉政公署案件组和追讨资产组。

（二）廉政公署

廉政公署既不是司法部门，也不隶属于立法、行政部门或任何其他部门，在政府机构中处于独立的地位。如果按政府组织体系归类，鉴于廉政公署是一个专门负责政府部门、公共机构、私人公司的贪污贿赂案的组织，它更具有专职监察机构的性质。

香港《总督特派廉政专员公署条例》规定了廉政公署的基本职责，概括起来有六个方面：①接受指控贪污行为的举报，在可能的范围予以调查；②对涉嫌触犯本条例、《防止贿赂条例》和《舞弊及非法行为条例》或与贪污行为有关的公职人员进行调查；③审查政府部门及公共机构的办事程序，发现可能引致贪污漏洞时，设法加以改正，向政府或公共机构首长建议，在不妨碍该机构执行职责的情况下，更改不良的惯例和程序，减少引致贪污的机会；④应任何人之请求，协助指导如何消除贪污的行为；⑤引导市民认识贪污的祸害；⑥策动市民支持肃贪倡廉工作。

廉政公署由廉政专员、副廉政专员和其他委托人员组成。其机构共分四级：一是廉政专员；二是处级部门，包括一个行政总部和三个专责业务处，即执行处、防止贪污处和社区关系处；三是科级部门，由助理处长级官员主管；四是科以下的各个小组。此外，还设有若干咨询委员会。廉政公署的编制具有独立性，从专员到各级职员均不属公务员，不受有关公务员条例的约束。廉政公署的工作人员除专员外，全部实行招聘，无须通过政府的公务员叙用委员会。廉政专员如确信为公署利益，无须说明任何理由，可以对所属任何公署人员处罚，甚至解雇，而且受处分者不得申诉。廉政公署每年的经费为1亿余元港币，由每年政府预算

---

① 焦洪昌主编：《港澳基本法》，北京大学出版社2007年版，第229页。

中予以单项开支。

廉政专员是廉政公署的首脑，主管廉政公署。行政长官按照其认为适当的条件，委任廉政专员、副专员各一人。在执行职务的过程中，廉政专员直接向行政长官负责，不受任何机构或人士的指导和管辖。副廉政专员在廉政专员离职或职位出缺期间，代理专员之职。廉政专员和副廉政专员在任职期间，不得执行香港政府所辖的其他受薪之职务。

执行处是廉政公署的调查部门，其作为公署最重要的部门，内设两个调查科和一个监察及辅助科，负责接受举报、实行调查及逮捕等任务，并可经律政司同意行使有关贪污贿赂案的检控权。防止贪污处是为预防贪污而设立的部门。社区关系处是廉政公署的宣传部门，主要负责进行肃贪教育、培养廉政意识，即通过大众传播媒介和市民直接接触，向各界各阶层的人士进行宣传，制造肃贪倡廉舆论，使市民充分认识贪污的严重危害，动员和吸引市民大力支持与积极参加惩贪反贿工作，加强市民的社会责任感，增加对廉洁政府的信任，并同学校合作，从中小学开始向学生进行"城市和廉洁"的教育，培养公民的廉洁意识。[①]

（三）警察总署

警察总署是香港政府管理全香港社会治安的机构。香港开埠之初，并无警察编制，社会治安由英军兼顾维持。1843 年，香港成立了行政、立法两局后，委任了第一批太平绅士，其后建成中央警署。一百多年来，香港警察的人数、成分、装备和机构等均已发生了很大变化。1970 年，香港警察获得英国女王钦赐，冠以"皇家"头衔，成为香港皇家警察。作为一支半军事性的武装队伍，目前香港警察在组织军备方面的现代化程度，在世界各地的警察队伍中，是屈指可数的。

香港警察总署由警务处处长、副处长、助理处长、警司、督察、警长、警员以及辅助警察组成。香港警察总署共有 3 万多在编警察及 5 800 多名辅助警察，其中女性警察占 10%。警务处处长管理和指挥警察队伍，3 名副处长及 1 名政务专员予以辅助。

根据《警察队条例》的规定，警察总署的职责共有 18 项，大致可分为 7 类：①维持治安，扑灭罪行；②管制游行集会，维持秩序；③协助执行税务等条例；④执行司法事务；⑤处理无人认领的失物；⑥保护流浪动物；⑦履行其他职责。

现行香港警察总署基本沿用了原来港英时期的架构，主要包括五大部分：行动处；刑事及保安处；人事及训练处；监管处；财务、政务及策划处。其中的三个处即人事及训练处、监管处和财务、政务及策划处，主要是管理警务机构内部的人事、财务、行政等日常工作，以及协调各警区的联系等事宜。行动处和刑事及保安处则行使与治安有关的职权，包括负责警队的工作和调查罪案事项等。

刑事及保安处设刑事部、保安部、人事部和训练部。其中，刑事部由商业罪案调查科、毒品调查科、刑事记录科、有组织案及三合会调查科、刑事情报科、军械罚证科、鉴证科组成。刑事部的基本任务之一是负责对有关商业诈骗案、毒品及走私案、有组织的和严重的三合会案等案件的调查。对于严重的犯罪案，刑事部仅负责调查取证，不承担检控任务，检控权由律政司刑事检控科行使。对于商业罪案，如果该案由裁判法院受理，属于处三年以下监禁刑的案子，一般由警察总署负责主控。从理论上说，警察总署并不具有检控职能，警察总署承担的检控权是由律政司授予的。如果发生案情复杂或警察总署不能处理的情况，警察总

---

① 徐静琳编著：《演进中的香港法》，上海大学出版社 2002 年版，第 307～315 页。

署可以向律政司咨询或要求律政司派员担任主控官。①

三、检控机构的活动原则

监控机构的活动原则是指有关法律所规定的，检控机构在检控活动中必须遵循的准则。

（一）律政司统一监管和指导检控工作原则

在香港，律政司负责一切检控事宜，执行所有检控工作，代表政府对疑犯提出起诉。律政司授权其所辖刑事检控科处理刑事案件的检控工作。刑事检控科除自己负责主控的刑事罪案外，对警察总署侦查的罪案起诉与否，亦要作出决定；警署主控罪案的警官，要在律政司受过相应的训练；廉政公署负责主控罪案，要接受律政司的法律指导。所以律政司统一监管和指导检控工作，是香港检控制度的一项重要原则。根据《香港基本法》的规定："香港特别行政区律政司主管刑事检控工作。"

（二）检控工作分工负责原则

律政司统一监管指导检控工作，但并非所有刑事罪案的检控工作皆由律政司承担。根据香港有关法律、条例的规定，刑事罪案的检控工作实际由不同的部门分工负责执行。律政司负责检控可检控的罪行及严重的案件；贪污罪案由律政司提供法律指导，主控则由廉政公署负责执行；最高刑罚不超过 3 年的轻微罪案由警察总署负责主控。这样，律政司、廉政公署和警察总署分工负责检控工作，形成了香港地区的监控体系，发挥着揭露犯罪、打击犯罪、保障社会稳定、促进经济发展的作用。

（三）依法独立行使职权原则

检控机构独立行使检控权，不受其他政府部门、社会团体和个人的非法干涉。在香港，司法独立是法院工作的一条重要原则，独立行使职权也是刑事检控工作的原则。根据《中英联合声明》附件一的规定，1997 年以后，"香港特别行政区的检察机关主管刑事检察工作，不受任何干涉"。

（四）严格遵守法定程序原则

法律、条例是解决各种矛盾、处理各种案件的最高准则。香港是法制比较健全的社会，其司法活动、检控活动、侦查活动等都有严格的规定。严格遵守法定程序，是检控活动的基本原则。

第四节　香港特别行政区的律师制度

一、律师制度概述

香港律师制度与英国律师制度一脉相承。自 1844 年产生之日起，香港律师制度就采用了英国律师制度的模式，受英国传统的影响，至今仍带有浓重的英国传统和色彩。

1844 年 10 月，香港成立高等法院，该法院首次开庭时即宣布三名英国律师为香港的大

---

① 　参见焦宏昌、周大纲编著：《港澳台法制概论》，中国政法大学出版社 1999 年版，第 132～136 页。

律师和普通律师。1851 年以后，香港依英国惯例，将大律师与普通律师的业务分开。1858 年，香港通过《执业律师条例》，规定将大律师业务与普通律师业务合一。1862 年，香港制定新的《执业律师条例》，规定大律师与普通律师业务再度分开。后来，香港有关律师制度的主要立法是《执业律师条例》，该条例共有七篇七十五条，并有两个附表和十五项规则作为附属立法。其中，对普通律师、大律师的资格，执业权利与义务，对律师的管辖权、处分权和处分程序，律师公会组织，律师的收费和报酬，以及律师的法律责任等都作出了详尽的规定。在长达 150 多年的时间里，香港律师队伍经历了从无到有、从初步发展到迅速发展的过程。特别是自 20 世纪 70 年代以来，随着香港社会经济的腾飞，香港律师队伍获得了迅速的壮大和发展，并在推进香港法治、促进社会经济发展的进程中发挥越来越重要的作用。①

由于香港实行普通法系的抗辩式诉讼制度，在诉讼过程中，法官只担当"被动仲裁者"的角色，有关案件的询问和答辩完全由双方当事人或他们的律师进行。因此，律师在诉讼中的作用特别重要。②

二、律师的分类以及职业资格的取得

（一）律师的分类

香港律师的分类制度也源于英国。若从职能上划分，香港律师可分为大律师和事务律师两种。若以从业机构来区分，可分为政府律师和私人律师两种。

1. 大律师和事务律师

大律师又称"诉讼律师"、"出庭律师"，其所修专业侧重于刑法和诉讼法。大律师的业务范围比较单一，主要是处理法庭的各类诉讼案件，也仅在法庭担任起诉人或辩护人，故又称出庭律师。大律师根据事务律师对案情的介绍及备妥的法律文书进行出庭辩护，他们不能与当事人直接接触，不能直接向当事人收费，而必须由事务律师转聘。诉讼当事人如果要请诉讼代理人，必须先请事务律师，由事务律师视情况决定是否转聘大律师。接受转聘的大律师根据事务律师对案情的介绍及准备好的法律文书，出庭为诉讼当事人辩护。大律师的业务范围主要包括：

（1）接受聘请，担任出庭辩护人。

（2）出庭为当事人辩护。大律师可以出席任何法庭，尤其拥有在高等法院和终审法院辩论的特权。

（3）草拟起诉书，向事务律师提供书面法律意见，并在事务律师的陪同下，向当事人提供有关法律意见。

（4）可以接受大律师工会的委托，或接受律政司、法律援助署的指示，处理有关的诉讼案件。

大律师只可以自己的名义单独挂牌，设立大律师行，而不可采取合伙的形式。凡大律师在执业 10 年以上，且获得公认的突出成就，德高望重，经大法官提名，可向首席大法官申请获授资深大律师。这是一种相当高的荣誉，一旦获得此种荣誉，不仅能提高在大律师同行

① 焦宏昌、周大纲编著：《港澳台法制概论》，中国政法大学出版社 1999 年版，第 138 页。
② 王巧珑主编：《香港特别行政区基本法辞典》，新香港年鉴有限公司 2001 年版，第 196 页。

中的威信，而且其受聘费用也比一般大律师高出数倍。

事务律师又称为"诉状律师"、"执业律师"，或简称"律师"，是香港律师的主要组成部分，约占总数的 85%。事务律师作为当事人的法律代理人，主要处理非诉讼法律事务，其受案范围甚为广泛。事务律师的业务范围主要包括：

（1）接受当事人的委托，草拟及审查合同、遗嘱等法律文书，办理接管遗产、财产转让以及分居、离婚手续等；担任银行和其他经济组织的法律顾问以及担任契约、法律文件公证人或见证人等法律事务。

（2）可在裁判法院和地方法院代表当事人进行诉讼；

（3）可在居民被警察拘留或逮捕时接受聘请，向警察总署或检控机关提出法律意见，在警察或检控机关进行调查时作当场辩护，代表当事人办理保释候审手续。

（4）可以接受律政司的安排，以检控人员的身份代表当局对刑事被告人进行检控；可以参与香港特别行政区政府的法律起草工作。

（5）参加律师会举办的为市民提供免费法律指导服务的活动。

（6）受法律援助署署长的指派，参加法律援助活动等。

事务律师在接受教育时，其所修的专业会偏重于民法、商法及其他经济法律的内容，且事务律师可以单独开业，也可与其他事务律师合伙开业。[①]

2. 政府律师和私人律师

香港的律师以从业机构来区分可分为政府律师和私人律师。所谓政府律师，又叫官方律师或公职律师，包括政府大律师和政府事务律师。私人律师又叫民间律师，具体也包括私人大律师和私人事务律师。

香港政府律师是指取得律师资格后，受聘在政府部门工作，负责为政府及其各部门提供法律咨询，参与立法，代表政府和公众利益，参与刑事和民事诉讼的官方专业人员。他们虽属政府的公务员，并向当局领取薪俸，但实际上是具有律师资格、在政府机构中从事法律事务的法律专家。他们在取得律师资格方面与香港执业律师的情形是一样的，但两者在职能、服务范围和管理等方面却大相径庭。香港政府律师在推动政府依法行政，促进各界依法办事，营造法治氛围，确保社会的安定和繁荣等方面，发挥了积极的作用。

在政府任职的律师，按其资历和能力分有一定的职级。其中，律政司司长是最高职级的政府律师，他不仅是香港规模最大的政府部门首脑，还是香港政府的法律顾问。律政司司长之下设刑事检控科、民事法律科、法律草拟科、国际法律科等专业科，各科都聘请有政府律师。

除律政司拥有大量的政府律师外，在香港政府内还有一些机关或部门也有政府律师，包括立法会、行政会议、法律援助署、破产管理署、地政总署、知识产权署、公司注册处、土地注册处等。

私人律师的主要职能是代理刑事案件和民事案件。[②]

（二）律师执业资格的取得

任何人要成为香港事务律师或大律师，都必须符合一定的资格和条件并通过一定的申请

---

① 徐静琳编著：《演进中的香港法》，上海大学出版社 2002 年版，第 317～318 页。

② 焦宏昌、周大纲编著：《港澳台法制概论》，中国政法大学出版社 1999 年版，第 141 页。

认许程序。事务律师与大律师的资格有所区别。

要取得香港事务律师资格，必须符合以下条件之一：

（1）在香港大学或香港城市大学法学院本科毕业，取得法学学士学位，并在以上任何一所大学继续深造一年，取得法律专业证书或法律深造证书，在香港一家律师行实习两年的香港永久性居民，或是通常居住在香港至少7年的英联邦公民。

（2）在香港大学或香港城市大学承认的外国大学获得法学学士学位，修完香港大学或香港城市大学第四年高级证书课程，取得法律专业证书或法律深造证书，按规定在香港一家律师行实习两年；或通过海外律师执业资格考试，或曾在香港政府法律部门工作相当一段时间。

（3）在普通法及非普通法司法管辖区内取得专业资格的外国律师，符合在港居留资格、有关教育认可资格和执业经验，希望在香港执业，可申请获得事务律师资格。

（4）由大律师转而申请为事务律师的，必须取得大律师资格且执业5年以上才可提出申请取得事务律师的资格。

取得大律师资格的条件稍严于事务律师，通常必须具备以下条件之一：

（1）具有英格兰或北爱尔兰的大律师资格或具有苏格兰出庭代诉人的资格，并在申请时并没有被取消大律师或出庭代诉人资格或吊销执业资格。

（2）在香港大学或香港城市大学法学院本科毕业，取得法学学士学位，并在以上任何一间大学继续深造一年，取得法律专业证书或法律深造证书，跟随一位香港执业大律师作为实习大律师实习一年的香港永久性居民，或是通常居住在香港至少7年的英联邦公民。

（3）在香港大学或香港城市大学承认的外国大学获得法学学士学位，修完香港大学或香港城市大学第四年高级证书课程，取得法律专业证书或法律深造证书，并跟随一位香港执业大律师作为实习大律师实习一年。

（4）由事务律师申请大律师资格的，必须在香港获得事务律师资格并执业三年以上。[1]

而获得律师和大律师资格者，要想从事律师业务，还须取得执业资格。其基本程序如下：申请人先要向高等法院司法常务官提交申请书、法律文凭及见习合约；高等法院在律政司或律师公会（或大律师公会）的参与下作出接纳或拒绝接纳的决定；颁发由高等法院首席法官签署的"执业证书"，司法常务官注册处予以登记注册；获资格者登记于《律师名册》（或《大律师名册》），并公布于《政府宪报》。一经《政府宪报》公布，即证明列入该名单者均为合格的执业律师。

律师执业证书的有效期为一年，因而律师（或大律师）必须每年申请发给执业证书。申请者须具备以下条件：申请者的名字载于《律师名册》（或《大律师名册》）；申请人未被暂时吊销执业资格；具有有效的执业证书；遵守理事会制定的任何赔偿规则，但豁免者除外。[2]

三、香港执业律师的权利与义务

香港执业律师的权利与义务反映了执业律师在香港社会经济生活中的法律地位。律师通

---

① 焦洪昌主编：《港澳基本法》，北京大学出版社2007年版，第230页。

② 徐静琳编著：《演进中的香港法》，上海大学出版社2002年版，第319页。

过行使法律赋予他们的权利，履行他们的义务，运用他们专门的法律知识和精湛的诉讼技巧，有力地维护了当事人的合法权益，为主持社会正义、促进司法公正作出了应有的贡献。

（一）香港执业律师的权利

香港执业律师的权利专指香港大律师和事务律师在执业过程中所具有的与律师业务活动有关的权利。执业律师一旦获得出庭诉讼的委聘，他就有权做一切凭他本身的判断认为对当事人最有利的事来处理诉讼事务。

1. 代理权和拒绝代理权

大律师可以就香港所有级别法院诉讼的案件，接受事务律师的委托或接受法律援助署署长或政府的指派，接办案件，从事执业活动，出庭辩护。在通常情况下，大律师应当接受任何当事人的委托。但有些时候，大律师也可行使拒绝接受代理的权利。

事务律师有自由决定接受任何当事人委托的权利，如果事务律师意识到接受委托会使他涉及违反法律行为或导致执业行为不当，可以行使拒绝代理的权利。

2. 出庭权和拒绝出庭权

大律师拥有包括香港高等法院和终审法院在内的所有级别法院的刑事、民事的出庭权，也可以拒绝出庭。

事务律师仅拥有受限制的出庭权，即他可以在裁判法院和区域法院为当事人出庭辩护或进行代理。在诉讼过程中，事务律师也有拒绝出庭的权利。

3. 会见权和取证权

在通常情况下，香港执业大律师不得直接会见当事人和证人，不得直接调查取证，只有在事务律师的陪同下，才能会见证人或搜集证据（个别场合下例外）。

执业事务律师可以行使会见权和取证权，有权在诉讼的任何阶段，代表任何一方去会见并向证人或准证人录取证言，而不管该证人是否已与另一方会见过。作为一般原则，事务律师可以劝告证人不必作有利于对方的证词，但他不得阻止证人和作有利于对方的证词。

4. 不负诽谤罪的权利

执业大律师和事务律师在出庭代理诉讼时，对第三者不负诽谤罪责任，这是香港法律赋予执业律师的一项言论豁免权。

5. 示默权和保密权

香港法律赋予所有执业律师告知当事人可以保持"沉默"的权利。无论是大律师还是事务律师，在接办诉讼案件后都可以告诉被告有不作供、保持"沉默"的权利。同样，香港法律也赋予所有执业律师为当事人"保守秘密"的权利。

6. 获酬权

香港执业大律师和事务律师在向当事人提供服务后，有向当事人收取合法报酬的权利。

7. 转聘大律师权

香港执业大律师只有通过接受执业事务律师的转聘才能接办案件，不通过事务律师就直接与当事人联系的，将被剥夺大律师资格。大律师出庭必须由事务律师陪同。

8. 向法庭提议更换陪审员的权利

作为被告代理人的大律师或事务律师在法庭开庭审理前，如果认为陪审员与案件有某种关系或其他原因可能妨碍公正审理，有权要求法庭撤换 7 名陪审员中的 5 名，并且一般不需说明理由，但要求更换的陪审员超过 5 名时，则需要说明理由并经法院同意。

(二) 香港执业律师的义务

香港执业律师的义务是指律师在执业中应当履行的职责和应当遵守法定行为规范的责任，包括对政府的义务、对社会的义务、对当事人的义务、对同行的义务以及对法院的义务等。香港大律师和事务律师通过在执业中认真履行义务，有效地维护了律师行业及律师本人的声誉，同时也维护了香港法制的完整性。

1. 对当事人忠实坦诚的义务

对当事人保持忠实坦诚，是接受委聘的律师应尽的义务。执业律师应该以勤勉、快捷的态度，忠诚、尽力、恰当、有效地为当事人提供法律服务。

律师必须将其代理的职责限制在当事人明示或默示授权的范围之内，有义务让当事人详细了解案情，及时解答当事人的疑问并报告案件的进展以及有何重大发展或困难，诚实、坦率地表明他对案情及可能产生的后果的真实想法。

律师有义务亲自办理委托事项，未经当事人或委托人的同意，事务律师或大律师不得将案件转交别的事务律师或大律师办理。

执业律师不能将自己置于与当事人利益相冲突的位置，如果与当事人之间有利益冲突，则律师有义务放弃自己的权益而单纯为当事人服务，否则，就不能接受该当事人的委聘。

2. 维护当事人合法权益的义务

为当事人的最佳利益服务，是律师应尽义务之一。无论是香港执业大律师还是事务律师都对他的当事人负有提供任何法律服务的责任。

执业律师必须竭尽全力维护当事人的合法权益，在为刑事被告辩护时，应尽自己最大努力避免被告被判有罪，提出有利于当事人的证据和论据，辩驳不利于当事人的证供，以给当事人最佳的法律保障。

如果在民事诉讼案件中，与对方和解对当事人有利，律师应鼓励当事人和解并为他们进行和解代理，同时，还应尽可能告诉其当事人，最好由对方提出和解的建议，以便在和解过程中处于主动的地位。

3. 为当事人保守秘密的义务

律师在办案过程中，需要并且必然会接触到当事人种种不愿公开或不宜公开的秘密。律师必须对当事人提供的一切资料绝对保密。为当事人保守秘密是取得其信任的基本前提。

执业律师应当毫不例外地对每一个当事人负有保密的义务，该义务因委托关系而产生，并在律师终止委托之后，仍然不确定地存续着，而不论律师与当事人之间是否出现了分歧。

执业律师在民事判决前，从当事人处获悉当事人有伪证行为或对法庭有欺骗行为，在未征得当事人同意前，他可以不向法院报告，但也可以不在该案件的审理中起进一步的作用。在刑事案件中，律师有义务为他所接受的刑事被告进行无罪辩护，而不管他对该被告有罪还是无罪有任何的看法和观点。绝对不允许律师在不利于当事人的情况下，利用任何此类的保密信息来为他本人或第三方取得利益。

4. 尊重法庭的义务

香港大律师和执业律师在执业中，必须始终做到忠于法律、忠于事实、忠于法庭。执业律师在代理诉讼案件时，必须按时出庭，穿着得体，按惯例身穿长袍，公正、礼貌地对待法官、证人、对方当事人和对方律师；必须遵守法庭秩序，执行法庭的命令，维护法庭尊严，不得对法官使用侮辱、诽谤性的言语，必须确保不藐视法庭。

5. 维护公平竞争的义务

香港基本法规定了律师行业管理组织公布的执业纪律，要求律师恪守执业道德，在开展律师业务时实行公开、平等的竞争。律师有义务抵制任何不正当的竞争，杜绝任何贬低同行、吹捧自己、支付案件介绍费和压低收费等不良行为，以维护同行之间的合法权益，提高律师的声誉，促进法律服务市场的正常运行。

6. 接受律师行业管理部门监管的义务

执业大律师和事务律师作为香港大律师公会和香港律师会的会员，都有义务严格遵守香港法律、法令以及大律师公会或律师会的章程、守则、执业指令和指引，完成大律师公会或律师会所委托的工作，及时回复律师管理部门的来函、来电或询问，自觉接受他们的监督和指导，按时交纳会费，按香港大律师公会或香港律师会每年规定的标准购买最低限额的责任保险。

（三）监督和处分

大律师和事务律师的主管机构分别是香港大律师公会和香港律师会。香港大律师公会和香港律师会的主要功能是加强律师行业之间的联系，处理律师资格及执业的有关问题；同时，对公会成员专业行为行使其监督权。由于律师事务所经营方式与一般商业机构相似，而且与香港市民有广泛接触，所以对律师的监管较严。大律师和事务律师都不得以广告或其他信息媒介招揽生意。目前，美国、加拿大以至英国都准许律师刊登广告。香港较为保守。[①]

虽然事务律师和大律师在执行职务上享有某些责任豁免的权利，但如果他们违反职业道德，也会受到制裁和处分。根据《执业律师条例》规定，成立纪律委员会，由具有 10 年以上经验的律师组成，其成员经律师会推荐，由终审法院首席法官委任。律师纪律委员会虽非官方机关，但具有行业性权威。纪律委员会如接到关于某一律师的投诉，可以对该律师进行查询，并且有权开展聆讯。经过与一般程序相似的纪律聆讯后，如果纪律委员会裁定有关律师犯了会规，则可加以惩罚。轻者，可对该律师谴责或罚款，且命其缴付调查费；重者，可有期限或无期限地取消该律师的资格。对于大律师的违纪行为，处分的权力归最高法院。如果一名大律师被裁定犯有过失，最高法院可以按照案情取消或暂停大律师的资格；如不服裁定，可以向上诉法庭提出上诉。

四、律师组织

在香港，律师和大律师的执业机构是律师行。而香港律师的法定专业管理组织是律师会和大律师公会。

（一）律师行

律师是通过组建律师行或者受雇于律师所的方式进行律师业务活动的，根据香港《公司法》的规定，律师不能采用有限责任公司的组织形式，只能以独资或合伙的形式成立。根据香港《合伙条例》的规定，一般合伙企业合伙人不能超过 20 人，但律师行的合伙人可以超过 20 人。香港律师行一般都是以独资开办者个人的姓名或数位主要合伙人的姓氏连缀起来命名的。公众认为这样有利于律师行对社会与公民负责，同时也便于对律师行进行监

---

①　张学仁主编：《香港法概论》，武汉大学出版社 2006 年版，第 76 页。

督。由于律师须对业务活动中的失误引起的经济赔偿担负无限责任，所以执业律师都必须购买专业保险。根据香港政府的规定，每名律师可以雇用 6 名非律师的工作人员，但实习律师和法律院校的实习生不计为工作人员，所以大的律师行的工作人员往往在百人以上。根据《执业律师条例》的规定，实习律师取得职业资格以后，必须受雇于他人，在律师行工作满两年以后，才允许开设或与他人合伙开设律师行。

大律师的执业机构也是律师行，但必须以自己的名义独立执行律师业务，自设律师所。所以，大律师不能与其他大律师合伙设立律师行经营业务，也不能受雇于他人的律师行。

（二）律师会与大律师公会

香港律师会成立于 1907 年，是根据《执业律师条例》设立的律师专业团体，是社会团体，非官方机构。香港的事务律师都必须参加律师会，其执业证书也是由该会判定颁发的。根据该会章程，会员须遵守律师会规则，交纳会费，接受律师会正确的纪律处罚。律师会设理事会，理事会理事在年会上由全体律师选举产生。每届年会改选时，除理事长、副理事长外，任期最长的 4 名理事退休。律师会负责管理律师职业考试、办理职业执照登记手续、审查律师职业道德、处理投诉问题等工作。根据《执业律师条例》规定，律师会理事会有权制定下列规则与程序：有关律师操行和纪律守则，以及律师雇员和实习律师守则；不准向非律师人士支付佣金的守则；在取得大律师公会理事会同意后，制定律师同大律师相互关系守则；关于执业证书的颁发、费用、程式、颁发条件、申请程序、有效期限、中止、公告和其他方面的规定等。

大律师公会是管理大律师的专业团体组织。该会设有理事会，负责处理日常事务工作，办理新会员登记手续，安排大律师资格考试，审查大律师职业道德，处理违纪行为等。根据香港大律师公会章程的规定，其职责如下：维护大律师集体的荣誉与独立，在同司法部门和行政部门的关系中维护大律师集体的权益；改进香港司法的运作、诉讼程序、业务安排、汇编判例以及陪审团审判等方面的工作；建立和维持一种迅速而有效的法律咨询与法律援助制度；支持法律改革；制定行业行为规则、纪律和行为礼貌；促进律师行业间的良好关系与合作；促进大律师行业同法官、律政司属下法律官员及公会的良好关系和谅解；促进同其他国家大律师和律师的良好关系；保护公众享有向法庭求助和聘请大律师为其辩护的权利；鼓励法律教育和法律理论研究；募集资金捐献慈善事业及资助法律学生和毕业生。[①]

此外，在香港还有女律师协会、实习律师协会等组织。

五、公证制度

（一）香港公证制度的特征

公证是指由国家专门设立的机关或国家认可的组织、职业人士代表国家进行的证明活动。由于各国（地区）的法律制度不同，各国（地区）的公证制度也不相同。与其他法律制度一样，香港的公证制度也是按照英国公证制度的模式建立起来的，其公证模式较为松散，公证人由普通律师兼任，公证业务变成了一项普通律师的业务。普通律师在为社会提供律师服务外，兼办公证事务，没有专门办公证的律师。办公证的普通律师又称为法律公证

---

① 焦宏昌、周大纲编著：《港澳台法制概论》，中国政法大学出版社 1999 年版，第 142～143 页。

人，法律公证人有自己的专门组织，即法律公证人公会。

（二）法律公证人资格的取得

不是所有的普通律师都有资格办理公证事务，只有具备法定条件，经过法定程序，经审查批准后，才可从事公证事务。根据香港法律规定，从事普通律师业务 10 年以上、为官方和社会所公认的公正廉洁、业绩优良的人士，才可申请为公证律师，且在申请之前需要通过指定的公证考试，考试成绩优良，法律公证人公会经审查认为申请人符合法定条件的出具意见书。在申请公证律师时，还应取得香港社会上 30 名以上有身份的人士的签名的支持。然后，由法律公证人公会审议。审议通过后，由香港各级法院主管负责人审查签署，最后由香港特别行政区行政长官批准（香港回归前由英王批准）。特别行政区行政长官批准后，就具备了从事公证业务的资格，这个资格是终身的，除非因违法犯罪受不良处分而被取消。香港所有的法律公证人都须在高等法院和各国领事馆备案。发往香港地区以外的公证文书，一般要经过文书使用国驻香港领事馆的认证或香港高等法院的认证。

（三）公证的业务范围

香港公证的业务范围与内地法律规定的公证机关业务范围大体相同，基本上有证明法律行为、证明有法律意义的文书、证明有法律意义的事实这三类。其办证最多、最常见的事项有合同的签订、财产赠与、楼宇买卖、物业按揭、遗嘱、亲属关系、学历等文件的公证。

（四）法律公证人的责任

根据香港的法律规定，香港的法律公证人在对文书进行公证时，只对文书上签名、盖章的真实性负责，不对文书内容的真实性负责。当事人如果因为文书内容的真实性发生纠纷，不能找法律公证人解决，法律公证人也不对此承担责任。因此，公证律师一般不对有关材料进行核查，但对于一些重要的证明材料，如有关物业公证，需要向田土处、地政处、商业登记处进行核实。如果经公证的文书发生问题，公证律师不介入调解或仲裁活动，对于公证文书失实的责任，应由作"假证"的签名人承担。①

六、法律援助与服务

香港政府多年以来非常重视并一直推行全面的法律援助制度，其宗旨是：处理民事及刑事案件，尽可能使更多需要保障本身合法权益或自由，但又无法负担昂贵费用的社会各界人士，获得伸张正义的机会。

香港的法律援助制度由布政司署下设的法律援助署负责推行，为香港市民在民事及刑事法庭的诉讼中提供法律代理人。律师公会的法律辅导及值勤律师计划，主要就民事诉讼事宜向市民免费提供法律咨询，并在某些于裁判署法庭及儿童法庭聆讯的刑事案件中，免费提供法律代理人。

（一）法律援助署

法律援助署成立于 1967 年，隶属于布政司署行政科，由政府拨款负责推行法律援助计划，向具备条件获得法律援助的受助人提供民事或刑事诉讼所需的费用。

要获得法律援助以进行民事诉讼，申请人必须通过"经济"和"案情"两项审查合格。

---

① 　参见徐静琳编著：《演进中的香港法》，上海大学出版社 2002 年版，第 325～328 页。

目前经济审查的限额为可动用入息每月不超过 1 500 港元，而可动用资产不超过 15 000 港元。可动用入息的计算方法是，从申请人的入息总额中减去申请人的个人豁免额及每名受其供养的家属的豁免额，并减去所付租金等。可动用资产的计算方法是，从申请人的资产中，不论是款项或物业，减去个人豁免额，及倘若居所为业主自主楼宇，则可于扣除尚未清付的按揭楼值后，享有 30 万港元的豁免额。

凡可动用入息不超过每月 750 港元，而可动用资产不超过 5 000 港元，则受助人可获免费法律援助，但如申请人的入息或资产超出上述数字，即须按滑准法缴付分担费，在入息方面的最高分担费为 2 700 港元，而在资产方面的最高分担费则为 3 750 港元。受助人若败诉，则充其量只需付上诉的分担费，但如获胜诉，而法律援助署署长又能向对方讨回足够的款项以支付全部代支的诉讼费，则受助人便可获发还已付的分担费。

要通过案情审查，申请人必须向法律援助署署长证明其所申请法律援助的案件颇有机会胜诉。当申请人的法律援助获准后，法律援助署署长即委派署内一名律师或私人执业律师处理；如有需要，还可委托大律师处理。

法律援助署诉讼科所处理的诉讼，主要为个人受伤案件，包括交通及工业意外索偿、婚姻及家庭法案件、海事、公司清盘及破产诉讼，为雇员向经济有困难的公司追讨欠薪等，以及业主与住客纠纷、违约和专业疏忽诉讼等。

获法律援助的民事案件包括在地方法院、最高法院原诉法庭和上诉法庭的诉讼及终审法院的上诉案。法律援助申请如不获受理，申请人有权向最高法院经历司提出上诉；而倘若不受理的案件为向终审法院提出的上诉，申请人可向专责审裁处提出上诉。至于刑事案件方面，凡涉及地方法院、最高法院原诉法庭和上诉法庭及英国伦敦枢密院聆讯案件的人士，均可申请法律援助。由 1984 年 1 月 1 日开始，在裁判司法庭中控方拟将被告转解最高法院审讯的出庭聆讯，被告人也可申请法律援助。

（二）法律援助辅助计划

香港于 1984 年 10 月 1 日开始推行法律援助辅助计划。该项计划旨在协助那些有意采取法律行动，但经济条件超出原定法律援助限额标准，而对私人执业律师的收费又感到难以负担的"夹心阶层"人士。

根据这项法律援助辅助计划，申请人的入息总额每月不超过 15 000 港元，而资产在减去业主自主楼宇价值及其他豁免额后总资产不超过 10 万港元的，即有资格获得法律援助。

该项计划的基金，由政府奖券基金贷款资助。根据该项计划，接受法律援助的申请人，必须答允在胜诉后从替他讨回的赔款中扣除一笔分担费拨入该基金；所扣除的款项需视其讨回的款项及有关案件是否在聆讯之前得到解决而定；最高的扣除率为 12.5%，最低的扣除率为 5%。

（三）法律咨询与服务

自 1978 年开始，由香港律师公会和大律师公会发起，得到官方裁判司署和广大律师的资助与主持，推行了两项有关香港市民法律上的福利计划，即《免费法律指导计划》和《当值律师计划》。

《免费法律指导计划》主要在民事法律事项上提供辅导，市民可以电话咨询方式，获取多方面的法律录音资料。现在有 300 多位律师，包括执业律师、大律师及称职的官方律师义务地参加了该项计划。香港市民可在东区、旺角、黄大仙、湾仔、荃湾、沙田、观塘和油麻地的政务处晚间中心,得到义务律师服务。此外,还有许多志愿机关及政府部门替该计划接见申请者,并为之详细记录其法律疑难问题,然后提交义务律师处理,以确保申请者数日后在其指定的中心会晤律师时,其案件已得到充分研究。目前,每周大约有 30 多位律师分赴各晚间法律咨询中心服务。

香港于 1983 年起开办了"电话法律咨询服务"。该项服务设有 10 条电话线路,由有法律经验的职员操作,向市民提供英语或粤语法律录音资料。目前,录音资料已增至 100 多项,务求包括各种基本法律问题。每项录音资料都是由法律专家以深入浅出的方式提供,并定期作出修订。由于学生的需要,香港律师会已将有关的录音稿件免费分发给各学校及教育团体。现在广泛使用录音盒带形式提供法律指导,并辅以电脑检索方式,以求扩大服务范围,增强香港市民的法律知识和法律意识。

在《当值律师计划》方面,旨在使市民于某些控罪范围内,可获得律师免费代理出庭;至于被控任何严重罪名的儿童,也可得到同样服务。目前,有 400 多位律师和大律师义务参加此项工作,服务范围遍及香港 8 个裁判署法庭和 4 个儿童法庭。凡被控下列 9 项罪名者,均可得到当值律师协助:身为三合会会员;游荡;藏有来历不明物品;外出时身怀偷窃工具;拒捕;藏有毒品;藏有吸毒工具;藏有供非法贩卖的毒品;藏有攻击性武器。如果被告人除上述罪名外,同时被加控其他罪名,也同样可获免费律师服务。该项服务也包括有关递解令的聆讯。在儿童法庭方面,服务范围则包括所有严重罪行。该项免费律师服务一概不以被告人的经济状况作为给予援助的准则。[1]

---

① 张学仁主编:《香港法概论》,武汉大学出版社 2006 年版,第 77～81 页。

第十一章　香港特别行政区的经济制度

经济是一个地区发展的首要动力，经济的繁荣创造巨大的社会财富，可提高居民的生活水平和国际地位，所以一个地区的经济制度对该地区发展有着至关重要的作用。因此，《香港基本法》在第五章规定了香港特别行政区的各项经济制度，以保障香港经济平稳过渡，继续繁荣。

第一节　香港经济概况

一、回归前香港的经济发展状况

在 1997 年回归之前，香港的经济已经取得了举世瞩目的成绩。1995 年，香港人均生产总值已经达到 23 000 美元，在亚洲仅次于日本。[①] 因为繁荣的经济形势和快速的经济增长，20 世纪 80 年代就被称为亚洲四小龙之一的香港，其经济实力不容小觑。

香港作为世界闻名的自由港，实行多种宽松的投资贸易政策，包括：准许各国商人到香港进行贸易；入港商品免收关税；外资开办公司手续简便，企业经营自由；所得税不仅远远低于欧美各国，在亚太地区也是最低的；没有外汇管制，资金、黄金进出自由；人员进出自由等。经过 100 多年的发展，香港逐步成为当今国际贸易、金融、航运和信息中心。下面，简单介绍一下香港在回归前的经济发展过程：

（1）香港经济的发展，是从转口贸易起家的。初期的转口贸易除正常的商业活动外，罪恶的鸦片贸易和人口交易还占了很大比重。直到 20 世纪 50 年代前，转口贸易仍是香港的主要收入来源，一直占香港总进出口的 85% 以上。可以说，香港是一个具有国际意义的转口贸易港。

（2）香港工业化的过程是从中小型、劳动密集型的"加工组装业"起步的。加工工业的迅速发展使香港成为以加工出口为主的国际贸易港。到 20 世纪 60 年代，香港在国际市场上已经成为纺织、服装、玩具、假发、塑胶花、手电筒、搪瓷等产品的制造中心。其中，玩具、手表、服装、手电筒、蜡烛等产品在 20 世纪 70 年代都跃居世界出口的第一位。

（3）出口加工贸易的日臻完善使香港成为世界著名的国际贸易中心。1978 年，中国内地实行改革开放，经过多年的发展，中国内地与香港的经济贸易不断扩大，香港的对外贸易也得到迅速发展。到 20 世纪 90 年代，香港已同世界上 170 多个国家和地区建立了贸易往来。到了 1991 年，香港被列为全球十大贸易区之一。同时，香港的产业贸易进一步升级换代，资金及技术逐渐向外转移，并成为世界上最大的转口贸易港。

---

① 焦洪昌、姚国建主编：《港澳基本法概论》，中国政法大学出版社 2009 年，第 205 页。

（4）随着香港对外贸易的发展，与此密切相关的航运业、金融业、旅游业、通讯和信息业也都有了巨大发展，这使香港成为世界上最重要的航运、金融、旅游、信息中心。香港是当今世界第三大金融中心，在1997年就有130多家外资银行在香港设有分行，超过200家的多资银行在香港设有公司或办事处。其中，中行集团已成为香港第二大金融机构，1997年存款高达102亿美元，并于1994年被港府授权发行港币，成为香港特别行政区的中央银行。在1997年香港是仅次于美、日、英、德、法五国的世界第六大股票市场。①

（5）香港是世界第三大黄金市场和亚洲保险业中心，黄金市场同纽约和伦敦形成鼎足之势。此外，香港还有"购物者的天堂"和"东方明珠"之称，它融合了西方殖民色彩和中国传统文化，是世界著名的旅游胜地之一，每年入境的游客人数几乎与香港居民人数相等。

（6）在1997年回归前，香港的启德机场是世界上最繁忙的国际航空港之一。香港面积虽小，却拥有各类机动车辆达34万多辆，是全球交通密集度最高的地区之一。除此之外，已经建成使用的新机场占地面积比启德香港国际机场大4倍，成为世界各地与香港往来的空中桥梁。

回归前的香港创造了一个令世人惊叹的经济奇迹，回归祖国后，在"一国两制"的基本方针指引下，香港的经济保持稳定、快速发展，与内地的联系也日渐密切。

二、香港经济的特点

香港位于珠江口东侧，背靠中国大陆，面朝南海，是珠江内河与南海交通的咽喉，是南中国的门户；又地处欧亚大陆东南部、南海与台湾海峡之交，是亚洲及世界的航道要冲。香港地少物薄，资源缺乏，不能发展以重工业为主的第一产业，但优越的地理位置及优良的港口条件有利于发展开放型经济。因此，香港经济以服务业、物流及对外贸易为支柱。香港经济的特点可以概括为以下八点：

1. 香港经济以服务业为主

香港是国际金融、贸易和航运中心，已发展成充满活力的现代化服务型经济体。2007年，香港第三产业占GDP比重高达92.3%：金融、保险、房地产及商用服务业比重最大，占GDP的29.1%，其中批发、零售、进出口贸易及餐饮酒店业占GDP的26.9%。香港服务行业的对象并非限于本地，而是面向全球，其服务输出总值占GDP比率甚高，2008年占GDP的13%，达925亿美元。输出服务主要包括运输服务、商贸服务、贸易相关服务及旅游服务。②

2. 香港是国际金融和投资中心

香港是世界第四大金融中心（根据2009年3月全球金融中心指数最新排名），拥有世界闻名的、健全的银行体系，在香港经营的各类外资银行和办事处约有280家。全球规模最大的100家银行，其中69家在香港有业务。香港银行业资本充足率高达15%以上，居世界前列。香港是世界最开放的保险市场之一，有90家外资保险公司在港投资经营，占香港保险公司总

---

① 欧阳东：《香港经济的特点及河北省在经济发展中应借鉴的经验》，《经济论》1997年第13期，第41~45页。

② 解永强、安瑞：《香港经济的特点及回归后的机遇》，《陕西社会主义学院学报》1997年第3期，第6~9页。

数的一半。世界最大的 20 家保险公司，其中 13 家在港经营业务。

香港还是亚洲重要的基金管理中心，其中 60% 以上的基金业务来自海外投资。2008 年，香港的外来直接投资达 607 亿美元，同比增长 1.3%。香港亦是全球第七大、亚洲第三大股票市场（据 2009 年数据）。到 2008 年底，香港共有 1 261 家上市公司，总市值超过 13 237 亿美元。

随着内地经济的腾飞，香港成为内地优秀企业主要的集资中心。2008 年，465 家内地上市企业在香港共集资 369 亿美元。截至 2009 年 3 月，共有 470 家内地优秀企业在香港上市，占香港上市公司总数的 37%，其总市值占上市公司市值的 61%。此外，香港的银行业风险管理和资金充裕程度在世界上享有很高声誉，是全球首个提供亿美元结算的银行中心。

3. 香港是国际贸易、航运及物流中心

香港是亚洲地区主要的转口港，转口货值占整体出口货值的比重高达 97%，承接中国内地及美洲、欧洲、日本等主要市场。1996 年，香港的转口货值占整体出口货值的比重由 1995 年的 83% 上升至 85%，从转口货物的来源看，中国内地依然是香港转口货物的最大来源地。1996 年，中国内地经香港的转口货值为 6 840 亿元，占总额的 58%。

香港是亚太地区的物流中心。香港拥有国际一流的海运、空运等交通运输基础设施和先进的信息管理系统，具备世界领先的服务水平，为全球提供最好的供应链管理和物流服务，在专业化的基础上实现全球资源的最佳配置，使香港成为世界上最繁忙的货柜港口和国际航空货运中心之一，也是亚洲最受欢迎的物流中心和供应链基地。[①] 2008 年，香港港口集装箱吞吐量突破 2 433 万标准箱，航空货运量和客运量分别达 363 万公吨、4 714 万人次。

香港目前约有 80 条国际远洋班轮航线，每周提供超过 400 班货柜船服务到全球 500 多个目的地。超过 70 家航空公司在香港经营定期航班服务，每周共有 4 500 多班航机往来全球约 140 个航点，覆盖 20 亿人口。全球最大的室内货柜处理中心——香港葵涌码头，处理能力达 1 800 万个标准货柜单位；香港国际机场自 1998 年启用以来，货运量年均增长 11%。

目前，众多跨国企业大部分以香港为枢纽，进行货物储存、管理、分拨、再加工和调配等增值服务。大量位于珠江三角洲的制造商及国际销售商正逐步以香港为中心进行供应链管理，进一步提升了香港作为国际物流和供应链管理中心的层次。

4. 香港是跨国企业营运中心

香港是亚太地区的企业营运枢纽中心。截至 2008 年底，外国企业在港设立了 1 298 家地区总部、2 584 家地区办事处和 2 730 家驻港办事处（共 6 612 家）。香港已成为亚太地区的主要采购中心。目前，全球已有 400 多家采购公司在香港设有采购办事处，而在香港的 1 983 家跨国公司地区总部或办事处亦从事批发零售及进出口贸易，向区内企业进行销售和采购。另外，香港本地有近 10 万家贸易公司，其服务全面、专业，办事效率高，且灵活创新，并已在全球各地建立庞大的商贸网络，成为中国内地和东亚周边国家连接世界的重要平台。

5. 香港是国际会议展览中心

自 1997 年以来，香港在全球最佳会议中心的排名一直位列第一。香港展览会租用的面积逐年增加，2008 年可提供的展览面积达 133 万平方米，2009 年已增至 150 多万平方米。据统计，2008 年香港举办各类大型会展及文娱活动 170 余场。仅香港贸发局在香港就举办

---

① 赵蓉：《1996 年香港经济概括》，《中国统计》1997 年第 6 期，第 39～41 页。

了近30个国际性贸易展览会，其中7个展会为全亚洲最大型展览会，如世界最大皮革展、亚洲最大（世界第二大）玩具游戏展、亚洲最大时装展、亚洲最大钟表展、亚洲最大礼品及家具展等。香港也成为中国内地企业参加展览会最多的地方。

6．香港是全球最自由、最开放的经济体系

香港以自由的商业环境而著称，自由竞争、自由调节是香港政府对商业发展的最基本态度，也是香港经济最大的特点。香港是自由的资本主义经济体系，奉行用市场机制这只"无形的手"调节经济，实行自由贸易、自由产业发展、自由企业、自由经营、自由价格、外汇黄金自由兑换交易等政策。因此，香港的对外贸易一直十分繁荣，贸易额相当于GDP的近3.5倍，是国际著名的商流、物流、资金流、信息流及人才流动中心。2008年，世界经济论坛《全球贸易促进形势报告》对118个经济体进行了"贸易促进指数"排名，香港位居世界第一。香港自1995年以来连续被美国传统基金会评为全球最自由经济体系；1996年以来连续被美国加图学院和加拿大费沙尔学会评为全球经济最自由地区。

7．香港拥有全方位、高度发达的信息产业

在香港注册的报纸和杂志多达696份，香港拥有4家电视台、15家广播电台。此外，政府每年还会举办各种大型活动和社区活动，通过电视、广播、报纸杂志、对外活动等手段全方位宣传和巩固了香港的国际经济中心地位。[①]

8．香港与内地的经济联系日渐加强，形成唇齿相依的关系

香港缺乏资源，许多能源如水、电、生活及生产资料必须依托内地才能继续发展，而内地则需要借助香港国际金融及贸易中心的有利地位作为对外联系的窗口和桥梁。随着内地经济的腾飞，香港与内地的联系将越来越紧密。

第二节　私有财产权的法律保障

一、香港的私有制经济制度

《香港基本法》第五条规定香港保持原有的资本主义制度不变，私有制经济制度也相应保持不变。这是"一国两制"方针的核心内容，也是香港特别行政区享有高度自治权的集中体现。因此，《香港基本法》第六条明确规定："香港特别行政区依法保护私有财产权。"

这里说的私有财产权，具体是指私人和法人财产的取得、使用、收益、处置和继承的权利，以及在征用私人和法人财产时依法得到补偿的权利。在香港，大多数的财产及外来投资属于私人或法人所有，香港基本法强调保护"私有财产权"表明：香港同胞和外国商人的私有财产有法律保障，不必担心私有财产会被"公有化"或无偿征收，若出于实际需要征收也会给予相应的补偿。

香港基本法维持香港私有制经济制度的规定意义重大。财产的所有制是一个地区经济的基础和根本，香港的经济是依托于港英政府实施的财产私有制发展起来的，这一制度已经深入香港经济的每一个角落。如果回归后强行把香港的经济制度公有化，不但在香港难以推

---

① 欧阳东：《香港经济的特点及河北省在经济发展中应借鉴的经验》，《经济论》1997年第13期，第41~45页。

广，影响香港政权的平稳过渡，而且对中国政府的国际形象也有负面影响。因此，香港基本法保持香港资本主义经济制度不变，保持香港财产私有制度不变，这不仅有利于增强港人及外来投资者的信心，而且有助于稳定香港回归后的经济秩序。

二、基本法对私有财产所有权的保护

《香港基本法》第一百零五条第一款规定："香港特别行政区依法保护私人和法人财产的取得、使用、处置和继承的权利，以及依法征用私人和法人财产时被征用财产的所有人得到补偿的权利。"

首先对该条一些特定名词作出解释：

财产是指包括一切具有经济价值并可为人们占有的资产，如不动产（土地、房屋）、动产、货币、贵金属、有价证券（票据、债券、股票）以及各种知识产权（专利权、商标权、著作权）等。财产所有权是指上述财产的取得、使用、处置和继承的权利，以及依法征用财产时得到补偿的权利，是最基本的民事权利之一。香港有关财产权的规定，沿袭了英国的财产法律制度，英国财产法对财产权的划分和大陆法系不一样。大陆法系一般把财产权划分为物权和债权，而英国财产法除所有权外，无物权和债权之分，所有权即包括了全部财产权的内容。香港基本法保持了香港原有的财产权内容，兑现了中国政府对于香港回归后"法律基本不变"的承诺，有效地实践了"一国两制"方针，维护了香港的繁荣稳定。

私人财产又称个人财产，是指公民个人通过劳动或其他合法方式取得的财产。它以满足公民个人的物质和文化需要的生活资料为主，也包括为进行生产经营所必需的生产资料。具体包括：合法收入；储蓄；房屋；文物、图书资料和生活用品；林木；公民自养的牲畜、家禽；法律允许公民所有的生产资料和其他合法收入等。

法人是指按照法定程序设立，有一定的组织机构和独立的财产，并能以自己名义享有民事权利、承担民事义务的社会组织。法人享有的、独立于其创设人或法人成员的财产，称为法人财产。法人拥有可独立行使支配权的财产，是法人人格得以存在的物质条件，也是法人独立参加民事活动、设定民事权利和义务的物质保障。①

《香港基本法》第一百零五条首先明确规定私有财产权的主体是私人和法人，这就清楚地表明了私有财产的所有权归属。其次，对私有财产权的内容作了全面而具体的规定，包括财产的取得、使用、处置和继承的权利。"取得"是指非所有人有权依法获得对财产的占有或控制，成为财产的持有人；"使用"是指财产的持有人对财产的利用；"处置"是指财产所有人依法处分自己财产的权利。再次，本条还对香港居民的继承权作了规定，"继承权"是指继承死者遗留财产的权利。把继承权包括在财产所有权之列，其原因在于继承也是取得财产所有权的一种方式，这有利于保证财产所有人能够按照自己的意愿转移财产给他人。"继承"主要是自然人的权利；法人在财产所有权方面，则主要是行使占有、使用、收益和处置等权利。

---

① 王巧珑主编：《香港特别行政区基本法辞典》，新香港年鉴有限公司2001年版，第208页。

三、基本法相关规定的落实

香港基本法对私人财产所有权的保护都落实到《香港法例》及司法判例中。其中包括《香港法例》第二十七章土地拍卖条例、第三十章遗嘱条例、第四十九章业务转让（债权人保障）条例、第六十一章借款条例、第一百二十八章土地注册条例、第一百三十章土地征用（管理业权）条例、第一百八十五章外籍人士（财产权利）条例、第一百九十二章婚姻法律程序与财产条例、第二百一十九章物业转易与财产条例、第二百五十章商品交易条例、第三百一十四章占用人法律责任条例、第三百七十章道路（工程、使用及补充）条例等。

四、私有财产的征用和补偿

现代社会发展日新月异，政府为了公共利益的需要，如修路、建机场、铺水电、建地铁等基础设施建设，常常需要征用私人或法人的土地、房屋或其他财产。因此，各国都对这种以公共利益为目的征用私人财产的行为制定了相应的征用程序，《香港基本法》第一百零五条第二款也对此行为作出了规定，香港特别行政区有权依法征用私人或法人的财产，被征用财产的所有人有获得补偿的权利，"补偿应相当于该财产当时的实际价值，可自由兑换，不得无故迟延支付"。根据这一规定，香港特别行政区征用私有财产，必须遵守以下两个条件：

（1）依法进行。在维护公共利益需要的情况下，政府有权征用任何私有财产，但必须符合法律的规定，还要按照法律规定的程序进行。

（2）给予补偿。补偿必须符合三个原则：

①等价原则。补偿的金钱与被征收财产在征收时的实际价格相等。

②自由兑换或汇出原则。用作补偿的金钱必须是可以自由兑换或自由汇出的货币。

③及时给付原则。补偿必须及时给付，不得无故迟延支付。

五、外来投资的法律保障

《香港基本法》第一百零五条第三款规定："企业所有权和外来投资均受法律保护。"外来投资是指一国政府、公民或其他经济组织、团体及其企业到另一国或地区兴办工厂和其他经济事业的投资。投资的形式可以是货币，也可以是技术作价或设备。

香港地区资源缺乏，对资金和资源的依赖性强，外来投资对活跃香港资本市场，建立多元化外向型的产业结构，提高自由开放经济体系的国际化程度有着重要的意义。在香港，外来投资主要体现为在香港的金融、贸易、房地产、航运、基建、制造、百货等经济领域开展经营活动，以国际性银行、跨国公司为主体的各种资本。长期以来，香港以良好的投资环境吸引着各国资本集聚此地，基本形成了以英资为主导，以华资为主体，以日、美等国际资本为补充的资本格局。外国投资者在香港大量投资，对香港金融业、地产业等支柱产业的发展起到了重要作用，间接地促进了香港的经济繁荣。因此，香港基本法专门规定外来投资受法律保护，就是要让外国投资者放心，香港回归后他们的资金也是安全的。现在，外资可以在香港自由选择投资领域，没有关于投资比例的约束，无论是进行合资还是独资经营，都没有限制；外资在香港获得的利润，无论数额大小，都可随时调出；外资企业、人员应缴税款包括利得税和俸禄税，其他和本地企业、人员税率相同。

这种外资与本地资本一视同仁的做法，连同成熟的市场环境、开放的自由港政策、低税制、完善的基础设施、高素质的人才和得天独厚的地理条件，一起构成了香港成为国际资本聚集地的重要因素。

此外，在《香港法例》中，第三百三十五章规定了保护投资者条例，使《香港基本法》第一百零五条第三款得到具体落实。

第三节　财政及税收

一、财政

财政是指某一合法政府为满足人民的集体欲望，为所需经济财力的获得、管理及使用而从事的经济活动的总称，主要是对社会产品或社会收入进行财政收支分配活动。财政分配活动包括财政收入和财政支出两方面：政府的财政收入主要来源于税收、公债、增发货币量等；政府的财政支出主要是政府对物品和服务的购买，主要用于国家的公共事业。[①]

财政是国民收入再分配的主要形式，与居民利益息息相关，直接关系到社会的稳定和发展。因此，《香港基本法》第一百零六条第一款规定："香港特别行政区保持财政独立。"根据第一百零六条第二款规定，财政独立原则是指在香港特别行政区的财政收入全部用于自身需要，不上缴中央人民政府。同时，中央人民政府也不在香港特别行政区征税。

我国是共和制国家，实行中央集权，中央有权向地方征税，但现在我国大陆实行分税制度，中央及地方分别制定征税的范围和种类，地方征税后一部分留作地方发展，一部分上缴中央。而香港基本法赋予了香港特别行政区独立的财政制度，其财政收入全部由香港政府根据自身需要自行支配，中央政府也不向其征税。这表明，香港在财政制度上享有充分的自主权，香港基本法将其固定为法律，是"一国两制"中保持香港特别行政区高度自治权的集中体现，也是将"一国两制"从政治理念落实到法律制度的重要表现。香港基本法对特别行政区财政独立作了三项重要的规定：

（1）自行制定财政预算和决算。香港特别行政区的财政预算和决算按法定程序编制、提出、审议和通过，整个过程均由香港特别行政区政府、立法会和行政长官负责，不与中央财政体制发生联系，不需中央批准，只需由行政长官将财政预算和决算报中央人民政府备案。

（2）自行支配财政收入。香港特别行政区自行决定财政收入的来源和数量。全部收入由香港特别行政区自行积存。香港特别行政区在经济上不对中央承担任何义务，不论财政收入有多少或有无结余，均无须上缴中央人民政府。

（3）《香港基本法》第一百零七条规定："香港特别行政区的财政预算以量入为出为原

---

①　王巧珑主编：《香港特别行政区基本法辞典》，新香港年鉴有限公司2001年版，第211页。

则，力求收支平衡，避免赤字，并与本地生产总值的增长率相适应。"香港特别行政区的财政预算应遵循量入为出的原则，不能过分节省也不能过分偏离，否则，必然会影响到整个社会财富的创造和分配，进而引起经济失衡危机。

二、税收

香港特别行政区的收入包括"经常收入"和"非经常收入"。经常收入是指具有持续性和稳定性特点的定期收入，包括四种所得税、内部税收等；非经常收入只在一定情况下才能征收，例如遗产税等。① 香港特别行政区的财政收入主要依靠经常收入，即税收。要保证香港的财政独立就必须保证香港税收独立。因此，《香港基本法》第一百零八条规定："香港特别行政区实行独立的税收制度。香港特别行政区参照原在香港实行的低税政策，自行立法规定税种、税率、税收宽免和其他税务事项。"

1. 实行独立的税收制度

独立的税收制度是指香港特别行政区政府有权根据自身情况和需要，在原来实行的税收制度基础上建立和完善新的税收制度。该税收制度有别于我国其他地方行政区域实行的税收制度，是新型的中央与地方税收关系。保持香港独立的税收制度，一方面考虑到香港特别行政区自身的经济发展水平、税收传统以及纳税人认知等情况；另一方面，特别行政区在税收问题上与中央互不隶属，确保了香港在税收制度上享有充分的自主权和独立性，这也是"一国两制"政治方针、"港人治港"政治承诺的体现。

2. 特别行政区税收制度以低税制为特征，自行立法决定税种、税率、税收宽免和其他税务事项

税种是指税收制度中规定的税收种类。划分税种的主要依据是课税物件。不同的税种规定了不同的课税物件、纳税人、税目和税率。税种反映了一个国家（或地区）在一定时期征税范围的宽窄。香港具有完备的税法，以成文法为主要立法形式，单一税种的立法与多种税种立法并存，每一种税种都有相应的立法。香港政府规定的税种有：所得税、物业税、俸禄税、利息税、关税、消费税、遗产税、印花税、娱乐税、博彩税、酒店房租税、商业登记税、差饷税、汽车首次登记税、机场旅客离境税、海底隧道税及专利和特许权税。

税率是指据以计算应缴税额的比率。它体现征税的深度，是衡量税收负担轻重的重要标志。国家在运用税收取得财政收入时，实则通过变动税率来调整收入规模；在运用税收调节经济时，也经常通过调整税率来鼓励和限制某种经济的发展。税率通常划分为比例税率、累进税率和定额税率三种。香港实行低税政策，税率较低，各种税项的税率均在 6% ~35% 之间。如"利得税"在 15% ~17% 之间；"物业税"为 15%；"俸禄税"在 3% ~25% 之间，较其他国家和地区都低。

不得不承认，香港低税制的投资环境是吸引外商投资和国际资本聚集的关键因素。

---

① 武为群、杨鹍：《香港经济与金融》，中国金融出版社 1991 年版，第 70 页。

第四节　货币、金融和外汇

香港作为国际著名的金融中心，在 1997 年回归前已经是全球第三大银行中心、第三大银团贷款中心、第四大黄金市场、第五大外汇市场和第六大股票交易市场。[①] 金融业历来是香港的重要经济产业，甚至是百业之首，在香港经济中有着举足轻重的地位。如何确保在香港回归后其金融业继续保持国际金融中心地位，是制定香港基本法时首先要考虑的经济问题。为了让金融业平稳发展，并履行"港人治港、高度自治"的政治承诺，《香港基本法》第一百零九条、一百一十条、一百一十一条、一百一十二条对香港的货币金融政策作出了全面的规定。

一、货币

香港货币在国际金融界具有较高地位，已经在香港流通了 100 多年，为香港居民所熟悉，也为国际社会所接受。因此，香港特别行政区有必要保持港币现行制度的连续性，为此，《香港基本法》第一百一十一条规定了香港的货币制度：

（1）港元继续流通，并作为香港特别行政区的法定货币。

（2）港币的发行权属于香港特别行政区政府。香港特别行政区政府在确知港币的发行基础健全和发行安排符合保持港币稳定的目的的条件下，可以授权指定银行根据法定权限发行或继续发行港币。因此，包括汇丰银行、渣打银行和中国银行香港分行在内的三家银行，均已获得香港特别行政区政府的授权，代理其发行货币。

从国家职权理论来看，一般而言，货币的发行权属于一国的中央政府，地方政府不享有发行货币的权利，即使是联邦制国家的州、邦或者共和国也不享有发行货币的权利。香港特别行政区虽然是中国的一个地方政府，但由于享有高度的自治权，所以香港基本法赋予香港特别行政区高度自治和实行独立货币金融制度的重要内涵，这是"一国两制"和"港人治港"政治承诺的具体落实。但是，任何银行要参与发行钞票都必须符合香港特别行政区政府的法律规定，得到香港特别行政区政府的授权并接受政府的监管。

至于为什么要授权银行发行货币，是因为长期以来港币的纸钞一直是由政府委托商业银行发行的，政府只负责硬币的发行。这种货币发行体制在香港已经实行多年并颇有成效，因此，香港基本法参照以往做法，规定特别行政区政府可以授权指定银行发行或继续发行港币。这样既照顾了现有的三家指定银行——汇丰银行、渣打银行和中国银行香港分行发钞的现实，其发钞地位也受到法律保护，也不排除今后会有其他符合条件的银行发钞。

（3）香港货币的发行制度和准备金制度由香港特别行政区立法规定。中央人民政府不干预香港货币的发行，也不为其发行提供币值担保。为了保证港币的币值稳定，本条第二款规定港币的发行必须有 100% 的保证金，即流通中的港币必须有百分之一百可以随时变现或兑换的外汇资产作为保证。这样的规定对于香港这种小型开发的经济体系是绝对有必要的，

---

① 焦洪昌主编：《港澳基本法》，北京大学出版社 2007 年版，第 270 页。

这样才能保证港币作为一种国际性货币，在国际金融市场上能够自由流通和兑换。至于具体的发行制度和准备金制度，以何种外币或资产保证等，则从稳定市场、防止通货膨胀的目的出发，由其他有关法律予以规定。

按照香港现行的货币发行制度，发钞银行必须有足够的外汇储备作为保证才能发行等值的港币，即发钞银行在发行货币时必须将等值的美元存入外汇基金，在获得外汇基金发出的"债务证明书"之后，方可凭此证发行等值的货币。①

二、金融

为了坚定香港金融业在回归后继续发展的信心，履行"一国两制"的承诺，《香港基本法》在第一百零九条中强调："香港特别行政区政府提供适当的经济和法律环境，以保持香港的国际金融中心地位。"

同时，《香港基本法》在第一百一十条进行了具体的规定，确立了特区货币金融制度的法定性和独立性，并授权特别行政区政府进行货币金融管理工作。《香港基本法》第一百一十条规定："香港特别行政区的货币金融制度由法律规定。香港特别行政区政府自行制定货币金融政策，保障金融企业和金融市场的经营自由，并依法进行管理和监督。"

国际金融中心是指对国际资金的借贷、外汇头寸的调拨与买卖、国际债券的发行与推销以及黄金价格的确定与升降方面起重要作用的国际金融市场。著名的国际金融中心有伦敦、纽约、东京、苏黎世、新加坡、法兰克福等，香港也是其中之一。所谓"金融"，是指经济生活中一切的货币信用关系。而"国际金融"是指世界各国之间经济活动中的货币金融关系。国际金融必须借助国际支付手段，包括黄金、外汇、特别提款权等进行计价、支付和结算。因经常发生国际性的多边资金借贷关系而形成的资金供求市场，就是"国际金融市场"。当多种金融市场在一个国家或地区范围内发展成为一个多功能而又高度国际化的金融市场体系，其在国际性资金借贷中发挥着举足轻重的作用时，就形成了"国际金融中心"。国际金融中心的形成必须具备以下条件：稳定的政局；高度发达的金融市场；不实行外汇管制；现代化的国际通讯设备和便利的交通条件；高素质的国际金融人才和强大的经济实力等。由于香港具备了上述公认的成为国际金融中心的条件，因而香港已经发展成为一个重要的国际金融中心。

近百年的发展中，香港在金融管理方面已经形成了一套行之有效的体系：①以法治为核心，形成一套健全、完善的金融管理法律、规章。既有政府制定的法律、条例，又有金融机构及行业工会自定的章程、规则、守则、细则等。②减少直接干预。香港没有外汇管制和中央银行，资金可以自由进出，港币可以自由兑换；银行利率由银行公会和政府协商后自行厘定。政府很少直接干预银行业的正常经营活动，只有在必要时才通过经济的或行政的手段进行干预，如救市、挽救濒临倒闭的银行，以稳定金融市场。③监管机构健全。政府通过金融管理局、咨询机构和银行公会三方面互相配合监管金融业，其中各类金融公会组织发挥着重要的作用。②

---

① 焦洪昌主编：《港澳基本法》，北京大学出版社 2007 年版，第 272 页。
② 王巧珑主编：《香港特别行政区基本法辞典》，新香港年鉴有限公司 2001 年版，第 222 页。

因此，香港基本法规定的香港特别行政区政府提供适当的经济和法律环境，就是保留上述行之有效的做法，由香港特别行政区政府自行决定货币金融政策和制度，维持香港金融业和金融市场的自由经营，并依据法律进行监管，以保持香港的国际金融中心地位。

三、外汇

1. 自由的外汇政策

《香港基本法》第一百一十二条规定："香港特别行政区不实行外汇管制政策。港币自由兑换。继续开放外汇、黄金、证券、期货等市场。香港特别行政区政府保障资金的流动和进出自由。"香港在1973年取消了外汇管制制度，实行自由的外汇管理政策，资金可以自由流动；1974年开放黄金进口；1977年设立商品期货市场；1978年逐步开放银行牌照；1980年起开始实施合并四家证券交易所的计划等。这一时期，国际性大银行纷纷进驻香港，并以此作为拓展东南亚和中国内地业务的基地，从而使香港逐步发展成为一个以国际金融资本为主体，以银行业为中心，包括黄金、外汇、期货、证券、保险和共同基金等金融业务的多元化的国际金融中心。香港国际金融中心的形成和发展历史充分说明，资金的自由流动对香港这样一个高度开放的经济体系至关重要。因此，香港基本法对此作出的规定，是建立在科学总结香港自由经济制度经验的基础上，是对自由经济制度的重要内涵之一的金融汇兑自由的充分肯定和具体规定。

本条规定不实行外汇管制的含义在于：①允许港币和主要的国际性货币在香港外汇市场上自由买卖，不受任何限制，无须任何手续，即所谓的"港币自由兑换"。②香港特别行政区政府也保障资金的流动和自由进出，允许港币和其他外汇进出香港，不受数额多少和时间的限制。凡是流进或流出的外汇和港币都不受任何的限制。

此外，本条还规定"继续开放外汇、黄金、证券、期货等市场"，表明在香港特别行政区不实行外汇管制的政策体现在香港金融行业的方方面面。"继续开放"指的是在香港特别行政区成立前就存在的外汇市场，在香港回归后依然能够保留下来，继续自由经营。

资金的流动和进出自由是维持香港国际金融中心地位所必须具备的条件与前提，也是长期以来香港的一贯做法。因此，香港基本法肯定了这一做法，并用法律的形式加以固定，对维护香港金融业的稳定和持续发展有着重要的意义。

2. 外汇基金管理和外汇储备制度

《香港基本法》第一百一十三条规定："香港特别行政区的外汇基金，由香港特别行政区政府管理和支配，主要用于调节港元汇价。"

"外汇基金"是由香港政府管理和支配，为控制港币发行、调节和稳定港元汇价而设立的政府基金。"汇价"是指港元兑换其他外币的价格。港元之所以能够自由兑换，是因为有充足的发行准备金和外汇基金作为其坚强的后盾。

香港现行的外汇基金是根据1935年的货币条例设立的。目前，外汇基金由下列资金组成：①商业银行发行货币向外汇基金提供的准备金；②政府的外汇储备；③政府发行辅币向外汇基金提供的保证金；④自1935年以来外汇基金经营所得的累积收益。

外汇基金的主要职能是：①为发钞银行发钞提供证明；②调节及影响港币和其他外汇的汇兑比价；③根据需要对香港货币市场和外汇市场作出干预，以保持港币汇价的稳定；④负责管理外汇基金的资金。①

历史表明，像香港这样高度开放的小型经济体系，外资在经济中占据主导地位，外部因素对市场的冲击随时发生，如1997年亚洲金融风暴。要维持香港国际金融中心的地位，就要最大限度地减少外来冲击对香港市场的破坏作用。因此，外汇基金在保持香港金融体系稳定性，特别是稳定港元汇价方面，实际上是抵御外来冲击的一道防线，它在香港财政和金融架构中扮演着极为重要的角色。因此，香港基本法充分肯定了外汇基金的作用，特别强调了香港特别行政区的外汇基金由特别行政区政府管理和支配，主要用于调节港元汇价，为港元及香港金融体系的稳定发展保驾护航。

第五节　贸易与工商业

一、贸易

香港凭借着优越的地理位置和优良的港口条件，一直致力于发展贸易及物流业，贸易及物流业是香港经济的重要组成部分。因此，《香港基本法》第一百一十四条、一百一十五条、一百一十六条、一百一十七条对香港的贸易政策作出了详细的规定。

（一）保持自由港地位

1. 自由港的概念

自由港亦称自由口岸，原指不属于任何一国海关管辖范围的港口，有时也包括港口附近的地区；后者也泛指由国家开辟的、受海关监管但可对进出货物免征关税的港口或海港区域。

由于香港自然资源缺乏，日常生活用品和工业生产原料等基本上都依赖进口，这样的客观自然条件决定了其对进口商品基本上不征收关税；同时，对出口的商品一般也不给予补贴，不提供优惠，所以自香港开阜以来，一直保持着自由港的地位。香港政府对进出口贸易采取基本免税、少数低税的制度，进口商品除烟、酒、燃料、水泥、车辆等需课征消费税外，其他生产原料和消费品进口均予以免税。即使是课税项目，其出发点亦非限制外国商品进口，而是出于维护居民身体健康、调控交通负荷等考虑。出口商品除办理产地来源证需要缴纳费用外，其他一律免税。此外，香港商品进出口的手续也比较简便。

香港依托自由港的优势，转口贸易一直都很繁荣。长期以来的实践证明，自由港制度适应香港经济的规模和特点，有利于其长期发展，所以回归后的香港继续保持自由港的地位，不仅有利于香港自身的发展，更成为内地商品与世界市场贸易的桥梁。因此，基本法在肯定香港以往做法的同时，用法律形式将香港的自由港地位固定下来，有助于香港特别行政区作为一个自由的、开放的和经济结构多元化的自由港在亚太地区及世界经济中发挥更大的作用。

2. 香港特别行政区对外贸易政策

《香港基本法》第一百一十五条规定："香港特别行政区实行自由贸易政策，保障货物、

---

① 王巧珑主编：《香港特别行政区基本法辞典》，新香港年鉴有限公司2001年版，第233页。

无形财产和资本的流动自由。"自由贸易政策是保护贸易政策的对策，它主张对国际商品交易不加限制，允许自由竞争，并在其他方面给予一定的优惠以鼓励贸易的发展。

香港是一个奉行自由贸易政策的自由港。香港之所以能够成为世界闻名的经济中心，完全依赖于它同外部世界的广泛联系和贸易往来。自由贸易使香港与国际市场紧密地联系在一起，成为国际市场的一个有机组成部分，并具有很强的竞争力。香港自由贸易政策的主要内容包括：①商品进出自由，除了必要的登记和统计手续外，香港仅对少数违法商品和"受管制"商品，如征税商品、战略物资、危险品、统制性商品（大米、冻肉等）出于安全和卫生需要及履行特定的国际义务才予以管制，并非为了保护本地同类产品和市场；②只对烟、酒等四类商品征收关税，没有关税壁垒和非关税壁垒；③政府对进口既不限制也不提供优惠，对出口没有限制也没有出口补贴或其他直接扶助，不采取反倾销或反补贴等国际通行的贸易保护措施；④外贸企业经营自由，对本地企业和外来企业一视同仁；⑤对于外贸有关的金融、航运等行业实行自由经营政策，贸易汇兑自由。①

上述自由贸易政策使香港经济富有弹性和活力，能够灵活适应复杂多变的国际市场的变化，有利于促进以对外贸易为特点的香港经济的整体发展。因此，香港基本法对此作出了原则性的规定，其核心就是确定香港特别行政区继续实行自由贸易政策。

（二）单独的关税地区

关税是对进出国境或关境的货物和物品所征收的一种税。对于关税的有关规定，直接影响一个国家或地区的对外贸易，并相应地影响该国家或地区的商业和金融等活动。长期以来，香港沿用单独的关税体制，香港特别行政区既然保持自由港地位，除少数货品外，不征收关税，自然就不能与我国其他地区实行相同的关税制度，而必然成为一个单独的关税地区。所谓"单独的关税地区"，是指香港特别行政区作为中华人民共和国的一部分，虽直属于中央人民政府，但可以依法实行不同于中国内地的关税管理制度和关税税则。香港特别行政区可以按照香港基本法的规定，设立自身的海关机构，中华人民共和国的海关制度和关税制度，均不会延伸到香港特别行政区，中华人民共和国的海关与香港海关不存在领导和隶属关系，有关海关管理的全国性法律、法规等，均不会延伸至香港特别行政区。②《香港基本法》第一百一十六条、一百一十七条规定香港特别行政区为单独的关税地区的同时，进一步规定：

（1）香港特别行政区可以"中国香港"的名义参加《关税与贸易总协定》（即WTO）、关于国际纺织品贸易安排等有关国际组织和国际贸易协定，包括优惠贸易安排。

香港是国际市场不可分割的一部分，因此它与关贸总协定的关系至关重要。为了保持香港特别行政区在关贸总协定中的地位，中英双方在《中英联合声明》中特别规定，于1986年3月就香港今后单独参加关贸总协定的安排达成一致，共同采取外交行动，使香港自1986年4月23日起成为关贸总协定的单独缔约成员，并于1997年7月1日后继续保持这一地位。据此，香港基本法作出上述规定，就明确了香港同国际贸易组织及协定的关系，解决了香港与内地参加同一个国际组织并各自享受权利和履行义务的问题。

（2）香港特别行政区取得的和以前取得的仍然继续有效的出口配额、关税优惠和达成

---

① 王巧珑主编：《香港特别行政区基本法辞典》，新香港年鉴有限公司2001年版，第237~238页。
② 焦洪昌主编：《港澳基本法》，北京大学出版社2007年版，第273页。

的其他类似安排，全由香港特别行政区享有。中央人民政府不会把属于香港特别行政区的配额转给其他地区使用。

（3）香港特别行政区根据当时的产地规则，可以对产品签发产地来源证。产地来源证是国际进出口货物贸易中的一项制度。当某一个国家给予另一个国家或者地区一定的进口配额后，进口国可以要求出口国或地区出具该产品的产地来源证，证实该产品确实是该出口国或地区生产的，以便于计算配额。香港特别行政区成立后，无须中央政府另外授权，就可以自行签发出口产品的产地来源证。

二、工商业

《香港基本法》在一百一十八条及一百一十九条规定了香港特别行政区的产业政策和政府对此的基本义务。

1. 香港特别行政区政府提供经济和法律环境，鼓励各项投资、技术进步并开发新兴产业

香港向来以自由的商业环境、健全的法律制度吸引着全球投资者。经过多年的发展，香港的各产业发展水平已达到国际领先水平，特别是以服务业为主的第三产业，其发展势头锐不可当。回归后，香港特别行政区政府在产业政策上面临两方面的挑战，一方面是要继续保持香港产业的良好发展；另一方面是要继续开拓新市场、新产业，鼓励各项投资和技术进步。因此，香港特别行政区政府有义务、有责任完善经济环境，包括提供必要的基础设施、必要的公共服务和支持；简化行政手续，提高行政效率，降低企业的时间成本和经营成本；为劳动者提供职业培训和技术教育。同时，要继续发扬香港法治社会的优良传统，完善法律体系，建立与产业发展相匹配的法律制度及保证良好公正的司法审判制度。

此外，长期以来，香港并没有明确提出过促进工业和科技发展的政策。其中对工业企业的政策以"自由放任"为基础，主要包括两方面的内容：①实行鼓励竞争的自由企业制度。除了依照有关法例所规定的注册条件外，政府既不鼓励也不限制任何企业的开办和终止。②政府对企业的生产经营活动从不加以任何干涉，如不硬性规定价格，不实行投资补贴或各种免税措施等。① 香港特别行政区政府对工业企业采取的措施既有积极意义，同时也带来消极影响。尤其是在周边地区与国家对工业和科技实行鼓励及扶持政策，使其竞争力迅速提高的情况下，相比之下，香港逐渐失去了竞争的优势。

香港基本法从香港工业的现状出发，考虑到工业发展在香港特别行政区经济中应有的作用，同时也为了扭转香港工业和科技在整体经济中处于较低地位的状况，有针对性地强调鼓励各项投资、技术进步并开发新兴产业。

2. 香港特别行政区政府有义务制定适当政策，促进和协调制造业、商业、旅游业等各行业的发展

香港工商业包括制造业、商业、旅游业、房地产业、运输业、公用事业、服务性行业、渔农业等。香港多年以来一直奉行自由竞争的资本主义经济理念，政府对工商业的运作一般不予以干涉，充分依赖市场调节这只"无形的手"。但由于市场经济的趋利性、盲目性和自

---

① 王巧珑主编：《香港特别行政区基本法辞典》，新香港年鉴有限公司2001年版，第244页。

发性容易造成产业间不平衡、垄断或供需失衡，从而造成资源的极大浪费和经济秩序的失控。因此，在市场充分竞争的基础上，香港基本法也要求香港特别行政区政府对工商业进行适度的调控，促使生产资料和资金在社会各行业中得到充分利用，创造最大的社会财富。

3. 香港特别行政区政府有义务保护环境

《香港基本法》第一百一十九条规定，香港特别行政区政府在促进工商业发展的同时，环境保护的义务也不容忽视。随着自然环境的恶化，全球各地都开始注重经济发展与环境保护的平衡，在香港基本法中把环境保护的政府义务与工商业发展结合在一起的规定，也表明了工商业对环境保护具有的社会责任。政府在制定审查工商业发展政策时，环境保护应当成为政策可行性的必要衡量因素之一。注重环境保护，才能实现香港经济与自然的和谐相处，才能保证香港经济持续、稳定的发展。

第六节　土地政策

一、回归前香港的土地制度

香港回归前的土地制度是在殖民地的政治经济背景下逐步形成的，集中体现在香港的土地法规中。香港的土地法规体系是比较特殊的，它不像我国内地以宪法为根本法，以土地管理法为基本法，然后制定专门性和地方性的法规，从而形成从一般到个别、从中央到地方的土地法规体系。香港缺乏一个土地管理的基本法，有关土地的立法绝大多数不是专门的土地问题立法，而是包含在涉及土地问题的立法当中。虽然香港没有制定统一的土地法，但是涉及土地问题的立法内容严谨，主要包括土地法规建设、土地管理机构、土地所有制和土地批租制等。

（一）土地法规建设

香港的土地法规是香港土地制度的规范，也是进行土地管理的依据。具体可分为 10 个类别：

（1）关于土地基础管理的条例。最主要的是《土地登记条例》。它规定，凡与土地、房屋有关的一切文据，如地契、买卖合约、遗嘱、法院判决书等，均必须在土地注册处登记，以便查阅，防止以欺诈手段买空卖空，并使业权有所保障。

（2）关于维护官地所有权的条例。如《官地条例》规定，未经许可不得在未出租的土地上取土石、进行挖掘等；《郊野公园条例》规定了对公园内野生动物的保护；《森林和乡村条例》规定，未批租官地上的树木及其他植物均为政府所有等。

（3）关于官地使用权的条例。如《官地租赁条例》规定，除新界外，其余期满可续期的地契，均可自动续期，不必补地价；《新界可续期官契条例》规定，自1898年7月1日开始计算的、为期75年的租地契约期满后，可自动续期到1997年6月30日减去3天，不必补地价或调整地税。

（4）关于官地收回条例。《官地权利收回及委托补偿条例》规定，当承租人不遵守批地条款而利用土地时，政府可收回土地或采取一些措施以保障政府对土地的权利；《官地收回条例》规定，政府因公共用途可提前收回批租土地，但须给予承租人以合理补偿。

（5）关于土地司法的条例。《土地审裁处条例》规定了土地审裁处的建立、编制、权限、办事程序等；《简化治罪程序条例》规定，对轻微土地违例事件可不经过法庭判决而罚款；《诉讼时效条例》规定了关于土地交易、业权纠纷起诉的有效期限，如土地被他人占用超过20年，业主就不再有权对此进行起诉。

（6）关于私有物业使用、经营条例。

（7）关于土地税收的条例。

（8）关于土地利用的条例。

（9）关于建筑的条例。

（10）关于住房的条例①。

（二）土地管理机构

香港现行行政管理机构设置序列是科、署、处。

（1）地政工务科是香港土地政策的研究和决策机构，设有土地政策小组和发展策略小组，其主要工作是研究有关土地、公共工程和私人发展计划方面的政策，包括中长期的土地发展战略，同时负责协调土地管理与政府其他机构之间的关系。土地政策的执行机构是地政工务科下属的屋宇地政署，目前它主管全港地政，同时负责一切与土地开发有关的事务。

（2）屋宇地政署下设五个处：地政处、建筑物条例执行处、城市规划处、测绘处和行政处。地政处主管土地批租事宜，办理土地回收工作，管理尚未批租的空地，执行土地批租契约条款等；建筑物条例执行处负责监督检查《建筑物条例》的执行；城市规划处主要制定城市规划政策、规划标准与规范，组织编制法定分区计划大纲图和次区域发展规划等；测绘处主管土地测量、工程测量及香港各类地图绘制；行政处负责屋宇地政署行政、财政、技术资料、训练等工作。

（3）与土地管理有关的机构主要有：①田土注册处，隶属经济科的注册总署，负责一切有关土地契约的登记和注销等事宜，包括土地批租和续期、转让、换地等有关权属变动等事项；②差饷物业估价署，隶属财政科，有权在一定时间内对全部物业作出应课差饷租值的估算；③土地审裁处，隶属司法部门，主要受理政府提前收回土地时，业主在政府赔偿金额问题上不满意的投诉以及有关业主与租客的租务纠纷。

（三）土地所有制和土地批租制

香港在1997年7月1日以前属于英国的殖民地，但在1997年7月1日后，英国应当把香港全部土地归还中国。由于历史原因，香港岛和九龙半岛被割让给英国，其全部土地归英王所有；新界由于是租借的，其全部土地的所有权仍旧归中国，但在条约期间内视为英王所有，因而在回归前，香港的全部土地又可以说都归港英政府所有。

香港土地只租不卖。其出租的具体办法是沿袭英国的"批租"制。所谓批租，是批准租予的意思，即港府凭借对土地的所有权，将土地的使用权有限制、有期限地出租给使用者。其核心有五个方面：一是以土地所有权归政府为前提，批出去的只是土地的使用权而非所有权；二是使用者通过批租取得土地使用权必须付出经济代价，即按市场或港府规定的标准缴纳地价；三是批出的土地使用权有年期限制，年期届满，土地连同地上建筑物一并无偿交归港府，若要续期，一般需按市值补缴地价；四是在规定年期内允许土地使用权的横向转

① 刘红梅、夏珊珊、王克强：《香港土地法律体系研究》，《中国土地科学》2008年第9期，第60～64页。

让；五是港府对批出的土地的用途有限制权力。

土地批租的主要方式有公开拍卖、招标和私下协议三种。土地批租的年限因用途而异。私人游乐场通常为 10 年，码头用地通常为 15 年，汽油站为 21 年，临时用地为 1 至 3 年。除此之外，香港及九龙市区的契约，一律为 75 年，新界及新九龙的租期为 99 年（从 1898 年 7 月 1 日起算）减去 3 天。

土地批租的一般程序是：屋宇地政署提出方案，经土地开发政策委员会审核同意后，公之于众；地政部门向有关部门征求意见并经讨论后定案；提前半年发出拍卖、招标公告；批出土地；签订《批地条款》。①

所有土地，只要政府认为需要，均可随时依法收回，但须给予补偿。由于政府对批出的土地拥有最终业权，所以尽管土地可以在多次转手中变换业主，但拥有土地使用权的业主必须向政府负责。即使不是由政府批出土地，而是从地产商手里买来土地使用权的业主，也必须遵守最初地产商向政府批地时的契约条款。政府"认地不认人"，因此，买主不但买入了土地的一切使用权利，也买入了对土地使用的一切法定责任，包括对政府的责任和对第三者的责任。土地批租制度的建立既保证了土地所有权始终掌握在政府手中，又将全部土地使用权商品化。这是值得借鉴的一种制度。

二、过渡时期香港土地问题的处理

对于香港过渡时期土地问题的处理，《香港基本法》特别在第五章第二节中作出了详细的规定。

（一）跨越 1997 年的土地契约

1997 年 7 月 1 日起，香港特别行政区政府成为香港地区唯一合法政府，对于原港英政府在此之前已经批出、决定或续期，期限跨越 1997 年 6 月 30 日的所有土地契约及与土地契约有关的一切权利，均按香港特别行政区的法律继续予以承认和保护。土地契约的效力关系着香港各行业的运营基础和居民的根本利益，因此，香港基本法规定超越 1997 年 6 月 30 日的土地契约继续有效，这有利于稳定香港各界的信心，也有助于香港平稳过渡。

按照香港基本法的规定，香港跨越 1997 年的土地契约包括：原港英政府在《中英联合声明》签订以前已经批出的租期超越 1997 年的土地契约；原港英政府在进入过渡时期之后批出的超越 1997 年，但不超过 2047 年 6 月 30 日的土地契约；原港英政府决定准予续期超过 1997 年，但不超过 2047 年的土地契约。上述几种合法的土地契约的一切权利，包括占有、使用、处分、收益等权利均受香港特别行政区法律的保护。②

（二）特别行政区成立后土地契约的处理

对于在香港特别行政区成立以后满期或要求新批、续批的土地契约应该如何处理的问题，《香港基本法》第一百二十三条规定，这种情况下，由香港特别行政区自行制定法律和政策处理。而对于新批和续批土地的问题，在《香港基本法》"总则"第七条中有原则性规定，即由特别行政区政府负责管理、使用、开发、出租或者批给个人、法人或团体使用或

---

① 张怀荣、陈生相：《香港回归前后的土地法制》，《延安大学学报》（社会科学版）1997 年第 3 期，第 11～15 页。

② 焦洪昌、姚国建主编：《港澳基本法概论》，中国政法大学出版社 2009 年，第 215 页。

开发。

（三）香港过渡时期订立的土地契约的租金问题

《香港基本法》第一百二十一条规定：从 1985 年 5 月 27 日至 1997 年 6 月 30 日期间批出的，或原没有续期权利而获得续期的，超出 1997 年 6 月 30 日年期而不超过 2047 年 6 月 30 日的一切土地契约，承租人从 1997 年 7 月 1 日起不补地价，但需每年缴纳相当于当日该土地应课差饷租值 3% 的租金。此后，随应课差饷租值的改变而调整租金。这一规定确立了对于香港过渡时期（1985 年 5 月 27 日至 1997 年 6 月 30 日）得到批地，或得到续期的一切土地契约承租人的租金问题如何处理的原则。

（四）对于新界原居民的土地权利保护

《香港基本法》第一百二十二条规定了对新界原居民土地权利的特别保护："原旧批约地段、乡村屋地、丁屋地和类似的农村土地，如该土地在 1984 年 6 月 30 日的承租人，或在该日以后批出的丁屋地承租人，其父系为 1898 年在香港的原有乡村居民，只要该土地的承租人仍为该人或其合法父系继承人，原定租金维持不变。"这一规定包含了以下信息：

（1）新界原居民是指其父系为 1898 年在香港的原有乡村居民，以及其合法父系继承人。

（2）这类人依据香港基本法可以享有的土地权利表现在，原居民使用"原旧批约地段"、"乡村屋地"、"丁屋地"时受到租金优惠的待遇和保护。

"原旧批约地段"是指香港特别行政区以"集体官契"的形式与新界地区居民签订的土地出租契约。该契约规定，承租人未经当局的许可，不得在原仅为农用的土地上建筑屋宇。

"乡村屋地"是指香港乡村发展区域内建设的乡村屋宇及乡村发展范围之外的自住乡村屋宇用地。

"丁屋地"是指按照香港关于新界小型屋宇政策的规定，新界男性居民在其一生可获兴建一座乡村屋宇，由政府免费批出一块土地。[①]

（3）在特别行政区政府成立后，新界原居民继续使用或租用上述土地时，不仅无须补缴地租，而且租金维持不变。

---

① 焦洪昌、姚国建主编：《港澳基本法概论》，中国政法大学出版社 2009 年版，第 216 页。

第十二章　香港特别行政区文化与社会事务

《香港基本法》第六章共十四条，即从第一百三十六条到第一百四十九条，涉及香港居民在社会生活中多方面的利益，包括教育、宗教、社会福利、民间团体、政党制度、文化等方面，规定了香港特别行政区保持原有的教育、文化等社会生活各方面的制度，反映了香港社会的运行和生活状况，对香港社会的稳定和发展具有重要意义。

第一节　教　育

一、教育制度

香港的繁荣发展离不开对人才的教育和培养。其具有中西交汇特色的教育体系，以华人学生为主体的学校，将东方传统的教育思想和西方的教育理念兼容并蓄，自由交流，形成了香港独特的教育制度。

英国占领香港之初，其战略中心是商业贸易，对教育事业并不重视，实行的是殖民统治的教育制度。"二战"以后，香港的教育受到新的政治、社会、经济等因素影响，尤其是20世纪60年代以后，香港的经济结构发生了很大变化，迫切需要高素质的劳动力资源。这就迫使港英政府和社会各界越来越重视教育，港英政府开始对旧的殖民教育体系进行改造，根据经济发展的需要对教育战略及时进行调整，努力适应经济发展的要求，为经济发展服务。20世纪70年代开始，香港实行九年制免费教育，同时大力发展工业教育，加强高等教育，建立教育管理咨询机制，使香港逐步建立起了适应当地社会发展需要的、门类较齐全的、多层次的现代化教育体系。基础教育和职业教育为香港的发展提供了大批文化素质较高、职业技能较强的劳动力，并极大地提高了香港地区人口的整体文化水平。高等教育为香港培养了各种高级研究人员、管理人员、技术人员以及政府官员，促进了香港经济与社会的发展。目前，香港地区已有各级各类学校2 600余所，涉及幼儿、小学、中学、职业、高等教育及师资培训等方面。[①]

香港的教育主要由香港政府的教育统筹局（下称"教统局"）管理，制度上大致可以分为以下几部分：

1. 学前教育

通过私立的幼儿园和幼稚园，为学前儿童提供学习与群体相处的机会。

香港的学前教育大致可分为幼儿园和幼稚园两种，都是私立的。经营者有以商业形式运作、以大集团形式运作的幼稚园集团，也有由非营利团体兴办的幼稚园。后者通常由教会或

---

① 曹辰：《"一国两制"下的香港教育制度》，《上海大学学报》1998年第5卷第1期，第89～92页。

社会服务机构筹办。

香港的幼儿园和内地的幼儿园并不相同。香港的幼儿园和幼稚园本来有不相同的服务对象：幼儿园的服务对象是未适合进入幼稚园的幼童，为家长提供托儿服务；而幼稚园的服务对象则是 3 ~ 6 岁的幼童，让他们在学校环境里学习群体相处，以及接受最基本的教育。幼稚园由教统局管理，而幼儿园则由社会福利署管理。但现在不少幼儿园都兼营与幼稚园相同的业务，使幼童在 0 ~ 6 岁都可以在幼儿园内接受教育。

2. 九年免费教育

在全港设立官立或津贴资助中、小学，为全港适龄学童提供六年制小学及三年制初中教育。

（1）小学教育（小一至小六）。小学六年免费教育于 1971 年推行。目前香港的小学教育分为两个学习阶段：第一学习阶段（Key Stage 1，KS1），由小一至小三；第二学习阶段（Key Stage 2，KS2），由小四至小六。每一个学习阶段完结时，学生都要参与由教统局主办的全港性系统评估，用以为全香港的学生作出评核，了解他们能力上的差异。

（2）初中教育（中一至中三）。学生小学毕业后，便可分配到公费的初中学校，在官立、资助和私立买位中学就读（接受政府分配学生而向政府收取学费的私校称为买位中学）。自 1978 年 9 月实施 9 年免费强迫教育以来，香港小学 6 年和初中 3 年为免费义务教育阶段。按《教育条例》规定，家长如无充分理由而不送子女入学，须入狱三个月，交罚款 5 000 元。从整体来看，香港已基本上普及中学教育。

3. 高中及预科课程

设立两年制高中（中四、中五），为学生提供工作前最基本的教育；设立两年制预科课程（中六、中七），作为学生报考大学前的课程准备。

（1）高中课程。

九年免费教育之后，学生需要以校内考试成绩作评级，决定能否升读高中。香港的中四及中五课程，大致上会分文、理、商三个项目。个别学校或会不一，视乎学校决定。但所有科目均以香港考试及评核局"香港中学会考"考试内容为本，每个高中学生均需要修读至少六个科目，以符合报考"会考"的资格。

在修毕中四及中五课程后，所有学生均需参加"会考"，以决定能否升读预科课程。考试评分以最佳成绩之六科计算，满分为 30 分，考生考获 14 分或以上，有较大机会升读预科课程。另外，香港中学会考成绩均被广泛接受，若考生考获 E 级，则被视为中学毕业生求职时必须拥有的最低资格。而大部分会考科目，若考获 C 级或以上，则会被视为等同英国普通教育文凭海外考试的普通程度及格。

（2）预科课程。

经历过"会考"、顺利升读预科课程的学生，随即要开始准备另一个公开考试。香港的预科课程以香港考试及评核局"香港高级程度会考"考试内容为本，与高中课程一样，学生大致上会依文、理、商科分流。学生可以根据各自程度，选择修读 AL（高级程度）或 AS（高级补充程度）的科目。要符合升读高等院校学士学位资格，预科学生需要修读至少 4 个科目，其中包括"中国语文及文化科"和"应用英语科"，以及两个 AL 程度之科目（两个 AS 程度科目被视为等同一个 AL 程度科目）。

4. 专上课程

提供各种形式的专上课程，包括工业学院、私立大专、资助大学教育。

修毕中六及中七课程后，所有学生均需参加"A–level"考试，以决定能否升读高等院校学士学位课程。最低升学要求是 5 科 E 级或以上，其中有 3 个科目属 AL 程度，才能有机会升读高等院校学士学位课程。另外，香港高级程度会考成绩均被广泛接受，若考生考获 E 级，无论是 AL 或 AS 程度，均会被视为等同英国普通教育文凭海外考试的高级程度及格。

香港的历史发展使其教育制度呈现出自身独特的特点。

首先，教育具有资本主义色彩。特别行政区政府成立前，香港的教育制度跟随英国资本主义的模式，多考虑为资本主义社会的工商业服务，把教育作为社会福利的一部分。宗教对教育的影响也较为深远。

其次，教育社团众多，协助政府推动教育。这些社团有的出钱出力创办学校；有的经常举办教育及教学问题研讨，促进教育界经验交流和问题研究；有的针对当局提出的教育计划、政策、措施等提供意见，起到了咨询和顾问的作用；有的对教育当局的行政管理和相关计划的执行情况提出批评，起到了监督的作用。[①] 在香港教育的发展过程中，教育社团的作用不容忽视。

再次，重视法制，依法管理教育。在教育管理上，注重依法规来对学校进行宏观指导与控制，大部分学校主要依教育条例及教育规例管理。根据教育条例，学校通常都由校董会负责，在招聘教员、筹集和使用经费及教学方面，学校享有充分自主权。高等院校为自由机构，均根据自身的条例立案成立法团，依据条例自我管理，在条例范围内享有较大的办学自主权。

最后，教育管理、咨询体制完善。香港在教育管理体制上，建有一套完整的管理、咨询框架。教统司负责所有有关教育、训练的政策及有关雇佣的事务。教育署负责实施及执行幼稚园、小学、中学及专上教育阶段的学校教育政策。教育统筹委员会是有关教育事宜的最高咨询机构。香港考试局负责举办香港中学会考、香港高级程度会考及其他相关考试。此外，还有职业训练局、学术评审局等相关机构在不同层次和不同类别上对教育政策、措施提供意见，能在一定程度上反映各方人士的意见，更有利于教育事业的发展。

二、教育政策

（一）特别行政区自行制定教育政策

《香港基本法》第一百三十六条第一款规定："香港特别行政区政府在原有教育制度的基础上，自行制定有关教育的发展和改进的政策，包括教育体制和管理、教学语言、经费分配、考试制度、学位制度和承认学历等政策。"这样规定是有一定的历史考量的。由于在港英政府时期，香港的教育制度和教育体系已经比较完善，在《中英联合声明》中也确认了"香港特别行政区保持原在香港实行的教育制度"。而香港特别行政区政府成立后必须有一套教育制度，而这套制度不可能一夜之间建立起来，原有的教育制度具有可利用的合理性，也为广大港人所接受。保留原有的教育制度，加以充分利用并进行适当的改进，不仅能够保

---

① 周立华：《香港教育的特点及问题》，《前进论坛》1997 年第 31 期，第 31 页。

持香港教育体系的稳定性、连续性，也有利于香港形成独立的，既有历史延续性又符合社会发展需要的教育制度。香港基本法中强调政策制定应该建立在"原有教育制度的基础上"，这样的规定既体现了《中英联合声明》中有关"基本不变"的精神，同时也吸取了香港教育界有关教育制度要具有发展弹性的意见。

（二）办学权利和学术自由

第一，社会团体和私人兴办教育事业的权利。《香港基本法》第一百三十六条第二款规定："社会团体和私人可依法在香港特别行政区兴办各种教育事业。"在香港原有的教育体制下，各类学校，特别是中小学校，主要都是社会团体和私人兴办的。为保持香港教育的稳定性和自主性，基本法作了如此规定。

第二，学术自主权。《香港基本法》第一百三十七条规定，"各类院校均可保留其自主性并享有学术自由，可继续从香港特别行政区以外招聘教职员和选用教材"；"学生享有选择院校和在香港特别行政区以外求学的自由"。可以看出，香港特别行政区可以不进行马列主义和共产主义意识形态方面的教育，可以继续进行西方学术思潮的教育和研究，学术上完全自由。学术自主权包括两方面的内容：一是学校有选聘教员和选用教材的自主权；二是学生有选择院校和地域的自由。

第三，《香港基本法》第一百三十七条中还规定，宗教组织所办的学校可继续提供宗教教育，包括开设宗教课程的权利和自由。宗教组织是香港教育发展的一支主要力量。香港的公立学校从诞生之日起就不开设宗教课程，而教会学校往往把传教作为办学的重要目标之一，并开设有关宗教方面的课程。只要符合香港法律的规定，宗教组织的相关权益仍是可以得到认可和保障的。

根据香港基本法的规定可以看出，香港特别行政区的教育政策是在继续保持香港原有教育制度的基础上，充分利用其积极、合理的方面，依法保证学校的办学自主性、教学和学术自由，根据社会发展的需要来进一步加强和完善教育制度。香港基本法在教育方面的有关规定不但体现了《中英联合声明》的基本精神，也赋予了香港特别行政区自行制定教育政策的权利，为香港特别行政区教育事业的发展提供了法律保障，是原则性和灵活性的统一。

第二节　宗　教

一、宗教概述

香港作为华洋杂居、东西文化汇聚之地，一方面经济发达、科技先进、生活现代化；另一方面居民享有绝对的宗教自由，各种宗教在香港社会中都颇有影响。

由于历史原因，香港自由港传统和宗教开放的法律政策，使世界各大宗教组织纷纷在这里登陆，建立分支机构和传教组织，也使各种宗教在这里竞相发展。目前，在香港政府正式注册的合法宗教就有佛教、道教、孔教、天主教、基督教、回教、印度教、摩门教、犹太教、基士拿教、俄国正教、锡克教、巴哈一教、祆教等多种。[①] 各宗教的信徒人数众多，分

① 余孝恒：《漫话香港宗教》，《宗教学研究》1997年第2期，第114～117页。

布在社会的各个阶层和行业里。其中天主教、基督教、佛教、道教、回教和孔教是影响最大、人数最多、最有实力的宗教。宗教在香港具有广泛的群众基础，其对社会的控制、稳定与调节作用是不容忽视的。

随着香港社会的不断发展和进步，宗教没有被日新月异的生活所排挤，而是利用其自身庞大的人力、物力、财力积极地参与各种活动，在香港居民的生活和社会、经济、文化活动中起着重要作用，并日益渗透和深入现代化的生活中，日益具有群众性和国际性。主要表现在以下几个方面：

首先，大力开办教育、医疗和社会福利事业。仅基督教、天主教所办的中小学，就约占全香港中小学总数的45%，在校学生约占全香港中小学生的一半；所办慈善机构，约占全香港慈善机构的70%；医院病床占25%。① 佛教、道教、孔教、伊斯兰教的慈善事业近年来也迅速发展。这些活动范围广泛，不仅面向香港，也面向内地，比如支援希望小学，为遭受自然灾害的地区捐款等。

其次，广泛利用各种方式和途径进行传教活动。各大宗教均充分发挥各自的资源优势，运用教堂、寺庙、道观开展活动。有的利用书报、杂志、电视台、广播电台等现代化的传播手段，加强对自身的宣传，甚至开设商业服务业、新闻传播事业、文化出版等，取得了相当大的成功，扩大了自身的影响力。

再次，积极参加社会事务和政治活动。宗教组织关注社会问题，会推动一些社会活动的开展。宗教组织可以对政府政策提供意见，宗教界人士可以通过组织论证团体、提交意见书等途径，参与政策制定过程。

最后，加强与内地和海外宗教组织的联系。香港各大宗教都与国外的宗教组织有着密切的联系，有的经费来源于外国教会的捐助，有的是国外教会的属会等，经常参加国际性的主教会议与活动，通过与国外教会的交往，保持香港宗教组织的独特作用。② 20世纪70年代以来，中国内地与香港宗教组织的联系逐渐恢复与加强，两地宗教界人士互相加深了解，为双方进一步的友好交流与合作打下了良好的基础。

宗教已经成为香港人精神生活的一部分，渗透到了香港社会的各个方面。其所宣扬与提倡的平等、博爱、积善等道德观念，也有利于调节社会矛盾，维护社会稳定。

二、宗教政策

（一）港英政府时期的宗教政策

港英政府时期，居民享有宗教自由，可以自由选择宗教，自由参加宗教活动，也可以自由退出某个教会，加入另一个教会。虽然没有一套系统的宗教政策，但是出于维护殖民统治的需要，港英政府始终尊重居民的宗教信仰自由，并在很多方面给予宗教组织有力保障和优惠待遇，使得各个宗教尤其是天主教和基督教在香港拥有重要的地位。在法律上，虽然没有制定专门的宗教法例，但是任何宗教团体都必须经过一定的法律程序注册和登记，才可以自由从事合法的宗教活动。对于违法的邪教组织，政府会予以取缔。在政治上，香港政府的各

---

① 龚学增：《独具一格的香港宗教文化》，《中国宗教》1997年第3期，第38～39页。
② 许崇德主编：《港澳基本法教程》，中国人民大学出版社1994年版，第157页。

级立法咨询机构内，宗教人士占有相当的比例，实际参与政治事务的咨询与管理工作。在经济上，政府也给予宗教组织在地价、税收以及津贴方面的优惠待遇。

（二）特别行政区的宗教政策

针对香港现在的宗教状况，香港基本法从不同层面、不同角度上保障了香港居民的信仰自由、合法的宗教活动和宗教团体的利益。

第一，居民的宗教信仰自由。每个公民既有信仰宗教的自由，也有不信仰宗教的自由；有信仰这种宗教的自由，也有信仰那种宗教的自由；在同一宗教里面，有信仰这个教派的自由，也有信仰那个教派的自由；有过去不信教而现在信教的自由，也有过去信教而现在不信教的自由。既尊重和保护信教的自由，也保护不信教的自由，这是最基本的内容。《香港基本法》第三十二条和第三十九条规定香港居民有宗教信仰的自由，有公开传教和举行、参加宗教活动的自由。《公民权利和政治权利国际公约》、《经济、社会和文化权利的国际公约》适用于香港的有关规定继续有效。宗教信仰自由是居民基本权利的重要方面，也是制定宗教政策的基础。香港基本法明确规定保障香港居民的宗教信仰自由。全面正确贯彻宗教信仰自由政策，一方面要求尊重每个公民信仰宗教的自由和不信仰宗教的自由。任何组织和个人都不得强制公民信仰宗教或者不信仰宗教，不得歧视信仰宗教的公民和不信仰宗教的公民，对不尊重公民宗教信仰自由权利和损害宗教界合法权益的错误行为，必须坚决予以纠正。另一方面要求坚持权利和义务的统一，宗教信仰自由不等于宗教活动可以不受任何约束。

第二，政府对宗教信仰自由和宗教事务予以尊重。《香港基本法》第一百四十一条第一款规定："香港特别行政区政府不限制宗教信仰自由，不干预宗教组织的内部事务，不限制与香港特别行政区法律没有抵触的宗教活动。"依据这一原则，香港特别行政区政府不干预宗教组织的内部事务，不限制与特别行政区法律无抵触的宗教活动。对于宗教组织来说，其从事和开展任何活动，也应遵守这一原则，以宗教信仰为皈依，把宗教组织的活动限定在实现宗教信仰的前提下。宗教组织有自行处理其内部事务的自由，也有权同国内及其他国家与地区的宗教团体、组织、教徒保持和发展关系。宗教组织从事的任何活动，只要与香港特别行政区法律无抵触，都不会受到特别行政区政府的限制和干预。如果宗教组织从事的活动违反了香港特别行政区法律的规定，香港特别行政区政府就有权依法追究相应的法律责任。

第三，保障宗教组织的财产权益。宗教组织要进行活动就需要经费，香港基本法强调保护宗教组织的财产，也是对宗教信仰自由更具体的保障。《香港基本法》在第六条及第一百零五条中明确规定，保护私人和法人的财产所有权和继承权，在第六章又特别强调对宗教组织的财产保护，宗教组织依法享有财产的取得、使用、处置、继承以及接受资助的权利。增写了"接受资助的权利"，即宗教组织可以接受任何私人和社会团体的捐助，香港特别行政区政府不得干预，可见基本法对宗教组织财产的重视。香港基本法同时规定对财产方面的原有权益予以保护，即宗教组织原有的和未来受捐助的合法财产都得到法律的保障。这就为宗教自由政策提供了物质基础。

第四，宗教组织活动的自由。香港基本法规定，宗教组织可按原有办法继续兴办宗教院校、其他学校、医院和福利机构以及提供其他社会服务。香港的宗教组织，尤其是基督教和天主教，开办了大量的学校、医院等社会机构，为广大教徒和市民提供了各种社会服务。从法律上对其活动自由予以保障，更有利于香港社会的稳定和发展。

第五，宗教组织有与外界联系的权利。香港的一些宗教组织和教徒与其他国家及地区的宗教组织的教徒经常保持着联系，这对促进地区和国际间的文化合作与交流起到了一定的积极作用。香港基本法规定，香港特别行政区的宗教组织和教徒可与其他地方的宗教组织和教徒保持和发展关系。这里的"其他地方"包括世界各地区和中国内地。香港宗教组织可以"中国香港"的名义与世界宗教组织保持和发展关系；同时，香港宗教组织可以与内地宗教组织在互不隶属、互不干涉和互相尊重的原则上加强联系和合作。

香港基本法的各项规定，是结合香港宗教的实际情况制定出来的。香港基本法为香港特别行政区的宗教自由提供了明确的法律保障。只要宗教活动在法律规定的范围内进行，特别行政区政府就不会加以干预和限制。

第三节　社会福利

一、香港原有的社会福利制度

过去，香港长期在经济上实行低税率制度，政府对社会福利的承担很有限。到 20 世纪 60 年代初期，香港经济快速发展，人口数量伴随着大规模的移民潮而剧增。随着各种社会问题的出现，社会服务需求增加，要求建立统一的社会保障制度的呼声也越来越高。20 世纪 60 年代中期以后，香港开始建立其逐步向低收入者和弱势群体提供援助的社会福利计划。1965 年，香港政府发布了第一个社会福利政策白皮书，标志着香港社会保障事业正式进入了发展阶段。经过几十年的发展，目前已经建立了较为完善的社会福利制度。

1965 年香港颁布《社会福利工作的目标与政策白皮书》，第一次系统提出发展社会福利的计划和具体政策，成为香港社会福利发展划时代的事件。此后，香港不断提出新的发展规划：1972 年颁布《香港福利未来发展计划白皮书》，1977 年颁布《群策群力：协助弱能人士更生白皮书》，1979 年颁布《进入八十年代的社会福利白皮书》，1991 年颁布《跨越九十年代社会福利白皮书》，1995 年发表《康复政策及服务白皮书》，这些文件成为香港社会福利发展的标志。[①]

香港的社会福利体系是在实现工业化和现代化的过程中逐步建立起来的，主要由社会福利署和各种非营利机构提供。从服务体系的构成来看，它包括服务政策的制定、服务机制的运行、服务机构的管理、服务资金的筹措和使用、服务队伍的培育、服务方式的选择、服务设施的建设等一系列的环节；从服务范围来看，传统意义上的香港社会福利包括社会保障、家庭及儿童护理服务、青少年服务、康复服务、老年服务、社区发展等各项内容。进入 21 世纪以来，老人照顾、青少年培育、家庭生活教育、对弱能人士的照顾及增权等，成为香港社会福利事业的重点工作。

香港社会福利署是负责策划、统筹和推行各项社会福利服务的政府部门，其前身是香港政府华民政务司署下属的社会局。在过去的几十年里，它一直致力于拓展各项福利服务以满足公众不断转变的需求。如今，随着时代的发展和社会需求的增加，社会福利署的整体工作

---

① 孙炳耀、常宗虎：《香港社会福利及其启示》，《民政论坛》2000 年第 5 期，第 13～17 页。

范畴也日趋多元化，其所提供的服务由单一的补救性服务发展成为集补救性、预防性、发展性、支援性为一身的服务。

除了直接提供福利服务外，社会福利署还担负着为香港100多家非政府机构提供财政支援，以及持续监督、评估各受资助的非政府机构服务实施情况的重任，以此来确保各非政府机构为香港居民提供优质的福利服务。

在香港，非政府机构是指由非政府组织创办的机构，这些机构按照香港法律在有关政府部门登记注册，同时在税务部门申请税务豁免，成为非营利机构。他们是独立的民间组织，拥有自己的资产，自行雇用工作人员，自行解决一部分经费，另一部分则由政府资助。目前，非政府机构是香港福利服务的主要供给者。

二、特别行政区的社会福利政策

回顾百余年的发展历程，香港能有今天如此繁荣的经济状况，其各项配套事业的发展和辅助功不可没。尤其是社会福利服务体系的建立和不断完善，对香港的经济腾飞及社会稳定发挥了特殊的积极功能。

《香港基本法》第一百四十五条规定："香港特别行政区政府在原有社会福利制度的基础上，根据经济条件和社会需要，自行制定其发展、改进的政策。"这一规定包括了两方面的内容：一是香港特别行政区政府在社会福利制度方面享有高度自治权，可以自行制定社会福利方面的有关发展、改进的政策，同时也强调了这种发展和改进不是完全停留在原来的水平上。二是这种对社会福利制度的发展和改进有严格的条件限制，只有在符合条件的情况下才能进行：首先，必须在原有社会福利制度的基础上进行，不能离开原有的基础，改进和发展必须从实际出发，符合香港的实际情况，即香港原有的社会福利应当保留，不能改变，但是要发展新的社会福利，又必须兼顾原有的，不能发展太快[①]。其次，要根据经济条件和社会需要，也就是说发展和改进社会福利制度的时候，除了要考虑原有的基础外，还要考虑香港现实的经济情况和复杂的社会需求。

可以看出，香港基本法对香港社会福利制度的发展采取的是极其慎重的态度，既不是停滞不前，不顾香港居民的利益，也不是脱离实际，脱离经济发展状况和社会需求。这一规定是稳妥而又切实可行的，是有利于香港社会福利制度发展的。

第四节　社会团体、政党制度

一、香港的社会团体

香港社会团体是指以社团注册的非官方机构，进行特定活动，不以牟利为目的，广义而言，包括社会福利服务机构、学校、宗教会等组织。[②] 社团聘用全职工作人员，人数由数十

---

① 肖蔚云：《香港基本法讲座》，中国广播电视出版社1996年版，第290页。
② 彭景舜：《香港社团在社会福利事业中的角色》，《中国社会工作者》1997年第2期，第56～57页。

至逾千人不等，而社会服务团体的人数占从事社会服务总人数的72%，其中六成曾受大专或以上的社会工作专科训练。社团经营范围十分广泛，由幼儿到安老，由个人辅导到社会建设等，经营的单位包括幼儿中心、儿童青年活动中心、学校社工服务、家庭辅导服务、老人活动中心、老人住院服务、为残疾人士而设的各类康复服务、劝导吸毒人士及释囚的改过自新等工作，提供约70项福利服务。

香港协会社团登记的性质分为两类：第一种为社团性质，是属于非营利的民间组织，在香港警务署审批，能够获得成功注册登记的概率较低，申请费用也较高；第二种为分行性质，香港有限公司名下设立社团，很多都是通过这种形式来申请社团注册，费用比较低，获得成功申请的机会较大。

香港协会社团登记流程包括很多方面，例如：①社团名称：在香港注册成立协会或社团组织，起名自由，政府允许公司名称含有国际、全球、亚洲、中国等；社团结尾可以为协会、学会、学院、中心、研究所、研究院等，不可以用公司、有限公司结尾；中文名称可要可不要，但必须有英文名称；申办香港社团的名称必须经香港警务处核实后方可使用。②注册资本：香港协会或社团组织无须注册资金。③社团干事：要求有三位干事，其中一位必须是香港人，香港人原则上由社团申请人自己提供。④注册地址：香港政府规定社团必须有香港的注册地址。⑤经营形式：社团属于民间组织，不得以盈利为目的。⑥申请内容：社团注册证书；小圆形公章、条形签字章、钢印、会议记录簿、绿盒。根据《社会团体登记管理条例》，在香港成立协会及其他社团目前不能在内地开展业务活动。在香港注册非营利组织名称限制较少；非营利组织的名称往往与其能力和信誉没有直接关系。

由慈善及社会团体提供的社会服务系统，在运行中表现出典型的民设、民办、官助特色，并限于提供各种服务保障。鉴于香港地区慈善事业与社会服务团体十分发达，加之这些服务团体承担为港人提供各种服务的历史传统与经验，香港政府在建立自己的社会保障制度时不仅未损害其发展，而且从财政上给予强有力的支持。据香港社会服务联会资料，近十年来，全港慈善及社会服务机构年度财政80%以上来源于政府拨款，这意味着原来主要依靠海外及港人捐献的慈善财政主导已演变为政府财政主导。①不过，政府虽然为慈善及社会服务团体提供强有力的财政支援，却不干预其具体事务，社会福利署通常将这些团体视为合作伙伴，慈善及社会团体自主决定举办服务项目并在严格自律的情形下运行。它们提供的主要是各种社会服务，包括老年服务、残障服务、妇女儿童服务、青少年服务以及其他社会服务等，如著名的东华三院就为生活贫困者提供各种免费医疗服务。尽管香港的慈善及社会团体在社会保障领域的地位与作用，较20世纪70年代以前独立承担香港地区社会保障责任时有所下降，但仍然对香港社会保障贡献极大，并在香港地区具有十分广泛、不可替代的影响。

由于在香港注册成立协会或其他社团组织手续简单，审批通过率高，注册时间快，且内地和香港的制度日趋走向同步，因此内地人士纷纷通过在香港注册行业协会、基金会、研究院、促进会、学会、学院、研究所、中心等方式来解决在内地无法注册的难题。目前内地已注册成功的协会社团等组织，基本上有90%是来自香港注册社团组织。目前，香港社团的注册、禁止事项等相关规定依据《社团条例》加以处理。

①　许飞琼：《香港：政府、社团及市场三结合》，《世界知识》2002年第8期，第41页。

二、香港的政党制度

香港被英国殖民统治后，实行的是西方社会制度，整个社会生活形态和价值体系都具有突出的西方色彩。但是，长期以来香港在政治领域的演进中却没有产生政党，形成政党政治，因为英国在香港实行的是绝对行政主导的总督制，政治统治的权力来源于英国女王的授予，不受香港当地社会力量的制约，不需要政党组织对总督形成政治压力的制约，所以早期的英国殖民统治阻碍了香港政党的形成。

20 世纪 80 年代以后，随着香港主权回归中国的临近，英国调整了统治策略，开始了对香港政制进行代议制改造。首先推行地方行政改革，设立区议会。区议会是一个基层民意机构，实行直接选举。随后选举机制又被引入立法局。1985 年 9 月，港英政府通过选举团和功能组别的间接选举各产生了 12 名立法局议员，这是香港历史上第一次用民选的方式选举立法局议员。20 世纪 90 年代后，港英政府进一步扩大了直接选举的范围，其中，1994 年 9 月的区议会选举取消了委任议席，实行全面直选。随着代议制改革的推进，香港的政治生活中产生了对政党的需求，港英政府也不再拒绝政党政治，反而为一些社会团体向政党转化创造条件，对政党采取支持的态度。在这种条件下，香港政党开始形成。

香港政党是由早期的一些社会团体演变而来的。20 世纪 80 年代，一些新的社会团体，如"香港观察社"、"新香港学会"、"汇点"、"大学毕业同学会"、"海外留学同学会"、"香港民主民生协进会"等相继成立，这就成为香港政党的雏形。为应付立法局第一次直接选举，1990 年香港首个政党——"香港民主同盟"成立，1993 年 10 月，该党与"汇点"合并，组成民主党，由于联票效应，使泛民主派大获全胜。立法局内非官守议员为对抗泛民主派，以免议会被控制，成立了今日自由党的前身"启联资源中心"，1993 年 2 月改名自由党。1992 年，又产生了民主建港联盟（简称"民建联"），由此构成了香港政坛三大政党基础。

成立于 1992 年的民建联主要代表香港社会中下层人士的利益，其骨干是中学教师、工会社团领袖和其他专业人士。该党一般被认为与中央人民政府及香港特别行政区政府关系比较密切，支持"一国两制"，是爱国爱港的主要政治力量。2005 年 2 月，民建联与以中小工商界人士和专业人士为主的香港协进联盟（简称"港进联"）合并，新政党命名为"民主建港协进联盟"，仍简称为"民建联"，成为香港的第一大党，有 1 700 多名党员。由于其支持政府的立场十分明显与坚定，常常被对手（民主派）称为"保皇党"。

创立于 1993 年 3 月的香港自由党，主要成员是工商专业界人士，有的是富商、实业巨头，代表了工商界的利益。全盛时党员达 1 500 余人，现有数百人。该党主张经济自由，减少税收。因为经贸投资关系，该党与内地关系比较密切，与政府关系也甚为密切，与民建联属同一阵营。

香港民主党的成员主要是律师、教师和独立工会人士，他们对内地的政治缺乏了解，在政治上是民主的理想主义者，向往英美式的民主。在议会中他们自诩为民请命，在中下层有很大吸引力，曾是立法会最大的民选政党，现有 700 多名党员。

此外，在香港政坛上活跃的政党（或政党性质的组织）有：自由民主联盟（简称"自民联"，成立于 1990 年 4 月）、民主民生协进会（简称"民协"，成立于 1986 年 10 月）、新香港联盟（简称"新港盟"，成立于 1989 年 3 月）、稳定香港协会（简称"稳港会"，成立于 1991 年 5 月）、香港协进联盟（简称"港进联"，成立于 1994 年 7 月）。在香港特别行政区成立前夕，又有前线（香港民主派中的一些激进分子于 1996 年 8 月组建的）和民权党（成立于 1997 年 5 月）两个政党成立，此外，还有工联会和职工盟。香港特别行政区成立以后，政党政治趋向于稳定，目前主要有民建联、民主党、自由党、民协、港进联、前线、民权党、工联会、职工盟等，政党格局已经基本稳定。同时更多的政党组织开始涌现，如 1999 年 7 月成立的新世纪论坛、2005 年成立的全民党。

由于香港的政府制度、选举制度和政党制度之间的关系完全不同于欧美国家，因而香港政党制度有其自身的独特性。

（1）政党制度存在的基础是分权原则下的行政主导。

从香港基本法所确立的香港政治体制来看，其与港英时期的行政主导制有明显的区别，行政权相对于立法权、司法权来说虽然占据优势，但是并不绝对化。这主要体现在以下几个方面：其一，在政制架构上行政长官的地位略显突出。行政长官的双重首长身份从总体上规定了行政长官在香港政治生活中的主导地位，但是香港的政制运作仍然是三种权力各行其道，互不干预。其二，在各项议题的设定上行政优先于立法。表现为行政长官及其领导的行政机关提交法案、议案的优先权，以及表决程序上的分组计票机制。其三，在行政与立法的制约关系上行政权处于优势地位。然而，在特别行政区立法会成为真正的立法机关、特别行政区各级法院享有独立的司法权以及终审权的情况下，其政治体制的大格局体现得更充分的是分权性质。因此，相对于港英时期总督集权的绝对行政主导而言，现行的香港行政主导只是权力分立基础上的相对行政主导。

需要特别指出的是，香港特别行政区的行政主导并不是行政至上，而是表明香港基本法设定的行政权在权力配置中占有相对的优势地位，不存在当行政权与立法权、司法权发生冲突时抽象地认定由谁说了算的问题，而必须依照基本法的具体规定来审慎办理。由此可见，行政主导原则与行政和立法相互制衡、相互配合、司法独立原则是相辅相成的。这一点与传统上认为行政主导就是行政权力压制立法权、司法权而一枝独秀的观点不同，而且也是香港政党制度存在特殊性的政治基础。

（2）没有执政党与在野党之分。

《香港基本法》第四十五条规定："香港特别行政区行政长官在当地通过选举或协商产生，由中央人民政府任命。行政长官的产生办法根据香港特别行政区的实际情况和循序渐进的原则而规定，最终达至由一个有广泛代表性的提名委员会按民主程序提名后普选产生的目标。"《香港基本法》附件一又对行政长官的产生办法作了这样的安排：由中央人民政府任命的 800 人选举委员会选出行政长官。选举委员会的成分包括：工商、金融界；专业界；劳工、社会服务、宗教界；立法会议员、区域性组织代表、香港地区全国人大代表、政协委员等。显而易见，只有最后一类中的部分委员是通过竞选产生而可能具有政党背景，所以政党在行政长官的选举中并不起主导作用。与此同时，香港基本法也没有规定香港特别行政区有执政党，具体表现在两个方面：一是行政长官不具有政党背景。为了保障特别行政区政府能公平、公正、公道施政，要求公务员必须保持中立，行政长官和高级公务员必须是独立人士而不是政党成员。因此，政党可以通过政治选举进入立法会，甚至控制立法会进而对政府的施政产生影响，却不能执掌特别行政区的最高权力。二是政党不能参与行政长官的决策。

《香港基本法》第五十四条规定："香港特别行政区行政会议是协助行政长官决策的机构。"而行政会议成员是行政长官从行政机关的主要官员、立法会议员和社会人士中委任产生的，绝大多数没有政党背景，因此，政党不能用自己的意志来左右政府的决策。综上所述，香港特别行政区各政党的参政地位平等，没有执政党和在野党之分。

（3）现行政党制度决定议会的权能有限。

香港的议会由立法会和区议会两部分组成。从权力构造来看，立法会是特别行政区的立法机关，其职权包括：依据香港基本法和法律程序制定、修改、废除法律；根据政府的提案，审核、通过财政预算；批准税收和公共开支；听取行政长官的施政报告并进行辩论；对政府的工作提出质询；就任何有关公共利益的问题进行辩论；同意终审法院法官和高等法院首席法官的任免；接受香港居民申诉并作出处理；议员联合动议，指控行政长官的严重违法，或者透过委员会制度履行研究法案、监管公共开支及监察政府施政等重要职能。

虽然香港立法会能依法行使议会所具有的一般权能，但是为确保行政主导体制下行政权的有效行使，香港基本法对议员的提案权作了较多的限制。其中，包括立法会议员提出的法律草案不得涉及公共开支、政治体制及政府运作三个方面，而涉及政府政策者在提出前必须得到行政长官的书面同意；在立法会的表决程序方面，根据《香港基本法》附件二的规定，政府提出的法案如获得出席会议议员的过半数票支持即为通过；而立法会议员个人提出的议案、法案和对政府法案的修正案，均须分别取得功能团体选举产生的议员和分区直接选举、选举委员会选举产生的议员两部分出席会议议员各过半数票支持才能得以通过。即使获得立法会通过，如果行政长官认为该法案不符合香港的整体利益，可在三个月内将法案发回重议，当立法会全体议员三分之二多数再次通过原案后，行政长官必须在一个月内签署公布。行政长官若拒绝签署，经协商仍不能取得一致意见，行政长官在征询行政会议的意见后可以解散立法会。因行政会议的成员属行政长官指派，所以包含有政党成员的议会对行政权力的影响很是有限。

三、特别行政区对民间团体、政党的政策

（一）特别行政区政府对民间团体的资助政策

在香港原有的制度下，许多社会性、公益性的事务均由相应的民间团体或组织举办，包括教育、医疗卫生、文化等。这些民间组织为香港居民提供了各种社会性服务，在香港社会中有很重要的作用。香港特别行政区政府对于民间团体和组织所提供的服务均给予鼓励或支持，或者给予方便，或者定期、不定期地给予有关团体或组织以财政上的资助，这就是香港对民间团体或组织的财政资助政策。[①]

《香港基本法》第一百四十四条规定："香港特别行政区政府保持原在香港实行的对教育、医疗卫生、文化、艺术、康乐、体育、社会福利、社会工作等方面的民间团体机构的资助政策。原在香港各资助机构任职的人员均可根据原有制度继续受聘。"香港基本法对资助政策完全采取保留政策，这不但有利于教育、医疗卫生、文化等事业的发展，而且有利于稳定这些民间团体及其任职人员。

---

① 焦洪昌：《港澳基本法》，北京大学出版社 2007 年版，第 292 页。

（二）社会团体自行决定其服务方式

《香港基本法》第一百四十六条规定："香港特别行政区从事社会服务的志愿团体在不抵触法律的情况下可自行决定其服务方式。"

香港的社会服务团体或资源团体，是指在香港地区从事社会福利或其他社会工作的民间志愿团体或慈善机构。在香港，这类大大小小的民间机构有几千个，属于宗教团体主办的占了半数左右。其经费来源，过去主要是靠社会募捐，现在主要以政府拨款、津贴为主。

尽管香港的社会服务团体或自愿团体都不同程度地接受政府的资助，但其从事自愿服务的范围、对象、服务方式等却无统一的模式，完全由各自愿团体自由决定，以保持自愿团体的相对独立性。[①] 香港基本法规定，各自愿团体和社会服务团体可以继续依法为居民提供力所能及的社会服务，并有权自行决定其服务范围和服务方式。

（三）与内地相应组织的关系

《香港基本法》第一百四十八条规定："香港特别行政区的教育、科学、技术、文化、艺术、体育、专业、医疗卫生、劳工、社会福利、社会工作等方面的民间团体和宗教组织同内地相应的团体和组织的关系，应以互不隶属、互不干涉和互相尊重的原则为基础。"本来，"互不隶属、互不干涉和互相尊重"的三大原则是《中英联合声明》针对香港特别行政区宗教问题提出的，香港基本法将三大原则进一步引申，扩大使用到特别行政区科教文卫等各方面民间团体与内地相关团体的关系上，反映了特别行政区在"一国两制"的前提下享有高度自治权。

根据香港基本法的规定，香港的民间组织和宗教组织在与内地相应组织交流活动的过程中，不存在上下级的工作关系和业务组织上的隶属关系。双方在交往和交流时，应互不干预对方团体和自治的内部事务，不干预对方团体和组织的活动方针与策略。双方以独立、平等的身份，在互相学习、互相尊重的前提下，开展交流和合作。这就是互不隶属、互不干涉、互相尊重原则的基本要求。

（四）与国外相关组织的交往

《香港基本法》第一百四十九条规定："香港特别行政区的教育、科学、技术、文化、艺术、体育、专业、医疗卫生、劳工、社会福利、社会工作等方面的民间团体和宗教组织可同世界各国、各地区及国际的有关团体和组织保持和发展关系，各该团体和组织可根据需要冠用'中国香港'的名义，参与有关活动。"

香港特别行政区的民间团体有权与其他国家、地区的民间团体开展对外交流活动。这里的"民间团体"并不包括《香港基本法》第二十三条中提到的"政治性组织和团体"，而是非政治性的、非官方的民间团体和组织。其范围如香港基本法已列举的，包括教育、科学、技术、文化、艺术、体育、专业、医疗卫生、劳工、社会福利、社会工作等方面的民间团体。这一规定与《香港基本法》第一百五十一条的规定"香港特别行政区可在经济、贸易、金融、航运、通讯、旅游、文化、体育等领域以'中国香港'的名义，单独地同世界各国、各地区及有关国际组织保持和发展关系，签订和履行有关协议"是有区别的，第一百四十九条指的是民间团体，第一百五十一条指的是以政府或官方的名义。

香港地区的民间团体对外可以根据需要以"中国香港"的名义参加活动。是否需要，

---

① 焦洪昌：《港澳基本法》，北京大学出版社 2007 年版，第 293 页。

要看参加国际间活动和交流的性质及主办单位的要求，有需要时才用。至于何为"需要"，在具体界定时，可依据香港特别行政区制定的相应的法律法规。香港特别行政区的民间团体和宗教组织在与其他国家和地区的民间团体和组织交往时，不必遵守"互不隶属、互不干预、互相尊重"的原则。这主要是由于香港现有的民间团体和宗教组织，有些与国际间的民间团体和宗教组织早已经有了隶属关系，例如香港的天主教就隶属于梵蒂冈的天主教会。同时，由于香港特别行政区享有高度的自治权，当地的民间团体和宗教组织有权自行决定如何与国外或国际间的相应团体和组织建立与发展关系。"三不"原则只限于香港地区与中国其他地区交往时所遵循的原则，在于强调中国不会把在内地实行的社会主义制度和政策，强加给香港地区的民间团体和组织，以确保香港高度自治的实现。①

第五节 文 化

一、文化制度

香港是东西方文化的汇集之地，两种文化互相吸引、渗透，形成了香港地区独特的风格与特色。一方面香港具有一流水平的现代化文化设施，吸引了众多的世界名家、著名文艺团体来此汇演、交流艺术、举办各种文化节；另一方面又有许多宣扬暴力、色情，追求感官刺激的文化消费品充斥街头、影院。高雅与粗俗并存，传统与现代相伴，东西方文化共生，是香港多元化、混合型文化的一大特点。

由于香港实行自由开放的经济政策，这必然导致其文化的自由开放性。作家、艺术家、评论家甚至是普通市民均可自由创作。这种自由开放的文化特征造就了现时香港文化的繁荣景象。现今香港文坛，社会写实小说、现代派小说、通俗或武打小说纷呈；当代艺术多姿多彩，既有东方传统艺术继续传承，又有西方艺术的迅速蔓延，从而具有各类艺术门类、流派、思潮相互竞争和渗透的多元化特征。但仔细观察，亦由于自由开放，西方文化和传统文化中落后的甚至是不好的东西在香港不少地方还保留着，甚至发展着。

香港商业经济的高度发达造就了香港文化的高度商业化特征。例如，报刊出版、影视创作和艺术演出因追逐利润而必须迎合市民休闲文化的需要，使香港通俗文化和商业文化非常兴旺。香港是除中国内地之外的最大华语电影生产基地，也是世界上几个主要的电影制作基地之一。香港电影事业比较发达，港产影片中，喜剧片最多，警匪片、动作片、暴力片、色情片、鬼怪片也占相当比例。制片商为了迎合市民的趣味，主要是制作追求票房价值的商业片。香港有"无线"、"亚洲"两家电视台，都是商业性质的。此外，还有一家政府办的香港电台电视部，专门制作电视节目，供两家商营电视台播出。

香港音乐主要有流行音乐、中国民族音乐和西洋音乐等表现形式。流行音乐是通俗文化的一个组成部分。粤语流行歌曲在香港十分盛行，与之相伴也涌现出了大量的歌星。这一方面为市民提供娱乐、消遣服务，另一方面也具有较强的社会功能，对政府施政、慈善与福利活动以及青少年教育都有不可忽视的影响。中国民族音乐与西洋音乐在香港也有一定的地

---

① 杨静辉、李祥琴：《港澳基本法比较研究》，北京大学出版社1997年版，第460页。

位。香港还经常举办大型的文化艺术活动，如香港艺术节、亚洲艺术节、香港国际电影节等，以此推动香港艺术家与世界各地艺术家的交流与合作，提高香港文化艺术水平。

香港虽是弹丸之地，传媒业却相当发达。其拥有 70 种时报和 600 多种期刊，200 多家出版社，数家电视台。这些传媒，特别是报纸的特点首先是广告多，其次是股经多（介绍和评析股票市场），马经多（介绍赌马并评析），波经多（电台介绍体育新闻与评议）和娱经多（各种媒体介绍演艺界花边新闻）。① 在图书出版方面，经营实用类书籍异常繁荣，尤以类似内地小人书版式的书为甚，这些书籍大都涉及教人发财、处世、起居、饮食和健康甚至风水迷信等方面。

二、文化政策

文化事业的范围比较广泛，广义的文化事业可以包括教育、科学、卫生、体育及文学艺术等各方面；这里的文化事业主要是指文化艺术事业、新闻广播电视事业、出版发行事业、图书馆、博物馆、文化馆、群众性的文化娱乐和康乐活动等。香港现在的文化、体育事业具有自己的特色，并在亚洲具有一定的地位和影响力。其文化事业由文康市政科负责管理。为了维持香港地区文化和体育事业的繁荣与发展，香港基本法赋予了香港特别行政区在文化、体育事业方面的高度自治权，并提供了多层次、多方面的法律保障。

回归以前，香港保护文学艺术创作成果的法律主要是《版权条例》，实际上是将英国 1956 年版权法及其他有关法规的内容适用于香港。版权的保护从创作成功后开始，不需要注册。1956 年英国版权法保护的原著作品大致可以分为两类：一是文学作品、戏剧作品、音乐作品、艺术作品，包括油画、雕塑、素描、铜版画与摄影、建筑以及其他艺术品或工艺品；二是指录音、电影、电视、无线电广播以及印刷品的版式等机械作品的版权。② 除了《版权条例》以外，相关的还有一些关于文化管理方面的法规，如 1972 年的《图书馆条例》、《禁止不良刊物条例》，还有一些关于刊物和书籍的印刷与登记、印刷品的管理等内容的法规，如《书籍注册条例》、《刊物管理综合条例》。③

针对香港文化发展的独特性，以稳定和促进香港文化的发展为目的，《香港基本法》第一百四十条规定："香港特别行政区自行制定文化政策，以法律保护作者在文学艺术创作中所获得的成果和合法权益。"

第一，规定了香港特别行政区政府自行制定文化政策的权利。文化的范围很广，但香港基本法规定所有关于文化的政策完全由香港特别行政区自行制定，中央人民政府不加干预。香港特别行政区的文化事业、体育事业可以保留原有的特色，政府有权根据情况，制定与政治经济和社会发展状况相适应的文化政策，包括文学、艺术、广播、电影、电视等各个方面。

第二，香港居民有从事文学艺术创作和其他文化活动的自由，特别行政区政府以法律保护作者在文学艺术创作中获得的成果和合法权益。制定文化政策的目的是保护作者的文艺创

---

① 高群：《浅谈香港的文化建设和特征》，《科技信息》2008 年第 5 期，第 117 页。
② 参见港人协会编：《香港法律 18 讲》，商务印书馆香港分馆 1987 年版，第 240 ~ 244 页。
③ 肖蔚云：《香港基本法讲座》，中国广播电视出版社 1996 年版，第 286 页。

作成果和合法权益，只有作者的权益受到法律保护，才有利于文化事业的发展。香港特别行政区必须以法律保护文艺工作者的各项成果和权益。

第三，在对外事务中，香港基本法规定了香港特别行政区可以在文化、体育领域以"中国香港"的名义，单独地同世界各国、各地区及有关国际组织保持和发展关系，签订和履行有关协议的权利与义务，从而使香港特别行政区可以继续维持其在文化艺术、体育方面所赢得的国际地位。

第四，保障了民间文化和体育团体的权益。香港基本法规定了民间体育团体可以继续依法存在和发展，并进一步维护其对内外建立联系的权益。《香港基本法》第一百四十八条和一百四十九条分别规定，文化、艺术、体育等方面的民间团体可以和内地相应的团体和组织，世界各国、各地区及国际的有关团体和组织保持和发展关系。香港特别行政区的文化、体育事业的建设和发展在基本法的保障之下，必将获得更加高效、长久的发展。

在香港特别行政区，任何香港居民都有从事文学艺术创作的权利和自由。特别行政区应当制定适当的法律和政策，提供适当的环境和条件，鼓励和支持居民从事文学艺术等方面的创作。对于居民在文学艺术等创作活动中所取得的成果及合法权益，香港特别行政区政府应依法予以保护。特别是对于文学艺术作品和其他精神产品的版权及其他知识产权，包括作者对自己创作作品的出版权、署名权、保证作品内容完整权、复制权、改编权、发行权、公演权等，都应该给予积极的保护。对于侵犯作者版权和其他知识产权的不法行为，特别行政区政府应当予以追究。

第六节　其他文化和社会事务

一、专业制度

"专业制度"是与评审和颁授各种专业资格及职业资格有关的制度。"专业人士"通常是指受过中等以上专业教育，掌握某种专业技能，依法取得专业资格和职业资格，在其专业操作上对他人负有法律责任的人士。这些人包括律师、建筑师、会计师、工程师、医生、护士、城市规划等行业的人士。

香港的专业制度主要涉及专业人士的专业资格和执业资格的评审与认定，它有以下特点：一是法律化、规范化。香港政府颁布了若干法规使专业制度逐步系统规范，实现法律化。相关的条例有《专业会计师条例》、《律师业条例》、《香港工程师工会条例》等，这些法规使得各种专业制度更加成熟与完善。二是有关专业团体发挥着积极作用。这些专业团体都是经过一定的法定程序成立的，要求其成员遵守职业道德，发挥监督作用，如果有违背会员守则的行为，会按团体章程作出相应处理，甚至取消会员资格。三是专业人员的标准比较严格。想取得某种专业资格，除了必须经过专业的训练，取得实际工作经验外，还需要通过该专业的资格考试。有了专业资格并不意味着有了执业资格，还必须依法经过相应的确认和登记程序，才能获得执业资格正式执业。

《香港基本法》第一百四十二条规定："香港特别行政区政府在保留原有的专业制度的基础上，自行制定有关评审各种专业的执业资格的办法。在香港特别行政区成立前已取得专业和执业资格者，可依据有关规定和专业守则保留原有的资格。香港特别行政区政府继续承认在特别行政区成立前已承认的专业和专业团体，所承认的专业团体可自行审核和颁授专业资格。香港特别行政区政府可根据社会发展需要并咨询有关方面的意见，承认新的专业和专业团体。"

专业人士在香港已经形成了一个重要的阶层，对香港未来的繁荣稳定有相当大的影响，如若法律规定不当，必然会影响到该阶层的利益。[①] 综合考虑后，香港基本法对香港特别行政区专业资格和执业资格的相关问题作出了上述原则性的规定。

二、科技制度

《香港基本法》第一百三十九条规定："香港特别行政区政府自行制定科学技术政策，以法律保护科学技术的研究成果、专利和发明创造。香港特别行政区政府自行确定适用于香港的各类科学、技术标准和规格。"

第一，香港特别行政区享有科学技术政策的自主制定权。这一规定为香港特别行政区政府制定政策，包括鼓励科学研究，对科技产品的开发、应用和流通，规划两地科学技术的发展方向，确定了基本的原则。这也是特别行政区的高度自治权在科学技术方面的体现。香港特别行政区应当在已有的科学技术基础上，继续采取措施，制定和完善科技政策及相应的法律法规，以倡导、鼓励、保护和促进香港科学技术事业的发展，特别是扶持和保护高新技术产业的发展。

第二，自行制定法律保护科学技术的研究成果、专利和发明创造。在特别行政区成立以前，香港对科技研究成果、专利和发明创造的保护法律尚没有形成独立的体系，没有独立的专利申请和登记制度，而是依附于英国专利制度和欧洲专利制度。香港特别行政区政府成立后，应制定相应的法律和政策来保护科学技术的研究成果、专利和发明创造，以促进香港科技事业的繁荣和发展。

第三，香港特别行政区政府自行确定适用于香港的各类科学、技术标准和规格。港英政府时期，香港的工业署所属的科学技术部负责设立科学和技术标准、处理产品标准及品质工作的保证。[②] 在科学技术标准方面，主要是参照英国、葡萄牙的科技标准，以及按照各出口国的标准与国际标准来确定产品的科技标准和规格。[③] 香港基本法赋予香港特别行政区政府制定各类科学技术标准和规格的自主权，可以使香港特别行政区政府更灵活有效地处理相关事务。

三、医疗卫生制度

香港特别行政区政府所负责和管理的医疗卫生事业内容繁杂，其目的是通过各项服务来促进市民健康和预防各类疾病。香港的医疗机构主要分为三类：第一类是由政府创办的公立

---

① 李昌道、龚晓航：《基本法透视》，中华书局1990年版，第273页。

② 云冠平、钟业坤主编：《中华人民共和国香港特别行政区基本法概论》（第二版），暨南大学出版社1993年版，第286页。

③ 焦洪昌：《港澳基本法》，北京大学出版社2007年版，第288页。

医院，经费来源主要是政府拨款；第二类是由非牟利性社团主办，政府予以补助；第三类是私立医院，以牟利为目的。[①] 香港八成以上的居民在公立和补助医院治疗疾病，主要是因为这些医院收费低廉，是一种带有福利性质的医疗制度。私立医院虽收费昂贵，但服务质量较高，也获得了很多香港居民的青睐。

《香港基本法》第一百三十八条规定："香港特别行政区政府自行制定发展中西医药和促进医疗卫生服务的政策。社会团体和私人可依法提供各种医疗卫生服务。"

第一，香港特别行政区政府自行制定发展中西医药的政策。在原有的香港医疗体系下，中医与中药长期无法取得合法的地位，中医、中药师的资格不为港英政府所承认。香港基本法要求特别行政区政府采取措施、制定政策同时发展中、西药，把中医、中药放到与西医、西药相对平等的地位上来，使中西药、中西医同时获得发展。

第二，香港特别行政区政府自行制定促进医疗卫生服务的政策。"医疗卫生服务"包括为居民提供个人保健卫生服务、公共卫生服务和特别卫生服务（如环境卫生、港口卫生、康复服务和戒毒服务等）。[②] 凡是涉及预防疾病、提高居民的卫生和健康水平等方面的事务，香港特别行政区政府应制定适当政策予以调整和管理，以促进医疗卫生服务为目标，提高当地的医疗卫生服务及居民的健康水平。这是香港特别行政区政府承担的重要职责。香港特别行政区政府有义务制定适当政策来促进医疗卫生服务事业的发展。

第三，社会团体和私人可依法提供各种医疗卫生服务。在原有制度下，社会团体和私人开办的医院和诊所等，为香港居民提供了有效的、必不可少的医疗卫生服务，这也是政府医疗卫生服务的重要补充。香港基本法允许和鼓励社会团体及私人为香港居民提供医疗服务，保留和允许他们向居民继续提供服务。香港特别行政区政府在制定医疗卫生服务政策时，应注意调动和保护社会团体及私人向居民提供医疗卫生服务的积极性，从政策导向上对社会团体及私人提供医疗卫生服务给予鼓励、扶持和帮助。

---

① 许崇德主编：《港澳基本法教程》，中国人民大学出版社 1994 年版，第 147 页。
② 杨静辉、李祥琴：《港澳基本法比较研究》，北京大学出版社 1997 年版，第 444 页。

第十三章　香港特别行政区的对外事务

　　香港作为一个自由港、单独关税区和国际金融中心，其特殊地位决定了它的对外事务也必然具有许多特殊之处。在1984年签订的《中英联合声明》中，我国政府在坚持香港特别行政区的外交事务属于中央人民政府管理下的同时，又指明了授权香港特别行政区政府可以自行处理有关的对外事务，即香港特别行政区可以"中国香港"的名义单独地同各国、各地区及有关国际组织保持和发展经济、文化关系，并签订有关协定；香港特别行政区政府可以自行签发出入香港的旅行证件。《香港基本法》第七章则以法律形式对《中英联合声明》的有关部分加以确认。这些规定对于促进香港对外事务的发展提供了良好的法律支持。

第一节　参加外交谈判和单独缔约

一、参加外交谈判

　　《香港基本法》第一百五十条规定："香港特别行政区政府的代表，可以作为中华人民共和国政府代表团的成员，参加由中央人民政府进行的同香港特别行政区直接有关的外交谈判。"这里的"直接有关的外交谈判"既包括中央人民政府专门为某特别行政区的利益而同外国政府或国际组织举行的外交谈判，也包括中央人民政府与外国或国际组织举行的可能涉及特别行政区利益的其他外交谈判。这两种情况下，特别行政区政府均可派代表参加中国中央人民政府的代表团参加谈判。这一规定表明了香港特别行政区享有有限的外交谈判权，其有限性表现在：第一，只有在中央人民政府参加的前提下，香港特别行政区才有可能参加外交谈判。外交谈判是主权国家之间就有关共同利益或共同关心的事务所进行的磋商，香港不是一个主权国家，而是直辖于中央的特别地方行政区域，所以没有资格单独地参加外交谈判。第二，它只能参加与香港本身直接有关的外交谈判，与香港特别行政区没有关系的外交谈判，它没有权利参加；即使是有关香港的谈判，香港也不一定都参加，因为香港基本法没有规定中央进行的与香港有关的谈判必须和香港协商并有香港特别行政区的代表参加。第三，香港只能以中国政府代表团的成员身份参加外交谈判，这同第一点相符合。因为香港不具有独立的国际法律人格，它不能单独地参加外交谈判，因此在外交谈判中它也不能单独地阐明自己的意见，只能和中国政府代表团作为同一主权国家，表达共同的国家意志。

　　香港特别行政区享有的这一外交谈判权表明了中央人民政府对于香港特别行政区的高度自治权的行使的切实保障，表明了中国政府维护香港的利益的诚意。这种吸收地方政府参与中国政府外交权的行使的特点，不仅是其他单一制国家中不可能有的，而且在联邦制国家中也极为鲜见。

二、单独缔约

（一）香港基本法确定的香港特别行政区缔约权限

"条约是至少两个国际法主体意在原则上按照国际法产生、改变或废止相互间权利义务的意思表示的一致。"[1] 这是当代国际法学家李浩培对"条约"下的定义。在传统国际法中，普遍认为主权是缔约权的唯一依据，也就是说，只有主权国家才是条约的缔结主体，因此，"条约"仅限于"国家与国家之间关于它们的相互权利和义务关系的书面形式的协议"。香港特别行政区在回归祖国后，作为中国领土的一部分，它与外国或国际组织缔结的条约是国际法中的条约吗？换言之，香港特别行政区有国际法上的缔约权吗？

在此，有必要澄清两个层面的问题：

一是香港特别行政区不是独立的国际法主体，并不当然拥有国际法上的缔约权，其缔约权是中央人民政府赋予的。

中国是独立主权国家，"每一国家皆有缔约之能力"（1969 年《维也纳条约法公约》第六条）。所以中华人民共和国中央人民政府——公认的中国在国际法上和国际社会中的合法代表——具体去实践这种能力。它依据国家主权原则有对内的最高统治权，因而有权确定谁能代表中国行使缔约权。《中华人民共和国宪法》和《中华人民共和国缔结条约程序法》规定，中央人民政府同外国缔结条约和规定；全国人大常委会决定同外国缔结的重要条约和协定的批准与废除；国家主席根据全国人大常委会的决定批准与废除同外国缔结的重要条约和协定；外交部在国务院领导下管理同外国缔结条约和协定的具体事务。因而，中国地方政府没有同外国或政府间国际组织缔结条约的权力。香港特别行政区之所以有一定范围内的缔结国际条约的权力，是中央人民政府授权的结果。授权香港特别行政区政府有对外缔约权，有历史原因，也有现实需要，进行此授权的是香港基本法。

二是香港特别行政区政府的缔约权有限制。这种限制由《香港基本法》以授权的方式进行，可以是一般性授权，也可以是特别授权。

《香港基本法》第一百五十一条对香港特别行政区政府的缔约权范围作了一般性授权。凡是涉及经济、贸易、金融、航运、通讯、旅游、文化、体育等领域内的条约，香港特别行政区政府无须再寻求中央人民政府的具体授权即可缔结。这样的条约可以是双边的也可以是多边的。如果是多边条约，则必须由这些条约允许非国家实体成为当事方，香港才可以以自己的名义进去。[2] 如果是双边条约，涉及防务、外交等国家主权范围内的事项，香港特别行政区政府无缔约权。在一些特定领域缔结双边条约有可能涉及主权问题的，《中英联合声明》附件一"中华人民共和国关于香港的基本方针的具体说明"进行了阐述，香港基本法作了具体规定，这可视为特定授权。

第一，在司法协助方面，《中英联合声明》附件一第三节、《香港基本法》第九十六条规定，在中央人民政府"协助或授权"下，香港特别行政区可与外国作适当安排。这意味着中央人民政府必须或者参加谈判，或者授权香港特别行政区谈判和缔结诸如相互法律协

---

① 李浩培：《条约法概论》，法律出版社 1987 年版，第 1 页。

② 安托尼·奥斯特著，江国清译：《现代条约法与实践》，中国人民大学出版社 2005 年版，第 52 页。

助、相互执行判决、移交逃犯和移管囚犯事项的条约。实践中，中央人民政府已经作过一些授权而没有寻求参加谈判，而是由香港特别行政区以自己的名义缔结这些领域的双边条约。① 截至 2007 年 2 月 28 日，香港特别行政区与澳大利亚、加拿大、丹麦、法国、以色列、韩国、荷兰、新西兰、菲律宾、波兰、葡萄牙、新加坡、瑞士、乌克兰、英国、美国等国家签订了刑事司法协定，与印度尼西亚、韩国、马来西亚、荷兰、新西兰、菲律宾、波兰、葡萄牙、新加坡、斯里兰卡、英国和美国签订了移交逃犯的协定；截至 2007 年 1 月 26 日，香港特别行政区与澳大利亚、菲律宾、葡萄牙、斯里兰卡、泰国、英国、美国签订了移交被判刑人的协定。

第二，在航空运输方面，《中英联合声明》附件一第九节和《香港基本法》第一百三十三条规定，经中央人民政府"具体授权"，香港特别行政区可以："（一）续签或修改原有的民用航空运输协定和协议；（二）谈判签订新的民用航空运输协定，为在香港特别行政区注册并以香港为主要营业地的航空公司提供航线，以及过境和技术停降权利；（三）同没有签订民用航空运输协定的外国或地区谈判签订临时协议。不涉及往返、经停中国内地而只往返、经停香港的定期航班，均由本条所指的民用航空运输协定或临时协议予以规定。"这是为保证香港作为国际航空运输中心的地位而作的特别授权。截至 2007 年 1 月 5 日，香港特别行政区与澳大利亚、奥地利、巴林、孟加拉国、比利时、巴西、文莱、柬埔寨、加拿大、克罗地亚、捷克、丹麦、芬兰、法国、德国、匈牙利、冰岛、印度、印度尼西亚、毛里求斯、蒙古、缅甸、尼泊尔、荷兰、新西兰、挪威、阿曼、巴基斯坦、菲律宾、沙特阿拉伯、新加坡、南非、斯里兰卡、瑞典、瑞士、泰国、土耳其、阿拉伯联合酋长国、英国、美国、越南签订了民用航空运输协定；同白俄罗斯、吉尔吉斯、立陶宛、马尔代夫、乌克兰等国家签订了国际民航协定。②

第三，在缔结互免签证协议方面，《中英联合声明》附件一第十四节和《香港基本法》第一百五十五条规定，中央人民政府"协助或授权"香港特别行政区与各国或各地区缔结互免签证协议。目前，香港特别行政区与超过一百个国家或地区签订了互免签证安排和协定，其中十项由香港特别行政区政府签订。③

在实践中，香港特别行政区所签订的上述范围内的双边条约，如《香港特别行政区—英国移管被判刑人犯规定》、《香港特别行政区—英国交出逃犯协定》、《香港特别行政区—英国航空运输协定》等均在序言中阐明香港特别行政区已经得到"中华人民共和国中央人民政府的适当授权缔结本协定"。④

（二）条约在香港法律渊源中的地位和效力

1. 回归前条约在香港法律渊源中的效力

香港属于英美法体系，其法律渊源由适用于香港的普通法、衡平法、英国制定法、香港指定的条例和附属立法、本地判例法等构成，条约在香港法律制度中的地位低于制定法，构成香港法律体系的重要组成部分。在英国，条约不能自动于国内生效，条约签订并经英王批准后，只是在国际法上对英国产生拘束力，它必须经过国会立法程序才能在国内适用。因

---

① 安托尼·奥斯特著，江国清译：《现代条约法与实践》，中国人民大学出版社 2005 年版，第 320～321 页。

② 见香港律政司网，http：//www. translate. justice. gov. hk/gb/www. legislation. gov. hk.

③ 见香港律政司网，http：//www. translate. justice. gov. hk/gb/www. legislation. gov. hk.

④ 见香港律政司网，http：//www. translate. justice. gov. hk/gb/www. legislation. gov. hk.

此，条约在英国国内适用必须经过转化，其在英国国内法律制度中的地位低于制定法。香港遵循英国法的既有传统，条约亦不能在香港自动生效。在香港适用的国际条约亦须通过英国或香港立法机关转化为本地法律而简洁适用，离开这些立法，条约本身并无实质拘束力。国际条约转化为香港本地法律的方式有两种：其一，通过实施英国法律的方式来执行国际条约。回归以前，大约有三百多条英国国会立法法例适用于香港，其中一些法例涉及适用国际条约，香港通过实施有关法例而适用国际条约。例如，香港是通过实施《版权（国际组织）令》、《版权（国际公约）令》、《版权（香港）令》三个英国国会条例来适用相关国际条约。其二，以香港法律实施英国法律的方式适用国际条约。香港本地立法指明某一英国法律在港适用，而该英国法律旨在执行特定的国际条约，从而导致国际条约在香港适用。①

2. 回归后条约在香港法律渊源中的地位与实际运作情况

香港于 1997 年 7 月 1 日回归之后，"一国两制"进入了正式的实施阶段。国际条约适用于香港特别行政区的情况与回归之后相比，在性质上已经发生了变化。国际条约在香港特别行政区的适用问题已经不再需要中英两国政府之间进行磋商，并作出相关安排，而变成由中国政府基于香港基本法的具体规定，根据国际法的原则以及相关公约的性质，在征询香港特别行政区政府意见后自行决定的事宜。《香港基本法》第一百五十一条规定："香港特别行政区可在经济、贸易、金融、航运、通讯、旅游、文化、体育等领域以'中国香港'的名义，单独地同世界各国、各地区及有关国际组织保持和发展关系，签订和履行有关协议。"这一规定表明了中央保障香港特别行政区在经济、贸易、金融、文化等上述领域单独地同国际社会保持和发展关系。在不违背国家主权的前提下，中央不得随意干涉香港在这些领域内同国际社会的各种成员签订有关协议。

近年来，随着经济全球化的迅猛发展，中国改革开放的不断深化和社会主义市场经济体制的逐步完善，中国国际化的程度日益提高。为了融入世界经济，与国际制度和标准接轨，中国积极参与了许多国际公约的起草和制定，在制定国际规则过程中维护和主张自己的利益，同时加快了参加其他已经制定的国际公约的步伐。在这种背景下，为了保持香港特别行政区的繁荣和稳定，中国政府高度重视国际公约适用于特别行政区的工作，并按照"一国两制"的原则，适时地将香港特别行政区需要的国际公约适用于香港特别行政区。自香港回归以来至 2003 年底，中国政府在 214 项国际公约已经适用香港特别行政区的基础上，又决定将约 30 项国际公约延伸适用于香港特别行政区，并根据香港特别行政区政府的意见，决定将中国参加的《国际植物新品种保护公约》等四个公约暂不使用于香港特别行政区，将适用于澳门特别行政区的《建立亚太广播发展机构协定修正案》暂不适用于香港特别行政区。这足以表明，香港和澳门回归后，国际公约适用于香港特别行政区方面取得了显著进展。

国际条约在特别行政区的适用是条约在中国适用的重要组成部分。"一国两制"是我国解决香港和澳门回归问题的基本方针，也是处理条约在特别行政区适用的原则。"一国两制"中的"一国"是"两制"的前提和基础，就条约适用香港特别行政区而言，"一国"意味着中央政府是国际法的主体，香港特别行政区虽然按照基本法的规定被授予一定的缔约

---

① 参见简家聪：《香港对外关系简介》，港人协会编：《香港法律18讲》，商务印书馆香港分馆1987年版，第448～449页。

权，但不是国际法的主体，在国际上代表特别行政区缔约的只能是中央人民政府，特别行政区所适用的国际条约只能是作为国际法主体的中国政府缔结或参加或者中央政府在国际层面承担责任的国际条约。

在香港特别行政区适用的条约是：适用于中国全部领土包括香港特别行政区的多边条约和双边条约、以中国香港特别行政区名义参加或缔结并适用于本特别行政区的多边条约和双边条约。如果条约涉及外交、国防类的，或根据条约的性质和规定必须适用于国家全部领土的，中国参加或缔结了这类条约都应适用于香港特别行政区。1997 年 6 月，中国驻联合国代表秦华孙在给联合国秘书长的照会中指明：为避免疑问，对属于外交、国防类或根据条约的性质和规定必须适用于国家全部领土的条约，中华人民共和国政府无须办理有关手续。这类条约可以直接适用于中国全境，也包括香港特别行政区。其效力如前所述，最高的也应在宪法和香港基本法之下。所以，这类条约在香港特别行政区的法律体系中，其效力位于香港基本法之下、香港特别行政区立法机关制定的法律之上。

上述条约之外的适用于香港特别行政区的条约，包括中华人民共和国和香港特别行政区同为缔约方的多边条约和香港特别行政区以自己名义缔结或参加的多边条约，以及香港特别行政区以自己名义缔结或参加的双边条约，都需要转化为香港本地法律才可以适用。在给予条约以国内法上的效力时，香港特别行政区仍维持二元主义的方法。至于转化方式，一是通过宪报刊登，如民用航空运输协定、促进和保护投资协定、移交被判刑人的协定、中国政府与他国签订的适用于香港特别行政区的领事特权与豁免协定等；二是根据有关条例，以附表形式载于由行政长官会同行政会议发出的命令，它们被列为法例，如刑事司法协助协定、移交逃犯协定、避免双重课税的协定等；三是通过香港本地立法，一般多边条约需要在香港特别行政区转化为本地立法后实施，因为这些条约在香港特别行政区的法律地位就是香港特别行政区立法机关制定的法律地位。

总之，香港特别行政区的对外缔约权以及在其内部对条约的适用，有其特殊性、复杂性。在实践中运用起来，更会面临各种各样的难题而需要进一步研究、探讨。但是，中英两国政府的法律专家在中英联合声明的谈判中所发明的上述妥善的安排，是确定、有效、适时的，为国际社会中其他的特别情形提供了一个先例。更重要的是，这为香港特别行政区作为国际金融中心、国际和区域航空中心、单独关税区以及自由港的地位提供了保证。

3. 现行适用于香港特别行政区的国际公约种类

截至 2011 年 3 月 3 日，适用于香港特别行政区的国际公约分为 20 类：

（1）政治、外交及国防类：包括 1899 年 7 月 29 日订于海牙的《和平解决国际争端公约》、1949 年 8 月 12 日订于日内瓦的《关于战俘待遇之日内瓦公约》、1961 年 4 月 18 日签订于维也纳的《维也纳外交关系公约》和 1996 年 4 月 11 日订于开罗的《非洲无核武器区条约的第 1 和第 2 号议定书》等 22 项公约。

（2）禁毒类：包括 1961 年 3 月 30 日订于纽约的《麻醉品单一公约》，于 1972 年修订，另外还有 1971 年 2 月 21 日订于维也纳的《精神药物公约》及 1988 年 12 月 20 日订于维也纳的《联合国禁止非法贩运麻醉药品和精神药物公约》。

（3）国际犯罪类：有 1948 年 12 月 9 日在纽约经联合国大会通过的《防止及惩治危害种族罪公约》、1994 年 12 月 9 日订于纽约的《联合国人员和有关人员安全公约》、2000 年11 月 15 日订于纽约的《联合国打击跨国有组织犯罪公约》、2003 年 10 月 31 日订于纽约的

《联合国反腐败公约》及 2004 年 11 月 11 日订于东京的《亚洲地区反海盗及武装劫船合作协定》等 16 项公约。

（4）国际私法类：包括 1951 年 10 月 31 日订于海牙的《海牙国际私法会议章程》，于 2007 年修订，还有 1970 年 6 月 1 日订于海牙的《承认离婚和分居公约》、1980 年 10 月 25 日订于海牙的《国际性诱拐儿童民事方面公约》及 1993 年 5 月 29 日订于海牙的《跨国收养方面保护儿童及合作公约》等 10 项公约。

（5）海关类：包括 1950 年 11 月 22 日在纽约成功湖开放签署的《关于教育、科学和文化物品的进口的协定》、1956 年 6 月 4 日订于纽约的《关于旅游方面海关便利的公约》、1956 年 5 月 18 日订于日内瓦的《关于私用飞机和游船临时进口的海关公约》、1960 年 12 月 9 日订于日内瓦的《关于海关处理用于国际运输的货盘的欧洲公约》及 1990 年 6 月 26 日订于伊斯坦布尔的《关于暂准进口的公约》等共计 13 项公约。

（6）海洋污染类：有 1969 年 11 月 29 日订于布鲁塞尔的《1969 年国际干预公海油污事故公约》，于 1973 年、1991 年、1996 年和 2002 年修订，1990 年 11 月 30 日订于伦敦的《国际油污设备、反应和合作公约》，1992 年 11 月 27 日订于伦敦的修正《国际油污损害民事责任公约》的 1992 年议定书，于 2000 年修订，及 2001 年 3 月 28 日订于伦敦的《国际燃油污染损害民事责任公约》。

（7）科技类：包括 1967 年 1 月 27 日订于伦敦、莫斯科及华盛顿的《关于各国探索和利用包括月球和其他天体在内外层空间活动的原则条约》、1975 年 1 月 14 日在纽约开放签署的《关于登记射入外层空间物体的公约》、1997 年 9 月 5 日订于维也纳的《乏燃料管理安全和放射性废物管理安全联合公约》、2005 年 2 月 28 日订于华盛顿的《第四代核能系统研究和开发国际合作框架协议》及 2006 年 6 月 22 日订于维也纳的《1987 年亚洲太平洋地区核科学技术研究发展和培训地区合作协定的第 4 次延长协定》等 8 项公约。

（8）民航类：有 1929 年 10 月 12 日订于华沙的《同意国际航空运输某些规则的公约》、1944 年 12 月 7 日订于芝加哥的《国际民用航空公约》、1944 年 12 月 7 日订于芝加哥的《国际航班过境协定》和 1999 年 5 月 28 日订于蒙特利尔的《统一国际航空运输某些规则的公约》等 5 项公约。

（9）商船类：有 1910 年 9 月 23 日订于布鲁塞尔的《1910 年统一船舶碰撞某些法律规定的国际公约》、1921 年 4 月 20 日订于巴塞罗那的《承认无海岸国家悬挂船旗权利宣言》、1969 年 6 月 23 日订于伦敦的《特种业务客船协定》、1976 年 11 月 19 日订于伦敦的《海事索赔责任限制公约》和 1989 年 4 月 28 日订于伦敦的《国际救助公约》等共计 24 项。

（10）投资、贸易及工业类：仅有一项，即 1928 年 11 月 22 日订于巴黎的《国际展览会公约》，分别于 1948 年、1966 年、1972 年、1982 年和 1988 年进行过 5 次修订。

（11）卫生类：包括 1924 年 12 月 1 日订于布鲁塞尔的《为商船海员提供性病治疗设施的协定》、2003 年 5 月 21 日订于日内瓦的《世界卫生组织烟草控制框架公约》和 2005 年 5 月 23 日订于日内瓦的《国际卫生条例》3 项。

（12）知识产权类：有 1883 年 3 月 20 日订于巴黎的《保护工业产权巴黎公约》、1886 年 9 月 9 日订于伯尔尼的《伯尔尼保护文学和艺术作品公约》、1952 年 9 月 6 日订于日内瓦的《世界版权公约》、1996 年 12 月 20 日订于日内瓦的《世界知识产权组织版权条约》及 1996 年 12 月 20 日订于日内瓦的《世界知识产权组织表演和录音制品公约》等共计 7 项。

（13）环保类：有 1946 年 12 月 2 日订于华盛顿的《国际捕鲸公约》、1985 年 3 月 22 日订于维也纳的《保护臭氧层维也纳公约》、1992 年 5 月 9 日订于纽约的《联合国气候变化框架公约》、1998 年 9 月 10 日订于鹿特丹的《关于在国际贸易中对某些化学品和农药采用事先知情同意程序的鹿特丹公约》和 2001 年 5 月 22 日订于斯德哥尔摩的《关于持久性有机污染物的斯德哥尔摩公约》等共计 10 项。

（14）邮政类：包括 1985 年 12 月 4 日订于曼谷的《亚洲及太平洋邮政联盟总规则》、1999 年 9 月 15 日订于北京的《万国邮政公约》及《最后议定书》、1999 年 9 月 15 日订于北京的《邮政付款协定》和 1999 年 9 月 15 日定于北京的《万国邮政联盟总规则》4 项。

（15）劳工类：1919 年 11 月 28 日在华盛顿通过的《失业公约》（第 2 号公约）、1919 年 11 月 28 日在华盛顿通过的《分娩保护公约》、1925 年 6 月 5 日在日内瓦通过的《待遇平等（意外赔偿）公约》、1949 年 7 月 1 日在日内瓦通过的《组织权利及集体谈判权利公约》、1957 年 6 月 25 日在日内瓦通过的《海员身份证公约》、1975 年 6 月 23 日在日内瓦通过的《最低年龄公约》、1985 年 6 月 17 日在日内瓦通过的《关于禁止和立即行动消除最有害的童工形式公约》、1985 年 6 月 25 日在日内瓦通过的《（公务员）劳动关系公约》等共计 41 项。

（16）人权类：有 1954 年 9 月 28 日订于纽约的《关于无国籍人地位的公约》、1966 年 12 月 16 日在纽约经联合国大会通过的《公民及政治权利国际盟约》、1989 年 11 月 20 日在纽约经联合国大会通过的《儿童权利公约》、2000 年 5 月 25 日订于纽约的《儿童权利公约关于儿童卷入武装冲突问题的任择议定书》及 2006 年 12 月 13 日订于纽约的《残疾人权利公约》等共计 16 项。

（17）国际组织类：包括 1919 年 6 月 28 日订于凡尔赛的《国际劳工组织章程》、1936 年 7 月 30 日订于布鲁塞尔的《关于国际清算银行豁免的议定书》、1945 年 6 月 26 日订于旧金山的《国际法院规约》、1947 年 10 月 11 日订于华盛顿的《世界气象组织公约》、1965 年 12 月 4 日订于马尼拉的《建立亚洲开发银行协定》、1999 年 11 月 30 日订于西雅图的《就世界贸易组织法则提供意见的咨询中心》及 2006 年 11 月 21 日订于巴黎的《联合实施国际热核实验堆项目国际巨变特权与豁免协定》等共计 42 项。

（18）交通类：主要有 2 项，即 1949 年 9 月 19 日订于日内瓦的《公路交通公约》及 1998 年 6 月 25 日订于日内瓦的《关于对轮式车辆、可安装和/或对于轮式车辆的装备和部件制定全球性技术法规的协定书》。

（19）电信类：有 1884 年 3 月 14 日订于巴黎的《保护海底电缆公约》和 1985 年 10 月 16 日订于伦敦的《领海和港内适用国际海事卫星组织船舶地面通讯站国际协定书》共计 2 项。

（20）文化、娱乐及体育类：包括 1972 年 11 月 23 日订于巴黎的《保护世界文化及自然遗产公约》、2003 年 10 月 17 日订于巴黎的《保护非物质文化遗产公约》、2005 年 10 月 19 日订于巴黎的《反对在体育运动中使用兴奋剂国际公约》和 2005 年 10 月 20 日订于巴黎的《保护和促进文化表现形式多样性公约》4 项。

第二节　参加国际组织

一、国际组织的概念

国际组织的概念有广义和狭义之分。广义上的国际组织一般是指两个以上的国家的政府、民间团体或个人为特定的国际合作的目的，通过协议形式而创设的常设机构，既包括政府间的国际组织，也包括非政府的国际组织；而国际法上所研究的国际组织主要是政府间的国际组织（intergovernmental organization），即国家之间为谋求合作，以实现符合共同利益的目标，通过缔结国际条约的形式而创设的常设性机构。[①]

本书主要采取广义上的国际组织的概念，国际组织的参与者主要是指参与国际组织活动，并在其中享受权利、承担义务的国际法主体及某些非主权的地区实体。这些参与者因其本身的地位及承受的权利和义务不同，在成员资格上可分为以下四种类型：

（一）完全会员

国际组织的正式参与者，通常参与该组织的全部活动并承受该组织的全部权利和义务，因而是完全会员。完全会员一般只能是国家，但少数国际组织，例如专业性国际组织，也允许非国家主体、国家集团和国际组织作为完全会员参加。完全会员在该国际组织内的地位是平等的，享有同样权利和承担同样义务。但有些国际组织，如国际金融组织，完全会员承担不同的财政义务和享有不同的决策权利（如加重表决权），这种特殊情况由约章加以具体规定。

（二）部分会员

有些国际组织允许非会员国参与该组织的一个或几个机关的工作，作为那些机关的正式成员，但它们不是该组织的会员国。例如，瑞士不是联合国的会员国，但它是国际法院的当事国，并且参加了联合国儿童基金会和联合国贸发会议；巴勒斯坦解放组织不是联合国的正式会员，但参加了联合国西亚经济委员会。部分会员在其参加的机构内享有正式会员的权利并承担同样的义务。

（三）联系会员

有些国际组织接受联系会员，联系会员在该国际组织中只享有有限的权利：出席会议和参加讨论，但没有表决权，也不能在主要机关中任职。它们对组织承担较低的财政义务。以前，联系会员多为非自治领土；现在，民族解放运动也取得了这种地位，尽管它们不是正式地称为联系会员。非自治领土在联合国的一些机构里有此地位。非洲经济委员会吸收不是非洲的国家作为联系会员。欧洲理事会接纳联系会员，允许联系会员参加一两个机关的工作。欧洲经济共同体也接纳联系会员，但不让联系会员参加共同体本身的活动，只允许他们参加共同体设立的一些新的独立机构的活动。

（四）观察员

大部分国际组织邀请非成员国、民族解放运动组织、其他政府间或非政府间的国际组织

---

① 朱晓青：《国际法》，社会科学文献出版社 2005 年版，第 377 页。

作为观察员出席其有关的会议。观察员在每次开会通常是被临时邀请的，但也有常设的，如巴勒斯坦解放组织在联合国设常驻观察员代表团。观察员在该组织的有关会议上一般没有发言权也没有表决权。但观察员可以取得会议的全部文件，有时也可提出正式的提议。

从参加国际组织的方式和程序来说，会员可分为创始会员和纳入会员两种。凡是参与创建该组织的会员国，一般均为创始会员国。如联合国的创始会员国，就是在 1942 年《联合国家宣言》上签字和出席签订《联合国宪章》的旧金山会议的国家。此外，凡是成立后加入的国家均为纳入会员国。在法律上，创始会员和纳入会员没有什么区别。

国际组织的会员资格可因退出或被开除而丧失。如会员国不履行会员义务，或违反组织约章，可被该国际组织开除或除名。

国际组织一般是建立在会员国主权平等的基础上的。凡是正式会员都享有同样的权利（代表权、发言权和表决权），也承担着相应的义务。部分会员、联系会员和观察员都不是正式的会员，它们只有参加某些活动的权利，享有某些利益和便利，也只承担较小的义务，没有会员国的法律地位。

二、回归前香港参加国际组织的概况

长期以来，香港作为英国的殖民地，没有对外关系权，香港的对外关系由英国全权负责。但是，由于香港本身发展的需要，英国政府逐步在事实上承认和允许香港对外享有经济贸易方面的自主权，特别是随着香港国际地位的不断提高，它成为英国殖民体系下一个相对独立的区域性经济实体，国际社会也逐渐接受和容纳了它在国际法律关系中的独特地位，这可以从香港已参加的国际组织中得到证明。香港参加国际组织都不是以主权国家的身份，而必须通过英国政府，但是香港又享有一定的自主权，可以采取与英国政府不同的政策。香港参加的国际组织大部分是经济贸易方面的。

自 1985 年起，中英双方就香港与有关国际组织的关系问题进行了多次磋商，并就香港特别行政区继续参加 34 个政府间国际组织的活动问题达成了共识。1997 年 6 月，中国外交部明确表示，自 1997 年 7 月 1 日起，香港特别行政区可以中国政府代表团成员身份参加国际民航组织、国际货币基金组织等 19 个政府间国际组织的活动和出席有关会议，还可以成员、联系成员等身份，以"中国香港"名义参加亚洲开发银行、国际海事组织等 15 个政府间国际组织的活动。

上述有关安排符合《中英联合声明》和《香港基本法》的有关规定以及有关国际组织的章程，也符合香港的区域性实体地位和实际需要。中国外交部已先后向 34 个国际组织采取外交行动，递交照会，说明香港特别行政区与这些国际组织的关系以及参加其有关活动的方式。

这方面最典型的范例是，香港通过中英两国政府的分别声明，成为关税和贸易总协定（GATT）的正式成员。1986 年 4 月 23 日，英国声明并通知 GATT 总干事，香港在处理其对外贸易关系和 GATT 规定的其他事项中具有充分的自主权，根据 GATT 第二十六条第五款第三项规定，并根据香港的意愿，香港将被视为缔约方，自本声明之日起生效。中国同时发表相应声明，确认香港的 GATT 缔约方地位。从法律程序上说，只有英国的声明使香港取得了 GATT 的缔约方地位，中国的声明只是表明中国对上述事实的认可，其意义是向 GATT 各缔约方表明，香港是中国领土的一部分，并承诺 1997 年 7 月 1 日后中国对香港恢复行使主权将不影响香港继续其在 GATT 的缔约方地位。1995 年 1 月 1 日《世界贸易组织协定》生效，世界贸易组织（WTO）取代 GATT。根据该协定的有关规定，香港基于其本身的权利，即 GATT 缔约方的地位，于 1995 年成为 WTO 的创始成员，并于 1997 年 7 月 1 日起更名为"中国香港"。就国际法而言，香港可以成为 WTO 成员，首先是由于 WTO 的成员资格不限于国家。香港作为在对外商务关系活动中具有完全自治权的单独关税区，本身符合 WTO 成员的条件。其次，是基于《中英联合声明》和《香港基本法》的规定。《香港基本法》第一百一十六条进一步明确规定，香港特别行政区是"单独的关税地区"，可以"中国香港"的名义参加《关税和贸易总协定》。[①]

三、香港特别行政区与国际组织

回归后，香港完全摆脱了过去的那种屈辱的"殖民地"地位，而是以崭新的姿态重新活跃在国际经济舞台上。《香港基本法》第十二条明确规定了："香港特别行政区是中华人民共和国的一个享有高度自治权的地方行政区域，直辖于中央人民政府。"这表明香港作为中国的地方行政区域参加国际组织的活动。

《香港基本法》第一百五十二条规定："对以国家为单位参加的、同香港特别行政区有关的、适当领域的国际组织和国际会议，香港特别行政区政府可派遣代表作为中华人民共和国代表团的成员或以中央人民政府和上述有关国际组织或国际会议允许的身份参加，并以'中国香港'的名义发表意见。"

按照香港基本法的规定，如有关的国际组织或国际会议是以国家为单位参加时，香港特别行政区政府在得到中央政府的同意下，仍然可以某种形式参加国际组织的活动，如国际电信联盟、世界知识产权组织、国际劳工组织会议等。

另外，根据香港基本法的规定，香港特别行政区可以"中国香港"的名义参加不以国家为单位的国际组织和国际会议，与有关国际组织保持和发展关系，包括亚洲太平洋地区社会委员会（ESCAP）、世界卫生组织（WHO）、国际劳工组织（ILO）、世界贸易组织（WTO）、世界海关组织（WCO）和世界气象组织（WMO）等。[②] 香港特别行政区还以东道主身份举办亚洲文化合作论坛，以及世界贸易组织第六次部长级会议等大型国际会议。民间团体和宗教组织亦可同世界各国、各地区及国际的有关团体和组织保持和发展关系，各团体和组织可根据需要冠以"中国香港"的名义，参与有关活动。

对于中华人民共和国已参加而香港也以某种形式参加了的国际组织，中央人民政府将采取必要措施使香港特别行政区以适当形式继续保持在这些组织中的地位。对于中华人民共和国尚未参加而香港已以某种形式参加的国际组织，中央人民政府将根据需要使香港特别行政区以适当形式继续参加这些组织。

香港特别行政区在香港基本法的授权下，得以继续积极参与这些国际组织和活动，对巩

---

① David Little,（Law Officer, Department of Justice, Hong Kong），WTO Dispute Settlement: A Hong Kong Perspective, Speech on Inter-Pacific Bar Association Conference "WTO Dispute Resolution System: Does It Work?", 2000.

② 曾华群：《试论香港特区高度自治权的基本特征及其对外事务实践》，香港法律教育信托基金编：《中国内地香港法律制度研究与比较》，北京大学出版社 2000 年版，第 573 页。

固香港作为国际金融、贸易、航空和航运中心，起了非常重要的作用。

另一典型例子是香港特别行政区与中国在亚太经济合作组织（Asia Pacific Economic Cooperation，APEC）的成员资格。1991年，中国与香港地区、台湾地区同时加入该组织。自1997年7月1日起，香港在该组织中正式更名为"中国香港"。一方面，在"一国两制"方针下，中国与中国香港可以继续代表各自的经济利益，不必以同一个声音发言。另一方面，基于"一国"的概念，香港可通过对APEC问题的研究和分析，帮助中国熟悉APEC的计划和参与APEC的活动。香港与东南亚国家联盟成员国多边的政府和商业联系可作为中国与这些国家非正式政府和商业联系的良好基础。据统计，1997年7月1日至1999年7月1日，中央人民政府协助香港特别行政区政府官员，包括外籍人员以中国政府代表团成员的资格出席国际会议120多次，授权香港特别行政区政府自行签发单独参加国际会议的全权证书，以中央人民政府名义为香港特别行政区政府申办亚洲电信展和国际药物规管会议，协助香港特别行政区政府主办其他政府间国际会议10次；同意香港特别行政区加入两个国际组织以及同意国际组织在香港设立两个办事处；协助香港特别行政区政府制定《联合国制裁法》并立法执行联合国安理会通过的17项制裁决议。

第三节　国际协议的适用

一、国际协议的概念

国际条约和国际契约都是国际协议，都是国家间进行交往的法律形式。在国际交往中，凡有实质性接触，就必然有签订条约或契约的可能，这是为了明确彼此间的权利义务关系。随着国际交往日益频繁和经济合作迅速发展，国际条约和国际契约的功用比以前任何时代都更为显著，两者的数量也相应地大幅度增加，这种情况足以表明国际条约和国际契约在国际事务中的重要地位。

国际条约作为国际法法源之一占有重要地位。从最近几十年的发展情况看，条约在国际法中的地位明显上升了，几乎凌驾于传统上占首要地位的国际惯例之上，成为国际法的首要法源。条约的基本概念，可以从一个公认的定义看出来，这就是1969年《维也纳条约法公约》所下的定义："称条约者，是指国家间缔结而以国际法为准的国际书面协定，不论它是载于一项单独文书或两项或两项以上相互有关的文书，亦不论它采取什么特定名称。"（《维也纳条约法公约》第二条第一款甲项）。据此，有三点值得注意：第一，条约是国家间签订的协议，协议的主体是国家；第二，条约应以国际法为准，也就是说，有关条约的问题，应以国际法为准而不是以其他法律为解决问题的标准；第三，除条约正文之外，可附带具有同等法律效力的附件。至于条约的名称问题，不同名称是否意味着不同内容和含义，这点在定义中没有明确规定。总的说来，这个定义相当完备地指出条约构成的因素。不过，应该指出，国家以外其他国际法人之间所订立的协议，乃至它们与国家之间所签订的协议，并不都是国际条约，实际上其中很多与其说是国际条约，不如说是国际契约。国际条约与国际契约的内容在实质上是有区别的。因此，在研究国际条约的同时，也有必要了解国际契约的含义，只有这样，才能更好地理解两者的异同。

简言之，国际契约是在国际社会中进行经济合作的当事人用以明确双方或多方权利义务关系而签订的具有约束力的经济协议。换言之，这些协议是在国家与国家、国家与个人（或法人）、个人与个人之间所签订的跨国性协议。[①] 至于这些协议叫作什么，则须视协议的内容和订约人意旨如何而定。按不同情况，它们可以称为协定、议定书、备忘录、会议记录、合同等。有些国际法学者重视的不是协议的名称而是协议的内容，特别是有关条约解释和解决争端的条款。这是指在发生异议或争端时，订约双方将采取什么态度或什么方法来解决异议或争端。一般说来，如果双方抱有诚意，愿意通过谈判或协商来解决问题，那是最方便和最妥善的解决办法。但假如双方或一方坚持己见，不愿谈判或协商，那只有通过仲裁来解决争端。这样的话，就有个适用什么法律来解决争端的问题。关于这一点，一般的做法是：如果争端的当事人双方都是个人（或法人），一般适用当地国的国内法来解决争端；英国著名国际法学家伊·布朗利认为，国家间也可在国际法管辖之外订立合同；[②] 如果是属个人与国家之间的问题，一般也以适用当地国的国内法为主，必要时可以参照国际法（包括国际公法或其他民商法律）；国家与国家之间的争议，在不排除参照有关国内法的情况下，一般采用国际法来解决。一个明显而值得注意的事实是：当今通行的一个办法，是在所订协议中明确地规定所适用的法律。这种做法对双方来说，是最妥善的办法，也是双方权利义务的最好保障。

从上可见，国际条约与国际契约因订约的当事人不同以及协议文书内容不同，文书的名称很可能也不同，解决争端所适用的法律也不一样，这是两者的一大区别。最后还得指出的另一重大区别，是国际条约必须通过国家立法机关通过，而国际契约则可不必。

二、回归前适用于香港的国际协议

在英国占领香港以后的一个多世纪的漫长时期，香港作为英国事实上的海外领土，并不具有法律意义上的自治权。在对外交往方面，英国作为宗主国负责与香港有关的外交防务事务，香港的对外联系由英国牢牢控制，其中的典型体现就在缔约方面。

20 世纪 60 年代非殖民化运动兴起，伴随着香港贸易和加工业的发展与国际地位的不断提升，英国逐步改变其对香港的控制方法，在事实上承认和允许香港行使对外经济贸易方面的自主权，主要是同意香港政府有权自行决定对外经济政策，进行对外贸易双边谈判和签订协议；允许香港以英国代表团成员身份出席非政治性国际会议并拥有独立的发言立场；可以附属于英国的地位参加多边国际性协议，但有权自行选择参加该协议主办的各个单项贸易协议等[③]。从 1969 年开始，香港可以自行与外国签订经贸方面的双边条约，香港获得对外交往权的情况自 1973 年英国加入欧共体后更为明显。由于英国政府对香港的对外事务逐步采取灵活变通的政策，使得香港成为英国殖民体系下在对外交往中享有一定事实上自治权的区域性经济实体，而国际社会也逐步认可香港在国际交往中的权利能力和行为能力，接受其在国际法律关系中的独特地位。在经贸领域，香港以英国属地身份，与英国一同参加了关税和

① 威利斯著，潘汉典译：《支配国际契约的法律》，载《环球法律评论》1983 年第 1 期。

② 伊·布朗利：《国际公法原理》，中国人民大学出版社 2006 年版，第 72 页。

③ 饶戈平：《香港特别行政区与国际法有关的几个问题》，肖蔚云主编：《一国两制与香港特别行政区基本法》，香港文化教育出版社有限公司 1990 年版，第 282 页。

贸易总协定（GATT）谈判，并成为正式缔约成员方；香港还是多种纤维协议（MFA）、亚洲生产力组织（APO）和亚洲开发银行（ADB）的正式成员。

1997 年回归前，香港参加的国际条约和协议的范围非常广泛。从条约和协议适用于香港的方式来看，有以下几种不同的情况：

（1）英国参与缔结和批准的国际公约通过"特别领土适用条款"施行于香港和经英国授权香港以自己名义独立参加国际公约。至香港政权交接前，适用于香港的国际公约达 300 余项，条约的内容涉及政治、外交、经贸、金融、航运、民航、海关、科技、文化、人权等多个领域。这些国际公约的适用对于香港维持国际航运、金融和贸易中心地位，保障和促进香港地区的人权事业和社会发展具有重要作用。这些国际公约绝大多数是由英国以主权国家身份参加，通过附加特别领土适用条款扩展适用于香港的。英国缔结或加入的国际公约通常仅适用于其本土，若延伸至其殖民地、自治领域适用，须通过"特别领土适用条款"扩展适用，条约引起的国际权利和义务由英国对外承担。少数公约是由香港获得英国政府授权并取得相关缔约方同意，作为英国管制下的地区以香港自身名义对外签订的，例如《关税和贸易总协定》、《建立世界贸易组织协议》等。①

（2）英国政府与香港政府磋商后代表香港发表声明宣布某项英国缔结的国际条约适用于香港。如 1972 年缔结的《欧洲国家豁免公约》由英国于 1979 年 7 月 3 日发表声明适用于香港。

（3）英国与其他国家订立的双边条约和协议适用于香港。据统计，在香港过渡期开始时，适用于香港的以英国为缔约一方的双边条约有 14 类 220 多项，涉及民航、航运、领事、文化、关税、经济合作、引渡、投资保护、司法协助与相互承认、执行司法判决、技术援助、通讯、贸易与互免签证等事务。

（4）英国以香港名义缔结的仅适用于香港的条约和协议。这类条约英国本身并未参加，仅适用于香港，如《国际纺织品贸易协议》、《多种纤维协议》、《双边出口配额协议》等。

三、国际协议在香港特别行政区的适用

《中英联合声明》附件一第十一条第二款和《香港基本法》第一百五十三条规定，中华人民共和国缔结的国际协议，中央人民政府可根据香港特别行政区的情况和需要，在征询香港特别行政区的意见后，决定是否适用于该地区；中华人民共和国尚未参加但已适用于香港的国际协议仍可继续适用。中央人民政府根据需要授权或协助香港特别行政区政府作出适当安排，使其他有关国际协议适用于香港特别行政区。上述规定显然排除了将中国缔结的所有国际协议不加分析地适用于香港特别行政区的可能性，表明了中国采取的有选择、有条件适用的立场。

香港基本法规定，所有回归前已适用于香港特别行政区的国际协议可以继续适用。香港基本法亦规定，香港特别行政区在得到中央人民政府的授权或协助下，可与外国就司法协助、民航、互免签证等方面进行谈判及签署国际协议。自回归以来，香港特别行政区政府与国外签署了超过 100 份这类协议。此外，香港特别行政区政府亦可在经济、贸易、金融、航

---

① 许昌：《澳门过渡期重要法律问题研究》，北京大学出版社 1999 年版，第 256 页。

运、通讯、旅游、文化等领域以"中国香港"的名义，单独同世界各国、各地区及有关国际组织，签订和履行有关协议，香港特别行政区政府已签署了超过 160 份这类双边协议。

第四节 对外事务

一、设立涉外官方机构

在国外设立办事机构是同外国建立联系的主要方式之一。《香港基本法》第一百五十六条规定："香港特别行政区可根据需要在外国设立官方或半官方的经济和贸易机构，报中央人民政府备案。"表明了香港特别行政区享有一定的设立海外办事机构权限。而香港特别行政区在外国设立的官方或半官方机构，只限于"经济和贸易机构"。据此，香港原则上可以保留其驻海外的办事处，但其职能必须发生改变，无论是设于伦敦，还是华盛顿等其他地区的海外办事处，其职能只能属于一种经济和贸易机构，只能就经济、贸易、文化等领域进行交流，而且香港特别行政区设于海外的官方、半官方的经济和贸易机构均必须报中央人民政府备案。[①]

外国能否在香港特别行政区设立各种形式的机构是香港同外国建立联系的权限反映。《香港基本法》第一百五十七条第一款规定："外国在香港特别行政区设立领事机构或其他官方、半官方机构，须经中央人民政府批准。"表明了中央人民政府对这一问题的原则立场，即香港特别行政区是中国领土的一部分，因此在 1997 年以后，任何国家，无论是否已在香港设立领事机构，或其他官方、半官方机构，都必须重新向中华人民共和国政府提出申请。中国政府对外国政府在香港特别行政区申请设立机构的处理原则是：同中华人民共和国建立正式外交关系的国家在香港设立的领事机构和其他官方机构，可予以保留；尚未同中华人民共和国建立外交关系的国家的领事机构和其他官方机构，可根据情况予以保留或改为非官方机构；尚未为中华人民共和国承认的国家只能设立民间机构。

目前，香港设在外国的半官方经济贸易机构已经有不少，例如香港贸易发展委员会。这个机构负责促进香港的海外贸易，同时也向外宣传同香港开展贸易的益处。该机构在维也纳、阿姆斯特丹、法兰克福、汉堡、伦敦、纽约、曼彻斯特、米兰、巴黎、斯德哥尔摩、苏黎世、纽约、芝加哥、达拉斯、洛杉矶、多伦多、迈阿密、巴拿马城、大阪、东京、悉尼等城市均有办事处，此外，还在科特迪瓦共和国、希腊、西班牙、阿拉伯联合酋长国、牙买加等国设有顾问。负责协调香港旅游业的香港旅游协会也在旧金山、纽约、芝加哥、罗马、伦敦、巴黎、法兰克福、东京、大阪等地设有办事处。[②]

已经有越来越多的国家在香港设有官方或半官方机构，其中除英联邦国家外，还有下列国家在香港设立了领事馆：奥地利、比利时、不丹、玻利维亚、巴西、缅甸、智利、哥伦比亚、哥斯达黎加、古巴、丹麦、多米尼加、埃及、芬兰、法国、加蓬、德国、希腊、危地马

---

① 参见李昌道、龚晓航：《基本法透视》，中华书局 1990 年版，第 281 页。

② 王叔文主编：《香港特别行政区基本法导论》（第三版），中共中央党校出版社、中国民主法制出版社 2006 年版，第 340 页。

拉、海地、洪都拉斯、冰岛、印度尼西亚、伊朗、爱尔兰、以色列、意大利、日本、约旦、韩国、朝鲜、利比里亚、墨西哥、摩纳哥、荷兰、尼加拉瓜、挪威、阿曼、巴拿马、巴拉圭、秘鲁、菲律宾、葡萄牙、塞内加尔、南非、西班牙、瑞典、瑞士、泰国、美国、乌拉圭等。可以看到，其中的大多数国家已经同中华人民共和国建立了正式的外交关系。

目前，已有 112 个国家在香港特别行政区设有总领事馆或委任名誉领事，而欧洲联盟、联合国难民事务高级专员署、国际货币基金组织及世界银行等国际性组织，亦在香港设有办事处。

二、实施出入境管理

《香港基本法》第一百五十四条第二款规定："对世界各国或各地区的人入境、逗留和离境，香港特别行政区政府可实行出入境管制。"

在以国家为主体的国际关系中，实施出入境管理是一个国家行使主权并进行国内秩序管理的一项重要内容。从国际法原则上讲，一个主权国家并没有非准许外国入境不可的义务；外国人也没有要求对方必须准许其入境的权利。但是随着国际交往的发展，国际间人员的往来越来越频繁，以致今天已不存在完全拒绝外国人入境的国家和地区。每个国家或地区都会有相应的法律、法规或条例规定外国人的入境、居留、过境、旅行及出境等事项。在一般的情况下，多数国家都会在互惠的基础上允许外国人为合法目的入境及出境的；但出入境又要依法办理一定手续。总的来讲，外国人入境必须持有护照并经过签证，有些国家之间，为便于双方人员的往来，缔结双边协定，在互惠原则下，互相免除办理签证手续。外国人合法入境后，其合法权利也在该国或该地区得到保护。对于出境的外国人，则只要其不负有未缴税款、未清债务的义务，未负有其他民事或刑事责任，该国或该地区也不应限制其离境。

在出入境管理方面，由于香港的特殊地位，它的重点一直放在入境管制上，以使入境所造成的人口增长能被控制在一个可接受的水平。同时，又要尽量简化入境手续，方便香港与其他国家或地区的各种交往。香港主要的入境管制法规是 1972 年颁布，1997 年修订的香港《入境条例》。[①] 之后，香港特别行政区立法会对该条例进一步修订，于 2012 年 7 月 13 日通过《2012 年入境（修订）条例》。

根据香港特别行政区的旅游签证和进入许可规例的规定，任何旅游人士，即使已符合本规例列选的所有条件，亦不应作为必然可获准入境，除了以下人士之外，香港特别行政区入境事务处有权拒绝任何人士入境：

（1）香港特别行政区护照。
（2）英国国民（海外）护照。
（3）香港身份证明书。
（4）回港证（只限由中国内地或澳门特别行政区返回香港的人士使用）。
（5）香港海员身份证。
（6）香港签证身份书，但该签证身份书必须仍然有效或持证人在香港的居留期限仍未期满。

① 杨静辉、李祥琴：《港澳基本法比较研究》，北京大学出版社 1997 年版，第 182 页。

（7）有下列任何一款签注的旅行证件：

①本旅行证件持有人已获证实有资格领取香港永久性居民身份证。

②本旅行证件持有人有香港入境权。

（8）香港永久性居民身份证。

如果不属于上述人士，则须领取签证或进入许可以便来港从事雇佣工作、就读、开设或参与任何业务，或居住，否则有可能在抵港时被拒入境。

负责香港出入境事务的入境事务处，于1961年成立，最初只有73名制服人员和128名文职人员。截至2006年9月1日，该处的编制已增加至4 646名制服人员和1 538名文职人员，其规模和职责范围都与成立初期大不相同。入境事务处的工作，分别由位于香港岛湾仔入境事务总部、港九新界多个分处和登记处及11个出入境管制站执行。这个机构派出人员驻守香港的各出入境管制站，协助旅客办理各项出入境手续。这个机构（及其派出人员）还为在香港有居留权的居民及居住在香港的外国人及其他地区的人提供旅行证件及办理登记手续（包括签发旅行证件、签发身份证等）。香港入境事务处处长在申请人提出有关申请并交纳规定的费用后，在他认为适当的情况下，有权签发身份证明文件、身份证、回港证及其他文件。同时该机构还负责查明和监控违反入境条例进入香港的人，并将这些人遣返原地。

按照香港《入境条例》的规定，下列人员享有进入香港的权利并免受居留条件的限制：①因与香港有关系而成为"英国属土人民"的香港人；②"华籍居民"，即有纯粹的或部分血统之人，及通常在香港连续居住不少于7年的移民；③通常在香港居住不少于7年的英国公民；④在香港连续居住7年或7年以上的联合王国本土人士。

其中，如果入境之人属于英国公民或持有在联合王国签发的英国护照，同时该护照并未签注限制持证人进入英国的，进入香港无须领取签证。但该人在到达香港时，入境事务处人员可以要求其证明在香港不需要寻找工作即能自备足够的旅费及维持在港期间的生活。除此之外，还可以要求入境人持有回程或续程的中转机票或船票（但过境前往中国其他地区或前往澳门者除外）。如果不能满足上述条件，则入境事务处人员将要求他们证明自己在香港已有确实的职业。如果不能满足上述一切条件，又不属于持无须签证证件者，则无论入境人进入香港是为就业、就读、从事贸易或永久居留，均必须事先领取签证。

按照香港《入境条例》的规定，凡到香港旅行的游客，均须持有所属国发出的护照及有效的旅行证件。如果有关的游客乘搭飞机直接通过香港或虽着陆但不离开机场过境等候室，或虽离开机场但在规定时间内转乘轮船离开香港，同时该人持有进入其他国家的有效证件，则只要逗留香港时间不超过规定限制，也无须办理签证手续。

对于中国内地人士进入香港的情况，香港《入境条例》规定：内地人士无论到香港工作、经商、旅游、求学或探亲，均须向各省、各自治区、直辖市公安机关提交申请及证明文件，由相应的公安机关发给"往来港澳通行证"或向国务院申请护照。在一般情况下，内地人士进入香港逗留时间只限2～3个月。香港方面原则上不作专门的入境条件限制及入境名额限制，而由中国中央人民政府控制人数，以免过多人涌入香港。按照该入境条例的规定：中国内地居民可以因私人理由要求定居香港。希望在香港定居的人，必须首先在自己所在地公安部门提出申请，再由国务院公安部统一安排、审批。中央人民政府已同香港政府就每日可批准的最高名额等事宜进行过商定。对于除中国内地之外的进入香港旅行之人士在居留方面的限制，总的讲是这样的：凡进入香港旅行之人士应（在不寻找工作的情况下）有足够的生活费用；旅行进入香港者不得受雇从事任何有薪金或无薪金的职业，不得从事贸易活动或入学就读。除有特殊情况外，进入香港后不得改变其旅客身份。专门申请在港读书而获得入境批准之人，则只许可从事香港入境事务处处长批准的职业。

此外，该入境条例对于香港永久性居民申请其配偶到香港定居等特殊情况，均作了具体的规定。

三、签发护照和其他旅行证件

香港基本法赋予香港特别行政区沿用本身的出入境条例和程序，继续实施宽松的签证政策的权力，并与各国或各地缔结互免签证协议，容许世界各地旅客及经商人士进出香港。截至2006年底，已有134个国家同意香港特别行政区护照免签证入境。

《香港基本法》第一百五十四条第一款规定："中央人民政府授权香港特别行政区政府依照法律给持有香港特别行政区永久性居民身份证的中国公民签发中华人民共和国香港特别行政区护照，给在香港特别行政区的其他合法居留者签发中华人民共和国香港特别行政区的其他旅行证件。上述护照和证件，前往各国和各地区有效，并载明持有人有返回香港特别行政区的权利。"第一百五十五条规定："中央人民政府协助或授权香港特别行政区政府与各国或各地区缔结互免签证协议。"这两条规定体现了1984年《中英联合声明》第三款第十条附件一中的有关内容。香港基本法中所指出的中央人民政府授权香港特别行政区为持有香港永久性居民身份证的"中国公民"签发的是香港特别行政区护照，而给该地区"其他合法居留者"签发的则是"其他旅行证件"。这就是说，在中国，包括香港特别行政区，不会存在"双重国籍"或"多重国籍"的公民。所有的香港中国同胞，都是中国公民。

香港居民的构成十分复杂，不仅分为永久性居民和非永久性居民，而且在永久性居民和非永久性居民中分别还有中国籍和非中国籍之分，其中还有在国外拥有居留权和不拥有居留权的居民以及无国籍人士。鉴于香港居民的这种复杂成分和香港现有居民的国籍问题的复杂性，香港基本法在规定了《中华人民共和国国籍法》适应于香港特别行政区的基本原则以及坚持国家主权和统一的前提下，考虑到香港的历史和现状，采取了灵活的办法，授权香港特别行政区享有签发护照和旅行证件的权利。

根据香港特别行政区的旅游签证和进入许可规例的规定，旅游人士不得在港从事任何雇佣工作（无论受薪还是非受薪）、开设或参与任何业务，或入学就读；此外，除非在极特殊情况下，旅游人士于抵港后均不准改变其访客身份。对于外国的国民旅游，香港特别行政区获免签证的逗留是有期限要求的，根据国家的不同均有不同的期限要求，如对于印度、蒙古、巴基斯坦、菲律宾、斯里兰卡、乌克兰这些国家的期限要求是14日，而对于印度尼西亚、科威特、摩洛哥、秘鲁、沙特阿拉伯这些国家的期限要求为30日，对于巴西、保加利亚、加拿大、智利、丹麦、埃及、意大利、韩国、荷兰、瑞典、瑞士这些国家的期限要求为90日，而具有英国国籍（英国国民）的逗留期限为180日，还有一些国家的国民来港期限则限于7日。

香港特别行政区对于不同的国家也有不同的申请签证的要求，但是乘搭航机直接过境或不离开机场过境候机室的人士除外，中央人民政府赋予香港可以根据不同情况的变化而变更申请签证的要求或者旅游期限的要求。

第十四章 香港基本法的解释与修改

第一节 香港基本法的解释

一、法律解释的概念

（一）法律解释的含义

法律解释就是对法律条文的含义及立法意图所作的说明，其目的是正确实施法律，有效地发挥法律的效能。[①] 法律解释分为正式解释和非正式解释。正式解释也称法定解释，是由特定的国家机关，按照宪法和法律所赋予的权限，对法律和法律条文进行解释。这种解释具有法律效力。由于负责法律解释的国家机关不同，法定解释又分为立法解释、司法解释和行政解释三种。非正式解释，或称无权解释，包括学理解释和任意解释。所谓学理解释，就是在学术和教学实践中，对法律规范所作的解释。所谓任意解释，是指社会团体、人民群众、诉讼当事人、辩护人对法律规范所作的解释。这两类解释没有任何法律效力。后文若无特殊说明，法律解释一律指正式解释。

（二）法律解释的原则

为了保证法律的统一实施和不断发展，我国的法律解释必须结合我国法制建设刚刚起步、制度不很健全、法律职业者的平均素质不够高的实际，坚决贯彻基本的法律解释原则。

1. 合法性原则

法律解释应该符合法律的规定和基本精神，它包括三个方面的基本要求：第一，法律解释应该按照法定权限和程序进行，不得越权解释。在解释的活动中，应该严格按照所确定的解释权限和程序进行解释，不得越权解释，不得滥用解释权，否则解释无效。第二，对低位阶法律的解释不得抵触高位阶的法律。法律解释原则上必须符合被解释法律的基本精神，对低位阶法律的解释必须符合较高层次法律的规定，所有的法律解释最终都必须符合宪法规范、宪法原则、宪法精神。第三，对法律概念和规则的解释必须与法律原则保持一致。因为法律解释是对法律的补充性说明，必须符合被解释法律的基本精神，否则，就不是法律解释而是立法活动。法律原则是法律基本精神的体现，遵守法律原则，就是捍卫法律的精神。

2. 合理性原则

合理性原则要求解释法律时要符合社会现实和社会公理。法律解释必须解决现实问题，根据现实需要提出、确定解决方法。只有符合社会现实的需求和社会公理的要求，才会具有针对性和说服力。另外，合理的法律解释还要求必须尊重公序良俗，顺应客观规律和社会发展趋势，尊重科学。除此之外，法治的内在要求表明，我们在解释法律时应当顺应经实践证

---

① 肖萍、陈奇伟编著：《法理学》，江西人民出版社 2003 年版，第 306 页。

明正确的国家政策的指导。这是因为与法律相比，政策更具有灵活性和针对性，更能够及时反映社会发展的实际需要。

3．法制统一原则

法制统一是法治的一项基本原则。法律解释坚持法制统一原则，就是要求法律解释应该在法制的范围内进行。法制统一体现在一个国家法律的形式、内容和精神实质应该是高度一致的，法律的实施及其结果也应该是相同的或相似的。法制统一原则包括：①要将需要解释的法律条款置于相应的法律、法规条例中理解把握，使解释活动从属于该法律文件的整体；将对个别法律部门有关规定的解释纳入更高级的法律部门和整个法律体系全面掌握。②要坚持各种法律解释之间已经建立的效力等级关系，解释工作要有全局观念、法治观念。③在法律解释过程中，要建立和贯彻规范化的解释技术。

二、中国的法律解释体制

我国的法律解释体制主要由以下三个文件构成：2000 年颁布的《立法法》、1982 年颁布的《宪法》和 1981 年颁布的《关于加强法律解释工作的决议》（以下简称《决议》）。从我国的实际运行过程看，我国法律的正式解释大体上可以分为立法解释、行政解释和司法解释。

1．立法解释

从广义上说，立法解释是指所有依法有权制定法律、法规的国家机关或其授权机关，对自己制定的法律、法规进行的解释。其中主要包括：①全国人大常委会对《宪法》的解释，以及对需要进一步明确界限或作补充的法律的解释。根据《决议》第一条，"凡关于法律、法令条文本身需要进一步明确界限或作补充规定的，由全国人民代表大会常务委员会进行解释或用法令加以规定"。②国务院及其主管部门对自己制定的需要进一步明确界限或作补充规定的行政法规的解释。③省、自治区、直辖市和其他有权制定地方性法规的地方人大常委会对自己制定的需要进一步明确界限或作补充规定的地方性法规的解释。

2．行政解释

行政解释是指国家行政机关在依法行使职权时，对有关法律、法规如何具体应用问题所作的解释。根据《决议》第三条和第四条，其包含两种情况：①不属于审判和检察工作中的其他法律、法令如何具体应用的问题，由国务院及主管部门进行解释。这种解释，实践中一般体现在他们所指定的有关法律的实施细则中。②凡属于地方性法规如何具体应用的问题，由省、自治区、直辖市人民政府主管部门进行解释。此解释仅在所辖地区内发生效力。

3．司法解释

司法解释就是国家最高司法机关在法律、法规的适用过程中，对具体应用法律问题进行解释。为了维护法律的尊严和适用法律的一致性，这种解释只能由最高司法机关负责，地方各级司法机关无权进行解释，而且不能任意改变法律的规定和立法原意，也不能同宪法和法律相违背。司法解释包括：①最高人民法院对属于审判工作中的如何具体应用法律的问题所作的解释；②最高人民检察院对属于检察工作中的如何应用法律的问题所作的解释；③最高人民法院和最高人民检察院对具体应用法律的共同性问题所作的联合解释。

三、香港基本法的解释权

（一）香港基本法解释权条款的形成过程及问题的提出

在"一国两制"体制下的香港特别行政区与上述的我国现行的法律制度相比较存在较大的差异。由于香港法制属于英美法系，香港的立法机关不享有解释法律的权力，香港的行政机关在具体应用法律时也不享有解释法律的权力，因此香港现行的法制不存在立法解释和行政解释，而只有司法解释。而且司法解释权由香港法院行使，也就是说香港的任何法院都有权在审理具体的、个别的案件中对如何具体应用法律问题和对法律条文本身需要进一步明确界限等进行解释和说明，且具有法律效力。而根据我国《宪法》第六十七条规定，全国人大常委会有权解释宪法和法律，其中法律包括全国人大制定的法律和人大常委会制定的法律。

比较我国内地与香港特别行政区的法律解释制度不难看出，若按我国现行的法律解释体制，香港基本法是全国人大制定的基本法律，只有全国人大常委会才有权解释，而属于地方法院的香港特别行政区的法院则无权解释。若按香港基本法规定的香港特别行政区享有的立法权、独立的司法权和终审权，原有的法律基本保留等原则，香港特别行政区法院在适用基本法时是有权进行解释的。

以上两点是相互矛盾的，矛盾的焦点在于如何建立一种既符合"一国两制"，又符合香港实际的新型的法律解释制度，而问题的核心在于如何解决香港基本法解释权的归属问题。

在香港基本法有关条文起草过程中，香港各界人士对《中英联合声明》在法律上的具体条文，特别是解释权归属问题的争议很大。归纳起来，主要有三种意见：①

（1）主张香港基本法的解释权全部授予香港特别行政区法院。

《基本法（草案）征求意见稿咨询报告》第二册"专题报告"之"基本法解释权与香港特别行政区的司法制度"第八点"对基本法解释权安排之建议"之一是，全国人大常委会不应拥有对香港基本法的解释权，解释权应当属于香港特别行政区终审法院，或是香港基本法委员会下成立的法律小组，或是成立独立的宪法法庭。对于终审法院享有香港基本法解释权的理由是，既然在1997年后香港特别行政区将享有终审权，那么所有与香港基本法条文有关的案件都应可以上诉至终审法院解决。终审法院在判决案件时可以解释香港基本法，其司法解释亦为最高的、最有法律效力的。有意见提议在香港基本法委员会之下成立一个法律小组，专门就与香港基本法有关的法律问题进行研究。法律小组由内地及香港司法界代表组成，拥有最终的香港基本法解释权。还有意见提议在香港特别行政区设立宪法法庭，专门就涉及香港基本法的案件进行聆讯，宪法法庭须由内地和香港法官（包括英国法官）组成，负责就具体案件以普通法原则进行审讯。在审讯案件时，宪法法庭可以就与案件有关的香港基本法条款进行解释，其解释为最终解释，并具法律效力。对于宪法法庭的组成，有下列意见：由香港与内地同等数目的法官组成；香港法官占多数；由香港与内地同等数目的法官组成，由普通法系国家的外籍法官出任首席法官。②

---

① 朱国斌：《香港基本法第158条与立法解释》，《法学研究》2008年第2期。
② 《基本法（草案）征求意见稿咨询报告》（1998年10月），第41页。

（2）主张人大常委会与香港特别行政区共同拥有香港基本法的解释权。

持这种意见者认为，香港基本法解释权限可以按中央与香港特别行政区的职权划分来划分，其中有关国防、外交以及中央与特别行政区关系事务的条款由人大常委会解释；有关香港特别行政区自治范围的事务的条款由香港特别行政区法院解释。虽然人大常委会拥有对整部香港基本法的解释权，但应在基本法中规定，特别行政区法院可在审讯案件时解释基本法。此外，人大常委会可用自我约束的方法，不解释纯粹涉及特别行政区内部事务的条款，或把解释此类条款的权力授权给特别行政区法院。人大常委会亦可在解释基本法前，咨询香港基本法委员会的意见，借此建立完全接受基本法委员会所提出的意见的"惯例"。①

（3）香港特别行政区法院审理的终审案件涉及基本法中不属于自治范围的条款，应提请人大常委会作出解释后判决。

此项观点参照了欧洲共同体的法律解释做法，主张人大常委会拥有对香港基本法的解释权，但特别行政区法院在审理案件时可以解释基本法。只是当案件涉及对基本法关于国防、外交及其他属于中央人民政府管理事务的条款的解释，特别行政区法院在对案件作出终局判决前，应提请全国人大常委会对有关条款作出解释。有建议认为，人大常委会应自我约束，尽量不去解释香港基本法内与特别行政区内部事务有关的条款。有意见主张把这种"自律"的指导原则在基本法里予以明文规定；有意见认为，人大常委会应正式下放权力，让特别行政区法院拥有全权解释香港基本法中有关内部事务的条款，并且这种权力的下放"没有还回性"，一经下放，人大常委会便不能再收回此权力。但亦有意见提出主权问题的考虑，认为下放的权力应该可以随时被主权者收回。②

（二）香港基本法的解释模式

如前所述，香港基本法解释权归属的争议主要集中在中央的立法解释体制和香港的司法解释体制之间的协调问题。经过反复咨询与修改，香港基本法终于形成了独具一格的"一元双重解释制"③。这样的制度安排，体现了法律制定者的良苦用心。其具体规定为《香港基本法》第一百五十八条，内容如下：

（1）由于香港基本法是全国人民代表大会制定的，因此基本法的解释权属于全国人民代表大会常务委员会。

关于香港基本法条文本身需要进一步明确界限或作补充规定的，都必须由全国人民代表大会及其常务委员会进行解释或用法令进行规定。此规定是符合我国宪法的。根据我国《宪法》第六十七条的规定全国人民代表大会常务委员会行使法律的解释权。香港基本法既然是全国人民代表大会制定的宪法性法律，其解释权自然只应属于全国人民代表大会常务委员会。其他国家机关都不享有香港基本法的解释权。就中国的法律体制而言，如果由地方法院对宪法性法律进行解释，这无论是从法理还是制度上都说不通，因为这并不利于法律在全国的统一适用。因此，全国人民代表大会常务委员会当然拥有对香港基本法的解释权，而且其解释是具有最高权威性的立法解释，全国人民代表大会常务委员会一旦行使这一权利，其对香港基本法的解释，就是具有普遍效力的解释，全国范围内的一切机关，包括香港的行

---

① 《基本法（草案）征求意见稿咨询报告》（1988 年 10 月），第 41 页。
② 《基本法（草案）征求意见稿咨询报告》（1988 年 10 月），第 42 页。
③ 史可鉴：《终审法院的判决说明了什么》，香港《镜报月刊》1999 年第 4 号。

政、立法、司法机关，均应服从全国人民代表大会常务委员会对香港基本法的解释。有的人会担心由全国人民代表大会常务委员会解释法律会妨碍与限制特别行政区的司法权和终审权的独立行使，其实不然，全国人民代表大会常务委员会行使的法律解释权只限于明确法律条文的含义和界限，不会涉及具体案件如何处理的问题，而且该解释不具有可溯及性，因此不存在全国人民代表大会常务委员会对香港特别行政区独立的司法权和终审权的干涉问题。

（2）全国人民代表大会常务委员会授权香港特别行政区法院在审理案件时，对香港基本法关于特别行政区自治范围内的条款作出解释。

《香港基本法》第一百五十八条第二款规定："全国人民代表大会常务委员会授权香港特别行政区法院在审理案件时对本法关于香港特别行政区自治范围内的条款自行解释。"也就是说，对自治范围内的条款的解释问题，香港法院可自行处理，不需要提请全国人大常委会解释，诉讼当事人也不得要求将问题提到全国人大常委会请求解释。而香港基本法中关于高度自治的条款占基本法条文的大部分，可见香港特别行政区法院享有对基本法的解释权的范围是相当宽的。那么全国人大能否解释"自治范围内"的条款呢？我们认为，全国人大常委会既然已经授权特别行政区法院对其解释，就不能再主动解释"自治范围内"的条款，否则必然造成基本法解释工作的混乱。但必须明确的是，特别行政区获得的"自治范围内"条款的解释是来自于全国人大常委会授权，这种授权关系并不导致全国人大常委会对其解释权的根本丧失。如果全国人大常委会认为特别行政区法院对"自治范围内"的条款解释违背了"一国两制"的精神和基本法的原则，从法理上讲，全国人大常委会享有最高效力的基本法解释权，其有权对"自治范围内"的条款进行解释。

最后需要特别注意的是，此处的香港特别行政区法院并不局限于香港终审法院，而应当理解为香港特别行政区的各级法院在审理案件时，都有权对香港基本法中关于特别行政区自治范围内的有关条款自行解释。

（3）香港特别行政区法院在审理案件时，对香港基本法的其他条款也可解释。

《香港基本法》第一百五十八条第三款规定："香港特别行政区法院在审理案件时对本法的其他条款也可解释。但如香港特别行政区法院在审理案件时需要对本法关于中央人民政府管理的事务或中央和香港特别行政区关系的条款进行解释，而该条款的解释又影响到案件的判决，在对该案件作出不可上诉的终局判决前，应由香港特别行政区终审法院请全国人民代表大会常务委员会对有关条款作出解释。如全国人民代表大会常务委员会作出解释，香港特别行政区法院在引用该条款时，应以全国人民代表大会常务委员会的解释为准。但在此以前作出的判决不受影响。"

①应该确定的是香港特别行政区法院对自治范围外的条款的解释权之权力同样来自全国人民代表大会的授权，并非其本身固有的；而且特别行政区法院也必须遵循"不告不理"的诉讼原则，即只能在"审理案件"时对与案件有关的基本法的条款进行解释，不得主动释法。

②虽然香港特别行政区法院对自治范围外的条款也具有解释权，但是在个别情况下，依然要提请全国人大常委会进行解释。首先，条文中对提请全国人大常委会解释的对象规定了两个并列条件。一是"解释的条款涉及中央人民政府管理的事务或中央和香港特别行政区关系的条款"；二是"该条款的解释又影响到案件的判决"。其次，对全国人大常委会解释的程序也有限制："对该案件作出不可上诉的终局判决前，应由香港特别行政区终审法院提

请全国人民代表大会常务委员会对有关条款作出解释。"换个说法就是，香港特别行政区法院几乎对所有基本法条文都有解释权。唯一限制的是少部分涉及中央的条款，而在这部分条款中，只有进入司法程序，且在对其解释会影响到案件的判决的条款作出不可挽回的终局判决前，为了维护判决的正当性和当事人的利益，应该提请全国人大常委会进行解释。

③全国人民代表大会常务委员会就此有关条款所作出的解释有法律上的约束力，香港特别行政区法院在将来审理案件时如果需要引用全国人民代表大会常务委员会已作出解释的基本法有关条款时，必须以全国人大常委会的解释为准。但是此解释不具有法律上的追溯力，特别行政区法院在该解释前作出的判决，不受该解释的影响。

（4）全国人大常委会对基本法有关条款作出解释前，应征询其所属的基本法委员会的意见。

由于香港基本法独特的地位，对基本法的解释应该更加慎重，对其解释必须符合基本法的原则精神和平衡现实的利益并满足其发展的需要。因此，香港基本法对对其的解释规定了一个特别程序，即咨询程序。《香港基本法》第一百五十八条第四款规定："全国人民代表大会常务委员会在对本法进行解释前，征询其所属的香港特别行政区基本法委员会的意见。"香港基本法委员会是由6个内地委员和6个香港委员组成，其基本职能是就基本法实施中的问题进行研究，并向全国人民代表大会常务委员会提供意见。香港特别行政区方面可以通过这个委员会中的香港委员充分反映香港的情况和意见。这样处理，既可增进共识，减少矛盾，又可以更好地协调中央与香港特别行政区的关系。这里应该强调的是，法条中虽然没有明文规定征询香港基本法委员会意见为人大释法的必经程序，但是从立法意图、现实需要和实践中的情况来看，这已经成为人大释法必不可少的重要环节。

（三）人大释法和法院释法的关系

从《香港基本法》第一百五十八条规定中不难看出，其解释权主体有两个：全国人大常委会和香港特别行政区法院。它们之间的关系又是怎样的呢？比较全国人大常委会和香港法院对香港基本法的解释权，可以发现两者在解释权之权力来源、性质、范围、程序等方面存在诸多不同之处。

1. 从两种解释权的权力来源来看

全国人大常委会的释法权和香港法院的释法权之间是一种主从性质的关系。前者的权力来自于宪法的授权，是固有权，而后者则来自于前者的授权，具有从属性。根据我国《宪法》第六十七条规定，全国人大常委会有权解释法律。香港基本法是法律的一种，由全国人大制定。所以全国人大常委会享有的对香港基本法的解释权是固有的，在全国人大认可的情况下是最高的。香港特别行政区法院，包括终审法院，是我国地方司法机关，按理不享有对基本法的解释权。但特别行政区的司法制度是依据"一国两制"的原则确立的，它可以不同于内地的司法制度。所以，香港基本法规定，由全国人大常委会授权香港法院解释基本法。授权的含义是：香港法院的解释权不是固有的，不是基于自身主权产生的，而是由中央主权派生的。两地对基本法的解释权的来源不同，就决定了授权解释权不能超越或对抗固有解释权，即全国人大常委会对基本法解释权的效力要高于香港法院。

2. 从两种解释权的性质来看

（1）按照内地的法律制度，全国人大常委会的法律解释属于立法解释，它区别于司法解释和行政解释。全国人大常委会的解释有以下几个特点：第一，全国人大常委会对法律

（包括宪法）的解释属"正式解释"，也即具有法律效力的解释；第二，全国人大常委会对法律的解释并不结合具体的案件的审理，所以它是一种"抽象解释"；第三，我国虽然存在着"立法解释"、"司法解释"、"行政解释"，但司法机关、行政机关对法律解释的效力低于立法机关的解释。全国人大常委会对法律的解释具有普遍约束力。当司法机关之间的解释出现分歧时，以立法解释为准。

（2）按照香港法律的普通法制度，其法律解释权由法院行使。究其特点，可以概括为以下几个方面：第一，立法机关负责制定法律，法院在处理具体案件时对所涉及的法律进行解释，并对法律条文的含义作出符合原意的宣告，即"司法解释"；第二，法院对案件的判决可以遵照以往判例中对有关法律的解释，也可作出新的、不同的或补充性解释；第三，上诉法院所作的司法解释对任何香港法院均具有约束力。其他法院所作的解释也具有一定的法律效力，可约束较低级的法院。

3. 从两种解释权的范围来看

根据《香港基本法》第一百五十八条第一款的规定，全国人大常委会有权解释基本法的所有条款，因此，全国人大常委会解释香港基本法在解释主题范围上具有全面性。然而，从实践来看，对于香港特别行政区自治范围内的条款，全国人大常委会基于审慎和严格的立场，一般不作出解释，而是授权香港法院解释。

由于全国人大常委会解释香港基本法是由宪法授权，决定了其解释权的全面性。香港法院的基本法解释权是由全国人大常委会授予的。这种授予不是"分权"，也就是说，人大常委会把应当行使的解释权的一部分授予香港法院行使，并不是让香港法院自身有了解释权，而全国人大常委会却因授权而丧失了对授权范围内条款的解释权。根据《香港基本法》第一百五十八条第二、三款，香港法院基本上对所有的基本法条款都有解释权，但也存在例外。在同时满足以下两个条件时，应当由香港终审法院提请全国人大常委会作出解释：①解释的问题是涉及中央人民政府管理的事务或中央和香港特别行政区关系的条款；②对该条款的解释又影响到案件的判决。

4. 从两种解释权的程序来看

根据《香港基本法》第一百五十八条第二款的规定，香港法院经授权可以在审理案件时自行解释基本法自治范围内的条款，也就意味着在不是审理案件的情形下，香港法院不享有解释权，因而可以看出香港法院的解释权是被动的。这也是由司法理念中的"不告不理原则"决定的。由于全国人大常委会拥有的基本法解释权是固有的，因此决定了其解释权的主动性。但是，香港基本法同时规定，全国人大常委会解释机制又应该是被动式的（即应经终审法院提请）和具体解释类型的（旨在解决案件中涉及的基本法条款的理解问题）。事实上，香港回归以来全国人大常委会的前三次基本法解释行为都不是根据《香港基本法》第一百五十八条第三款的规定的机制经终审法院提请而启动的，一次是全国人大常委会主动释法，另外两次是由行政长官请求、经由国务院向全国人大常委会提案而启动的，属于被动释法。第一次解释只解决具体问题（即对《香港基本法》第二十二条第四款和第二十四条第二款第三项的理解）而避开了抽象问题（即香港特别行政区法院是否可以挑战全国人大及其常委会的行为并宣布因为违宪而无效）。这就揭示了香港基本法起草中未能预见的问题，即《香港基本法》缺乏对第一百五十八条的救济措施。①

四、香港基本法解释的实践

（一）全国人大常委会的历次释法回顾

《香港基本法》作为一部史无前例的法律在香港已经生效 15 年了，总的来说，其在香港的实施是比较顺利和成功的，但是由于其首创性，决定了其在实施过程中必然存在着许多在制定时意想不到的问题和不足，产生这样那样的争论，对其的理解也存在着一些分歧。因此，为了顺应时代的发展，真正贯彻"一国两制"的基本国策，维护香港的繁荣和稳定，根据香港的实际情况对香港基本法作出具有时代性的解释是非常有必要的。

自 1997 年 7 月 1 日《香港基本法》实施以来，全国人大常委会共对其作过四次解释。

第一次是在 1999 年的香港"无证儿童案"中，全国人大常委会就《香港基本法》第二十四条关于"香港永久性居民所生子女也是永久性居民"规定的解释：港人在内地所生子女要求进入香港，需要经过内地机构审批，并持有有效证件方可进入香港；第二款第三项规定是指无论本人是在香港特别行政区成立以前还是以后出生，在其出生时，其父母双方或一方须是香港永久性居民。全国人大常委会该次释法并不影响终审法院 1999 年 1 月 29 日所作的判决。

第二次是在香港特别行政区就政制发展问题的讨论十分热烈，而各界对《香港基本法》附件中有关行政长官和立法会的产生办法争论颇大的背景下，全国人大常委会主动对《香港基本法》附件一、附件二进行解释。全国人大常委会于 2004 年 4 月 6 日作出了《关于〈中华人民共和国香港特别行政区基本法〉附件一第七条和附件二第三条的解释》，就《香港基本法》附件中存在争议和模糊之处进行了解释，通过解释使基本法中的有关规定更为明确和具体。这次解释主要有四项内容：①关于附件中规定的"2007 年以后"的含义；②附件中"如需"修改的含义；③对行政长官和立法会产生办法进行修改的启动程序；④如果对行政长官和立法会产生办法无须修改时原有规定的适用问题。

第三次是国务院颁令批准董建华辞去行政长官职务的请求，行政长官空缺之后，香港特别行政区署理行政长官曾荫权请求国务院提请全国人大常委会就《香港基本法》第五十三条第二款有关新的行政长官任期作出解释。全国人民代表大会常务委员会征询香港特别行政区基本法委员会的意见后，于 2005 年 4 月 27 日对此作出解释：在行政长官 5 年任期届满前出缺的情况下，由任期 5 年的选举委员会选出的新的行政长官只能完成原行政长官未任满的剩余任期。

第四次是香港终审法院在审理一起与刚果民主共和国有关的案件时，涉及香港特别行政区是否应适用中央人民政府决定采取的国家豁免规则或政策的问题。香港终审法院依据《香港基本法》第一百五十八条第三款的规定，提请全国人大常委会对基本法的有关条款进行解释。全国人大常委会的解释指出：《香港基本法》第十九条第三款规定的"国防、外交等国家行为"包括中央人民政府决定国家豁免规则或政策的行为。依照《香港基本法》第十三条第一款和本解释第一条的规定，中央人民政府有权决定在香港特别行政区适用的国家

---

① 朱国斌：《香港基本法第 158 条与立法解释》，《法学研究》2008 年第 2 期。

豁免规则或政策；依照《香港基本法》第十九条和本解释第三条的规定，香港特别行政区法院对中央人民政府决定国家豁免规则或政策的行为无管辖权。根据《香港基本法》第十三条第一款和第十九条的规定，香港特别行政区，包括香港特别行政区法院，有责任适用或实施中央人民政府决定采取的国家豁免规则或政策，不得偏离上述规则或政策，也不得采取与上述规则或政策不同的规则。

这一案件的具体情况是，美国一家基金公司以刚果（金）欠款为由，在香港法院起诉刚果（金），要求截取中国中铁集团对当地 1.02 亿美元基建投资费。刚果（金）在上诉庭裁定败诉后，向终审法院上诉，指香港应跟从中国内地，给予刚果（金）绝对豁免权，而刚果（金）应该在港免遭起诉。

就美国公司追讨刚果民主共和国欠款一案，香港特别行政区终审法院于 2011 年 9 月 8 日作出终局判决。判决遵循全国人大常委会的释法结果，刚果（金）具有绝对外交豁免权，因此在香港免于偿还欠款。根据香港终审法院发布的判案书，判词指终审法院在 2011 年 6 月接纳刚果（金）方面上诉，其后决定向全国人大常委会提请释法，解释香港基本法相关条文。8 月 26 日，全国人大常委会表决通过了关于《香港基本法》第十三条第一款和第十九条的解释，根据释法结果，香港给予刚果（金）绝对外交豁免权。判词指此为终局判决，并说释法在香港特别行政区所有法院都具有效力。香港特别行政区政府律政司欢迎终审法院的判决，表示这项判决阐明了特别行政区一项重要的法律规范，确认了中央人民政府奉行的绝对外交豁免原则适用于香港特别行政区。

这是香港基本法实施以后，香港终审法院第一次按照《香港基本法》第一百五十八条第三款的规定提请全国人大常委会对基本法的有关条款进行解释。

（二）人大释法出现的争论与问题

《香港基本法》第一百五十八条坚持了"一国"这个根本原则，同时也照顾到香港的普通法传统。基本法的制定者在设计基本法解释制度时，充分考虑宪法已有的解释架构和香港特别行政区高度自治权力，设计了立法解释和司法解释相结合的解释机制，规定全国人大常委会拥有基本法的最终解释权，香港特别行政区拥有一定限度的基本法解释权，但基本法毕竟是以大陆法系为基础的，要在以普通法为主的香港特别行政区实施，必然有冲突与矛盾。

1. 对"自治范围内的条款"界定不清

《香港基本法》第十八条第三款规定："全国人民代表大会常务委员会在征询其所属的香港特别行政区基本法委员会和香港特别行政区政府的意见后，可对列于本法附件三的法律作出增减，任何列入附件三的法律，限于有关国防、外交和其他按本法规定不属于香港特别行政区自治范围的法律。"事实上，究竟什么可被划归在"中央人民政府管理的事务"的范围内，香港基本法并没有厘定很清楚的标准。在实践中，就有可能出现香港特别行政区法院认为某一条款属于自治范围内的条款，而全国人大常委会却认为其属于非自治范围内的条款的情形，或者出现香港终审法院和全国人大常委会争夺案件管辖权的问题。

在 1999 年的"居港权"案件中，香港特别行政区终审法院认为其有权"自行分辨何者为特别行政区自治范围内之事务并作出决定"，香港终审法院认为涉及的主要争议条款是《香港基本法》第二十四条，该条是关居民的基本权利和义务，完全是特别行政区自治范围内的事情。虽然对《香港基本法》第二十四条的解释与第二十二条第四款有着紧密联系，但由于案件所要处理的主要问题是第二十四条关于"永久性居民"及其享有的居留权的解释，并不涉及中央人民政府管理的事务或中央与香港特别行政区的关系，所以香港终审法院认为不需要提请全国人大常委会解释。而中央则认为该条款涉及中央人民政府管理的事务或中央与香港特别行政区的关系，认为香港终审法院违反了《香港基本法》第一百五十八条第三款的规定。

正是由于以上原因，"自治范围内"的判断权归属至今仍未有一个确切的结论。我们认为，由于香港基本法赋予了香港特别行政区法院独立的审判权和终审权，而实践中，法院在适用法律时又不可避免地需要解释基本法，为了使法院的判决能够达到逻辑上的统一性，"自治范围内"的判断权应当由香港法院行使。

2. 全国人大常委会是否可以对香港特别行政区自治范围内条款行使解释权的问题

《香港基本法》第一百五十八条第二款规定，全国人大常委会授权香港特别行政区法院在审理案件时对本法关于香港特别行政区自治范围内的条款自行解释。而第一款同样赋予了全国人大常委会的全面解释权。那么对于自治范围内条款，全国人大常委会能否进行解释，学者对此问题意见不一。有的学者认为全国人大常委会对基本法所有的条款都享有解释权，并且它享有的解释权是完全不受任何限制的，当然就享有对自治范围内条款的解释权。有的学者认为全国人大常委会既然已经将此条款的解释权授权给香港特别行政区法院，就应该受其授权范围的限制，在没有收回授权之前，不应该主动对香港特别行政区自治范围内的条款进行解释，否则，既会造成解释的重复，权限不清，使法官无所适从，同时也会使"一国两制"的构想虚化，影响香港的法治传统。其主要根据是：首先，1981 年全国人大常委会通过的《关于加强法律解释工作的决议》就把法律解释权分为立法解释权、司法解释权和行政解释权，分别由全国人大常委会、最高人民法院和国务院及其相关行政部门来行使。据此认为，《香港基本法》第一百五十八条规定全国人大常委会将其立法解释权授予了香港特别行政区法院。其次，香港传承英国普通法的传统和遵循先例的原则，法官在处理具体案件时会引用和解释法律条文，并使之约束日后其他相关案件。法院的立法功能在普通法系中是很常见的。香港法院基于传统和基本法的规定，享有全国人大常委会授予它的立法解释权。这样，既保证了国家主权原则和一国两制的方针，又确认了香港特别行政区的高度自治权。

笔者认为，全国人大常委会就自治范围内的条款应该谨慎行使，甚至完全不行使立法解释权。理由之一是，香港基本法的立法宗旨和意图是维持两种制度长期不变，这体现了国家利益和保障香港人民的权益。特别是在高度自治之下，特别行政区法院和特别行政区政府之间实际上存在相互制衡关系；中央不应该直接或间接干预"自治范围内的条款"的执行，法律冲突应由法院自行解决。理由之二是，透过对《香港基本法》第一百五十八条蕴含的法律规范的整体考察，全国人大常委会不能随意释法，它和法院的释法权之间具有某种相互排斥性。

因此，虽然全国人大享有包括自治范围内条款在内的基本法解释权，但除非法院对自治范围的条款的理解影响到香港与中央或香港与内地其他地区的关系，否则没有任何理由让全国人大常委会就自治范围内条款释法。

3. 香港特别行政区法院对非自治范围内的条款进行解释的问题

《香港基本法》第一百五十八条规定，香港特别行政区法院在审理案件时对本法的其他条款也可解释。法院在审理案件时需要对本法关于中央人民政府管理的事务或中央和香港特别行政区关系的条款进行解释，而该条款的解释又影响到案件的判决，在对该案件作出不可上诉的终局判决前，应由香港特别行政区终审法院提请全国人大常委会对有关条款作出解释。这里出现几点问题：

第一，允许特别行政区法院对非自治范围内的条款进行解释，并且可以根据该解释作出判决，而在作出不可上诉的终局判决前又必须经由终审法院提请全国人大常委会对此类条款作出解释。若全国人大常委会作出的解释与先前香港法院作出的解释/理解相一致，那么全国人大常委会的解释具有确认之意义，当然不存在改判问题。但是当二者不一致的时候，香港法院则必须遵循全国人大常委会作出的解释。因此有人担心这样一来，香港法院先前的法律解释活动就会变得毫无意义，其所享有的对香港基本法自治范围外条款的解释权就形同虚设。其实，全国人大常委会释法不等于就此否定法院的解释权，区别在于二者对法律条款的理解不一致。此时，常委会的解释具有准据法的意义。香港基本法已经考虑到司法过程中全国人大常委会释法的负面意义，为此特别规定了释法不具有追溯力的条款，即"在此以前作出的判决不受影响"（第一百五十八条第三款）。例如，第一次人大释法实践就明确了人大的立法解释"不影响香港特别行政区终审法院 1999 年 1 月 29 日对有关案件判决的有关诉讼当事人所获得的香港特别行政区居留权"，由此认定解释不具有追溯力，并且法制化了，其后的判决也验证了人大释法不具追溯力的原则。

第二，如同吴嘉玲诉入境处处长案，如果终审法院排除提请或拒绝提请全国人大常委会进行解释，而坚持自己解释，或以自己的解释为准则来判案，全国人大常委会对这种"不作为"或"司法越权"行为将如何处理和救济呢？香港基本法对此情况并没有规定。

第三，根据香港基本法的规定，提请全国人大常委会对非自治范围内的条款进行解释的主体是香港特别行政区终审法院。在实践中，并非每个案件都由终审法院作出终局判决，更多的案件是由终审法院以下的其他法院来完成。这样一来，就有一个其他法院在作出不可上诉的终局判决前是否应先将需要解释的问题提交给终审法院，再由终审法院提请全国人大常委会解释的问题。香港基本法对这个提交程序并没有作出规定。在检视相关历史资料时，我们有理由相信，当时的立法起草者已经注意到这种情形。① 但是，香港基本法最后也没有就此明确表态。香港城市大学法律学院朱国斌教授认为，与其说当时的立法者意图缺失，毋宁说在维持香港基本法律制度不变的原则下，立法者似乎不想直接界定香港其他法院的司法管辖权范围。②

4. 基本法解释程序上的问题

《香港基本法》第一百五十八条主观上解决了实体法上的解释权及其分配问题，尽管有上述问题存在。但它对于全国人大常委会解释基本法的具体程序以及香港法院解释基本法的具体程序并没有作出特别的规定。其中仅有一条指引性的咨询规定："全国人民代表大会常务委员会在对本法进行解释前，征询其所属的香港特别行政区基本法委员会的意见。"其他只简短规定，香港终审法院在判案中，遇到需要对基本法关于中央人民政府管理的事务或中央和特别行政区关系的条款进行解释，该条款的解释又影响到案件的判决，在对该案件作出

---

① 《基本法（草案）征求意见稿咨询报告》（第二册）专题报告中曾提出过"终局判决"的定义问题。有意见认为，只有终审法院对案件所作出的判决才算"终局判决"。也有人提到，按照当时的制度，并非每件案件均有机会提交给终审法院审理。另有意见认为，当一案件上达到某一个层次的法院，而根据判例或先例无法再上诉时（例如，有如案件所涉及的款项所限，该案件最终只可以上诉至高等法院），该法院对案件的判决便算是"终局判决"。

② 朱国斌：《香江法政纵横——香港基本法绪论》，法制出版社 2010 年版。

不可上诉的终局判决前，应由香港特别行政区终审法院提请全国人大常委会对有关条款作出解释。而对于终审法院的具体提请程序没有作出规定。以下就程序上的几个问题进行分析：

（1）行政长官能否请求国务院提请全国人大常委会解释。

全国人大常委会基本法委员会委员王振民教授是这样总结前三次释法实践的启动模式的[①]：香港特别行政区政府不可以直接向全国人大常委会提出释法要求。根据香港基本法和有关法律的规定，可以启动人大释法的主体有三个：一是全国人大常委会主动释法；二是国务院提请人大释法；三是香港终审法院。其中国务院提请人大释法，可以基于国务院自己的判断，也可以基于特别行政区政府的请求。过去14年人大四次释法，一次是全国人大常委会主动释法，两次是由行政长官请求、经由国务院向全国人大常委会提案而启动，最后一次是香港终审法院按照《香港基本法》第一百五十八条第三款的规定提请全国人大常委会对基本法的有关条款进行解释。

香港基本法的四次解释实践使用了三种模式，特别是最后一次填补了基本法在这一程序问题上的空白。鉴于三种模式的有效性和正当性，它们可以被认为是基本法解释启动模式的"宪法惯例"。[②]

（2）对终审法院有提请条件却无提请程序的规定。

《香港基本法》第一百五十八条第三款规定的目的主要是确保内地和香港在基本法重大条款的理解上能够达成一致，保证基本法在香港特别行政区顺利实施。但由于成文法的抽象性、原则性和不周延性特征，暴露了该款规定的缺陷。该款规定了特别行政区终审法院应将有关条款提请全国人大常委会作出解释的条件：第一，香港特别行政区法院在审理案件时需要对基本法关于中央人民政府管理的事务或中央和特别行政区关系的条款进行解释；第二，该条款的解释又会影响到案件的判决；第三，在对该案件作出不可上诉的终局判决前。可见，《香港基本法》第一百五十八条对终审法院提请全国人大常委会解释基本法的情形作出了规定，但对于终审法院提请全国人大常委会进行解释的程序却没有作出规定，加上该类案件本身具有的模糊性，导致香港终审法院认为对此类案件是否提请全国人大常委会释法应由其决定。因为依普通法传统，在案件审理过程中，判断某一行为是否是国家行为以及案件是否涉及中央人民政府管理的事务或中央和香港特别行政区关系，是法院的权力。香港方面已经习惯普通法院享有法律解释权，很难主动去报请另一个比自身高级别的机关为自己解释相关法律。在第一次释法中香港特别行政区终审法院就香港居民在内地所生子女的居留权案作出判决，香港终审法院在判决前没有依照《香港基本法》第一百五十八条第三款的规定提请全国人大常委会作出解释，而是先行判断，然后对《香港基本法》第二十二条第四款和第二十四条第二款第（三）项进行了扩大解释。由于缺乏终审法院提请全国人大常委会释法的强制性程序规定，就不可避免地发生下列情况：有些案件实质上香港终审法院应提请全国人大常委会解释基本法有关条款，但香港终审法院却认为不符合提请解释的条件，拒绝将基本法的有关条款提请全国人大常委会进行解释，而自行对该类条款进行解释。全国人大常委会对此种"越权解释"将如何采取补救机制？香港基本法对此缺乏相关的程序规定，这不能不说是香港基本法关于解释程序规定的一个缺陷。

---

① 韦洪乾：《构建"一国两制"下的法律解释制度》，《方圆法治》2007年8月2日。

② 朱国斌：《香江法政纵横——香港基本法绪论》，法制出版社2010年版。

此外，香港基本法只规定了本法的解释权属于全国人民代表大会常务委员会，但对于其解释基本法的具体程序没有作出规定。我们从基本法中也没有找到对香港基本法委员会提出正式意见所必须遵循的程序的条款，基本法也没有规定全国人大常委会是采纳香港基本法对基本法解释的共识性意见，还是采纳大多数人的意见。

第二节　香港基本法的修改

一、香港基本法的修改权

根据我国《宪法》第六十二条和《立法法》的规定，全国人民代表大会有修改宪法，制定和修改刑事、民事、国家机构和其他的基本法律的权力。《宪法》第六十七条规定，全国人大常委会在全国人大闭会期间有权对基本法律进行部分补充和修改，但不得同该法律的基本原则相抵触。从以上规定可以看出，全国人大拥有修改宪法和基本法律的权力，全国人大常委会在全国人大闭会期间也拥有基本法律的部分修改和补充权。

值得注意的是，《香港基本法》和我国的《刑法》、《民法通则》等法律一样都是全国人大制定的基本法律，但全国人大常委会可以对其他基本法律进行部分修改和补充，却不能修改特别行政区基本法。《香港基本法》第一百五十九条第一款明确规定："本法的修改权属于全国人民代表大会。"也就是说，基本法的修改权仅属于全国人民代表大会。这一规定，凸显了特别行政区基本法相较于其他基本法律的特殊地位。

在香港基本法的制定过程中，有些人士担心中央通过对基本法的修改会改变或影响香港原有的资本主义制度，所以主张基本法的修改权应当属于特别行政区立法机关。这在法律上是不合适的，原因有以下几方面：首先，香港基本法是由全国人大制定的关于香港特别行政区的宪法性法律，修改权属于制定主体当无疑问；其次，香港基本法的许多条文涉及中央与香港特别行政区的关系，涉及两者的权限划分问题，所以不能由香港特别行政区立法机关对其修改；最后，香港基本法的修改权赋予全国人大更好地体现"一国两制"的制度要求，有利于保证"一国两制"在香港特别行政区的顺利实施。

二、香港基本法的修改程序

由于香港基本法是香港特别行政区的宪法性法律，为了保证其权威性与稳定性，避免修改基本法的随意性，香港基本法对其修改程序作了严格的规定。具体体现在以下四个方面：

（一）基本法修改提案

根据《香港基本法》第一百五十九条第二款规定，香港基本法修改提案权属于全国人民代表大会常务委员会、国务院、香港特别行政区。对香港基本法的修改提案，只能分别由上述三个法定机构提出，其他部门和机构均无权提出修改基本法的议案。

香港基本法的这一规定，与我国对其他基本法律的修改相比有着明显的不同。我国《宪法》第六十二条规定，全国人民代表大会制定和修改刑事、民事和其他的基本法律。《全国人民代表大会组织法》第九条和第十条规定，在全国人民代表大会开会期间，全国人大主席团、全国人大常委会、全国人大各专门委员会、国务院、中央军事委员会、最高人民法院、最高人民检察院、一个全国人大代表团或者 30 名以上全国人大代表，可以向全国人大提出修改国家基本法律的议案。

关于香港基本法修改的提案权应从以下两个方面进行把握：①赋予全国人大常委会和国务院提案权是基于"一国"的考虑。全国人大常委会和国务院可以单独提出修改香港基本法的议案，而无须香港特别行政区的同意。②赋予香港特别行政区提案权是基于"两制"的考虑。对于香港特别行政区的基本法修改提案权，香港基本法对之作出了严格的程序规定。《香港基本法》第一百五十九条第二款规定："香港特别行政区的修改议案，须经香港特别行政区的全国人民代表大会代表三分之二多数、香港特别行政区立法会全体议员三分之二多数和香港特别行政区行政长官同意后，交由香港特别行政区出席全国人民代表大会的代表团向全国人民代表大会提出。"这就意味着，如果香港特别行政区要提出修改议案，必须建立在特别行政区的全国人大代表多数、立法会议员多数、行政长官的意见统一的基础上。

（二）征询意见程序

香港基本法的修改权属于全国人民代表大会。一般而言，基本法修改提案在提交全国人大后，它的运行将遵循全国人大的议事规则。但由于基本法的特殊地位，它除了在修改提案方面作出严格限制之外，还在全国人大议事规则方面加入有别于其他基本法律的征询意见程序。《香港基本法》第一百五十九条第三款规定："本法的修改议案在列入全国人民代表大会的议程前，先由香港特别行政区基本法委员会研究并提出意见。"

香港特别行政区基本法委员会由内地和香港地区人士各 6 人共 12 人组成，任期 5 年。基本法委员会成员由全国人大常委会任命，其中来自香港的委员需符合以下三个条件：①在外国无居留权；②必须是香港特别行政区永久性居民中的中国居民；③须经香港特别行政区行政长官、立法会主席和终审法院首席法官联合提名。香港基本法委员会的一个重要职责，就是对全国人大行使基本法修改权提出意见。

从法理上来说，香港特别行政区基本法委员会只是全国人大常委会下设的工作委员会，它的意见对全国人大来说只有参考价值而没有约束力，全国人大可以不采纳基本法委员会的意见。香港基本法把征询意见作为基本法修改的必经程序的意义在于：①基本法委员会的构成特点决定了其具有广泛代表性，由它对基本法修改议案提出意见，有利于全国人大广泛听取各方面的意见，尤其是听取特别行政区的意见，从而有利于全国人大就基本法的修改作出正确的判断和决定；②基本法委员会成员中必须包含一些法律专家，他们专注于基本法理论和实践问题的研究，他们的专业意见有助于全国人大代表在投票时作出正确判断；③全国人大代表大多来自内地，他们可能对特别行政区的情况不是很了解，由基本法委员会提出意见可以避免他们投票的盲目性，使基本法的修改更加切合特别行政区的实际需要，从而更好地维护香港的繁荣与稳定。

（三）修正议案的审议

根据《立法法》的相关规定，基本法修改议案一经列入全国人大的议程后，便正式进入审议程序。具体来说，基本法修改议案列入议程后，要经过以下五个阶段：

1. 全体大会会议听取提案人的说明

列入全国人大会议议程的修改议案，在审议之前，要由提案人在大会全体会议上对修改议案进行说明，以了解该基本法修改议案的意义、起草该修改议案的过程、存在的问题等相关情况。提案人对修改议案的说明，使得大会全体代表对该修改议案有基本了解，以便进行下一步的审议。

2. 代表团审议修改议案

大会全体会议在听取提案人的说明之后，各个代表团接着对修改议案进行审议。《立法法》规定，在审议修改议案过程中，提案人应当派人到代表团听取意见，并回答代表们对修改议案相关问题的咨询；此外，根据代表团的要求，有关机关或组织应当派人介绍相关情况。

3. 专门委员会审议修改议案

即由香港特别行政区基本法委员会对香港基本法修改议案进行审议并向主席团提出意见，然后将审议意见印发全会。

4. 法律委员会统一审议修改议案

根据《立法法》规定，法律委员会在各代表团和专门委员会审议的基础上，对修改议案进行统一审议，然后向主席团提出审议结果报告和该议案草案修改稿。

5. 主席团召开代表团团长会议

主席团根据修改议案审议的具体情况，由常务主席召开各代表团团长会议，就修改议案中的重大问题听取各代表团的审议意见，同时将讨论的情况和意见向主席团报告。

（四）修改议案的表决、公布程序

1. 修改议案的表决程序

修改议案经过审议程序后，进入表决程序。《立法法》规定，对于列入全国人大议程的修改议案，修改议案草案修改稿经各代表团审议后，由法律委员会根据各代表团的审议意见进行修改，如修改议案已成熟，则提出修改议案表决稿，由主席团提请大会全体会议表决，由全体代表过半数通过。

2. 修改议案的公布程序

修改议案经过表决通过后，还须经过修改议案的公布程序，这是修改基本法的必经程序。根据《立法法》规定，全国人民代表大会通过的基本法修改议案，须经国家主席签署主席令予以公布实施。修改议案签署公布后，应当及时在全国人大常委会公报和全国范围内发行的报纸上刊登。

三、对香港基本法修改的限制

《香港基本法》第一百五十九条第四款规定："本法的任何修改，均不得同中华人民共和国对香港既定的基本方针政策相抵触。"也就是说，香港基本法作为香港特别行政区的宪法性法律，除了要遵守必要的程序规则外，在实质内容方面，香港基本法的任何修改，均不得与我国政府对香港特别行政区既定的基本方针政策相抵触。这是修改香港基本法的原则限制，必须严格遵守。

"一国两制"作为我国解决香港问题的基本方针，是制定香港基本法的指导方针，在修改香港基本法时也同样必须遵守。在香港基本法中，"一国两制"的基本方针得到了充分的贯彻，在香港基本法各章节中都有明确具体的体现，包括国家主权原则、高度自治原则、维护和保障居民权利原则、保护私有财产权原则、土地及自然资源的所有及使用原则、港人治港原则、香港特别行政区不实行社会主义制度的政策、保护原有资本主义制度和生活方式五十年不变原则、香港原有法律基本不变原则等。修改香港基本法，不能违背这些基本方针政策，因为我国政府对香港特别行政区的这些方针政策是"一国两制"精神的体现，是香港基本法的核心内容。

香港特别行政区的社会、经济、政治等各方面都将继续发展，如果香港基本法不能因社会情势的变化适时作出修改，必然会出现基本法和社会现实不符的情况，而这对于维护基本法的权威是不利的。所以《香港基本法》第一百五十九条规定了修改权、修改提案权等内容，说明基本法将来是可以修改的。但是香港基本法规定任何修改均不得同我国对香港既定的基本方针政策相抵触，也就是说有关这些基本方针政策的内容是不能修改的，对香港基本法任何条文的增加、减少和改变都不能同基本方针政策相抵触。任意改变或违反这些基本方针政策，将不利于香港基本法宪法性法律地位的维护，也不利于香港的繁荣与稳定。

第三编 澳门基本法要论

第十五章　澳门基本法的制定

第一节　澳门问题的由来及其圆满解决

一、澳门自古以来就是中国的领土

澳门自古以来就是中国的领土。这一点无论是从考古学者的考古发现还是从中国古代典籍史料的记载中都得到了大量的证明。考古学者在所发现的文化遗址中证实了澳门远古文明属于珠江三角洲文明体系中的一部分。中国古代史料记载则证实了从秦代开始澳门及其邻近地区就已正式列入中国的版图。

（一）先民的足迹

20 世纪 70 年代以来，港澳学者对澳门路环和黑沙先后进行了四次考古发掘，发现了十分珍贵的文化遗址和文物，同时也证实了澳门与内地一衣带水的联系。这些遗址的发现，说明了在 5 000 ~ 6 000 年前的新石器晚期，澳门地区就已生活着以渔猎经济为主的中国原始居民，也证明了澳门远古文化与珠江三角洲同出一源，同属环珠江口区新石器中、晚期文化体系。

（二）古代管理

中国对澳门的管辖历史悠久，据公元 1673 年申良翰纂修的《香山县志》记载，在公元前 214 年秦始皇统一岭南以后，在岭南设置南海、桂林等七个郡，澳门属于南海郡番禺县。东晋年间，置新会郡，下有封乐、封平等十二个县，澳门属封乐县。至隋朝，澳门重属南海郡。唐代设东莞县，澳门属东莞县文顺乡。至南宋绍兴二十二年，拆东莞县境地，割南海、番禺、新会三县的滨海地带，建设香山县，澳门开始属于广州府香山县管辖。

据史料记载，明朝初年澳门半岛南湾一带成为澳门最早的居民生活区。明初洪武年间，明政府在平定大横琴岛一带的海寇之后，因该岛山势险峻，易于伏寇，下诏严禁百姓在岛上居住，但对大横琴以外的地区，包括澳门半岛，则允许百姓自由定居。据清乾隆年间《重修澳门望厦村普济禅院碑记》记载，望厦村赵氏一族祖先便是明初来此定居的。在明朝末期，有来自福建和广东潮汕的大量移民定居澳门，至今屹立在澳门海岸的妈祖阁庙正是澳门与内地传统文化密不可分的明证。

二、葡萄牙占领澳门的经过

（一）葡萄牙人租居澳门

1535 年，澳门设置市舶司，允许外国商船入泊濠镜，成为中外商人"互市"之地，为葡人入居提供了可乘之机。明嘉靖三十二年（1553），葡萄牙船队司令官苏扎"托言舟触风涛缝裂，水湿贡物，愿借地晾晒"，并贿赂广东海道副使汪柏。汪柏接受贿赂之后，允许他们登岸贸易，但只能搭棚贸易，做完生意即离去。1554 年，苏扎与汪柏达成口头协议，并由汪柏上奏朝廷获得批复：允许葡萄牙人"进贡"；葡萄牙商人按暹罗人的规定纳税 20%；葡萄牙人获准进入中国港口贸易。此后，入泊澳门进行贸易、传教等活动的葡人开始增多。这一年是中葡关系史上重要的一年。葡萄牙人从此获得了在中国公开贸易的资格，并将澳门逐步发展成为其固定居留地。

葡人入居澳门后，最初的行政模式是商馆，即王室在商业和供给上由一位商人代理，而在政治军事上由一年一度赴日本途中在澳门停泊的舰队司令或巡航兵头代理，并没有建立自治机构。1560 年，在中国地方政府的默许下，居澳葡人选出驻地兵头、法官和四位较有威望的商人，处理所驻社区内部事务，逐渐形成澳门的自治机构。1583 年，在澳葡人举行秘密会议，商议成立议事局。1584 年葡印总督批准澳门议事局成立，议事局经选举产生，由三名议员、三名普通法官和一名民政官组成。在议事局中，议员除主持会议外，还根据既定的法令处理日常的事务；普通法官负责检查议员们的行为是否违法，并处理民事和刑事案件；民政官则执行议事局决定，组织城市建设，兼任司库及海关负责人，并负责与中国官员联系。议事局是澳门葡人实行自治的最高机关。1623 年，葡印总督任命马士加路也为澳督和总司令。同年 7 月 17 日，马士加路也到澳门任职。舰队司令不再对澳门的事务拥有管理权，总督和舰队司令之职权相分离。

1557 年至 1849 年，居澳葡人在中国政府的默许下实行自治，而中国政府一直征收地租税饷，并保留对华人的司法权。即使 1849 年之后，葡萄牙政府推行殖民统治，中国政府在澳门行使主权受到阻碍，但中国对领土主权问题从未作过任何退让。[①]

（二）葡萄牙侵占澳门和不平等条约的签订

1840 年 6 月，英国在美法两国的支持下，发动对华侵略战争，史称"鸦片战争"。鸦片战争给葡萄牙企图永久占领澳门带来了机会。清政府在外国列强的侵略下，被迫割地赔款。葡萄牙人也趁火打劫、趁机发难，逐步侵夺中国对澳门的管辖权。1845 年 11 月，葡萄牙女王玛丽亚二世在没有征得中国政府同意的情况下，擅自宣布澳门为"自由港"，允许外国商船在完全豁免征收新章税率的情况下自由贸易。葡萄牙此举完全无视中国对澳门的主权，但是由于鸦片战争之后列强纷纷向中国索取特权，清政府自顾不暇，特殊的局势之下，竟使葡萄牙政府这一严重侵犯中国主权的行为没有得到追究。[②] 之后，葡萄牙加紧了侵占澳门的步伐。1849 年起葡萄牙人不再向清政府缴纳地租，并强行对澳门居民收税，编立户籍，成立"临时大队"维护其侵略、扩张的稳定，扩展地界，并于 1851 年侵占了关闸之内的土地和氹仔岛。1864 年又侵占了路环岛。至此，葡萄牙人完成了从非法定居到全部占领澳门的过程，包括澳门半岛、氹仔岛和路环岛在内的整个澳门地区均被葡萄牙占领。从此，中国政府无法再对澳门地区进行管辖。为了使事实上的占领变为法律上的占领，葡萄牙于 1887 年 3 月利用清政府派拱北税务司英国人金登干前往里斯本交涉鸦片种子问题之际，草拟《中葡会议草约》，要求"永久管辖澳门"。同年 12 月，中葡签订《和好通商条约》时，再次确认

---

① 中共广东党史研究室、珠海市委党史研究室、中山市党史研究室编著：《澳门归程》，广东人民出版社 1999 年版，第 5 页。

② 邓开颂、谢后和：《澳门历史与社会发展》，珠海出版社 1999 年版，第 68 页。

了草约中有关澳门的提法。中葡条约是一个丧权辱国的条约，条约赋予了葡萄牙人"永居澳门"的权利，使得葡萄牙人用行贿、蚕食等手段占领的中国领土最终处于葡萄牙的殖民统治之下。

但是，值得注意的是，《中葡友好通商条约》与割让香港给英国的《南京条约》有本质的区别。第一，它没有割让澳门给葡萄牙之意，只是让其"永驻管理"，这一点是两国政府都很明确的。第二，条约保留了关键的一点：葡萄牙如将澳门让与他国，须经过中国的批准。第三，澳门仍享有中国内港口的待遇。[①]

1928 年 7 月，国民党政府外交部正式通知葡萄牙公使，《中葡友好通商条约》已于本年 4 月 28 日失效。1928 年 9 月 3 日，中葡两国代表在南京谈判订立中葡新约。12 月 27 日，中国国民政府外交部公布了新约全文，再没有提出澳门问题，实际上双方都统一废除旧约。从此以后，中葡两国关于澳门问题不再有任何条约。中国政府有权在任何时候、以任何方式在澳门恢复主权和治权。

三、澳门问题的解决

（一）中国政府对澳门问题的一贯立场

1949 年中华人民共和国成立之后，中国政府一再明确宣布，不承认过去帝国主义强加于中国人民身上的一切不平等条约。只是香港和澳门问题是历史遗留问题，在新中国成立之初特殊历史背景和国际环境下，并没有用武力强行将两地收回，而是在等待时机，积极通过和平谈判解决，同时在未解决前暂时维持现状。1972 年 3 月 8 日，中国驻联合国代表黄华，特别致函联合国非殖民化特别委员会主席，重申了中国政府的立场："香港和澳门是被英国和葡萄牙当局占领的中国领土的一部分，解决香港和澳门问题，完全是属于中国主权范围内的问题，根本不属于通常所谓的'殖民地'范畴。因此，不应列入反殖民地宣言中适用的殖民地的名单之内。我国政府主张，在条件成熟时，用适当的方式和平解决港澳问题，在未解决之前维持现状。"表明了中国政府对澳门主权的坚定立场。联合国非殖民地化特别委员会于同年 6 月 16 日通过决议，同意中国的意见，并向联合国大会建议，从殖民地名单中删除香港和澳门。1972 年 11 月 8 日，第二十七届联合国大会通过了决议，批准了该特别委员会的报告。

1974 年，葡萄牙发生"四·二五"革命，推翻了法西斯统治，宣布实行"非殖民化政策"，正式承认澳门是中国领土而由葡萄牙管理的特殊地区，不再列入葡萄牙所谓的"省"。1979 年 2 月 8 日，中葡两国正式建交，并就澳门问题达成了原则上的谅解，双方公认，澳门是在葡萄牙管理之下的中国领土，这是历史遗留问题，在适当的时候，中葡两国通过友好协商解决。这一协议（谅解），对维护澳门现状、促进中葡友好合作、保持澳门社会的稳定与经济发展，起了积极的促进作用。

1984 年，中英两国关于香港问题的谈判取得了突破性进展，同年 9 月在北京草签了关于香港问题的联合声明，解决了长期悬而未决的香港主权问题，这为澳门问题的解决提供了

[①]　中共广东省党史研究室、珠海市委党史研究室、中山市党史研究室编著：《澳门归程》，广东省人民出版社 1999 年版，第 27 页。

范例。1984 年 11 月，中华人民共和国国家主席李先念应邀访问葡萄牙。访问期间，两国领导人进行了有益的会谈，双方就澳门问题交换了意见，陪同出席的国务委员兼外交部长吴学谦在 17 日会见葡萄牙和港澳记者，详细地阐述了中国主张通过谈判的方式解决澳门问题，他说："澳门自古以来就是中国领土，这个问题，是中葡两国之间的历史遗留问题。虽然两国在 1979 年建交的时候，葡萄牙政府作过严肃的声明，澳门不是葡萄牙的一个省。但是也应当承认，现在的问题还未完全解决，还是历史遗留下来的需要解决的问题。这个问题是可以通过两国之间的友好谈判解决的，香港问题的顺利解决提供了有益的经验。就是国与国之间存在历史遗留问题，需要相当大的解决问题的诚意，双方都要照顾到这个问题的历史和现状，并经过双方的共同努力，是能够通过谈判的方式解决的。"

（二）中葡关于澳门问题的会谈

1986 年 5 月 20 日，中葡两国发布了就澳门问题进行会谈的"新闻公报"。公报指出：在经过友好磋商后，决定在本年的 6 月最后的一个星期于北京开始谈判，解决澳门的遗留问题。6 月 30 日，首轮会谈在北京钓鱼台国宾馆进行。在为期两天的会谈中，双方就整个会谈应该如何进行交换了意见，在会后的公报说："会谈是在友好融洽的气氛中进行的。双方除了商定会议的全部议程外，还就一些实质性问题交换了意见。双方对第一轮会谈的结果表示满意，并决定于 9 月份在北京举行第二轮会谈。"

第二轮会谈于 1986 年 9 月 9 日至 10 日举行，会议首日，中方提交了《中葡联合声明》附件一《中华人民共和国政府对澳门的基本政策的具体说明》草案和关于国籍问题的中方备忘录草案；会议第二天，中方又提交了《中葡联合声明》附件二《关于过渡时期的安排》草案并作出了说明。中方指出，中国政府恢复对澳门行使主权后在澳门行使的基本方针政策，从原则上来说是中国主权范围内的事，属于中国的内政，但是中方仍愿意在会谈过程中听取葡方的意见，这既充分考虑到澳门的实际情况和特殊问题，也充分照顾到葡方的利益。1986 年 10 月 20 日至 21 日，在双方举行的第三轮会谈中，葡方对前两轮会谈提交的文件作出了总的评价，双方决定，为了具体讨论和修订中葡双方会谈所提出的全部协议草案，在双方代表团下成立一个工作小组。工作小组讨论了修改《中葡联合声明》的主体文本和附件问题。由于没有太多的争执，谈判进行得很顺利。1987 年 3 月 18 日至 23 日，中葡两国代表团进行了关于澳门问题的第四轮会谈，这次会谈是在前三次会谈的基础上，对剩余的问题进行解决。

1987 年 3 月 26 日，中华人民共和国和葡萄牙共和国政府就联合声明在北京大会堂草签，中国政府代表团团长周南和葡萄牙政府代表团团长梅迪纳分别代表两国在协议书上签字。1987 年 4 月 13 日，就联合声明在北京人民大会堂西大厅举行了隆重的正式签署仪式，赵紫阳代表中国政府在联合声明文本上签字，邓小平、李先念、姬鹏飞、吴学谦和参加中葡两国谈判的两国政府代表团成员、工作人员，以及葡萄牙外长德米兰达等出席了签字仪式。联合声明宣布中国政府将于 1999 年 12 月 20 日恢复对澳门行使主权，并作出了保持澳门稳定和发展的具体安排。联合声明签署后，中华人民共和国全国人大常委会和葡萄牙国会分别与当年 6 月和 10 月批准了《中葡联合声明》。1988 年 1 月 15 日，中葡两国在北京互换联合声明批准书，联合声明正式生效，澳门由此进入了为期 12 年的过渡期。

联合声明的签署是中葡双方共同努力的结果。在谈判中双方都以中葡两国友好合作关系的大局为重，从澳门的历史和现实出发，互谅互让，平等协商，充满了认真与合作的精神。

在为期九个月的四轮会谈中，中国人民期待已久的恢复对澳门行使主权这一问题获得圆满解决，从而在中国土地上结束了最后一个殖民的痕迹，代之以由当地人组成的享有高度自治权的政府。

（三）《中葡关于澳门问题的联合声明》的主要内容

《中葡联合声明》包括正文以及附件一《中华人民共和国政府对澳门的基本政策的具体说明》和附件二《关于过渡时期的安排》。在联合声明中，中葡双方回顾了两国建交以来两国政府和人民之间友好关系的发展。指出，由两国政府通过谈判妥善解决历史遗留下来的澳门问题，有利于澳门经济发展和社会稳定，有助于进一步加强两国之间的友好合作关系。声明内容如下：

1. 中华人民共和国政府和葡萄牙共和国政府声明：澳门地区（包括澳门半岛、氹仔岛和路环岛，以下称澳门）是中国领土，中华人民共和国政府将于一九九九年十二月二十日对澳门恢复行使主权。

2. 中华人民共和国政府声明，中华人民共和国根据"一个国家，两种制度"的方针，对澳门执行如下的基本政策：

Ⅰ. 根据《中华人民共和国宪法》第三十一条的规定，中华人民共和国对澳门恢复行使主权时，设立中华人民共和国澳门特别行政区。

Ⅱ. 澳门特别行政区直辖于中华人民共和国中央人民政府，除外交和国防事务属中央人民政府管理外，享有高度的自治权。澳门特别行政区享有行政管理权、立法权、独立的司法权和终审权。

Ⅲ. 澳门特别行政区政府和澳门特别行政区立法机关均由当地人组成。行政长官在澳门通过选举或协商产生，由中央人民政府任命。担任主要职务的官员由澳门特别行政区行政长官提名，报中央人民政府任命。原在澳门任职的中国籍和葡籍及其他外籍公务（包括警务）人员可以留用。澳门特别行政区可以任用或聘请葡籍和其他外籍人士担任某些公职。

Ⅳ. 澳门现行的社会经济制度不变；生活方式不变；法律基本不变。澳门特别行政区依法保障澳门居民和其他人的人身、言论、出版、集会、结社、旅行和迁徙、罢工、选择职业、学术研究、宗教信仰和通信以及财产所有权等各项权利和自由。

Ⅴ. 澳门特别行政区自行制定有关文化、教育和科技政策，并依法保护在澳门的文物。澳门特别行政区政府机关、立法机关和法院，除使用中文外，还可使用葡文。

Ⅵ. 澳门特别行政区可同葡萄牙和其他国家建立互利的经济关系。葡萄牙和其他国家在澳门的经济利益将得到照顾。在澳门的葡萄牙后裔居民的利益将依法得到保护。

Ⅶ. 澳门特别行政区可以"中国澳门"的名义单独同各国、各地区及有关国际组织保持和发展经济、文化关系，并签订有关协议。澳门特别行政区政府可以自行签发出入澳门的旅行证件。

Ⅷ. 澳门特别行政区将继续作为自由港和单独关税地区进行经济活动。资金进出自由。澳门元作为澳门特别行政区的法定货币，继续流通和自由兑换。

Ⅸ. 澳门特别行政区保持财政独立。中央人民政府不向澳门特别行政区征税。

Ⅹ. 澳门特别行政区的社会治安由澳门特别行政区政府负责维持。

Ⅺ. 澳门特别行政区除悬挂中华人民共和国国旗和国徽外，还可使用区旗和区徽。

Ⅻ. 上述基本政策和本联合声明附件一所作的具体说明，将由中华人民共和国全国人民代表大会以中华人民共和国澳门特别行政区基本法规定之，并在五十年内不变。

3. 中华人民共和国政府和葡萄牙共和国政府声明：自本联合声明生效之日起至一九九九年十二月十九日止的过渡时期内，葡萄牙共和国政府负责澳门的行政管理。葡萄牙共和国政府将继续促进澳门的经济发展和保持其社会稳定，对此，中华人民共和国政府将给予合作。

4. 中华人民共和国政府和葡萄牙共和国政府声明：为保证本联合声明的有效实施并为一九九九年政权的交接创造妥善的条件，在本联合声明生效时成立中葡联合联络小组；联合联络小组将根据本联合声明附件二的有关规定建立和履行职责。

5. 中华人民共和国政府和葡萄牙共和国政府声明：关于澳门土地契约和其他有关事项，将根据本联合声明附件的有关规定处理。

6. 中华人民共和国政府和葡萄牙共和国政府同意，上述各项声明和作为本联合声明组成部分的附件均将付诸实施。

7. 本联合声明及其附件自互换批准书之日起生效。批准书将在北京互换。本联合声明及其附件具有同等约束力。

《中葡联合声明》全面反映了中国政府对澳门问题的基本政策，随后的澳门基本法，就是根据《中葡联合声明》尤其是附件一的精神制定的，甚至可以说，澳门基本法正是对《中葡联合声明》的规范化、具体化、条文化。

第二节　澳门基本法的制定与颁布

一、澳门特别行政区基本法的制定过程

1988年4月13日，第七届全国人民代表大会第一次会议决定成立中华人民共和国澳门特别行政区基本法起草委员会，负责澳门特别行政区基本法的起草工作。起草委员会向全国人民代表大会负责，在全国人大闭会期间，向全国人大常委会负责。同年9月5日，第七届全国人民代表大会常务委员会第三次会议通过了澳门特别行政区基本法起草委员会名单，起草委员会共48人，由包括澳门同胞在内的各方面人士和专家组成，其中内地委员26名，澳门委员22名，姬鹏飞任主任委员。

澳门基本法的制定大体经历了四个阶段。

（一）准备阶段

这一阶段主要是做好起草基本法的各项准备工作，时间大体上是从1988年10月至1989年11月。

澳门基本法是一部关于将"一国两制"方针具体法律化的重要法律，虽然它可以参考先于它起草的香港基本法，但澳门有着不同于香港的情况与特点，所以对澳门基本法的起草也必须做好充分的准备工作。1988年10月25日与26日，起草委员会在北京举行第一次会议，全国人大常委会委员长万里颁发了任命书，宣告起草委员会成立并正式开始工作。

为了广泛地听取澳门各界人士的意见，全体会议决定委托在澳门的 22 名起草委员发起筹组一个民间的有广泛代表性的澳门基本法咨询委员会，以配合基本法的起草工作。咨询委员会与起草委员会的性质和任务不同，彼此没有隶属关系。咨询委员会可以作为澳门各界人士与起草委员会联系和沟通的平台以及反映对基本法意见的一条重要渠道，可将其收集到的意见进行整理和综合归纳，供起草委员会参考。

在这一阶段，基本法的准备工作主要从三个方面进行。

1. 初步了解和研究澳门情况及各界人士对起草基本法的意见与建议

这主要是由于内地的起草委员会委员对澳门的情况不够熟悉，需要进行准备，研读资料。于 1989 年 5 月 9 日至 10 日举行的起草委员会第二次会议通过了《中华人民共和国澳门特别行政区基本法起草委员会工作细则》，使起草委员会内部工作有章可循，保证了起草委员会工作的顺利进行。

2. 起草、通过了《中华人民共和国澳门特别行政区基本法结构（草案）》

要起草好基本法，首先要确定一个好的结构。为了做好准备工作，起草委员会在第二次全体工作会议上决定成立基本法结构草案起草小组，负责起草一个讨论稿，供起草委员会第三次会议讨论。1989 年 9 月，结构草案小组在澳门进行了为期 13 天的咨询和调查研究工作，收集了澳门各界许多有参考价值的意见，并委托起草小组中三位法学家草拟了一个基本法结构草案初稿。初稿经过基本法结构草案起草小组讨论和修改后，交由起草委员会第三次会议审议。

1989 年 11 月 18 日至 20 日，举行了基本法起草委员会第三次会议，经过委员们的认真讨论和修改，通过了《中华人民共和国澳门特别行政区基本法结构（草案）》，为以后起草基本法的具体条文奠定了良好的基础。同时，这次会议还通过了《澳门特别行政区基本法起草委员会关于设立专题小组的决定》，根据基本法起草委员会的工作细则和基本法结构草案的内容，起草委员会决定设立以下五个专题小组：①中央与澳门特别行政区关系专题小组（包括起草序言、总则、澳门特别行政区对外事务、基本法的解释和修改以及附则等内容的条文）；②居民的基本权利和义务专题小组；③政治体制专题小组；④经济专题小组；⑤文化与社会事务专题小组（包括区旗、区徽的设计与条文）。这次会议后各专题小组分别召开了小组会议，开始了具体起草工作，准备向基本法起草委员会第四次会议提出工作报告与本小组所起草的条文，标志着基本法起草工作进入了一个新阶段。①

3. 成立澳门基本法咨询委员会

在基本法起草小组第一次全体会议之后，22 位澳门起草委员返回澳门，举行了基本法咨询委员会发起人会议，由在澳的五位副主任委员担任召集人，并得到新华社澳门分社②的协助。1989 年发起人第三次会议通过了《咨询委员会章程》，并推选了五人组成咨询委员会成员名单筹划小组。筹划小组提出了按"八界别三渠道"产生咨询委员会成员人选，即把各界社团和人士按照功能性质分为八个界别，通过社会推荐、发起人邀请，个人自荐、发起

---

① 骆伟建、王禹主编：《澳门人文社会科学研究文选》（基本法卷），社会科学文献出版社 2009 年版，第 22 页。

② 新华社澳门分社是中华人民共和国国务院在澳门的代表机构，其前身为澳门南光公司，成立于 1949 年，1987 年 4 月 13 日，中葡两国签署联合声明之后，澳门进入过渡期。同年 9 月 21 日，新华社澳门分社成立，南光公司随后被撤销。其职能是国务院下属的在澳门的代表机构，负责国务院交办的事务，以及向中央反映澳门的实际情况和澳门公众的意愿。

人邀请，发起人商定邀请三个渠道产生咨询委员会成员。最后在第六次发起人会议上正式通过咨询委员会90人的成员名单。到1989年5月28日，咨询委员会正式宣告成立。

（二）制定并通过《澳门特别行政区基本法（草案）征求意见稿》阶段

这一阶段是从基本法起草委员会各专题小组开始工作到基本法草案征求意见稿公布，时间大体上是从1989年12月至1991年7月。

基本法结构草案通过以后，各专题小组即开始制订工作计划，准备起草条文，应咨询委员会邀请，于1990年3月在澳门开展了为期十多天的调查研究，举行并参加了由澳门各界参加的座谈会25次，委员们听取了各界人士的意见和建议，还进行了参观与访问，加深了对澳门情况的了解，非常有利于各专题小组的具体起草工作。

1990年6月，基本法起草委员会召开了第四次全体会议，听取了各专题小组自第三次全体会议成立以来的小组工作报告，并对澳门特别行政区区旗、区徽的征集工作进行了初步讨论，对下一步工作作了具体安排。在1990年12月基本法起草委员会第五次全体会议上，重点讨论和审议了中央与澳门特别行政区关系专题小组、经济专题小组、文化与社会事务专题小组分别起草的各组的全部条文，初步讨论了居民的基本权利和义务专题小组的全部条文以及政治体制专题小组的部分条文。此次会议还通过了《中华人民共和国澳门特别行政区区旗、区徽图案的征集和评选办法》。

1991年4月，基本法起草委员会举行了第六次全体会议，重点讨论、审议政治体制专题小组草拟的全部条文、附件一、附件二、代全国人大起草的关于澳门特别行政区第一届政府和立法会产生办法的决定，以及居民的基本权利和义务专题小组草拟的全部条文，同时对其他三个专题小组草拟的条文及附件作了进一步的讨论和审议。至此，澳门基本法的全部条文和附件均已拟出。同年6月，基本法起草委员会举行了第一次主任委员扩大会议，对秘书处根据各专题小组草拟的各章节条文汇编而成的《澳门特别行政区基本法（草案）征求意见稿》（讨论稿）逐条进行了讨论，并作出了相应的调整和修改，为征求意见稿的正式出台做了充分的准备。①

基本法起草委员会第七次全体会议于1991年7月在北京举行，会议通过了《澳门特别行政区基本法（草案）征求意见稿》，以及《关于公布〈中华人民共和国澳门特别行政区基本法（草案）征求意见稿〉和展开征询工作的决定》，决定从1991年7月中旬到11月中旬开展为期四个月的征询澳门和内地各界人士的意见的工作。

（三）形成《澳门特别行政区基本法（草案）》阶段

这一阶段是从澳门基本法草案征求意见稿到基本法草案的完成，时间大体上是从1991年8月到1992年3月。

基本法草案征求意见稿公布之后，咨询委员会接受起草委员的委托在澳门开展关于《澳门特别行政区基本法（草案）征求意见稿》的咨询，进行了大量的推广基本法与意见收集工作。在咨询期间，澳门居民和各界团体积极参与讨论，各抒己见。基本法起草委员会将这些意见汇编成册，供委员们修改时参考。1991年12月，五个专题小组根据收集的意见，逐条逐件进行了讨论，对100多个条文进行了修改。1992年1月举行的主任扩大会议，对各专题小组提交的条文又作了35处以文字和技术问题为主的调整和修改。1992年3月，起

---

① 邓伟平主编：《澳门特别行政区基本法论》，中山大学出版社2007年版，第48页。

草委员会举行了第八次全体会议，对基本法草案的序言、条文和附件逐条逐件进行了无记名投票的表决，全部以三分之二以上的多数票通过。同时，委员会决定将这一基本法草案提交全国人大常委会审议公布，再次向内地和澳门各界人士征求意见。

（四）制定并通过《澳门特别行政区基本法》阶段

这一阶段大体上是从 1992 年 3 月到 1993 年 3 月。

第七届全国人大常委会第二十五次会议在听取了澳门特别行政区基本法起草委员会主任委员姬鹏飞《关于提请全国人大常委会审议〈中华人民共和国澳门特别行政区基本法（草案）〉及其相关文件的报告》后，于 1992 年 3 月 16 日作出决定：公布澳门基本法草案、附件和相关文件，自公布之日起至 1992 年 7 月底，在澳门和全国其他地区广泛征求意见；由澳门基本法起草委员会根据澳门和全国各地区、各方面提出的意见，对基本法草案作进一步的修改后，提请 1993 年举行的第八届全国人大第一次会议审议。

为期四个半月的第二轮公开咨询，得到了澳门各界的热情关注和有力的支持。1993 年 1月，起草委员会举行了第九次全体会议，对基本法草案进行了最后的讨论、修改和完善。全体会议通过了《中华人民共和国澳门特别行政区基本法（草案）》，《澳门特别行政区区旗、区徽图案（草案）》，为全国人大草拟了《全国人民代表大会关于澳门特别行政区第一届政府、立法会和司法机关产生办法的决定（草案）》及相关文件，并决定将以上文件提请全国人大常委会审议，以及建议全国人大常委会提请第八届全国人大第一次会议审议。

1993 年 2 月，第七届全国人大常委会第三十次会议审议了《中华人民共和国澳门特别行政区基本法（草案）》以及相关文件，并决定提请第八届全国人大第一次会议审议。1993年 3 月，第八届全国人大第一次会议审议了《中华人民共和国澳门特别行政区基本法（草案）》及其相关文件，3 月 31 日通过了澳门基本法及区旗、区徽图案，通过了《关于〈中华人民共和国澳门特别行政区基本法〉的决定》，该决定指出：澳门特别行政区基本法是根据《中华人民共和国宪法》，按照澳门的具体情况制定的，符合宪法。《中华人民共和国澳门特别行政区基本法》自 1999 年 12 月 20 日起实施。同日，中华人民共和国主席公布了澳门特别行政区基本法。至此，澳门特别行政区基本法制定工作全部完成。

二、澳门基本法的结构和主要内容

《澳门基本法》由正文、三个附件及澳门特别行政区区旗、区徽图案组成。正文又分为序言和其他九章内容，共一百四十五个条文。这九章的标题依次是：总则；中央和澳门特别行政区的关系；居民的基本权利和义务；政治体制；经济；文化和社会事务；对外事务；本法的解释和修改；附则。除第四章"政治体制"分为七节之外，其余各章均不分节。三个附则的名称依次为：澳门特别行政区行政长官的产生办法、澳门特别行政区立法会的产生办法、在澳门特别行政区实施的全国性法律。按照《澳门基本法》的结构顺序，其主要内容包括：

首先是"序言"。"序言"部分主要说明澳门基本法制定的起因和法律依据。其内容是：①历史背景、《中葡联合声明》以及澳门问题的解决；②中国政府在澳门回归之后实行的基本方针政策及法律依据，包括"一国两制"方针、制定澳门基本法和设立澳门特别行政区的政策考虑等；③制定澳门基本法的宪法依据和目的。

第一章"总则"共十一条。这一章从政治、经济、法律等方面对澳门特别行政区实行的制度和政策的一些重要原则作出了规定,对"一国两制"的主要内容进行了勾画。这些原则包括国家统一不可分割的原则,高度自治的澳人治澳的原则,保持原有资本主义制度和生活方式50年不变的原则,澳门特别行政区所实施的制度和政策均以基本法的规定为依据,其所制定、实施的法律包括予以保留的原有的法律均不得与基本法相抵触的原则等。这些都表明了中国在澳门实施"一国两制"的诚意与决心。同时也对澳门特别行政区的区旗、区徽作了具体的规定。

第二、七、八、九章主要是调整中央对澳门特别行政区实施管辖和授权其依法实行高度自治而产生的相互关系,明确澳门特别行政区是中央人民政府直辖的享有高度自治权的地方行政区域。有关国防、外交、主要官员任免、全国性法律的实施、战争状态和紧急状态下的管治、基本法的解释和修改均属中央管辖的事务。澳门特别行政区当地的立法、司法、行政、经济、文化和社会事务,以及与其相关的对外事务,授权其高度自治,中央不加干预。

第三章是"居民的基本权利和义务"。这一章是依照《中葡联合声明》附件一的第五部分而写的,参考了葡萄牙宪法和两个国际人权公约的相关内容。[①] 该章在规定了澳门居民范围的同时,概括性地规定了澳门居民所享有的政治权利和自由、人身权利、财产权利、诉讼权利、文化和信仰权利以及其他社会权利和自由,并集中阐述了保障自由和权利的法律原则及有关法律规范。

第四章"政治体制",规定了澳门特别行政区的行政、立法、司法机关的法律地位、产生、职权及它们之间的相互关系。这些内容是依照《中葡联合声明》附件一有关规定、澳门的实际情况,参考香港基本法而写的。《中葡联合声明》附件一对行政长官、行政机关、立法机关、司法机关分别作了规定,而且这一章的内容比较多也比较具体,所以澳门基本法中也按这一顺序对这些机关加以分别列举,分为六节,并且根据需要又加了一节,即第七节"宣誓效忠"。将行政长官放在第一节是考虑到《中葡联合声明》中规定的顺序,以及在澳门特别行政区行政长官起了主导的作用,采取的是行政主导的政治体制,因此特别行政区行政长官被首先予以规定。

第五章"经济"和第六章"文化和社会事务",确立了澳门特别行政区处理经济、文化和社会事务的基本制度与原则。

最后是附件。三个附件除列举在澳门特别行政区实施的全国性法律外,还具体规定了澳门特别行政区行政长官和立法会的产生办法。

三、澳门特别行政区基本法的特点

澳门基本法与香港基本法一样,都是体现"一国两制"方针的全国性法律。澳门基本法的首要特点,就在于它以"一国两制"为指导,把维护国家主权、统一领土的完整与授权澳门特别行政区实行高度自治、保持澳门的繁荣和稳定紧密结合起来。

(一)具有"一国两制"的特点

澳门基本法最根本的特点在于,它把"一国两制"的总方针和我国对澳门的基本方针

---

① 骆伟建、王禹主编:《澳门人文社会科学研究文选》(基本法卷),社会科学文献出版社2009年版,第36页。

政策以法律的形式规定下来,从法律上保证"一国两制"在澳门的实现。"一国两制"是我国提出的实现祖国统一的基本国策,是设立澳门特别行政区、制定澳门基本法的指导方针。澳门基本法以法律的形式将这一基本国策肯定下来。

"一国两制"在澳门基本法中得到充分体现。主要表现在:①基本法在序言中规定了我国政府于1999年恢复对澳门行使主权,强调了设立澳门特别行政区的出发点是维护国家的统一和领土完整;②基本法明确规定,澳门特别行政区是中华人民共和国不可分离的部分,是一个享有高度自治权的地方行政区域,直辖于中央人民政府;③中央人民政府负责管理澳门特别行政区的外交和国防事务,任免澳门特别行政区行政长官、政府主要官员;④全国人大常委会对澳门特别行政区行使监督权;⑤有关国防、外交和不属于澳门特别行政区自治范围的全国性法律要在澳门特别行政区公布或立法实施等。

在坚持维护国家主权、统一和领土完整的前提下,"一国两制"同时还强调中央要授予特别行政区高度的自治权。澳门基本法规定了澳门特别行政区享有高度的自治权。根据澳门基本法的规定,全国人大授予澳门特别行政区自治权的范围是十分广泛的,包括行政管理权、立法权、独立的司法权和终审权。澳门原有法律基本保留。澳门特别行政区保持财政独立,其财政收入全部自行支配,中央人民政府不在澳门特别行政区征税;实行独立的税收制度,将保持其自由港、单独关税地区的地位。澳门特别行政区可自行制定经济、贸易和科学、教育、文化方面的政策;根据中央人民政府授权,依照澳门基本法的规定自行处理有关的对外事务,以及负责特别行政区的社会治安等。

(二) 充分反映了澳门的特点

澳门基本法与香港基本法一样,都具有"一国两制"的特点。它们都反映了建设有中国特色的社会主义理论关于用"一国两制"来实现国家统一的观点。但与此同时,澳门基本法还紧密结合澳门的实际情况,充分反映了澳门的特点,主要表现在以下三个方面:

1. 关于澳门土地问题的规定

由于澳门还存在一小部分私有土地,根据这一情况,《澳门基本法》第七条规定,澳门境内的土地,除在澳门特别行政区成立前已依法确认的私有土地外,属于国家所有。这一规定是澳门基本法的一个显著特点。这部分私有土地大致有三种情况:一是已经由澳葡政府认可的,即于1901年按葡萄牙法律办理了登记手续并获得业权司法证明的私有土地,这部分土地面积约为150公顷。二是政府按照现行土地法的规定,把一些零碎地段售与私人,平均每年只有200平方米。三是"砂纸契"土地,这部分土地也很少,但土地的所有权有争议,土地占有者认为是自己的私有地,但没有获得政府的承认。前两种情况的土地私有权已依法受到了确认,而后一种情况还有一个依法确认的问题。因此,本条规定有两方面的含义:一是确认了澳门存在的一小部分私有土地,作为国有土地的例外情况;二是对还没有依法确认的土地,需要在澳门特别行政区成立前加以解决。

2. 关于司法机关的组织

首先,在法院的组织方面有所不同。香港基本法规定,香港特别行政区设立终审法院、高等法院、区域法院、裁判法庭和其他专门法庭。而澳门基本法规定,澳门特别行政区设立初级法院、中级法院和终审法院,并规定设立行政法院管辖行政诉讼和税务诉讼。其次,在检察机关的设置方面也有所不同。《香港基本法》第六十三条规定:"香港特别行政区律政司主管刑事检察工作,不受任何干涉。"根据这一规定,香港特别行政区、刑事检察工作由政府的一个部门负责。而《澳门基本法》则把检察院作为司法机关的一个组成部分，在"司法机关"一节中第八十三条规定："澳门特别行政区法院独立进行审判，只服从法律，不受任何干涉。"

3. 关于旅游娱乐业的规定

《澳门基本法》"经济"一章中的一个重要特点，就是设专条规定了澳门的旅游娱乐业。《澳门基本法》第一百一十八条规定："澳门特别行政区根据本地整体利益自行制定旅游娱乐业的政策。"旅游业在澳门经济中占重要地位，而澳门旅游业的特征则是靠以博彩业为主的多项娱乐事业的支持。为了对博彩业等各项娱乐活动进行管理，澳门政府制定了相关法律。澳门基本法规定澳门特别行政区可以自行制定旅游娱乐的政策，但要考虑澳门的整体利益，这对维护澳门的繁荣与稳定有着重要的意义。①

---

① 王叔文：《论澳门特别行政区基本法的特点》，《中国法学》1993 年第 2 期，第 13～17 页。

第十六章　澳门居民的基本权利和义务

《澳门基本法》第三章专门列出了 21 个条文，对澳门居民的基本权利和义务作出了详细的规定，使澳门居民享有了广泛的基本权利和自由，并使其明确了基本义务。澳门基本法关于居民基本权利和义务的规定，有着其不同于大陆宪法及香港基本法的独特性。

第一节　澳门特别行政区居民概述

一、澳门特别行政区居民的含义

澳门是一个具有四百多年开埠历史的全方位开放城市，一直以来都以自由港、独立关税区的地位而享誉中外。因此，在澳门居住的人有各种不同的情况，既有澳门居民，又有非澳门居民；既有中国公民，也有很多非中国籍人士，特别是葡萄牙人。

澳门特别行政区居民，简称澳门居民，是指持有澳门特别行政区居民身份证，依法享有澳门基本法赋予的基本权利并承担相应义务的人。《澳门基本法》第二十四条把澳门特别行政区居民分为永久性居民和非永久性居民，并对两类居民作出了明确的规定。

二、澳门特别行政区居民的分类

（一）永久性居民

澳门特别行政区永久性居民，是指根据《澳门基本法》第二十四条的规定，持有澳门特别行政区永久性居民身份证，并且在澳门特别行政区享有居留权的人。

《澳门基本法》以列举的方式对澳门永久性居民作出了详细的规定，确定了以下几类居民为澳门特别行政区的永久性居民："（一）在澳门特别行政区成立以前或以后在澳门出生的中国公民及其在澳门以外所生的中国籍子女；（二）在澳门特别行政区成立以前或以后在澳门通常居住连续七年以上的中国公民及在其成为永久性居民后在澳门以外所生的中国籍子女；（三）在澳门特别行政区成立以前或以后在澳门出生并以澳门为永久居住地的葡萄牙人；（四）在澳门特别行政区成立以前或以后在澳门通常居住连续七年以上并以澳门为永久居住地的葡萄牙人；（五）在澳门特别行政区成立以前或以后在澳门通常居住连续七年以上并以澳门为永久居住地的其他人；（六）第（五）项所列永久性居民在澳门特别行政区成立以前或以后在澳门出生的未满十八周岁的子女。"

从上述六项规定可以看到，享有澳门特别行政区永久性居民身份的人，主要包括以下三类：第一，中国公民及中国籍子女；第二，以澳门为永久居住地的葡萄牙人；第三，符合澳门基本法规定条件的其他人及其子女，包括其他国籍人和无国籍人。

1. 中国公民及中国籍子女

首先，只要是在澳门出生的中国公民，无论是在澳门特别行政区成立以前或成立以后出生的，均可成为澳门特别行政区永久性居民。这是吸收了"出生地主义"的规定。另外，这些在澳门出生的中国公民，他们在澳门以外所生的中国籍子女，也有成为澳门特别行政区永久性居民的资格。这又仿效了"血统主义"的规定。

其次，无论是在澳门特别行政区成立以前或以后，只要是在澳门通常居住连续七年以上的中国公民，都有资格成为澳门特别行政区永久性居民。另外，这些成为澳门永久性居民的中国公民，在他们成为永久性居民以后在澳门以外的地方所生的中国籍子女，也同样有资格成为澳门特别行政区的永久性居民。

值得注意的是，根据《澳门特别行政区永久性居民及居留权法律》第一条第一款第（一）项到第（三）项的规定，澳门特别行政区永久性居民包括："（一）在澳门特别行政区成立以前或以后在澳门出生的中国公民，且在其出生时其父亲或母亲在澳门合法居住，或已取得澳门居留权；（二）在澳门特别行政区成立以前或以后在澳门通常居住连续七年以上的中国公民；（三）上述两项所指的永久性居民在澳门以外所生的中国籍子女，且在其出生时父亲或母亲已符合（一）项或（二）项的规定。"此法律是在澳门特别行政区成立时已经一起公布的。根据此项规定，在澳门以外的地方所生的中国籍子女成为永久性居民的必要条件是他们的父母任一方在澳门合法居住或取得澳门特别行政区居留权。与香港基本法相比，澳门基本法的表述更加清楚，不会引起歧义。

另外，考虑到澳门地少人多的状况，澳门基本法并没有规定上述两类中国公民在内地的配偶可以成为永久性居民。

对于"通常居住连续七年"的理解，《澳门特别行政区永久性居民及居留权法律》第四条第二款作出了相关规定："处于下列情况之一的人士，不属在澳门居住：（一）非法入境；（二）非法在澳门逗留；（三）仅获准逗留；（四）以难民身份在澳门逗留；（五）以非本地劳工身份在澳门逗留；（六）属领事机构非于本地聘用的成员；（七）在本法律生效以后根据法院的确定判决被监禁或羁押，但被羁押者经确定判决为无罪者除外；（八）法规规定的其他情形。"我们认为，通常居住首先应当以"合法居住"为要件，而不是非法入境或非法滞留。合法居住要求当事人持有合法的居住证件，这类证件在澳门是指澳门居民身份证、澳门护照、永久居留证和临时居留证。若是通过非法手段进入澳门，或在澳门临时逗留期满后不离境的，无论逗留的时间有多长，均不属于"通常居住"。另外，当事人由于正当理由而暂时离开澳门的时间，应照常计算入"通常居住"的年限之中。如出外留学、经商、探亲、派往外地工作等事由，都应视为暂时离开澳门的正当理由。

2. 以澳门为永久居住地的葡萄牙人

葡萄牙人及其后裔在澳门人口中占有一定的比例，他们的祖祖辈辈也曾对澳门的发展作出过重大的贡献。为了保障中国公民与葡萄牙后裔可以继续在澳门和平共处，共同创造更多的物质财富和文化财富，澳门基本法专门针对葡萄牙人成为澳门特别行政区永久性居民的资格认定作出了特别规定。

澳门基本法规定，无论是在澳门特别行政区成立以前或以后，只要是在澳门出生或通常居住连续七年以上，并以澳门为其永久居住地的葡萄牙人，皆有资格成为澳门特别行政区永久性居民。

但是，与中国公民不同的是，上述两类葡萄牙人在澳门以外所生的葡萄牙籍子女，并不能因父母的关系而当然取得澳门特别行政区永久性居民的资格。

除了澳门基本法对葡萄牙人的永久性居民资格作出规定外，《澳门特别行政区永久性居民及居留权法律》第一条第一款第（四）项至第（八）项也对葡萄牙人的永久性居民资格作出了进一步的说明："澳门特别行政区永久性居民包括：……（四）在澳门特别行政区成立以前或以后在澳门出生并以澳门为永久居住地的，具有中国血统但又具有葡萄牙血统的人士，且在其出生时其父亲或母亲已在澳门合法居住，或已取得澳门居留权；（五）在澳门特别行政区成立以前或以后在澳门通常居住连续七年以上并以澳门为永久居住地的，具有中国血统但又具有葡萄牙血统的人士；（六）（四）项及（五）项所指的永久性居民在澳门以外所生的并以澳门为永久居住地的中国籍或未选择国籍的子女，且在其出生时其父亲或母亲已符合（四）项或（五）项的规定；（七）在澳门特别行政区成立以前或以后在澳门出生并以澳门为永久居住地的葡萄牙人，且在其出生时其父亲或母亲已在澳门合法居住，或已取得澳门居留权；（八）在澳门特别行政区成立以前或以后在澳门通常居住连续七年以上，并以澳门为永久居住地的葡萄牙人。"

我们可以看到，对于葡萄牙人的永久性居民资格认定，有一个特别之处，就是要以其是否以澳门为其永久居住地作为其中一个判定的理由。对于以澳门为永久居住地的规定，澳门基本法并没有作出相关的规定。不过，《澳门特别行政区永久性居民及居留权法律》的第八条就对"永久居住地的确认"作出了相关规定，该法规定，申请人"须在申请成为澳门特别行政区永久性居民时签署一份书面声明，声明其本人以澳门为永久居住地"。另外，部分申请人（包括本项所指的葡萄牙人），"在作出上款所指的声明时，须申报下列个人情况，供身份证明局审批其有关申请时参考：（一）在澳门有无惯常居所；（二）家庭主要成员，包括配偶及未成年子女是否在澳门通常居住；（三）在澳门是否有职业或稳定的生活来源；（四）在澳门是否有依法纳税"。

3. 符合澳门基本法规定条件的其他人及其子女

根据澳门基本法的规定，其他国籍人和无国籍人，无论是在澳门特别行政区成立以前或以后，只要是在澳门通常居住连续七年以上，并以澳门为永久居住地的，皆有资格成为澳门特别行政区的永久性居民。这些已经成为澳门永久性居民的其他人，他们在澳门出生的未满18周岁的子女，无论是在澳门特别行政区成立以前或以后出生的，也可成为澳门特别行政区的永久性居民。

我们可以看出，对于其他国籍人和无国籍人的永久性居民资格认定，比中国公民和葡萄牙人的资格认定更为严格。

（1）该类人员不能单纯以"出生地"和"永久居住地的认定"作为判定的依据，而要求他们必须在澳门通常居住连续七年以上，并以澳门为永久居住地。

（2）对于那些已享有澳门永久性居民资格的其他人的子女，更加规定他们必须是在澳门出生，且年龄在18周岁以下，才能获得澳门永久性居民的资格。对于那些父母没有澳门特别行政区永久性居民资格的其他国籍人，即便他们是在澳门出生、年龄在18周岁以下，也不能拥有澳门特别行政区永久性居民的资格。

（3）对于这类人，即永久性居民中的其他人及其子女，如不在澳门特别行政区通常居住连续36个月以上，即丧失居留权，仅保留以下权利：①自由进出澳门特别行政区；②不会被施加任何逗留澳门特别行政区的条件，任何对其施加的逗留条件均属无效。[1]

对于"以澳门为永久居住地"的认定方法，与上面所述葡萄牙人的认定方法一样，都是以《澳门特别行政区永久性居民及居留权法律》第八条的规定为法律依据。

（二）非永久性居民

根据《澳门基本法》第二十四条第三款的规定，澳门特别行政区非永久性居民，是指有资格依照澳门特别行政区法律领取澳门居民身份证，但没有居留权的人。他们可以留在澳门生活和工作，但由于没有居留权，他们并不享有免受递解或遣送离境的权利。

由于澳门基本法并未对非永久性居民的相关内容作出详细规定，我们可以参看澳门特别行政区政府在2003年3月25日制定并在同年4月16日开始生效的《入境、逗留及居留许可规章》，此行政法规对居留、逗留的申请及许可程序都作出了详细的规定。

至于有权在澳门领取居民身份证的人，根据前澳门政府颁布的第14/95/M号法令规定："一、下列人士得根据本法规规定在澳门地区定居：a）视为重大之投资计划之权利人，而该投资计划正受行政当局有权限部门审查；b）在本地区作重大投资之权利人；c）因具备视为特别有利于本地区之适当学历、资格及专业经验之管理人员以及具备特别资格之技术人员。二、尚得申请上款所指之人之家庭成员在本地区定居。"这些法律在澳门特别行政区成立后仍继续适用。

（三）澳门特别行政区永久性居民与非永久性居民的区别与比较

澳门基本法把澳门居民分为永久性居民和非永久性居民，并对他们作出不同的规定，是符合澳门的历史要求和现实需求的。澳门人口的组成比较复杂，包括很多其他国籍的人。因为永久性居民出生在澳门或长期居住在澳门，占居住在澳门的人的绝大部分，他们对澳门的稳定和发展最为关心，过去对澳门的稳定发展作出了重大贡献，今后对澳门的稳定发展负有更大的责任。[2] 所以，对他们作出不同规定、赋予他们更广泛的法律地位和法律权利，是由澳门的实际情况决定的。

澳门特别行政区永久性居民与非永久性居民的主要区别表现在以下四个方面：

1. 取得居民资格的门槛不同

澳门永久性居民的资格条件比较严格，并由澳门基本法以列举的方式作出严格规定。而非永久性居民的认定资格比较宽松，并由其他法律作出规定。

2. 领取的身份证件和旅行证件不同

澳门永久性居民领取的是澳门特别行政区永久性居民身份证，而非永久性居民只能领取澳门居民身份证；澳门永久性居民中的中国公民可以领取中华人民共和国澳门特别行政区护照，而非永久性居民中的中国公民只能领取其他旅行证件。

3. 法律地位不同

澳门特别行政区永久性居民享有在澳门的居留权，而非永久性居民则不享有居留权。对于"居留权"的理解，《澳门特别行政区永久性居民及居留权法律》第二条明确了居留权的权利："一、永久性居民在澳门特别行政区享有居留权。居留权包括以下权利：（一）自由进出澳门特别行政区；（二）不会被施加任何逗留澳门特别行政区的条件，任何对其施加的

① 邓伟平：《澳门特别行政区基本法论》，中山大学出版社2007年版，第171页。

② 骆伟建：《"一国两制"与澳门特别行政区基本法的实施》，广东人民出版社2009年版，第180页。

逗留条件均属无效；（三）不得被驱逐出境。"所以，澳门的永久性居民可自由地在澳门特别行政区进出和居住，并在任何情况下都拥有免受递解或遣送离境的权利。与之不同的是，非永久性居民并不享有居留权，其在澳门的居留、逗留行为要受相关法律的规定。若非永久性居民有违法犯罪的行为，有可能被依法递解或遣送离境。

4. 法律权利不同

澳门特别行政区永久性居民与非永久性居民在享有法律权利方面并不是完全一样的，主要表现在政治权利方面的差异。在澳门，某些职位和权利只能由澳门特别行政区永久性居民担任和享有。例如，澳门特别行政区的行政机关和立法机关由澳门特别行政区永久性居民依照澳门基本法有关规定组成。非永久性居民不能成为行政机关和立法机关的组成人员。又如，澳门特别行政区永久性居民依法享有选举权和被选举权。再如，澳门特别行政区的公务人员，除法律规定的例外情况，必须是澳门特别行政区永久性居民，非永久性居民不能任职。这些规定，有助于更好地维护国家主权，更好地凸显"澳人治澳"的自治原则。

（四）澳门居民中的中国公民与非中国籍居民的比较

有项权利，只要是中国公民，无论是永久性居民还是非永久性居民，都可以享有。这项权利就是参与国家事务管理的权利。根据《澳门基本法》第二十一条的规定，澳门特别行政区居民中的中国公民依法参与国家事务的管理。非中国籍居民，无论是永久性居民还是非永久性居民，都不能拥有此项权利。

但是，由于澳门特别行政区是中华人民共和国不可分割的一部分，享有高度的自治权，因此，在澳门基本法中对中国公民和非中国籍居民作出不同的规定，有利于更好地维护国家主权，也符合国际惯例的要求。

在澳门基本法的规定中，几个特定的职位和权利不仅只能由澳门特别行政区永久性居民担任或享有，而且只能由永久性居民中的中国公民担任或享有，这是国家主权的要求和体现。这些特定的职位和权利包括：

第一，特别行政区行政长官，附加年满四十周岁、在澳门通常居住连续满二十年的条件。

第二，澳门特别行政区行政会委员。

第三，澳门特别行政区的主要官员，附加在澳门通常居住连续满十五年的条件。

第四，澳门特别行政区立法会主席、副主席，附加在澳门通常居住连续满十五年的条件。

第五，澳门特别行政区终审法院院长、澳门特别行政区检察长。

第六，澳门特别行政区基本法委员会澳门委员，需附加在外国无居留权的条件。

第七，中央人民政府授权澳门特别行政区政府依法签发的中华人民共和国澳门特别行政区护照，只能由澳门特别行政区永久性居民中的中国公民持有。而其他人，包括永久性居民中的非中国籍人以及非永久性居民，都只能持有其他的旅行证件。

以上七项特定职位和权利要求由澳门永久性居民中的中国公民担任或享有。

第二节　澳门居民基本权利和义务的内容

一、基本权利和义务概述

所谓基本权利，是指由国家宪法确认的公民在政治、经济、文化、人身等方面所享有的许可与保障。公民基本权利的内容，基本上是由一国的宪法所明确规定的。公民拥有某项基本权利，表示他可以做出或者不做出某种行为，或要求他人做出或不做出某种行为。权利的行使是没有强制性的，法律赋予权利人的仅仅是一种行使权利的可能性，享有权利的人是否行使法律赋予的某一项权利，完全由他自己决定。[①]

基本义务是指由国家宪法所规定的公民必须履行的责任，是公民应当做出或不做出某种行为的必要性。它是根据国家宪法产生的，并以国家强制力保障其履行。与基本权利不同，公民的基本义务一般是强制性的，公民应该自觉履行基本义务。如果公民不履行基本义务，就需要承受相应的法律后果。

宪法是以基本权利和基本义务为机制调整人的行为和社会关系的法律。基本权利与基本义务的关系是十分密切的，没有不享受权利的义务，也没有不承担义务的权利。公民的基本权利与基本义务是相辅相成的，公民享受基本权利的同时必须履行基本义务。但是，基本权利和基本义务之间又有着不同的表现形式。多数情况下，二者表现为相互对立。一般情况下，权利和义务是分属于两个主体的，一方的权利是靠另一方履行义务来实现的。但是，某种情况下，基本权利和基本义务又具有一定的同一性。例如，我国《宪法》第四十六条规定了"中华人民共和国公民有受教育的权利和义务"，受教育权就是公民基本权利和基本义务的统一。

我们认为，对于澳门居民的基本权利和义务的确定，主要的法律依据是《澳门基本法》。在该法的第三章中，独设一章来对澳门居民的基本权利和义务作出规定。在其他的一些章节中，也有部分条文对居民的基本权利和义务作出了规定。下面将对这些内容进行简要论述。

二、澳门居民的基本权利

根据澳门基本法的规定，澳门居民享有的基本权利主要包括以下几个方面：

（一）平等权

《澳门基本法》第二十五条规定："澳门居民在法律面前一律平等，不因国籍、血统、种族、性别、语言、宗教、政治或思想信仰、文化程度、经济状况或社会条件而受到歧视。"这是居民享有和行使权利的最重要的一条原则，只有坚持这条原则，才能保障居民的基本权利和自由得到真正的落实。

---

① 黄志勇：《一国两制与港澳法律制度研究》，中国香港新闻出版社 2006 年版，第 239 页。

我们可以看到，这里所指的平等，是指法律适用的平等，而不是指法律制定上的绝对平等。我们在制定和实施法律时，不可能要求任何的法律都对所有的居民一律平等，必须综合考虑当时社会的实际情况。因此，为了更好地保证澳门特别行政区的稳定和繁荣，为了更好地行使国家主权，澳门基本法对某些特定的权利或重要的职位作出了特殊的规定。其中，最重要的就是对永久性居民和非永久性居民、中国公民和非中国籍居民作出了某些方面的区别规定。这些区别的规定，我们在上文也已经有所提及。但是，这些规定并不会与在法律面前一律平等的原则相抵触。在法律适用过程中，所有人都应该遵守法律的规定，法律面前人人平等，不得以任何理由剥夺或限制居民的权利。

（二）私有财产权

《澳门基本法》第六条规定："澳门特别行政区以法律保护私有财产权。"另外，《澳门基本法》第一百零三条第一款也对私人和法人财产的保护作出了具体的说明："澳门特别行政区依法保护私人和法人财产的取得、使用、处置和继承的权利，以及依法征用私人和法人财产时被征用财产的所有人得到补偿的权利。"这条规定保留了澳门原有的资本主义制度，是"一国两制"方针的体现，对保护澳门居民和其他人的合法私有财产权也有着重要的作用。

（三）政治方面的权利和自由

1. 选举权与被选举权

《澳门基本法》第二十六条规定："澳门特别行政区永久性居民依法享有选举权和被选举权。"首先，拥有选举权和被选举权的主体只能是澳门的永久性居民，非永久性居民是不能享有此权利的。澳门人口的组成情况比较复杂，永久性居民出生或长期生活在澳门，对澳门的情况最了解，也对澳门作出了重大的贡献。相比之下，其他的非永久性居民，则有可能出现流动性较强或对澳门的情况不熟悉的情况。因此，宜赋予澳门永久性居民选举权和被选举权。其次，这里所说的"选举"仅仅是指澳门特别行政区行政长官和立法会议员的选举，而非其他选举。再次，某些特定的职位只有永久性居民中的中国公民才有被选举权，如特别行政区行政长官的候选人。世界上任何一个国家或地区的最高首长均由本国公民担任是毫无例外的，这符合国家主权的根本要求。最后，关于选举年龄的问题，依照澳门现行的立法，凡年满18周岁就享有选举权，年满21周岁就享有被选举为立法会议员的资格，而行政长官则须是年满40周岁、在澳门通常居住连续满20年的中国公民。

2. 政治自由权

澳门居民享有以下几项政治自由权利：第一，言论、新闻、出版的自由；第二，结社、集会、游行、示威的自由；第三，组织和参加工会、罢工的权利和自由。我们可以看到，澳门基本法对澳门居民政治自由的规定还是十分广泛的。有一些政治自由，如新闻自由以及组织和参加工会、罢工的权利和自由，在世界各国宪法关于公民的政治自由的规定中，是不多见的。[①] 保障新闻自由有利于对政府机关实行舆论监督，从而更好地实现居民的言论自由。至于罢工自由，当代各国宪法中明确规定罢工自由的只有法国、意大利和非洲大陆地区的一些国家，并且在法律上作了严格限制。其余各国142部宪法中，有106部，占74.6%的宪法

---

① 王叔文、吴建璠、谢怀栻等编著：《澳门特别行政区基本法导论》，中国人民公安大学出版社1994年版，第173页。

没有直接规定罢工自由。① 澳门基本法对居民的罢工自由给予了法律保障，更好地维护了广大职工的合法权利和自由。

3. 参与国家事务管理的权利

澳门特别行政区居民中的中国公民依法参与国家事务的管理。具体参与形式是根据全国人民代表大会确定的代表名额和代表产生办法，选举出澳门特别行政区居民中的中国公民作为澳门特别行政区的全国人民代表大会代表，参加最高国家权力机关的工作。澳门特别行政区是中华人民共和国不可分割的组成部分，澳门居民中的中国公民就当然享有参加国家事务管理的权利。值得注意的是，此项权利仅仅属于澳门居民中的中国公民享有，而非中国公民是不能享有此项权利的。而澳门居民中的中国公民，无论是永久性居民还是非永久性居民，皆能享有此项权利。

（四）人身自由权

1. 人身自由不受侵犯

人身自由是保证居民享受其他各项基本权利的前提条件，只有保证了居民的人身自由，才能更好地享受其他的权利和自由。根据澳门基本法的规定：第一，澳门居民不受任意或非法的逮捕、拘留、监禁。对任意或非法的拘留、监禁，居民有权向法院申请颁发人身保护令。这种人身保护令制度是英国 17 世纪作为审查非法拘禁的正当程序而确立的。② 第二，禁止非法搜查居民的身体、剥夺或者限制居民的人身自由。第三，禁止对居民施行酷刑或予以非人道的对待。以上三项规定对澳门居民的人身自由保护是比较全面和具体的。某些规定，如禁止对居民施行酷刑或予以非人道的对待，在世界各国的宪法中也是很少见的。如此全面而详细的规定，为澳门居民的人身自由不受侵犯提供了重要的法律保障。

2. 不受非法刑罚处罚

澳门居民除其行为依照当时法律明文规定为犯罪和应受惩处外，不受刑罚处罚。这是司法传统里一条坚定不移的司法原则，是罪刑法定原则的具体化，即"法无明文不为罪，法无规定不处罚"。另外，澳门居民在被指控犯罪时，享有尽早接受法院审判的权利，在法院判罪之前均假定无罪。这是"无罪推定"原则的要求。根据这项规定，对被告人所指控的罪行，必须有充分、确凿、有效的证据。这一规定对于保障被告人的诉讼权利、诉讼地位有着巨大的作用。

3. 人格尊严不受侵犯

禁止用任何方法对居民进行侮辱、诽谤和诬告陷害。澳门居民享有个人的名誉权、私人生活和家庭生活的隐私权。人格尊严是公民作为一个人而应当受到的他人最起码的尊重之权利。澳门居民作为平等的个人，其各项权利和资格都应该受到国家的承认和尊重。对公民的人格尊严予以保护，也是世界各国宪法的一般规定。

4. 住宅和其他房屋不受侵犯

禁止任意或非法搜查、侵入居民的住宅和其他房屋。居民的住宅和其他房屋是居民生活、休息和工作的主要场所，与居民的人身自由有密切的关系。若任意或非法搜查或侵入居民的住宅和其他房屋，将会对居民的人身自由和正常生活带来严重的影响，因此应予以禁

---

① 邓伟平：《澳门基本法常识》，中山大学出版社 1992 年版，第 50 页。

② 焦宏昌、周大纲编著：《港澳台法制概论》，中国政法大学出版社 1999 年版，第 153 页。

止。这里的"其他房屋",是指除个人住宅以外的其他建筑物,例如个人的办事处、写字楼以及别墅等。这些地方也应受到法律的保护。所以,在澳门基本法中对居民的住宅和其他房屋不受侵犯加以确定,将更好地保护澳门居民的人身安全和正常生活。

5. 通讯自由和通讯秘密受法律保护

除因公共安全和追查刑事犯罪的需要,由有关机关依照法律规定对通讯进行检查外,任何部门或个人不得以任何理由侵犯居民的通讯自由和通讯秘密。若无正当理由,任何人都无权擅自窃取或开拆他人的书信,或窃听他人的通讯内容。在《中葡联合声明》中,原来只是规定了"通信自由"。但考虑到"通信"的范围比较狭窄,所以在草拟澳门基本法条文的过程中,改为了"通讯自由"。这里的通讯,应包括书信、电报、电话、传真和电讯等多种通讯的联络手段。这样的更改,更有利于保护澳门居民的通讯自由和通讯秘密,从而保障人们之间的正常交往和个人隐私。

6. 迁徙自由、旅行和出入境自由

澳门居民有在澳门特别行政区境内迁徙的自由,有移居其他国家和地区的自由。澳门居民有旅行和出入境的自由,有依照法律取得各种旅行证件的权利。有效旅行证件持有人,除非受到法律制止,可自由离开澳门特别行政区,无须特别批准。迁徙自由是现代社会公民的一项基本权利,也是联合国确认和保护的基本人权之一。世界上多数国家的宪法都规定公民有迁徙自由的权利。但是,我国关于迁徙自由的规定就经历了一个由有到无的历程。1954年宪法曾规定:"中华人民共和国公民有居住和迁徙的自由。"后来,1975年的宪法取消了有关迁徙自由的规定,此后一直没有恢复。这完全是由我国的实际情况所决定的。但是,考虑到澳门的实际情况,是能做到居民迁徙自由的可能性的,因此,最终把此项权利写进了澳门基本法中。与世界各国宪法关于迁徙自由的规定比较,可以清楚地看出,澳门基本法规定澳门居民有在澳门特别行政区境内迁徙的自由,有移居其他国家和地区的自由,有出入境的自由,无论从内容和范围上讲,都是十分广泛的。[①]

（五）宗教和信仰自由

澳门居民有信仰自由,有宗教信仰的自由,有公开传教和举行、参加宗教活动的自由。在澳门,各种宗教信徒达20多万人,主要包括天主教、基督教、佛教、回教、道教和礼教等教派。其中,澳门居民中的华人大多信仰佛教和道教,相应的著名宗教建筑如澳门最古老的寺庙——妈阁庙,已有500多年的历史,还有古朴清幽的普济禅院。[②]澳门著名的旅游景点大三巴牌坊,也是原来圣保禄教堂的门壁。

为了更好地保障居民的宗教和信仰自由,澳门基本法的其他条文对宗教组织的活动和财产作出了明确的规定。

（1）澳门特别行政区政府根据宗教信仰自由的原则,不干预宗教组织的内部事务,不干预宗教组织和教徒同澳门以外地区的宗教组织和教徒保持及发展关系,不限制与澳门特别行政区法律没有抵触的宗教活动。

（2）宗教组织依法享有财产的取得、使用、处置、继承以及接受捐献的权利。

---

① 王叔文、吴建璠、谢怀栻等编著:《澳门特别行政区基本法导论》,中国人民公安大学出版社1994年版,第178页。

② 赵国强:《澳门特别行政区基本法ABC》,五洲传播出版社1999年版,第74页。

（3）宗教组织在财产方面的原有权益依法受到保护。

（4）宗教组织可以依法开办宗教院校和其他学校、医院和福利机构以及提供宗教教育，包括开设宗教课程。

（5）澳门特别行政区的宗教组织同全国其他地区宗教组织的关系，应以互不隶属、互不干涉和互相尊重的原则为基础。

（6）澳门居民有宗教信仰自由，但不得利用和打着宗教信仰的招牌，从事非法活动，或者曲解宗教教义、宣传邪教。

（六）社会经济权利

1. 择业权

澳门居民有选择职业和工作的自由。在各国的宪法中，多数都是规定公民的劳动权或工作权的，而少数国家是规定择业权的。很多时候，劳动权或工作权是综合性的，往往既是公民的权利，又是义务。而澳门基本法选择了规定澳门居民的择业权，保障他们选择职业和工作的自由，更加突出了对权利方面的保护，更有利于澳门居民自由地选择自己的职业和工作。另外，为了充分保障澳门居民的择业权，澳门基本法的其他章节也有一些相关规定：第一，澳门特别行政区成立时，原在澳门任职的公务人员，包括警务人员和司法辅助人员均可留用，继续工作，其薪金、津贴、福利待遇不低于原来的标准，原来享有的年资予以保留；第二，除澳门特别行政区基本法另有规定外，可任用原澳门公务人员中的或持有澳门特别行政区永久性居民身份证的葡籍或其他外籍人士担任各级公务人员；第三，在澳门特别行政区成立以前已经取得专业资格和执照资格者，根据澳门特别行政区的有关规定可保留原有的资格。以上几点规定都更有利于保障澳门居民的择业权，让他们在选择职业和工作的过程中享受更广泛的自由。

2. 依法享受社会福利权

澳门居民有依法享受社会福利的权利，劳工的福利待遇和退休保障受法律保护。《澳门基本法》第一百一十五条规定，澳门特别行政区政府在原有社会福利的基础上，根据经济条件和社会需要，自行制定有关社会福利的发展与改进的政策和劳工政策，完善劳工法律。社会福利有利于增进和改善居民尤其是困难者的社会生活，是与生活密切相关的。因此，对澳门居民的社会福利给予法律保障符合广大澳门居民的需求和愿望。

（七）诉讼权利

澳门居民有权诉诸法律，向法院提起诉讼，得到律师的帮助以保护自己的合法权益，以及获得司法补救。另外，澳门居民亦有权对行政部门和行政人员的行为向法院提起诉讼。澳门特别行政区享有独立的司法权和终审权，分别设立初级法院、中级法院和终审法院。澳门居民可以就刑事、民事和行政等方面的争议向法院提起诉讼。在行使诉讼权利时，可以聘请律师。澳门特别行政区政府可以参照原在澳门实行的办法，作出有关当地和外来的律师在澳门特别行政区执业的规定。若经济上有困难的居民，也可获得政府提供的必要的法律援助，以维护自己的合法权益。另外，澳门居民还享有司法补救的权利。当其合法权益受到侵害时，有权通过司法途径获得相应的补偿。规定澳门居民有权对行政部门和行政人员的行为提起诉讼，不仅有利于保障澳门居民的诉讼权，也有利于督促各行政部门和行政人员依法行政。

（八）教育、科学和文化方面的权利

澳门居民有从事教育、学术研究、文学艺术创作和其他文化活动的自由。除此项原则性规定外，澳门基本法还在其他章节对这项权利有更详细的规定。在教育方面，澳门特别行政区政府自行制定教育政策，依法推行义务教育；社会团体和私人可依法举办各种教育事业；澳门原有各类学校均可继续开办并享有办学的自主性，依法享有教学自由和学术自由，可以继续从澳门特别行政区以外招聘职员和选用教材。在学术科研方面，澳门特别行政区政府自行制定科学技术政策，依法保护科学技术的研究成果、专利和发明创造；澳门特别行政区政府自行确定适用于澳门的各类科学技术标准和规格。在文化方面，澳门特别行政区政府自行制定文化政策，包括文学艺术、广播、电影、电视等政策，依法保护作者的文学艺术及其他的创作成果和合法权益。这些规定，都对澳门教育、科学及文化方面的发展和繁荣具有重要意义。

（九）婚姻和家庭自由

澳门居民的婚姻自由、成立家庭和自愿生育的权利受法律保护。妇女的合法权益受澳门特别行政区的保护。未成年人、老年人和残疾人受澳门特别行政区的关怀和保护。世界各国宪法一般都规定了婚姻自由的原则，各国公民一般能在法律规定的范围内行使婚姻自由权。而"成立家庭"则是根据《中葡联合声明》的规定而写进澳门基本法的。至于自愿生育，考虑到澳门的实际情况，并不需要实行我国内地的计划生育政策，所以给予澳门居民自愿生育的权利。至于对妇女、未成年人、老年人和残疾人的特殊保护，也是国际通行的做法，有利于更好地维持澳门特别行政区的社会稳定。

（十）其他由法律或国际公约所规定的权利和自由

1. 澳门居民享有澳门特别行政区法律保障的其他权利和自由

澳门特别行政区实行的法律是包括《澳门基本法》、根据《澳门基本法》第八条规定的澳门原有法律以及澳门特别行政区立法机关制定的法律。根据《澳门基本法》第八条规定，澳门原有的法律、法令、行政法规和其他规范性文件，除同本法相抵触或经澳门特别行政区的立法机关或其他有关机关依照法定程序作出修改者外，予以保留。以上所说的三类法律中所规定的权利和自由，都应依法予以保障。

2. 澳门居民享有三个国际公约保障的权利和自由

《澳门基本法》第四十条规定："《公民权利和政治权利国际公约》、《经济、社会与文化权利的国际公约》和国际劳工公约适用于澳门的有关规定继续有效，通过澳门特别行政区的法律予以实施。澳门居民享有的权利和自由，除依法规定外不得限制，此种限制不得与本条第一款规定抵触。"其实，《中葡联合声明》中并未规定两个国际人权公约的适用问题。但在征求澳门各界人士的意见并认真磋商后，最终还是作出了适用国际公约的规定。可见，澳门基本法对于澳门居民的基本权利和自由的保护是高度重视的。据此规定，澳门特别行政区可以根据上述国际公约适用于澳门的规定来制定相应的法律，从而更好地保障澳门居民的基本权利和自由。

（十一）特殊群体的权利保护

对于某些有特殊性的居民和群体，澳门基本法还作出了一些特殊的规定。

1. 葡萄牙后裔居民利益的特殊保护

在澳门的葡萄牙后裔居民的利益依法受澳门特别行政区的保护，他们的习俗和文化传统

应受尊重。这符合《中葡联合声明》的规定，充分体现中国政府对保护葡萄牙后裔居民权益的高度重视。目前有一万多世代居住在澳门的葡萄牙人，以及他们与当地中国居民所生的子女，俗称土著葡人。他们人数虽然不多，但对澳门的稳定和发展的影响程度要大大超过其人口比例。[①] 葡萄牙后裔居民在社会各个领域为澳门服务，最主要的是在政府机构中任职，为澳门的繁荣和发展作出了很大的贡献。所以，澳门的葡萄牙后裔居民权益是应该得到基本法的充分保障的。除了此项原则性的规定外，澳门基本法其他章节的一些规定也与此项原则相关。例如，第九条就规定，澳门特别行政区的行政机关、立法机关和司法机关，除使用中文外，还可以使用葡文，葡文也是正式语言。

2. 澳门居民以外的其他人权利的特殊保护

澳门基本法列出的各项基本权利并不单单适用于澳门特别行政区居民，在澳门特别行政区境内的澳门居民以外的其他人，也依法享有《澳门基本法》第三章中规定的澳门居民的权利和自由。这样的规定显示出人性化的一面，表现出中国政府对在澳门境内的除澳门居民以外的其他人的关注，保障他们最基本的权利，让他们更加愿意留在澳门发展。

三、澳门居民的基本义务

（一）澳门基本法所规定的澳门居民的基本义务

《澳门基本法》第三章中，仅单列一个条文来规定澳门居民的基本义务："澳门居民和在澳门的其他人有遵守澳门特别行政区实行的法律的义务。"

在宪法中规定公民的义务是由 1795 年法国宪法开始的，到如今，很多国家都在其宪法中规定了公民的基本义务。一般认为，宪法是保障权利的法，不宜对公民的义务作过多的规定。

澳门居民的具体义务一般是由澳门特别行政区另行立法规定。这种笼统的规定，可以说是受宪法学上公民权利本位影响的结果。不过，虽然澳门基本法只用了一个条文规定澳门居民和在澳门的其他人的基本义务，但不能说他们就只有很少的基本义务。实际上，这些基本义务的范围是非常广泛的，具体内容由在澳门特别行政区实行的法律规定。

（二）关于"澳门特别行政区实行的法律"

澳门基本法所规定的在澳门特别行政区实行的法律，主要包括以下几种：

1. 中华人民共和国宪法和澳门特别行政区基本法

有人认为，澳门特别行政区实行的是资本主义制度，而宪法则是社会主义性质的宪法，所以，中华人民共和国宪法不适用于澳门特别行政区。我们看来，这种说法是不对的。宪法是国家的根本大法，规定我国的根本制度，具有最高的法律效力。澳门特别行政区是中国的一个地方行政区域，当然要适用我国宪法的规定。而且，澳门基本法是依据宪法制定的，宪法从总体上仍然适用于澳门特别行政区，这是国家统一的基本要求。

澳门基本法是根据"一国两制"方针制定的，是在澳门实行的最为重要的法律。澳门特别行政区立法机关制定的一切法律、法令、行政法规和其他规范性文件，必须符合基本法的基本精神和内容，不得与之相抵触。

---

① 阮慧玲：《澳门基本法与香港基本法五个不同之处》，《瞭望新闻周刊》1999 年第 37 期，第 12 页。

2. 符合澳门基本法并为澳门特别行政区继续保留的澳门原有法律、法令、行政法规和其他规范性文件

澳门地区原有的、属殖民统治性质或者带有殖民主义色彩、有损我国主权的法律，都应废止或者修改。其他不与基本法相抵触并为澳门特别行政区继续保留的法律性文件，应该继续得以适用。具体适用的办法是："澳门特别行政区成立时，澳门原有法律除由全国人民代表大会常务委员会宣布为同本法抵触者外，采用为澳门特别行政区法律，如以后发现有的法律与本法抵触，可依照本法规定和法定程序修改或停止生效。"针对此规定，全国人大常委会在1999年10月31日通过了《全国人大常委会关于处理澳门原有法律的决定》。此决定对澳门特别行政区原有法律文件的废止与保留作出了详细的说明。

3. 澳门特别行政区立法机关制定的法律和其他规范性文件

《澳门基本法》第二条规定，澳门特别行政区享有立法权。除有关国防、外交和其他不属于自治范围内的法律之外，澳门特别行政区立法机关可以制定任何它有权制定的法律，包括民法、刑法、诉讼法、商法等。

4.《澳门基本法》附件三列举的适用于澳门特别行政区的全国性法律

这些适用于澳门特别行政区的全国性法律主要包括：

(1)《关于中华人民共和国国都、纪年、国歌、国旗的决议》。
(2)《关于中华人民共和国国庆日的决议》。
(3)《中华人民共和国国籍法》。
(4)《中华人民共和国外交特权与豁免条例》。
(5)《中华人民共和国领事特权与豁免条例》。
(6)《中华人民共和国国旗法》。
(7)《中华人民共和国国徽法》。
(8)《中华人民共和国领海及毗连区法》。
(9)《中华人民共和国政府关于领海的声明》。
(10)《中华人民共和国澳门特别行政区驻军法》。
(11)《中华人民共和国专属经济区和大陆架法》。
(12)《中华人民共和国外国中央银行财产司法强制措施豁免法》。

5. 在全国人民代表大会常务委员会宣布进入战争状态以及决定澳门特别行政区进入紧急状态时，中央人民政府在澳门特别行政区实施的全国性法律

当国家安全受到战争的严重威胁时，军队处于最高级别的备战状态，全国发布战争动员令，这是战争状态。当国家发生或者即将发生特别重大的突发事件，国家机关行使紧急权力予以控制、消除其社会危害和威胁，是紧急状态。宣布进入战争状态或紧急状态，是一种临时性的严重危急状态，各地区都应予以配合。

第三节　澳门居民基本权利和义务的特点

澳门基本法所规定的居民基本权利和义务具有明显的特点，具体如下：

一、享受基本权利和承担基本义务的主体广泛，但又有特殊限制

据澳门基本法规定，享受基本权利的主体是澳门特别行政区居民及澳门特别行政区境内的澳门居民以外的其他人，承担基本义务的主体是澳门居民和在澳门的其他人。这些人中包含中国公民，也包含外国人和无国籍人。可以看到，在澳门享受基本权利和承担基本义务的主体是十分广泛的，基本涵盖了在澳门生活、工作及学习的所有人。

但是，这些不同的人所享受的权利又不是完全一致的。为了维护国家主权、继续保持澳门特别行政区的繁荣和稳定，澳门基本法对某些权利的主体作出了限制。例如，某些权利和政府职位是必须由澳门特别行政区居民或澳门特别行政区居民中的中国公民所享有或担任的。因此，在澳门享受基本权利及承担基本义务的主体又具有其特殊的限制性。

二、与回归前相关法律规定的权利和义务相比，具有继承性

澳门基本法规定的基本权利和义务在大体上继承了原澳门政府的规定。澳门基本法规定，澳门原有的法律、法令、行政性法规和规范性文件，除了与基本法相抵触或经修改外，予以保留。而且，澳门居民享有澳门特别行政区法律保障的其他权利和自由。由此可见，澳门原有的法律、法令等文件中所规定的居民权利和自由，除了与基本法相抵触或经修改外，其他的权利和自由都予以保留。澳门居民可继续享受原有的、基本法未作规定的其他权利。

三、与中国宪法相比，体现了"一国两制"方针，符合澳门特别行政区的实际情况

"一国两制"是中国政府解决澳门问题的根本方针政策。在澳门回归祖国后，继续保持原有的资本主义制度和生活方式五十年不变。因此，澳门特别行政区居民的基本权利和义务就不可能与中国内地的规定完全一样。考虑到澳门的实际情况，赋予了澳门居民享有计划生育的自由，而不必适用中国内地的计划生育政策。另外，赋予澳门居民罢工自由、迁徙自由等权利，这也与中国宪法的规定不相一致，但由于这些权利在澳门有实现的可能性，所以也把这些权利写进了澳门基本法中。这些规定都能清楚地表明，中国宪法的某些规定是不在澳门特别行政区内适用的，澳门特别行政区有某些特殊的权利和义务，这符合"一个国家，两种制度"的要求。

四、与香港基本法相比，带有明显的澳门特色

（一）澳门基本法规定了保护私有财产权

据此规定，澳门现时仍保留了一部分土地为私人占有，澳门特别行政区政府承认在回归前已依法确认并办理产权登记的私人土地所有权。另外，澳门现有法律规定，政府有权出售少量的、符合法定条件的公有土地予私人或法人。而香港基本法明确规定，香港特别行政区境内的土地和自然资源属于国家所有。可见，在澳门仍然保留有某程度上的土地私人占有，

但在香港则实行完全的土地国有制。

（二）对未成年子女的年龄规定不同

对未成年子女的年龄规定方面，澳门基本法规定的是在澳门出生的未满18周岁的子女，而香港基本法规定的是在香港出生的未满21周岁的子女。

（三）尤其关注葡萄牙后裔的权益保护

《澳门基本法》除了在第三章中明确提出要依法保护在澳门的葡萄牙后裔居民的利益、尊重其习俗和文化传统这一原则性规定外，还在其他章节的条文中体现这一原则。首先，澳门基本法规定，澳门特别行政区的行政机关、立法机关和司法机关，除了使用中文外，还可以适用葡文，葡文也是正式语文。这就可帮助葡萄牙后裔继续留在澳门生活和工作，并且更好地保护葡萄牙后裔的权益。其次，在回归前，他们中的多数人都是在政府机构中工作的。为了更好地保障他们的利益，除了少数的特殊职位外，原来的立法会议员、法官、公务人员等岗位基本上都可继续留用。另外，基本法还规定澳门原来的学校可以继续开办，并自由招聘教职员和选用教材。所以，澳门原有的葡文学校就可以继续开办并教授葡文。

五、与国际公约的有关规定相比，具有一致性

《澳门基本法》第四十条规定，澳门居民根据《公民权利和政治权利国际公约》、《经济、社会与文化权利的国际公约》和国际劳工公约已受到保障的权利和自由，通过澳门特别行政区的法律实施而继续享受保障。这体现了澳门特别行政区居民基本权利和义务与国际公约规定的一致性。

第十七章　澳门特别行政区的政治体制

第一节　澳门特别行政区政治体制概述

一、概述和依据

（一）概述

政治体制通常是指政权组织形式及其活动原则。主要包括行政制度、立法制度和司法制度的建立及其相互关系。[1]

澳门特别行政区的政治体制就是关于澳门特别行政区的行政长官与行政机关、立法机关、司法机关的组织、地位、职权、作用以及各方之间的相互关系。

澳门特别行政区作为我国享有高度自治权、直辖于中央人民政府的地方行政区域，不是政治实体，不能采用西方的"三权分立"制、总统制或内阁制，在"一国两制"下的特别行政区也不宜采用内地实行的人民代表大会制，当然更不能保留原先带有殖民主义色彩的总督制，而只能依据它们的实际情况，在澳门基本法框架下，通过全国人大的授权，构建新型的行政主导、行政与立法相互制约又相互配合、司法独立的体制。[2]

（二）依据

澳门特别行政区政治体制的建立有历史、理论、现实政策和法律四方面的依据。

殖民时期的澳门，葡萄牙为更有效地对其实行统治，实行了总督独裁体制，虽然设立了立法会和行政会，然而它们却并不具有实权，只是为协助总督办理事务的咨询性机构。尽管在1976年后通过相关法律法规对立法权进行分配，使得立法会拥有部分权力，和总督分享立法权，然而总督仍然拥有较大权力，其地位凌驾于立法会和行政会之上。回归后，澳门特别行政区并不是也不可能与过去的历史完全割断，因此循着路径依赖并结合自身实际情况，实行现今的政治体制。[3]

但是，为殖民主义服务的独裁统治体制，随着宪政理论的发展和澳门的回归，必将变得不合时宜。分权与制衡是现代国家政权组成所遵循的政治原则，资产阶级启蒙思想家孟德斯鸠曾指出："要防止权力滥用，就必须用权力制约权力。"因此，总督集大权于一身的状况需要进行变革。然而，产生于20世纪的新宪政理论则认为：传统意义上理解的监督和制衡体系，似乎成了新的社会项目的障碍。现在政府内的协调，而非公共机构之间的竞争，已经变得必不可少。

事实证明，在一个政府的不同分支相互拮抗对立的体制里，很难做出积极进取的政府创

---

① 焦洪昌、姚国建主编：《港澳基本法概论》，中国政法大学出版社2009年版，第134页。

② 中央人民广播电台、澳门基本法协进会、澳门日报主编：《澳门与澳门基本法》，中国检察出版社1998年版。

③ 陈多：《澳门的政治体制和公共行政》，《秘书工作》1999年第10期，第43~44页。

议。因此，新宪政理论不否认在宪政制度中政治生活的民主化，但它需要表明民主政府怎样能够及时受到制约又是能动进取的。该学说的核心是在不否定权力制衡价值的同时，为了提高现代多元社会的管治效能，主张政府各权力机关之间除了需要制衡之外，还必须有良好的协调机制，以最大限度地提高权力运行的效能。回归后的澳门政治体制体现了新宪政论的思想。为了确保"一国两制、高度自治"原则的贯彻实施，明晰其管治团队中行政权、立法权与司法权之间的界限，在强调制约的同时建立良好的权力协调关系，将有利于特别行政区的稳定与发展。

澳门和香港同为发达的现代化都市，社会结构复杂，人口密集，处于世界商贸交汇处，在金融、贸易、航运、信息等许多方面居于国际中心地位，各种关系和问题错综复杂，瞬息万变。这在客观上要求有一个强有力的政府。因此，采用行政主导的行政长官负责制而不是立法主导的代议制就成为必然。否则，政府软弱无力，频繁改组引起的政治动荡势必导致经济跌落。"一国两制"是在坚持一个中国、主权完整的前提下的特殊制度，其为在特别行政区实行不同于内地的制度提供了政策依据。为了实现澳门平稳过渡，回归后继续保持自身政治社会稳定、经济文化繁荣，更好地实现澳人治澳，我国政府根据"一国两制"原则在澳门特别行政区实行不同于内地的人民代表大会制度的特有制度。

澳门特别行政区的政治体制构建的法规依据是《中华人民共和国澳门特别行政区基本法》。

二、殖民时期澳门政治体制的模式及其特征

殖民时期的澳门，葡萄牙通过派遣总督对澳门进行管理，总督拥有绝对权力，中央集权是主要手段。这个时期的澳门管制根据其特点可以分为两个阶段，葡萄牙与明、清政府的分制和葡萄牙的殖民独裁统治。

（一）葡萄牙与明、清政府的分制时期

15世纪中叶，葡萄牙的封建贵族和商人开始远航东来。1514年，葡人首次来到广东的屯门岛，在岛上树立了一块有葡国国徽的石碑。1557年，获准在广东口岸进行贸易的葡人违反当时中国和东南亚南海各国贸易的惯例，交易完毕后船舶不撤出，擅自盖屋，聚居成村，开始在澳门定居，并视澳门为其在华的唯一居留地。守澳官员受贿，不加干涉，致使葡人得以占据澳门。但中国一直没有放弃对澳门的行政管理和税收等主权，1574年还正式设立关闸，并征收地租，对澳门葡人实行管理。

自明嘉靖年间葡萄牙人在澳门租地居住后，由于中外贸易带来的厚利，在澳的葡人和华人日益增多。之后，葡人内部因为贸易利益产生了越来越多的摩擦冲突，到了1583年，居澳葡人进行了首次选举，正式成立了议事局，这个葡人在澳门的自治机构后来得到了葡国的确认和授权。议事局就是居澳葡人的自治机构。

直到1783年，葡国女王唐娜·玛利亚一世颁布了《皇室制诰》，要求澳门的葡人议事会将账目提交给总督和王室委派的大法官，并授权总督管辖在澳葡人，且对议事会有否决权，总督才逐步获得全面的管辖权，从此议事会逐渐失去其大部分权力，而作为葡萄牙国家代表的澳门总督的权力则不断扩充膨胀，澳门的政治体制有了明显的殖民色彩。

而就在葡人自治机构的争斗中，明、清两朝政府一直对澳门实行着有效管理。在澳门设

有衙门、海关、税馆等，并一直有官吏驻节澳门，行使着实质上的管辖权。①

（二）葡萄牙的殖民独裁统治时期

1840 年鸦片战争爆发后，澳门葡人一反以往按时交租纳税的常态，而是紧跟西方列强，企图改变澳门的法律地位，将其变为自己的殖民地。1843 年夏，澳门葡国军事负责人公然照会两广总督耆英，要求废除向清政府缴纳的地租银，由葡兵驻防整个澳门半岛，并提出宣布澳门为自由港、降低税率等一系列不合理要求。1845 年 11 月 20 日，葡萄牙殖民者以葡国女王的名义颁布法律，悍然单方面宣布澳门为自由港，任命亚马勒为澳门总督，并封闭中国海关。由于亚马勒作恶多端，激起民愤，于 1849 年 8 月被当地爱国民众杀死。葡国殖民者以此为借口，乘机以武力强占关闸，绑走中国士兵，驱赶在澳门的中国海关和税馆机构及人员，并正式占领澳门半岛和取消中国在澳门的行政管辖权，随后于 1851 年、1864 年、1883 年分别侵占氹仔岛、路环岛、望厦和青州。

澳门脱离中国的行政管辖后，从形式上既未承接中国原有的政治行政体制，也未移植葡萄牙先期的君主制、中期的法西斯独裁制、后期的半总统制，而是采用了一种殖民地独有政体——总督制。

从 1623 年 7 月澳门第一任总督马士加路也到任至 1996 年 2 月 17 日葡萄牙政府颁布《澳门组织法》，葡萄牙在占领澳门三百多年间长期实行澳督独裁制。1976 年后的澳门，总督是葡萄牙在澳门的总代表，拥有广泛的权力。首先，澳门总督作为澳葡政府的最高长官，行使澳门地区的行政管理权。其次，总督通过与立法会分享立法权，拥有制定宪令的权力。澳门立法会的前身是澳门立法委员会，成立于 1920 年，由澳门总督任主席，其性质是澳督的立法咨询机构，本身无立法权，仅有立法动议权。随着葡萄牙 1974 年"四·二五"运动胜利后，葡萄牙新政权宣布放弃殖民主义，放弃所有国外殖民地，公开承认澳门主权属于中国，并对中国提出了交回澳门的建议，但是管理权仍然属于葡萄牙，是葡萄牙管理的特殊地区。1976 年颁布的《澳门组织章程》将澳门立法委员会更名为立法会，使其获得部分立法权。这个立法会不是英国议会式的最高权力机关和立法机关，也不是美国国会式的最高立法机构，而仅仅是享有部分立法权限的一个机构，从属于澳督的绝对权威。

在 1976 年改革以前，澳门只是由一个总督管理，立法、行政、司法三权集于其一身。总督制最突出的特征是完全剥夺了殖民地人民的基本民主权利，否认了殖民地的主权属性。这种政治体制以集权独裁的方式，最大限度地保证宗主国对殖民地的直接控制，并满足其对殖民地政治、军事、经济侵略的需要。

即使中国和葡萄牙政府于 1979 年 2 月建交，当时双方曾就澳门问题达成原则谅解，明确澳门是中国的领土，然而，葡萄牙仍在某种意义上获得中国管理澳门的授权，继续实行总督独裁制。

由此可以看出，在澳门殖民政治体制中，代议制被总督独裁制代替，立法机构要么名存实亡，要么作用极其有限。回归之前的澳门政治体制，属于资本主义政治制度的亚形态——殖民政治体制的范畴。在行政上采取总督制，实行独裁统治。总督集大权于一身，完全剥夺了殖民地人民的基本民主权利，包括选举和罢免官员的权利。总督从宗主国的殖民利益出

---

① 邓泽宏、丁宇：《澳门回归前后之政治体制比较研究》，《武汉科技大学学报》2000 年第 1 期。

发，按照宗主国的法律制定法令，澳门的立法机构几乎成为摆设。①

三、澳门特别行政区政治体制的模式及其特征

（一）澳门特别行政区现行政治体制模式及其特征

澳门特别行政区根据澳门基本法的规定和授权并结合自身的实际实行新型的行政主导、行政与立法相互制约又相互配合、司法独立的政治体制。在该政治体制下享有高度的自治权，其高度自治权体现在行政、立法和司法方面。澳门特别行政区的政治体系是以行使高度自治权为目的。澳门基本法规定了澳门特别行政区享有高度自治权，其政治体系的运作都围绕着这些权力的行使而展开。②

澳门特别行政区现行的政治体制在设计和运行过程中，表现出下列特征：

首先是行政主导。即把较大的权力集中在行政方面，特别是行政长官身上。行政长官既然是澳门特别行政区的首长，就应该让他拥有实权，过去的澳督是实行高度集权的政制，如果行政长官的行政权过于分散，容易使澳门特别行政区工作陷入松散和各自为政的状态。因此，澳门基本法规定澳门特别行政区的政治体制以行政为主导是符合澳门实际的。

其次是行政和立法相互制约又相互配合。在澳门特别行政区，行政机关与立法机关都应该有一定的权力，但权力不宜过于集中，为此，就应该在两者之间建立一种相互制约的关系。但是为了使特别行政区的工作得以顺利开展，也应该让两者在相互制约的同时，有一定程度的配合。

最后是司法独立。司法独立是指司法机关即法院独立行使审判权，检察院独立行使检察权，不受其他机关、团体和个人的干涉。司法独立是过去澳门司法体制的重要原则。这一原则澳门基本法予以吸收和保留。

（二）与回归前相比较的主要变化

回归后的澳门政治体制在内涵上有两个显著变化：

其一，在权力形态上，由总督高度集权变为立法、行政两权分工，司法独立，各司其职。③ 在殖民时期采取总督制，实行独裁统治。总督集大权于一身，完全剥夺了殖民地人民的基本民主权利，包括选举和罢免官员的权利。总督从宗主国的殖民利益出发，按照宗主国的法律制定法令，澳门的立法机构几乎成为摆设，只是总督的咨询机构，并不享有实权。即使是在澳门1976年后的政治体制中对立法、行政的权力作了一些分工，并使澳门立法会由过去的立法咨询机构上升为掌有部分立法权限的机构，但澳督与立法会分享立法权限，使立法与行政的分工难以明确，行政集权过重，立法权限较弱。澳门基本法针对澳门政治体制的这种缺陷，作了重要调整，其中规定"澳门特别行政区立法会是澳门特别行政区的立法机关"，其主要职权是"依照本法规定和法定程序制定、修改、暂停实施和废除法律"。这项规定就将澳门立法权从行政长官的权限中分离出来，使澳门立法会成为握有立法权的权威机构，立法行政各司其责。

---

① 参见陈多：《澳门的政治体制和公共行政》，《秘书工作》1999年第10期。
② 参见周进生、章永许：《略论澳门基本法框架下的行政主导体制》，《科教文汇》2008年第11期。
③ 参见邓泽宏、丁宇：《澳门回归前后之政治体制比较研究》，《武汉科技大学学报》2000年第1期。

其二，在权力运作上，由总督独裁制到立法行政分工前提下的相互协助和相互制约。[①] 澳门政治体制中的立法和行政职能的明确划分，为它们的相互协作奠定了基础。澳门基本法赋予立法会对行政的制约权为：第一，对政府财政预算、税收和公共开支的监督。立法会"根据政府的提案，审核、通过财政预算"，"批准税收和公共开支"。第二，对政府各项工作的监督。立法会可"听取行政长官的施政报告并进行辩论"，"对政府工作提出质询"。第三，对严重违法和渎职的行政官员可提出弹劾案，报请中央人民政府决定。在澳门，"如立法会全体议员三分之一联合动议，指控行政长官有严重违法或渎职行为而不辞职，经立法会通过决议，可委托终审法院院长负责组成独立的调查委员会进行调查。调查委员会如认为有足够证据构成上述指控，立法会以全体议员三分之二多数通过，可提出弹劾案，报请中央人民政府决定"。

澳门基本法赋予澳门特别行政区政府对立法会的制约权力为：第一，立法会通过的法案，须经过澳门特别行政区长官签署、公布方能生效。第二，澳门特别行政区行政长官可延缓立法会通过的不符合澳门整体利益的法案。"澳门特别行政区行政长官如认为立法会通过的法案不符合澳门特别行政区的整体利益，可在九十日内提出书面理由并将法案发回立法会重议。立法如以不少于全体议员三分之二多数通过原案，行政长官必须在三十日内签署公布。"第三，澳门特别行政区长官可解散立法会。"澳门特别行政区行政长官遇有下列情况之一时，可解散立法会：（一）行政长官拒绝签署立法会再次通过的法案；（二）立法会拒绝通过政府提出的财政预算案和行政长官认为关系到澳门特别行政区整体利益的法案，经协商仍不能取得一致意见。"

第二节　行政主导

一、概述

所谓行政主导体制，是指以行政长官为首的政府在政治体制中，相对于立法、司法而言拥有较大的权力，在政治生活中起积极的主导作用，即把较大的权力集中在行政方面，特别是行政长官身上。行政长官既然是澳门特别行政区的首长，就应该让他拥有实权，过去的澳督是实行高度集权的政制，如果行政长官的行政权过于分散，容易使澳门特别行政区的工作陷入松散和各自为政的状态。[②] 因此，澳门基本法规定特别行政区的政治体制以行政为主导是符合澳门实际的。在行政主导体制下，行政长官和行政机关都拥有广泛的权力。《澳门基本法》第五十条、第六十四条规定，行政长官享有签署立法会通过的法案，公布法律；签署立法会通过的财政预算案，将财政预算、决算报中央人民政府备案；委任部分立法会议员；任免行政会委员；依照法定程序任免各级法院院长和法官，任命检察官；依照法定程序提名并报请中央人民政府任命检察长、建议中央人民政府免除检察长的职务等十八项职权。而行政机关则享有制定并执行政策；管理各项行政事务；办理中央人民政府授权的对外事

①　参见邓泽宏、丁宇：《澳门回归前后之政治体制比较研究》，《武汉科技大学学报》2000 年第 1 期。

②　黄智勇：《一国两制与港澳法律制度研究》，中国香港新闻出版社 2006 年版。

务；编制并提出财政预算、决算；提出法案、方案，草拟行政法规；委派官员列席立法会会议听取意见或代表政府发言等职权。

二、行政主导在澳门的顺利实行

在"一国两制"的基础之下，香港和澳门都实行相同的政治体制，相比之下，澳门的行政主导更加彻底，香港的行政主导在实行过程中受到多方钳制。这是因为，首先，两地的经济和社会基础不同。港澳回归前虽同样受殖民统治，但英葡两国对两地的定位和期望有天壤之别。从1553年入据澳门到《中葡联合声明》签署，葡萄牙人在澳门四百多年，即使除去前三百年的中葡分治，全面实行殖民统治也达一百多年，本来有充足的时间经营澳门。但随着葡萄牙在列强争霸中渐趋衰败，他们无心也无力对澳门的发展顾及太多。加之澳门的区位和规模都逊于香港，回归前澳门经济发展成效不佳，经济畸形且规模细小。与此同时，社会疏于管理，治安不靖。澳门市民盼望回归祖国能有所改变，为他们带来安居乐业的好生活。相比之下，英国人经营香港的力度要大得多。英国占据香港后，认识到香港在远东地区的重要地位和作用，以及可以给英国带来的巨大利益，从战略上非常重视对香港的开发和打造。加之中国政府确立了对香港"长期打算，充分利用"的方针，为香港的稳定和发展创造了最直接的条件。所以，回归前香港借助得天独厚的地缘优势和国际联系，特别是借力祖国内地的改革开放，抓住大发展的历史机遇，实现了经济腾飞，跻身"亚洲四小龙"的行列。不少香港人担心回归会给他们的好生活带来冲击，心存疑虑，出现了海外移民潮。由此可见，回归时两个特区政府面临的经济和社会基础差别甚大。

这种差别必然会反映到回归后的施政上来。澳门的面积和回归时的人口数量分别是香港的1/45和1/16，经济规模及社会多元化程度更不能与香港同日而语，管治的难度比香港要小得多，容易出政绩。港英政府的强势管治与董建华政府的相对弱势相比，使香港人更容易留恋过去，抱怨现实；澳葡政府的松散无为与何厚铧政府的大刀阔斧相比，令澳门人更喜爱回归后的澳门特别行政区政府。巧合的是，1997年亚洲金融危机爆发适逢香港回归不久，陷入"负资产"的市民迁怒于董建华，令香港特别行政区政府刚刚成立就蒙受"不白之冤"，管治威信从此走向低落。而1999年年底澳门回归之时，经济衰退最严重的阶段已经过去，何况澳门经济规模小，本来受冲击就不大，一旦出现好转，刚成立的澳门特别行政区政府就"中了头彩"。回归后，澳门经济的确有长足的发展，传媒积极为政府施政营造良好的舆论氛围，澳门社会呈现政通人和的景象，与香港形成较大反差。

其次，英葡两国对回归的取态不同。英国对香港回到中国的怀抱持抗拒心理，期望长期占据或影响香港，在香港主权问题上抱有幻想。在中英就香港问题谈判时，英方曾就主权问题与中国政府争执，坚持"三个条约有效论"，遭到拒绝后又搞"以主权换治权"的把戏，企图继续管治香港。《中英联合声明》签署后，港英政府骤然加快推行代议制的步伐，培育亲英抗中力量。1989年英国人抛出"三违反"的政改方案，取消保安局政治部，秘密发给5万个香港家庭居英权，以消耗财政储备为代价实施"三高"（高工资、高福利、高地价）政策，留下所谓"殖民者的光彩"。凡此种种，都给此后香港特别行政区行政长官和特别行政区政府顺利施政埋下了隐患。澳门问题的解决要比香港顺利得多，葡萄牙政府对此采取积极合作的态度。1979年中葡建交时，中葡两国就澳门问题达成谅解备忘录，澳门的主权问题已经解决。中英就香港问题开始谈判后，葡萄牙政府主动提出归还澳门。在过渡期，葡萄牙政府也没有搞什么"光荣撤退"。澳门过渡期需要解决的"三大问题"是公务员本地化、法律本地化和中文的官方地位，政治味道不浓。香港过渡期面对的主要问题是围绕激进政改的角力，政治斗争始终没有停止过。两地截然不同的政治气氛，给后来两个特别行政区政府施政带来的影响当然也大相径庭。

从历史上看，港英政府的管治比澳葡政府的管治要严密得多，香港行政主导的基础要好于澳门。但是，由于英葡两国对回归的不同态度和做法，直接导致了回归后香港与澳门行政主导客观环境的变化。澳门特别行政区行政长官是在平稳的政治环境中执掌行政权的，又有市民的支持和传媒的配合，施政环境比回归前更好。香港特别行政区行政长官则面对人为的压力和随时可能碰到的阻碍，还有已经壮大的反对派势力和经济社会问题的泛政治化，施政环境艰难得多。

再次，两地反对派的能量不同。港澳两地的政治势力都存在所谓"亲建制派"和"民主派"的区分，前者以支持政府为主旨，后者则属反对派。比较而言，香港"民主派"能量要大得多。香港特别行政区第二届立法会（2000 年至 2004 年）和第三届立法会（2004年至 2008 年）全部 60 名议员中，"民主派"议员都超过了三分之一。对于议员个人提出的议案，立法会采取分组点票机制，即功能团体组别和分区直选组别各自投票，两个组别都须过半数才能通过。由于"亲建制派"议员和"民主派"议员分别在两个组别中占多数，互相厮杀，经常出现议员个人议案无法通过的现象。2005 年 12 月，香港特别行政区政府提出的《关于 2007 年行政长官和 2008 年立法会产生办法的修改议案》，尽管支持票过半，但还是被 24 名"民主派"议员"捆绑"否决。因为《香港基本法》规定，对 2007 年以后行政长官和立法会产生办法的修改，"须经立法会全体议员三分之二多数通过"。这是香港特别行政区重大立法活动受到"民主派"牵制的典型例证。相比之下，澳门"民主派"在立法会中势力较小，尽管代表一方意见，但对立法活动难以形成事实上的阻碍。

反对派活跃与否离不开与之相适应的社会环境。在舆论环境方面，香港的传媒对特别行政区政府比较苛责，批评甚多，个别传媒与反对派呼应，在一定程度上削弱了香港特别行政区政府的管治权威；澳门的新闻媒体对特别行政区政府相对宽容，多持合作和支持态度，注意在原则问题上维护政府的权威，推动澳门社会形成了支持政府依法施政的舆论导向。在社会心理方面，香港公民尤其是青少年对祖国的认知不及澳门。2004 年的民调显示，澳门市民对"澳门人"和"中国人"的认同感分别为 7.83 分和 8.12 分，而香港市民对"香港人"和"中国人"的认同感分别为 7.41 分和 7.52 分，均较澳门为低，特别是对"中国人"的认同感存在明显差距。对祖国的认同感高，有利于形成拥护中央政府和中央所支持的特别行政区政府的社会心理条件；相反，则可能为反对派力量及其影响的扩大提供社会心理空间。

三、行政主导在澳门基本法中的体现及其特征

澳门特别行政区实行的行政主导体制，是在坚持"一国两制"原则下独特的政治体制模式。澳门基本法从各个方面都保障着行政主导体制的实现，我们可从以下几方面对这种政治体制进行认识。澳门基本法设计的行政主导体制主要包含行政长官、行政与立法的关系、行政会议和行政与司法的关系等内容。

（一）行政长官地位崇高

《澳门基本法》第四十五条规定："澳门特别行政区行政长官是澳门特别行政区的首长，代表澳门特别行政区。澳门特别行政区长官依照本法规定对中央人民政府和澳门特别行政区负责。"第六十二条规定："澳门特别行政区政府的首长是澳门特别行政区行政长官。"行政长官因此具有了双重法律身份。基于第一种身份，行政长官的法律地位高于立法机关和司法机关，因为只能由他来代表澳门，而不是立法会主席或终审法院院长；基于第二种身份，行政长官是澳门行政机关和公务员的首脑，有权统领特别行政区的行政事务，并向立法会负责。①《澳门基本法》第五十条还规定了行政长官享有政治、经济、人事、法律四方面的广泛职权，这些职权的范围也远远超过了内地地方行政机关首长的权限。

（二）行政权主导立法权

在议会制国家，立法机关至上，议会拥有绝对的主权，政府首脑需要得到议会的支持才能工作；在总统制国家，总统和国会都由选举产生，他们有各自的民意基础，地位均衡，互相制约。而澳门的行政主导体制赋予行政长官相对于立法会的绝对的优势，主要表现在以下几个方面：①在特定情况下行政长官可以将法案发回立法会并解散立法会；②特定议案须经行政长官书面同意才能由立法会提出；③特别行政区政府拟订并提出法案、议案，由行政长官向立法会提出，政府拥有立法创议权；④行政长官在立法会未通过政府提出的财政预算案时，可按上一财政年度的开支标准批准临时短期拨款；⑤特别行政区立法会通过的法案，须经行政长官签署、公布，方能生效；⑥行政长官决定政府官员或其他负责公务的人员是否向立法会作证和提供证据；⑦部分立法会成员由行政长官委任。

（三）行政权制约司法权

关于行政对司法的制约，港澳对一般法官的任免程序基本相同，但对终审法院法官的免职程序有所区别。港澳基本法都规定，由行政长官根据当地法官、律师和知名人士组成的独立委员会的推荐，任命特别行政区各级法院的法官。法官在无力履行职责或行为与其所任职务不相称的情况下，行政长官可依照法定程序予以免职。但是，香港终审法院法官和高等法院首席法官的任免，除依照上述程序以外，还须由行政长官征得立法会同意；而澳门的做法是终审法院法官的免职由行政长官根据立法会议员组成的审议委员会的建议决定，更加突出行政长官的决定权。

澳门特别行政区在规定和保障司法独立的同时，还规定了行政对司法的某些制约，这在一定程度上也体现了行政主导，具体表现在以下几个方面：①澳门特别行政区法院在审理案件中遇有涉及国防、外交等国家行为的事实问题，应取得行政长官就该等问题发出的证明文件，上述文件对法院有约束力；②行政长官依照法定程序任免各级法院院长和法官，任免检察官；③行政长官依照法定程序提名并报请中央人民政府任命检察长，建议中央人民政府免除检察长的职务；④行政长官依法赦免或减轻刑事罪犯的刑罚；⑤澳门特别行政区各级法院的法官，根据当地法官、律师和知名人士组成的独立委员会的推荐，由行政长官任命。

（四）独特的行政会议设置

设立行政会议，使行政与立法相互配合，体现行政作用，这也是行政与立法关系中涉及行政主导的又一表现。一方面，行政会议是服务于行政长官的决策咨询机构。其任务就是协

---

① 姚魏：《论澳门特别行政区的行政主导体制》，《政治与法律》2009 年第 12 期。

助行政长官决策，向行政长官提供意见，起到集体商议问题的作用。另一方面，行政会议是行政机关与立法机关、社会公众的沟通协调机构。行政会议的委员由行政长官从政府主要官员、立法会议员和社会人士中委任，其任免由行政长官决定。这样行政会议中往往有一些双重身份议员，这些身兼行政会议和立法会的议员，便于立法机关与行政机关相互沟通，消除两者间的分歧。因行政会议组成人员来源的广泛性、代表性，有利于行政长官的决策和行政效率的提高。这样，行政会议提高了政府行政主导的效能。因此，可以说，"行政会议协助行政长官形成了实质上的行政主导体制"。① 行政长官在作出重要决策，向立法会提交法案，制定附属法规和解散立法会前，都须征询行政会议的意见。由于在行政会议组成人员中，除行政机关的主要官员和社会人士外，还有立法会的议员，所以在行政长官意欲形成决策和法案时，可以预先知道立法会的立场和意见，行政长官在主持行政会议时可以预先消除行政官员与议员间的意见分歧，增进沟通，加强配合。行政会议是从尽可能"议行一致"的角度设计的行政主导机制。

　　以上几个方面充分展现了澳门行政主导体制的特征，但行政主导绝对不是行政霸道和行政独大，它和殖民统治时期的总督制有着本质的区别。虽然回归前澳门的政制架构也是以行政为主导的，但是其民主与法治的成分不比今日。

　　首先，澳督是由葡萄牙国王或总统任命的，非经当地民主选举产生，握有政治、经济、军事大权，几乎不受当地其他机关的限制；而行政长官是由具有广泛代表性的选举委员会选举出来的，代表广泛的民意，地位崇高但其权力受到诸多制约。

　　其次，澳督控制着立法权，立法会的立法权只是名义上的。而行政长官领导的特别行政区政府只能提出法案，立法权完全归属于立法会；重要的政治任命需要立法会同意；拒绝签署重议的法案需要被动辞职；有严重违法或渎职行为还要遭到弹劾。

　　再次，行政长官虽然能够任免法官和检察官，但是法官依法进行审判，不听从任何命令或指示；检察院独立行使法律赋予的检察职能，不受任何干涉；终审法院院长可受立法会委托负责组成独立的调查委员会对针对行政长官的弹劾案进行调查，并提出报告。

　　最后，澳督时期咨询会的主要任务是对总督权限内的一般行政性事务提出意见，供总督参考，总督具有最后的决定权；而行政长官在作出重要决策、向立法会提交法案、制定行政法规和解散立法会前，必须征询行政会议的意见。可见，澳门的行政主导体制是由澳门基本法保障的、符合民主要求的、浸润法治精神的政治体制。

四、对行政主导的监督与制约

　　澳门特别行政区在回归后实行了行政主导体制。这既是对葡澳统治时期总督制的扬弃，又顺应了世界宪制发展的趋势，同时还吸收了香港、新加坡的成功经验，澳门基本法的有关规定揭示了这一点。但由于澳门社会自身的特殊情况，在制度设计时权力分配倾向于行政机关，对行政缺乏有效的监督，且某些监督形式还没有落实到位，导致了澳门的行政主导体制在实施过程中出现一些问题，在回归后的十多年内因"行政独大"受到批评。因此，只有正确认识行政主导体制，理顺行政、立法和司法的关系，强化立法和司法对行政的监督，才

---

① 姚魏：《论澳门特别行政区的行政主导体制》，《政治与法律》2009 年第 12 期。

能为行政主导体制的健康发展找到正确的出路。①

（一）行政机关的内部监督

目前，廉政公署、审计署是澳门行政机关内部监督的两大主要机构，其中廉政公署是澳门回归时根据基本法新建立的反贪专门机构。澳门法律在三个层面上对此有规定：①《澳门基本法》第五十九条和第六十条规定廉政公署和审计署独立开展工作，对行政长官负责。廉政公署的主要职责是对贪污和行政违法行为进行监督；而审计署则是对政府的财政和会计活动进行监督，纠查违法行为。②立法会的专门立法对上述二者的活动予以保障。澳门第10/2000号法律和第11/1999法律分别为两大机关的组织法，对两大机关各自的性质、地位、职责及权限都作了基本规定。③行政长官制定了一系列行政法规，对廉政公署和审计署的职权、活动方式等作出明确规定，保证其依法、顺利行使职权。但欧文龙贪污案的出现表明，无论是廉政公署还是审计署的监督，均无法克服行政机关内部监督的缺陷。民众对立法机关和司法机关监督寄予了厚望。澳门强化立法和司法对行政的监督将是今后澳门行政主导体制改革的重点之一。

（二）立法机关对行政的监督

《澳门基本法》第五十一条、第七十一条和第七十六条规定了立法机关享有广泛的对行政的监督权。这主要包括以下几个方面：①立法监督。立法会在特定情况下可以迫使行政长官辞职。但是这种情况的发生将引发宪政危机，无论是特首还是立法会，对此均比较慎重，因此澳门至今未出现过这种情况。②弹劾监督。如果行政长官严重违法或有渎职行为且不辞职的，经全体议员三分之一联合动议、立法会通过决议，即可委托终审法院院长负责组成独立的调查委员会进行调查。调查委员会如认为有足够证据构成上述指控，立法会以全体议员三分之二多数通过，可提出弹劾案，报请中央人民政府决定。③财政预算监督。《澳门基本法》第七十一条规定了立法会有权审核、通过政府提出的财政预算案和审议政府提出的预算执行情况报告等。这项权力看起来是对预算的批准权，可以单独作为一类权力，但立法机关的审核、通过行为本身就是对行政机关的监督行为。至于审议预算的执行、修改情况就更属于对行政的监督形式。④其他方面的监督权。立法会的监督权还包括：听取行政长官的施政报告并进行辩论、就公共利益问题进行辩论和接受澳门居民申诉并作出处理等。这些内容均关乎全体澳门人的权利和福祉，立法会作为民意代表机关对其关注是很必要的。

（三）司法机关对行政的监督

首先从国际惯例看，将行政行为合法性的最终裁决权赋予法院是各国的普遍做法。"司法是社会公正的最后一道防线"，这已经是现代法治社会的共识。尽管澳门实行的是行政机关主导的政治体制，但法院不是政府的附庸，它应通过审判活动对行政机关进行监督。澳门实行了与法国类似的司法双轨制，即有普通法院和行政法院的区别。与法国不同的是，澳门行政法院不隶属于政府，只受理一审行政案件，其地位更加超脱，更有利于司法公正。

其次从法律的规定看，澳门法院有权对行政行为进行司法审查。《澳门基本法》第十九条规定，澳门特别行政区法院除继续保持澳门原有法律制度和原则对法院审判权所作的限制外，对澳门特别行政区所有的案件均有审判权。因为澳门在回归前便有行政法院（旧称"平政院"）的存在，澳葡当局没有对行政诉讼进行限制，所以当地法院对于行政纠纷的受

---

① 杨建平：《香港、澳门、新加坡行政主导比较》，《中国行政管理》2008年第2期。

理和裁决是具有历史延续性的。《澳门基本法》第三十六条规定澳门居民享有对行政部门和行政人员行为的诉讼权利，这也从另一个侧面证明了法院对行政机关的行为享有审查权；《澳门基本法》第八十六条规定，澳门特别行政区设立行政法院，管辖行政诉讼和税务诉讼，不服其裁决者，可向中级法院上诉。这就明确了行政法院是行政案件的初审法院，上诉案件归普通法院管辖。

最后从司法实践看，法院不仅对具体行政行为进行审查，而且对抽象行政行为进行监督，甚至已经达到"违宪（基本法）审查"的强度。仅在 2006 年，澳门特别行政区中级法院就作出了三个判决。这三个判决均宣布行政长官的行政法规违反了澳门基本法，原因是行政法规缺乏法律作为依据。法院由此行使了对行政法规的司法审查权，在某种意义上也称得上是"违宪审查权"。

第三节　行政与立法的关系

澳门特别行政区行政与立法的关系总的来说是既相互制衡，又相互配合。

一、行政和立法相互制衡

（一）行政对立法的制约

第一，部分立法议员由行政长官委任。澳门特别行政区前三届立法会各有 7 名由行政长官委任的议员，约占总议员数的三分之一。由此，行政长官可以利用委任权，组建对自己依法施政更为有利的立法会，以利于政府法案和决策的通过，为行政主导的贯彻提供保证。关于立法会的组成，澳门基本法规定，保留立法会中部分委任议席。澳门特别行政区第一届立法会 23 名议员中，第二届立法会 27 名议员中，第三届立法会 29 名议员中，各有 7 名由行政长官委任的议员。这一规定对于澳门回归初期行政主导体制的确立并站稳脚跟十分重要。行政长官可以利用委任权，组建对自己依法施政更为有利的立法会支持力量，为行政主导的贯彻提供保证。

第二，根据《澳门基本法》第五十一条、第五十二条的规定，行政长官如认为立法会通过的法案不符合澳门特别行政区的整体利益，可在九十日内提出书面理由并将法案发回立法会重议。立法会如以不少于全体议员三分之二多数再次通过原案，而行政长官仍拒绝签署的，则可以解散立法会。

第三，《澳门基本法》第五十二条第二款规定，立法会拒绝通过政府提出的财政预算案或行政长官认为关系到澳门特别行政区整体利益的法案，经协商仍不能取得一致意见的，行政长官可解散立法会。

第四，凡不涉及公共收支、政治体制或政府运作的议案，可由立法会议员个别或联名提出，凡涉及政策的议案，在提出前必须得到行政长官的书面同意；特别行政区政府拟订并提出法案、议案，由行政长官向立法会提出，政府拥有的立法创议权是行政主导的一大体现；政府提出的法案、议案应当优先列入立法会议程，体现了行政优先。

第五，行政长官在立法会未通过政府提出的财政预算案时，可按上一财政年度的开支标准批准临时短期拨款。

第六，特别行政区立法会通过的法案，须经行政长官签署、公布，方能生效。

第七，行政长官决定政府官员或其他负责公务的人员是否向立法会作证和提供证据，表明行政在与立法的关系中处于主动地位。

（二）立法对行政的制约

从澳门的制度安排来看，在确立行政主导体制的同时，赋予立法会以代议民主制所具有的立法权和重大事项议决权，就是为了确保澳门特别行政区的政治民主和社会和谐，防止出现权力过分集中的弊端。然而，实际运作却需要经历一定的磨合期，甚至要经多次微调才能达到预期目的。就澳门曾出现的博彩业极度扩张和土地出让中的权钱交易问题，有学者就认为："经济繁荣带来贪腐日趋严重，其关键是在行政主导的政治体制下，监督的力量太微弱。其中最主要的原因是，立法会没有真正监督政府的权力。比如，有关官员可以不回应议员提出的质疑，行政当局有时扮演立法角色，可以用行政手段发布行政公告、批示等。"可见，要防止行政越权和擅权，就必须强化立法会的监督职能，执行机关对议员依法提出的质询、动议、批评必须给予回应，并及时调整不当政策和失范行为，即使对存在误解的议员建议也应作出令人信服的解释。对于舆论界和学术界来说，应当遵守职业道德，尊重议员行使权力所采取的方式，对事项表决中的投票选择持宽容态度，避免用传统思维下给人乱贴标签的方法来扼杀善意的监督。

澳门基本法规定的立法机关监督，即立法会的监督。澳门基本法赋予了立法会弹劾权、质询权、财政权等，以对行政进行有效的监督。

在法定条件和程序下，立法会可以使行政长官辞职。《澳门基本法》第五十四条规定："澳门特别行政区行政长官如有下列情况之一者必须辞职：（一）因严重疾病或其他原因无力履行职务；（二）因两次拒绝签署立法会通过的法案而解散立法会，重选的立法会仍以全体议员三分之二多数通过所争议的原案，而行政长官在三十日内仍拒绝签署；（三）因立法会拒绝通过财政预算案或关系到澳门特别行政区整体利益的法案而解散立法会，重选的立法会继续拒绝通过所争议的原案。"

在法定条件和程序下，立法会可以弹劾行政长官。立法会对行政长官的弹劾是另一种重要的监督方式，但范围仅限于如行政长官严重违法或有渎职行为且不辞职的，对于行政长官的其他违法行为，立法会是无权弹劾的。此时，经全体议员三分之一联合动议、立法会通过决议，即可委托终审法院院长负责组成独立的调查委员会进行调查。调查委员会如认为有足够证据构成上述指控，立法会以全体议员三分之二多数通过，可提出弹劾案，报请中央人民政府决定。

立法会对行政长官提出的财政预算有监督和制约的权力。《澳门基本法》第七十一条规定了立法会有权审核、通过政府提出的财政预算案和审议政府提出的预算执行情况报告等。这项权力看起来是对预算的批准权，可以单独作为一类权力。但立法机关的审核、通过行为本身就是对行政机关的监督。至于审议预算的执行、修改情况就更属于对行政的监督形式。但在实践中，行政机关对此并不重视，立法会对此无能为力又十分不满。立法会对政府的财政监督仍相对薄弱，除每年通过政府的预算案以及审议政府上一年度的预算执行情况报告外，对政府收支状况以及重大公共工程的开支监察因没有有效机制而无法进行。政府在分配使用财政资源中的效益及许多大型公共工程严重超支等问题，亦因政府施政缺乏透明度令立法会完全无知情权。

行政机关须对立法机关负责，立法会享有质询权。《澳门基本法》第六十五条规定了澳门特别行政区政府必须遵守法律对立法会负责、定期向立法会作施政报告、答复立法会议员的质询。立法会议员提出质询的对象为有关某方面政策或整体政策的政府工作事项，通过质询，议员可要求政府官员作出具体说明，提供议员所欲了解的情况，获知被质询机关的工作情况或者对被质询机关的工作提出批评，以监督被质询机关改正工作中的缺点和错误。

其他方面的制约。立法机关对行政机关的制约还表现在：澳门特别行政区政府必须遵守法律；对立法会负责；执行立法会通过并已生效的法律；听取行政长官的施政报告并进行辩论、就公共利益问题进行辩论和接受澳门居民申诉并作出处理；答复立法会议员的质询；征税和公共开支必须经立法会批准等。这些内容均关乎全体澳门人的权利和福祉，立法会作为民意代表机关对其关注是很有必要的。但政府在响应时还存在着拖延推诿、避重就轻等现象。有时议员的质询得不到及时回复，有时即使回复也采取形式主义的态度。这就使立法会的监督作用大打折扣，也令议员和市民对其心生不满，既影响了政府的形象，又不利于行政主导体制的健康发展。

二、行政和立法相互配合

行政与立法之间，除了制约的一面外，还有相互配合的一面。为什么澳门特别行政区的政治体制要强调行政与立法相互配合？因为只讲制衡，就可能使行政与立法之间经常产生不协调，这将不利于澳门特别行政区政治体制的整体顺利运作，不利于澳门的稳定和经济发展。特别是1999年澳门特别行政区成立后，由于澳门特别行政区享有高度自治权，中央不能干预属于澳门特别行政区自治范围内的事务，如果澳门特别行政区的行政机关、立法机关能妥善处理各自职权范围内的问题，互相配合得也正常，这当然是好的。如果行政机关、立法机关经常处于矛盾和不协调之中，互相对立，各持己见，形成僵局，使行政机关和立法机关的工作不能正常进行，在这种情况下，中央又不便干预，不能妨碍澳门特别行政区行使高度自治权，这种行政与立法机关之间的僵局一时就难以打破，矛盾一时就难以解决。这样行政与立法之间的相互配合就显得非常重要了。所以澳门基本法起草委员会政治体制专题小组认为，应当强调行政与立法之间重在配合，两者之间既有分工与制衡，又有良好的配合，使两者的工作都能有秩序地协调发展。要使行政与立法相互配合，比较好的组织形式是建立行政会。[①]

按照《澳门基本法》第五十六条的规定："澳门特别行政区行政会是协助行政长官决策的机构。"虽然行政会不是决策机构，决策权在行政长官，行政会只起协助作用，但它是行政长官直接领导和主持下的一个重要机构。按照《澳门基本法》第五十八条的规定，行政会的任务是很重要的，即行政长官在作出重要决策、向立法会提交法案、制定行政法规和解散立法会之前，须征询行政会的意见，但人事任免、纪律制裁和紧急情况下采取的措施除外。可见有关行政工作的重大问题，都要经过行政会的讨论，由这样一个机构来担当使行政和立法之间互相配合的角色无疑是适当的。

---

① 参见肖蔚云：《论澳门基本法》，北京大学出版社2003年版，第127页。

　　行政会又如何具体促使行政与立法之间互相配合呢？这主要从行政会的组成可以看出来，按照《澳门基本法》第五十七条规定："澳门特别行政区行政会的委员由行政长官从政府主要官员、立法会议员和社会人士中委任，其任免由行政长官决定。行政会委员的任期不超过委托他的行政长官的任期。"从这一规定中可以看出，行政会的委员中有立法会的议员，他们了解立法会对一些问题的看法，行政会的这个组成明显地体现了行政与立法相互配合的精神。如果行政与立法对某一问题存在不同意见，就会在行政会中反映出来，进行协调以消除分歧，求同存异以解决矛盾。[①]

第四节　司法独立

一、澳门回归前后的司法独立状况

　　处于葡萄牙殖民统治时期的澳门的法院系统比较简单，在1991年之前澳门的司法组织系统并不是完全独立的，澳门法院系统是葡萄牙司法组织内的一个法区法院，只有第一审法院，而全部上诉都必须向葡萄牙的上级法院提起。1991年颁布的《澳门司法组织纲要法》明确规定了"澳门司法自治、审判职能和法院的独立性等一般原则"。澳门现行的法院分为高等法院、审计法院和第一审法院。高等法院是第二审和审查法院。第一审法院包括普通管辖法院、刑事预审法院和行政法院。自从澳门设立高等法院以来，大部分的二审上诉案件不必再移送葡萄牙，可以直接在澳门审理。但即使是在1991年后设立了高等法院，澳门法院仍然不享有终审权。也就是说，在澳门，法院没有终审权，终审权在葡萄牙，当事人如果对判决不服，可上诉至里斯本法院，直至葡萄牙最高法院。[②]

　　澳门在回归之前实施的检察制度主要是按照《澳门司法组织纲要法》和《葡萄牙检察院组织法》形成的。检察院与其人员属于司法机关和司法官。从组织机构设置上看，澳门设有检察官公署，由助理总检察长一人和检察长一人、检察官六人组成。助理总检察长属葡萄牙总检察长领导，所有的检察官均为葡萄牙人。这可以说明当时澳门司法不独立。

　　随着澳门的回归，澳门的司法体系已经完全走向独立。因为根据《澳门基本法》第二条的有关规定："中华人民共和国全国人民代表大会授权澳门特别行政区依照本法的规定实行高度自治，享有行政管理权、立法权、独立的司法权和终审权。"澳门基本法确立了司法独立原则，澳门特别行政区的司法机关自成一体，独立于行政、立法之外。

　　根据澳门基本法的规定，澳门特别行政区司法机关享有的司法权是独立的，这种独立包含两层含义：一是指它独立于行政机关、立法机关、社会团体和个人，行使司法权时不受干涉；二是指它不受我国最高人民法院、最高人民检察院以及内地各省、自治区、直辖市人民法院和人民检察院的管辖与干涉，这就是澳门特别行政区司法机关在"一国两制"方针下所具有的特殊独立性质。具体表现为法院可独立进行审判，不受任何干涉，法官依法进行审判，不听从任何命令或指示，法官履行审判职责的行为不受法律追究；司法独立在检察院则

---

　　① 参见肖蔚云：《论澳门基本法》，北京大学出版社2003年版，第128页。
　　② 参见许崇德：《港澳基本法教程》，中国人民大学出版社1994年版，第201页。

表现为整体独立，检察长有权向助理检察长和检察官发出一般或特定的工作指示，助理检察长也可向检察官发出一般或特定的工作指示。

这既有助于澳门特别行政区实行真正的高度自治，也在最大限度上体现了"一国两制"的方针。由此看来，现在的香港和澳门特别行政区都拥有独立的司法权和终审权。两地的司法权均独立于中央的司法权，不受中央最高司法机关管辖，不隶属于中华人民共和国最高人民法院和最高人民检察院。在一个单一制的国家，一级地方行政区域享有终审权，在世界法制史上是罕见的，这不能不说是"一国两制"下的一个伟大创举。

二、澳门特别行政区的司法机关

澳门特别行政区的司法机关包括法院和检察院。因此，其司法独立包含了法院的司法独立和检察院的司法独立。司法独立是指司法机关即法院独立行使审判权，检察院独立行使检察权，不受其他机关、团体和个人的干涉。

三、法院和法官的司法独立及其保障

（一）法院的司法独立

澳门基本法对司法机关主要活动的原则作了明确的规定。《澳门基本法》第八十三条规定："澳门特别行政区法院独立进行审判，只服从法律，不受任何干涉。"这是说独立审判是法院活动的主要原则，它的活动只遵守法律，法律是它的唯一工作准绳，即澳门特别行政区法院享有对各类案件的独立审判权，不受行政机关、立法机关、社会团体和个人的干涉，而且不受最高人民法院和内地各省、自治区、直辖市的管辖和干扰。终审法院是澳门特别行政区最高审级的法院，虽在国家司法体制中处于地方性法院地位，但行使终审权。中华人民共和国最高人民法院作为国家的最高审判机关，其宪法地位不受基本法的规定影响，但不能对属于澳门自行管辖的案件行使终审权。终审权即法院最终一级的不可再上诉的审判权，澳门特别行政区的上诉审不必到最高人民法院，而在澳门特别行政区法院审判，说明澳门特别行政区法院在司法方面享有高度自治权和独立权。

澳门特别行政区法院的体制，特别是法院的设置，直接关系到独立司法权和终审权的行使，关系到国家法制的全局和澳门特别行政区自成体系的司法制度的形成，直接体现了确立澳门特别行政区高度自治司法体制的指导原则。从澳门基本法有关规定的方式看，有关澳门特别行政区法院设置的许多具体事项仍需由澳门特别行政区法律进一步明确。[1] 澳门基本法仅就澳门特别行政区法院的设置作了概要的、原则性的规定，从而为未来有关的具体安排保留了较大的灵活性。例如，确认"法院的组织、职权和运作由法律规定"、"初级法院可根据需要设立若干专门法庭"等条文就留下了空间有待澳门特别行政区自主决定。

这一方面体现了保障澳门特别行政区高度自治的立法精神，另一方面也为澳门特别行政区创造性地建立新的司法体制奠定了法制基础。澳门特别行政区的法院乃至整个司法机关，是澳门特别行政区独立的地方自治机关，这种独特的地位特别引人注目。与我国少数民族区

---

[1] 许昌：《澳门过渡期重要法律问题研究》，北京大学出版社1999年版，第118页。

域自治地方的司法机关相比较，两者地位有显著的不同，有关的自治区、自治州、自治县的人民法院必须纳入国家统一的司法体制中，依照全国人民代表大会颁布的各级人民法院组织法设立，不能如当地人民代表大会和人民政府一样享有自治机关的地位，审判工作必须接受最高人民法院的监督，而澳门特别行政区法院依照澳门基本法和法律设立，单独形成司法体制，与最高人民法院不发生组织上和审判工作上的领导和监督关系。

澳门特别行政区适用的法律是澳门基本法、予以保留的澳门原有法律、澳门特别行政区立法机关制定的法律以及根据澳门基本法在澳门特别行政区实施的全国性法律，并获授权在审理案件时对澳门基本法关于自治范围内的条款和其他条款自行解释。所有这一切，从各个方面保证了澳门特别行政区法院以司法手段维护澳门高度自治的能力。

（二）法官的司法独立及其保障

司法人员的司法独立，主要是指法律对法官的地位和行政职权特设的一些保障条款。比如，法官的任免、法官审判独立、法官司法豁免、司法监督。

《澳门基本法》第八十七条规定："澳门特别行政区各级法院的法官，根据当地法官、律师和知名人士组成的独立委员会的推荐，由行政长官任命。法官的选用以其专业资格为标准，符合标准的外籍法官也可聘用。"《澳门基本法》第八十九条规定："澳门特别行政区法官依法进行审判，不听从任何命令或指示，但本法第十九条第三款规定的情况除外。"即法官除了在审理案件中遇有涉及国防、外交等国家行为的事实问题时，应取得行政长官就该问题发出的证明文件外，不接受任何命令或指示。《澳门基本法》第八十九条还规定："法官在任职期间，不得兼任其他公职或任何私人职务，也不得在政治性团体中担任任何职务。"这一规定也是对法官独立、公正的形象提出的基本要求。

法官的司法豁免权，是指法官在履行司法审判职务时享有的不受法律追究的特权。联合国《关于司法独立的基本原则》第十六条规定："在不损害任何纪律惩戒程序或者根据国家法律上诉或要求国家补偿的权利的情况下，法官个人应免于其在履行司法职责时的不当行为或不行为而受到要求赔偿金钱损失的民事诉讼。"这一规定成为法官司法豁免权的法律渊源。澳门现行的司法制度也有类似的规定。1991年颁布的《澳门司法组织纲要法》第三条第四款规定："不得使法官对其裁判负责，但法律所定之例外情况则除外。"换句话说，法官不必为其作出的判决负法律责任，只有在法律规定的情况下，法官才会因行使职能而受民事、刑事或法律责任拘束。另外，该法第五十三条第二款规定："澳门法院之独立性，由法官之不可移调性及无须遵守任何命令或指示所保证。"这里的"法官之不可移调性"，是指法官在任职期间，除法律规定的情况外，不得被调任、更改职级、停职、被令退休、撤职或以任何形式更改状况。《澳门基本法》第八十九条第二款对此也进行了规定。所有这些都为法院独立运作、法官独立审判提供了法律上的保障。

澳门基本法规定的"独立的司法权"是以中央政府任命的行政长官为主导的"司法独立"，不是"主权独立"，而是一种以行政长官为主导的、行政机关与立法机关之间既制衡又配合的、司法独立的政治体制。那么，港澳特别行政区享有"独立的司法权和终审权"究竟是一种怎样的独立呢？是否意味着港澳是拥有独立的主权呢？根据香港和澳门特别行政区基本法的相关规定，我们不难发现：①香港和澳门特别行政区的司法独立于立法、行政之外，各级法院依法行使审判权，其活动不受任何干涉，司法人员履行职责的审判行为不受追究，终审权属于特别行政区终审法院；②香港和澳门特别行政区的司法不仅不受本特别行政区内的任何干预，而且也不受内地任何部门包括司法部门的干预，甚至中央国家机关中的最高人民法院和最高人民检察院也没有任何指导和监督的权力；③香港和澳门特别行政区享有的"独立的司法权和终审权"不是没有限制的，香港和澳门特别行政区各级法院对国防和外交等国家行为无管辖权。

司法监督历来是监督体系中一项不可或缺的方式，澳门基本法亦规定了司法对行政主导的监督。首先，澳门基本法规定了对行政长官的弹劾程序终审法院具有调查权。据《澳门基本法》第七十一条的规定，终审法院院长可受立法会委托负责组成独立的调查委员会，就立法会关于行政长官有严重违法或渎职行为而不辞职的指控进行调查。终审法院独立行使司法权，在对行政长官的弹劾调查中体现了司法对行政的监督。其次，澳门基本法规定了行政长官和主要官员须向终审法院院长申报财产，也体现了司法对行政的监督。《澳门基本法》第四十九条、第六十三条规定了行政长官、主要官员就任时应向澳门特别行政区终审法院院长申报财产，记录在案。通过这些规定可以预防行政长官和政府主要官员滥用职权或假公济私，以促使其廉洁奉公。再次，澳门基本法规定了审判监督方式。《澳门基本法》第八十六条规定，在澳门设立行政法院，其主要管辖行政诉讼和税务诉讼。通过行政法院对行政争议和税务纠纷的司法审查，从而实现司法对行政的监督。

司法监督行政主要是通过审判行政案件来实现的。根据《澳门基本法》第八十六条规定，澳门特别行政区在普通法院外还单独设置审理行政争议的行政法院，专署管辖以行政机关为被告的行政诉讼、税务诉讼和海关诉讼案件。在司法程序上，行政诉讼与一般刑民诉讼基本相同，实行两审终审制，上诉审由中级法院或终审法院处理。澳门专门设置行政法院的原因，除了继承欧洲大陆法系的传统之外，还在于用司法裁判的方式对行政管理的合法性作出评价，以有效规范政府的执法行为，对公共政策的制定也产生一定的制约作用。

四、检察院的独立及其保障

检察院是一个独立的机关，它与澳门特别行政区政府、立法会没有组织上的隶属关系。从澳门特别行政区司法机关的组成上看，检察院与法院虽同属司法机关，但在组织上也是互相独立的。

对于澳门特别行政区检察院的活动原则，《澳门基本法》第九十条规定："澳门特别行政区检察院独立行使法律赋予的检察职能，不受任何干涉。"这意味着检察院的主要活动原则是依法独立行使检察权而不受行政机关、立法机关、社会团体和个人的干涉。

第十八章　澳门特别行政区行政长官

第一节　行政长官的地位

一、特别行政区架构中的核心地位

《澳门基本法》第四十五条规定："澳门特别行政区行政长官是澳门特别行政区的首长，代表澳门特别行政区。澳门特别行政区行政长官依照本法规定对中央人民政府和澳门特别行政区负责。"同时，《澳门基本法》第六十二条第一款规定："澳门特别行政区政府的首长是澳门特别行政区行政长官。"

根据以上法条可知，澳门特别行政区行政长官首先是澳门特别行政区的首长，他代表澳门特别行政区；同时他也是澳门特别行政区政府的首长，他领导着澳门特别行政区政府。行政长官所处的核心地位是澳门所采取的行政主导体制中的一个重要方面。

行政长官拥有的这种双重领导权是行政长官履行其职责的前提和基础，也是澳门特别行政区实现高度自治的重要保障，法律因此对行政长官的各方面事宜作了详细的规定：第一，规定了行政长官的法律地位和责任；第二，规定了其资格、产生办法和任期，以及必须辞职的情况；第三，规定了其职权；第四，规定了行政长官与立法会的相互制约的关系；第五，规定了行政长官领导行政会，行政会协助行政长官决策的相互关系；第六，规定了行政长官与廉政公署的关系；第七，规定了行政长官与审计署的关系。我们将在下文中按照此顺序进行详细的阐述。

"行政主导制"是一种政府管理的概念，在澳门基本法的话语背景下，它表示行政长官可以解散立法会，但是立法会不能因行政长官的政策要行政长官下台，即在行政机关与立法机关的相互关系中，行政机关处于优先地位，行政长官对于委任部分立法会的议员，对于立法会议员的提案涉及政府决策方面的都拥有决定的权力。这是因为行政长官要对中央负责，就要求他的独立性和权力足以担当相应的责任；行政长官要对特别行政区负责，就要求其权威能够让他自行解决特别行政区内部矛盾。

行政长官的双重地位、双重责任和双重职权都表明，这个职位不是虚位而是实位。它可以被称为是"行政长官制"，具体指的是行政长官所引导的政府为主导，奉行司法独立、行政与立法互相制衡和互相配合，而且重在配合的一种根本政治制度。[①]

行政长官在中央和澳门特别行政区的关系中，处在一个承上启下的关键地位。[②]

---

① 参见《澳门基本法》第五十条、第七十五条。
② 刘高龙、赵国强主编：《澳门法律新论》（上卷），社会科学文献出版社 2008 年版，第 112 页。

二、双重身份的法律地位

（一）行政长官是澳门特别行政区的首长，对内对外代表澳门特别行政区

行政长官是澳门特别行政区的首长，对内对外代表澳门特别行政区。这是根据《澳门基本法》第四十五条第一款规定的。

1999年12月20日我国恢复对澳门行使主权之后，澳门特别行政区就享有高度的自治权。对外方面，除了国防和外交外，中国中央人民政府授权澳门特别行政区政府自行处理有关的对外事务，可以"中国澳门"的名义，在文化、经济领域，单独同世界各国、各地区以及相关国际组织和地区性组织保持与发展关系，签订和履行协议。

对内方面，澳门特别行政区作为我国的一个地方行政区域，首先应该有一个强有力的领导者能够与中央沟通，对中央人民政府负责，而且除了与中央发生关系之外，同我国其他地方行政区域之间必然也要发生一定的联系，客观上需要有人能够代表澳门特别行政区处理有关的内外事务。

（二）行政长官是澳门特别行政区政府的首长，领导澳门特别行政区政府

行政长官双重身份的法律地位，将行政权主要集中于行政长官，但又不是将全部行政大权集中于其一人。行政长官还要受立法会的制约、行政会的监督，下面还有几个司长管理各项行政工作。这样既避免了原来澳督作为葡萄牙主权机关在当地的代表而必须一人专权，又防止了行政权被过度分散而不符合澳门高度自治的需要。

以前，澳门的行政权完全属于总督，各政务司只是辅助总督，这种情况含有保持行政工作效率的合理意义，具有借鉴作用。如果行政长官只有分散的行政权或者行政长官与政府首长分任，容易出现各自为政的松散状态，可见，行政长官的双重法律地位是澳门特别行政区高度自治以及其行政主导机制的需要。

第二节　行政长官的产生

一、历届行政长官的产生办法

（一）第一任行政长官的产生办法

全国人民代表大会于1993年3月31日通过《关于澳门特别行政区第一届政府、立法会和司法机关产生办法的决定》，规定了第一任行政长官根据体现国家主权、平稳过渡的原则产生，具体程序是：

（1）成立推选委员会。由全国人民代表大会设立的澳门特别行政区筹备委员会负责筹备澳门特别行政区第一届政府推选委员会。该委员会全部由澳门特别行政区永久性居民组成，有成员200人，其中，金融、工商界代表60人，文化、教育、专业等界代表50人，劳工、社会服务、宗教等界代表50人，原政界人士、澳门地区全国人大代表、澳门地区全国政协委员的代表40人。

（2）推选行政长官。在澳门特别行政区通过协商或者协商后提名的方式产生第一任行

政长官候任人。

（3）将第一任行政长官候任人报请中央人民政府任命。

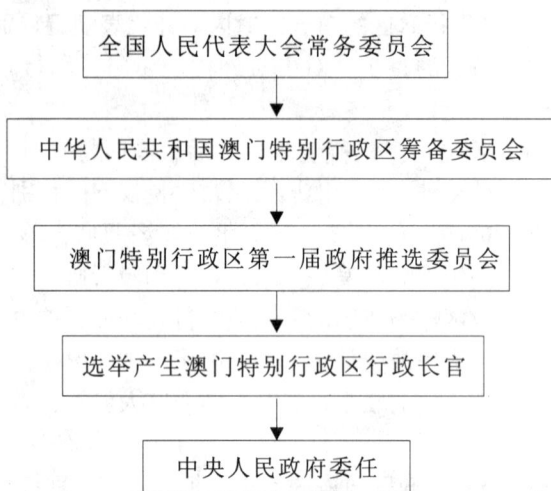

全国人民代表大会常务委员会

↓

中华人民共和国澳门特别行政区筹备委员会

↓

澳门特别行政区第一届政府推选委员会

↓

选举产生澳门特别行政区行政长官

↓

中央人民政府委任

图 18-1　第一任行政长官产生办法流程图

（二）以后历届行政长官的产生办法

《澳门基本法》第四十七条规定："澳门特别行政区行政长官在当地通过选举或协商产生，由中央人民政府任命。行政长官的产生方法由附件一《澳门特别行政区行政长官的产生办法》规定。"

根据以上规定，第二任及以后各任行政长官将由一个具有广泛代表性的选举委员会依法推选，再报中央人民政府任命。可见，目前澳门对于行政长官的选举实行的仍然是间接选举，具体有以下四个步骤：

1. 成立选举委员会

各界别的法定团体，应当按照选举法规定的分配名额与选举办法，自行选出选举委员会的委员。委员当选后，应当根据个人而非团体代表的身份进行投票，以保证委员的公正性，但在目前的制度下，仍然存在委员利益的高度趋同性问题。

2. 提名候选人

由不少于 50 人的选举委员会委员联合提名行政长官候选人，每人只有一票，意即只能提名一位，由于选举委员会只有 300 人，可知一次选举中，最多仅可能出现 6 名候选人，目前最多的是第一任行政长官的候选人出现了两名。

3. 选举候任人

选举委员会根据提名的行政长官候选人名单，经过一人一票无记名投票的方式选出行政长官的候任人。在近两次的投票中，我们可以看到行政长官候选人的竞争力度不够：一是由于委员利益的高度趋同；二是因为提名方与选举方是同一批人，所以选举的时候基本上毫无悬念，这也是不利于竞争的一个方面。

4. 任命行政长官

行政长官的候任人，想要真正成为行政长官，还要通过选举委员会将候任人名单上报中央人民政府，由中央人民政府作出是否任命的实质性决定。

二、具体产生流程的细节操作

（一）立法依据与法律结构

《澳门基本法》第四十七条规定："澳门特别行政区行政长官在当地通过选举或协商产生，由中央人民政府任命。"在这里，是依据《中葡联合声明》中第二款第（三）项的精神规定了行政长官产生的原则：第一，在一般情况下应在当地由选举产生，特殊情况下如第一任行政长官可由协商产生；第二，行政长官必须由中央人民政府任命。

根据澳门基本法的规定以及落实"一国两制"、"澳人治澳"的原则，在确定行政长官的产生上，既要考虑民主政治发展的要求，又要坚持稳步推进的原则。因此，在澳门基本法中，对于行政长官的产生办法，作了灵活的规定。从澳门基本法的文字表达"澳门特别行政区行政长官在当地通过选举或协商产生，由中央人民政府任命"来看，选举产生置于协商产生之前，表明两种办法是有着先后次序的。

（二）行政长官选举委员会

《澳门基本法》附件一规定了选举委员会要有广泛的代表性，能代表澳门各界，还规定了选举委员会共300人，由下列各界人士组成：工商、金融界100人，文化、教育、专业等界80人，劳工、社会服务、宗教等界80人，立法会议员的代表、市政机构成员的代表、澳门地区全国人大代表、澳门地区全国政协委员的代表40人。通过"一人一票"的方式选出。目前，行政长官选举法已经于2004年4月6日颁布，于2008年修改，但是在选举委员会的界别以及人数构成上，并没有新的变动。

（三）按《澳门基本法》选举产生的进一步说明

《澳门基本法》附件一的修改程序虽然不像基本法那样严格和困难，但是也要经过立法会全体议员三分之二多数通过，行政长官同意，并报全国人民代表大会常务委员会批准。其目的是，行政长官的产生办法的修改只有得到澳门特别行政区和立法会两者的同意，才比较稳妥，才能避免澳门社会的动荡不安。

三、行政长官选举现状

从已进行的三届行政长官选举的情况来看，第一届行政长官是在澳门回归前由200人组成的推选委员会选举产生的，当时共有9人报名，经过资格审查有5名人员具备参选资格，最终何厚铧和区宗杰两人获得推选委员会20人以上提名而成为正式候选人（当时规定候选人需获20人以上提名），最后经过正式选举，何厚铧以81.9%的得票率当选。

在2004年举行的第二届行政长官选举中，报名参选的只有时任行政长官的何厚铧一人，他获得297名选举委员会委员提名而成为正式候选人，在这次毫无悬念的选举中，他最终以99%的得票率成功连任。

在2009年举行的第三届行政长官选举中，共有4人报名参选，但只有原社会文化司司长崔世安一人获得 286 名选举委员会委员提名，其他 3 人均未获得提名，因此也只有一个正式候选人。崔世安在 2009 年 7 月 26 日正式当选澳门特别行政区第三任行政长官。

行政长官选举中出现的"独角戏"，一方面说明了担任行政长官的候选人具有明显的参选优势，可以说是众望所归，但是另一方面，这种状况也很可能不利于选举长期进行下去所追求的公平与正义。有人认为，这是由于选举委员会本身的界别设定导致同界别的利益具有重合和趋同性。而如何避免这种"独角戏"的一再出现，也成为先前选举法改革的重要议题。

第三节　行政长官的任职和辞职

一、行政长官的任职与任期

（一）行政长官任职资格与任职条件

《澳门基本法》第四十六条对行政长官的资格作了明确规定："澳门特别行政区行政长官由年满四十周岁，在澳门通常居住连续满二十年的澳门特别行政区永久性居民中的中国公民担任。"这一条文含有以下积极条件：

（1）年满四十周岁。对于担任重要政治之务的官员提出最低或者最高的年龄限制，是各国法律的惯常做法。年龄的大小与经验的积累、工作的能力有密切关系，具体数字的确定则是参考了各国宪法性法律中的先例。

（2）在澳门通常居住连续满二十年。这是要求行政长官作为澳门的代表，必须熟悉澳门的情况，才能对本地具有强烈的归属感，在他行使职权的时候，才能真正代表和反映澳门特别行政区广大居民的意志和利益。

（3）为澳门特别行政区永久性居民中的中国公民。这是一个政治上对于本国公民在本国领土上的主导地位的保证，是国家主权的一个重要表现，也是各国普遍遵循的国际惯例。由于葡萄牙承认双重国籍，所以并没有将"在外国无居留权"作为参选资格，而仅仅是作为任期内的消极资格。

作为行政长官，除了以上法条中列明在选举前即必须符合的积极资格外，还有一些消极的条件构成其就任行政长官之资格。行政长官在就任时还要通过依法宣誓效忠澳门特别行政区的仪式获取最后的身份确认，并且在就任行政长官之时，根据《澳门基本法》第四十九条规定，除了放弃外国居留权，还有不得从事私人赢利活动、就任时申报财产等条件，这些也将在后文"行政长官的职权和责任"一节中详细阐述。

（二）行政长官任期

行政首长担任职务，履行法定职权的期间，根据各国经验，此期间不宜过长或者过短，防止连任过长或者轮换过多带来的不便。根据《澳门基本法》第四十八条的规定："澳门特别行政区行政长官任期五年，可连任一次。"即最长不超过 10 年，属于各国比较流行的立法范式。同时，澳门基本法规定，立法会每届任期为 4 年，与行政长官任期不同，主要原因是为了避免行政长官与立法会同时换届的情况出现，保持政府运作的连续性。

值得一提的是 2005 年香港特首董建华先生任内辞职的事件，通过全国人大对于行政长官任期的理解以及时任香港律政司司长梁爱诗的解释，得出统一认定，补选的行政长官是为"届内的新一位"而非"新的一届"。这个问题的解决，对于澳门行政长官补选任期的问题，提供了可借鉴的经验。

二、行政长官的辞职与离任

（一）行政长官的辞职

《澳门基本法》第五十四条规定如有下列情况之一者行政长官必须辞职：①因严重疾病或其他原因无力履行职务；②因两次拒绝签署立法会通过的法案而解散立法会，重选的立法会仍以全体议员三分之二多数通过所争议的原案，而行政长官在三十日内拒绝签署；③因立法会拒绝通过财政预算案或关系到澳门特别行政区整体利益的法案而解散立法会，重选的立法会仍拒绝通过所争议的原案。

《澳门基本法》第七十一条第（七）项规定："如立法会全体议员三分之一联合动议，指控行政长官有严重违法或渎职行为而不辞职，经立法会通过决议，可委托终审法院院长负责组成独立的调查委员会进行调查。调查委员会如认为有足够的证据构成上述指控，立法会以全体议员三分之二多数通过，可提出弹劾案，报请中央人民政府决定。"

（二）行政长官的离任

《澳门基本法》第五十五条规定："澳门特别行政区行政长官短期不能履行职务时，由各司司长按各司的排列顺序临时代理其职务。各司的排列顺序由法律规定。行政长官出缺时，应在一百二十日内，依照本法第四十七条的规定产生新的行政长官。行政长官出缺期间的职务代理，依照本条第一款规定办理，并报中央人民政府批准。代理行政长官应遵守本法第四十九条的规定。"

这里提到行政长官离任的"短期不能履行职务"和"出缺"两种情况。我们认为，"出缺"是指由于某种原因行政长官不能再履行职务而产生空缺，这是实际上的行政长官离任的情况，故需要选出新的行政长官。

《澳门政府组织纲要法》第十二条关于"行政长官出缺期间的职务代理"中也指明，行政长官出缺时，应在120日内依据《澳门基本法》第四十七条的规定产生新的行政长官；在新的行政长官产生之前，由各司司长按照第五条第一款规定的顺序代理行政长官的职务，并报请中央人民政府批准；如果第五条第一款中排在第一顺序的司长届时短期不能履行职务或出缺，则由排在第二顺序的司长代理行政长官的职务，依此类推。

第四节　行政长官的职权和责任

一、行政长官的职权

（一）按照行政长官的双重身份

作为澳门特别行政区的首长，行政长官拥有以下权力：

（1）负责执行澳门基本法和适用于澳门的其他全国性法律。

（2）签署立法会通过的法案、公布法律；签署立法会通过的财政预算案，将财政预算、决算报请中央人民政府备案。

（3）提名并报请中央人民政府任免各司司长、廉政专员、审计长、警察部门主要负责人和海关主要负责人，建议中央人民政府免除上述官员职务。

（4）委任部分立法会议员。

（5）任免行政会委员。

（6）依照法定程序任免各级法院院长和法官、任免检察官。

（7）依照法定程序提名并报请中央人民政府任命检察长，建议中央人民政府免除检察长的职务。

（8）执行中央人民政府就澳门基本法规定的事务发布的指令。

（9）代表澳门特别行政区处理中央人民政府授权的对外事务和其他事务。

（10）依法颁布荣誉称号。

（11）依法赦免或减轻刑事罪犯的刑罚。

作为澳门特别行政区政府首长，行政长官拥有以下权力：

（1）领导澳门特别行政区政府。

（2）决定政府政策，发布行政命令。

（3）制定行政法规并颁布执行。

（4）依照法定程序任免公职人员。

（5）批准向立法会提出有关财政收入或支出的动议。

（6）根据国家和澳门特别行政区的安全或重大公共利益需要，决定政府官员或其他负责政府公务的人员是否向立法会或其所属委员会作证或提供证据。

（7）处理请愿、申诉事项。

（二）行政长官的人事决定权和政策执行权①

行政长官的人事决定权具体可分为间接决定权与直接决定权两种方式。

间接决定权是指行政长官提请中央人民政府任免澳门特别行政区行政机关的主要官员，这种提名是间接行使人事决定权的一种表现形式。

直接决定权是指澳门特别行政区行政长官有权任免澳门特别行政区行政机关的公职人员和行政会的委员。

从政策执行权来看，一方面，行政长官通过决定政府政策、发布行政命令的方式来确立政策执行依据；另一方面，通过组织行政机关各部门实施来对其加以具体落实。

二、行政长官的责任

《澳门基本法》第四十九条规定："澳门特别行政区行政长官在任职期间不得具有外国居留权，不得从事私人赢利活动。行政长官就任时应向澳门特别行政区终审法院院长申报财产，记录在案。"

《澳门基本法》第一百零一条、第一百零二条还规定，行政长官必须拥护中华人民共和

---

① 王磊、甘超英等：《澳门回归十年宪制发展研究》，澳门理工学院一国两制研究中心 2010 年版。

国澳门特别行政区基本法，尽忠职守，廉洁奉公，效忠中华人民共和国澳门特别行政区和中华人民共和国，并依法宣誓。

第五节 行政会议

一、行政会议的概念和地位

《澳门基本法》第五十六条规定，行政会是协助行政长官决策的机构。因此，它具有法定机构的地位和职能。[1]

行政会议的前身是"会同总督运作"的咨询会，根据《澳门组织章程》第四十三条至第五十条和《咨询会委员通则及选举制度》（第 51/91/M 号法令）的规定，咨询会由间接选举产生的委员和声誉市民组成，总督必须听取咨询会的意见，享有立法会议员同等权利。相比咨询会，行政会议在任期、产生办法、组成、运作上都有一定的改进。

现在的行政会议既有行政机关的咨询机构的特征，又不同于一般咨询机构。在澳门基本法的各项条文中，我们并没有看到咨询的字样，行政会议的设置也不在行政机关一节中，而是设在行政长官一节下，可见其地位的独特性。某些学者认为行政会议同时具有咨询性和行政性。[2]

二、行政会议制度的构想和组织运作程序

《澳门基本法》第五十七条、第五十八条规定：行政会的任务是在行政长官作出重要决策、向立法会提交法案、制定行政法规和决定解散立法会前，向行政长官提供意见。行政长官如不采纳行政会多数委员的意见，应将具体理由记录在案。

行政会议的委员由行政长官从政府主要官员、立法会议员和社会人士中全权委任，其会议由行政长官主持（这样的组成结构和产生方式在特别行政区行政立法司法框架中是独一无二的）。

行政会议有 7 至 11 名委员，其任期与委任他们的行政长官的任期相同。行政会委员只能由澳门特别行政区永久性居民中的中国公民担任，必须和行政长官、主要官员、立法会议员、司法官员一样依法宣誓——因为他们有作为政治核心成员的义务：保守秘密。这里的宣誓是与主要官员一样由中央人民政府决定，而不是与立法会主席和终审法院院长的宣誓一样由行政长官主持及监督[3]。

澳门基本法除了上述规定之外，并未规定三类性质的委员各自所占的比例。但前三届行政会议委员的名额均为 10 人，未发生变化。其构成在第二届与第一届相比出现了重大变化，即政府主要官员明显减少而立法会议员及社会人士所占比重明显上升。这些委员在身份上还

---

① 许昌：《澳门过渡期重要法律问题研究》，北京大学出版社 1999 年版，第 124 页。

② 王磊、甘超英等：《澳门回归十年宪制发展研究》，澳门理工学院—国两制研究中心 2010 年版，第 86 页。

③ 张元元：《澳门法制化之治理中的角色分析》，澳门理工学院—国两制研究中心 2010 年版，第 75 页。

有一个差别，即行政会委员的任期与委任他的行政长官相同，是单个任期内的最长期限，如果是以政府主要官员或立法会议员身份担任行政会委员的，应与其本身任期相同，也就是说如果他们任内失去了政府主要官员或立法会议员身份，也同时失去行政会委员资格。

从运作上看，行政会议每个月至少举行一次。会议不公开举行，由行政长官负责召集会议，会议召集需在48小时前发出通知，紧急情况下，也应在24小时前以口头通知。通知要列明谈论事项。会议的法定人数是不少于一半成员出席，方可开会并且结论才算有效。

会议议程分为议程前和议程两个阶段：议程前阶段主要宣读前次会议的会议纪要，委员可以对会议记录发表意见；议程阶段委员发言谈论通知的事项。行政长官因紧急性或简易性的原因，可以临时动议其他事项。

行政会要谈论的主要事项是：行政长官的重要决策、提交立法会的法案、行政法规草案、解散立法会的决定。

对于有关事项，行政长官可以指定三名或三名以上委员组成委员会，在指定时间内提出意见书。

在行政长官认为必要时，也可邀请有关人士列席行政会议。

三、行政会议实施的作用和效果

目前看来，行政会议达到了以下效果：

第一，首长负责制和集体协助决策程序的统一。行政长官作为澳门特别行政区的首长，对其一切决策和行为负全部政治和法律的责任。因为要达到决策民主化、科学化，建立必要的集体研究讨论和认真咨询意见的辅助机制，集思广益是非常重要和必要的，通过这样的行政会议制度把个人负责制和法定民主决策程序结合起来，才能议而有决，议而助决，发挥个人和集体两方面的积极性和能动性。

第二，建设行政主导下的行政与立法的制衡和配合。澳门特别行政区是地方行政区域，在这个层次内不必要也不可能建立形态完备的正当竞争政治格局。行政长官处在一个超然的地位，需要一个法定的组织和工作机制，将行政和立法机关协调起来，使行政长官主导下的行政和立法机关的制约和配合在法治化的轨道程序和运作中具体得到落实。

行政会和行政长官具有紧密关系和特殊职能，因此，制度上将其设计为与行政长官保持政治性的共进退关系，他们需要承担内部保密义务，不能有其他的产生办法和来源。因此必要时，可以由行政长官邀请任何相关人士参与这一方式进行变通。[①]

第六节　廉政公署和审计署

一、廉政公署的概念、地位、历史沿革

澳门反腐倡廉的核心机构——廉政公署是依据《澳门基本法》第五十九条的规定而设

---

① 许昌：《澳门过渡期重要法律问题研究》，北京大学出版社1999版，第96页。

立的，独立进行反贪污和处理行政申诉等事务的组织机构。

《澳门基本法》第五十九条规定："澳门特别行政区设立廉政公署，独立工作。廉政专员对行政长官负责。"也就是说，廉政公署独立进行工作，直接接受澳门特别行政区行政长官的领导，对行政长官负责，既不隶属于政府、检察机关、审判机关，也不受立法会干涉，是一个独立行使职权的公共机关。

根据《澳门基本法》第五十条的规定，将廉政专员列为主要官员（相当于原"政务司"级别的官员），由行政长官提名并请中央人民政府任命。其工作人员具有执法人员的地位。①澳门廉政公署的首任廉政专员为张裕，其于1999年12月被任命，2004年12月连任至2009年12月。

澳门廉政公署的前身是澳门原"反贪污暨反行政违法高级官员公署"（简称"反贪公署"）。受1990年时任澳门总督文礼治的腐败案件的影响，当年9月10日，决定设立反贪公署的11/90/M号法律得到通过，而1992年的第7/92/M号法律公布实施，标志着反贪公署的正式确立。

二、廉政公署产生的权责、制度架构及运作流程

廉政公署的职责设计为：按照法律赋予的职能负责反贪污和反行政违法工作。其主要的工作对象是政府部门和公共机构。目前它的调查权尚未扩大到私人公司的贪污问题，但是如果私人公司申请要求调查内部贪污问题，廉政公署也会受理。

从机构设置上看，廉政公署主要体现反贪倡廉工作的独立性。它的机构设置具有单一性，并没有不同级别的廉政公署之分，而是在内部设有廉政专员办公室、反贪局和行政申诉局三个部门。反贪局负责公署职责及权限所针对范畴内的犯罪及行为的调查、侦查工作及其他相关工作的部门。

廉政公署的人员编制包括廉政专员、助理专员及辅助人员。目前，澳门的廉政公署在职人员为165人。

根据《澳门廉政公署组织法》第三条的明确规定，廉政公署有如下的具体职能：

（1）打击贪腐。廉政公署针对贪污行为及由公务员做出的欺诈行为进行调查及侦查。廉政公署反贪局负责打击涉及公务人员和工作部门的贪污欺诈行为（廉政公署参与调查的人员被赋予了一定的刑事警察的权力，他们可以"持有、使用及携带武器"）。廉政公署还针对澳门特别行政区机关选举而进行的选民登记以及有关选举中做出的贪污行为及欺诈行为，依刑事诉讼法进行侦查，但法律就该等行为赋予其他机构的调查或侦查权力并不受影响。廉政公署的总目的是：促使人的权利、自由、保障及正当利益受到保护，透过其组织法所规定的途径及其他非正式途径确保公共行政的公正合法性及效率。②

（2）预防贪腐。开展防治贪污或欺诈行为的行动也是廉政公署的职能之一。

（3）完善廉政法制建设之提议。

（4）开展多元化的廉洁意识教育。廉政专员办公室内专门设置了"社会关系厅"。

---

① 肖沛权：《论澳门反贪倡廉的组织机构及其借鉴意义》，《四川警察学院学报》2010年第22卷第2期。

② 《澳门特别行政区公共行政》，行政暨公职局2004年版，第111～113页。

（5）澳门廉政公署除担当反贪污工作之外（反贪局），还负责处理对政府部门行政失当的申诉（行政申诉局）。

三、审计署的概念、地位、历史沿革

《澳门基本法》第六十条规定："澳门特别行政区设立审计署，独立工作。审计长对行政长官负责。"

审计署是澳门基本法起草委员会决定要新设立的重要机构。它与澳门作为葡萄牙殖民地时期实行的审计法院的设置不完全相同。审计法院是根据 1991 年制定的《澳门司法组织纲要法》设立的司法机构，其传统是根据葡萄牙以预防性监督为主而设立的，主要工作是放在与政府有关的合约之事前审阅上①，对于账目的监察，则以合法性的监督为主。而审计署则是直辖于行政长官的一个独立于行政部门的机构，它的职能不包括前审计法院所做的事前审查，在账目审计上，则除了关注公共财政活动的合法性外还对符合会计规则、财务管理的合理性等方面作出评价。② 这点在下文还会进行详述。

设立审计署的具体法律依据除了《澳门基本法》以外，还有于 1999 年 12 月 20 日立法会通过的第 11/1999 号法律《澳门特别行政区审计署》以及同日由行政长官公布生效的第 8/1999 号行政法规《审计署部门的组织与运作》。

在澳门特别行政区的行政架构中，审计署的工作具有超然的地位。

审计长与廉政专员一样，属于主要官员，由行政长官提名并报请中央人民政府任命。澳门审计署首任审计长为蔡美莉，2004 年 12 月再次被任命为第二届澳门特别行政区审计长。

审计署的组织活动没有在澳门基本法中规定，而是由澳门特别行政区自行立法规定。在《澳门特别行政区审计署》中有明确的体现，如第八条涉及 "审计署应制定每年的政策方针及工作计划，送呈行政长官" 中明确指出，除了向行政长官报告外，不受其他任何机构和人士之干扰；第十一条中涉及 "审计署撰写报告时，享有高度自由"；第十五条中涉及审计长的任免："行政长官提名并报请中央人民政府任命及建议中央人民政府免职。"

四、审计署产生的权责、制度架构及运作流程

在对象上，《澳门特别行政区审计署》第三条第四款列明：所有运作经费全由公帑支付的实体均必然成为审计署的审计对象。

在审计署的权力上，《澳门特别行政区审计署》第七条订明：审计对象有义务向审计署提供其执行职务所需的资讯、文件及其他资料。审计对象不得对审计署所作的审计报告以及撰写报告所做相关工作提起上诉，但可向审计长提出声明异议。第二十六条载明审计长可向其认为有需要的审计人员发出特别身份证，使有关审计人员可以自由通行及出入审计对象的办事处，要求获得合作的义务以及享有公权以保证其顺利进行审计工作。第二十八条载明了审计长拥有对于各项预算拨款之使用的决定权。

---

① 刘高龙、赵国强主编：《澳门法律新论》（上卷），社会科学文献出版社 2008 年版，第 106 页。
② 中央人民广播电台、澳门基本法协进会、澳门日报主编：《澳门与澳门基本法》1998 年版。

与之相对应，审计署的义务由《澳门特别行政区审计署》第十七条及第二十二条分别订明：其中，第十七条规定了审计长及审计署内所有可以接触到审计资料之人员的保密义务；第二十二条第二款规定了审计署人员必须遵守澳门公共行政人员通则内的所有义务。

审计署所履行的审计工作主要分为账目审计、专项审计和衡工量值式审计，具体分别是：

（1）对澳门特别行政区政府预算执行情况进行审计监督，对澳门特别行政区总账目撰写审计报告。

（2）对审计对象的预算执行情况和决算，以及预算外资金的管理和使用情况，例如资产、负债、损益及其账目，财政收支和财务收支，所有公帑是否按照恰当职权发放及支付，作审计监督。

（3）对审计对象进行衡工量值式的审计监督，即对其在履行职务时所达到的节省程度、效率和效益进行审查。

第十九章　澳门特别行政区政府

第一节　澳门特别行政区政府的组织与主要官员

一、"政府"的概念和性质

澳门特别行政区政府就是澳门特别行政区行政机关，澳门基本法对此作出了明确的规定，行政机关是指执行法律、依法管理各项行政事务的机关。[①]《澳门基本法》在第四章第二节中即说明了行政机关的概念和性质。

对于"政府"的概念，一般有广义和狭义之分。广义上的政府是指包括行政、立法和司法三个部门在内的政府，在政治学上通常采用这一政府概念。狭义的政府仅指行政机关，不包括立法和司法部门在内。宪法学意义上的政府就是这一层次的概念。在这里所说的政府是狭义上的、宪法学意义上的"政府"。

行政机关即是指政府，政府是管理政治、经济、文化等行政事务的国家机关，所以行政机关也是指全面管理各项行政事务的机关，因此行政机关和国家政权是紧密联系在一起的，具有全面管理各项行政事务的职能。如果不属于国家机关或者不管理行政事务，那么就不是行政机关。如果只管理文化康乐事务，则不属于国家机关，也不是行政机关。可见，行政机关和国家政权是紧密联系在一起的，具有全面管理各项行政事务的职能。行政机关的性质是管理行政事务，这一性质决定了行政机关不能行使立法权和司法权，应当与其不同性质的机关有所分工。行政既然是依法行使管理权，那么它必须依照法律进行管理、制定行政法规和政策，否则就是违法或失职。反过来讲，立法机关和司法机关也不得干涉行政机关的事务，在一定的宪法体制下，行政机关依法对立法机关负责，例如我国的国务院向全国人民代表大会报告工作。

政府权力的大小一方面取决于国家的政权组织形式是三权分立还是责任内阁或是其他；另一方面在于政府本身的性质要求，行政机关的性质要求应赋予它以何种职权，这就必须按照国家的实际情况来赋予政府必要的职权。

二、澳门特别行政区政府的组织机构

（一）组织机构的规定形式

关于政府的组织机构，通常有两种规定形式：一种是一些固定的职位与人员，并且有法律的明文规定，我国政府即采用这种形式。例如《宪法》第八十六条规定，国务院由下列

---

① 肖蔚云：《论澳门基本法》，北京大学出版社 2003 年版，第 92 页。

人员组成：总理，副总理若干人，国务委员若干人，各部部长，各委员会主任，审计长，秘书长。又如《中华人民共和国地方各级人民代表大会和地方各级人民政府组织法》第四十九条规定：省、自治区、直辖市、自治州、设区的市的人民政府分别由省长、副省长，自治区主席、副主席，市长、副市长，州长、副州长和秘书长、厅长、局长、委员会主任等组成。县、自治县、不设区的市、市辖区的人民政府分别由县长、副县长，市长、副市长，区长、副区长和局长、科长等组成。此外，如德国宪法规定："联邦政府由联邦总理和联邦各部部长组成。"意大利宪法规定："共和国政府由共同组成内阁的内阁总理及各部部长组成。"另一种组织机构的形式并非由固定的人员组成，在法律上也没有明文规定，按照惯例，美国各部部长都是内阁成员，实际上内阁成员是不固定的，总统可以以其决定而变更。《澳门基本法》第六十二条没有规定政府的组成人员，这属于第二种形式。

澳门基本法只规定政府的首长是行政长官，说明行政长官具有特别行政区首长和政府首长的双重身份。澳门基本法只规定司、局、厅、处，这是明确将来澳门特别行政区的层次。这是参考了澳门原有政府机构的情况，经过澳门基本法起草委员会多次征询澳门相关人士的意见和反复修改而成。

（二）组织机构的设置

《澳门基本法》第六十一条、第六十二条分别规定："澳门特别行政区政府是澳门特别行政区的行政机关。""澳门特别行政区政府的首长是澳门特别行政区行政长官。澳门特别行政区政府设司、局、厅、处。"澳门基本法只规定政府的首长是行政长官，说明行政长官具有特别行政区首长和政府首长的双重身份。同时，澳门基本法亦未对廉政公署和审计署这两个机构进行规定，因为这两个机构的设置包含在澳门基本法行政长官的部分里面。上述两个机构在澳门特别行政区的体系中的性质和作用均不同于政府中其他部门。它们是政府体制中两个具有特殊地位的独立机构，且直接向行政长官负责，不受政府部门干预和制约。由以上的规定可以看出，澳门特别行政区政府组织体系的规定和香港稍有不同。

首先，澳门特别行政区也设立了"司"作为特别行政区政府的第一级机构，"司"是政府的主要职能机构，其负责人称为司长。但是澳门基本法并未规定设立几个司，只是原则性地规定各司的设立由行政长官依法决定。这是因为基本法50年不变，其修改程序相当严格，如果列举具体机构名称，遇到社会发生较大的变化时，需要经常修改基本法，从而使基本法不够稳定，也给澳门特别行政区的各项工作带来不便。澳门特别行政区现在设立了行政法务司、经济财政司、保安司、社会文化司和运输工务司五个司，而香港特别行政区则设立了政务司、财政司和律政司三个司。

其次，澳门特别行政区在"司"之下又设立了"局、厅、处"作为第二级政府机构。由于原来的澳门政府的"司"有一级司和二级司之分，因此澳门基本法在设立澳门特别行政区第二级政府机构时，以"局"来对应原来的一级司，以"厅"对应原来的二级司，"处"则是政府的技术性部门。由此构成了现在司、局、厅、处的政府组织体系。

最后，澳门特别行政区政府组织体系没有像香港那样将检察院纳入政府体系。这是因为，澳门受属于大陆法系国家的葡萄牙的影响，其检察机关是一个独立的体系，而香港则是由律政司行使刑事检察权。

根据澳门第6/1999号行政法规第一条至第六条的规定，澳门特别行政区政府架构及各

司的职权分别为：①

（1）隶属于行政长官或由其监督的部门及实体，包括：新闻局；澳门基金会；驻欧盟澳门经济贸易办事处；中国澳门驻葡萄牙经济贸易代表处；澳门特别行政区驻北京办事处；澳门驻世界贸易组织经济贸易办事处。

（2）行政法务司司长及其职权：公共行政；民政事务；法律翻译及法律推广；立法事务及司法行政事务；社会重返；民事及刑事身份资料；登记及公证体系的指导及协调；《澳门特别行政区公报》的制作。

（3）经济财政司司长及其职权：财政预算；工业、商业、博彩监察及离岸业务，但法律或行政法规明确规定属其他司长职权者除外；货币、汇兑及金融体系，包括保险业务；公共财政管理及税务制度；统计；劳工及就业；职业培训；社会保障；消费者的保护。

（4）保安司司长及其职权：澳门特别行政区的内部治安；刑事侦查；出入境控制；海上交通及有关罚则的监察；民防；监狱体系的协调及管理；第11/2001号法律所定范围内的海关事务。

（5）社会文化司司长及其职权：教育；卫生；社会工作；文化；旅游；体育；青年。

（6）运输工务司司长及其职权：土地的整治；交通管理及航空器和港务；基础设施及公共工程；运输及通讯；环境保护；经济房屋及社会房屋；气象。

三、澳门特别行政区政府的主要官员

（一）主要官员的范围

在《中葡联合声明》中对澳门特别行政区政府的主要官员作了原则性的界定。澳门特别行政区政府的主要官员是指各司司长、廉政专员、审计长、警察部门主要负责人、入境事务部门负责人和海关主要负责人。

（二）主要官员的任职资格和程序

澳门基本法规定，主要官员必须由澳门特别行政区的永久性居民中的中国公民担任，这正是国家主权的重要体现。另外，无论是从理论还是从澳门的实际情况来看，基本法作这样的规定也是完全符合"澳人治澳"政策的。从澳门的实际情况来看，澳门人口中96%是中国居民，由于历史的原因，他们长期在政治上失去主导地位，澳门回归后，他们的政治主导地位理应恢复并得到法律保障。②

（1）澳门基本法对主要官员任职资格的规定：①必须由澳门特别行政区永久性居民中的中国公民担任。②必须在澳门通常居住满15年（行政长官要求连续居住满20年）。鉴于主要官员在澳门特别行政区行政系统中的重要地位和作用，因此澳门基本法规定主要官员的任职资格时，与行政长官的任职资格是大体相同的，即必须由在澳门特别行政区连续居住达到一定年限的中国公民担任。这样既可以排除外国公民和中国内地公民参与澳门特别行政区工作的可能，也有利于实践"澳人治澳"的基本原则和精神。主要官员只有熟悉澳门的政治、经济、文化和社会情况，在行使职权时才能真正代表和反映澳门特别行政区广大民众的

① 参见《澳门特别行政区公共行政2004》，行政暨公职局2004年版，第13~15页。

② 邓伟平：《澳门特别行政区基本法论》，中山大学出版社2007年版，第239页。

意志和利益。③主要官员在就任时，应向澳门特别行政区终审法院院长申报财产，记录在案。

（2）任免程序：主要官员由特别行政区行政长官提名并报请中央人民政府任命；免除主要官员的职务也由行政长官向中央人民政府建议。

另外，对主要官员的任期问题澳门基本法虽未作出明确规定，但按照基本法的精神，一般来说主要官员的任期与行政长官的任期相同，且不能超过行政长官的任期。

第二节　澳门特别行政区政府的职责

《澳门基本法》第六十四条对政府的职责作了简明的规定。由于行政长官兼具特别行政区首长和政府首长的双重身份，所以行政长官的有些职责亦是特别行政区政府的职责，两者并不能截然分离。例如，行政长官有决定政府政策、制定行政法规、负责执行基本法和依照基本法适用于澳门特别行政区的其他职权，这些内容与政府的职责很难分开。在政府职责中，有的是实体性的，有的是程序性的。但是无论哪一项职责的行使，都是在行政长官的领导之下进行的。政府各工作部门受行政长官的统一领导，对行政长官负责。澳门基本法的其他一些章节也规定了许多属于政府的职责，如第三章对澳门居民的基本权利和自由的保护。但是，如果从另外一个角度来讲，《澳门基本法》又在第六十四条中对专属于特别行政区的职责作了规定。归纳起来，澳门特别行政区政府的职责具体如下：

一、制定并执行政策

澳门特别行政区政府作为行政机关的一项主要职责是执行法律，因为在澳门基本法的其他条文中已有规定，所以在这里未作规定。政府除了必须执行法律之外，还应该依据法律制定政策。法律的规定一般都较为概括和稳定，为了使法律能够更加适应社会生活的变化和复杂的行政活动，政府在此时就应该制定一些切实可行、能够适应社会生活的具体政策，这些政策不能与法律相抵触。① 因此，政府作为执行机关除了执行法律之外，还要执行自己依法制定的政策，使得政策能够得到贯彻落实。具体表现为，行政长官和各司、局都有权制定符合澳门基本法和澳门特别行政区法律实施的各项政策，而各厅、处、署负责执行这些政策。

二、管理各项行政事务

澳门特别行政区政府作为管理机关的一项重要职权就是管理各项行政事务。澳门特别行政区享有高度自治权，除了外交和防务属于中央人民政府管理外，其他属于自治权范围内的行政事务都由澳门特别行政区政府自行管理，以实现"澳人治澳"的基本原则。澳门特别行政区政府依法享有行政管理权，依法自行处理特别行政区的行政事务，包括特别行政区的财政、货币、土地、社会治安、邮政、旅游、教育、科学、文化、卫生、新闻等方面事务。

---

① 杨静辉编著：《澳门基本法释义》，人民出版社1999年版，第213页。

如特别行政区政府负责管理、使用、开发、批准特别行政区境内的土地和自然资源；自行制定货币金融政策，保障金融业、金融市场和金融机构的稳定和自主经营，并依法进行管理；管理和支配特别行政区的外汇储备和黄金储备等。

三、办理中央人民政府授权处理的对外事务

这里所指的对外事务主要是《澳门基本法》第七章所规定的对外事务，除了外交和防务之外，主要涉及经济、贸易、文化等领域的对外事务，当然也包括澳门基本法其他章节中被中央人民政府所赋予的权力。如《澳门基本法》第五章中规定，澳门特别行政区可以"中国澳门"的名义参加有关的国际组织和国际会议；澳门特别行政区经中央人民政府授权可以进行船舶登记；签发特别行政区护照和旅行证件；可以与外国就司法互助关系作出安排等。

四、编制并提出财政预算、决算

澳门特别行政区政府每年都要编制并提出财政预算和决算，这也是政府的一项重要职权。财政预算、决算关系到澳门经济社会的发展问题，因此需要向立法会提出，立法会审议通过财政预算，审议政府提出的预算执行情况报告即决算，再由行政长官签署，并报中央人民政府备案。

五、提出法案、议案，草拟行政法规

澳门特别行政区政府有权向立法会提出法案，即法律草案。在世界上的许多国家，法律草案都是由政府提出，而且政府可以依据法律的规定来草拟行政法规。澳门特别行政区政府有权就公共开支、政治体制、政府运作等重要事项提出法案、议案，通过行政长官提交立法会审议、通过。澳门特别行政区政府可在行政长官的领导下草拟并制定行政法规，但行政法规不能与法律相抵触。

六、委派官员列席立法会会议听取意见或代表政府发言

立法会制定的法律、通过的议案中，许多事项是涉及澳门特别行政区政府的行政工作问题，许多法案和议案都是由政府直接提出的。为了加强行政与立法之间的配合，便于沟通两者之间的意见，澳门基本法规定政府有权委派官员列席立法会的会议，听取立法会议员的意见，并有权代表政府发言，以解释说明政府的立场观点，回答议员的询问并听取意见和建议。这也是澳门特别行政区行政与立法部门相互配合的具体体现。

第三节 澳门特别行政区的市政机构

一、澳门市政机构的历史沿革

澳门的市政机构起源于 16 世纪中叶，最早的市政机构是于 1583 年设立的澳门议事局（亦称议事会）。议事会实质上是由在澳门有选举权的葡萄牙人自行选举组成的内部自我管治机构，采用葡萄牙当时的市政机构模式。自 1623 年，葡属印总督首次向澳门委派总督作为驻军司令和 1783 年葡萄牙《皇室制诰》颁布实施后，作为葡萄牙国家代表的总督的权力日益扩大，而议事局的管治权力逐渐被削弱。1834 年，葡萄牙颁布法令，解散议事局，设立自治的澳门市政厅，处理市政事务。① 至 1928 年，澳门市政厅分为澳门市政厅和海岛市政厅（海岛市政厅为管辖氹仔和路环两岛的市政机构）。从 1933 年到 1988 年，澳门一直沿袭 1933 年颁布的《澳门行政改革法》制定的市政制度。在 20 世纪三四十年代，两个市政机构主要负责道路维修、市政卫生、市场、屠场和坟场管理等。到了 20 世纪 80 年代，市政事务范围逐步扩大，包括民政、消防、环境卫生、园林绿化、城市规划、水电供应、交通、文化、康乐、体育等。

澳门早期的市政机构，只是居民自发的自治组织，19 世纪以后才逐渐被纳入地方行政范畴。到 1988 年 9 月澳门立法会通过关于市政机构的法律以后，其职权范围逐渐缩小，而市政事务范围却日益扩大。而且澳门市政机构不论在组成、制度、运行上，都既有葡萄牙城市民主自治的传统痕迹，又具有殖民地集权统治的特点。同时，澳门的市政机构不是总督的咨询机构，也不拥有政治权力。虽依法享有行政和财政的自主权，但其职能仅限于管理法律规定的有限的市政事务。

二、澳门市政机构的功能

澳门地区设澳门市政区和海岛市政区，分别设立市政议会和市政执行委员会。

（一）市政议会是市政机构的决策和监察机关

澳门市政议会由 13 名议员组成，其中 5 名由直接选举产生，5 名由间接选举产生，其余 3 名由总督委任。5 名间接选举议员中，2 名在经济利益代表中选出，3 名在道德文化、慈善利益代表中选出。海岛市政议会由 9 名议员组成，直选、间选、委任议员均为 3 人。3 名间选议员中，1 名在经济利益代表中选出，2 名在道德文化、慈善利益代表中选出。市政议员的选举方式与立法会议员相同，每届任期 4 年，可连选连任。

市政议会的职权有：对市政执行委员会提出的有关建议或许可申请书进行讨论，作出决议；作出市政活动计划及有关修订；决定市政预算及补充预算；就市政活动报告书管理账目作出决定；决定部门及固定人员的编制、组织架构和有关修订；批准借款许可申请；自发或

---

① 钟业坤主编：《中华人民共和国澳门特别行政区基本法论略》，暨南大学出版社 1996 年版，第 162 页。

应市政委员会的要求，对市政有关事项发表意见。

市政议会每年举行三次平常会议。第一次会议必须在第一季度举行，以便审议上一年度的工作报告和管理账目；第三次会议必须在第四季度举行，以便审议下一年度的工作计划和预算。平常会议会期一般不得超过3天，最多不得超过6天。应市政议会主席提出、市政执行委员要求或议会三分之一议员要求可举行市政议会特别会议，会期一般不超过一天，最长不超过两天。市政议会的决议必须获得出席会议议员的过半数同意才能通过。如果票数相同，主席有决定性表决权。

市政议会主席由总督从议员中委任，主席的职权包括召集会议、主持议程及维持秩序、代表议会行使法律或议会赋予的其他权力。

（二）市政执行委员会是市政机构的执行机关

澳门市和海岛市的市政执行委员会都是由5名委员组成，其中执行委员会主席和一名专职委员由澳门总督委任，专职副主席和两名兼职委员由市政议会议员互选产生。市政执行委员会的委员任期与市政议会议员相同，每届任期4年，可连选连任。市政执行委员会的职权有：

（1）在市政组织管理方面，执行市政议会的决议；依法任命和聘用工作人员；领导、管理市政人员，签署与市政活动有关的保险合同；管理、保养市政公物；在法院起诉或答辩；购置市政运作所需的财产，接受捐赠，登记财产；通过市政部门的运作规则；制定市政条例；修改或撤销市政人员所做出的行为。

（2）在与市政议会的关系方面，负责制定年度工作计划、市政预算和补充预算以及账目管理、部门的组织架构、固定人员编制和借款建议，提交市政议会审议通过。

（3）在城市规划与建设方面，在不影响法律所授予其他机构的权力下，在市政区内进行马路、街道、桥梁等市政工程，编订门牌和街名，管制公共街区的广告、宣传及非法建筑物。

（4）在公共行政方面，负责市政区的清洁工作；检查公共水网、水源水质；检查公共浴池、海滩水质；管理动物饲养及卫生；负责建设、管理、稽查市场；对屠宰场进行监察和卫生检查；管理坟场、焚化场。

（5）在文化体育方面，发展文化节、体育和康乐设施；对私人教育、文化和慈善机构给予资助；设立并维持市立图书馆、档案室、博物馆、公园、花园和其他设施，举办或合办民间庆典。

市政执行委员会也有平常会议和特别会议两种类型。平常会议每周举行一次，特别会议可应主席或大部分委员要求而举行。会议一般公开举行，在特殊情况下，经决议可秘密进行。

市政执行委员会的主席由市政议会主席兼任。其职权包括：主持执行委员会会议；在法院内代表市政区；执行市政执行委员会的决议及统筹有关工作；召集市政执行委员会的特别会议；根据市政执行委员会的决议，批准支付预算开支；如无有关决议，批准支付直至执行委员会许可的限额；签署或批阅市政执行委员会的对外信函；向市政议会报告执行委员会的工作。另外，在立法会和咨询会的选举中，投票站的设立与投票站执行委员的委任属于市政厅主席的权限，对选举中出现的违法行为，由市政厅和选举委员会受理，对此二者所做的处理不服可向法院起诉。

　　值得一提的是，澳门回归前，市政厅功能的发挥少不了总督的监督，总督有权直接或授权其中一名政务司监督澳门市政厅和海岛市政厅的工作，具体体现在：

　　（1）监督市政厅遵守澳门法律；对市政厅及其下辖的各部门活动进行检查；对市政厅的任何决议，有权要求其在 15 日内作出解释。

　　（2）批准市政议会的下列决议事项：活动计划及其修订；预算及补充预算；市政区管理账目；借款。

　　（3）解散市政厅。市政厅出现下列情况之一时，总督有权予以解散：严重违法；组织对其的活动调查；拒绝遵守司法裁决；因自身原因不在法定期限内通过有关预算；因自身原因不在法定期限内递交有关账目供审查。

　　（4）解决市政厅与政府部门的权限冲突。澳门回归前，澳门总督是澳门地区的最高权力者，领导澳门的一切，当市政厅与政府部门之间发生权限冲突而不能互相协商解决时，就要由总督出面来解决二者之间的权限冲突。

三、澳门市政机构的设置

　　《澳门基本法》第九十五条、第九十六条分别规定："澳门特别行政区可设立非政权性的市政机构。市政机构受政府委托为居民提供文化、康乐、环境卫生等方面的服务，并就有关上述事务向澳门特别行政区政府提供咨询意见。""市政机构的职权和组成由法律规定。"

　　所谓"政权"（political power），通常指国家权力，即统治、治理国家（或地区）的权力，是行政权、立法权、司法权等权力的集合。所谓"非政权性"（without political power）"，就是不享有国家权力，即不具有统治、管理国家（或地区）的权力，这个叫法一般较少出现在法律法规等规范性文件中，而较常出现在政治学理论著作中。[①]《澳门基本法》第九十五条规定这个称谓，是考虑到澳门社会的历史和现实状况，综合各方意见的结果。

　　既然澳门基本法有如此规定，那么澳门特别行政区的市政机构就不是一级政权机构，不能行使统治权，不具有管理澳门地方政治事务的权力，其公共管理的职能也只能来自于政府的授权和委托。当然，对于澳门特别行政区市政机构的职权和组成，澳门基本法没有明确规定，而是由澳门特别行政区自行立法决定，这就为澳门特别行政区留下了较大的空间。澳门特别行政区成立后，保留了原有的市政制度，设立澳门市政区和海岛市政区。市政区是具有公权的集体，设有本身的管理机构，目的在于谋取本身及有关居民的利益，市政区拥有其本身的财产，并按法律规定拥有行政和财政自主权。

　　根据澳门基本法的有关规定，澳门市政机构的性质和职权不属于澳门的政权机构，而是一种咨询性组织。这表明市政机构在性质上属于非政权性的地方组织。它不具有管理澳门地区政治事务的权力，只是参与社会民生公益事务的服务和管理并对政府有关决策提供咨询的法定机构。澳门特别行政区市政机构的职责包括两个方面：一方面是受政府委托为居民提供文化、康乐、环境卫生等方面的服务；另一方面是就上述事项向澳门特别行政区政府提供咨询意见。澳门原有的市政法律制度只要不与基本法相抵触都可继续沿用或者是经修改后适用。同时，澳门特别行政区也可根据实际需要自行立法来设置市政机构的组织和职权。

---

　　① 邓伟平：《澳门特别行政区基本法论》，中山大学出版社 2007 年版，第 240 页。

四、澳门市政机构设置的弊端

（一）权限交相重叠，权责不明

澳门政府各部门是按专业分工设置的，市政机构是按地域划分确定的，两者之间必然发生权限交相重叠、权责不明的情况，如澳门政府文化司专门负责组织文娱康乐活动和文化交流事宜，两个市政厅的文化暨康乐部也有相同的职责，虽然法律上界定前者"着重整体文化政策的制定，保护文化遗产，资助文化社团和文化历史民俗研究"，后者"推动城市民间文化活动，活跃城市文化"，但这一界定过于抽象，操作性不强。

（二）效率低下，机构人员庞杂

市政机构的存在一定程度上影响了澳门政府施政的统一和效率，不利于政府的正常运作。如澳门政府要求精简机构和人员，但政令并不直接约束市政机关，市政委员会仍可照旧扩张机构，增加人员。澳门市政厅1997年的法定编制为340人，实际在编人员246人，其余在职工作的1 258人是合同聘用人员或散工等编外人员，是编制数的3.7倍。

第四节　澳门特别行政区的公务人员制度

一、澳门公务人员制度沿革

（一）澳门回归之前的公务人员结构简况

在澳门回归之前的政府人员构成中，各级公务员的比例极不合理，政府中的高级公务员大部分为葡人或土生葡人。虽然中国居民占到澳门总人口的96%以上，但在高级公务员当中，中国居民寥寥无几，华人绝大多数都在从事事务性工作或者当警员等低级性工作。[①] 20世纪80年代后，澳门政府开始逐渐推行行政管理人员的本土化措施，当然并非是华人化，而是增加当地人，例如增加当地人在高级别公务员中的比例、统一招聘和培训公务员、对公务员实行高薪等。但是从总体上来看，由于历史的原因，公务员本地化在短期内还难以实现。

正是鉴于澳门的历史和现状，澳门基本法对澳门特别行政区的公务人员的资格和范围作出了符合实际的规定，即从公务人员的资格来看，其必须是澳门特别行政区永久性居民。这个规定就彻底改变了在澳门回归之前公务人员系统中葡人比例过高的不平等的用人结构，使澳门当地的永久性居民成为澳门特别行政区公务人员队伍中的主体，真正意义上实现了"澳人治澳、高度自治"的方针。

根据澳门原有法律的规定，澳门原来的公务人员分为公务员、服务人员和散位人员，大体上包括行政当局的工作人员、市政机构的人员、司法机关的辅助人员、保安部队人员和消防人员。除总督之外，行政当局的工作人员又分为领导人员和主管人员、一般公职人员。其政务司和副政务司属领导人员，全部由葡萄牙人和土生葡人担任，各厅长、处长、组长、科

---

① 程信和主编：《粤港澳法律关系》，中山大学出版社2001年版，第187页。

长属主管人员，绝大多数为葡萄牙人和土生葡人。

澳门现行的公务人员制度，虽然在某些方面仍然带有殖民主义的色彩，但是经过长期的积累和发展，已经比较稳定，为社会所认同。但是随着澳门经济和社会的进一步发展，澳门特别行政区的公务人员制度仍然需要与时俱进，不断加以改进和完善。

（二）澳门特别行政区的公务人员范围

澳门基本法规定澳门特别行政区的公务人员主要包括：①作为澳门特别行政区永久性居民的公务人员；②根据《澳门基本法》第九十八条规定留用的原在澳门任职的公务人员；③根据《澳门基本法》第九十九条规定任用的原澳门公务人员中的或持有澳门特别行政区永久性居民身份证的葡籍和其他外籍公务人员；④根据《澳门基本法》第九十九条规定聘请担任顾问和专业技术职务的葡籍和其他外籍公务人员；⑤根据《澳门基本法》第九十七条规定澳门特别行政区可以聘请的某些专业技术人员和初级公务人员。

二、澳门特别行政区公务人员的任用

《澳门基本法》第九十七条规定："澳门特别行政区的公务人员必须是澳门特别行政区永久性居民。本法第九十八条和九十九条规定的公务人员，以及澳门特别行政区聘用的某些专业技术人员和初级公务人员除外。"这一规定明确了澳门特别行政区公务人员的资格。

（一）《澳门基本法》第九十八条第一款的规定

澳门特别行政区成立时，原在澳门任职的公务人员，包括警务人员和司法辅助人员均可留用，继续工作。因此，只要是在澳门特别行政区成立时仍然在职的公务人员无论是否具有澳门特别行政区永久性居民的资格均可以留任。

（二）《澳门基本法》第九十九条第一款的规定

澳门特别行政区可任用原澳门公务人员的或持有澳门特别行政区永久性居民身份证的葡籍和其他外籍人士担任各级公务人员，但本法另有规定者除外。此条规定主要针对两类人员：一是原澳门公务人员中的葡籍和其他外籍人士，他们可以继续留任，不受永久性居民身份证的限制；二是对于持有澳门特别行政区永久性居民身份证的葡籍和其他外籍人士，他们虽不属于澳门公务人员的序列，但依据第九十七条的规定也可以担任澳门特别行政区各级公务人员。但是，澳门基本法规定必须由中国公民担任的职务，葡籍和其他外籍人士均不得担任。

（三）《澳门基本法》第九十九条第二款的规定

澳门特别行政区有关部门可以聘请葡籍和其他外籍人士担任顾问和专业技术职务，担任这些职务的葡籍和其他外籍人士不论其是否为澳门特别行政区永久性居民。《澳门基本法》第九十九条第三款还明确规定，所有在澳门特别行政区工作的葡籍和其他外籍公务人员，不论是否属于原在澳门任职的公务人员，也不论是否具备澳门特别行政区永久性居民的资格，都只能以个人身份受聘，并对澳门特别行政区负责。

（四）《澳门基本法》第九十七条的规定

澳门特别行政区还可以聘用非澳门特别行政区永久性居民身份的人士担任某些专业技术人员和初级公务人员。这里的"专业技术人员"主要是指从内地聘请的人员，这类人员不受永久性居民的限制。是否聘用和聘用的人数多少，均由澳门特别行政区自行决定。

三、澳门公务人员的管理制度

《澳门基本法》第一百条规定："澳门原有关于公务人员的录用、纪律、提升和正常晋级制度基本不变，但得根据澳门社会的发展加以改进。"这一规定表明澳门原有公务人员的管理制度将予以保留。

（一）招聘和雇用

澳门原公务人员的招聘和雇用分为委任制和合约制两类，但具体方式有很多，如定期委任、临时委任、长期委任、合约委任、按照葡萄牙海外公务员章程聘用、特别合约聘用、长散工、临时性散工等。上述任用方式中的定期委任、临时委任、长期委任及长散工属编制内人员，其他则为编制外人员。

（二）公务人员纪律

若公务人员违反法律规定，将根据情节轻重给予不同形式的处罚，主要包括口头警告、书面申诫、罚款、停职，直至强迫退休、革职等。

（三）晋升和考核

澳门公务员的晋升必须经过考试，同时每年一次的平常评核，也作为对公务员晋升的参考。考试分为普遍性考试和限制性考试，前者是澳门所有公务人员都有资格参加的考试，后者是只有一定机关的公务人员参加的考试。

四、澳门公务人员的待遇

（一）公务人员的薪金

澳门公务人员是按照薪金表来领取薪金的。公务人员的最低薪金点为 100 点（如 1997 年，每点 41 元），最高薪金点为 1 000 点。[①] 公务人员每年领取 14 个月的薪金，每个月领取薪金时，扣留一定的款项作为供款，供款包括退休金供款、抚恤金供款和医疗供款等。

（二）公务人员的津贴和补助

澳门公务人员除了薪金之外，每月还有各种津贴和补助。津贴主要有家庭津贴、房屋津贴、结婚津贴、出生津贴、丧葬津贴、身故津贴、圣诞津贴等。补助主要有差旅补助、专案调查补助、出席会议补助等。

（三）公务人员的福利性假期

澳门公务人员除了享有每周的休息日，每年的公众假期外，公务员结婚，可享有 10 天的结婚假期；女性公务员分娩，可享有 90 天的带薪假期；服务满一年的公务人员，每年可享受 30 天的年假，编制内的公务人员每三年还可享受一次 30 天的特别假期，即由政府提供去外地休假的往返机票（包括公务员的直系亲属）等。对于公务人员的津贴和福利待遇，法律都有最高限额，即公务人员享有的各种津贴、福利待遇约占其收入的 20% 左右。同时，《澳门基本法》第九十八条第一款规定："澳门特别行政区成立时，原在澳门任职的公务人员，包括警务人员和司法辅助人员，均可留用，继续工作，其薪金、津贴、福利待遇不低于

---

① 焦洪昌主编：《港澳基本法》，北京大学出版社 2007 年版，第 194 页。

原来的标准。"

（四）公务人员的退休制度

"退休"也是澳门公务员一项主要的福利制度，即公务员依法享有退休并按月领取退休金的权利。在澳门的众多公务人员中，只有属于编制内的公务人员到法定退休条件时才享有领取退休金的权利，而编制外公务人员则无权领取退休金。此外，未在澳门基金会扣薪，也无权领取退休金。澳门公务人员的退休年龄依据工作性质的不同分别为60岁或65岁。《澳门基本法》第九十八条第二款规定："依照澳门原有法律享有退休金和赡养费待遇的留用公务人员，在澳门特别行政区成立后退休的，不论其所属国籍或居住地点，澳门特别行政区向他们或其家属支付不低于原来标准的应得的退休金和赡养费。"

五、澳门基本法对澳门特别行政区公务人员宣誓效忠制度的规定

所谓宣誓效忠，是指有关官员在担任职务时，依法作出的某种表示，是保障公务人员尽忠职守的一种重要法律程序。这也是世界各国的通常做法。

在澳门原有的公务人员制度中，以委任方式任用或晋升的公务人员都须举行就职仪式，就职者须在仪式上宣誓效忠。澳门基本法对澳门特别行政区公务人员的任职以专节作了宣誓效忠的规定。《澳门基本法》第一百零一条规定："澳门特别行政区行政长官、主要官员、行政会委员、立法会议员、法官和检察官，必须拥护中华人民共和国澳门特别行政区基本法，尽忠职守，廉洁奉公，效忠中华人民共和国澳门特别行政区，并依法宣誓。"《澳门基本法》第一百零二条规定："澳门特别行政区行政长官、主要官员、立法会主席、终审法院院长、检察长在就职时，除按本法第一百零一条的规定宣誓外，还必须宣誓效忠中华人民共和国。"

与香港基本法对公务人员宣誓效忠的规定相比，澳门基本法有两个最大的不同。一是在宣誓人员的范围上，《香港基本法》第一百零四条规定有"其他司法人员"，澳门基本法没有规定，而是规定了"检察官"应依法宣誓；二是澳门基本法对特定人员规定有"必须效忠中华人民共和国"，而香港基本法则没有。可见两部基本法在这一问题的规定的结构上、体例上、内容的层次上有着很大的不同。澳门基本法如此规定的目的并非是中央人民政府对澳门行政长官、主要官员、立法会议员等进行如此严格的要求，而是因为澳门基本法并未要求澳门的主要官员、立法会议员等在任职时不得具有外国居留权，因此，为了避免上述人员在任职时可能出现的政治上双重效忠问题，而作此规定。这也表明澳门特别行政区行政长官、主要官员、立法会主席、终审法院院长、检察长必须就其所负责的事务，接受中央人民政府的监督，任职期间不得行使外国居留权。

第二十章 澳门特别行政区立法会

第一节 立法会的性质和地位

澳门特别行政区立法会是行使澳门特别行政区立法权的机关，它有权制定、修改和废除澳门特别行政区自治范围内的所有法律。

澳门特别行政区立法会是澳门特别行政区政治体制中的一个重要组成部分。澳门原来的立法会虽然是澳门的立法机关，但不是澳门唯一的立法机关。中国对澳门恢复行使主权后，澳门成为中国的享有高度自治权的特别行政区，澳门特别行政区立法会享有的立法权就成为澳门特别行政区高度自治权的基本内容之一。澳门特别行政区立法会作为一个真正的立法机关和地方政权的主要组成部分，其具有的法律地位体现了澳门特别行政区实行"澳人治澳、高度自治"的精神。

一、不同于原澳葡立法会

1. 从行使立法权的范围来看

澳门特别行政区立法机关除了有关国防、外交和其他不属于澳门特别行政区自治范围内的事项外，均可自行立法。原澳门的立法会则是与总督分享立法权。

2. 从其在政权体制中的地位和作用来看

澳门特别行政区立法与行政的关系是相互制衡、相互配合的，两者是相对独立的两个政权机关。行政机关须对立法会负责，立法会在政治体制中的地位得到了明显的加强和提高。政府执行立法会通过并已生效的法律，定期向立法会作施政报告，答复立法会议员的质询。而原澳门总督及其政府不对立法会负责，也不对澳门居民负责，而是向葡萄牙总统负责。

3. 从议员的产生方式和条件来看

澳门特别行政区立法会议员由居民在当地以选举的方式产生。立法会议员必须是澳门特别行政区永久性居民，其中在外国无居留权的永久性居民中的中国公民又占了绝大多数。而澳门在过去一直采用直接选举、间接选举和委任混合的议员产生办法，由总督委任的议员全部是葡籍人。

二、不同于内地的人民代表大会

澳门特别行政区是我国主权之下的一个地方行政区域，所以立法会也只能是我国的一个地方性立法机关。就行使立法职能而言，澳门特别行政区立法会与我国内地省级地方人民代表大会是相同的，都是我国地方行政区域政权机构中拥有立法权的机关。但是澳门特别行政区立法会仅是特别行政区的立法机关，省一级人民代表大会则是国家的一级地方权力机关。人民代表大会在同一级的各国家机关中具有主导地位。特别行政区立法会则不具有这种超越行政机关和司法机关之上的主导性地位，它与特别行政区行政机关之间是相互配合、相互制衡的关系。

就立法范围而言，内地省级人民代表大会及其常务委员会根据我国宪法和法律的规定，只能制定地方性法规，不能制定国家立法机关权限范围内的法律，并且地方性法规不得同宪法和其他法律相抵触。而澳门特别行政区立法会的立法范围则十分广泛，除国防、外交以及其他属于中央管理的事务外，它有权就澳门特别行政区自治范围内的一切事务进行立法。

三、澳门特别行政区立法会是代议机关

《澳门基本法》第六十五条规定："澳门特别行政区政府必须遵守法律，对澳门特别行政区立法会负责：执行立法会通过并已生效的法律；定期向立法会作施政报告；答复立法会议员的质询。"可见，澳门特别行政区立法会具有代议机关的性质。而且根据澳门基本法，澳门特别行政区立法会的选举议员，尤其是直选议员的人数是逐渐增加的，这就扩大了立法会的代表性，更好地兼顾了澳门社会各阶层的利益。原澳门立法会设委任议员7人，本意是为了使总督的法律提案能在立法会顺利通过。为了使原澳门的立法制度平稳过渡，澳门特别行政区立法会仍保持了委任议员这一构成，但其人数并没有增加。这更能充分反映澳门的社会结构和民众状况，反映澳门的民意。

综上所述，立法机关是行使立法权的机关，其主要职能是制定、修改和废除法律。《澳门基本法》第六十七条规定："澳门特别行政区立法会是澳门特别行政区的立法机关。"立法会的性质主要是制定、修改和废除法律，这说明澳门特别行政区立法会是名副其实的立法机关。

立法机关是享有高度自治权的澳门特别行政区地方政权的重要组成部分，具有重要的法律地位：一方面，它是澳门特别行政区唯一的立法机关，独享立法大权；另一方面，它又具有权力机关的性质，澳门特别行政区政府必须执行它所制定的法律，对它负责。

第二节 立法会的产生、任期和职权

一、立法会的产生

（一）回归前澳门立法会的产生

在殖民统治时期，澳门根本没有独立的立法权，澳门所施行的法律全部来自于葡萄牙。虽然1974年葡萄牙发生"四·二五"革命，里斯本宣布允许海外殖民地独立，并于1976年颁布《澳门组织章程》和设立澳门第一届立法会，但之后依然是由"总督享有立法自治范围内的所有立法权"[1]，立法会议员只不过是总督的立法顾问，或者被授权拟定法律草案。

---

[1] 邓伟平：《澳门特别行政区基本法论》，中山大学出版社2007年版，第274页。

直到 1987 年《中葡联合声明》签署时，如何强化立法功能才成为各方关注的焦点。出于尽快解决澳门回归所涉"三化"问题的考虑，双方约定成立"中葡联合联络小组"，将修改旧法、制定新法和实现法律双语化的职责赋予立法会。葡萄牙当局在经过审慎思考后开始意识到，要确保从澳门撤出后现行法律体系和司法制度能得以延续事关自身的根本利益，因此，愿意"接受法律与司法本地化的挑战，以通过在澳门建立符合当地实际情况的法律体系，来展示能和中国法律文化进行对话的欧洲大陆法体系"①。于是，便开始强化立法功能和增加立法会议员的人数。到 1997 年 10 月第六届立法会产生时，议员总数已由第一届的 17 名增至 23 名，其中直选和间选议员各 8 名，总督委任议员 7 名。

（二）回归后澳门立法会的产生

为确保澳门政权的顺利交接和澳门特别行政区政府的有效运作，全国人大常委会于1993 年发布了《全国人民代表大会关于澳门特别行政区第一届政府、立法会和司法机关产生办法的决定》，规定产生立法会与成立澳门特别行政区政府遵循相同的原则，并设立澳门特别行政区筹备委员会，成功地组建了澳门特别行政区第一届立法会。

按照《中葡联合声明》的精神，原澳门最后一届立法会议员可以有条件直接成为澳门特别行政区第一届立法会议员。这些条件是：一是原澳门最后一届立法会的组成、三种产生办法的比例必须与澳门基本法规定的澳门特别行政区第一届立法会的组成相符；二是原澳门最后一届立法会议员必须是澳门特别行政区的永久性居民，拥护澳门基本法，效忠中华人民共和国澳门特别行政区；三是必须经过确认和委任程序。所谓"确认"，就是由澳门特别行政区筹委会根据澳门基本法和有关规定，对议员逐一审查，凡是符合上述规定的，就可以直接过渡。由于委任议员只对委任者负责，所以其中的委任议员不能坐"直通车"，除非得到澳门特别行政区行政长官的重新委任。在各方共同努力下，原澳门最后一届立法会和澳门特别行政区第一届立法会实现了无缝衔接。

（三）澳门特别行政区第一届立法会的产生

在澳门政权交接过程中，立法机关作为政权的重要组成部分，它能否平稳过渡直接关系到澳门社会的稳定。因第一届立法会需要在 1999 年 12 月 20 日开始运作，故需要在 1999 年12 月 20 日澳门基本法生效之前开始筹备，所以，《全国人民代表大会关于澳门特别行政区第一届政府、立法会和司法机关产生办法的决定》规定了澳门特别行政区第一届立法会产生的具体办法。根据该决定，产生第一届立法会与成立第一届政府的原则完全相同，做到既不损害国家的主权，又考虑到澳门的实际情况，照顾到澳门人民的情感。具体来说，主要有以下几个方面：

1. 澳门原有立法会议员人数暂时不作变动

澳门立法会在 1976 年成立时只有 17 名议员，自 1990 年起增加至 23 名，其中 8 名由直接选举产生，8 名由不同利益集团间接选举产生，7 名由总督委任。为与澳门最后一届立法会衔接，澳门基本法确定澳门特别行政区第一届立法会由 23 人组成，其中直接选举产生议员 8 人，间接选举产生议员 8 人，行政长官委任 7 人。这一规定，有利于澳门政权尤其是立法权的顺利交接，有利于澳门社会的稳定。

① 引自里斯本技术大学编：《澳门特别行政区五周年》，广东人民出版社 2007 年版，第 64 页。

2. 原澳门最后一届立法会议员可以有条件直接成为澳门特别行政区第一届立法会议员

为了既体现国家主权，又保证平稳过渡，《全国人民代表大会关于澳门特别行政区第一届政府、立法会和司法机关产生办法的决定》规定了一套俗称"直通车"的衔接方案，其具体条件和程序如下：

第一，原澳门最后一届立法会的组成必须与澳门基本法规定的第一届立法会的组成相符，原立法会议员的产生办法与比例也必须与全国人民代表大会的上述决定相一致，否则，就不能过渡。

第二，原澳门最后一届立法会议员必须符合澳门基本法规定的条件，必须是澳门特别行政区永久性居民，拥护中华人民共和国澳门特别行政区基本法，效忠中华人民共和国澳门特别行政区。

第三，原澳门最后一届立法会议员，必须经过确认和委任的程序，才能成为澳门特别行政区第一届立法会议员。如果原澳门最后一届立法会的组成不符合全国人民代表大会的决定和澳门基本法的相关规定，就不具备衔接的条件，其议员就不能以坐"直通车"的方式过渡为澳门特别行政区第一届立法会议员。在这种情况下，澳门特别行政区第一届立法会就应当按照全国人民代表大会的决定和澳门基本法的相关规定来产生。

第四，澳门特别行政区第一届立法会议员的任期与原澳门最后一届立法会议员的任期相衔接。原澳门最后一届立法会于 1997 年 10 月 15 日开始运作，议员任期为 4 年，但这届立法会的任期必须在 1999 年 12 月 19 日终结，因为 1999 年 12 月 20 日起澳门特别行政区第一届立法会开始运作，它与原澳门最后一届立法会是两个不同性质的立法会。如果第一届立法会的任期是 4 年，则应到 2003 年才任满。但第一届立法会不是按照 1999 年以后的澳门特别行政区选举法产生的，它是在特殊情况下以特殊方式产生的，在澳门基本法起草委员会为全国人民代表大会代拟关于第一届政府、立法会和司法机关产生办法的决定时，许多起草委员认为不一定要任期 4 年。因此，全国人民代表大会的决定规定澳门特别行政区第一届立法会的任期到 2001 年 10 月 15 日为止。

（四）澳门特别行政区第二届和以后各届立法会的产生

《澳门基本法》第六十八条规定：澳门特别行政区立法会议员由澳门特别行政区永久性居民担任。立法会多数议员由选举产生。立法会的产生办法由《澳门基本法》附件二《澳门特别行政区立法会的产生办法》规定。也就是说，从第二届开始，澳门特别行政区将按照《澳门基本法》附件二《澳门特别行政区立法会的产生办法》来组成立法会。

《澳门基本法》第六十九条规定："澳门特别行政区立法会除第一届另有规定外，每届任期四年。"澳门特别行政区第一届立法会议员的任期只有一年多，这是为了与原澳门最后一届立法会的传统任期相衔接。第二届立法会议员的任期尽管恢复为 4 年，但在议员人数方面仍具有过渡性质。[①] 尽管第二届立法会议员的人数比第一届有所增加，但仍然少于常规议员数 29 人。根据《澳门基本法》附件二的规定，澳门特别行政区第二届立法会由 27 人组成，其中 10 人由直接选举产生，10 人由间接选举产生，7 人由行政长官委任。第三届及以后各界立法会由 29 人组成，其中直接选举产生 12 人，间接选举产生 10 人，行政长官委任 7 人。从第三届立法会开始，议员人数进入常规状态，仍保持与原澳门立法会相同的议员产生

---

① 蓝天：《"一国两制"法律问题研究》（总卷），法律出版社 1997 版，第 575 页。

办法，即议员由直接选举、间接选举和委任产生。这样规定，充分体现了循序渐进的原则，以及澳门基本法确定的澳门特别行政区立法会多数议员由选举产生的原则，是符合澳门民主制度尚不完善的实际情况的。

（五）澳门基本法对立法会的产生的基本规定

《澳门基本法》第六十八条及附件二对立法会的产生作了规定，归纳起来有以下几点：

1. 立法会的产生原则

（1）立法会的多数议员由选举产生（包括直接选举和间接选举）。

（2）立法会的部分议员由行政长官委任。

（3）立法会议员的产生采取循序渐进的民主进程，选举产生的议员比例一届比一届多。

（4）规定了前三届立法会的产生办法。

（5）规定了 2009 年以后，立法会的产生办法可以进行修改，为循序渐进地推进澳门的民主进程留下了空间。

2. 前三届立法会的产生办法、名额

第一届立法会议员 23 人，其中直接选举议员 8 人，间接选举议员 8 人，委任议员 7 人；第二届立法会议员增至 27 人，其中直接选举议员 10 人，间接选举议员 10 人，委任议员仍为 7 人；第三届立法会议员再增至 29 人，其中直接选举议员 12 人，间接选举议员 10 人，委任议员 7 人不变。

比较前三届立法会得出，其议员成分的组成趋势是：委任议员人数不变，选举产生的议员人数逐步增加。到第三届立法会，只有直接选举的议员人数得到了增加。

3. 两部基本法相比较

《香港基本法》附件二和《全国人民代表大会关于香港特别行政区立法会产生办法的决定》规定，香港特别行政区第一、二、三届立法会的议员每届共 60 人。第一、二届立法会由功能团体、选举委员会和分区直接选举选出的议员组成，第三届立法会则无选举委员会选出的议员。前三届由功能团体选出的议员均为 50%；第一届分区直接选举选出的议员占 33.3%，第二届占 40%，第三届占 50%；选举委员会选出的议员在第一届占 16.6%，第二届占 10%。第二、三届立法会的具体选举办法，由香港特别行政区以选举法规定。①

综上所述，两部基本法的不同规定在于：《香港基本法》附件二规定，香港特别行政区第二届立法会议员中有 6 人由选举委员会②选举产生。《澳门基本法》没有由选举委员会选举产生的议员，但澳门立法会中保留了少数委任议席，即澳门特别行政区行政长官有权委任 7 位议员参加立法会的工作，这是在《中葡联合声明》中就已经明确规定要保留少数委任议席的，这个做法符合澳门社会的实际情况，有助于平衡澳门各阶层人民的利益，特别是照顾到了葡萄牙后裔居民的利益。

---

① 在 2004 年 9 月举行的香港特别行政区第三届立法会的选举中，第三届立法会由 60 人组成，所有议员均由选举产生，其中包括地方选区直接选举和功能界别（包括会计界、社会福利界、劳工界、医学界和卫生服务界等）各 30 名，从 159 名候选人中选举产生。11 个功能界别的 11 名候选人在无竞争对手的情况下，已自动当选为新一届立法会议员。9 月 12 日的选举产生了另外 49 名议员。第三届立法会选举同第二届选举最大的区别是，通过地方选区选举产生的议员由 24 人增至 30 人，占立法会所有议席的一半。来源：《香港第三届立法会选举全过程》，载 http：//Houston. China-consulate. org/chn/xwgd/t159641. htm.

② 选举委员会，就是由香港 800 位各界人士组成的选举行政长官的委员会，由其推选 6 位立法会议员。

二、立法会的任期

对立法会规定一定的任期，是世界各国与地区的通常做法，澳门特别行政区立法会也不例外。《澳门基本法》第六十九条规定，澳门特别行政区立法会除第一届另有规定外，每届任期 4 年。也就是说，在正常情况下，立法会的任期为 4 年，每 4 年换届一次，这与原澳门立法会的任期相同。但以下两种情况例外：

（1）澳门特别行政区第一届立法会的任期。《全国人民代表大会关于澳门特别行政区第一届政府、立法会和司法机关产生办法的决定》规定，澳门特别行政区第一届立法会议员的任期至 2001 年 10 月 15 日。可见，第一届立法会的任期是从 1999 年 12 月 20 日至 2001 年 10 月 15 日，为期 1 年又 10 个月。这是因为第一届立法会是一个具有过渡性质的立法会。为了体现国家的主权，保证澳门的平稳过渡，原澳门最后一届立法会议员可以有条件直接成为澳门特别行政区第一届立法会议员，即原澳门最后一届立法会议员，经过确认和委任的程序，就能成为澳门特别行政区第一届立法会议员。但澳门特别行政区第一届立法会与原澳门最后一届立法会是两个不同性质的立法会。如果第一届立法会的任期是 4 年，则应到 2003 年才任满。但第一届立法会不是按照 1999 年以后的澳门特别行政区选举法产生的，它的产生是采取特殊办法的，故其任期只能从 1999 年 12 月 20 日至 2001 年 10 月 15 日。

（2）行政长官依法解散立法会时，不论该届立法会议员任职多长时间，任期均告终结。《澳门基本法》第五十二条规定："澳门特别行政区行政长官遇有下列情况之一时，可解散立法会：（一）行政长官拒绝签署立法会再次通过的法案；（二）立法会拒绝通过政府提出的财政预算案或行政长官认为关系到澳门特别行政区整体利益的法案，经协商仍不能取得一致意见。行政长官在解散立法会前，须征询行政会的意见，解散时应向公众说明理由。行政长官在其一任任期内只能解散立法会一次。"

三、立法会的职权

澳门特别行政区立法会的职权是根据其立法机关的性质和地位进行规定的，它的职权和原澳门立法会的权力相比有很多扩大。同时，立法会职权的规定又是参考了原立法局（会）的职权规定，以保证社会的稳定，适合澳门特别行政区的情况。

根据《澳门基本法》第七十一条的规定，澳门特别行政区立法会行使下列职权：

（1）依照澳门基本法的规定和法定程序制定、修改、暂停实施和废除法律。

（2）审核、通过政府提出的财政预算案，审议政府提出的预算执行情况报告。

（3）根据政府提案决定税收，批准由政府承担的债务。

（4）听取行政长官的施政报告并进行辩论。

（5）就公共利益问题进行辩论。

（6）接受澳门居民申诉并作出处理。

（7）对行政长官提出弹劾。

（8）传召和要求有关人士作证和提供证据。

除《澳门基本法》第七十一条集中规定的职权外，立法会还享有澳门基本法其他条文规定的职权，这些职权主要有：

（1）对政府工作的质询权。

（2）对终审法院法官的免职的建议权。终审法院法官的免职，由立法会议员组成的审议委员会提出建议，行政长官根据上述建议作出免职或不免职的决定，报全国人民代表大会常务委员会备案。

（3）对澳门基本法的修改提案的同意权。

（4）在澳门特别行政区实施的全国性法律的立法实施权。

第三节　立法会的立法程序

立法机关制定法律，必须遵守一定的程序，澳门基本法对立法会的立法程序作了原则性的规定，包括法律议案的提出、审查、讨论和表决、签署和公布、法律的备案等。不过，澳门基本法并没有详细规定具体的内容，而由立法会自行制定的议事规则来规定。《澳门基本法》第七十七条第二款规定："立法会议事规则由立法会自行制定，但不得与本法相抵触。"澳门基本法规定的立法程序主要有：

一、法律议案的提出

《澳门基本法》第六十四条在有关澳门特别行政区政府行使的职权中规定了澳门特别行政区政府可以提出法案、议案。

《澳门基本法》第七十五条规定，澳门特别行政区立法会议员依照本法规定和法定程序提出议案。

《澳门基本法》第五十八条也规定了行政长官在向立法会提交法案前须征询行政会的意见。可见，澳门特别行政区政府和立法会议员都有权提出议案，政府在向立法会提交议案前，行政长官须征询行政会的意见。

不过，澳门基本法对议员提出法律议案的范围有所限制。根据《澳门基本法》第七十五条的规定，凡不涉及公共收支、政治体制或政府运作的议案，可由立法会议员个别或联名提出，凡涉及政府政策的议案，在提出前必须得到行政长官的书面同意。

二、法律议案的审议

澳门基本法对法律议案的审议程序没有作具体规定，而是由立法会制定的议事规则加以规定。根据澳门的实际情况，借鉴原澳门立法会的做法，法律议案的审议一般包括：

（1）法律议案提出后，送交立法会执行委员会，刊登在立法会会刊上，并由立法会主席在48小时内通知提案人是否接纳该提案。

（2）议案被接纳后，由立法会主席送交立法会有关专门委员会或者临时设立的委员会进行审议。在立法会一般性讨论时，提案人向全体会议作议案的介绍和解释。

（3）有关委员会应在立法会主席规定的期限内写出附有理由的意见书。如果立法会主席没有规定期限，应在原案交付有关委员会之日起 30 日内将审议意见书送交立法会主席，委员会也可向立法会主席申请延长审议期限。

三、法案的通过

《澳门基本法》第七十七条规定，澳门特别行政区立法会举行会议的法定人数为不少于全体议员的二分之一。除本法另有规定外，立法会的法案、议案由全体议员过半数通过。也就是说，有的法案、议案只要求全体议员的过半数通过就行，涉及澳门特别行政区重大问题的法案、议案，须由全体议员的三分之二多数赞成才能通过。

四、法案的签署和公布

《澳门基本法》第七十八条规定："澳门特别行政区立法会通过的法案，须经行政长官签署、公布，方能生效。"也就是说，只有经行政长官的签署和公布，法案才能成为法律而生效，否则，法案就不能成为法律。

与法案的签署和公布有关的还有《澳门基本法》第五十一条、第五十二条和第五十四条。《澳门基本法》第五十一条规定："澳门特别行政区行政长官如认为立法会通过的法案不符合澳门特别行政区的整体利益，可在 90 日内提出书面理由并将法案发回立法会重议。立法会如以不少于全体议员三分之二多数再次通过原案，行政长官必须在 30 日内签署公布或依照本法第五十二条的规定处理。"《澳门基本法》第五十二条则规定，澳门特别行政区行政长官拒绝签署立法会再次通过的法案，或者立法会拒绝通过政府提出的财政预算或行政长官认为关系到澳门特别行政区整体利益的法案，经协商仍不能取得一致意见时，行政长官有权解散立法会。但行政长官在解散立法会之前，须征询行政会的意见，解散时应向公众说明理由。《澳门基本法》第五十四条第（二）项规定，因两次拒绝签署立法会通过的法案而解散立法会，重选的立法会仍以全体议员三分之二多数通过所争议的原案，而行政长官在 30 日内拒绝签署，行政长官必须辞职。

五、法律的备案

《澳门基本法》第十七条第二款规定，澳门特别行政区享有立法权。澳门特别行政区立法机关制定的法律须报全国人民代表大会常务委员会备案。备案不影响该法律的生效。该条第三款还规定，全国人民代表大会常务委员会在征询其所属的澳门特别行政区基本法委员会的意见后，如认为澳门特别行政区立法机关制定的任何法律不符合本法关于中央管理的事务及中央和澳门特别行政区关系的条款，可将有关法律发回，但不作修改。经全国人民代表大会常务委员会发回的法律立即失效。该法律的失效，除澳门特别行政区的法律另有规定外，无溯及力。

澳门基本法这一规定表明，立法会制定法律必须以基本法为基础，不得与基本法相抵触，而基本法是全国人民代表大会通过的，立法会制定的法律是否符合基本法，全国人民代表大会有权进行监督，这也有利于基本法的正确实施。

第四节　立法会主席与议员

一、立法会主席及其职权

1. 立法会主席的任职资格及产生方式

《澳门基本法》第七十二条规定，澳门特别行政区立法会设主席和副主席各一人。立法会主席、副主席由立法会议员互选产生，由在澳门通常居住连续满15年的澳门特别行政区永久性居民中的中国公民担任。澳门特别行政区立法会设副主席的职位，是为了在立法会主席缺席时代理主席的职务。因为澳葡政府时期的立法会就设有副主席一职，澳门基本法也参照了澳门回归前的做法。澳门基本法在规定立法会主席、副主席的任职资格时，并没有进一步要求立法会主席、副主席不得具有外国居留权，但澳门立法会主席在就职时应宣誓效忠中华人民共和国。

立法会主席的选举在立法会议员中进行，凡符合法定要求的议员都有资格被提名或被选举为立法会主席。选举的具体办法，由立法会章程或有关法律规定。

2. 立法会主席的职权

由于澳门特别行政区立法会采取合议制度，不实行个人负责制，所以，立法会主席的职权主要是决定程序问题。[①]

《澳门基本法》第七十四条规定了立法会主席的六项职权。具体如下：

（1）主持会议。立法会召开会议时，世界各个国家与地区的普遍做法是由会议中地位最高者或担当重要职务者主持，澳门基本法规定立法会主席主持立法会会议，符合普遍做法。

（2）决定议程，应行政长官的要求将政府提出的议案优先列入议程。立法会开会时，通常有许多议案要进行讨论和表决，赋予立法会主席决定议程的权力，有利于将重要的或紧急的议案优先讨论和表决，从而提高立法会工作的效率。另外，立法会的议案中，由政府提出的占了很大的比例，而且政府的议案通常涉及澳门社会的重要问题和紧迫问题，所以，应行政长官的要求，立法会主席将政府提出的某些议案优先列入议程，有利于提高立法会和政府工作的效率，更好地解决问题。

（3）决定开会日期。立法会开会的日期是立法会自身内部的事情，通常不需要法律予以规定，在立法会议事规则中规定或由立法会主席按惯例决定即可。

（4）在休会期间可召开特别会议。特别会议是指平常会议以外，为解决某一特定事项而召开的会议。立法会主席有权在平常会议休会期间，根据需要决定召开特别会议。

（5）召开紧急会议或应行政长官的要求召开紧急会议。紧急会议是指为了迅速解决某项急需解决的事情，但又不能在平常会议期间召开会议而只能在休会期间召开的会议。

（6）立法会议事规则所规定的其他职权。澳门基本法不可能也没有必要将立法会主席

---

① 王叔文、吴建璠、谢怀栻等编著：《澳门特别行政区基本法导论》，中国人民公安大学出版社1994年版，第290页。

的全部职权——详细列出，只能列出一些最基本的职权，所以，除了上述五项基本职权外，立法会主席的其他职权由立法会根据实际需要在议事规则中加以规定。

二、议员的权利及议员资格的丧失

（一）立法会议员的权利

1. 提案权

港澳特别行政区基本法都规定立法会议员可以依法提出法案和议案，但都对提案权作了严格的限制，即凡不涉及公共开支、政治体制、政府运作的议案，立法会议员可个别提出，亦可联合提出；对于涉及政府政策的议案，议员个人也可提，但在提出此类法律草案以前必须得到行政长官的同意。这一规定表明提出法案、议案主要是特别行政区政府的权力。

澳门基本法作出上述规定是因为，公共开支涉及政府的财政支出，政治体制涉及港澳特别行政区基本法的相关规定，这些都是特别行政区的重大问题，议员个人对这些问题不够清楚、熟悉，对其中带有科学技术或专门性的问题不够了解，所以这些方面的法律草案不宜由议员个人提出，而应由政府提出。

2. 豁免权

立法会议员是由选举产生的，他们受选民、选举团体和界别的委托，参加立法会的工作。为了使议员能履行其应尽的职责，做好一个议员的工作，澳门基本法规定立法会议员享有以下豁免权：

（1）言论免责权。澳门基本法规定，立法会议员在立法会会议上的发言不受法律追究。这有利于维护议员的言论自由权，也有利于议员更好地履行职责。澳门基本法还进一步规定，议员在立法会会议上的表决也不受法律追究。

（2）人身豁免权。立法会议员的人身受法律保障。《澳门基本法》第八十条规定，澳门特别行政区立法会议员非经立法会许可不受逮捕，但现行犯不在此限。这意味着澳门特别行政区给予了立法会议员更有力的保护。除非现行犯或得到澳门特别行政区立法会的同意，立法会议员不受任何机关和个人的逮捕，而不仅仅限于在立法会会议和赴会途中不受逮捕。

3. 质询权

《澳门基本法》第七十六条规定，质询是议员的权利，立法会议员有权以书面或口头方式就某一方面的事务向政府提出问题，并要求回答。即质询是澳门特别行政区立法会议员享有和行使的一项权利。澳门基本法的这一规定意在强调：质询只能以议员个人身份提出，而不能以立法会决议的形式提出。因为澳门基本法并没有赋予立法会对特别行政区政府进行信任或不信任投票的权力。

（二）议员资格的丧失

为了保证立法会的正常运作，维护澳门特别行政区立法机关的良好形象，《澳门基本法》第八十一条规定了立法会议员丧失资格的情况：

（1）因严重疾病或其他原因无力履行职务。在这种情况下，立法会议员已经无力坚持议员的工作，无法履行议员的职务，理应丧失议员资格。

（2）担任不宜由立法会议员兼任的职务。这体现了行政与立法分工负责、各司其职的原则。澳门基本法对此的要求更为严格，即立法会议员不得担任法律规定不得兼任的职务，而不仅限于政府委任的公务人员。

（3）缺席立法会会议。长期或多次缺席立法会会议是议员工作懈怠，不能尽忠职守的表现。澳门基本法规定连续 5 次或间断 15 次缺席会议（香港基本法规定，未得到立法会主席的同意，连续 3 个月不出席会议）又无合理解释的，就应该宣布丧失其议员资格。

（4）从事违法犯罪活动。澳门基本法规定，无论是在澳门特别行政区区内还是区外，一旦犯有刑事罪行，被判处监禁 30 日以上，其议员资格就应当丧失。

（5）行为不检或违反誓言。澳门立法会议员违反誓言，将由立法会决定丧失其议员资格。

第二十一章　澳门特别行政区的司法制度

第一节　澳门特别行政区的司法制度概述

一、澳门特别行政区司法制度的演变

澳门自古就是中国的领土，但由于历史原因而长期处于葡萄牙殖民管制之下。澳门所实施的法律主要是葡萄牙的法律，澳门的司法制度实际上是葡萄牙司法制度的延伸。1976 年颁布的《澳门组织章程》第五十一条规定，澳门地区的一般司法工作继续受（葡萄牙）共和国主权机关颁布的法律所管制；法院和检察院的司法官员由合作部暨司法部共同委任。[①] 可见，澳门的司法制度是葡萄牙司法制度在海外的延伸，澳门的司法机关是葡萄牙司法机关的组成部分。

1987 年 4 月 13 日《中葡联合声明》规定，当中国于 1999 年 12 月 20 日对澳门恢复行使主权时，将设立澳门特别行政区，直辖于中央人民政府；澳门特别行政区享有行政管理权、立法权、独立的司法权和终审权，同时，中国政府将承诺保持现行的社会、经济制度和生活方式 50 年不变。[②] 至此，澳门司法改革开始起步。在 1987 年至 1999 年的过渡期内，澳门的司法制度开始发生了一些重要的变化。1990 年葡国议会修改了《澳门组织章程》，其中第五十一条修改为："澳门地区拥有本身的司法组织，享有自治并应适应澳门的特点。"[③] 1991 年 8 月葡国议会制定了《澳门司法组织纲要》，1992 年 3 月，澳门政府公布了《澳门新司法组织总规章》和《澳门审计法院规章》。这一系列章程纲要给澳门的司法制度带来了很多改革，主要有：①确立了澳门法院的类别和管辖权限；②设立了澳门高等法院，审理上诉案件；③规定了法官、检察官任职条件；④设立了管理当地法官和检察官的专门机构。

二、澳门特别行政区司法制度的特点

1999 年 12 月 20 日澳门回归祖国后，澳门特别行政区成为中华人民共和国的一个特别行政区，"一国两制"也开始在澳门实施，澳门成为一个享有高度自治权的地方行政区域。根据 1987 年《中葡联合声明》规定，澳门享有独立的司法权和终审权，所实行的司法制度基本保持不变。其司法制度的主要特点有：

（一）拥有单独的法律体系

根据澳门基本法规定，全国性的法律除《澳门基本法》附件三所列的八条及日后全国

---

① 《澳门组织章程》，澳门政府官印局 1988 年版，第 15 页。

② 《中华人民共和国政府和葡萄牙共和国政府关于澳门问题的联合声明》，外文出版社 1987 年版，第 7 页。

③ 《澳门组织章程》，澳门政府官印局 1988 年版，第 90 页。

人大常委会根据需要进行增减的法律外，不在澳门特别行政区实施；而列于附件三的八条全国性法律须由澳门特别行政区在当地公布或立法实施。澳门特别行政区所实施的法律为《澳门基本法》，以及《澳门基本法》第八条规定的澳门原有法律和澳门特别行政区立法机关制定的法律。澳门原有的法律、法令、行政法规等除同澳门基本法相抵触或经澳门特别行政区立法机关或其他有关机关依照法定程序作出修改者外，予以保留。

（二）享有独立的司法权和终审权

根据《澳门基本法》第八十二条、第八十三条、第八十四条规定，澳门特别行政区法院行使审判权，独立进行审判，只服从于法律，不受任何干涉。澳门特别行政区设立初级法院、中级法院和终审法院，澳门特别行政区的终审权属于澳门特别行政区终审法院。澳门特别行政区法院除对国防、外交等国家行为无管辖权，并继续保持澳门原有法律制度和原则对法院审判权所作的限制外，对澳门特别行政区所有案件均有审判权。

（三）法律本土化和司法人员本土化

根据《中葡联合声明》和《澳门基本法》第九条规定，澳门特别行政区司法机关除使用中文外，还可以使用葡文。由于澳门原有法律大部分是葡萄牙法律的移植，皆为葡文，原有法律要在澳门特别行政区使用，必须进行本土化翻译，澳门人口中96%为华人，而且中华人民共和国对澳门恢复主权后，澳门和内地的交流会更加频繁，这样做也方便了华人居民和澳门与内地司法互助上的执法。

澳门基本法还规定，澳门特别行政区各级法院的法官，根据当地法官、律师和知名人士组成的独立委员会的推荐，由行政长官任命；检察长也由澳门特别行政区永久性居民中的中国公民担任，由行政长官提名，报中央人民政府任命。

第二节　澳门特别行政区法院

一、澳门法院的历史演变

由于历史原因，澳门法院长期以来一直属于葡萄牙法院系统的一个组成部分，本身没有独立的组织架构，完全缺乏独立性，即完全依附于葡萄牙的法院体制，这一时期我们称之为改组前的澳门法院。根据葡国的相关法律，葡萄牙的法院大致可以分为四大类：

第一类是普通司法法院。普通司法法院的权限是对民、刑事案件和其他不属于专门法院管辖的案件行使审判权，它自下而上分为小法区法院、大法区法院和最高法院三级。在葡萄牙，共包括里斯本、波尔图、克英布拉和埃武拉四个大法区，每个大法区又分为若干小法区。一般情况下，小法区法院为第一审法院，不服其裁决的，可上诉到大法区法院；对大法区法院的裁决仍不服的，还可上诉到最高法院。

第二类是行政法院。行政法院的权限是对行政或税务法律关系中产生的争议进行审理，它包括葡萄牙最高行政法院和其他地方一级行政法院。

第三类是审计法院。审计法院的权限是就国家账目和其他公共账目进行监督、审查，并依法追究财政违法行为的法律责任。

第四类是军事法院。军事法院的权限是审理军职罪和法律规定归其管辖的与军职罪相关的重罪，并享有法律赋予的执行纪律措施的权力。

除这四类法院外，葡萄牙还设立了宪法法院和权限争议法院。宪法法院的权限主要是对行政、立法等重大行为是否违宪作出裁决，同时也行使法律赋予的其他职权，如对选举过程合法性进行确认等。权限争议法院的权限主要是负责审议各类法院因案件管辖而引起的争议并作出裁决。

上述澳门法院组织架构完全从属于葡萄牙的法院系统，所以澳门地区在案件审理方面没有自治权，这是改组前的澳门法院架构。1989年和1990年葡萄牙国会先后修改了葡国宪法中有关澳门的条款与《澳门组织章程》中的有关条款，确认澳门地区可以拥有相对自治的司法组织体系，以适应澳门本身的特点。1991年，葡萄牙国会制定、颁布了《澳门司法组织纲要法》；1992年，澳门总督先后颁布了《澳门司法组织新规则》、《审计法院之组织、管辖、运作及程序》、《澳门法院官员和澳门司法高等委员会成员、澳门司法委员会成员通则》等有关法令，新的澳门法院组织架构逐渐形成。至此到澳门回归时期的澳门法院组织我们称之为改组后的法院架构，具体如下：

第一，澳门高等法院。澳门高等法院由院长及四名法官组成，并以分庭或全会的形式运作，其主要权限包括：①审判立法会主席及反贪污暨反行政违法性高级专员因行使职能而犯罪的案件；②审判高等法院法官和驻该法院的检察院官员因行使职能而被提起诉讼的案件或故意犯罪的案件；③依法统一高等法院的司法见解；④审理高等法院分庭之间管辖权方面的冲突；⑤审判对高等法院分庭以第一审级审判所作出之合议庭裁判而提起上诉的案件；⑥当案件涉及行政、税务和海关事宜时，如高等法院分庭之合议庭裁判在法律无实质修改的情况下，其体现之解决办法有异于该庭或其他分庭根据同一法律曾作出的合议庭裁判，且当事人提出上诉的，由高等法院全会进行审理。

第二，澳门第一审法院。澳门有三个第一审法院：①澳门普通管辖法院。②澳门刑事预审法院。澳门刑事预审法院的职权范围是行使关于初步专案调查审判职能，进行预备性预审及辩论预审，最后裁定是否起诉。③澳门行政法院。澳门行政法院受理的案件可分为两种情况：一种情况是因行政、税务及海关上的法律关系而产生争议时，当事人可直接向行政法院提起诉讼；另一种情况是当争议在有权限的政府部门作出处理决定后，再向行政法院提起诉讼，这种情况在澳门有关法律中被称为"司法上诉案件"。

第三，澳门审计法院。澳门审计法院是个比较特殊的法院，它享有审判权和财政控制权。澳门地区及其自治或非自治机关、公共机构、公共团体、地方自治团体、法律规定的任何其他公共实体、行政公益法人，都必须受审计法院的管辖和监督。

改组后的澳门法院组织体系有了一定的独立性，大部分案件可以在澳门审理、结案，但澳门的司法权并没有完全脱离葡萄牙的管辖。1999年澳门回归后，澳门特别行政区根据基本法的精神，从澳门本地的实际情况出发，制定了澳门特别行政区法院组织体系。

二、澳门特别行政区法院的架构

根据《澳门基本法》第八十四条规定，澳门特别行政区设立初级法院、中级法院和终审法院。

1．初级法院

澳门特别行政区初级法院是具有一般审判权的一审法院，其管辖范围为除行政法院行使的专属管辖权和由中级法院行使的初审管辖权以外的其他案件。

《澳门基本法》第八十五条规定："澳门特别行政区初级法院可根据需要设立若干专门法庭。原刑事起诉法庭的制度继续保留。"这说明，澳门特别行政区可以根据需要设立若干专门法庭，比如青少年法庭、家庭婚姻法庭等，设立法庭的权限由澳门特别行政区法院组织法规定。《澳门司法组织纲要法》也规定第一审法院"亦得在初级法院内设专门管辖法庭及特定管辖法庭"，指的就是澳门特别行政区可以根据需要在初级法院设立若干专门法庭。专门法庭的设立在澳门也存在着很多争议和讨论，到目前为止，仍未设立任何专门法庭，2012年澳门法务局表示目前仍未据条件设立劳动法庭和家庭及未成年人法庭，有关诉讼案件现急需由初级法院的轻微民事案件法庭、民事法庭负责审理。

2．中级法院

澳门特别行政区中级法院是作为第二级法院来运作的，中级法院受理法律规定由其行使初审管辖权的案件，并负责审理对初级法院和行政法院裁定和判决的上诉案件，而对中级法院审理的案件不服的，则可以向终审法院提起上诉。

由于澳门地狭人少，在起草澳门基本法的过程中，有人建议将中级法院与终审法院合二为一，并赋予其上诉权和终审权；或者参考原澳门高等法院的做法，以全会与分庭的方式运作，赋予全会与分庭不同的权限，由全会作为终审法院运作。

这种提法虽然能有效地节约法院资源，减少法院层级，但是，将终审法院与中级法院合二为一，势必会对上诉案件的公正判决有所影响；再者，还将造成审级的混乱，在法理上也很难说通。终审法院作为一个独立法域的最高司法代表，行使着独立法域的终审权，有必要独立设立，而不能与其他审级法院合二为一。澳门基本法最后维持了三级法院架构，也使得澳门特别行政区法院审级清晰，权责明确，使终审法院能独立对上诉案件行使终审权。

3．终审法院

所谓终审，是指法院按照审级制度对案件进行的最后一级的审判。终审法院的判决即时生效，当事人不得提起上诉，其审判活动，不受任何其他法院的监督和指导。

《澳门基本法》第二条规定："中华人民共和国全国人民代表大会授权澳门特别行政区依照本法的规定实行高度自治，享有行政管理权、立法权、独立的司法权和终审权。"《澳门基本法》第八十四条规定："澳门特别行政区设立初级法院、中级法院和终审法院。澳门特别行政区终审权属于澳门特别行政区终审法院。"这两条完全说明澳门特别行政区的司法终审权赋予澳门特别行政区终审法院，这也是澳门特别行政区自治权的一个重大体现。

澳门特别行政区终审法院作为我国一个地方法院却享有终审权，因此其法律地位不同于我国其他地方的高级法院，在其他省、自治区、直辖市高级法院的判决，当事人仍可以向最高人民法院上诉，但澳门终审法院的判决，当事人对判决不服不得向最高人民法院上诉，最高人民法院对澳门终审法院的判决也不具有指导和监督作用，不能通过审判监督程序直接审理，或者指令澳门特别行政区终审法院重新审理已经由终审法院作出终审判决的案件。但这并不能就此认定澳门特别行政区终审法院与最高人民法院拥有同等的级别或地位。澳门特别行政区终审法院虽然享有终审权，但它仍然是一个地区性法院。而且，按照澳门基本法的规定，澳门特别行政区法院对外交、国防等国家行为没有管辖权，法院在审理案件时需要对澳门基本法中关于中央人民政府管理的事务或中央和澳门特别行政区关系的条款进行解释,而该条款的解释又影响到案件的判决,在对该案件作出不可上诉的终局判决前,应由澳门特别行政区终审法院提请全国人民代表大会常务委员会对有关条款作出解释。所以,澳门特别行政区终审法院的法律地位也就很明了了。

4.行政法院

《澳门基本法》第八十六条规定:"澳门特别行政区设立行政法院,行政法院是管辖行政诉讼和税务诉讼的法院。不服行政法院裁决者,可向中级法院上诉。"可见,行政法院是作为初级法院来运作的,是澳门特别行政区唯一的专门管辖法院,负责审理行政及税务纠纷。原来的澳门司法体制中,有审计法院来审查政府、自治和非自治机构、公务法人、公共团体、地方自治团体等账目,回归后的澳门特别行政区未保留审计法院,只设立行政法院,将审计法院的司法职能一部分转化为行政职能,赋予澳门特别行政区政府的审计署,同时,初级法院可根据需要设立若干专门法庭,行使原审计法院的司法职能。

三、法院的管辖权

管辖权是法院受理诉讼案件并作出裁决的权力和权限。澳门特别行政区法院管辖权问题主要涉及的是中央和澳门特别行政区在司法权限上的划分,即澳门的独立司法权的管辖范围体现在哪些方面,在哪些领域澳门法院无管辖权或管辖权受约束。

《澳门基本法》第十九条规定:"澳门特别行政区享有独立的司法权和终审权。澳门特别行政区法院除继续保持澳门原有法律制度和原则对法院审判权所作的限制外,对澳门特别行政区所有的案件均有审判权。澳门特别行政区法院对国防、外交等国家行为无管辖权。澳门特别行政区法院在审理案件中遇有涉及国防、外交等国家行为的事实问题,应取得行政长官就该等问题发出的证明文件,上述文件对法院有约束力。行政长官在发出证明文件前,须取得中央人民政府的证明书。"由此可见,澳门特别行政区法院的管辖权主要可以分为两个方面:

(1)除澳门原有法律制度和原则对法院审判权所作的限制外,澳门特别行政区法院对所有的案件都有管辖权。凡是符合澳门原有法律所确立的司法管辖标准应由澳门特别行政区法院行使审判权的案件,无论案件性质为何,澳门特别行政区法院都有管辖权。凡是澳门原有法律规定放弃管辖或承认管辖权受限制的,则继续保持这些规定的效力,法院可放弃行使管辖权或以无权管辖为由拒绝受理该类型案件。

(2)澳门特别行政区法院对国防、外交等国家行为无管辖权。国家行为是指国家机构以国家名义对外国、外国人及其财产所实施的行为,是一国处理与他国关系,包括该国与另一国公民的关系的行政行为。国家行为被置于法院管辖权范围之外,这是对国家行为长期适用的惯例。一旦法院认定某行为属于国家行为,便认定其已取得国家主权机构的充分授权,任何法院都不可主张司法管辖权。

事实上,对于不属于澳门特别行政区自治范围的事务,比如澳门特别行政区行政长官、主要官员和检察长的任命,全国人民代表大会常务委员会对列于《澳门基本法》附件二将在澳门特别行政区适用的全国性法律作出增减,全国人民代表大会常务委员会对澳门原有法律与基本法相抵触的宣告,中央人民政府对中央各部门、各省、自治区、直辖市在澳门设立机构的批准，全国人民代表大会常务委员会对基本法所作的解释等，澳门特别行政区法院均无管辖权。

四、法院审判及保障

《澳门基本法》第八十三条规定："澳门特别行政区法院独立进行审判，只服从法律，不受任何干涉。"《澳门基本法》第八十九条规定："澳门特别行政区法院依法进行审判，不听从任何命令或指令，除本法第十九条第三款规定的情况除外。法院履行审判职责的行为不受法律追究。"由此可见，澳门特别行政区法院最重要的审判原则就是独立审判原则。

所谓独立审判，又叫审判独立，是指由法院或法官依法独立行使审判权，只受宪法和法律的约束，不受其他机关、政党、团体或个人的干预。它是近代资本主义国家法律适用的一个重要原则。只有确定独立审判原则，才能确保司法的公正、公平，否则司法公正将是一纸空谈。

澳门特别行政区实行的独立审判原则需要一系列措施进行保障，为了保障独立审判原则的实现，澳门基本法规定了一系列的制度。

1. 司法豁免权

《澳门基本法》第八十九条第二款规定："法官履行审判职责的行为不受法律追究。"为了保证法官能超然地进行裁判，所以对法官的审判行为在一定程度上排除后顾之忧，除非法官违法，比如收受贿赂、枉法裁判等，除此之外，即使法官的判决有不公正、不恰当的地方，也不能追究其法律责任。

2. 专职制度

《澳门基本法》第八十九条第三款规定："法官在任职期间，不得兼任其他公职或任何私人职务，也不得在政治性团体中担任任何职务。"根据澳门现行的法律，在职法官除可根据法律规定从事无报酬的法学教学和研究外，不得兼任任何其他公私职务，未得主管上级委员会许可不得受任承担与法院事务无关的临时任务。因为审判工作是一项专业性很强的工作，法官必须专职于这一工作，如果法官兼任其他公职或任何私人职务，或与政治性团体有所牵连，就很有可能在审判过程中受到外界的影响，从而有损法官的独立审判。

3. 法院终身制

《澳门基本法》第八十七条第二款规定："法官只有在无力履行其职责或行为与其所任职务不相称的情况下，行政长官才可根据终审法院院长任命的不少于三名当地法官组成的审议庭的建议，予以免职。"所以，澳门特别行政区法官实行的是终身制，法官一经任命就不可撤换，除法定原因外不得被调动、更改职级、停职、强迫退休和解职。终身制能很好地排除法官审判案件时受到职业风险的威胁，提高了法官的地位，更好地保障了法官的权益，也保障了司法的独立审判。

4. 高薪制和优厚的待遇

高薪是很多国家对其公职人员采取的防腐措施，也取得了良好的效应。澳门特别行政区法院的法官享有高薪和优厚的待遇，并享有人身和财产等方面的特别保护。《澳门司法官通则》对法院的薪酬待遇有详细的规定。法官还享有一些特权，如豁免地方个人所得税的征收，配备和使用自卫武器，要求居住地警署对其本人、家属和财产实行保护等。

五、法官和法院院长的任免

1. 法官的任免

《澳门基本法》第八十七条第一款规定："澳门特别行政区各级法院的法官，根据当地法官、律师和知名人士组成的独立委员会的推荐，由行政长官任命。法官的选用以其专业资格为标准，符合标准的外籍法官也可聘用。"

所以，根据澳门基本法的规定，法官的选用有两个条件：

第一，法官的选用以其专业资格为标准。所以，法官的个人专业资格是其能否被选用的主要依据，不符合专业资格的不得出任法官。

第二，外籍法官如果符合条件亦可聘用。除了终审法院院长之外，澳门特别行政区法官没有国籍的严格限制。

在选任程序上，澳门基本法规定澳门特别行政区法院法官的任命必须由一个独立委员会来推荐，这个委员会必须是独立工作的，不受任何机关、团体或个人的干涉。该委员会由当地法官、律师和知名人士组成，提高了该独立委员会的代表性和专业性。《澳门司法官通则》还规定了法官任用的特别要件：拟确定出任第一审法院的法官须在澳门居住至少三年，熟悉中文、葡文，完成培训课程及实习且成绩及格。培训课程及实习为期两年，并须有一个为所有学员而设的共同培训计划。完成培训课程及实习后，成绩及格者按意愿向推荐法官的独立委员会申请出任法官职级。至于未完成适当的培训课程及实习的人士，则应符合以下条件：在澳门居住至少七年，熟悉中文、葡文，已实际从事须具有法律学士学位方得从事的职业至少五年。[①] 由于终审法院的法官是澳门特别行政区最高一级法院法官，澳门基本法对其任命也规定了更加严格的程序，规定其任命须报全国人民代表大会常务委员会备案。

《澳门基本法》第八十七条规定了法官免职的情形，法官的免职，其实质条件是法官无力履行其职责或行为与所任职务不相称。在免职程序上，对无力履行职责或行为与所任职务不相称的审议是通过终审法院院长任命的不少于三名当地法官组成的审议庭对该情形予以审议，如情况属实，则向行政长官提出免职建议，由行政长官决定是否予以免职。而对终审法院法官的免职则作了较为严格的规定，终审法院法官的免职是由立法会议员组成的审议委员会对其进行审议。由于终审法院的法官是澳门最高一级法院的法官，澳门基本法对其的免职也规定了更加严格的程序，规定其免职须报全国人民代表大会常务委员会备案。

2. 法院院长的任免

《澳门基本法》第八十八条规定："澳门特别行政区各级法院的院长由行政长官从法官中选任。终审法院院长由澳门特别行政区永久性居民中的中国公民担任。终审法院院长的任命和免职须报全国人民代表大会常务委员会备案。"根据该规定，澳门特别行政区各级法院的院长，首先必须是澳门特别行政区各级法院的法官，具备担任法官所必须的条件，然后由行政长官从法官中选任。对担任终审法院院长还有进一步的要求，即必须是澳门特别行政区永久性居民中的中国公民。由此可知，澳门特别行政区中的外籍人士，即使符合选任条件，也只能担任法官和其他初级或中级法院院长，而不能担任终审法院的院长。另外，对于终审

---

① 杨贤坤、邓伟平、邢益强：《澳门特别行政区法律通览》，中山大学出版社 2004 年版，第 120～121 页。

法院院长的任免，还必须报全国人民代表大会常务委员会备案。

澳门特别行政区各级法院院长都是由法官中选任出来的，所以，澳门基本法对法官免职的规定同样适用于各级法院的院长，即当澳门特别行政区各级法院院长无力履行其职责或者其行为与其所担任的职务不相称的情况时，由行政长官根据终审法院院长任命的不少于三名当地法官组成的审议庭的建议，予以免职。而对于终审法院的院长则由行政长官根据澳门特别行政区立法会议员组成的审议委员会的建议，予以免职。另外，澳门基本法规定，对终审法院院长的免职须报全国人民代表大会常务委员会备案。

第三节　澳门特别行政区检察院

澳门回归后，澳门特别行政区检察院依据《澳门基本法》、《澳门司法组织纲要法》等相关法律重新建立，澳门的检察制度也翻开了新的一页。在"一国两制"和"高度自治"原则下，全国人民代表大会授权澳门特别行政区依照《澳门基本法》的规定实行高度自治，行使行政管理权、立法权、独立的司法权和终审权。检察权是司法权的重要组成部分，检察制度的良好运作既保证了澳门特别行政区在司法领域落实高度自治，也在提升行政机关执法水平及完善立法方面起到促进作用。

一、检察院的性质和地位

澳门特别行政区的检察制度基本上属于大陆法系检察制度，但与欧洲国家的检察制度相比，澳门特别行政区的检察制度又具有一些独特之处。欧洲国家的检察机关一般不具有独立的宪法地位，在体制上多隶属于政府的司法部。而在澳门，检察院和法院同属澳门特别行政区的司法机关，与行政机关和立法机关并列。根据《澳门基本法》及《澳门司法组织纲要法》的规定，检察院是独立行使检察权的司法机关。《澳门刑事诉讼法典》第一条就规定，澳门的司法当局包括法官、预审法官及检察院。可见，澳门特别行政区的检察机关作为司法机关的法律定位还是比较清晰的。[①] 在澳门特别行政区的司法制度中，检察院是唯一具有检察职权的司法机关，独立行使法律赋予的检察职能，不受任何干预。检察院的独立性，不仅体现于检察院的工作仅须以合法和客观作为准则，也体现于检察官除法律规定应遵循的检察院内部上级指示外，无须听从任何当局或任何人的命令。检察院在体制上独立运作，不隶属于任何司法行政机关，其独立性更获得财政和人员选任上的保障。澳门特别行政区政府也不得干预检察院的检察活动。澳门基本法规定澳门特别行政区立法会有权限对澳门特别行政区的施政进行监督。但基于"司法独立"的原则，立法会不得针对司法机关的诉讼事务进行任何干预，立法会也不参与各级检察官的任命程序。所以，澳门检察院具有独立的法律地位。

---

① 刘方：《检察制度史纲要》，法律出版社 2007 年版，第 220 页。

二、检察院的架构

澳门基本法对澳门特别行政区检察院的组织与设置并没有作出具体的规定，而是由澳门特别行政区自行制定法律规定。澳门特别行政区检察院的设置参考了回归前澳门的做法。

澳门特别行政区检察院的职级主要有三类：检察长、助理检察长、检察官。检察长是检察院的最高代表，领导检察院的各项工作，向助理检察长、检察官及检察院其他工作人员发布命令和指示。助理检察长的主要职责是协助检察长开展工作，依检察长的授权在终审法院代表检察院，在中级法院代表检察院以及在特殊情况下在初级法院代表检察院；同时，助理检察长有权领导检察院的专责小组，并可向下级检察官发出针对个案的特定工作指示。检察官则主要在初级法院代表检察院以及协助助理检察长工作。

澳门特别行政区检察院的设置架构主要分为三个方面：

1. 检察长办公室

澳门特别行政区检察院设立了检察长办公室，检察长办公室直属于检察长而运作。检察长办公室设有三个厅级部门，包括司法辅助厅、律政厅和人事财政厅。司法辅助厅的主要职责是对检察院下设的各办事处的司法辅助人员进行管理，并为各级检察官开展工作提供协助。同时，也负责接收与司法诉讼有关的举报，协助市民获得法律咨询和司法援助。律政厅的主要职责是在监督法律实施及维护合法权益方面，代表检察院和检察长办公室提出法律意见，对涉及检察体制和司法诉讼的法律法规进行系统研究，分析检察院的运作并定期向检察长提交报告，同时负责开展司法协助、对外联络、社区关系、对外交流等活动，以及统筹检察院刊物的出版等工作。人事财政厅的主要职务是制定检察院的年度预算，处理财务、会计、采购等事项，安排人员的招聘及培训，负责人事管理，保存人事档案，以及管理检察院的各项设施。

2. 刑事诉讼办事处

检察院作为主持侦查案件的司法机关，其主要任务就是对刑事案件进行侦查和检控。由于案件量的庞大，检察院设立独立运作的"刑事诉讼办事处"。刑事诉讼办事处的主要工作包括：①进行刑事侦查案件的立案和结案；②接收刑事警察部门移送的侦查卷宗及扣押品；③当移送的卷宗含被拘留的犯罪嫌疑人时，须立即开展侦讯程序，以便对犯罪嫌疑人采用适当的强制措施；④对刑事警察部门为调查案件而提出的关于搜索、电话监听、解除银行保密或其他通讯保密义务等请求进行审议，并依法自行作出决定或提请刑事起诉法庭法官作出批准；⑤因情况对刑事警察部门完成调查的个案自行进行补充调查或将案件交还警方进行补充调查；⑥对澳门所有的刑事侦查案件进行审查及决定提起控诉并将案件移送初级法院审理，或决定不作控诉而将卷宗归档；⑦接收市民、公共机关或私人实体提出的口头或书面刑事检举，并决定是否立案侦查。

3. 检察院驻各级法院办事处

澳门特别行政区检察院采用了单一的组织架构，只设一个检察院，为了配合各级法院进行诉讼工作，检察院在不同级别的法院共设立了四个办事处：驻终审法院办事处、驻中级法院办事处、驻初级法院办事处、驻行政法院办事处。检察院在各级法院派驻检察官，由被派驻的检察官在各级法院代表检察院。具体方式是：在终审法院，由检察长代表澳门特别行政区检察院，必要时由助理检察长协助检察长工作；在中级法院，由助理检察长代表检察院工作；在初级法院，由检察官代表检察院，当案情严重、复杂或涉及重大公共利益时，也可由助理检察长代表检察院；在行政法院办事处，由检察官代表检察院工作。在各办事处由助理检察长或检察官领导日常工作，并配备司法辅助人员协助助理检察长和检察官工作。

三、检察院的职责和权限

检察院的司法职能是法律所赋予的，检察院在惩治犯罪，维护社会公平、正义等法律价值方面起着重要作用。《澳门司法组织总规章》、《澳门司法组织纲要法》和《澳门司法通则暨司法委员会和司法高等委员会之成员通则与组织》对检察院的职责和权限作了详细的规定，主要可以归纳为四个方面：

1. 提起刑事诉讼

提起刑事诉讼是检察院的基本职能之一，即在刑事案件中，检察院作为公诉人代表国家向法院提起诉讼，提起对犯罪分子的控告，使犯罪分子受到法院裁判承担法律责任。澳门检察院还代表澳门地区、公钞局、市政厅以及无行为能力、不确定和失踪的人士进行诉讼。检察院作为整个社会或公共利益的代表而被赋予司法职能和参与诉讼活动，所以当具体的案件涉及澳门地区的利益或社会的公正时，检察院应代表这些团体和个人进行诉讼。

2. 领导和监督刑事侦查

领导和监督刑事侦查是检察院刑事诉讼权的一种表现。领导分为直接领导和间接领导。直接领导是检察院领导其下属的刑事侦查工作，即属于检察院权限内部的侦查行为；间接领导是检察院领导其他机关的刑事侦查工作，发出侦查指令和处理意见。比如，警察机关在进行侦查时，检察院通过发出侦查指令和处理意见间接领导该刑事侦查。

3. 保护民事权益

民事诉讼本与检察院无关，但当案件涉及澳门地区利益或对社会利益有所损害时，那就不仅仅是民事当事人的利益了，也关乎澳门地区的社会利益和公共利益。所以，如果案件的被告为不确定人或法院发现被告为无行为能力人或失踪的人士，法院会依法将案件送交检察院，以便检察院代表他们进行必要的答辩和跟进案件。检察院的参与可避免获得律师支援的原告方取得不合理的诉讼优势，从而确保上述无力自救的被告方的权益获得尊重。另外，在劳工案件和劳动纠纷等案件中，因为其带有一定的社会性，劳工往往处于不利地位，所以检察院会协助劳工及其家属维护其社会权利，有利于保障劳工的权益。在对未成年人的利益进行保护时，检察院有权为未成年人的利益向初级法院提起民事诉讼。检察院可向法院申请订立未成年人的抚养费用，以及对未成年人行使亲权作出禁止、限制或调整。检察院也依法参与未成年人的收养程序，法院必须在听取检察院意见后作出决定。

4. 监督法律的实施

澳门特别行政区检察院在维护法院独立审判的前提下，关注法院审判职能是否符合法律，行使监督权。在司法活动中，如果法院独立行使审判受到其他的干扰或干涉，检察院有权在其职权范围内，排除这种干扰和干涉，并保证审判机关真正独立地完成审判职能。在审判活动中，检察院负有监督审判活动是否符合法律的权限，如果法院在行使司法权时，明显超越法律或违背法律，检察院派驻法院的司法官要予以关注并向检察院报告。

四、检察官的任免

澳门特别行政区检察官的任职条件与任免制度和法官制度一样都属于澳门特别行政区司法制度的重要组成部分，司法制度中对检察官的任免条件直接影响司法独立原则的落实。

1. 检察官的任职条件

《澳门司法官通则》第十三条规定了出任法院和检察院司法官的人士须符合的三个任职条件：①具备担任公职的一般条件（比如：澳门特别行政区的永久性居民、中国国籍或葡萄牙国籍、年龄介于18岁至50岁、身体健康、智力正常、在澳门定居等）①；②具有法律认可的法学学士学位；③熟悉澳门法律体系。

《澳门司法官通则》第十六条针对出任第一审法院的法官和检察院的各级检察官，包括检察长、助理检察长和检察官，设立了任职的特别条件：①在澳门居住至少三年；②熟悉中文及葡文；③完成法律及司法培训中心举办的为期两年的司法培训课程及实习且成绩及格。

2. 检察官的任职程序

《澳门基本法》第九十条第二款和第三款规定："澳门特别行政区检察长由澳门特别行政区永久性居民中的中国公民担任，由行政长官提名，报中央人民政府任命。检察官经检察长提名，由行政长官任命。"澳门特别行政区检察院检察长的任命与终审法院院长的任命是有所不同的，终审法院院长的任命只需报全国人民代表大会常务委员会备案，而检察院的检察长则须由中央人民政府任命。助理检察长、检察官的任命则由检察长提名，由行政长官任命。

检察官的免职程序相对较为简单，如果检察官无力履行职责或检察官行为与其担任职务不相称，这就是各级检察官免职的法定情况，即如果检察长发现助理检察长、检察官因体力或智力衰退或迟钝不能担任职务而应该退休、终止其定期委任或解除其合同，应交由检察委员会审议。检察委员会审议无能力履行职责，则检察长报行政长官批准命令有关检察官退休、终止其定期委任或解除其合同。

对于检察长的免职制度，如行政长官认为检察长无力履行职责或因行为与其担任职务不相称而必须强迫其退休或将其撤职应报请中央人民政府批准。

五、检察院的运作

澳门特别行政区检察院虽然是一院建制，但为了更好地与各级法院相互联系进行司法活动，检察院派任检察官在三级法院和行政法院设立办事处进行司法诉讼。检察长、助理检察长和检察官分别依法在三级法院内代表检察院履行司法职能。

根据澳门相关法律，针对不同的案件情形行使的刑事诉讼程序是不同的。对涉及可能判处2年以下的轻刑的犯罪，进行初步调查；在涉及可能判处2年以上重刑的犯罪或者犯罪嫌疑人已经在押的情况下，应将案件移送给预审法官。

根据澳门有关法律，刑事案件分由警察机关和检察院进行侦查，非属检察院的警察机关

---

① 参见《澳门公共行政工人员通则》第十条至第十三条。

在初步调查之后，应将调查事宜通知检察院，并在 30 日之内，将有关的调查报告移送给检察院，检察院可自行调查或将该调查权交由警察机关行使，并指明应进行何种调查及期限。一旦初步调查收集到有关犯罪存在的证据并获取犯罪嫌疑人相关信息，警察机关应将有关材料送到派驻有管辖权法院的检察官或者助理检察长处。

检察官收到案件的卷宗，进行必要的审查或调查之后，如果认为调查报告中所陈述的事实不构成犯罪，或者犯罪已经过了诉讼时效，抑或行为人根据法律规定应该免除刑事责任的，就作出批示，将有关的卷宗归档，调查终结。如果检察官认为犯罪可能存在，但证据并不充分，或者犯罪事实成立，但犯罪嫌疑人身份不明，检察官也可以作出批示，暂时将卷宗存档，等待收集新的证据，再进一步进行调查。

派驻到刑事预审法院的检察官接到移送的重罪案件，应督查预审活动的展开，检察官参与预审活动并监督活动的程序和进程。预审结束后，预审法官将卷宗移送到派驻的检察官处，并由该检察官根据预审结果，写出自己的意见。根据检察院的建议，预审法院开始辩论预审，辩论预审终结后，检察院对事实清楚、证据确凿的案件作出确定性起诉，由预审法官作出控告批示之后，一并移送到有审判权、管辖权的法院。

如果控告人、受害人或者其近亲属不同意检察官作出的不予起诉的决定，可向检察官上一级司法官（助理检察长）提出级别上诉，上一级司法官在接到投诉之后，就案件的处理作出自己的决定，下级检察官应遵循上一级司法官的意见和决定并进行诉讼。如果当事人对助理检察长有关的投诉的处理仍不同意，可继续向再上一级的司法官（助理总检察长）提出级别上诉。

检察院的运作主要由助理总检察长统一领导。助理总检察长负责向检察官授权、分配工作和任务，并确保检察院的工作正常进行，在一审法院中，检察长领导检察院履行职责，并负责向检察官发出工作指示。对于有争议或疑难的法律问题，检察院可经过工作会议，由助理总检察长或检察长就该法律问题进行解释与适用作出指示。

第四节　澳门特别行政区的律师制度

律师也是司法制度中不可或缺的一个部分，正是由于律师的出现，公民权益才能得到更好的保障。澳门法院法官的前提条件就是必定先为律师，可见律师制度在澳门司法体系中的重要地位。在澳门回归前相当长的时间内，澳门地区官方都使用葡文，若遇到法律问题时，必定需要聘请律师，需要律师为市民提供有关咨询和法律代理。所以，律师制度在澳门的司法制度中扮演着很重要的角色。

一、律师执业条件和业务范围

根据《澳门律师通则》的规定，澳门律师的执业实行注册制度，即只有在澳门律师公会注册的律师才被允许从事律师业务。《澳门律师通则》规定了严格的律师注册条件。

（1）在澳门的大学获得法学学士学位的人士或经认可的其他学科学士学位的人士在完成律师业实习后才有资格申请注册。

（2）澳门以外的大学法学学士，还必须根据澳门律师公会规定完成为其适应澳门法律体系的选修课程后才能进行注册。根据《澳门律师通则》的规定，法学硕士学位以上并在澳门大学担任教员职务两年以上的法律教师和在澳门任职两年以上并最后评核为良等以上的司法官员可免除实习。

（3）《澳门律师通则》还规定一些不能注册为律师的情况：①道德品质不良，特别是因犯严重不名誉罪而被判罪者；②不完全民事行为能力者；③被判决宣告为无能力管理其个人及资产者；④处于不得兼任的状况或停止从事律师业务者；⑤由于缺乏道德品行被撤职、强迫退休或休职的司法官及公务员等。

根据《澳门律师通则》的规定，澳门律师业务的范围包括从事诉讼代理、意定代理及法律咨询活动三项内容。诉讼代理是为委托人从事民事和刑事以及行政诉讼方面的代理业务。意定代理是指律师根据委托人的意思表示从事代理活动，即非诉讼代理活动，主要有公司的登记注册、房地产买卖、遗嘱的代书、遗产的处理等活动。法律咨询是对当事人提出的法律问题进行解答，律师可以担任商号、企业或公司的法律顾问，为他们在业务上的商业往来提供法律帮助。

二、律师的权利和义务

（一）律师的权利

根据《澳门律师通则》的规定，律师享有的权利主要有：

（1）在整个澳门地区任何审判机关、审级、当局、公共或私人实体内，根据自由职业制度从事诉讼代理、意定代理和法律咨询等法律业务。

（2）享受律师业务相符合的保障及待遇。

（3）与包括在羁押中的未决犯在内的当事人进行会面和通讯。

（4）有权在法院和其他政府部门获取资料、查阅卷宗、申请证书等。

（5）律师有关业务函件受保护。律师函件除涉嫌犯罪外，不得被扣押。

（6）律师事务所除特殊法定条件和程序外不受搜查。

（7）律师的职业尊严应该受到司法和行政官员的尊重。

（二）律师的义务

权利和义务是相对的，律师在享受权利的同时也必须承担相应的义务。根据《澳门律师通则》的规定，律师应当承担的义务包括：

（1）不得兼任任何减损律师独立性及职业尊严的活动或职务，包括：①澳门地区管理机关的领导或成员、办公室的顾问或成员及公务员，或以合同聘用的服务人员，但立法会议员除外；②在职或代任的法院、检察院司法官员，以及法院的公务员或服务人员；③市政厅主席、副主席、公务员或服务人员；④公共公证员、登记机关局长及公证机关、登记机关的公务员或服务人员；⑤其他公共部门的公务员或服务人员，但法律教师除外；⑥现役军人；⑦居间人或拍卖人；⑧特别法规定的其他情形。

（2）回避义务。《澳门律师通则》规定，处于退休、休职、无薪长假或后备役状况的公务员或行政人员虽可兼任律师，但在涉及任何有关公告或行政机关的事宜时都应回避。

（3）为代理人保密。律师在代理过程中，对客户的机密及秘密材料应保密，特别是对下列事实，有职业保密义务：①客户透露或律师获悉的事实；②其他负有保密义务的同业者告知的事实；③与客户共同属原告、被告或有利害关系人所告知的事实；④庭外和解期间，由客户的对立当事人或有关代理人告知的事实。

（4）不得以任何方式为其执业做广告，不得由本人或者通过他人招徕顾客，从而妨碍当事人委托律师的自由选择。

（5）就执业时发现的侵犯人权行为和擅断行为采取行动，不就明文法律争辩和使用违法的处理方法。

三、律师组织

（一）律师公会

澳门基本法对澳门的律师制度和律师组织没有作出详细的规定，澳门律师公会的建立由澳门特别行政区参考原来澳门的相关做法自行立法予以规定。澳门律师公会由所有在该会注册的律师组成，是一个公法人。根据《澳门律师通则》，澳门律师公会不得再设立与本行业相同的其他公共团体，也不能从事公会团体的职务。澳门律师公会的主要职责有：制定从事律师职业的规范；给予律师和实习律师职业资格；增进律师职业的尊严和威望，并致力于遵守职业道德原则；维护律师的利益、权利和特权；增强律师之间的团结，促进居民对法律的认识和运用。

澳门律师公会以全体大会、理事会和监事会的形式来运作。全体大会由所有会员组成，通常每年召开一次会议，对公会重大问题作出决议。理事会则是大会的执行机构，负责保障公会的运作，贯彻公会的宗旨，管理公会的财产，执行全体大会的决议。监事会则负责就公会的年度报告和账目进行监督和提出意见。

现在澳门的律师公会主要有大会主席团、理事会、监事会和律师业高等委员会四个常设机构。[①]

（二）律师业高等委员会

根据《澳门律师通则》的规定，澳门律师业高等委员会的设置和职能与回归前基本相同，属独立及合议机关，是律师的职业纪律机关，对律师及实习律师行使专属纪律管辖权，并根据《澳门律师通则》第二十三条的规定，审查律师的道德品行，律师业高等委员会可以主动或根据违纪事实获知者的举报而采取纪律行动。

根据《澳门律师通则》，澳门律师业高等委员会是由澳门律师工会注册律师选举执业已经超过10年和未到10年的律师各三名、法院和检察院推选各一名司法官以及总督委任的一名人士组成，并由该九位成员以不记名的形式推选委员会主席。委员会主席具有决定性投票权，委员会成员的任期为两年，连选只能连任两次。

澳门律师业高等委员会是对澳门律师和实习律师行使纪律处分权的专门组织，为行使管理权，委员会有权根据澳门律师公会的建议制定澳门律师纪律守则，作为律师从业规则和对违反纪律的律师进行处分的根据。根据律师违反纪律的不同情况，律师业高等委员会对律师的处分主要有六种：警告、训诫、罚款、中止10日至180日律师工作、中止6个月至5年

---

①　杨贤坤、邓伟平、邢益强：《澳门特别行政区法律通览》，中山大学出版社2004年版，第438页。

律师工作和开除出澳门律师公会。

第五节　澳门对外司法联系

　　澳门特别行政区享有充分的自治权，澳门基本法也赋予澳门特别行政区以终审权，澳门地区的司法制度基本沿用葡萄牙的司法体系，与我国内地的司法体系并不一样，从而形成了一个独立的司法区域，有一整套与我国其他地区和世界其他国家不同的法律和司法体系，所以在解决法律冲突、确定管辖权及其他经常性的司法行政事务上，会发生对外司法联系的各种问题。这些问题主要有两大类：一类是与我国其他地区的司法协助；另一类是与外国的司法互助。

一、澳门与我国其他地区的司法协助

　　《澳门基本法》第九十三条规定，澳门特别行政区可与全国其他地区的司法机关通过协商依法进行司法方面的联系和相互提供协助。所谓司法协助，主要指一国之内不同法域之间的司法机关互相协助进行有关送达、调查取证、承认和执行判决和裁决、赃款赃物移交，以及移送犯罪嫌疑人等司法行为。这些范围涉及主要的法律部门和诉讼的各个环节。

　　如果法域相同，仅仅是地域的不同，司法机关之间相互协助进行有关送达、调查取证、承认和执行判决和裁决、赃款赃物移交，以及移送犯罪嫌疑人等司法行为是较容易实现的。但是，澳门特别行政区在司法体制上享有高度自治权，不受我国最高人民法院、最高人民检察院和司法部的监督和领导。所以，当澳门特别行政区与我国其他地区出现司法问题需要司法协助时，就不能套用内地各司法机关相互司法协助的做法，而应由澳门特别行政区和其他地区司法机关协商解决。

　　澳门基本法对澳门特别行政区与我国其他地区的司法协助仅仅作了概括性规定，至于相互协助的内容和方式都没有明确规定。澳门特别行政区与全国其他地区进行司法协助，最终要通过一定的途径和方式来建立，这是司法协助运行的组织管理保证。对此，法学界和法律实务界提出了各种建议和方案，主要有：

　　（1）立法，即制定有关司法协助的法律，有两种方案：①由全国人大常委会征求澳门特别行政区立法会意见并充分讨论后，制定一部同时适用于澳门特别行政区和全国其他地区的关于司法协助的单行法律，列入《澳门基本法》附件三的法律文件中。②由公认的、有权威的学术研究机构通过广泛征求意见，拟定出法案，通过立法程序制定一部适用于全国各法域之间的区际司法协助的"示范法"。

　　（2）澳门特别行政区司法机关与全国其他地区司法机关签订司法协助协议。有两种方案：①由中华人民共和国最高人民法院和澳门特别行政区终审法院签订司法协助协议，同时适用于澳门和全国其他地区。②由中央授权内地某个地区代表内地法域与澳门终审法院签订司法协助协议。

　　（3）由中华人民共和国最高人民法院以其名义指导、协调澳门和内地各地区之间的司法协助。[①]

（4）澳门特别行政区和全国其他地区同时相应设立官方行政的"区际司法协助委员会"，其主要职责为就两地的区际司法协助事宜进行协商并签订协议等。[②]

澳门与全国其他地区的司法协助问题在诸多重大的案件发生时产生了很多争议，为保证澳门特别行政区的稳定，应该把内地和澳门关于刑事方面的司法协助问题提上议事日程，尽早予以解决，以便有效打击和遏制严重的跨境犯罪。

二、澳门与外国的司法互助

司法互助是指不同国家之间的司法协助，它直接涉及国家的主权。澳门特别行政区仅仅是我国的一个地方行政区域，不享有主权，但澳门有其特殊的地位。澳门特别行政区在司法上享有高度的自治权，拥有独立的司法权和终审权，是一个单独的司法区域。《澳门基本法》第九十四条规定，在中央人民政府协助和授权下，澳门特别行政区可与外国就司法互助关系作出适当安排。建立对外司法互助关系，属于对外事务的范围，所以基本法规定必须得到中央人民政府的协助和授权，这是一个前提；同时，澳门特别行政区作为我国一个享有终审权的单独司法区域，在中央人民政府协助和授权下，有权与外国就司法互助作出适当安排。

《澳门基本法》第一百三十八条还规定："中华人民共和国缔结的国际协议，中央人民政府可根据情况和澳门特别行政区的需要，在征询澳门特别行政区政府的意见后，决定是否适用于澳门特别行政区。中华人民共和国尚未参加但已适用于澳门的国际协议仍可继续适用。中央人民政府根据情况和需要授权或协助澳门特别行政区政府作出适当安排，使其他与其有关的国际协议适用于澳门特别行政区。"根据该条款，澳门特别行政区与外国的司法互助主要有三种形式：

（1）我国与某一国家已经签订司法互助协议的，中央人民政府可以根据情况和澳门特别行政区的需要，在征询澳门特别行政区政府意见后，将该协议适用于澳门特别行政区。

（2）我国尚未参加但已适用于澳门的有关司法互助的国际协议，仍可以继续适用，中央人民政府可以根据情况和需要授权或协助澳门特别行政区作出适当安排，使澳门特别行政区参加其他有关司法互助的国际协议。

（3）如果出现我国既没签订也没参加，而且澳门以前也没有适用过某一司法互助协议的情况，而澳门特别行政区又需要签订和参加这一司法互助协议时，澳门特别行政区应先请求中央人民政府授权，再在中央人民政府的协助下，与有关外国政府谈判，签订司法互助协议。

澳门特别行政成立后，澳门基本法赋予澳门特别行政区很大的司法自主权，可在中央人民政府的授权和协助下，单独与有关外国政府谈判，签订司法互助协议。这体现了"一国两制"的精神在澳门司法领域的实践，也充分体现了澳门在司法上的地位。

---

① 曲新久：《澳门与内地司法协助问题研究》，《法域纵横》1996 年第一册。

② 赵国强：《赵国强博士谈内地与澳门特区开展区际司法协助模式》，《法制日报》，1999 年 2 月 11 日、2 月 25 日、3 月 4 日第 8 版。

第二十二章　澳门特别行政区的
经济、文化和社会制度

　　《澳门基本法》第五章规定了澳门特别行政区财政、税收、金融、贸易、工商业、旅游娱乐业等方面的经济政策，第六章规定了澳门特别行政区教育、科学、文化等方面的文化和社会政策。这两章的主要精神是保持澳门原来的经济、文化政策，中央不加以干预。

　　《澳门基本法》第五章和第六章具体规定了两方面的内容：一是具体规定保护私有财产，《澳门基本法》第一百零三条规定："澳门特别行政区依法保护私人和法人财产的取得、使用、处置和继承的权利，以及依法征用私人和法人财产时被征用财产的所有人得到补偿的权利。征用财产的补偿相当于该财产当时的实际价值，可自由兑换，不得无故迟延支付。"二是对各项具体的经济、文化政策作了规定。下面我们将详细介绍澳门特别行政区的经济、文化和社会事务的一些具体制度。

第一节　经济、文化和社会事务概述

一、澳门经济概况

（一）回归前澳门经济的发展状况

　　16 世纪中叶以后，澳门逐步被葡萄牙殖民者占领。从此一直到鸦片战争的几百年间，由于明、清两朝屡次实行海禁政策，中国对外贸易基本上被澳门的葡人所垄断。他们开辟了从澳门经印度果阿到欧洲、从澳门到日本长崎、从澳门到马尼拉至拉丁美洲等几条航线，使澳门成为中国第一个沟通东西方经济的重要国际商埠，当时它在国际上的地位比广州更为重要。那时中国的商品由广州经澳门输往世界各地，而各国运进澳门再进入广州的商品也非常丰富，其中主要是白银，如拉丁美洲输入中国的白银即达数百万两，盛产白银的日本共有 1 亿两白银流入中国。无疑，在 16 世纪 80 年代至 17 世纪这一阶段，是澳门历史上"光辉的一页"。但是，1840 年鸦片战争后，香港崛起，取代了澳门。从此，澳门经济显著衰落，逐渐走上以赌博等特殊行业为支柱的畸形发展道路。尤其是赌博业发展规模越来越大，使其成为远近闻名的赌城，与拉斯维加斯（美国）、蒙地卡罗（摩纳哥）齐名，被誉为世界三大著名赌城之一。

　　长期以来，因为以赌博业为主要经济支柱，澳门的经济基础十分薄弱，仅有一些火柴、花炮、神香等传统手工业。从 20 世纪 60 年代开始，由于澳门政府推行自由经济政策以及香港的"带动作用"和中国内地的促进作用，澳门的经济发展渐入快车道。自 1963 年起，澳门经济开始得到恢复，并逐步上升。1963 年至 1991 年的 28 年间，澳门经济平均增长率约为 9%，是世界经济平均增长率最高地区之一。而且澳门经济也形成了以出口加工业、旅游博彩业、金融保险业和房地产建筑业为主要产业的结构，因而使澳门的经济结构进入了多元化、现代化的轨道。① 据统计，澳门本地生产总值由 1982 年的 84.2 亿澳门元增至 1992 年的 402.59 亿澳门元；制造业工厂由 1980 年的 1 348 间增至 1990 年的 2 277 间；建成楼宇总面积由 1979 年的 30.6 万平方米增至 1992 年的 133.26 万平方米。1993 年澳门人均生产总值为 14 100 美元，居世界第 13 位，亚洲第 5 位。

澳门的经济增长率自 1993 年下半年以来，在祖国大陆和香港仍高速增长的环境下开始持续下降。1994 年，澳门地区生产总值为 518.42 亿澳门元（约 65.16 亿美元），约为香港的 5%。② 到了 1996 年，澳门经济出现了 0.5% 的负增长。1997 年，澳门社会治安恶化，加上东南亚金融危机，特别是香港的金融风波以及东南亚国家货币大幅贬值，这些都使澳门经济受到较大冲击。除此之外，经济发展的深层次的矛盾和问题也暴露出来，如在一些投资者对澳葡政府的管治失去信心，等待澳门回归，澳葡政府对澳门的发展没有长远考虑，缺乏明确的发展方向等因素的综合影响下，回归前澳门的经济出现了连续四年的负增长，失业率高达 8.2%。③

（二）回归后澳门经济的新发展

澳门于 1999 年 12 月 20 日顺利回归祖国。回归前的澳门经济低迷，商业环境恶化，社会治安混乱，外商投资者却步；回归后，澳门经济得到了迅速复苏并实现持续快速的增长。

根据统计数据显示，回归后的头一年澳门就止住了过去连续四年负增长的颓势，到 2001 年反退为进，取得了 4% 的增长率。2002 年和 2003 年分别增长了 10% 和 15%，2008 年澳门人均 GDP 达到 39 036 美元，超过香港和台湾，居亚洲第三位，仅次于文莱和新加坡。2008 年澳门失业率下降到 3%，远低于亚洲发达经济体的水平。④ 2009 年，澳门本地生产总值约 1 694 亿澳门元，人均生产总值 31 万澳门元，博彩收益 1 216 亿澳门元，总体就业人口每月工资收入中位数 8 500 澳门元。而回归当年，相关数据分别仅约为 470 亿澳门元、11 万澳门元、120 亿澳门元、4 920 澳门元，其中，GDP 总量自回归以来增长 3 倍有余。⑤ 2009 年 1 月美国传统基金发布 2009 年度"全球经济自由度指数"报告，澳门首次获评为亚太地区第 6 位、全球第 21 位。2010 年澳门人均 GDP 约 4.97 万美元，超越香港（3.1 万美元）和新加坡（4.3 万美元），成为亚洲最富有地区。⑥

回归以后，澳门的社会治安大为好转，入境旅客人数逐年上升，从回归后第一年的 900 万人次，到 2004 年达到 1 667.3 万人次。自 2008 年国家颁布《珠江三角洲地区改革发展规划纲要 2008—2020 年》，把澳门定位为"世界旅游休闲中心"以来，澳门特别行政区抓紧战略定位和发展方向，着重推动建设优质旅游城市，提高旅游产品与服务素质。2009 年澳门游客总消费额为 171 亿美元，较 2008 年增长 4.9%；而随着全球经济复苏，仅 2010 年前

① 参见谭克绳、徐昌琴：《澳门经济发展概况及其主要特点》，《华中师范大学学报》（人文社会科学版）1999 年第 38 卷第 1 期。

② 周训清、邓顺国：《澳门经济发展的现状、问题和战略选择》，《广东行政法院学报》1999 年第 2 期。

③ 邓伟平：《澳门特别行政区基本法论》，中山大学出版社 2007 年版，第 333～334 页。

④ 参考毛艳华：《澳门经济适度多元化：内涵、路径与政策》，《中山大学学报》（社会科学版）2009 年第 49 卷第 5 期。

⑤ 来源于中国社会科学网，2011 年《澳门蓝皮书》：GDP 总量自回归以来增长 3 倍多，网址为 http://www.cssn.cn/news/152546.htm，最后登录时间 2012 年 4 月 9 日。

⑥ 周庆华、杨正浒：《澳门经济适度多元化的政策效果评价和分析》，《商业时代》2012 年第 4 期。

9 个月，澳门游客总消费额即达到 182 亿美元，较 2009 年同期增长 52.2%。[①]

自澳门回归祖国以来，中央政府也密切关注澳门经济的发展，并积极回应和支持澳门特别行政区政府为推动经济发展所提出的多项建议与要求。例如，及时签订《内地与澳门建立更紧密经贸关系安排》（简称 CEPA）及其各项补充协议、开放内地部分地区居民个人赴澳门旅游、批准建立珠澳跨境工业区、创新粤澳合作联席会议机制、加快推动港珠澳大桥建设等政策措施。国务院公布的《珠江三角洲地区改革发展规划纲要（2008—2020 年)》也提出，按照"科学发展、先行先试"的原则推进粤港澳经济一体化，将澳门定位为世界旅游休闲中心，并批准横琴岛开发，作为粤澳产业合作的又一平台。

二、澳门经济的特点

澳门开埠至今已有四百多年，其经济发展变化大致经历了初步繁荣—衰退—再繁荣三个阶段。澳门经济有以下四个主要特点。

（一）以中小型企业为主，规模小，分散经营

澳门地域狭小，人口有限，经济规模不大，属于微型经济。由于人口少和经济规模小，澳门经济在发展过程中要面对较大规模经济所无须面对的问题。

（二）产业结构不平衡

澳门没有农业，也没有养殖业。在整体产业结构中，第一产业的比重微不足道，目前只剩有限的渔业。第二产业以出口加工为主，但其比重在逐年减少。第三产业中，以博彩业为主的旅游娱乐业在本地生产总值中所占的比例自 20 世纪 80 年代一直在上升，1990 年已取代出口加工业成为澳门经济的第一支柱。除旅游业和出口加工业外，澳门经济的另外两大支柱是金融业和地产建筑业。

（三）对外依赖性很大

香港、澳门、台湾均属于海岛型经济，对外均有依赖性，而澳门对外，尤其是对中国内地和香港的依赖性更大。

中国内地与澳门水陆交通十分方便，而且内地资源丰富，是澳门经济发展的腹地和大后方。澳门资源缺乏，发展经济所需要的粮油等副食品、水电及其他能源物资都依赖于中国内地的供应。中国内地还为澳门纺织业、玩具业、人造花等劳动密集型产业的发展提供了大量廉价劳动力。[②]

由于历史和地理的原因，加上香港经济较澳门发达，澳门在许多方面都和香港有紧密的联系，其经济发展亦高度依赖香港。在对外运输方面，除输往中国内地的货品外，澳门的对外运输均需经香港转运。由于货运量小，澳门新建成的货柜码头作用不大，货柜运输仍然依赖香港，因此大大提高了运输成本。澳门国际机场建成后，这种情况已有所改变。在投资方面，如澳门旅游娱乐有限公司，其主要股东全是香港人。在澳门的外来投资中，除中资外，港资居多。澳门经济发展所需的技术和管理人员也大多来自香港。澳门的出口加工业的各种

---

① 《澳门将继续推动旅游业发展打造世界旅游休闲中心》，来源 http://news.cntv.cn/20110126/100036.shtml 最后登录时间 2012 年 4 月 10 日

② 参见谭克绳、徐昌琴：《澳门经济发展概况及其主要特点》，《华中师范大学学报》（人文社会科学版）1999 年第 38 卷第 1 期。

原料、半成品、机器设备等，大部分从香港进口，加工业产品也经香港转运到世界各地。澳门房地产业中有实力者，许多是香港商人。澳门房地产市场中的零售购买者约50%是香港人或与其有亲属关系的人。在金融业方面，从1977年起，澳门币与港币开始挂钩，且两地银行的利率也基本同步同幅，港币在澳门可以自由流通，在大额交易中都以港币结算。澳门的黄金、外汇、股票买卖业务都要经过香港金融市场操作。银行存款中，港币占的比重很大。在旅游业方面，到澳门旅游的香港游客占大部分。如1996年澳门接待游客815万人次，其中港客占75%。外国游客也多取道香港到澳门。

（四）劳工受教育程度低

澳门政府曾委托美国麦健士顾问公司对澳门经济作中期发展规划研究，据该顾问公司于1990年年底完成的《澳门未来十年发展前景》报告书称，无论以任何标准去衡量，澳门工人的技术水平都偏低。与香港比较，澳门劳动人口的教育程度更显然偏低。

三、澳门文化和社会事务概况

（一）澳门的文化概述

澳门的文化非常复杂，其中既有中国传统文化的内涵和基础，又有以葡萄牙文为代表的欧洲文化的渗入。天主教、佛教、道教、基督教、犹太教及伊斯兰教、巴哈依教等多种宗教形成了澳门形形色色的宗教文化；汉语、葡语、英语等各种语言的交汇流通，国际贸易自由港的商业地位，形成了丰富多彩的语言文化；"高楼林立、栉比相望"的欧洲式住宅，与"竹石幽曲径通，名园小巧玲珑"的中国园林交相辉映，构成了中西合璧的建筑文化景观；澳门凭借优越的地理位置、秀丽的自然风光、舒适宜人的气候和独特的中西结合、华洋杂处的文化遗迹、市井风情，形成了种类齐全、内容丰富的旅游博彩文化。澳门四百多年中西文化的交融史，形成了澳门独特的文化[①]：

1. 澳门文化的开放性

澳门所处的独特地理位置，使澳门成为东西方文化交流的桥梁。葡萄牙商人以经济贸易为纽带将西方与中国、日本、印度、东南亚及拉丁美洲的文化，通过相互贸易经澳门尽享广泛的传播和交融；西方的传教士在向东方各国传教的过程中将西方文化传到东方，同时把东方文化带回西方，这种双方互动的交流是西方传教士通过澳门的桥梁作用实现的。

四百多年的华洋杂处，使华人文化、葡萄牙文化、土生葡人文化及其他外国民族文化相互渗透、相互影响，从而把澳门文化中包括的各种宗教文化、民俗民情混为一体，把澳门文化的开放性体现得淋漓尽致。

2. 澳门文化的重商主义色彩

澳门社会是极其商业化的社会，在艺术上表现出很浓的商业味。由于长期处于殖民统治之下，46%以上的中国人社会地位低下，澳门的华人不可能从政，只能经商，同时由于澳门得天独厚的地理位置，发展外向型开放经济，促成澳门文化的重商色彩。

3. 澳门文化的殖民色彩

在澳门回归前，澳门人分三等，一等是葡萄牙人，占据着政府的重要职位；二等是本地

---

① 赵小华：《澳门文化的特点》，《中学地理教学参考》2005年第Z1期，第1~2页。

葡人和外国人，他们可以担任政府公务员、中低层官员，做生意的人也有许多优惠待遇；三等是华人，不能担任政府公职，要么经商，要么打工或做苦力。在澳门唯一的官方语言是葡文，华文在法律上没有地位，政府公文、法律文件必须用葡文起草、发表；占澳门居民96%的华人文化被排斥在主流文化之外。

4. 澳门文化的包容性

无论是澳门的华人文化还是葡萄牙文化，无论是天主教文化还是佛教文化，均能在澳门社会和平共处，这说明澳门文化具有很强的包容性。在澳门，东西方的民风民俗相互包容、相互渗透。华人既过传统的中国节日，也过西方的圣诞节；年轻人流行新潮思想、西方节奏，老一辈人依然保留传统的习俗。

5. 澳门文化中的民族爱国主义精神

四百多年中，历经中西文化的交汇、包容，澳门人仍保留了永不磨灭的中国源，他们无论历经什么磨难，始终认定自己是中国人，始终保持强烈的民族爱国精神。抗日战争期间，澳门人与内地同胞一样，发动了轰轰烈烈的抗日救亡运动，许多急需物资必须从香港、澳门运送到内地。新中国成立后，澳门与香港同时成为新中国连接世界的两条重要通道。

（二）澳门基本法关于文化方面的主要原则

文化问题在澳门基本法里占有重要地位。澳门基本法关于文化方面的规定，体现了下面四个主要原则①：

1. 高度自治的原则

澳门特别行政区实行高度自治。文化对澳门特别行政区来说，属于自治范围内的事务，都应由澳门特别行政区自己管理，中央不加以干预。澳门基本法规定，澳门特别行政区政府自行制定教育政策；自行制定促进医疗卫生服务和发展中西医药的政策；自行制定科学技术政策；自行制定文化政策，新闻、出版政策，体育政策；自行确定专业制度，等等。这些规定都充分体现了澳门特别行政区在文化方面的高度自治。澳门特别行政区基本法还规定，澳门特别行政区的文化、社会工作等方面的民间团体和宗教组织"同全国其他地区相应的团体和组织的关系，以互不隶属、互不干涉、互相尊重的原则为基础"。这个规定也是高度自治的体现。

2. 必要的规范原则

文化属于自治范围内的事务，由澳门特别行政区政府自行制定政策，负责管理。但这并不等于说澳门基本法对澳门特别行政区如何实行自治以及自治的范围等问题完全不需要作出任何规定了。考虑到正确落实"一国两制"和保证澳门文化健康、繁荣发展的需要，澳门基本法对于澳门的各项文化事务进行了必要的方向性、指导性，甚至是较为具体的规定，以便澳门特别行政区政府在行使自治权时有所遵循。例如，对于澳门特别行政区的教育，澳门基本法规定"澳门原有各类学校均可继续开办"，并规定澳门特别行政区的学校"均有办学的自主性，依法享有教学自由和学术自由"。又例如，关于专业制度，澳门基本法也作出了必要的方向性的规定，以便澳门特别行政区政府在自行确定专业制度和自行制定各种专业和执业资格的评审办法时有所遵循等等。

---

① 许崇德：《"一国两制"与澳门文化》，《北京高等教育》1999 年第 10 期。

3. 坚定性与灵活性相结合的原则

澳门基本法对于澳门特别行政区文化领域里的原则性问题态度鲜明，不含糊其辞，这就是坚定性。同时，澳门基本法从澳门的具体情况出发，考虑到客观实际的需要，又在不损害重大原则的前提下，作出适当的变通，这就是灵活性。举例而言，《澳门基本法》第九条规定：澳门特别行政区的各机关，"除使用中文外，还可使用葡文，葡文也是正式语文"。这样的例子在澳门基本法中有很多。总的来看，澳门基本法对于文化的规定同对待其他事务一样，充分体现了原则性与灵活性的统一。

4. 剔除殖民主义色彩的原则

澳门是一个文化城市，文化气息浓厚，有观光、游乐价值。但另一方面也必须看到，葡萄牙在澳门建立了长期的殖民统治，因此在文化领域里渗透了殖民主义的因素和色彩。此类殖民主义的内容或形式如果保存下来，则是同中国恢复行使主权和特别行政区成立后的澳门的地位极不相称的，所以有必要予以清除。此类剔除殖民主义色彩的清理工作，实际上早已开始。例如，澳门特别行政区筹备委员会通过了《关于澳门邮票过渡性安排的意见》，筹委会还宣布："自1999年12月20日起，原澳门行政、立法、司法及其他公共机构中反映葡萄牙管治的徽记、印章、旗帜不再使用。"并在《关于公元2000年澳门公众假日安排的决定》中，把澳门原有的"葡萄牙革命纪念日"、"葡萄牙日"、"葡萄牙国庆节"、"葡萄牙复兴节"等假日都予以取消等。

以上的主要原则表明，澳门基本法是一部从澳门实际出发的，能适应澳门社会客观要求的法律，澳门基本法的实施必将有力地推动和保障澳门文化的繁荣发展。

第二节　经济制度

一、澳门基本法有关经济制度体现的特点

《澳门基本法》第五章规定了有关经济方面的制度。经济是社会的基础，这一章里的规定对澳门特别行政区的基本性质具有极其重要的意义。可以说，澳门特别行政区的"特别"之处，在这一章里充分地表现出来了，具体有三个方面。[①]

（一）实行的是资本主义私有制

《澳门基本法》第五条规定，澳门特别行政区不实行社会主义的制度和政策，保持原有的资本主义制度。资本主义制度的核心是资本主义的经济制度，这是澳门和香港两个特别行政区共有的特点，也是这两个特别行政区与中国内地在经济制度上的主要差别之所在。资本主义经济制度表现在所有制方面就是私有制经济。

回归前在澳门的各种经济成分中，私有经济占绝大部分，并且起到主导作用。例如土地，在澳门，土地的一小部分在回归前属于私人所有，在澳门特别行政区成立后，这一小部

① 王叔文、吴建璠、谢怀栻等编著：《澳门特别行政区基本法导论》，中国人民公安大学出版社1994年版，第316~330页。本书作者们认为，澳门特别行政区经济制度的特点体现在三个方面：一是私有制经济；二是独立的财政税收制度；三是以娱乐业为主导的经济。

分土地仍属于私人所有（《澳门基本法》第七条）。就其他生存资料而言，在澳门，除了邮政之外，几乎所有生产资料和企业都属于私有，或是由政府和私人共同投资的。所以在澳门特别行政区成立后，特别行政区占有的生产资料和经营的企业也较少。私营企业的所有权和经营权都掌握在私人（个人或公司）手里，私营企业的活动完全由企业主根据市场法则和利润法则进行，政府对企业的活动不加以干预，更不用计划去管制或指导，私营企业在澳门经济中发挥着主导作用。这与中国其他地区实行的社会主义经济制度截然不同。

因此，《澳门基本法》第五条所规定的保存原来的资本主义制度，具体到经济方面，就是要保持原有的私有制经济。只有保存好原来的私有制经济，才能保持澳门的稳定和繁荣，这在澳门回归的十几年的实践当中已经很好地证明了。

正是要保持原有的私有制经济，《澳门基本法》在"经济"一章开头就规定要保护私有（私人或法人）的各种财产权利（第一百零三条）。澳门基本法中完全没有提到公有制经济部分。这不仅是由于公有制经济成分在澳门特别行政区只占很少的比重，更主要的是表明澳门基本法的着眼点是私有经济。

（二）经济制度方面体现了"澳人治澳、高度自治"①

中国内地各省的财政税收制度都是根据中央政府的规定建立的。但是在经济的各个方面，澳门有与中央不同的"独立"制度，例如独立的财政、独立的税收、独立的货币金融制度、单独的关税区等。

1. 澳门特别行政区保持财政独立

澳门特别行政区财政收入全部由澳门特别行政区自行支配，不上缴中央人民政府，中央人民政府不在澳门特别行政区征税。这就保证了澳门回归后财政的独立地位，而内地所有的地方行政区都不能具有这样的财政地位。在税收方面，澳门特别行政区实行独立的税收制度，参照原来实行的低税政策，自行立法规定税种、税率、税收宽免和其他税务事项，澳门特有的专营税由法律另行规定。

2. 实行适合自己情况的货币金融制度

在货币金融管理权限上，《澳门基本法》第一百零七条第二款明确规定："澳门特别行政区政府自行制定货币金融政策，保障金融市场和各种金融机构的经营自由，并依法进行管理和监督。"在货币金融制度方面依然保留迥然不同于祖国内地的一整套货币金融政策。澳门元作为澳门特别行政区的法定货币而继续流通，不实行外汇管制，澳门元自由兑换，其外汇储备由澳门特别行政区政府依法管理和支配，澳门特别行政区政府保障资金的流动和进出自由。

3. 保留自由港地位

自由港是澳门经济的一大特色。澳门基本法规定，澳门特别行政区保留自由港地位，除法律另有规定外，不征收关税。与此相补充的是，澳门特别行政区实行自由贸易政策，保障货物、无形财产和资本的自由流动。继续保留澳门自由港地位既是"一国两制"的重要组成部分，同时也有利于回归后澳门经济的持续发展。因为澳门地域狭小，如果不在货物、资金、信息和人员方面与世界上其他地区保持最畅通的交流，那么其经济就将受到损害，甚至难以得到正常发展。

---

① 参考黄红华、詹其栋：《澳门特别行政区政治经济和社会制度阐析》，《亚太经济》1999年第4期。

4. 保留单独的关税区地位

澳门基本法规定，澳门特别行政区为单独的关税地区。澳门特别行政区可以"中国澳门"的名义参加《关税和贸易总协定》、关于国际纺织品贸易安排等。在规定澳门特别行政区为单独的关税地区的同时，还明确规定："澳门特别行政区取得的和以前取得仍继续有效的出口配额、关税优惠和其他类似安排，全由澳门特别行政区享有。"

澳门特别行政区之所以保有本身独立的各种制度，是为了使澳门平稳过渡与安定繁荣，为了使澳门人民在生活等方面尽可能不发生大的变化，使澳门人民得以继续安居乐业，使外来投资者继续来澳经营企业。

（三）专条规定旅游娱乐业

《澳门基本法》"经济"一章有一个重要的特点，就是设专条规定澳门的旅游娱乐业。《澳门基本法》第一百一十八条规定："澳门特别行政区根据本地整体利益自行制定旅游娱乐业的政策。"旅游业在澳门经济中占有重要的地位，而旅游业的特点是靠以博彩业为主的各项旅游事业的支持。

回归前，澳门特别行政区的经济是以旅游娱乐业为主导，这一特点只有澳门所具有，是由澳门的自然条件和历史条件形成的。澳门地方狭小、人口稠密，不仅没有农业可言，工业也极不发达。在历史上，澳门曾一度成为远东的航运中心和转口贸易中心，在一个短暂时期内也曾有过较为发达的制造业。但在19世纪40年代以后，香港逐步兴起，取代了澳门远东航运中心的转口贸易中心的地位，使澳门经济每况愈下，走入困境，最终向畸形发展。19世纪60年代以后，澳门成为赌博业、鸦片走私和非法输出华工的重要据点，始终没有建立真正的现代产业。加之葡萄牙殖民统治者在澳门实行"竭泽而渔"的殖民政策，澳门本地资本被搜刮殆尽，资本积累等于零。20世纪以后，鸦片走私逐渐被节制，输出华工也被禁止，澳门经济逐步走向以旅游业，尤以其中的赌博业为主导产业的发展方向。

澳门基本法除了对澳门特别行政区基本社会经济制度作出规定外，还对各种主要经济制度和政策作了原则性规定，这些规定是澳门特别行政区在经济领域获得的特别是经济立法和执法的依据。

二、私有财产权的法律保障

由于特殊的历史原因，与我国内地实行的以公有制为主体的社会主义经济制度不同，澳门实行的是资本主义私有制经济制度。在澳门各种经济成分中，私有经济占有绝大部分，并且起到主导作用。目前，除了邮电业、仁伯爵综合医院和垃圾焚化中心等属公营，电力、电讯、广播电视、机场、深水码头、澳门大学等有政府参与股份外，澳门经济事业的各个领域都依赖私有资本的经营，甚至连相当一部分土地都属于私人所有。私营企业的所有权和经营权都掌握在私人手里，企业的活动完全由企业主根据市场法则和利润法则进行。政府对私营经济活动提供法律保障，不用计划去管制或者指导，只运用利率、税收、投资服务、产业指导等手段建立运行机制，而不直接干预私营企业的经营活动。

（一）澳门基本法对私有财产权的保护

根据澳门实行私有制经济制度的现实情况，为了保证澳门的长期繁荣和稳定，澳门基本法规定，澳门特别行政区不实行社会主义的制度和政策，保持原有的资本主义制度长期不变。资本主义制度的核心是资本主义的经济制度，表现在所有制方面就是私有制经济，亦即私有财产所有权。因此，要保持原有的资本主义制度长期不变，就要保证资本主义经济制度不变，其核心就是私人财产权得到保障。为此，《澳门基本法》第六条规定，澳门特别行政区以法律保护私有财产权，并在第一百零三条再一次明确，澳门特别行政区依法保护私人和法人财产的取得、使用、处置和继承的权利。

（二）澳门基本法相关规定的落实

澳门基本法有关保护私人财产权的规定是原则性、概括性的，要对私人财产权提供更为具体周到的保护离不开相关部门法尤其是民法的规定。在葡萄牙统治时期，葡萄牙将其民法典延伸到澳门适用，但社会大众并不熟悉这些法律。没有制度的保护和约束，任何长期的投资和机会都会冒极大的风险而没有长远的收益保证。要落实澳门基本法对私人财产所有权的保护，实现民法本地化至关重要，即要制定一部符合澳门情况并能够为澳门民众理解和接受的民法典。这项工作在澳门回归前就已经开始，本地化后的《澳门民法典》于 1998 年 8 月通过并于同年 10 月生效。在这部民法典的物权法和债权法中集中体现了对财产权的确认和保护，将澳门基本法的相关规定具体化。例如，该法典第一千二百三十二条规定，除法律规定之情况外，不得剥夺任何人全部或部分之所有权；第一千二百三十三条规定，财产因公用或私用而被征收，或财产被征用时，财产之所有人及受影响之拥有其他物权之人均有权收取适当之损害赔偿。

（三）私有财产的征用和补偿

随着社会的发展，对私有财产给予绝对保护的思想已经受到挑战，为了公共利益而对私有财产的行使给予必要的限制这一观点已经得到各国普遍认同。而且这种限制也有现实的需要，因为当今政府已经告别了过去"小政府"的时代，承担了越来越多的公共管理职能，政府为着经济发展和社会公益的需要，如为修建道路、机场、水电等公用设施，常常需要征用私人和法人的土地、房屋及其他财产，当然也包括境内的外资。为了保证公权力不被滥用来任意侵犯私人财产，就需要对公权力的行使作出必要的限制，主要是程序方面的限制。同时为了寻求公共利益和私人利益之间的平衡，也需要对被征用财产的所有权人进行必要的补偿。为此，各国法律都设有私有财产征用制度。澳门基本法对此也作了相关的规定，授予澳门特别行政区依法征用私人和法人财产的权力。根据澳门基本法的规定，澳门特别行政区征用私有财产时，必须遵守以下两个条件：

（1）依法进行。在需要的时候，政府有权征用任何私有财产，但必须符合法律规定的条件，还要按照法律规定的程序进行。

（2）作出补偿。澳门特别行政区征用私有财产，应对财产所有人作出补偿。补偿必须符合三个原则：①补偿的金钱要与被征用财产在征用时的实际价格相等；②用作补偿的金钱必须是可以自由兑换和自由汇出的货币；③补偿必须即时给付，不得无故迟延支付。

（四）外来投资的法律保障

外来投资是指来自澳门地区以外的投资，主要包括银行贷款和直接投资两大类。由于澳门地域狭小，资源缺乏，对外来投资的依赖性很大。如何吸引和保护外来投资，关系到澳门的繁荣和发展。澳门基本法对此非常重视，规定外来投资受法律保护。澳门特别行政区政府成立后，也非常重视这个问题。针对回归前治安形势严峻使外来投资裹足不前的情况，回归后的澳门特别行政区在中央政府的大力支持下，将整顿治安作为重点施政项目，并取得了显著成效，为吸引外资创造了良好的条件。

三、财政和税收

（一）财政

1. 澳门的财政状况

长期以来，澳门在财政方面与葡萄牙完全一体。直到 1974 年葡萄牙"四·二五"革命成功，葡萄牙政府宣告放弃其海外殖民地统治后，1976 年起，根据新颁布的《澳门组织章程》，澳门政府才有其本身的财政，但它与葡萄牙政府仍有一定的联系。直到 1980 年，澳门的财政才完全脱离葡萄牙而独立。而澳门总督作为代表葡萄牙管治澳门的最高行政首长，对财政预算的制定和执行负全责。澳门政府以收支平衡的原则制定财政预算，每年略有盈余，至 1997 年，历年财政盈余滚存的总额为 36 亿澳门元。据有关统计显示，1976—1997 年共 21 年间，澳门财政收支出现了持续高速增长的局面。

但是，在财政收入高增长的背后，澳门政府的财政也存在一些隐患：一是财政支出大大增加，出现财政赤字，加上政府没有财政储备制度，便以历年的盈余抵充财政收入，使政府滚存的财政收入大大减少；二是财政收入的相当部分，不是来自经济的发展，而是靠大量批出土地和变卖资产如出售公私合营公司中政府拥有的股份而获得。由于土地和股份均有限量，这种情况无法长期维持下去。另外，自 1980 年以后，葡萄牙表面上并不直接从澳门取得经济收入，但实际上仍从澳门得到高额的经济利益。首先，澳门政府中的中上层官员均是葡人，他们都享有极高的薪俸及包括退休金在内的福利待遇。如澳门总督的年薪比葡萄牙总统的年薪还高。其次，澳门的公共工程，政府优先给予葡资公司。就连澳门当地的文化教育支出，葡萄牙人享受的份额也比华人享受的要多。由此可见，在葡萄牙统治下的澳门，其财政问题甚多，而且具有明显的殖民地色彩。在这种情况下，如何保持澳门财政收入的持续增长就成为回归以后澳门特别行政区政府面临的严峻挑战。

2. 澳门基本法关于澳门特别行政区财政的规定

中央政府基于澳门特别行政区的高度自治，为使澳门特别行政区政府能运用自治权发挥作用，在澳门基本法中对澳门特别行政区的财政作了一系列规定。这些规定主要体现在三个方面：

（1）澳门特别行政区保持财政独立（第一百零四条第一款）。

澳门特别行政区的财政由澳门特别行政区政府依澳门基本法自行决策，自行安排。中央人民政府不为澳门特别行政区规定财政上的各项制度，也不发布命令和指示。澳门特别行政区政府自行管理特别行政区财政，运用特别行政区政府的收入和支出。澳门特别行政区的财政与中央财政完全分开，互相独立。特别行政区的财政保持独立，特别行政区政府就可以自行决定资源和资金的利用和分配，自行制定财政政策和各项措施。这样制定的政策和措施能密切结合澳门实际，有利于澳门经济和社会的发展。依照澳门基本法的规定，澳门特别行政区的财政预算由特别行政区政府向立法会提出，立法会审核通过后，交行政长官签署执行。财政决算也由特别行政区政府向立法会提出，由立法会审议。预算和决策都只需由行政长官报中央人民政府备案。既然只是备案，中央人民政府对特别行政区的预算、决算就不会干预。这就是财政独立的表现。

（2）澳门特别行政区财政收入全部由澳门特别行政区自行支配，不上缴中央人民政府（第一百零四条第二款）。

澳门特别行政区财政独立，可以自行决定收入的来源和数量。全部收入由澳门特别行政区自行支配。如有节余，也由特别行政区自行积存。不论收入多少或有无节余，都不上缴中央人民政府，这就是说，特别行政区在经济上对中央不负担任何义务。在香港基本法中，也有与此相同的规定，即其第一百零六条第二款，用语略有不同，该条文是："香港特别行政区的财政收入全部用于自身需要。"《澳门特别行政区基本法（草案）征求意见稿》第一百零六条第二款也是这样表述的。后来有人提出，"自身需要"的意思过于狭隘，不能适合实际情况，不如"自行支配"好。譬如将来特别行政区政府将其收入拨作援外之用，或者履行国际义务乃至向国内其他地区捐款（例如救灾），都会受到"自身需要"四字的限制。经过讨论，澳门基本法起草委员会采纳了这一意见，将"自身需要"改为"自行支配"。这样更好地表达了澳门特别行政区的自治权与自主决定其收入如何使用的权力。

（3）中央人民政府不在澳门特别行政区征税（第一百零四条第三款）。

中央人民政府既不要求澳门特别行政区政府向中央政府上缴其收入，也不向澳门特别行政区人民征税。澳门特别行政区人民只需负担本区的税款，而不再向中央承担纳税义务。澳门基本法的这一规定直接保证了澳门特别行政区人民的纳税只用于澳门特别行政区的支出。

以上三点，即《澳门基本法》第一百零四条的规定，可以说是关于中央和澳门特别行政区的关系在财政方面的体现，也是澳门特别行政区实行高度自治在财政方面的具体化。根据《澳门基本法》第一百零四条、第一百零五条和第一百零六条的规定，澳门特别行政区保持财政独立，其财政收入全部由澳门特别行政区自行支配，不上缴中央人民政府。中央人民政府也不在澳门特别行政区征税。澳门特别行政区实行独立的税收制度，参照原来澳门实行的低税政策，自行立法规定税种、税率、税收宽免和其他税务事项，专营税制由法律另作规定。财政税收独立是澳门特别行政区"高度自治"在财政税收领域里的一个重要体现。

另外，由于澳门特别行政区实行财政独立，特别行政区有权自行作出财政方面的决策，因此，关于特别行政区自身应如何处理财政事务，基本法也作了明确规定。《澳门基本法》第一百零五条规定："澳门特别行政区的财政预算以量入为出为原则，力求收支平衡，避免赤字，并与本地生产总值的增长率相适应。"这一条是对澳门特别行政区政府的指导性规定，也是对澳门特别行政区政府财政决策的限制。第一百零五条的要求有三：第一，特别行政区政府在编制预算时，要以量入为出为原则。这就是说，要以收入定支出，不能不顾收入而盲目扩大支出。另外，量入为出，还要考虑"入"的性质，"入"应是真正的本年度的实际收入。如果不量入为出，必然造成赤字预算。第二，要力求收支平衡，避免赤字。如果收支不能平衡，发生赤字，就只有借债，或增发货币，这些都会造成财政危机。第三，财政收入和支出的增长要与本地生产总值的增长率相适应。财政收支的增长要保持在生产总值增长的幅度以内，这样才能使财政建立在稳固的基础之上。这三点不仅是澳门特别行政区政府在编制预算、执行预算时应当遵守的，也是澳门特别行政区立法会在审议预算、决算时应该注意的。《澳门基本法》第一百零五条的规定不仅是对澳门特别行政区政府健全财政的要求，而且也是总结过去几年来澳门的财政情况所得出的经验教训。葡萄牙统治澳门期间，从表面看，财政似乎搞得很不错，每年都有结余，税收和财政总收入增长都很快，但仔细分析起来，如前所述，在过渡期的几年，澳门政府大量动用历年结余，大批处理土地和其他资产，大量扩充政府机构和增加公务员薪俸，大量增加福利性开支，实际上实行的是"量出为入"的赤字财政。更为严重的是，其财政支出的增长远远超过经济的增长，财政支出的增长幅度又超过财政收入的增长幅度。因此，澳门政府在过渡期内有抓紧时间突击花钱，在执掌政权时花光当年的收入，还想耗尽以前结余下来的财政储备的倾向，甚至还要把其债务负担随着政权移交延续下去。澳门政府的这种做法，明显对澳门人民是有害的。我们自己的特别行政区政府要为澳门人民谋福利，就绝不能这样做。因此，《澳门基本法》在第一百零五条专门对澳门特别行政区财政作出如此规定，其用意是深远的。

（二）税收

1. 澳门税收的状况

回归前澳门税制来源于 20 世纪 60 年代的葡萄牙税制。它是一种复合税制，有多种税针对不同的收入来源课征，而附加税在某些情况下则作为一种补充税。应当指出，某些收入来源不需要纳税，例如资本所得。此外，澳门与其他国家和地区间没有避免双重征税条约。在澳门，由于来自博彩和土地批出的收入数倍于税收收入，因此，税收制度起不到作为重要的收入来源和经济干预机制的功能。

回归前澳门重要的税种有：①工业税：虽然有税收之名，但它实际上并非一种税，而是类似于从事法定的《工商分类总表》所规定行业的"年度执照费用"。②继承及赠与税：征于继承或物业之无偿转让。③物业转移税：根据转移价额所征收的房地产税。④都市物业税：向租赁或非租赁的都市房屋所征之税。⑤职业税：因提供劳务所征之税，包括自行从事自由职业或技术职业之劳务所得。⑥补充税：作为工商业所得税之第一级税收以及因劳务和都市物业收入之"附加税"。其他税收有旅游税、印花税、消费税及出口税。出口税并非真正的税收，而是签发原产地证书之收费。作为自由港，澳门几乎对所有产品均不征收进口税。[①]

2. 澳门基本法关于澳门特别行政区税收制度的规定

（1）独立的税收制度。

《澳门基本法》第一百零六条第一款规定："澳门特别行政区实行独立的税收制度。"独立的税收制度与独立的财政制度是相配合的。没有独立的税收制度，就不能自主地决定财政收入，也就不能决定财政支出，当然更谈不上财政独立。税收制度的要素包括税种、税率、纳税义务人等，这些都由澳门特别行政区政府自行决定，中央不加以干预。

（2）税收政策。

《澳门基本法》第一百零六条第二款规定："澳门特别行政区参照原在澳门实行的低税政策，自行立法规定税种、税率、税收宽免和其他税务事项。"澳门原有的主要税种的税率，如所得补充税等，较香港为低，较东亚其他国家和地区更低。这种低税率的政策吸引了包括香港在内的外来投资者，所以澳门基本法规定澳门特别行政区在制定税收政策时要参照原有的低税政策。这种规定与香港基本法中的规定一样，都是指导性的。另外，澳门原来的每一种税都有一个法律，如营业税依据的是 1977 年第 15 号法律等。依照《澳门基本法》第八条保留澳门原有法律的原则，这些法律都保留下来，因而这些税种也保留了下来。

《澳门基本法》第一百零六条第二款还有一个规定："专营税制由法律另作规定。"这里

---

① 刘信业：《澳门特别行政区财税制度略论》，《河南财政税务高等专科学校学报》1999 年第 13 卷第 4 期。

所说的专营税，在澳门又名专利税，是指政府对特准经营某些专利事业的公司就其经营的专利事业收入所征收的税。这些公司在澳门有自来水公司、电讯公司、澳门旅游娱乐公司等。这些公司经营自来水、电讯、娱乐旅游，都是由政府特许并授予专营权的，即不再准许其他公司经营同样的事业，因此，对这些公司就其专营事业的收入征收的税称为专营税。此税较之于其他各种税具有下列特点：第一，纳税义务人只是自来水公司等少数特定的公司，不像其他税种的纳税义务人是不特定的多数人。第二，专营税的税额和征收方法，由政府在授予专营权时与纳税公司通过协商确定。第三，专营税通常有最低税额。在各种专营税（自来水专营税、电讯专营税、博彩专营税）中，博彩专营税（即赌税）尤具特色，澳门政府在授予博彩专营税权时，不仅与该专营公司协商税额与征收方法，还要求该公司承担其他经济方面以及非经济方面的义务。专营税既然是一种特殊的税制，就不能与其他各种税一样，受"低税政策"的限制，因此澳门基本法把专营税单独提出来，规定"由法律另作规定"。这样，可以使澳门特别行政区的立法机关对专营税特别注意。

四、货币、金融和外汇

（一）货币

澳门在 20 世纪以前没有自己的货币，流通中的货币主要是中国银元、铜钱和其他一些国家的银币。1905 年 9 月 4 日，葡资的大西洋银行获得澳门行政当局授权，开始发行澳门货币即葡币。1980 年，澳门货币暨汇兑监理署成立，负责发行货币，仍由大西洋银行代理。1995 年 10 月，为了适应澳门进入回归祖国的后过渡期的需要，中国银行澳门分行经澳门政府授权，成为澳门地区第二家发行货币的银行，澳门的发钞历史从此进入了新的阶段。回归前，流通的澳门币有纸币 5 种，即 10 元、50 元、100 元、500 元和 1 000 元；硬币 5 种，即 1 角、2 角、5 角、1 元和 5 元。长期以来，澳门币只是一种使用范围很小的地区性货币。它曾与葡萄牙货币土姑度挂钩，后来因为土姑度汇率波动太大而脱钩。从 1997 年起，澳门币转与港币保持联系。澳门币与港币的比率较稳定，大致固定在 103:100。由于港币与美元保持稳定的联系，澳门币因此与美元有间接的联系。澳门币作为可以自由兑换的货币，开始走向国际化。回归前，澳门市面流通的货币主要有葡币和港币，一些商行亦收取人民币。

回归后，为了更加符合一般惯例，澳门原来的货币发行机构——货币暨汇兑监理署易名为澳门金融管理局，但原来的职能和职责维持不变。澳门原来的两家发钞银行——大西洋银行和中国银行澳门分行获得政府授权，回归后仍然继续行使货币发行的代理职能。澳门元的发行需有 100% 的外汇储备的支持，发钞银行必须按照 1 港元兑 1.03 澳门元的固定汇率，向金管局交付等值的港元换取无息负债证明书，作为发钞的法定储备。在 100% 的储备支持下，金管局保证澳门元对储备货币的完全兑换，澳门元与港元的联系汇率也因此确立。金管局依据澳门经济活动的情况和替换旧钞的需要量，决定发钞的多少。现在澳门流通的澳门币，纸币面值计有 10 元、20 元、50 元、100 元、500 元以及 1 000 元 6 种，硬币有 1 角、2 角、5 角、1 元、2 元、5 元和 10 元 7 种。从 2002 年 9 月起，中国银行在广州、中山、珠海的营业点，可办理澳门元的存款、汇款业务。不少澳门人认为，这是澳门元走出澳门的第一步。

澳门币的地位在国际金融界虽然不高，但它已经在澳门流通了 80 多年，为澳门居民所熟悉，也为社会所接受，而且澳门开放的货币制度在吸引外资和发展经济中起到很大的作用。因此，澳门特别行政区有必要保持原有的货币制度的连续性。为此，澳门基本法规定：

（1）澳门元继续流通，并作为澳门特别行政区的法定货币。但货币所带标志与澳门特别行政区地位不符合的，应逐步更换和退出流通。1991年以来，澳门政府已经开始这方面的工作，更换了很多面额的纸币和硬币的标志和图案，以适应这一要求。

（2）澳门币的发行权属于澳门特别行政区政府。澳门特别行政区政府可以授权指定银行行使或者继续行使货币发行的代理职能。因此，包括大西洋银行和中国银行澳门分行在内的所有银行，均有可能获得澳门特别行政区政府的授权，代理其发行货币。

（3）澳门货币的发行制度和准备金制度由澳门特别行政区立法规定。中央人民政府不干预澳门货币的发行，也不为其发行提供币值担保。为保持澳门元的稳定，澳门货币的发行必须有100%的保证金。

（二）金融

1. 金融业状况

澳门金融业以银行和保险为两大支柱，回归前又陆续增加了黄金、外汇及股票投资等业务，而且发展迅速，在亚太地区位居前列，但对于作为国际金融中心的相关金融市场有较大的依附性。回归前，澳门已形成比较完整的规范金融活动的法律和制度。例如，在监管法律方面，银行法令在1983年作了修改并在同年通过执行。之后，由于银行业的飞速发展，一部新的银行法，即《澳门金融体系法律制度》又应运而生，并在1993年7月5日正式颁布实施。保险监管方面，有关的法律也根据保险业的发展而分别在1981年、1989年及1997年实行或修订。总体上讲，澳门的金融业有三大特点：一是规模小；二是高度开放；三是对外联系密切。

2. 金融政策

根据澳门基本法的规定，澳门特别行政区自行制定金融政策，保障金融市场和各种金融机构的经营自由，由法律规定金融制度，并依法进行管理和监督。澳门现在正逐步形成独立的金融制度，引入国际标准，比较规范地界定各类金融机构的性质、运作范围和运作准则。澳门基本法既肯定澳门特别行政区拥有与我国内地其他地区不同的金融制度，也确认澳门现行的行之有效的金融制度得以保留并进一步完善。

澳门回归后，澳门货币暨汇兑监理署易名为澳门金融管理局，行使原来的职能，除了根据现行的法律加强对本地金融市场的监管外，还向政府就如何促进金融业的持续增长、实现金融业的长期稳定与发展提出政策建议。为了使澳门能够发展成为一个金融服务中心，澳门金融管理局已经着手进一步完善现行的有关法律制度并引入国际性的最佳营运方法，例如金融中介活动的管制法例等。在执行国际水平的监管标准后，还吸引了著名的外来投资者，如忠实保险、瑞士丰泰保险、东亚银行、大福证券等。

（三）外汇

1. 外汇制度

澳门政府对外汇的出入境不加限制，澳门元可以随时无限量兑换成外币，黄金、白银也可以不受限制地自由买卖。但鉴于澳门外汇来源稀少，而且并不稳定，为保持国际收支平衡，澳门政府实行有限的外汇管制，规定：出口商必须以较银行汇率稍低的公价汇率将出口收入所得外汇的50%交与货币暨汇兑监理署；旅游企业有义务将每位旅客22港元的人头税以外汇交与货币暨汇兑监理署。虽然回归前的亚洲金融危机对澳门外汇储备的增长产生了影响，但整体而言，澳门的外汇储备还算稳定，至 1999 年 8 月，澳门的外汇储备金达到 200 亿澳门元。

澳门回归后，外汇储备稳步增长，2001 年有 280 多亿澳门元（等值，主要持美元、港元、欧元），而 2002 年则达到 305 亿澳门元，增长逾 8%，到 2004 年 8 月已达到 388 亿澳门元。澳门的外汇主要是品级高的债券和定期存款，聘请国际有名的资金经理，按稳健的理财原则在外投资，所以在利率普遍下调的环境中，澳门外汇存底仍有 5% 的回报率。

2. 外汇政策

回归前，澳门的外汇政策在吸引外来投资、促进经济发展方面起了很大的作用，因此有必要保持澳门的外汇管理传统。澳门基本法规定，澳门特别行政区不实行外汇管制，保障资金的流动和自由进出。澳门的外汇储备专属澳门特别行政区政府，不纳入中央人民政府储备，由澳门特别行政区政府严格保管，妥善运用。

五、贸易与工商业

（一）贸易

1. 自由港地位

自由港亦称自由口岸，原指不属于任何一国海关管辖范围的港口，有时也包括港口附近的地区；后也泛指由国家开辟的不受海关监控但可以对进出货物免征关税的港口或者海港区域。自 1845 年 11 月 12 日以来，澳门一直保持自由港的地位。澳门政府对进出口贸易采取基本免税、少数低税的制度，进口商品除烟、酒、燃料、水泥、车辆等需要课征消费税外，其他生产原材料和消费品进口均予免税。即使是征税项目，其出发点亦非限制外国商品进口，而是出于增加财政收入、维护居民身体健康、调控交通负荷等考虑。出口商品除办理产地来源证须缴交费用外，一律免税。

长期以来的实践证明，自由港制度适用澳门经济的规模和特点，有利于其长期发展。为保持澳门今后的稳定和繁荣，澳门基本法规定，澳门特别行政区保持自由港地位，除法律另有规定外，不征收关税。

2. 自由贸易政策

对外贸易是澳门经济的一个重要组成部分。由于澳门地域狭小，资源缺乏，人口不多，决定了其对对外贸易的高度依赖，其工业产品除水、电等能源产品外，几乎全部外销，而所需机器设备、原材料以及居民日常消费品，则绝大部分依赖进口。1984 年，澳门对外贸易总值高于其本地生产总值一成多，虽然后来澳门经济结构发生了变化，但是对外贸易仍占有举足轻重的地位。1996 年，澳门对外贸易总值达 318.29 亿澳门元，约为澳门生产总值的一半。

澳门回归后，对外贸易呈现快速增长的态势。据统计，2000 年澳门对外贸易总值为 384.78 亿澳门元，较上年的 338.80 亿澳门元增长 13.8%。其中进口总值约为 181 亿澳门元，较上年增长 11.0%；出口总值约 204 亿澳门元，较上年增长 15.9%。但 2001 年，由于美、欧、日经济发展相继陷入衰退，从而对澳门的出口造成了严重影响，全年出口总值为 184.7 亿澳门元，比 2000 年下降 9.4%。2002 年形势出现了好转，澳门的进出口总额达

392.5 亿澳门元，其中，出口货值为 189.3 亿澳门元，进口货值为 203.2 亿澳门元，分别比 2001 年增长 2.4% 和 6%。① 此外，澳门回归祖国以来，与内地特别是广东省的贸易往来日益密切。据拱北海关公布的海关统计分析资料显示，1999 年粤澳贸易总额仅为 6 亿美元，到了 2006 年上升到 20 亿美元，1999—2006 年平均增长速度为 22.2%。2007 年 1 月至 10 月，粤澳贸易总额已达 19.7 亿美元，比去年同期增长 21.1%，已经接近 2006 全年的双方外贸总额。②

澳门一直推行的自由贸易政策对澳门的对外贸易起着举足轻重的作用，为了保持贸易政策的连续性和对外贸易的持续发展，澳门基本法借鉴澳门以前长期的贸易政策，规定：澳门特别行政区实行自由贸易政策，保障货物、无形财产和资本的自由流动。自由贸易政策是保护贸易政策的对称，它主张对贸易商品交易不加限制，允许自由竞争，并在其他方面给予一定的优惠以鼓励贸易的发展。从澳门以前的实践经验来看，自由贸易政策主要体现在：①企业自由经营，政府对任何类型的企业的设立和经营均不干预，放任其自由竞争；②货币进出口贸易自由，除税收外不采取其他管制措施；③不实行外汇管制，澳门元自由兑换，资金和赢利可以随时进出澳门；④澳门地区在配额谈判和关税优惠安排等对外贸易事务中享有自主地位。

3．单独关税地区

关税是对进出国境或者关境的货物和物品所征收的一种税。关税的有关规定，直接影响到一个国家或地区的对外贸易，并相应地影响该国家或地区的商业和金融等活动。长期以来，澳门沿用单独的关税体制，澳门特别行政区既然保持自由港地位，除少数几种货物外，不征收关税，当然也不能使用与中国内地相同的关税制度，而必须成为一个单独的关税地区。澳门基本法在肯定澳门特别行政区为单独关税地区的同时，进一步规定：

（1）澳门特别行政区可以"中国澳门"的名义参加《关税和贸易总协定》、关于国际纺织品贸易安排等有关国际组织和国际贸易协定，包括优惠贸易安排。

（2）澳门特别行政区取得的和以前取得的仍然继续有效的出口配额、关税优惠和其他类似安排，全由澳门特别行政区享有。

（3）澳门特别行政区根据当时的产地规则，可以对产品签发产地来源证。

（二）工商业

1．工商业状况

澳门工商业以工业和商业为主，并包括交通运输业、建筑业、外贸业、饮食服务业和旅游业等，其中外向型出口加工工业更是澳门工商业的核心。

澳门工业历史悠久，但发展缓慢，直到 20 世纪 60 年代才开始有较明显的变化，70 年代发展速度加快，80 年代进入全盛时期，90 年代发展速度明显放慢，部分工业甚至呈萎缩状态。但是经过 20 世纪 70 年代和 80 年代的飞速发展，工业已经成为澳门四大经济支柱之一，在 20 世纪 90 年代后期则成为仅次于旅游博彩业的第二大产业部门。澳门的商业活动一直比较发达，早在 400 多年前就已成为中外贸易的著名商埠。20 世纪 70 年代后期，随着工业、旅游业的迅速发展与建筑业的崛起，加上澳门人口剧增以及中国内地实行对外开放政

---

① 来源于新华网，《去年澳门对外贸易总额达 390 多亿元澳门币》。
② 来源于大洋网，《前 10 月广东与澳门外贸总额直逼去年全年》。

策，澳门商业迅速发展。但是进入了 20 世纪 90 年代以后，由于受到工业衰退、经济疲惫的影响，再加上内地市场发展缓慢等因素，澳门商业竞争加剧，陷入了困境，面临着巨大挑战。

回归后，澳门特别行政区扭转了一度恶化的社会治安形势，为工商业的发展创造了稳定祥和的外部环境；同时加强了与内地的合作，努力克服澳门工商业本身的限制条件，促进工商业的发展。2002 年，澳门特别行政区政府成立了"澳门商务促进中心"，帮助外来中小企业投资者加快落实在澳门的投资。2003 年，澳门与国家商务部签署了《内地与澳门关于建立更紧密经贸关系的安排》，这为澳门吸引外资及内地到澳门投资办厂，以及为澳门的产品进入内地市场提供了更为有利的条件，也为澳门进行产业结构调整，克服对博彩业的过度依赖，带来了前所未有的机遇。

2．工商业政策

澳门基本法在工商业方面为澳门特别行政区制定的政策，有四个方面的内容：

（1）澳门特别行政区按照本地的实际情况，自行制定发展工商业的具体政策。

（2）澳门特别行政区依法保护工商企业的自由经营。

（3）澳门特别行政区积极改善经济环境和提供法律保障，鼓励投资和技术进步，以促进工商业的发展。

（4）澳门特别行政区帮助工商企业开发新产业和新市场。

六、旅游娱乐业

（一）回归前澳门旅游娱乐业的状况及其在经济中的地位

澳门旅游娱乐业由博彩业、旅游业、娱乐业、酒店业、饮食业、旅运业、手信业、珠宝金饰业、古玩业等组成，[①] 是澳门社会和经济体系中最具特色的部分，是澳门繁荣和稳定不可或缺的基础之一。澳门虽然没有名山大川，也缺乏规模宏大、具有世界知名度的名胜古迹，但澳门是中西文化的交汇地，还有很多优美的自然风光以及颇具特色的市井风情，尤其是博彩业，使它成为以旅游博彩业为主的传统旅游城市。澳门博彩业已有一百多年历史，向有"赌埠"之称，1847 年已有赌博合法化的法令，赌业专营，由政府开设。1896 年 7 月 10 日起，葡萄牙禁止赌博，澳门博彩业虽长期处于法律的边缘，但 1937 年还是出现了专营赌场，跑马、跑狗在 20 世纪 30 年代亦曾热闹一时。1961 年 2 月，葡萄牙海外省颁布法令，准许澳门以博彩作为一种"特殊的娱乐"，强调其对经济发展起了很大的促进作用，使澳门博彩业正式合法化。在该年的 7 月和 12 月，澳门政府先后颁布第 1496 号立法条例，即《承投赌博娱乐章程》和《承投山铺票条例》，公开招标承投赌博娱乐项目，使赌博活动正式纳入法律规范下进行，澳门的博彩业从此进入了一个新的阶段。

博彩业在澳门的经济结构中占有重要的地位，是澳门四大经济支柱之一。近几十年来，澳门旅游业得到长足发展，入境旅客逐年增加。1961 年为 51 万人次，1965 年突破百万人次大关，1977 年突破 200 万人次，1979 年突破 300 万人次，1987 年突破 500 万人次，1991 年

---

① 中央人民广播电台、澳门基本法协进会、澳门日报主编：《澳门与澳门基本法》，中国检察出版社 1998 年版，第 77 页。

突破 600 万人次，1992 年达到 785 万人次，1996 年达到 815 万人次。每年数以万计的游客为澳门带来了极为可观的外汇收入，据有关调查显示，1993 年来澳的旅客人均消费为 817 澳门元。旅游业的发展使政府的旅游税收不断增加，1981 年的旅游税收为 368 万澳门元，而 1993 年已增至 1.189 6 亿澳门元。而在旅游业中最重要的博彩业，其产值占总产值的四分之一以上，占旅游收入的三分之二以上。葡澳政府通过与由其批予专营权的澳门旅游娱乐有限公司定期签约，分别获得巨额的主次签约金和逐年博彩特别税。1962 年至 1964 年，该公司缴付的签约金为 300 多万澳门元，1983—1986 年的签约金已增至 7 亿澳门元，1997—2001 年的签约金则达到 15 亿澳门元。而博彩特别税也迅速增长，1975 年仅有 960 万澳门元，1976 年达到 2 000 万澳门元，1981 年超过 1 亿澳门元，1983 年超过 3 亿澳门元，1984 年超过 4 亿澳门元，1988 年超过 9 亿澳门元，1989 年超过 14 亿澳门元，1990 年超过 19 亿澳门元，1991 年超过 25 亿澳门元，1992 年超过 34 亿澳门元，1993 年超过 42 亿澳门元。到 1997 年，猛增至 60 亿澳门元，占澳葡政府当年税收总额的 59.9%。而博彩业占澳门生产总值的比重不断增大，1982 年为 1.56%，1993 年达到 9.09%。博彩税在公共收益中的比重也从 20 世纪 80 年代的 15% 左右增至 90 年代的 30% ~40%。同时博彩业的发展带动了旅游各行业及一些公共事业如交通、慈善、文化等的发展。而旅游娱乐业的发展又创造了大量的就业机会，据统计，澳门本地有 30% 的劳动人口直接或间接地从事旅游行业的服务工作。

（二）回归后澳门旅游业的发展

鉴于旅游娱乐业尤其是博彩业在澳门中所占有的重要地位在可以预见的将来不会改变，澳门特别行政区成立以后，包括博彩业在内的旅游娱乐业仍发挥着极大的作用。澳门基本法以有利于澳门社会稳定和经济发展的大局为出发点，允许旅游娱乐业在合理的前提下继续存在，并授予澳门特别行政区政府根据本地整体利益自行制定旅游娱乐业的政策（《澳门基本法》第一百一十八条）。

澳门作为中西文化的交汇点，在资源极度匮乏的情况下，大力发展旅游娱乐业，不失为一个可取的选择，但旅游娱乐业甚至整体经济对博彩业依赖太大，却不稳妥，而且赌博对社会道德风化有负面的影响。此外，赌博业的垄断还带来服务质量下降、社会治安恶化等问题，所以在澳门回归后，澳门特别行政区政府将如何开放赌权提上了议事日程。2001 年 8 月 30 日，澳门立法会通过《澳门娱乐场幸运博彩经营法律制度》，正式打破实行了 40 余年的博彩业专营权制度。2002 年通过招标的方式决定由澳博、银河和永利三家公司获得赌牌，三家公司分别计划投资 80 亿澳门元、88 亿澳门元、40 亿澳门元，这将有力地推动澳门经济的发展。除了开放赌权外，还将博彩税率从原来的 31.8% 调整为 35%。此外，每年各家博彩公司还须向澳门特别行政区政府缴纳溢价金、相当于毛利 1.6% 的公共基金，以及相当于毛利 1.4% 的城市建设款项，并负担澳门水域的航道疏浚义务，还将上缴毛利的 2.4% 作为澳门城市建设、推广旅游和提供社会保障的费用。

作为支持澳门特别行政区经济的重要产业，旅游业在澳门急速发展，现已成为澳门的主要收入来源。2003 年，为了澳门经济发展，应澳门特别行政区政府的要求，中央政府决定开放部分省（市）内地居民港澳自由行，港澳地区简称"自由行"。"自由行"的范围逐渐扩大，带动了澳门旅游业的快速增长。可以说，"自由行"推动澳门经济进入了新一轮的发展时期。首先，旅客人数大幅度增长，2004 年澳门入境旅客总数创下 16 672 556 人次的新高，较2003年上升40%。① 2009年随团外游的居民为206 292人次，② 2010年入境旅客总数达24 965 411人次。③ 到2011年，全年入境旅客达28 002 279人次。④ 旅游业还带动了澳门零售业、餐饮业、博彩业等相关行业的发展。如2004年澳门博彩业的总收益达440.7亿元，⑤ 2008年博彩业总收益共1 111.7亿元，其中博彩及相关服务（如餐饮、外币兑换等）的收益达1 110.1亿元，较2007年上升30.6%。⑥ 2009年，澳门博彩业总收益为1 215.8亿元，其中博彩及相关服务（如餐饮、外币兑换等）的收益为1 214.0亿元，较2008年增加9%。⑦ 此外，旅游业的发展还增加了本地就业，使失业率维持在较低水平。

在旅游博彩业为澳门经济带来巨大发展的同时，澳门经济对旅游博彩业的依赖也越来越严重了，而旅游博彩业对外界因素的严重依赖使澳门经济发展前景变得不可预测。澳门特别行政区政府充分认识到这一点，2001年12月6日，行政长官何厚铧宣布，澳门新的经济结构调整为，逐步建立以自由港为核心，以旅游博彩业为主导，以服务业为主体，以中国内地为后盾的发展模式，努力推动澳门经济的适度多元化，谋求澳门经济的可持续发展。而且，中央政府也密切关注澳门博彩业快速发展及其对澳门经济、社会和民生等各个层面的影响，并积极回应和支持澳门特别行政区政府为推动经济适度多元化发展所提出的多项建议与要求。例如，及时签订《内地与澳门建立更紧密经贸关系安排》（CEPA）及其各项补充协议、开放内地部分地区居民个人赴澳门旅游、批准建立珠澳跨境工业区、创新粤澳合作联席会议机制、加快推动港珠澳大桥建设等政策措施。中央政府在国家"十一五"规划中明确提出："支持澳门发展旅游等服务业，促进澳门经济适度多元发展。"国务院公布的《珠江三角洲地区改革发展规划纲要（2008—2020年)》也提出，按照"科学发展、先行先试"的原则推进粤港澳经济一体化，将澳门定位为世界旅游休闲中心，并批准开发横琴岛，作为粤澳产业合作的又一平台。中央政府对澳门的全力支持，反映了希望澳门继续长期繁荣稳定发展。这不仅是落实"一国两制"政策的需要，也有利于澳门在内地的改革开放中发挥更多的桥梁作用与中介角色。

七、土地

（一）回归前澳门的土地制度

由于澳门的特殊地位，历史上澳门的土地所有制度及权属划分不甚明确。虽然葡萄牙人于1553年首次在澳门登陆，但直至光绪十三年（1887）的300多年中并没有具体地明确对澳门的占用、管辖权及其范围，只是通过缴纳白银地租的方式获得在澳门居留的权利，当然也就根本谈不上对土地的所有权。其间，虽然葡萄牙女王玛丽亚二世（Maria Ⅱ）制诰，企图对澳门的土地进行管理，但对原居华人土地的所有权及买卖也没有敢于干涉。当时华人民

---

① 澳门特别行政区政府统计暨普查局，2004年旅游统计。
② 澳门特别行政区政府统计暨普查局，2004年旅游统计。
③ 澳门特别行政区政府统计暨普查局，2010年旅游统计。
④ 澳门特别行政区政府统计暨普查局，2011年旅游统计。
⑤ 澳门特别行政区政府统计暨普查局，2004年博彩业调查。
⑥ 澳门特别行政区政府统计暨普查局，2008年博彩业调查。
⑦ 澳门特别行政区政府统计暨普查局，2009年博彩业调查。

间的土地买卖需到香山县（即今广东省中山市）衙门盖上官印作为凭证，即如今所说的"红契"。在清朝政府于光绪十三年（1887）被迫签署《中葡和好通商条约》，承认澳门由葡萄牙统治后，澳门当局才明目张胆地把澳门的土地视为政府所有。1928 年《中葡和好通商条约》根据其第四十六款规定，第四次期满，同年 7 月 10 日中国政府外交部正式通知葡萄牙驻中国公使，条约已于当年 4 月 8 日期满失效。同年年底中葡政府重新签订《中葡友好通商条约》，条约中不再涉及澳门问题。从此，澳门成为葡管中国领土。[①] 为了界定澳门土地的性质，规范土地管理，澳门政府在 1980 年公布了《土地法》，并随着形势的发展作出了相关修改。根据相关法律的规定，澳门地区的土地按其法律地位不同可以分为三类：

1. 公用土地

公用土地是指由法律确定为公用土地并须受有关法律制度管辖的地段，即为社会共同使用或者占用的地段，如马路、人行道、广场和公园等。这类土地的取得及使用有专门的法律制度进行管理，只能通过占有许可而被临时使用或者占用。

2. 专用土地

凡不作为公用或私人拥有的地段，如政府设施所在地或者政府正在使用的土地，均属于专用土地。这类土地占了澳门土地的绝大部分，由政府管理，产权属澳门政府。该类土地供应以批租制为主，政府根据社会经济发展需要，适当投放土地，有偿或者无偿地批给个人与法人使用、开发和管理，掌握土地入市的主动权。政府批租土地采取三种方式进行：一是公开竞投；二是密封竞投；三是洽商批给（协议批租）。其中商业用地的取得方式必须是以公开竞投的方式取得，否则就是非法用地。这类土地主要包括政府租借地、政府租售地、临时性使用式占用地。

3. 私人土地

私人业权土地即"私家地"，也就是通常所说的私有土地。私人业权地一般分为两种：一种是获得澳门相关法律承认的，在立契官公署立契，并在登记局正式登记后确立的永久性私有土地；另一种则是被澳门政府列为特殊情况的私人所有，即所有者持有所谓的"砂纸契"[②]。

（二）过渡时期澳门土地问题的处理

为了保证澳门特别行政区政府能够有效运行，最大限度地保护澳门居民的利益，借鉴中央政府在解决香港土地问题的经验，1988 年 1 月 5 日，《中葡联合声明》生效之日起，中葡土地小组正式成立。其中，中方代表处的主要职责之一是检察澳葡政府批出土地的数量和期限，以及批出土地所得收入的分配和使用情况；另一项重要职责是代为管理属于澳门特别行政区政府的土地收入。《中葡联合声明》附件二专门就过渡时期澳门的土地问题作了如下规定：

（1）原由澳门葡萄牙政府批出的 1999 年 12 月 19 日以前满期的土地契约，除了临时批地和特殊批地外，可按现行有关法律规定予以续期并收取批约费用，但续期年限不得超过 2049 年 12 月 19 日。

---

① 谭纵波、董珂南：《澳门土地利用与规划体制研究》，《城市规划》1999 年第 23 卷第 12 期。

② "砂纸契"是葡萄牙占领凼仔岛、路环岛两岛之前，清政府发给岛上居民的地契，因为这类地契用砂纸写成，故俗称"砂纸契"。

（2）从《中葡联合声明》生效之日起至 1999 年 12 月 19 日止，澳门葡萄牙政府可按现行有关法律规定批出年期不超过 2049 年 12 月 19 日的新的土地契约，并收取批约费用。

（3）根据上项新批出的土地（包括填海地和未开发土地），每年限于 20 公顷。土地小组得根据澳门葡萄牙政府的建议，对上述限额的改变进行审核并作出决定。

（4）从《中葡联合声明》生效之日起至 1999 年 12 月 19 日止，澳门葡萄牙政府从新批和续批土地契约中所得的各项收入，在扣除开发土地平均成本后，由澳门葡萄牙政府和日后的澳门特别行政区政府平分。属于澳门葡萄牙政府所得的全部土地收入，包括上述扣除的款项，用于澳门土地开发和公共工程。属于澳门特别行政区政府的土地收入，作为澳门特别行政区政府的储备基金，存入在澳门注册的银行。必要时，澳门葡萄牙政府在征得中方同意后，也可将该项基金用于澳门过渡时期的土地开发和公共工程。

由于澳葡政府没有设立财政储备，这笔土地基金实际上成了回归后澳门特别行政区政府的储备资金。为了保障土地基金的安全、完整，尽量抵消通货膨胀的侵蚀，并力争保值和增值，土地资金投资委员会和咨询委员会于 1994 年 11 月 15 日正式成立，从而使土地资金的管理更趋于民主化，并取得显著的成绩。1999 年 12 月 30 日澳门特别行政区政府的成立庆祝大会上，国务院副总理钱其琛代表中央政府将土地基金证书交给行政长官何厚铧。在澳葡政府留给新成立的特别行政区的储备金为零的情况下，这笔土地基金作为澳门特别行政区政府起步运作、重振经济、持续发展的资金的意义就显得更为重大。

（三）澳门特别行政区的土地政策

土地是重要的生产资料，涉及国家的土地所有权、澳门特别行政区经济的发展与稳定，涉及澳门居民的切身利益，因此澳门基本法在总则中对它作了专门的规定。《澳门基本法》第七条规定："澳门特别行政区境内的土地和自然资源，除在澳门特别行政区成立前已依法确认的私有土地外，属于国家所有，由澳门特别行政区政府负责管理、使用、开发、出租或批给个人、法人使用或开发，其收入全部归澳门特别行政区政府支配。"

在规定澳门特别行政区境内的土地和自然资源属于国家所有的同时，《澳门基本法》第七条还规定"除在澳门特别行政区成立前已依法确认的私有土地外"，这是从澳门实际情况出发，承认和保护澳门现有的少部分私有土地。澳门的私有土地包括三部分：一是葡占澳门早期已明确的私有土地；二是清朝同治、光绪年间，政府明确承认的离岛居民的私有土地；三是依照澳门法律，澳门政府有权出售的少量的、符合法定出售条件的土地，给私人所有。

另外，《澳门基本法》第七条还明确了澳门特别行政区对土地的管理权和批租权，规定了土地批租的收入归澳门特别行政区政府支配。

还有，澳门基本法对澳门的劳工、航运业和民用航空等方面的制度和政策作了原则性的规定。澳门基本法规定的上述制度和政策不仅在法律层面上确立了澳门特别行政区经济制度的基础，也为澳门特别行政区政府履行经济职能确定了大致的范围，并为经济政策和立法确定了方向。

第三节　文化和社会事务

《澳门基本法》第六章"文化和社会事务"共 14 个条文（第一百二十一到第一百三十

四条），占澳门基本法全部条文总数的 9.5%。《澳门基本法》第六章总的看来大多是授权性条款，即国家通过基本法授权给特别行政区政府自行管理众多的文化事业和社会事务。

一、教育制度

（一）教育制度概况

澳门开埠虽有四百多年，但由于经济长期落后，加上政府不干预私校教育，致使教育事业发展非常缓慢，教育水平低下。直至 20 世纪 70 年代澳门经济起飞后，政府和民间力量共同兴办教育，才使教育事业逐渐得到发展。20 世纪 80 年代，澳门教育进入蓬勃发展时期。1991 年，澳门政府颁发了《教育制度纲要法》和《高等教育纲要法》，制定了一系列教育工作和教育活动准则，使教育事业开始走上正轨。

澳门的学校按其性质，可以分为官立、官制和私立三种。官立学校由政府主办，经费全部由政府承担，不谋利，执行政府制订的教学计划；官制学校由私人或者社会团体开办，不谋利，接受政府的资助，执行政府制订的教学计划；私立学校由私人或社会团体开办，经费自筹，可以谋利，自行订立符合法律规定的教学计划。1995 年实行免费教育以后，私立学校又分为"公共学校网学校"和"非公共学校网学校"。在"公共学校网学校"就读的初中及小学学生不必缴纳学费，只需缴纳杂费，也有极少数学校连杂费也不收取。"公共学校网学校"的运作费用主要来自政府给予的资助，因此其财政受政府的监管，教学方面则完全自主，倘若学校在教学上遇到困难，政府也会给予协助。由于澳葡政府在过去相当长的时期内没有很好地承担教育的责任，而澳门的民间社团及私人一直是兴办教育的主要力量，这样就形成了澳门以私校为主的多元化办学制度。据统计，1998 年全澳门有 123 所学校，其中包括官立学校 20 所，就读学生 5 926 人；私立学校 103 所，就读学生 88 350 人。由此可见，私立学校在澳门教育中占据了明显的主导地位，这是澳门教育的显著特色。学校的教学语言，以中文为主，少数学校则以英文或葡文作为教学语言。

回归前，澳门教育的另一个特点是多学制并存，其中小学教育中存在着三个体系和四种学制。三个体系是中文体系、葡文体系和英文体系；四种学制是中国内地式、中国台湾式、葡式和英式（跟随香港）。这种多元化的学制也导致各校毕业生的知识水平参差不齐，成为澳门教育面临的一个难题。从 1994 年起，澳门政府主管教育的"教育暨青年司"开始组织人力编订从幼儿教育到初中教育的教学大纲，以统一和完善澳门各科的教学计划，促进澳门教育的良性发展。

按教育对象的不同，澳门教育分为正规教育、特殊教育和非学制教育三类。

1. 正规教育

正规教育是为儿童和青少年开办的由学前教育到高等教育的系统性教育。1991 年，澳门有正规教育学校 104 所，学生 80 812 人；到 1998 年全澳门的正规学校达到 123 所。澳门回归后，教育事业飞速发展，正规学校的数量有所增加。据统计，到 2001 年，正规学校数量达到 204 所；2002 年为 209 所；到 2003 年达到了 217 所，在校学生 110 266 人。澳门正规学校师资力量比较充足，水平也在不断提高。

学前教育即幼儿园教育，在澳门，学前教育是自愿性质的，其对象一般为 3~6 岁儿童。有关中小学教育制度方面，澳门的小学教育的学制均为六年，只是葡式学制中把前四年称为基本教育阶段，后两年称为预备中学阶段。中学一般分为初中和高中两个阶段，各为期三年。只是葡式学制中，高中阶段的前两年为高中，后一年为大学预科。有关澳门高等教育方面，澳门曾经拥有东亚第一所西式大学。回归前，澳门有五所高等院校①。澳门回归后，高等教育继续得到高速发展，到2003年，获得澳门特别行政区政府认可的高等教育机构已经达到12所。

2. 特殊教育

特殊教育是专为精神或肉体上有缺陷的人士所开办的课程，包括学前、小学和中学教育，以小学教育为主。澳门的特殊教育起步较晚，发展较慢，回归前共有五所特殊教育学校，而且面临着教师数量明显不足的问题。回归以后，2001年新设立了一所特殊小学，不仅增加了学位，而且教师数量也得到较大幅度的提高。在1997—1998学年度，接受特殊教育的学生为432人，而教师仅有44人，学生与教师的比例超过了9.8。而2002—2003学年度的学生数量为587人，但学生与教师的比例已经下降为5.5。

3. 非学制教育

非学制教育即成人教育，是专为成人开办的课程。在20世纪80年代以前，主要是由民间团体或私人机构开办。回归后，澳门成人教育得到了高速发展，2000—2001学年度有122所成人教育机构，学生65 695人；2001—2002学年度成人教育机构高达150所，学生82 401人。

（二）教育政策

教育是人类文明延续和发展的基础，是关系全社会千家万户的大事。澳门基本法对教育问题非常重视，并就澳门特别行政区处理教育事务的政策作出了规定，在保留澳门原有的教育体制的同时，为澳门特别行政区教育事业的发展指明了方向。

（1）澳门特别行政区自行决定建立适合当地特点的教育制度。《澳门基本法》第一百二十一条规定："澳门特别行政区政府自行制定教育政策，包括教育体制和管理、教学语言、经费分配、考试制度、承认学历和学位等政策，推动教育的发展。"在这点上，《香港基本法》的相关规定为："香港特别行政区在原有教育制度的基础上，自行定制有关教育的发展和改进的政策。"二者相比，我们可以发现，澳门基本法没有"在原有教育制度的基础上"这样的限制性规定，这表明了两个特别行政区政府在制定教育政策方面的不同权限，在这方面澳门特别行政区政府拥有更多的自由。这一方面是因为香港和澳门回归前的教育发展水平不同，香港的教育比较发达，而澳门的教育相对比较薄弱；更为重要的方面是，《中英联合声明》与《中葡联合声明》对此有不同的规定。

（2）澳门特别行政区政府依法推行义务教育。澳门的《教育制度纲要法》没有明文规定实行初中毕业前的义务教育，只是提到逐步实行免费教育。但是义务教育毕竟不同于免费教育，义务教育不仅包括免费教育，而且更重要的是强调适龄儿童享有接受教育的权利，政府和家长有义务为孩子接受教育创造条件。可见，义务教育的目的是保证受教育者公平享有接受教育的机会，提高整个社会的文明程度，强调教育的强制性和普及性。以澳门的经济条件完全有能力推行义务教育。回归前，澳门社会人士普遍呼吁政府实行义务教育，但没有得

---

① 回归前，澳门有五所高等院校，分别是澳门大学（其前身为东亚大学）、澳门理工学院、澳门高等警官学校、亚洲（澳门）国际公开大学和澳门旅游学院。

到积极回应。澳门基本法反映了澳门居民迫切要求早日在澳门实现义务教育的愿望，作出了关于澳门回归祖国后推行义务教育的规定，这不仅是正确的，也是能够做到的。

回归后，澳门特别行政区政府推行了义务教育，其范围包括小学教育预备班、小学教育及初中教育，对象为年龄介于 5 岁至 15 岁之间的儿童及少年。与内地的义务教育不同，澳门的义务教育有年龄上的限制，对于已满 15 周岁的学生，即使其未完成初中学业，在该学年末仍会终止其就学义务，至于是否继续学业，则由其本人决定。

（3）社会团体和私人可以依法举办各种教育事业。私立学校是澳门各类教育机构的主体，对澳门教育事业的发展影响极大。私立学校的作用如此重要，因此将确认社会团体和私人有权兴办教育的内容写入澳门基本法，有着特别显著的现实意义。这一规定有利于积极倡导和鼓励办学，依法维护社会团体和个人在兴办教育中的合法权益。澳门回归后私立学校继续蓬勃发展。

（4）澳门特别行政区各类学校均有办学的自主性，并依法享有教学自由和学术自由。各类学校可以继续从澳门特别行政区以外招聘教职员和选用教材。学生享有选择院校和在澳门特别行政区以外求学的自由。无论是公立学校还是私立学校，都有权依法自行决定学校组织、教学活动和课程设置等。学校在从事和开展学术研究和创作、对外开展学术交流等方面，均享有学术自由。澳门基本法的这一规定，使教师和学校享有的权利以及教学自由和学术自由得到法律的保障，有利于澳门教育事业的进一步发展。澳门回归后，这些权利得到了充分体现，例如许多澳门学生选择到内地高等院校深造的自由得到了充分的保障。

回归后，澳门特别行政区政府加大了对教育资金的投入。2002 年，政府增加推行信息教育的拨款，并调升了免费教育津贴、学费津贴和文教用品津贴，积极推动教育的改革，以使澳门的教育能够适应时代发展的要求。2003 年，为适应社会的发展，澳门特别行政区政府取消了学历认可制度，并颁发了新的学历审查行政法规。2004 年，推行学校综合评鉴机制，推广包括小班教学、创思教学、才艺及科学教育在内的教学改革，实施教学奖励计划等。为了提升全体市民的素质和竞争能力，政府也在发展成人教育和终身教育方面投入了大量精力。回归后，澳门特别行政区政府继续为终身教育机构提供资助，举办各类成人培训班，并推行面向广大市民的终身学习奖励计划。

二、宗教

（一）宗教的种类

澳门的宗教很多，有佛教、天主教、基督教、伊斯兰教、巴哈伊教、所罗阿斯德教、新世界会社、摩门教、基士拿教、新使徒教会和神慈秀明会等。这些教派形成的教会组织有130 个，其中 100 个属于外国教会派驻澳门的分支，分别隶属于欧美国家、日本、中国香港的教会组织，另外 30 个为澳门本身的教会组织。据统计，澳门宗教信徒超过 20 万，占澳门总人口的一半以上。在这些宗教信仰者中，佛教徒最多，天主教徒次之，基督教徒排第三。澳门的宗教组织在澳门具有相当大的影响力，有的宗教在政治上具有相当重要的地位。澳门的宗教组织开展了很多社会工作，创办许多刊物，开展形式多样的传教活动和慈善活动，不少学校、社会福利和慈善工作机构就是由宗教组织出资兴办或者资助的。在澳门，许多风景名胜都与宗教有关，如大三巴牌坊、西望洋山主教府、妈阁庙、观音堂和莲峰庙等。澳门的宗教大致有以下特点：①多元宗教，和平共处；②宗教信徒占大多数，影响深远；③宗教活动成为民众风俗，构成社会文化的重要部分；④宗教界积极从事福利事业，产生巨大社会作用。

1. 佛教

澳门华人特别是老一辈华人大多笃信佛教。澳门的佛门僧侣仅 30 余人，加上居士总数不超过 300 人，但澳门居民中信奉佛教者高达 19 万人。

2. 天主教

天主教为葡萄牙的国教，澳门回归前，其活动费用及传道人员的薪俸均由国库开支。受此影响，澳门天主教也较为流行。

3. 基督教

葡萄牙尊奉天主教，但并不排斥基督教，因此基督教在澳门亦能得到发展。现在澳门的基督教信徒已有 5 000 多人。

在澳门回归的过程中，中央就非常重视宗教界人士的作用，在澳门特别行政区基本法咨询委员会、澳门特别行政区筹备委员会和澳门特别行政区第一届政府推选委员会中均有来自宗教界的委员①。澳门回归后，他们继续参政议政，发挥着重要的作用。

（二）宗教政策

由于宗教组织在澳门的特殊地位，澳门基本法对此非常重视，它首先从整体上阐明澳门特别行政区的宗教政策，确定：澳门居民有宗教信仰的自由，有公开传教和举行、参加宗教活动的自由。这表明坚持宗教信仰自由是澳门特别行政区政府处理宗教问题的基本原则。为了使这一基本原则得到落实，澳门基本法还进一步规定了澳门特别行政区政府处理宗教事务的政策。

1. 实行宗教信仰自由

澳门特别行政区政府根据宗教信仰自由的原则，不干预宗教组织的内部事物，不干预宗教组织和教徒与澳门以外地区的宗教组织和教徒保持及发展关系，不限制与澳门特别行政区法律没有抵触的宗教活动。据此，澳门的宗教组织可以不受中国内地"自办、自养、自传"政策的约束，积极保持和发展对外联系。但任何人都不能借宗教的名义破坏社会秩序，侵害澳门居民的身心健康，也不能搞非法的邪教活动。各种宗教一律平等，任何宗教都不享有特权。不同宗教的教徒之间，以及信教者与不信教者之间不得互相歧视。

2. 宗教组织有权提供各种社会服务

与中国内地实行的宗教组织原则上只能自办宗教院校、招收教徒学习宗教文化，而不能兴办普通教育事业的政策不同，在澳门特别行政区，宗教组织可以依法开办宗教院校和其他学校。宗教组织开办的学校可以提供宗教教育，开设宗教课程，也可以提供普通正规教育和特殊教育。除了提供教育以外，宗教组织还有权开办医院、福利机构以及提供其他社会服务。

---

① 例如，萧卓芬（中华基督教会志道堂主任牧师）、刘炎新（澳门天主教望德圣母教堂区区长）和蓝钦文（澳门基督教会宣道堂值理、学园传道会会长）都是澳门特别行政区第十届全国人大代表选举会议成员。

3. 宗教组织的财产受法律保护

澳门的宗教组织大都拥有大量的财产，包括寺院、教堂、医院、学校、宾馆、饭店等。澳门基本法对宗教组织的这些财产权益给予保护，规定：宗教组织依法享有财产的取得、使用、处置、继承以及接受捐献的权利。同时，回归前，澳门的宗教团体和组织通常可以申请免费用地或低价购买自用地；宗教祭祀场所、宗教组织的财产权益，通常都获得免税的优惠；而且政府对宗教组织开办的各类学校、医院、福利院等都给予大量的资助和津贴。基于这种状况，澳门基本法规定，宗教组织在财产方面的原有权益依法受到保护。这就为宗教组织在澳门回归后继续享有这些优惠待遇提供了法律保障。

4. 澳门宗教组织与全国其他地区宗教组织发展关系的原则以及开展对外交往的原则

澳门基本法规定，澳门特别行政区的宗教组织同中国其他地区的宗教组织发展关系时，以"互不隶属、互不干涉、互相尊重"的原则为基础。在对外交往方面，澳门基本法规定，澳门特别行政区的宗教组织可同世界各国、各地区及国际的宗教组织保持和发展关系，并可根据需要冠用"中国澳门"的名义参与有关活动。由此可见，澳门特别行政区的宗教组织在与中国其他地区的宗教组织交往时应遵循的原则跟与其他国家和地区的宗教组织交往的原则有所不同。在与后者交往时不必遵守"互不隶属、互不干涉、互相尊重"原则，这是基于澳门的有些宗教组织在澳门回归以前就与国际宗教组织早有隶属关系而确定的，例如澳门的天主教会就隶属于梵蒂冈的天主教会。

三、社会福利

（一）澳门原有的社会福利制度

社会福利的宗旨在于通过援助金的派发和福利机构的社会服务来保护那些身处困境的个人或社会群体。社会福利包括社会服务和社会保障两大方面。长期以来，澳门的社会福利工作主要由民间团体自愿负责。澳葡政府在20世纪30年代才介入慈善事业，并开始逐步重视社会福利制度，改变了长期以来主要依靠民间团体或宗教团体自发开展社会救济的状况。回归前，澳门的社会福利事业一直比较落后，到20世纪80年代以后，特别是澳门进入过渡时期以后，才有了一定程度的发展。

1. 社会服务

回归前，澳门政府主要由社会福利委员会和社会工作司负责社会服务工作，并对社会服务机构提供经济援助。当时的社会服务主要包括家庭及幼儿服务、儿童及青少年服务、安老服务、康复服务、辅导服务等八大类，共有老人院、安老院9间，儿童院及安置特殊儿童、青少年的机构9间，老人中心、青年中心和社区中心等20余间。

2. 社会保障

澳门的社会保障系统，主要由政府的社会工作司和社会保障基金提供的援助和津贴、民间福利机构提供的援助和保险公司的保险构成。

（1）政府提供的社会保障。政府提供的社会保障包括供款①和非供款②两种，前者由社会工作司（回归后改名为社会工作局）负责，后者则由社会保障基金主持。自1993年起，社会工作司和社会保障基金开始协调和统筹有关津贴的发放工作。

（2）民间福利机构提供的社会保障。民间福利机构在澳门福利事业中发挥着重要的作用。这些福利机构的经费主要来自热心居民的捐赠，例如《澳门日报》读者公益基金会每年都会举行"公益金百万行"活动来筹集资金。

除了这些社会服务和社会保障以外，澳门政府还提供免费医疗、免费教育和经济房屋等社会福利。

（二）澳门特别行政区的社会福利政策

社会福利制度对于维护社会的稳定，提高人们的生活水平，促进社会持续健康发展具有非常重要的意义。《澳门基本法》对这一问题非常重视，第三十九条规定，澳门居民有依法享受社会福利的权利。劳工的福利待遇和退休保障受法律保护。澳门基本法把享受社会福利规定为澳门居民的基本权利，为了切实保证这一权利的实现，澳门基本法进一步明确了澳门特别行政区政府的社会福利政策。

（1）澳门特别行政区政府自行制定社会福利政策。政府运用多少资源，采取何种形式，在何种程度上，在哪些方面为澳门居民提供服务和保障，均由澳门特别行政区政府自行决定，中央人民政府不加以干预。这是澳门特别行政区政府在社会福利事业方面享有高度自治权的体现。

（2）澳门特别行政区的社会福利制度以原有制度为基础，并根据经济条件和社会需要加以改进。回归前，澳门的社会保障和社会服务体系已经初步建立起来。从总体上讲，这些措施是行之有效的，为了保证社会福利制度的稳定性和连续性，澳门特别行政区政府应该保持原有的制度，并在此基础上不断加以改进和提高。同时，社会福利作为社会财富再分配的机制，必然受到经济条件的制约。因此，澳门特别行政区发展和改善社会福利制度，要从实际出发，根据自身的经济条件量力而行，不能搞超前福利，否则会造成沉重的财政负担，影响经济的发展。

（3）继续发挥民间社会服务团体的作用。澳门民间的各类社会服务团体在社会服务和慈善扶助方面做了大量的工作，是社会服务体系的一个重要组成部分，起着举足轻重的作用。为了使这些团体能在澳门回归后继续发挥作用，《澳门基本法》第一百三十一条规定："澳门特别行政区的社会服务团体，在不抵触法律的情况下，可以自行决定其服务方式。"这就意味着，在不违反法律的前提下，各社会服务团体向社会提供何种服务，如何提供服务，服务的对象、方式、范围等，完全由各社会服务团体自行决定。同时，《澳门基本法》第一百三十二条还规定了澳门特别行政区政府应根据需要和可能逐步改善原在澳门实行的对社会福利、社会工作等方面的民间组织的资助政策。这就意味着，澳门特别行政区政府对各

---

① 供款的社会保障即设立澳门社会保障基金会，当雇员在规定的客观情况下不能工作时，即可获得保障服务。该基金的主要经济来源是雇主及雇员的供款、澳门特别行政区政府每年财政总预算收益1%的拨款及本基金投资所得的收益。

② 非供款的社会保障又叫公共援助，即以政府的资金援助因种种原因失去正常收入的居民，使之维持基本生活。申请公共援助者必须接受政府的入息调查。社会工作司根据各类生活援助金的标准，审核申请人的条件。澳门的公共援助金主要有九类，分别为老人福利金、贫穷援助金、全无工作能力援助金、失去部分工作能力援助金、肺病患者援助金、失明人士援助金、补充援助金、紧急援助金和殓葬费。

民间社会服务团体应给予必要的支持，依法提供财政资助，以促进这些民间社会服务团体的发展。

澳门回归后，政府非常重视社会福利工作，在社会福利方面投入了大量的资金。如在对社会服务的投入方面，社会福利服务／设施之定期资助总额从 2000 年的 98 896 285.60 澳门元增加到 2004 年的 130 836 038.20 澳门元。政府对社会保障基金的拨款也大幅增长，如 2002 年社会保障基金会除了得到制定的总额算拨款 9 700 万澳门元及援助事业人士款项外，政府还向社会保障基金额外调拨 2.897 2 多亿澳门元，比前一年增加近 2 亿澳门元。2005 年度社会保障基金预算更是达到了 6.65 亿澳门元，比 2004 年增加了 1.57 亿澳门元，增幅高达 31%。

社会工作局也不断完善社会服务的硬件和软件设施，使社会服务水平不断提高。如 2003 年新增设了多个服务中心及机构，包括为受虐妇女提供辅助的"妇幼临时庇护中心"、为行为偏差女青少年设立的小型院舍、位于北区的青少年外展服务基地、为成年智障人士设立的"澳门扶康会宝翠中心"、提供预防药物依赖服务的"禁毒教育资源中心"、提供戒毒复康日间服务的"益健坊"以及"青年挑战女子戒毒中心"等。此外，社会工作局原有的各项服务也得到加强，例如新增设"生命热线"提供 24 小时服务，为长者提供更适合的家具护理服务，以及为在儿青院舍的青少年提供专门的训练等。同时，为提高服务质量，加强了对社工的培训，并对社会工作局领域的多项课题展开调查和研究。

此外，澳门特别行政区政府还根据社会经济发展的实际状况，逐步进行社会保障制度改革，修订有关法律法规，完善社会保障制度，研究设立独立的破产欠薪垫支基金，并逐步改革和完善公务人员退休保障制度。

四、民间团体

（一）澳门的民间团体

澳门的民间团体历史悠久，早在 19 世纪末 20 世纪初就成立了如"镜湖医院慈善会"、"澳门同善堂"、"澳门中华宗商会"等著名的民间团体。但是，在 20 世纪 70 年代前，澳门政府受葡萄牙独裁政权的限制。"四·二五"革命胜利以后，政治形势开始发生变化，新政权主张民众结社自由。1976 年 3 月 22 日，澳门总督李安道颁布了《自由集会结社法》，终止了原先在澳门实施的若干限制民众结社自由的法令。

澳门基本法颁布以后，澳门民间团体的数量猛增。据统计，截至 1998 年上半年，在澳门注册登记的社团已经超过 1 460 个。不少民间团体非常关注政治事务，在过渡期中起了重要作用。到 1996 年，已经有 208 个民间团体向澳门政府行政暨公职司进行了选民登记，享有参加立法会、咨询会和市政议会的间接选举的选举权和被选举权。有 30 多个民间团体的领导人成为"澳门特别行政区筹备委员会"的委员，超过了澳门委员总数的一半。回归后，澳门的民间团体继续蓬勃发展。据有关报道，至 2002 年 5 月，澳门已有各类社团组织 2 057 个，一个人身兼十几二十多个社团职务的现象比比皆是，《澳门日报》称，这已"成为本澳社会一大特色"。

（二）对民间团体的政策

澳门民间团体的成员遍及各行各业和各个阶层，对澳门社会发展以至居民的日常生活都有着重大的影响。为处理好这一问题，澳门基本法明确规定了澳门特别行政区对民间团体的基本政策。

（1）澳门特别行政区政府对民间团体实行资助。澳门的民间团体多为非营利性的社团法人，依靠会员缴纳的会费和自身的财产开展活动，有时为组织大型公众活动或者公益、慈善事业，也会向社会募集资金。回归前，政府许多部门就设有专门预算资助相关的民间社团及其活动。澳门特别行政区成立后，政府继续实行这样的制度，并根据需要和可能逐步改善原在澳门实行的对教育、科学、技术、文化、体育、康乐、医疗卫生、社会福利、社会工作等方面的民间组织的资助政策。这既保留了原有的对民间社会团体和组织实行的资助政策，又赋予政府以相当大的自主权和灵活性。如何资助，资助多少，均根据澳门特别行政区的实际情况、社会的需要和可能予以统筹解决。与香港基本法强调保持原来实行的资助政策相比，澳门特别行政区政府拥有相当大的自主性和灵活性。

（2）澳门特别行政区的民间团体独立于我国其他地区相应的团体和组织。澳门的民间团体在开展活动的过程中，需要与全国其他地区相应的团体和组织建立联系、发展关系，开展相互间的沟通与交流，以促进自身的发展。对此，澳门基本法规定，澳门特别行政区的教育、科学、技术、文化、新闻、出版、体育、康乐、专业、医疗卫生、劳工、妇女、青年、归侨、社会福利、社会工作等方面的民间团体和宗教组织同我国其他地区相应的团体和组织的关系，以互不隶属、互不干涉、互相尊重的原则为基础。这一规定，从法律上保证了澳门各类民间团体的独立地位。其中，澳门基本法中使用的"全国其他地区"不仅包括中国内地，也包括中国香港和中国台湾，这样的表述较香港基本法中"内地"的表述更为全面和科学。

（3）澳门的民间团体除了可以同中国其他地区相应的团体和组织交流以外，还可以同世界各国、各地区及国际的有关团体和组织开展交往活动。澳门基本法对此作出了相关规定，澳门特别行政区的教育、科学、技术、文化、新闻、出版、体育、康乐、专业、医疗卫生、劳工、妇女、青年、归侨、社会福利、社会工作等方面的民间团体和宗教组织可以同世界各国、各地区及国际的有关团体和组织保持和发展关系。各团体和组织可以根据需要冠用"中国澳门"的名义，参与有关活动。至于是否需要要视参加国际间活动和交流的性质和主办单位的要求而定，澳门特别行政区可以制定相应的法律加以规定。这一规定，为澳门特别行政区的民间团体开展对外交往，增进与世界各国人民的友谊敞开了大门，并提供了法律保障。

应该指出的是，《澳门基本法》第一百三十四条所指的民间团体是非政治性的团体和组织，不包括政治性的团体和组织。政治性团体和组织开展对外活动要受《澳门基本法》第二十三条的限制，即澳门特别行政区应自行立法"禁止外国的政治性组织或团体在澳门特别行政区进行政治活动，禁止澳门特别行政区的政治性组织或团体与外国的政治性组织或团体建立联系"。这就意味着，在澳门回归前曾经与外国（主要是葡萄牙）政治性组织存在联系的政治团体应与原来挂钩的外国政治性组织脱钩。澳门特别行政区应该在适当的时候制定相关的法律对这一问题作出具体的规定。澳门特别行政区政府对《澳门基本法》第二十三条的立法工作已于2003年正式展开，这一工作得到了广大澳门社团的支持。

五、文化

（一）文化概述

对"文化"一词可以有各种不同的理解。在这里，文化主要是指包括文学、艺术、新闻、出版、广播、电影、电视、体育等与人类文明息息相关的精神形态和活动。澳门是一座历史文化名城，几百年来东西方文化在此碰撞与交融，留下了丰富多彩的文学艺术遗产。20世纪70年代以来，随着澳门经济的快速发展，澳门的各项文化事业发展迅猛，各种文化艺术、学术团体不断成立，到回归前已达到200多个，其中综合性的文化团体30个。1985年9月1日，澳门第一个重要的学术团体——"澳门社会科学学会"宣告成立，它以"研究澳门，服务澳门"为宗旨，积极开展学术研究活动。此后，类似的研究机构相继成立，有力地促进了澳门社会科学的发展。

澳门特别行政区成立以后，积极开展多姿多彩的文化活动，丰富居民的文化生活，增强对外文化交流，提升澳门的国际形象，使澳门东西方交汇的多元文化特色得到保持和发展。澳门特别行政区政府根据新形式制定了新的文化方针，以期达到"以文化带动旅游"及"提高全民文化素质"两大目标，并取得了丰硕的成果。澳门回归后五年内，政府在文化建设方面颇多"大手笔"：5年投资1亿多澳门元修缮文物古建，成功地保存了城市的形象语言；将历史悠久的12处建筑物以"澳门历史建筑群"申报世界文化遗产，并获得成功，极大地提高了澳门的知名度；为连续举办十几届的国际音乐节、澳门艺术节赋予新形式，使之成为声誉日隆的国际品牌；常年举办各类展览，让居民和游客耳目常新，等等。这些植根本土、接轨国际的努力，在提升城市文化品位的同时，默默地塑造着这个以博彩业闻名于世的旅游城市的新形象。一些民间社团也纷纷举办中秋文化展等富有特色的文化活动，传统文化的推动作用已越来越明显。在旅游局举办的旅游推介活动中，文化旅游已成为重点推介的特色产品。

（二）文化政策

由于文化事业与澳门居民的日常生活息息相关，澳门特别行政区的文化事务处理得好不好，直接关系到澳门居民整体生活素质和文明程度，关系到澳门经济的长远发展和社会的稳定。澳门基本法非常重视这一问题，对澳门特别行政区的文化政策作出了如下规定：

1. 澳门特别行政区政府自行制定各项文化事业的政策

《澳门基本法》第一百二十五条规定，澳门特别行政区政府自行制定文化政策，包括文学艺术、广播、电影、电视等政策。《澳门基本法》第一百二十六条规定，澳门特别行政区政府自行制定新闻、出版政策。《澳门基本法》第一百二十七条规定，澳门特别行政区政府自行制定体育政策。《澳门基本法》第一百三十二条规定了澳门特别行政区政府有权自主决定对文化、体育等方面的民间组织的资助政策。因此，澳门特别行政区政府在制定各项文化事业的政策时，可以根据当地的实际情况自主决定，自行发展具有澳门特色的文化事业，中央人民政府不加干预，这是澳门特别行政区政府高度自治的体现。

2. 社会团体和私人在各项文化事业中的地位和权利受法律保障

文化事务是全民参与的社会性事务，文化事业的繁荣离不开个人的创造性劳动。因此，如何切实保障个人在各项文化事业中享有的权益是澳门特别行政区政府应该切实解决的问题。《澳门基本法》第三十七条规定了澳门居民有从事学术研究、文学创作和其他文化活动的自由，并把这一自由定性为澳门居民的基本权利。《澳门基本法》第一百二十五条又进一步规定，澳门特别行政区政府依法保护作者的文学艺术及其他的创作成果和合法权益。澳门特别行政区应制定相应的法律和政策来使澳门居民的这项自由和合法权益得到切实的保障。同时，根据澳门的实际情况，民间团体在促进各项文化事业的发展过程中一直处于举足轻重的地位，因此保障他们的地位有利于澳门文化事业的稳定和繁荣。为此，《澳门基本法》第一百二十七条规定，民间体育团体可依法继续存在和发展。同时，《澳门基本法》第一百三十三条、第一百三十四条规定了民间的文化、体育团体有权开展与我国其他地区的相应团体的交往活动，有权开展对外交流等。

3．文化活动必须依法进行

根据权利与义务对等的原则，私人和各社会团体在享有进行各项文化活动的权利的同时，也应该遵守澳门特别行政区的法律，在法律许可的范围内行使权利。这是《澳门基本法》第四十四条规定的澳门居民和在澳门的其他人应当履行的法定义务。因此，对于澳门特别行政区为加强对文化活动的保障和规范而制定的各项法律，无论是私人还是民间团体都应切实遵守。

4．重视文物保护工作

澳门是中西文化的重要交汇点，各种名胜古迹和有纪念价值的建筑物甚多，如著名的妈阁庙和大三巴牌坊。所以《澳门基本法》专门在第一百二十五条第三款规定，澳门特别行政区政府依法保护名胜、古迹和其他历史文物，并保护文物所有者的合法权益。而香港基本法并没有类似的规定。澳门基本法在规定澳门特别行政区政府保护名胜、古迹和其他历史文物的同时，也强调要保护文物所有者的合法权益。因此，澳门特别行政区政府在制定文物保护方面的法律时，应适当划分文物保护的范围，不应将文物的范围定得过大，同时要考虑文物所有人的意愿，注意维护他们的合法权益。

回归后，澳门特别行政区政府非常重视文物保护工作。回归后五年内，澳门特别行政区政府投入了将近1亿澳门元用于保护文物建筑。特别值得一提的是，通过澳门特别行政区政府的努力和中央的支持，"澳门历史建筑群"于2005年2月6日在巴黎举行的国际古迹遗址理事会世纪专家会议上正式通过评估，会议同意"澳门历史建筑群"申报列入世界遗产名录，同时将其重新命名为"澳门历史城区"。

六、其他文化和社会事务

（一）专业制度

专业是指依科学分工形成的、需要专门且先进的教育和技能方能从事的学业、行业和职业。而专业制度是与评审和颁授各种专业资格和执业资格有关的制度。至澳门基本法制定时，澳门的专业活动仍处于较低的水平，专业人士很少，专业团体的组织比较分散，属于同业联谊性质，缺乏代表性和权威性，各专业团体和组织没有统一的专业标准和专业守则，也不能承担管理职能，无权颁授专业资格。澳门长期以来实行的是由政府审定专业人士的资格和执业登记制度。澳门基本法在这方面作了较为灵活的规定，赋予澳门特别行政区政府较大的自主权，使澳门特别行政区政府能够根据具体情况确定不同的专业制度。

（1）授权澳门特别行政区政府自行确定专业制度，根据公平合理的原则，制定有关评审和颁授各种专业和执业资格的办法。由此可见，确定专业制度属于澳门特别行政区高度自治权的范围，中央人民政府不会加以干预。所以，澳门特别行政区可以视具体情况的不同来决定哪些专业资格由政府颁授，哪些专业资格由专业团体自行颁授。但是，无论实行怎样的专业制度，采取何种资格评审和颁授办法，都必须以公平合理为原则，不能由少数人垄断，亦不能妨碍公平竞争。回归后，澳门特别行政区政府基本上沿用了原来已经确立的专业和专业制度，例如执业律师要在律师公会注册，核数师和会计师由财政局的核数师暨会计师注册委员会注册，卫生专业人员的牌照由卫生局颁授，而没有专责机构负责认可的专业资格则由行政暨公职司属下的一个委员会负责。澳门特别行政区政府应该根据形势的变化及时修改一些不合时宜的制度，例如澳门回归后会计行业出现萎缩就与回归前夕颁布的《会计师通则》和《核数师通则》没有考虑澳门的行业发展和经济发展状况有关，这两部通则不能适应回归后经济发展的需要，亟待改革。核数、会计界人士已向政府提交了完善澳门会计制度的意见。这是澳门特别行政区政府应该认真解决的问题。

（2）在澳门特别行政区成立以前已经取得专业资格和执业资格者，根据澳门特别行政区的有关规定可以保留原有的资格。这样，原来已经取得专业资格和执业资格的人士，只要符合澳门特别行政区有关专业制度方面的法律规定，其专业资格和执业资格就可以得到政府的承认，而不必再重新进行注册、考试和审定。这样规定的目的，有利于保持原来专业制度的延续性，维护了专业人士的合法权益，也有利于各项事业的平稳过渡。

（3）澳门特别行政区政府根据有关规定承认在澳门特别行政区成立以前已经被承认的专业和专业团体，并且可以根据社会发展的需要，经咨询有关方面的意见，承认新的专业和专业团体。回归前，澳门的专业划分还不完善，没有包括一些本应包括进去的行业，例如社会工作。澳门基本法的规定，既保持了原有专业制度的连续性，又赋予澳门特别行政区政府根据时代发展的需要，及时承认新的专业和专业团体的权力，以促进澳门社会经济、文化的发展。

（二）科技制度

澳门的科学技术起步较晚。20世纪80年代以前，不仅澳门政府没有专门负责科技事务的部门，而且澳门也没有科研机构，更缺乏高质量的科技人才，澳门的科学技术研究几乎是一片空白。20世纪80年代初期，澳门的贺田工业公司，引进了技术先进的电脑辅助设计（CAD）系统和电脑辅助制造（CAM）系统，并与浙江大学开展了科研合作，共同建立了模具设计研究所，开创了澳门高科技研究工作的先河。1988年，澳门政府委托澳门基金会进行科技的协调工作，协助政府制定科技发展政策，并担负起促进科技发展的责任。直到1989年东亚大学（后来的澳门大学）设立了科技学院后，澳门才有了工科课程，开始培养电机与电子工程、土木工程、计算机软件等方面的人才。随后，澳门基金会先后同中国科学院、葡萄牙国立土木工程实验室、部分内地高校、澳门大学等机构签订合作协议，利用澳门内外的科研力量，促进澳门的科技发展。基金会还邀请中国国家科委专家到澳门协助制定澳门发展高科技企业规划。澳门的科技研究逐渐发展起来。20世纪90年代以后，联合国国际软件技术研究所、澳门自来水有限公司化验研究中心、澳门政府卫生司实验室、澳门土木工程实验室等机构相继成立。1996年2月，澳门政府与民间合办的澳门生产力暨科技转移中心成立。1998年1月，澳门政府设立了科学、技术暨革新委员会，协助总督制定澳门地区科学技术的发展及现代化政策。同时，澳门科技界意识到要发展科学技术必须积极开展对外交流。20世纪90年代以后，澳门加强了对外交流，举办了不少高科技活动，规格也越来越高，例如1997年举办了"第三届海内外华人航天科技研讨会"，1998年举办了"亚欧科技博览会"，同年还举办了"澳门98科技周"，这是澳门历史上第一次规模空前的现代高科技盛会。经过多年的发展，澳门在电子计算机、电力供应和环境保护三个方面有所突破，在激光加工模具、新建筑材料、微电子集成电路设计、数学偏微分方程研究等方面也有新的进展。同时，澳门政府还逐渐重视对新一代科技人才的培养，有关机构多次举办数学奥林匹克竞赛和电脑知识竞赛，组织青少年参加国际比赛。在对知识产权的保护方面，由于澳门加入了多项国际公约，又加入了WTO，所以其对知识产权的保护基本上已与国际接轨。

在度量衡方面，澳门历来是中、英、葡、美多制共存，并不规范。这一状态，与澳门现有的国际地位不相符，既不利于对外交往，也给本地企业的专业转型和升级换代带来困难。澳门政府也意识到这一问题的重要性，于1993年制定了《法定度量衡单位制度》，以法律形式将澳门的计量制度定为国际单位制度（SI，俗称十进制）。但该法律同时容许非国际单位制度在法律生效后5年内使用，并在缓冲期完结后，非国际单位制度以次要位置方式继续使用3年。因此，在回归之前，澳门一直未能实现度量衡的统一。

对于澳门特别行政区的科技制度，澳门基本法作出了如下规定：

（1）澳门特别行政区政府自行制定科学技术政策。澳门基本法赋予澳门特别行政区政府在确定科学技术发展方向，制定科学技术政策方面的决定性权力，中央政府不会加以干预，这是澳门特别行政区享有高度自治权在科学技术领域的具体体现。回归后，澳门特别行政区政府非常重视科学技术的发展，继续增加对科研资源的投入，加强对科研项目的管理。2004年，澳门特别行政区政府颁布了第14/2004号行政法规，设立了科学技术发展基金。这一基金的设立是为了配合澳门特别行政区的科技政策目标，对相关的教育、研究及项目的发展提供资助，它受澳门特别行政区行政长官监督。这一基金的设立将有力促进澳门科学技术的进一步发展。

（2）澳门特别行政区政府依法保护科学技术的研究成果、专利和发明创造。科学技术的发展离不开对科学技术工作者合法权益的保护，澳门已经加入了多项国际公约，澳门特别行政区政府应该切实履行义务，逐步完善对知识产权的保护。

（3）澳门特别行政区政府自行制定适用于澳门的各类科学技术标准和规格。制定在澳门实行的各类科学技术标准和规格的权力也属于澳门特别行政区政府。

（三）医疗卫生制度

回归前，澳门政府采取以基层卫生中心和医院卫生护理相结合的方式，发展医疗卫生服务。在基层卫生中心方面，政府在澳门半岛、凼仔岛和路环岛分设了9个卫生中心，向纳入政府医疗网络的居民提供妇幼保健和成人一般疾病等的免费医疗，网络以外的居民则需收费。与政府签订了合作协议的工人医疗所和同善堂等民间慈善医疗机构，也担负着部分居民的卫生护理工作。

在医院卫生护理方面，主要由仁伯爵综合医院和镜湖医院负责。澳门的医疗卫生机构分为官立和私立两种。官立医疗卫生机构由政府设立，包括仁伯爵综合医院、卫生中心和公共卫生化验所等，其经费完全依靠政府拨款。私立医疗卫生机构包括众多的私人诊所，由社团、教会创办的医疗卫生机构，如镜湖医院、同善堂、工人医疗所等，其经费来自医疗收入、各界捐款和政府资助。经过长期发展，澳门的医疗卫生在回归前已经达到了中上水平。

澳门回归以后，特别行政区政府非常重视医疗卫生事业。政府在医疗卫生方面投入了大量的资金，仅回归后第一年的医疗卫生预算就超过 11.95 亿澳门元（约 1.5 亿美元），占政府全年财政预算的 9.25%。同时，澳门特别行政区政府认识到澳门的公共医疗体制已经无法适应时代的发展，因此从一开始就致力于医疗卫生体制的研究和改革，调整了医疗系统架构和资源分配，改善各基础设施及设备，努力提高医疗服务质量，建立医疗申诉机制，推行有效的社区卫生防疫及全民健康保健措施。澳门特别行政区政府也非常重视通过与内地和香港的交流与合作来促进澳门的医疗卫生事业的发展，早在 2000 年澳门卫生局就与国家卫生部有关部门及直属医院和医学院校签署了医疗卫生合作协议，2001 年与香港有关主管部门就建立医疗卫生方面的定期互访和交流达成了共识。此外，还加强了与国际卫生组织的合作。

澳门特别行政区政府的积极作为极大地促进了澳门医疗卫生事业的发展。回归短短十几年，澳门在医疗卫生事业方面就取得了令人瞩目的成绩：

（1）医疗服务的水平不断提高，医疗设施日益完善。2002 年实现了求诊服务系统的全面计算机化运作，使用了电子病例及电子检验信息系统，大大提高了工作效率。同时，不断改善医院环境设施，设立了疾病预防控制中心和医疗活动申诉评估中心，开始使用远程医学系统，与镜湖医院开展专科合作，与国际卫生组织紧密联系，加强人员培训，不断完善现有医疗服务系统。2003 年，卫生局继续推出多项优化服务的措施，如方便市民就诊的"一个柜台式"服务、电子药物处方，以及化验结果的线上查询服务等。医疗护理技术水平也有所提升，各专科新开展了多项手术，与外地医疗机构的科研及合作也更加频繁。在医疗卫生保健方面，初级保健信息系统新平台、疫苗接种流程记录系统以及妇科涂片检查报告登记模块等已在各卫生中心运用。

（2）加强了对私立医疗机构的资助，并积极促进公立医疗机构与私立医疗机构的合作，提高了澳门整体医疗服务的水平。澳门特别行政区政府为了健全澳门社区的医疗卫生体系，不仅继续支持及资助本地其他医疗机构及团体的发展，还于 2003 年成立了专门小组，负责非政府医疗机构人员的培训工作，并相应地推出了"社区卫生指南"。从 2002 年起，山顶医院就开展了与镜湖医院的专科合作，到 2004 年，两所医院的专科合作范围扩大至肿瘤放射治疗、血液透析、心脏科及其他医疗护理服务，并共同完成了澳门的鼻咽癌普查工作。

（3）积极开展医疗卫生方面的法律草拟工作，并取得了成效。在 2003 年完成了多个涉及药物管理及监测的法规的修订工作以及《中成药注册法》的草拟工作。2004 年完成了《药品注册法》的修订以及《传统药物注册法》的草拟工作，颁布了《传染病防治法》。2005 年，为了配合各项医疗改革，《卫生局组织法》、《医疗事故法》及《食品安全法》等必备法律的起草及修订工作同时进行。

《澳门基本法》第一百二十三条规定，澳门特别行政区政府自行制定促进医疗卫生服务和发展中西药的政策。澳门特别行政区政府能够取得如此令人瞩目的成绩是与澳门基本法赋予其在医疗卫生方面完全的自主权分不开的。澳门基本法为他们的存在和发展提供了可靠的法律保障，并对此作出了肯定，规定社会团体和私人可依法提供各种医疗卫生服务。

第二十三章 澳门基本法的解释与修改

第一节 澳门基本法的解释

一、我国的法律解释体制

（一）法律解释的含义

所谓法律解释，就是对法律条文的含义及立法意图所作的说明，其目的是正确实施法律，更好地发挥法律的效能。

法律解释种类繁多，主要有两类：

一类是正式解释，也称法定解释或有权解释，即由特定的国家机关，按照宪法和法律赋予的权限，对法律和法律条文进行解释。这种解释具有法律效力。根据解释的国家机关性质的不同，法定解释又分为立法解释、司法解释和行政解释。

（1）立法解释：就是由全国人民代表大会常务委员会对宪法、法律、法令条文进一步明确界限或作出补充规定。

（2）司法解释：就是最高人民法院和最高人民检察院在适用法律的过程中，对具体应用法律问题进行解释。

（3）行政解释：就是由国家最高行政机关——国务院及其主管部门在行使职权时，对国务院所制定的行政法规进行解释。

另一类主要的法律解释是非正式解释，或称无权解释，包括学理解释和任意解释。这种解释在法律上没有约束力，不能作为执法的依据。

（二）我国的法律解释体制

根据中国《宪法》第六十七条第一项和第四项的规定，全国人民代表大会常务委员会行使"解释宪法，监督宪法的实施"和"解释法律"的职权。因此解释宪法和解释全国人民代表大会及其常务委员会制定的法律，是全国人民代表大会常务委员会的专属权力，它的解释具有最高法律效力。

根据全国人民代表大会常务委员会1981年6月10日通过的《关于加强法律解释工作的决议》：

（1）凡关于法律、法令条文本身需要进一步明确界限或作补充规定的，由全国人民代表大会常务委员会进行解释或用法令加以规定。

（2）凡属于法院审判工作中具体应用法律、法令的问题，由最高人民法院进行解释。凡属于检察院检察工作中具体应用法律、法令的问题，由最高人民检察院进行解释。最高人民法院和最高人民检察院的解释如有原则性的分歧，报请全国人民代表大会常务委员会解释或决定。

（3）不属于审判和检察工作中的其他法律、法令如何具体应用的问题，由国务院及其主管部门进行解释。

（4）凡属于地方性法规条文本身需要进一步明确界限或作补充规定的，由制定法规的省、自治区、直辖市人民政府主管部门进行解释。

据此，法律解释是以全国人民代表大会常务委员会的立法解释为主导，具有权威性。同时赋予行政、司法机关解释法律的权力，受人大立法的监督。立法解释是解决明确法律规范的界限，行政、司法解释解决法律的具体适用问题。正因为中国的法律解释制度中，在立法解释之外，行政和司法机关也可对法律进行解释，所以《澳门基本法》第一百四十三条第二款规定："全国人民代表大会常务委员会授权澳门特别行政区法院在审理案件时对本法关于澳门特别行政区自治范围内的条款自行解释。"

二、澳门基本法的解释模式

澳门基本法关于其解释权的规定，具有自身的特色：澳门基本法在规定解释权属于全国人民代表大会常务委员会的同时，赋予澳门特别行政区法院一定权限对澳门基本法进行解释，这些规定充分体现了"一国两制"的原则，保障了在"一国"前提下，澳门特别行政区的高度自治。

（一）全国人民代表大会常务委员会的解释

根据我国《宪法》第六十七条的规定，全国人民代表大会常务委员会行使法律的解释权。《澳门基本法》第一百四十三条第一款明确规定，本法的解释权属于全国人民代表大会常务委员会。澳门基本法既然是全国人民代表大会制定的法律，全国人民代表大会常务委员会当然拥有澳门基本法的解释权，并且其解释是具有最高权威性的立法解释，就是具有普遍约束力的解释，全国范围内的一切机关，包括澳门特别行政区的行政、立法、司法机关，均应服从。

全国人民代表大会常务委员会行使的法律解释权只限于明确法律条文的含义和界限，不涉及具体案件如何处理的问题，而且该解释有不可溯及性，因而并不存在全国人民代表大会常务委员会对澳门特别行政区司法权和终审权的干预问题。

全国人大常委会行使解释权时应遵循的程序：

1. 咨询程序

由于澳门基本法独特的地位，要求对其的解释应当更加慎重，必须确保对其的解释既符合基本法的原则精神，又能实现重大利益平衡并满足发展的需要，为此，澳门基本法对其解释规定了我国普通法律所没有的额外程序，即咨询程序。《澳门基本法》第一百四十三条第四款规定："全国人民代表大会常务委员会在对本法进行解释前，征询其所属的澳门特别行政区基本法委员会的意见。"

2. 实践中澳门基本法解释的一般程序

从实践来看，全国人大常委会在对澳门基本法进行解释时遵循的是全国人大常委会的一般立法程序：

（1）全国人大常委会委员长会议提出解释草案。

（2）征询澳门基本法委员会的意见。

（3）听取澳门特别行政区全国人大代表和全国政协委员以及澳门各界人士的意见。

（4）全国人大常委会审议通过有关澳门基本法条款的解释。

（二）全国人大常委会授权澳门特别行政区法院对自治范围内的条款自行解释

《澳门基本法》第一百四十三条不仅规定了澳门基本法的解释权属于全国人大常委会，同时也规定了全国人大常委会授权澳门特别行政区法院在审理案件时对本法关于澳门特别行政区自治范围内的条款自行解释。这里要求有两个条件：，一是在解释时间上，法院必须是在审理具体案件过程中，才能对澳门基本法的有关条款作出解释；二是在解释范围上，法院只能就澳门基本法关于澳门特别行政区自治范围内的条款自行解释。

澳门特别行政区法院对自治范围内条款的自行解释与全国人大常委会拥有的澳门基本法的解释权是根本不同的：

（1）澳门特别行政区法院的这种解释权是经全国人民代表大会常务委员会授权的，不是法定拥有的。

（2）澳门特别行政区法院只能在"审理案件"时对与案件有关的澳门基本法条款进行解释。全国人大常委会可以在其认为必要的情况下主动进行解释，不需要具体案件的存在。

（3）澳门特别行政区法院的这种解释权在范围上是有限的，即其只能"自行解释"澳门基本法中有关澳门特别行政区自治范围内的条款，对自治范围之外的条款则没有"自行解释权"。

（三）对澳门基本法自治范围以外条款的解释

澳门基本法还规定，澳门特别行政区法院在审理案件时对本法的其他条款也可解释，但是如果澳门特别行政区法院在审理案件时需要对本法关于中央人民政府管理的事务或中央和澳门特别行政区关系的条款进行解释，而该条款的解释又影响到案件的判决，在对该案作出不可上诉的终局判决前，应由终审法院提请全国人大常委会对有关条款作出解释。如全国人大常委会作出解释，澳门特别行政区法院在引用该条款时，应以全国人大常委会的解释为准。

三、授权解释与监督的关系

澳门基本法的解释权属于全国人民代表大会常务委员会，全国人大常委会又授权澳门特别行政区法院对澳门基本法进行解释。所以，在人大常委会与澳门特别行政区法院之间存在一种授权与监督的关系，即授权者对被授权者解释基本法有监督权。如果法院解释基本法存在问题，全国人大常委会应可作出正确的解释。法院在以后的审理中，应以全国人大常委会的解释作为判决的依据。这样，是否干预法院的审判独立呢？

首先，要明确法律的解释权与审判权是两个不同性质的概念。解释权是通过对法律的解释，明确法律条款的真实含义、界限。审判权是解决具体的法律如何适用于案件，解决和排除纠纷。前者是法律自身的问题，后者是法律适用的问题。其次，因为二者性质不同，就不存在解释权干预审判权的问题。法律解释机关作出解释后，如何将法律适用于个案，完全由法院自行决定，不受其他机关干涉。所以，全国人大常委会只对特别行政区法院解释基本法进行监督，不对特别行政区法院审判权进行监督。

四、澳门基本法解释的实践

第十一届全国人民代表大会常务委员会第二十四次会议审议了委员长会议关于提请审议《全国人民代表大会常务委员会关于〈中华人民共和国澳门特别行政区基本法〉附件一第七条和附件二第三条的解释（草案）》的议案。经征询全国人民代表大会常务委员会澳门特别行政区基本法委员会的意见，全国人民代表大会常务委员会决定，根据《中华人民共和国宪法》第六十七条第四项和《中华人民共和国澳门特别行政区基本法》第一百四十三条第一款的规定，对《中华人民共和国澳门特别行政区基本法》附件一《澳门特别行政区行政长官的产生办法》第七条"二〇〇九年及以后行政长官的产生办法如需修改，须经立法会全体议员三分之二多数通过，行政长官同意，并报全国人民代表大会常务委员会批准"的规定和附件二《澳门特别行政区立法会的产生办法》第三条"二〇〇九年及以后澳门特别行政区立法会的产生办法如需修改，须经立法会全体议员三分之二多数通过，行政长官同意，并报全国人民代表大会常务委员会备案"的规定，作如下解释：

（1）上述两个附件中规定的二〇〇九年及以后行政长官的产生办法、立法会的产生办法"如需修改"，是指可以进行修改，也可以不进行修改。

（2）上述两个附件中规定的须经立法会全体议员三分之二多数通过，行政长官同意，并报全国人民代表大会常务委员会批准或者备案，是指行政长官的产生办法和立法会的产生办法修改时必经的法律程序。只有经过上述程序，包括最后全国人民代表大会常务委员会依法批准或者备案，该修改方可生效。是否需要进行修改，澳门特别行政区行政长官应向全国人民代表大会常务委员会提出报告，由全国人民代表大会常务委员会依照《中华人民共和国澳门特别行政区基本法》第四十七条和第六十八条规定，根据澳门特别行政区的实际情况确定。修改行政长官产生办法和立法会产生办法的法案，应由澳门特别行政区政府向立法会提出。

（3）上述两个附件中规定的行政长官的产生办法、立法会的产生办法如果不作修改，行政长官的产生办法仍适用附件一关于行政长官产生办法的规定，立法会的产生办法仍适用附件二关于立法会产生办法的规定。

第二节　澳门基本法的修改

一、澳门基本法修改的必要性

（1）从主观方面来说，限于澳门基本法制定者的认识水平，他们对澳门基本法内容的设计、原则的确定都难免会有疏漏和不足，况且无论多么高明的政治家、法学家也不可能对未来洞察无疑。允许对澳门基本法进行适当的修改，是对立法者主观能力局限性的弥补。

（2）从客观方面来说，基本法"是在调整社会生活的过程中得到不断发展和完善的，社会的变化不断向基本法规范提出新的课题，要求基本法适应社会生活的变化，基本法的修改一方面反映了社会的需求，另一方面，修改后的基本法又为社会的发展提供了更合理的法律基础"。所以，澳门基本法的修改可以使其更好地适应社会生活的形势变迁，调节新的利益关系和矛盾冲突。随着澳门社会、政治、经济、文化、教育事业的发展，澳门基本法中规定和确认的某项制度或政策，在将来的某个时候，可能无法适应澳门社会发展的实际需要，因此必须对澳门基本法进行适时的修改与完善。如果"基本法的修正，过于困难，或使之不可能，恐有增加国民的不平，促进革命的机运之虞"。

（3）基本法是"一国两制"理论的法律化，这一法律制度是开创性的，这也决定了我们没有更多的教训可供吸取，没有更多的经验可资借鉴，法律在制定时的疏漏和不足将更难以避免。同时，这一法律制度又是年轻的，需要我们在实践中不断完善。

二、澳门基本法修改的原则

鉴于澳门基本法在国家法律体系中的重要地位，尤其是澳门基本法在澳门特别行政区的宪法性地位，因此在澳门基本法修改的过程中必须遵循一定的原则。

1. 尽可能维护澳门基本法的权威性和稳定性的原则

澳门基本法作为体现和贯彻"一国两制"方针，保证澳门特别行政区实行高度自治的具有宪法性法律特征的法律，是调整中央和澳门特别行政区关系，处理澳门特别行政区内部社会关系的依据，是澳门特别行政区政府和其全体居民共同的行为准则，具有很高的权威性。而澳门基本法的权威依赖于它的稳定，否则便无权威可言。鉴于澳门基本法在我国法律中的重要地位，尤其是在澳门特别行政区内部政治、经济、法律制度体系中的重要地位，它的修改将牵一发而动全身，因此不能随意修改，更不是任何机关和个人都有权修改。本着这一原则精神，为了更好地贯彻"一国两制"方针，维护澳门特别行政区的繁荣与稳定，保证澳门基本法的相对稳定性，澳门基本法在它的修改权、修改提案权以及修改提案程序、审议程序等方面作了比其他法律更为严格而明确的规定，从而为维护澳门基本法的权威性和相对稳定性提供了可靠的保证。

2. 程序正当原则

澳门基本法的修改必须遵循程序正当原则。就原则而言，程序正当原则首先建立在基本法修改的合法性基础上，它要求对基本法的修改必须符合宪法和基本法本身的规定。同时，基本法关于修改程序的条款又必须是具有合理性、正当性、可操作性的。具体而言，正当的修改程序应该包括：提案的程序、民意汇集的过程、专业委员会的审议程序、大会的审议表决通过程序、修改案的公布程序等。

3. 普遍参与与重点参与相结合的原则

澳门基本法是一部全国性法律，而不是地方性法规，它的内容关系到国家主权，也和全国人民均有关联。如《澳门基本法》第二十二条规定：各省、自治区、直辖市的人进入澳门特别行政区须办理批准手续。所以，澳门基本法的修改不是澳门特别行政区人民单方面的事情，全国人民均有权参与。同时，必须强调的是，澳门基本法是一部特别法，这部法律的大部分内容对于中国其他地区的人来说，没有直接利益关系。但对于澳门特别行政区的居民而言，这部法律的修改和他们的生活紧密相连。所以，澳门基本法在修改过程中不能简单采取全国人大多数人民的议决，而要重点听取并吸收澳门特别行政区居民的合理意见。这一点必须有程序上、制度上的保证。

三、澳门基本法的修改权属于全国人民代表大会

《澳门基本法》第一百四十四条第一款规定：本法的修改权属于全国人民代表大会。澳门基本法是全国人民代表大会制定的，由全国人民代表大会行使修改权，符合法律自身的逻辑，也符合我国《宪法》第六十二条关于修改基本法律的权力属于全国人民代表大会的规定。我国宪法虽然也规定，全国人民代表大会常务委员会在全国人民代表大会闭会期间，在不与该法律的基本原则相抵触的前提下，对全国人民代表大会制定的法律有权进行部分补充和修改。但是，澳门基本法已经明确规定本法的修改权属于全国人民代表大会，因此全国人民代表大会常务委员会就不能行使修改澳门基本法的权力。

四、澳门基本法的修改程序

（一）修改提案

根据《澳门基本法》第一百四十四条第二款的规定，澳门基本法的修改提案权属于全国人民代表大会常务委员会、国务院和澳门特别行政区。对澳门基本法的修改议案，只能由上述三个法定机构提出，其他部门和机构均无权提出修改基本法的议案。

澳门基本法的这一规定，与我国对其他法律的修改有着明显的不同。我国宪法规定，全国人民代表大会主席团、全国人民代表大会常务委员会、全国人民代表大会各专门委员会、国务院、中央军事委员会、最高人民法院、最高人民检察院、一个代表团或30名以上的代表联名，就可以向全国人大提出属于其职权范围内的法案。我国《宪法》第六十二条规定全国人民代表大会制定和修改刑事、民事、国家机构和其他的基本法律。因此，上述机构、全国人民代表大会的一个代表团或30名以上的全国人民代表大会代表联名，均有权提出修改国家基本法律的议案。然而，对于澳门基本法的修改，澳门基本法却规定只有全国人民代表大会常务委员会、国务院、澳门特别行政区三个机构才可提出修改议案。

1. 全国人大常委会和国务院的提案权

全国人大常委会和国务院可以单独提出修改澳门基本法的议案，而无须特别行政区的同意，这是基于"一国"的考虑。

2. 澳门特别行政区的提案权

赋予澳门特别行政区提案权是基于"两制"的考虑。澳门基本法对澳门特别行政区的提案权程序作了明确规定，即澳门特别行政区提出的基本法的修改议案，须经澳门特别行政区的全国人民代表大会代表三分之二多数，澳门特别行政区立法会全体议员三分之二多数和澳门特别行政区行政长官同意后，交由澳门特别行政区出席全国人民代表大会的代表团向全国人民代表大会提出。只有经过澳门特别行政区的全国人民代表大会代表、澳门特别行政区的立法会议员和澳门特别行政区行政长官三方的同意后，澳门特别行政区修改基本法的提案才具备成立的基础，这对于慎重修改基本法是有利的。

（二）征询意见程序

《澳门基本法》第一百四十四条第三款规定："本法的修改议案在列入全国人民代表大会的议程前，先由澳门特别行政区基本法委员会研究并提出意见。"相对于其他法律的修改

议案来说，澳门基本法的修改议案在正式列入全国人民代表大会的议事日程之前，须先由澳门特别行政区基本法委员会研究并提出意见，然后才提交全国人民代表大会审议，从而正式进入全国人民代表大会的审议程序。

（三）修改议案的审议

全国人民代表大会讨论修改议案的步骤大致是：全国人民代表大会按照选举单位组成代表团，各代表团分别选举团长和副团长；代表团在每次全国人民代表大会会议举行前，讨论全国人大常委会提出的关于会议的准备事项；在会议期间，对全国人民代表大会的各项法律议案包括修改案进行审议，并可以由代表团团长或由代表团推派的代表，在主席团会议或大会全体会议上，代表代表团对审议的修改议案发表意见。

对澳门基本法的修改议案，全国人民代表大会主要从以下四个方面进行审议：

（1）修改议案是否以我国宪法和澳门基本法为根据，是否符合全国各族人民特别是澳门特别行政区居民的最大利益。

（2）修改议案是否符合澳门特别行政区的实际需要，能否行得通。

（3）修改议案是否符合法理，与澳门基本法内部前后条文之间是否和谐一致，不矛盾；与其他有关法律是否协调。

（4）法律用语、概念是否清楚、正确与统一，条文本身是否合乎语法和逻辑。

（四）通过修改议案

关于澳门基本法的修改议案，由全国人民代表大会以全体代表的过半数通过。

（五）公布修改后的条款

修改议案通过后，即成为澳门基本法的新条款，由国家主席根据全国人民代表大会的决定予以公布。

五、澳门基本法修改的限制

澳门基本法作为"一国两制"的法律化，作为澳门特别行政区依法治澳的基础，保持其稳定性是十分必要的。为此，对澳门基本法的修改作出了极严格的限制。

第一，从修改权的主体上限制。《澳门基本法》第一百四十四条第一款规定，澳门基本法的修改权属于全国人民代表大会。修改权是立法权不可分割的一部分，有制定该法律的权力，才能有修改这个法律的权力，没有立法权就没有修改权。为了保障基本法的权威性和稳定性，在任何情况下，只能由全国人大行使修改权，全国人大常委会也不能对基本法进行修改。

第二，从修改的程序上限制。《澳门基本法》第一百四十四条第二款规定，澳门基本法修改的提案权属于全国人民代表大会常务委员会、国务院、澳门特别行政区。虽然我国宪法规定，全国人民代表大会主席团、全国人民代表大会常务委员会、全国人民代表大会各专门委员会、国务院、中央军事委员会、最高人民法院、最高人民检察院、一个代表团或30名以上的代表联名，就可以向全国人大提出属于其职权范围内的法案，但考虑到基本法的特殊性，对澳门基本法的修改动议权作出特别规定：在中央只限于负责澳门基本法实施和监督的全国人民代表大会常务委员会和国务院；澳门特别行政区的提案，须经澳门特别行政区全国人民代表大会代表三分之二多数、澳门特别行政区立法会全体议员三分之二多数通过和澳门行政长官同意后，交由澳门特别行政区出席全国人民代表大会的代表团向全国人民代表大会提出。任何修改澳门基本法的提案在列入全国人民代表大会的议程前，都要由澳门基本法委员会研究并提出意见。

第三，从修改的内容上限制。《澳门基本法》第一百四十四条第四款规定，澳门基本法的任何修改，均不得同中华人民共和国对澳门既定的基本方针政策相抵触。基本方针政策就是"一国两制"，实行资本主义制度和保持现有的生活方式五十年不变，澳门特别行政区实行"澳人治澳"、享有高度自治权的规定。如果改变了这些规定，也就改变了澳门基本法的基本原则，也就没有了"一国两制"，澳门基本法的存在也就没有意义。对澳门基本法修改范围作出一定的限制，充分表明了中华人民共和国实行"一国两制"的诚意和决心，表明"一国两制"不是权宜之计，而是长期国策，从而保持澳门特别行政区的稳定和发展。

参考文献

一、著作

1. 赵秉志、高德志主编：《澳门法律问题》，北京：中国人民公安大学出版社 1997 年版。

2. 许崇德主编：《港澳基本法教程》，北京：中国人民大学出版社 1994 年版。

3. 肖蔚云：《论澳门基本法》，北京：北京大学出版社 2003 年版。

4. 米健主编：《澳门法律改制与法制建设》，北京：社会科学文献出版社 2011 年版。

5. 中央人民广播电台、澳门基本法协进会、澳门日报主编：《澳门与澳门基本法》，北京：中国检察出版社 1998 年版。

6. 许昌：《澳门过渡期重要法律问题研究》，北京：北京大学出版社 1999 年版。

7. 焦洪昌、姚国建主编：《港澳基本法概论》，北京：中国政法大学出版社 2009 年版。

8. 邓伟平：《澳门特别行政区基本法论》，广州：中山大学出版社 2007 年版。

9. 李元起、许崇德：《〈澳门基本法〉解释体制研究》，澳门理工学院一国两制研究中心，2007 年。

10. 张瑞德：《澳门基本法导论》，北京：知识产权出版社 2011 年版。

11. 杨静辉、李祥琴：《港澳基本法比较研究》，北京：北京大学出版社 1997 年版。

12. 骆伟健、王禹主编：《澳门人文社会科学研究文选》（基本法卷），北京：社会科学文献出版社 2009 年版。

13. 肖蔚云主编：《一国两制与香港基本法律制度》，北京：北京大学出版 1990 年版。

14. 肖蔚云：《香港基本法讲座》，北京：中国广播电视出版社 1996 年版。

15. 肖蔚云：《香港基本法与一国两制的伟大实践》，深圳：海天出版社 1993 年版。

16. 黄志勇：《一国两制与港澳法律制度研究》，香港：中国香港新闻出版社 2006 年版。

17. 钟业坤主编：《中华人民共和国澳门特别行政区基本法论略》，广州：暨南大学出版社 1996 年版。

18. 陈弘毅：《香港特别行政区的法治轨迹》，北京：中国民主法制出版社 2010 年版。

19. 骆伟建：《澳门特别行政区基本法概论》，澳门基金会，2000 年。

20. 王叔文、吴建璠、谢怀栻等编著：《澳门特别行政区基本法导论》，北京：中国人民公安大学出版社 1994 年版。

21. 王叔文主编：《香港特别行政区基本法导论》，北京：中共中央党校出版社，1990 年版。

22. 黄文放：《中国对香港恢复行使主权的政策历程与执行》，香港：香港浸会大学出版社 1997 年版。

23. 文正邦：《宪法学教程》，北京：法律出版社 2005 年版。

24. 强世功：《中国与香港政治与文化的视野》，北京：三联书店 2010 年版。

25. 骆伟建：《"一国两制"与澳门特别行政区基本法的实施》，广州：广东人民出版社 2009 年版。

26. 陈建民主编：《检察院组织法比较研究》，北京：中国检察出版社 1999 年版。

27. 成良文：《刑事司法协助》，北京：法律出版社，2003 年版。

28. 王伟华：《澳门检察制度》，北京：中国民主法制出版社，2009 年版。

29. 张元元：《澳门法治化治理中的角色分析》，澳门理工学院一国两制研究中心，2009 年。

30. 焦洪昌、姚国建：《港澳基本法概论》，北京：中国政法大学出版社 2009 年版。

31. 蓝天主编：《"一国两制"法律问题研究》（澳门卷），北京：法律出版社 1999 年版。

32. 黄鸿钊：《澳门史》，福州：福建人民出版社 1999 年版。

33. 赖伟良：《澳门社会政策模式》，澳门：澳门理工学院 2003 年版。

34. 杨允中：《澳门基本法释要》，澳门法务局，2003 年。

35. 杨贤坤、邓伟平：《澳门法律研究》，广州：中山大学出版社 1997 年版。

36. 焦洪昌主编：《港澳基本法》，北京：北京大学出版社 2007 年版。

37. 程信和主编：《粤港澳法律关系》，广州：中山大学出版社 2001 年版

38. 焦宏昌、周大纲编著：《港澳台法制概论》，北京：中国政法大学出版社 1999 年版。

39. 王振民：《中央与特别行政区关系——一种法治结构的解析》，北京：清华大学出版社 2002 年版。

40. 邓开颂、谢后和：《澳门历史与社会发展》，珠海：珠海出版社 1999 年版。

41. 肖蔚云主编：《香港基本法的成功实践》，北京：北京大学出版社 2000 年版。

42. 凯尔森著，沈宗灵译：《法与国家的一般理论》，北京：中国大百科全书出版社 1996 年版。

43. 葛洪义：《法理学导论》，北京：法律出版社 1996 年版

44. 肖蔚云：《论香港基本法》，北京：北京大学出版社 2003 年版。

45. 肖蔚云、饶戈平主编：《论香港基本法的三年实践》，北京：法律出版社 2001 年版。

46. 李昌道、龚晓航：《基本法透视》，北京：中华书局 1990 年版。

47. 蓝天主编：《"一国两制"法律问题研究》（香港卷），北京：法律出版社 1997 年版。

48. 陈丽君：《"一国两制"在港澳实践与两岸统一研究》，香港：香港天马出版有限公司 2005 年版。

49. 董立坤：《香港法律与司法制度》，广州：广东人民出版社 1992 年版。

50. 周平：《香港政治发展 1980—2004》，北京：中国社会科学出版社 2006 年版。

51. 张定淮主编：《1997—2005：香港管治问题研究》，香港：香港大公报出版社 2005 年版。

52. 王叔文主编：《香港特别行政区基本法导论》（第三版），北京：中共中央党校出版社、中国民主法制出版社 2006 年版。

53. 赵秉志主编：《香港法律制度》，北京：中国人民公安大学出版社 1997 年版。

54. 朱世海：《香港立法机关研究》，北京：中央编译出版社 2007 年版。

55. 李昌道：《香港政治体制研究》，上海：上海人民出版社 1999 年版。

56.《邓小平论祖国统一》，北京：团结出版社 1995 年版。

57.《邓小平文选》（第三卷），北京：人民出版社 1993 年版。

58. 吴志良：《澳门政制》，澳门基金会，1995 年。

59. 谭惠珠：《基本法与香港回归十周年》，上海：华商出版公司 2007 年版。

60. 邓开颂、陆晓敏、杨仁飞：《澳门史话》，北京：社会科学文献出版社 2011 年版。

61. 赵国强主编：《澳门人文社会科学研究文选》，北京：社会科学文献出版社 2010 年版。

62. 杰弗里·C. 冈恩：《澳门史》，北京：中央编译出版社 2009 年版。

63. 张元元：《澳门法制化之治理中的角色分析》，澳门理工学院一国两制研究中心，2010 年。

64. 王磊、甘超英等：《澳门回归十年宪制发展研究》，澳门理工学院一国两制研究中心，2010 年。

65.《选举法律汇编——行政长官选举法》，澳门特别行政区立法会，2010 年。

66. 杨允中：《"一国两制"与澳门特区法制建设——大型学术研讨会论文集》，澳门理工学院一国两制研究中心，2010 年。

67. 刘高龙、赵国强主编：《澳门法律新论》（上卷），北京：社会科学文献出版社 2008 年版。

68. 中共广东省党史研究室、珠海市委党史研究室、中山市党史研究室编著：《澳门归程》，广州：广东人民出版社 1999 年版。

69. 刘润和：《新界简史》，香港：三联书店（香港）有限公司 1999 年版。

70. 孙炳良：《走向未来：基本法通过之后的香港》，香港社会科学研究会，1990 年。

71. 一国两制研究中心主编：《庆祝香港回归十周年"基本法回顾与前瞻研讨会"论文集》，2008 年。

72. 孙承谷：《基本法与香港特别行政区政治体制》，世界华文出版机构 2005 年版。

73. 薛凤旋、广智文：《新界乡议局史》，香港：三联书店（香港）有限公司 2011 年版。

二、论文

1. 郑炎琇：《基本法与原居民合法传统权益：从国际经验谈起》，香港岭南大学族群与海外华人经济研究部，2000 年。

2. 李研：《港澳两地司法独立原则的比较及其借鉴意义》，《河南师范大学学报》2006 年第 5 期。

3. 杨建平：《香港、澳门、新加坡行政主导比较》，《中国行政管理》2008 年第 2 期。

4. 王永泳：《深刻理解我国的司法独立原则》，《思想政治课教学》2008 年第 12 期。

5. 易志华、马进保：《论行政主导下的澳门立法会与权利互动研究》，《甘肃政法学院学报》2009 年第 4 期。

6. 马进保：《澳门特区政制架构的特征与发展态势》，《广州社会主义学院学报》2010 年第 2 期。

7. 邓泽宏、丁宇：《澳门回归前后之政治体制比较研究》，《武汉科技大学学报》2000 年第 1 期。

8. 姚魏：《论澳门特别行政区的行政主导体制》，《政治与法律》2009 年第 12 期。

9. 张维克：《论澳门特别行政区政制与香港特别行政区政制的异同》，《东方论坛》1999 年第 1 期。

10. 周进生、章永许：《略论澳门基本法框架下的行政主导体制》，《科教文汇》2008 年第 11 期。

11. 肖蔚云、付思明：《港澳行政主导政制模式的确立与实践》，《法学杂志》2000 年第 3 期。

12. 杜成君：《澳门与香港特别行政区政制比较研究》，《青岛行政学院学报》1999 年第 6 期。

13. 张青：《澳门未来特别行政区的政制结构》，《特区与港澳经济》1998 年第 Z1 期。

14. 陈多：《澳门的政治体制与公共行政》，《秘书工作》1999 年第 10 期。

15. 李燕萍：《〈澳门基本法〉司法适用十年历程评述》，《一国两制研究》2010 年第 4 期。

16. 王叔文：《论澳门特别行政区基本法的特点》，《中国法学》1993 年第 2 期。

17. 于海涌：《论澳门特别行政区基本法在澳门特别行政区的特殊地位》，《政法学刊》1999 年第 3 期。

18. 邓开颂：《葡萄牙占领澳门历史过程》，《历史研究》1999 年第 6 期。

19. 陈瑞欣：《论"一国两制"在澳门的伟大实践》，《华中师范大学研究生报》2009 年第 3 期。

20. 马万祺：《澳门回归前后》，《春秋》2009 年第 6 期。

21. 卢根源：《"一国两制"与澳门回归》，《南京晓庄学院学报》2000 年第 1 期。

22. 《澳门特别行政区筹备委员会第七次全体会议新闻公报》，《人民日报》1999 年 4 月 11 日。

23. 饶戈平：《香港居民中的无国籍问题》，《中外法学》1996 年第 1 期。

24. 饶戈平：《人权公约不构成香港普选的法律根据》，《中外法学》2008 年第 20 卷第 3 期。

25. 齐树洁：《香港居民的国籍问题》，《人民政坛月刊》1997 年第 1 期。

26. 基利著，谭晓梅译，何百华校译：《香港新界地区农民欢迎香港回归祖国》，《现代外国哲学社会科学文摘》1997 年第 5 期。

27. 傅健慈：《香港新界土地继承权的演变》，《法律文化研究》2007 年第三辑。

28. 孙霄：《20 世纪初英国勘划新界海域界限考略》，《岭南文史》2009 年第 2 期。

39. 吴家骐：《澳门的公共审计》，《广东审计》2007 年第 2 期。

30. 肖蔚云：《澳门基本法草案与香港基本法的比较探讨》，《北京大学学报》1992 年第 5 期。

31. 肖沛权：《论澳门反贪倡廉的组织机构及其借鉴意义》，《四川警察学院学报》2010年第 22 卷第 2 期。

32. 强世功：《司法主权之争——从吴嘉玲案看"人大释法"的宪政意涵》，《清华法学》2009 年第 5 期。

后 记

今年，是香港回归祖国 15 周年、澳门回归祖国 13 周年，也是《香港基本法》实施 15 周年、《澳门基本法》实施 13 周年的喜庆年。港澳回归祖国是中华民族史册上的伟大业绩，"一国两制"的实践与基本法的实施更是前无古人的伟大创举。十多年来，"一国两制"、"港人治港"、"澳人治澳"、"高度自治"的方针得到了全面贯彻落实，实践充分证明："一国两制"是解决港澳问题的最佳方案，港澳基本法是确保"一国两制"在香港和澳门顺利实施的最重要的法律保障。在充分肯定港澳基本法实施十多年来取得的巨大成就的同时，我们也应该清醒地认识到：在基本法的实践过程中，港澳社会仍然存在着一些深层次的矛盾和问题，这就需要我们在理论上不断地认识新问题，探索新思路，正是基于此，才促使我开始着手本书的撰写和出版工作。

早在港澳基本法颁布之际，特别是在港澳回归前后的那几年，内地与港澳地区的许多知名学者对港澳基本法作了深入研究，出版了大量著作，但这些研究大多是十年前甚至是二十年前作出的，那时港澳基本法还没有生效或是刚刚实施不久，因而这些研究也多集中在纯理论层面。随着"一国两制"的不断实践和港澳基本法的进一步实施，迄今为止，港澳基本法已有了十多年的实践经验，这些实践无疑为我们更深入地研究港澳基本法提供了丰富的素材。

本书得以完成，首先要感谢那些从事港澳基本法研究的前辈和学者，没有他们的研究成果作为参考，本书的写作便无法完成。

笔者在暨南大学法学院从事港澳基本法的教学工作长达十几年，本书是为在校学生而写的，而书中的内容本身也是教学的产物。我要衷心感谢我教过的所有来自内地和港澳地区的学生们，在教学的过程中，好学的学生们提出了许多问题，他们在课堂上的讨论为我提供了诸多启示，让我深切体会到"教学相长"的真正含义。我更要感谢选修我的"港澳基本法专题研究"课程的 2010 级和 2011 级宪政方向的研究生们，特别是我的研究生柯靖凤、颜慧婷、符龙龙、孔梓娜等，他们对本书的资料收集和文字整理付出了辛勤的劳动。

本书是国务院侨办的立项项目，由于得到彭磷基外招生人才培养改革基金的资助，本书才能顺利出版。在此，还要对为此书付出辛勤劳动的暨南大学出版社责任编辑张学颖、沈双喜表示诚挚的谢意。

黄志勇

2012 年 11 月 23 日

夜于暨南园羊城苑